HARALD KORALL
Die Stunde vor Mitternacht

HARALD KORALL

DIE STUNDE VOR MITTERNACHT

Tatsächliche Kriminalfälle

 MILITZKE

© Militzke Verlag, Leipzig 1998

Lektorat: Monika Werner
Einbandgestaltung: Dietmar Senf
Satz und Layout: Ralf Thielicke
Druck und Binden: Steidl, Göttingen
ISBN 3-86189-127-1

Inhalt

Die Apostelbrücke

Die Strecke steht heute in keinem Kursbuch mehr, der Personenverkehr auf ihr ist seit Jahrzehnten eingestellt. Aber die Stahlgleise und Hartholzschwellen liegen noch zwischen Laucha und Bad Bibra, zwischen Bibra und Saubach und das Stück darüber hinaus bis Lossa. (So heißen die Dörfer und kleinen Städte hier.) Auch die Weichen und Stellwerke sind über lange Jahre hinweg intakt geblieben, vor allem der Güterzüge wegen, die noch regelmäßig die alten Brücken überquerten: vor allem die Russenzüge. Sie brachten geheimen Nachschub, Waffen und Soldaten in die Garnison um Lossa, selbst noch nach der Wende, und transportierten das verbrauchte Material und die Manöververbände zurück. Freilich, manchmal munkelten und hofften die Leute, daß auch die Personenzüge eines Tages wieder in die Gegend heimkehrten, es war ja noch alles für sie bereit. Die anderwärts auf den großen Strecken ausgemusterten Dampfloks, hier könnten sie ein ruhiges Rentnerleben führen. Wer weiß, vielleicht würden sie sogar billiger und rentabler sein als die kostbaren Diesel schluckenden Busse ...

Aber mit der Wende zerstoben solche Träume. Benzin und Diesel waren plötzlich unbegrenzt zugänglich, der Markt fragte jäh unbarmherzig nach Gewinn und Verlust, was sollte da noch ein sentimentaler Schienenverkehr in einer industriell herzlich wenig erschlossenen Gegend? Nach dem Abzug der letzten fleißigen Bahnnutzer, der nun nicht mehr Roten Armee, verfielen die Anlagen rasch. Der Bahnhof der Kleinstadt, noch ein bißchen als Kneipe für *Heiße Theke* und *Cheeseburger* genutzt, verkam sichtbar, ein Spaßvogel brachte auf den Scheiben zum Abschied ein paar Aufkleber an: *Einbruch lohnt nicht, Kasse wird täglich geleert.* Zwischen den Schienen und Schwellen wuchern Gestrüpp und Unkraut, Rost frißt sich in den Stahl und treibt den weißen Lack vom Brückengeländer. Und wer soll kostenaufwendig die ganze überflüssige Trasse abbauen lassen?

Ja, vor Jahrzehnten war hier noch vieles anders. Zum Beispiel fuhren wenigstens drei Personenzugpaare (dies der berufsinterne Ausdruck) die Strecke von Naumburg her und nach Naumburg zurück, die Arbeiterzüge früh und abends, dazu die Mittagszüge. Über alle davor und danach gab es schon immer Streit, waren sie notwendig? Zum Beispiel der Lumpensammler vor Mitternacht?

Vor Jahrzehnten, genau am 20. September 1958 halb neun Uhr morgens, geschieht auf dem Bahnhof der kleinen Stadt Bibra Merkwürdiges: Der Güterzug aus Richtung Naumburg, der vor einer Viertelstunde erst die Station passiert hat, rollt unvorhergesehen und ohne erkennbaren Grund in den Bahnhof zurück, rückwärts. Ein Unglück, ein Versagen der Bremsen? Aber der Zug rollt langsam, und auf dem Stufenabsatz des letzten Wagens gibt der Zugführer Wilhelm Wichmann deutliche Pfeifsignale. Der diensttuende stellvertretende Stationsvorsteher läuft auf den herankommenden Wichmann zu, wedelt mit Armen und Signalkelle, schreit schon von ferne ein paar Worte, schreit etwa: Was macht ihr denn für Späße, ihr dürft doch nicht! (Derft doch nich, sagen sie in dieser Gegend.) Aber Wichmann winkt ab, und der Zug rollt gleichmäßig weiter, bis auch die Lokomotive vorschriftsmäßig hinterm Haltesignal steht. Herbert Zörner, der Lokomotivführer (er und der Mann da unten kennen sich seit wenigstens einem Dutzend Jahren, alle Leute von der Bahn kennen sich hier, das ist wie ein kleiner, übersichtlicher Betrieb), Zörner klettert ruhig die paar Stahlstufen aus seinem Stand herab und erklärt dem anderen dann, während er ihm die Hand gibt: Draußen bei euch auf der Brücke liegt eine Leiche.

Sag bloß, erwidert der stellvertretende Stationsvorsteher und macht ungewollt eine Handbewegung. Bist du ... drüber?

Zörner schüttelt den Kopf. Das muß Karl mit dem Frühzug gemacht haben, oder Erich. Du weißt doch, ich krieg' vor der Brücke nie Tempo drauf. Ich bin ganz langsam auf sie zu, wie ich in die Kurve ging, dann hab' ich vor ihr gehalten. Kann'ch mal telefonieren?

Keine zehn Minuten später trifft der zuständige Polizist, der – wie sie damals hießen – Abschnittsbevollmächtigte Berthold auf dem Bahnhof ein, bittet Zörner, mit ihm zu gehen. (Als Zeuge?

Oder bittet er aus Sorge, allein laufen zu müssen? So ein Fall ist Berthold noch nie begegnet.) Sie reden kaum unterwegs, sie laufen einen knappen Kilometer weit über die ungleichmäßig gelegten Schwellenbohlen, es ist auch für Zörner ein merkwürdiges Stück Weg (wann läuft er schon mal so über die Schienen?), aber es führt kaum ein anderer Weg zu dieser Brücke, nur der von hier aus umständlichere quer durch die Stadt und dann seitab durchs Tal, der Apostelsteig.

Sie sehen die Tote schon von weitem; ja, es ist eine Tote, kein Mann, eine ziemlich junge Frau, Berthold weiß es inzwischen von Zörner. Sie liegt mitten auf der Brücke, dieser Apostelbrücke, quer zwischen den Schienen, selber fast eine Schwelle, kaum höher. Wenn nur ihr heller Mantel und der Rock nicht so leuchten würden.

Laß sie liegen, faß sie nicht an, sagt Berthold schließlich. Es ist ein unnötiger Rat. Sie haben sie auch vor knapp einer halben Stunde nicht angefaßt, alle vier nicht, weder er noch Wichmann, auch nicht der Heizer oder der Schaffner vom mitgeführten Postwagen.

Zörner schluckt wieder mit trockenem Mund, mit schwerer Kehle. So würde das also auch aussehen, wenn er mit seinen ...zig Tonnen darüber hinwegginge, denkt er. Der Kopf ist sauber vom Körper getrennt, kaum eine Spur von Blut noch auf den Schienen; Rumpf und Schädel liegen unmittelbar am Stahl an, ein Schuh ist einen halben Meter weit von den Füßen weggekippt, die die Stahlschienen gegenüber berühren. Zörner starrt am meisten auf die merkwürdig gefransten Stoffenden des Mantels, der gleich hinterm Kragen in zwei deutlich geschiedene Teile getrennt wurde.

Selbstmord, sagt Berthold, blickt Zörner fragend an.

Sie werden's herausfinden, antwortet Zörner, sie haben sicherlich ihre Methoden. Und ihre Erfahrung. Du hast sie doch bestellt?

Berthold nickt. Ich will sie unten am Abzweig erwarten, sie kommen von Nebra herüber, auch ein Techniker. Außerdem ist die Transportpolizei in Naumburg verständigt.

Im selben Augenblick entdecken sie beide, daß die Tote hochschwanger ist. Ob man sich in solchem Zustand etwas antut?

Vielleicht gerade da, sagt Berthold. Wenn du keinen Ausweg siehst und keinen Mann?

Kennst du das Mädchen da nicht, die ist doch gewiß aus eurer Gegend?

Wenn ich ihr Gesicht sehen könnte, vielleicht, daß ich sie dann erkennen würde.

Gleich darauf schickt Berthold Zörner zum Bahnhof zurück, zu seinem Zug, während er selber zum vereinbarten Treffpunkt läuft, einen steilen Abhang hinunterschliddert. Wie hoch schwingt sich diese Brücke über den Apostelsteig tief unten, zwanzig Meter, dreißig?

Die sonst so exakten Protokolle machen in diesem Punkte später erstaunlich differierende Angaben, legen sich jeweils zwischen achtzehn und fünfunddreißig Metern fest. Und eins der Protokolle benennt auch die Entscheidung von Berthold, die Brücke zu verlassen, kritisch: Der Tatort blieb ungesichert.

Es ist schwierig, von Tötungen und Getöteten zu berichten. Man schreibt da oft selber trockenen Munds. Und alles nur, um begreiflich zu machen: Das Leben ist anders, das Getötetwerden ist anders, als diese geschickt verschlungenen detektivischen Geschichten und Fernsehspiele es uns so oft unterhaltend weismachen wollen.

Ich habe mich im Laufe der Jahre in Aberdutzende unterschiedlicher Täter einzufühlen versucht. Ich habe mich in ihre Situationen hineinversetzt und mich möglicherweise sogar auf ihren Denkwegen bewegt. Doch so sehr ich ihre Handlungen aus ihrer Leidenschaft oder Hoffnungslosigkeit, aus ihrer Schwäche oder ihrem Trieb zu begreifen glaubte – diesen hier verstand ich nie, seine stumpfe Gefühlskälte und seine Brutalität. Eine Frau töten, die in wenigen Tagen ein Kind zur Welt bringen würde ... Mußte man deshalb über ihn schreiben?

Vielleicht gerade deswegen. Es gibt erstaunliche Abgründe des Menschseins.

Am Morgen des 20. September 1958, eigentlich noch tief in der Nacht, etwa gegen halb fünf, betritt der einundzwanzigjährige Hartwig Tendler in Hainburg den Hof seiner Eltern. Das Tor ist abgeschlossen, aber Tendler kennt natürlich genügend Gelegenheiten, über Zäune und Mauern ohne Anstregung hineinzugelangen. Im Stall entdeckt er Licht, spärlich fällt es durch Ritzen und Fenster. Tendler weiß: Seine Mutter sitzt dort, melkt die drei Kühe, die derzeit Milch geben. Ob er zu ihr geht? Schließlich tut er's, sagt: Weck mich halb zehn, ich muß gleich wieder zurück.

Seine Mutter nickt, sie ist von ihrem Jüngsten manches gewöhnt. Einmal hat sie ein Vierteljahr lang nicht gewußt, wo er sich aufhielt, nun kommt er eben nach vier Wochen und sagt: Weck mich. Wer weiß, was ihn die Nacht über aufgehalten hat, daß er erst jetzt hier auftaucht – eine Zugverspätung, fremde Freunde, das Bier.

Lina Tendler melkt die Kühe aus, gießt in aller Ruhe die Milch in die große Melkkanne, wuchtet sie hinaus vors Tor, hebt sie auf das Bretterpodest, daß sie der Fahrer vom Molkereiwagen bequem aufladen kann. Dann geht sie, setzt in der Küche Wasser auf für den Kaffee, weckt den Mann und den Sohn, Klaus, den Ältesten, der mit seiner Heirat vor Jahren zu den dreißig eigenen Morgen dreißig weitere einbrachte: was für ein Glück.

Die Tendlers halten nichts von den Diskussionen, die manchmal ringsum schon wieder in den Dörfern aufflackern: in die Genossenschaft eintreten. Hat der Große sie mit seiner Heirat bloß deshalb einigermaßen groß gemacht, damit sie Großes wegschenken können, nicht bloß Stückwerk? (Die Tendlers treten erst im Frühjahr 1960 der Genossenschaft bei, einer der letzten Höfe im Dorf.)

Die Männer sind an diesem Tage längst auf den Feldern (die Kartoffeln!), da geht Lina Tendler, den jüngsten ihrer drei Söhne zu wecken: Was hast du bloß hier verloren, wenn du so rasch wieder davonstürmst? Kein Wort kann man mit dir wechseln.

Meine Bilder brauch' ich, die Urkunden.

Hartwig Tendler brockt sich das Brot in den Milchkaffee, löffelt die Stücke, wie er's gewohnt ist, schlurfend in den Mund.

Willst du denn wirklich ganz da unten bleiben, in diesen Bergen, so weit weg von uns? fragt Lina Tendler, steht vom Tisch auf, kaum daß sie sich gesetzt hat. Nie findet sie Ruhe. Später sieht sie dem Jungen nach, wie er die Dorfstraße entlangläuft, Kopf und Rücken leicht gebeugt, die Arme schlenkernd. Nicht einmal eine Tasche hat er mitgebracht. Der Junge führt schon lange sein eigenes Leben. Kennt sie ihn noch?

Halb elf besteigt Hartwig Tendler den planmäßigen, pünktlich auf der Station Saubach eintreffenden Zug nach Naumburg. Die Waggons sind spärlich besetzt wie immer, zehn, zwanzig Leute. Nach fünf Minuten Fahrt verlangsamt der Zug seine Geschwindigkeit. Wird Tendler unruhig? Als die Waggons kurz nach halb elf beinahe im Schrittempo über die Apostelbrücke gleiten, sieht er rechts und links am Geländer Polizisten in ihren auffälligen grünen und dunkelblauen Uniformen. In Bad Bibra hat er für Minuten Angst, daß auch hier Polizisten warten. Kommen sie von vorn, von hinten, fragen sie – oder was tun sie?

Als der Zug in Naumburg eintrifft, hat Tendler noch eine halbe Stunde Zeit bis zum nächsten Anschluß. Er geht in den Wartesaal, trinkt zwei Bier, auch einen Schnaps, obgleich er Schnaps nicht mag, dieser wird auch sein einziger an diesem Tage bleiben. Nur Bier mag er in Massen, er bestellt immer gleich zwei.

Als er danach im Zug nach Thüringen sitzt, ist ihm leichter. Er erreicht Unterbermbach, das abgelegene Rhöndorf, am frühen Abend, in der ersten Dunkelheit. Daß es ihn ausgerechnet hierher verschlagen hat, die Mutter hat schon recht, denkt er, als ihn der Bus über eine holprige, löchrige Asphaltstraße in das letzte Dorf vor der Grenze bringt. Er hat in Erfurt ordentlich Mittag gegessen, in Eisenach zwei Bockwürste. Er hat sich bis in die Rhön hinunter Zeit gelassen, die beiden Flaschen Bier auszutrinken, die er unterwegs erstanden hat. Er ist ganz nüchtern.

In Unterbermbach erwartet ihn Helga Lindner. Sie hängt sich an der Bushaltestelle gleich an seinen Arm. Es macht kein Problem, daß alle Leute sie so sehen. Sie wissen's doch: Eines Tages werden die beiden heiraten. Hartwig hat seine Herumzieherei aufgegeben, bei seinem Bau- und Montagebetrieb gekündigt, ihretwegen. Nun bleibt er hier, arbeitet in seinem alten Beruf als Zimmermann.

Ich hab' dir ein paar Bier besorgt, sagt sie, während sie seinen Arm drückt, schöne. Pilsner? fragt er. Da nickt sie.

Sie bleiben an diesem Abend bei ihr. Helga Lindner ist Friseuse im Dorf, im Geschäft ihrer Eltern. (Übrigens: auch die Tote ist Friseuse.) Ihr Zimmer, ideal, ist nur durch den separaten Ladeneingang erreichbar. Sie legen sich gleich ins Bett. Er liebt sie zwei-, dreimal, trinkt zwischendurch das Bier, weit vor Mitternacht verläßt er sie. Er sieht in der Dorfkneipe noch Licht, findet dort Helgas Vater, palavert mit ihm anderthalb Stunden lang über das Leben und die Welt, trinkt sein auch diesmal spendiertes Bier, dann stapft er endgültig nach Hause. (Was war denn nun anders, fragt der Richter später im Prozeß, fragen vorher schon, die ihn vernehmen. Warum haben Sie die eine aufgegeben, sind zu der anderen gegangen? Er hebt da die Schultern. Was soll schon anders gewesen sein? Freundlicher war sie vielleicht. Ja, freundlicher. Aber Frau ist doch Frau. Und er starrt in die verlegen staunenden Augen des Richters, bis sich sein Gesicht zu einem breiten blöden Grinsen verzieht. Das hat er manchmal, und er kann es einfach nicht beherrschen, nicht verhindern. Mitten im ernstesten Gespräch kann er das Verhandelte plötzlich als offenbar ganz lächerlich empfinden. So wird er in seinem Prozeß mehrfach grinsend in die Reihen der Zuschauer starren und ihnen als Ausbund von hinterhältiger Gemeinheit und Fühllosigkeit erscheinen.)

Er hat ein Zimmer bei einer Drechslerswitwe, wie das so heißt: übern Hof. Er hat auch dort zwei Bier stehen, hinterm Bett. Er trinkt das erste an, nun schon dumpf dem Tag nachsinnend, schläft drüber ein. Er hat sich gerade noch die Schuhe von den Füßen gestreift. So braucht er nicht lange, als er anderthalb Stunden später durch ausdauerndes Klopfen geweckt wird.

Halb vier Uhr morgens weiß man schon auf dem Kreisamt in Nebra Bescheid: Hartwig Tendler ist verhaftet worden, ohne Widerstand, ohne Fluchtversuch.

Nun ja, er ist es, er ist der Mörder. Wozu noch verschlungene Wege gehen, Tatsächliches bewußt verdecken, Zusammenhänge erst allmählich enthüllen. An der Apostelbrücke schon hat man sehr schnell herausgefunden, daß die Getötete nicht Selbstmord beging, sondern auf die Schienen gelegt wurde. Irgendwer hat sie mit einem fingierten Anruf an eine Parkbank vorm Wald gelockt. Wer? Sie hat von diesem Tendler ein Kind, erwartet von ihm das zweite, aber er läßt sich nicht mehr sehen. War dieser Tendler gestern abend in Bad Bibra, in ihrer Nähe?

Eine Nacht, einen halben Tag lang sträubt er sich zu gestehen Anderthalb Tage nach seiner Tat, bei seinem zweiten Verhör, bekennt er am Ende wenigstens das: Ja, er war nachts mit Hannelore Reuter auf dieser Brücke. Mach doch, was du willst, leg dich meinetwegen auf die Schienen, hat er zu ihr gesagt und sie verlassen. Wie weit ist da noch der Weg bis zur ganzen Wahrheit?

Er wächst auf dem Hofe der Eltern auf. Er mag Hunde, er mag Katzen. Am meisten, scheint es, mag er Schweine. Ein paarmal erwischen ihn die Eltern, wie er in den Koben herumtobt, sich mit den Schweinen balgt, in den Kot gestoßen wird. Bist du blöd, willst du selber zur Sau werden, Ferkel? schreit der Vater, ekelt sich sogar davor, ihn zu prügeln. Trotzdem passiert es noch zwei-, dreimal, daß sie ihn entdecken, wie er ein Schwein auf den Hof läßt (weniger auffällig: in die Scheune), es jagt, faßt, sich zum Narren macht. Natürlich, im nachhinein erscheint manches merkwürdig, in einem grellen, anderes ausschließenden Lichte: als ob sich das Abnorme, die Fehlentwicklung schon früh ausprägten.

Wir haben uns manchmal über ihn gewundert, sagt die Mutter Lina Tendler. Die Großen begriffen das Einmaleins auf Anhieb, sie konnten auch bald richtig schreiben. Aber er? Doch wer hat auf so einem Hof schon Zeit, sich um einen Kümmerling gründlich zu sorgen? Die Schule ist doch dafür da, daß er ordentlich lernt.

Er bleibt sitzen, zweimal. Die zweite und die fünfte Klasse durchläuft er doppelt, da gelingt nur der Abgang aus der sechsten. Für die Schweine aber hat er noch immer eine Neigung: wenn er sie nur füttern oder über den Hof treiben darf.

Vielleicht ist das auch für ihn das beste: Er bleibt wie sie alle in der Landwirtschaft.

Ein Jahr hält er durch, dann erklärt er plötzlich (es gibt einige so jähe Entschlüsse bei ihm): Er will Zimmermann werden. Er hat da ein gewisses Interesse, sogar einen Lehrherrn, im Nachbardorf. Die Eltern legen ihm keine Steine in den Weg: Er ist der dritte Sohn auf dem Hof, er ist dort überflüssig. (Der zweite Sohn ist schon längst gegangen, ist Fleischer in einer nahen Kleinstadt.)

Nach zwei Jahren, noch mitten in dieser Lehre, ist er plötzlich verschwunden. Drei Monate darauf erst kommt eine Karte: *Bin jetzt in Worms. Mihr geht es gut.* Er arbeitet später bei einem Weinbauern (in einem berühmten Weindorf), der zahlt ihm anfangs zwanzig Mark die Woche, später einhundertfünfzig für den Monat. (*So gut geht es ihm. Da sehen wir's: die Ausbeutung,* sagt später der Richter.) Er lebt bei einer deutlich älteren, geschiedenen Frau. Als er die satt hat, verläßt er auch seinen Weinbauern, treibt sich in verschiedenen Städten herum, lebt von Gelegenheitsarbeiten. (Viel später erst erfahren sie es: Ein älterer Freund oder Bekannter hat ihn damals bestärkt, sich abzusetzen, *nach drüben* zu gehen. Aber am vereinbarten Tag ist der andere nicht da, so macht sich Tendler allein auf die Reise: Westberlin, die damals üblichen Durchgangslager. Nachdem er ausgeflogen worden ist, kriegt er diese Arbeit in den Weinhängen von Nierstein.)

Am 22. Dezember 1956 tritt er ohne große Worte wieder durch das elterliche Hoftor in Hainburg: Der reuige Sünder, der Abenteurer ist heimgekehrt. Am 24. sitzt er mit Eltern und Geschwistern unterm heimischen Weihnachtsbaum, beeindruckt ringsum mit seinen Reiseerfahrungen. Am dritten Feiertag abends gehen sie tanzen. Mensch, Mädchen, sagt er irgendwann an diesem Abend zu seiner Tänzerin, du hast dich aber rausgemacht, hast tüchtig angesetzt, hast richtig Figur. Sie sind beide an dieselbe Schule gegangen, ein Jahr lang sogar in dieselbe Klasse, sie haben zusammen die Tanzschule in Bad Bibra besucht.

Nun erinnern sie sich lachend an die einstigen Schrittübungen: eins, zwei und Wechselschritt.

Hartwig Tendler bringt Hannelore Reuter in dieser letzten Weihnachtsnacht nach Hause in ihr Dorf. Die nächste Begegnung läßt auf sich warten, sie findet erst nach Ostern statt (Tendler arbeitet mittlerweile außerhalb), wieder bei einem Tanzvergnügen. Wochenlang hält sie ihn hin, dann darf er erneut kommen (sie hat sich's in schwierigen Nachtstunden überlegt): Sie ist nun neunzehn, sie will, sowieso ein Nachkömmling nach einer Handvoll Geschwister, kein spätes Mädchen werden, längst haben andere da schon ihren Freund.

Tendler hat inzwischen in Buna, dem Chemiekombinat, als Apparatewärter gearbeitet. Aber die weite Strecke dorthin und die langen Schichten sind ihm zu beschwerlich. So sucht er sich etwas Näheres, besser Bezahltes: Er wird Fördermann im Roßlebener Kalischacht. Da kriegt er damals 350 Mark auf die Hand. Einmal macht er dort unten in einem verlassenen Stollen Schießübungen.

Er hat in einer Scheune eine verrostete Pistole gefunden, eine alte 08 aus dem Krieg, auch etliche Munition. Als er die verpulvert hat, wirft er die Pistole irgendwo ins Wasser. Monate später wird ein Untersuchungsverfahren gegen ihn eingeleitet, aber niedergeschlagen (wegen seiner Jugend, heißt es in den Protokollen). Auf diese Weise hat er das erste Mal ernsthaft mit der Polizei zu tun.

Er geht nun fest mit Hannelore Reuter. Er besucht sie Sonntag für Sonntag, wird bei ihren Eltern zum Essen eingeladen. Die Reuters, schon ziemlich betagte Leute, mögen ihn, erstaunlicherweise. Die Mutter, früher einmal Lehrerin, nicht wieder in den Schuldienst übernommen, eine kleine Frau, kümmert sich nun bloß noch um den Haushalt und den kleinen Hof (lediglich Federvieh und Kaninchen, kein Land, nur etwas Garten), sie bäckt sogar ihr Brot selber, große, runde Laibe, mit denen sie auch Bekannte beliefert. Ihre anderen Kinder, sechs oder acht, sind in alle Winde zerstreut, nun hat sie nur noch ihren Nachkömmling, Hannelore.

Die schläft im August zum ersten Mal mit Hartwig Tendler, zum ersten Mal überhaupt mit einem Manne. Er kann nun nicht mehr warten, sagt er, es ist überhaupt ein Wunder, daß er so lange gewartet hat. (Sie entgegnet übrigens wirklich: Das ist deine Liebe, Hartwig.) Im Dezember weiß sie, sie kriegt ein Kind. Er wehrt sich, staunt: Ja? Im Februar 1957 verlobt er sich mit ihr, packt seine paar Klamotten bei den Eltern (sowieso verleiden ihm der verheiratete Bruder und seine Frau das eng gewordene Haus) und zieht ganz zu den Reuters.

Im März schon nimmt er freilich, frisch verlobt, ein neues Arbeitsverhältnis auf. Sechshundert Mark verdient er im Schacht nicht, wohl aber auf dem Bau, auf Montage. Da gibt es eine Firma in Zeitz, die sucht Leute, mit denen kommst du 'rum: Karl-Marx-Stadt, Erzgebirge, Borna, Leipzig, Salzwedel, Thüringer Wald und Rhön. Das ist ein Leben so ganz nach seinem Geschmack. Was sehen, was erleben, heute hier, morgen da. Und immer ein Bier dazu und ein paar dufte Kumpel. (Oder spürt er Verantwortung: Mehr Verdienst heißt mehr Sicherheit für eine entstehende Familie?)

Anfang September 1957 wird er zum ersten Male Vater, ein Mädchen, Bettina. Er sieht es erst Wochen nach der Geburt. Er kommt für ein Wochenende aus dem Erzgebirge nach Hause, läßt

in der Dorfkneipe einen springen auf seine Vaterschaft – und
noch einen und noch einen –, ist Sonnabend und Sonntag über,
wie man so sagt, im Tee und kommt nicht dazu, ein ernsthaftes
Wort mit seiner Verlobter zu wechseln, die für Glück und Freude
nimmt, was ihn bewegt, diese scheinbare Hochstimmung. Aber
auch bei den nächsten zwei Wochenendheimfahrten weicht er pe-
netrant dem Thema aus, das sie am meisten beschäftigt: Wann wollen wir denn nun heiraten? – Heiraten? Er verzieht verlegen das
Gesicht (grinst er auch ihr gegenüber sein unbeherrschbares
Grinsen?), er ist noch nicht soweit, er kann sich noch nicht festlegen, er muß noch was sehen von der Welt. (Das ist das einzige, was
sie je an Gründen von ihm erfährt. Ein einziges Mal geht er so aus
sich heraus, findet er Worte über das, was ihn bewegt.) Aber
Hartwig, sagt Hannelore, liebst du dein Kind denn nicht?
    Nein, möchte er sagen, aber das bringt er dann doch nicht fer-
tig. Im Grunde ist er ihr böse, daß sie das Kind gekriegt hat, daß sie
ihn mit ihren Wünschen bedrängt, daß ihn dieses Kind mit seiner
Existenz belastet.
    Im Dezember, als er auf Jahresurlaub kommt, wohnt er die
ganze Zeit über wieder bei seinen Eltern. Im März fordert er von
Hannelore Reuter seinen Ring zurück, seine Sachen (ein bißchen
Wäsche, einen Anzug). Nein, sie sind nun nicht mehr verlobt. Aber
wieso denn, Hartwig? Ich liebe dich doch. Immer bei solchen Ge-
sprächen verzieht er verlegen das Gesicht, stellt den Kopf schräg,
findet alles lächerlich, lächelt, grinst (ja, doch!), seine liebste
Geste, der er sich überläßt, die ihn vor jeder ernsthaften Auseinandersetzung schützt.

    Er zahlt für seine Tochter, aber unregelmäßig. Er schläft auch
noch ein paarmal mit seiner ehemaligen Verlobten, im November
1957, dann während dieses winterlichen Jahresurlaubs. Doch
schon vom Februar 1958 an betritt er das Haus der Reuters nicht
mehr. (Im März dann eben diese Forderung: Gib mir den Ring
zurück.) Später wird er abstreiten, bis zum späten Sommer etwas
davon gewußt zu haben, daß Hannelore Reuter zum zweiten Male
schwanger ist: von ihm. Doch schon im März haben sie sich brief-

lich darüber verständigt: *Teihle mir ja rasch mit, daß du Dich geirrt hast, daß deine Tage wiedergekommen sind.* Es gibt auch keinen anderen, der der Vater dieses neuen Kindes sein könnte. Hannelore Reuter, freundlich, leise, still, geht nirgendwohin mehr aus, denkt nur an ihre Kinder.

Seit Januar 1958 ist Tendler in Unterbermbach eingesetzt, im März kündigt er bei seiner Firma in Zeitz, damit er nicht mit ihr weiterziehen muß. Er hat Arbeit beim einzigen ortsansässigen Baubetrieb gefunden. Liebt er Helga Lindner, deretwegen angeblich dies alles geschieht? Aber Frau ist doch Frau. Oder mag er's, so nahe an der Grenze zu wohnen, so nahe an dem verlockenden Land nebenan, in dem er anderthalb Jahre lang keine Bande, keine Bindung fand? Aber es scheint müßig, in diesem Kopf nach plausiblen Gründen zu suchen. Als Tendler später gefragt wird, ob er Helga Lindner heiraten wollte, ob er ferner angeben könne, ob vielleicht auch sie schwanger sei von ihm und seiner Lust, hebt er nur die Schultern. Er hat mit ihr nicht darüber gesprochen. Er lebt in den Tag nach seinem Spaß, nach seiner Laune? Ja, genau so.

Er bringt Helga Lindner zweimal nach Hainburg mit: Das ist seine neue Verlobte. Er streut Nachrichten aus: Was Hannelore Reuter da erzählt, ist Lüge, nichts als Lüge, Verleumdung. So lange geht er schon nicht mehr mit ihr, wie habe er sie da von neuem schwängern können? Ihn soll's nicht wundern, wenn sie mal selber mit sich Schluß macht. Immer erzählt sie davon, immer droht sie ihm damit, um ihn zurückzuholen. (So berichtet er's jedenfalls seinen Brüdern, seiner Mutter.)

Am 13. September schickt er eine größere Summe an Hannelore Reuter. *Das wird das letzte sein denn ich werde nicht mehr lange dasein, Hartwig.* So hat er auf die Rückseite der Postanweisung geschrieben. Erschrickt sie? Hat sie bis zu diesem Tage noch Hoffnungen gehabt? Will er etwa wieder über die Grenze, auf Nimmerwiedersehen? Sie spricht mit niemandem darüber, mit keiner Bekannten, auch nicht mit der Mutter (mit dem Vater schon gar nicht). Sie schreibt ihm: *Komm, ich muß mit Dir reden.*

Am 19. September kommt er tatsächlich. Von Bad Bibra aus ruft er an, mit verstellter Stimme, bei Nachbarn, läßt sie ans Telefon holen. Sag ja, daß du zu Rosemarie gehst! schärft er ihr ein, als er sie so weit hat, daß sie sich mit ihm treffen will, allein, im Dunkeln, noch diesen Abend, gleich jetzt: Verrat kein Wort von mir.

Sie tut's dann auch nicht. Sie geht zu ihrer Schwägerin, sagt sie. Es ist halb acht.

Halb zehn an diesem Abend wird ihr Vater unruhig: Sie ist noch nicht zurück, so hochschwanger. Soll er zu Rosemarie gehen? Ach, Unsinn, sagt seine Frau, Hannelore wird drüben im Nachbardorf bleiben, wenn sie was bis in die Nacht hinein zu bereden haben, sicher so Frauensachen.

Ich hab' ein komisches Gefühl, ich müßte doch gehen, sagt ihr Mann (wenigstens gibt er's im nachhinein entsprechend an). Dann läßt er sich beruhigen.

Um diese Zeit sind Tendler und Hannelore Reuter schon unterwegs. Sie haben lange auf einer Bank gesessen, dann sind sie diesen beschwerlichen Weg über die Gleise entlang. Komm zu mir zurück, sagt Hannelore Reuter, meine Eltern tragen dir nichts nach, auch nicht, daß du zwischendurch einer anderen nachgelaufen, zu ihr ins Bett gestiegen bist. Dummkopf, ich trag dir auch nichts nach, ich liebe nur dich. (Sagt sie auch: Mach nicht wieder über die Grenze, was willst du dort?) – Das Kind da, wer weiß, von wem es ist, sagt er drauf, von sonstwem ist es, bloß nicht von mir.

Das ist ihr Thema über Stunden. Wie lange kann man dasselbe bereden, wenn es das Wichtigste; nein einzige ist, was einen bewegt? Sie ist zärtlich zu ihm, manchmal er auch zu ihr. Als er zudringlich wird, sie ins Gebüsch drängen will, wehrt sie ab: Denk an unser Kind, es geht nicht. Da, horch, hörst du's nicht? Es braucht vielleicht nur noch ein paar Tage. (Beugt er sich nieder, horcht er an ihrem Leib?)

Als der Vormitternachtszug, dieser Lumpensammler, die Steigung heraufkeucht, sind sie schon vor der Apostelbrücke. Jetzt, denkt er. Aber wenn es nicht klappt? Der Zug fährt so langsam. Er hat danach noch ein paarmal Mitleid (so seine Auslassungen in den Vernehmungen), oder sie ist zärtlich. Irgendwann später erst verwirklicht er seinen Vorsatz: Er schlägt sie mit der Handkante gegen den Hals, daß sie niederstürzt; Blut strömt aus einer Platzwunde am Hinterkopf. Was machst du? fragt sie mit erschrockenen

Augen. Da kniet er nieder, würgt sie, bis sie nicht mehr atmet. (Es scheint freilich nur so, in Wirklichkeit wird sie noch Stunden leben, bewußtlos.) Dann legt er sie zwischen die Schienen: Selbstmord – jeder wird's glauben. Irgendwann einmal hat er's mit ihr machen wollen – aber daß es nun hier geschah und auf diese Weise? Er bedeckt das Blut auf den Brückensteinen grob mit Bahnschotter und Erde, denkt tatsächlich: So wird es ihn nicht mehr verraten ...

Er könnte nun nach Hause gehen (oder in diese Rhön zurückfahren), von der Brücke aus braucht er keine Stunde bis zum elterlichen Hof. Aber was soll er den Eltern sagen? So läuft er zurück nach Bad Bibra, setzt sich auf eine Bank am Bahnhof, schläft bis zur Ankunft des Frühzugs; den besteigt er für die Fahrt bis zur nächsten Station. Er geht nicht zum Fenster, als der Zug in der Dunkelheit langsam auf die Apostelbrücke zugleitet, er fährt mit dem Zug über das Mädchen, das er nicht zu seiner Frau machen wollte, weil da eben eine andere ist oder er keine Lust mehr dazu hat: diese Verpflichtungen ... Was er nicht weiß, ist: Erst die Räder dieses Zuges töten Hannelore Reuter, die späteren gerichtsmedizinischen Untersuchungen beweisen es eindeutig.

Von dem genossenen Alkohol war ich an diesem Abend nicht betrunken. Ich habe vollkommen gewußt, was ich getan habe.

Im Zug kam mir der Gedanke, daß Hannelore aus der Welt müsse. Damit ich nicht mehr gehindert würde bei Helga, wenn Hannelore nun wieder ein Kind bekam.

Aber Sie verdienten doch gut, Sie brauchten doch nicht zu hungern, wenn Sie für zwei außereheliche Kinder zahlen mußten?

Helgas Eltern durften nichts von dem Kind wissen, und wie ich Helgas Charakter kenne, hätte sie nichts mehr von mir wissen wollen, wenn nun noch ein zweites Kind gekommen wäre.

Ja, ich habe sie noch geküßt, es lag an ihr, sie fing immer wieder an, sie wollte mich rumkriegen. Dann habe ich sie mit der flachen Hand gegen den Hals geschlagen, sie fiel sofort um. Ich habe sie an den Haaren noch einmal hochgezogen, sie hat nichts mehr gesagt ... Ich habe sie dann liegenlassen und bin weggegangen.

Ich habe nicht darüber nachgedacht, was kommen würde, sonst wäre ich ja nach dem Westen abgehauen oder gleich in die Fremdenlegion.

Er lügt, er mischt unentwegt Wahres mit Phantasie und Schutz-
behauptungen. Er hat sich seit Monaten mit dem Gedanken getragen, die Frau aus dem Wege zu räumen, die ihn hindert, sein Leben
so ungebunden, so ohne Verantwortung zu leben, wie er es möchte. Er ist nicht geisteskrank, aber er handelt primitiv, beschränkt.
Wird es möglich sein, ihm Stück für Stück nachzuweisen, was sich
an Vorstellungen, Überlegungen in seinem Kopf vollzog?

Der Richter und die Schöffen, die über ihn zu urteilen haben,
befinden schließlich: Tendler hat verwirkt, weiterhin unter Menschen zu leben. Aber der Staatsanwalt protestiert gegen dieses Urteil, auch der Verteidiger legt Berufung ein – mit Erfolg. Tendlers
Fall wird noch einmal verhandelt, entsprechend der Gerichtsord-
nung vor dem damaligen Obersten Gericht der DDR als oberster
Berufungsinstanz. Und dessen Richter finden genügend Gründe,
auf die Anwendung der Höchststrafe gegen Tendler zu verzichten:
Tendler handelte nicht mit letzter heimtückischer Absicht (zumindest läßt sich ihm die nicht nachweisen), er hätte seine ehemalige
Verlobte nicht getötet, wenn sie ihn hätte ziehen lassen; zudem ist
er jung (einundzwanzig Jahre zum Zeitpunkt der Tat), charakter-
lich auf Grund unterschiedlicher Einflüsse nur unzureichend ge-
festigt, in seiner Gemütsstruktur defekt, ein Psychopath.

*Die Tat des Angeklagten, die er mit großer Brutalität, kaltblütig und
hemmungslos ausgeführt hat, ist in hohem Maße verwerflich und verab-
scheuungswürdig,* formulieren die Richter. Das dürfe aber nicht dazu führen, die mittlerweile entwickelten Grundsätze über die Anwendung der Todesstrafe unberücksichtigt zu lassen.

Wir schreiben das Jahr 1959. Die DDR kämpft, wie man das
nannte, um weltweites Ansehen, um internationale Anerkennung. Eine Voraussetzung dafür ist, wenigstens auf Teilgebieten,
eine Liberalisierung ihres Strafrechts. Freilich: Auch im Falle
Tendler lassen die Richter keinen Zweifel an ihrer grundsätzli-
chen, klassenkämpferischen, ahumanen Position. *Die Todesstrafe,
schreiben sie, auf die als schwerste Maßnahme des sozialen Selbstschutzes
in der gegenwärtigen Situation des Kalten Krieges noch nicht verzichtet
werden kann, findet danach nur in Ausnahmefällen Anwendung, und
zwar nur in Fällen der schwersten Gesellschaftsgefährlichkeit des verbrecherischen Angriffs.*

Einen solchen gesellschaftsgefährlichen verbrecherischen Angriff aber stellt die Tat Hartwig Tendlers in den Köpfen seiner obersten Richter nicht dar. So wird das Urteil gegen ihn abgeändert: Er
wird zu einer lebenslangen Freiheitsstrafe verurteilt. Von der wird er
schließlich fünfzehn Jahre absitzen.

Am Rande der großen, runden Wiese und den Apostelsteig hinauf stehen nach wie vor zwölf kräftige Weiden. Nach ihnen und den
zwölf aus uralter Sagenzeit überlieferten Heiligennamen ist der
Weg benannt wie die Brücke. Oder wurden die Weiden vor langer
Zeit einmal gepflanzt, dem vorhandenen Namen endlich die fehlenden Symbole zu geben? Vielleicht lohnte es viel mehr, dieser
Vergangenheit nachzugehen?
    Das Stück Wald von Bad Bibra nach Saubach ist ein schöner
Flecken Erde. Ich mag solche Gegenden vor allem im Herbst. Da
deckt das bunte Laub manche Unvollkommenheit. Nach Jahren
bin ich wieder einmal hier, schliddere abenteuerlich durchs dich-
te unwegsame Unterholz den abschüssigen Hang hinunter zur
Brücke, überzeuge mich von den Rostflecken am Geländer. Vier
Jahrzehnte liegen die Ereignisse mittlerweile zurück, vieles hat
sich geändert. Unten im Tal neben der Asphaltstraße, an der
schlichten Holzbrücke über das nächste Rinnsal hat der Heimat-
verein eine Tafel aufstellen lassen. Sie erinnert an einen Mord in
alter Ritterzeit. Wäre es nicht angebrachter, mit anderen Tafeln
auf weniger weit zurückliegende menschliche Verirrungen hinzuweisen?
    Ich gerate mit ein paar Leuten ins Gespräch, Mann und Frau, ein
Ehepaar, neugierig unterwegs wie ich. Ob sie wüßten, was da drüben an der Apostelbrücke einmal geschehen ist? frage ich. O ja,
nicken sie da, nicht nur sie, alle hier in der Gegend wissen noch
sehr genau davon. Die Familie der Toten lebt ja noch hier, das
Enkelkind. Sie nennen seinen Vornamen. Und selbst den Täter hat
es nach seiner Entlassung aus der Haft in die Nähe der früheren
Heimat zurückgezogen. Zwanzig, dreißig Kilometer von hier
wohnt er, in einem der Dörfer.
    Nein, die bittere Geschichte vom Tod auf der Apostelbrücke
braucht noch keine Tafel. Sie scheint noch ganz gegenwärtig in

den Köpfen der Menschen zwischen Laucha, Bibra und Saubach und vielleicht auch das Stück darüber hinaus bis Lossa. So heißen die Dörfer und kleinen Städte hier.

Die Stunde vor Mitternacht

Die Vorgänge

Am 19. April 1964 – es ist ein Sonntag – besucht Helene Kanzog Sohn und Schwiegertochter am Rande der Stadt, sechs Straßenbahnhaltestellen weit weg, gleich hinter der Autorennstrecke, die damals noch jährlich genutzt wird. Sie ist zu Kaffee und Fernsehen eingeladen, und wenn sie auch etliche Umständlichkeiten und Umwege in Kauf zu nehmen hat – es ist gerade mal wieder so ein Auto- und Motorradrennen –, es wird ein gemütlicher Abend. Helene Kanzog ist gern hier draußen, die Schwiegertochter mag sie am liebsten, nicht erst, seit das Enkelkind da ist, die kleine Simone. Christine ist ordentlich, häuslich, sie schneidert und strickt viel, man kann sich über alles mögliche mit ihr unterhalten, und der Junge, Klaus, hat neben ihr unerwartete handwerkliche Fähigkeiten in sich entdeckt. Was die beiden sich in ihren paar Jahren Ehe schon angeschafft haben!

Eine Stunde vor Mitternacht fährt Helene Kanzog vom Stadtrand mit der Bahn zurück, glücklich, in einer Tasche ein paar Geschenke, gut verpackt. Die wird sie sich erst daheim ansehen, wie sie es versprochen hat. Wenn nur Katrin, die eigene Tochter, so wäre, so freundlich und anstellig und vor allem: endlich unter der Haube. Aber die muß sich ja mit allen möglichen Burschen herumtreiben, leichtem Volk, sich *ausprobieren*. Ob sie sich jetzt vielleicht noch daheim mit ihrem neuesten Freund überraschen läßt?

Am Postplatz steigt Helene Kanzog aus, läuft den Rest Weg durch die milde Vorfrühlingsnacht, am Theater vorüber in die nördlichen Altstadtstraßen hinein. Nun ist das Wichtigste im Leben schon vorüber ... Wieso sie das ausgerechnet jetzt denkt? Aus Ostpreußen gekommen, ein Kriegsflüchtling, hat sie zur Heimat den Mann verloren: Wortlos ging der nach drüben, in den Westen, kümmerte sich um sie genausowenig wie um seine zehn Kinder, von denen ihr nun noch zwei in der Nähe geblieben sind. Nie wieder hat sie seitdem eine Ehe zustande gebracht. Gut bloß, daß sie dieses merkwürdige Verhältnis zum alten Brose abgebrochen hat. Nebeneinander im Bett liegen wie kalt, Händchen fassen und warten – was soll's. Nun hält sie ihm Wohnung und Sachen sauber, es ist ja ihr Beruf, und er gibt ihr ein paar seiner Rentnermark dafür. Fertig!

Als sie vor ihrer Haustür steht, in der Tasche schon nach dem Schlüsselbund kramt, stutzt sie. Da hetzt plötzlich ein Schatten auf sie zu, direkt auf sie zu, im Laufschritt. Noch kann sie den Schlüssel ins Schloß stecken, umdrehen, da plötzlich spürt sie den Schlag. Einen Schlag in den Rücken, wie mit einer Faust, und der Mann läuft weiter, wortlos, rennt die nachtdunkle, kaum erleuchtete Straße hinauf und verschwindet hinter der nächsten Ecke.

Helene Kanzog stürzt ins Haus, schreit ins Zimmer des alten Brose, bei dem sie noch Licht sieht: Der hat mich geschlagen, ins Kreuz hat der mich geschlagen, keucht dann die Treppen hinauf, sagt das gleiche noch einmal zu Katrin, der Tochter, die plötzlich im Nachthemd neben ihr steht: Ins Kreuz hat der mich geschlagen. Wie der Staschek sah der aus.

Katrin Kanzog streift der Mutter den Mantel vorsichtig vom Körper, faßt ihr an den Rücken, zuckt erschrocken mit der Hand zurück: Sie hat in Blut gefaßt. Gestochen, sagt sie, hat der dich, nicht bloß geschlagen. Aber die Mutter vernimmt ihre Worte schon nicht mehr, sie liegt bereits in Ohnmacht, wacht erst im Krankenhausbett wieder auf.

Die Ermittlungen beginnen sofort. Noch in dieser Nacht klopft man Heinz Staschek aus seiner Wohnung, zwei Stockwerke über den Kanzogs. Aber Staschek hat ein offenbar einwandfreies Alibi, er hat mit Freunden bis nach Mitternacht zusammengesessen und Skat gespielt, die Wohnung für keine Minute zwischendurch verlassen.

Und die Freunde der Tochter Katrin?

Über Tage hinweg konzentriert sich der Verdacht auf sie, listet man ihre Namen auf, überprüft man ihre derzeitigen Lebensumstände, ihren Aufenthalt. Es war Rache, denkt man, Rache dafür,

daß Helene Kanzog jemandem den Umgang mit der Tochter ver-
wehrte, ihn vielleicht aus der Wohnung verwies. Was soll man sonst
mit diesem merkwürdigen Fall anfangen? Das wird doch wohl
nicht sein, daß da wer grundlos eine wildfremde Frau niedersticht
(mit einem spitzen Gegenstand, es ist nicht sicher, daß es ein Messer war), ihr nicht einmal die Tasche entreißt oder sie noch anders
belästigt, sich nicht weiter an ihr vergehen will, vielmehr bloß
davonrennt. Da muß es doch eine persönliche Beziehung geben,
ein daraus abzuleitendes Motiv.

Also Rache?

Ja, Rache. Wenigstens für die ersten Tage bestimmt sie als vermu-
teter Tatanlaß die Ermittlungsvarianten, obgleich: Helene Kanzog
kann sich nicht vorstellen, daß sich jemand an ihr rächen wollte.
Sie hat keine Feinde. Sie hat ja auch immer gute Miene zu den
lockeren Spielen ihrer Tochter gemacht, selbst wenn die sich ständig andere Nachtgäste auf die Couch im Wohnzimmer einlud. Nie
hat sie einen dieser Burschen grob angefahren, nur stets von neuem der Tochter ins Gewissen geredet. Die ist ja dann auch für anderthalb Jahre ausgezogen, mittlerweile aber reumütig zurückgekehrt. Inzwischen ist sie mit ihrem jüngsten Freund sogar verlobt –
möglich, daß sie nun endlich zur Ruhe kommt.

Sie hören sich an, was Helene Kanzog leise und geschwächt von
ihrem Krankenhausbett aus mitteilen kann, wenig Neues, aber es
paßt zu ihrem Verdacht: Rache. Der Mann, der Helene Kanzog
überfiel, wortlos auf sie zustürzte und weiterrannte, war jung, vielleicht Anfang der Zwanzig; im übrigen mittelgroß, er trug keinen
Mantel, nur ein dunkles Jackett.

Helene Kanzog hat bei allem Glück gehabt. Der Stich in den
Rücken, unters rechte Schulterblatt, hat die Lunge nur geringfügig verletzt, die Blutung ist längst zum Stillstand gekommen, es besteht keine Gefahr mehr für ihr Leben.

Vier Tage nach diesem Überfall, am 23. April 1964, gibt man im
Theater der Stadt Shakespeares *Maß für Maß*. Zu den Gästen der
Vorstellung gehört auch Helga Unglaube, Buchhalterin, sechsundzwanzig Jahre alt. Mit ihrer Tante aus Ludwigshafen, die eine Woche
lang in der Stadt zu Besuch ist, bleibt sie nach dem letzten Akt noch,

um an einem Foyergespräch teilzunehmen. Freilich, es kommt keine große Diskussion zustande, man bestätigt sich wechselseitig den guten Eindruck der Aufführung, nur ein paar junge Männer, Oberschüler offenbar, sind ein bißchen rebellisch-kritisch.

Dann gehen die Tante und Helga Unglaube hinaus in die nächtliche Stadt, reden noch von ihren Eindrücken, machen Pläne: Natürlich kann man auch einmal eine andere Aufführung besuchen, eine Oper vielleicht, um Händel kümmert man sich am hiesigen Theater besonders.

Die Tante ist angetan von ihrer Nichte, ein nettes, ruhiges Mädchen, denkt sie, und vielseitig interessiert. So vergeht die Zeit rasch, bis die Straßenbahn kommt und die Tante einsteigt: Sie wohnt bei anderen Verwandten im Süden der Stadt. Helga Unglaube winkt ihr noch zu, und die Tante winkt zurück, lächelt.

Es ist mittlerweile dreiundzwanzig Uhr fünfzehn. Die Nacht ist kühl, der Mond scheint hell von einem wolkenlosen Himmel. Helga Unglaube hat noch zweihundert Meter Weg bis nach Hause zum Herder-Ring, der beliebten Wohngegend: Altbauten meist vom Jahrhundertbeginn, schöne große Zimmer, und ein bißchen Grün ist in der Nähe. Man müßte nur bald etwas für die Renovierung der Häuser tun. Sie verkommen in den Aufgängen und an den Fassaden.

Helga Unglaube ist nicht ängstlich, sie kommt manchmal spät allein nach Hause. Sie erschrickt auch nicht, als sich gegenüber ein Torflügel bewegt. Es wird schon niemand dahinterstehen.

Als sie in den Herder-Ring einbiegt, noch fünfzig Meter zu laufen hat, hört sie Schritte hinter sich, rasche, hastende Schritte. Sie blickt sich nicht um, sie denkt lediglich: Der hat es aber eilig, sie sieht einen Schatten neben sich größer werden und geht ein wenig zur Seite, um den anderen, Eiligen, an sich vorüberzulassen.

Im selben Augenblick spürt auch sie einen Schlag in den Rükken. Es ist ein Schlag mit solcher Wucht, daß sie leicht in die Knie geht; zugleich ist da eine jähe Hitze, als hätte ihr jemand eine brennende Zigarette in Haut und Fleisch gedrückt. Sie schreit auf, blickt sich nach dem anderen um, der wortlos davonrennt, von der anderen Straßenseite aus kurz zurücksieht: ein junger Mann, schlank, in dunkler Hose und hellerer Strickweste. Dann läuft sie, an einem Trabant-Kombi vorüber, in dem ein Pärchen sitzt, muß anfangen zu weinen, zieht sich den Mantel aus – wieso, weiß sie nicht, wahrscheinlich wird ihr im Rücken zu heiß –, sie schließt die Haustür auf, weckt die Eltern im Schlafzimmer.

Als die Mutter ihr Jacke und Bluse abstreift, die Blutflecken, die Wunde unterm Schulterblatt entdeckt, sinkt Helga Unglaube wie Helene Kanzog in Ohnmacht. Sie kommt erst wieder zu sich, als der Krankentransport eintrifft, die Männer in den weißen Kitteln sofort die Polizei verständigen.

Noch in dieser Nacht wird klar: Da kann nicht mehr von Rache die Rede sein. Da geht es auch nicht um Raub. Auch diesmal hat die Geschädigte eine Tasche bei sich getragen, etliches Geld im Portemonnaie mit sich geführt, aber das – wie die beiden Ringe an ihren Händen – blieb ohne Interesse für den Täter. Er hat nicht den geringsten Versuch unternommen, in ihren Besitz zu gelangen. Hat er auch keinen Versuch gewagt, anderweitig aufdringlich zu werden, Helga Unglaube etwa sexuell zu belästigen? Oder ist er durch irgendein Ereignis, irgendeinen Umstand davon abgehalten worden, etwa durch dieses Pärchen im Trabant-Kombi?

Das Pärchen im Trabant-Kombi hat von den Ereignissen dieser Nacht, die sich da in weniger als zehn Metern Entfernung abgespielt haben, nichts Entscheidendes, erst recht nichts für die Ermittlungen Weiterweisendes wahrgenommen. Es ist mit sich beschäftigt gewesen. Ein Jungingenieur aus der Kohle, siebenundzwanzig, bringt seine zwanzigjährige Freundin nach Hause, die Sekretärin irgendeines Universitätsinstituts, nichts weiter. Nun haben sie letzte Zärtlichkeiten ausgetauscht und zwischen ihren Küssen eine junge Frau durch die Nacht rennen sehen, die wohl weinte und sich auf einmal im Laufen den Mantel auszog. Nein, einen Mann haben sie nicht zur selben Zeit irgendwo in der Nähe gesehen.

Da kann also ringsum die Welt untergehen, die Liebe hat Blicke nur für sich selbst.

Es gibt solche Sprüche.

Andere können da wichtigere Hinweise geben, Professor Liswang zum Beispiel. Professor Liswang hat eine Tochter, Apothekenhelferin. Vor zehn Tagen ist sie von einer kleinen privaten Fete nach Hause gegangen, spät abends, allein, auch so kurz vor Mitternacht, da hat ein Mann sie unterwegs angesprochen, sie aufdringlich berührt, na eben angetatscht, schließlich hat er sogar begonnen, an seiner Hose zu nesteln. Freilich haben beide, Vater wie Tochter, diesen peinlichen Vorgang nicht weitergemeldet, nirgendwo Anzeige erstattet. Nun erst, bei diesen Befragungen von Haus zu Haus, von Wohnung zu Wohnung, nun erst geben Vater und Tochter das Geschehen jener Nacht zu Protokoll. Astrid Liswang kann dazu eine ziemlich genaue Beschreibung des Mannes vermitteln, der sie damals belästigte. Allerdings: Ihr Täter war keineswegs jung, eher fünfzig als vierzig, und er war kein Schweiger, er schwadronierte unentwegt, versuchte sie gewissermaßen mit seinem Redefluß zu überzeugen, ihm zu Willen zu sein.

Auch andere Frauen des Wohnviertels erzählen plötzlich von diesem Mann zwischen vierzig und fünfzig, der da abends oder nächtlich bereit war, seinen Hosenbund auffordernd zu lockern. Seit zwei Jahren steht er manchmal an Hauseingängen oder Gartenzäunen und redet unverblümt von seinen Wünschen. Hat das zuständige Revier die Dinge zu leicht genommen, bloß als dumme Gerüchte, oder haben die betroffenen Frauen über die unangenehmen Vorgänge lieber geschwiegen wie die Liswangs? Nun, konfrontiert mit dem Wissen um diesen nächtlichen Messerstecher, geben sie plötzlich ihre Erinnerungen preis, erschreckend viele: Mehr als dreißig solcher Belästigungen haben sich in diesen zwei Jahren ereignet, sie haben Frauen und Familien erregt und sind doch nicht zu einer Anzeige gelangt. (Und beinahe täglich gehen weitere derartige Protokolle ein.)

Noch im April verhaften sie Ernst Schwalbitz. Ernst Schwalbitz ist sechsundvierzig, alleinstehend. Nein, kein Witwer. Seine Frau ist ihm auf und davon. Die Nachbarn berichten von zurückliegenden streiterfüllten Nächten. Schwalbitz wohnt in einer der Seitenstraßen des Herder-Rings, er gibt zu, manchmal seine Sehnsucht nach einer Frau zu aufdringlich geäußert zu haben. Im Grunde ist er ein armes Würstchen. Bei jeder Vernehmung heult er irgendwann. Oder ist er bloß feige, hat er sich schließlich ekstatisch in diese Messerstecherei hineingesteigert, weil es ihm nicht genügte, bloß zu reden und die Knopfverschlüsse am Hosenschlitz zu öffnen?

Natürlich glauben sie erst einmal, mit Schwalbitz den Richtigen gefunden zu haben. Aber weder Helene Kanzog noch Helga Unglaube erkennen in ihm oder auf dem Foto von ihm ihren Täter. Ihr Täter war weitaus jünger, schlanker. Er wirkte auch entschlossener, größer.

Es wäre ja auch zu schön gewesen, so rasch zum Erfolg zu gelangen.

Also muß man noch einmal von neuem ansetzen, nein: muß man den bislang gleichermaßen verfolgten Spuren und Spurenkomplexen noch intensiver nachgehen. Wem ist Helga Unglaube an jenem Abend begegnet, zwei Oberschülern, einer johlenden, schreienden Meute von fünfzehn Jugendlichen, vorwiegend Jungen, drei Männern an der Straßenbahn, die nicht mit der Tante aus Ludwigshafen einstiegen, nicht davonfuhren? Wo sind die einzelnen abgeblieben, wie haben sie sich jeweils verhalten? Findet sich da eine erfolgversprechende Spur? Oder: Welcher vorbestrafte Sittlichkeitsverbrecher, welche Person, die intensiver nervenärztlicher Fürsorge unterliegt, hielt sich an den entsprechenden Tagen in der Stadt auf und kann kein Alibi nachweisen?

Sie arbeiten, ermitteln inzwischen unter erheblichem Druck. Gerüchte und Ängste breiten sich aus. Immer weniger Frauen wagen sich abends allein auf die Straße. Selbst die Begleitung des Ehemannes ist kein ausreichender Schutz, heißt es. Warum sich unnötig Risiken aussetzen? Frauenversammlungen, Elternabende müssen abgesetzt werden, die Kneipen und die zwei Kinos in dieser Gegend werden deutlich weniger besucht, und das liegt mit Sicherheit nicht an der Qualität der ausgeschenkten Biere oder an der Auswahl der Filme. Wann endlich wird man diesen nächtlichen Stecher finden? Nicht nur der Staatsanwalt fragt immer ungeduldiger nach.

Dabei: Es ist mittlerweile ein gewaltiger Apparat, den sie in Gang gesetzt haben, ein umfangreiches, verzweigtes System von Maßnahmen – *auf Grund der hohen Gesellschaftsgefährlichkeit der Delikte,* wie sie es nennen. Das damalige Präsidium in Berlin hat Unterstützung geschickt, eine gemeinsame Einsatzgruppe aus Mitarbeitern von Stadt und Bezirk ist gebildet worden. Sie überprüfen nicht nur Personen, sondern auch Akten, Karteien, verschiedenste Unterkünfte, sie beobachten Internate, nicht registrierte Übernachtungsmöglichkeiten, geheime Schlupfwinkel. Sie erhöhen die Streifentätigkeit in der Stadt, vor allem in diesem Paulusviertel, sie breiten vor Helene Kanzog und Helga Unglaube ihre Bildkarteien aus, sie überprüfen nahezu sämtliche entlassenen Gewalttäter im ganzen Lande ...

Am 14. Mai 1964 hat das weithin bekannte *Promenadenkaffee* – auch PK genannt – so wenig wie sonst über Mangel an Zuspruch zu klagen. Schon kurz nach neunzehn Uhr sind alle Tische besetzt, so daß nur noch Einzelgänger einen Platz finden, und die Grüppchen, die da vorm Eingang warten, müssen sich entweder trennen oder mit langen Wartezeiten rechnen, ehe sie gemeinsam an einem Tische Platz finden. Freilich, manche Gäste hier haben es eilig; ein paar Bier und Schnäpse oder eine Stunde Aufenthalt reichen ihnen, für eine Verabredung oder bloß gegen den Durst.

Kurz nach neunzehn Uhr findet ein junger Mann einen leeren Stuhl, wenn auch gleich neben der Tür. An dem Sechsertisch hier sitzen unterschiedliche Leute, ein Ehepaar, das jeden Tanz mitnimmt, am Tisch Kopf an Kopf sitzt, nicht nur mit Händen und Gesicht zueinander zärtlich ist, eine Frau um die Vierzig, die öfter aufsteht, auf einen der jungen Musiker einredet – seine Mutter ist sie bestimmt nicht –, und zwei Männer, die auf kein Tischgespräch hören, vielmehr wie dieses Ehepaar ausschließlich miteinander beschäftigt scheinen.

Der junge Mann versucht, mit dem einen oder anderen am Tisch in ein Gespräch zu geraten, aber er hat kein Glück, selbst die alleinstehende Frau erwidert seine Annäherungsversuche nicht, läßt sich mit keinem Thema ködern. Oder hat er diesmal alles falsch angefangen, zum Beispiel, als er erklärte, daß er für diese ..., diese Sicherheit arbeitet, und Sicherheitsleute sind immer im Dienst? Davon läßt sich keiner der fünf ringsum beeindrucken. Denken sie etwa, die richtige Sicherheit redet nie über sich?

Eine halbe Stunde später versucht der junge Mann dennoch wieder auf dieselbe Weise, eindrucksvoll Beziehungen anzuknüpfen. Er hat inzwischen den Tisch gewechselt, sitzt nun beinahe in der Mitte des vorderen Gaststättenraumes. Von hier aus hat er einen ziemlich guten Blick hin zu Kapelle und Saal, wo getanzt wird. Aber dieser Ein- und Überblick interessiert ihn wenig. Ihn interessiert erst einmal nur dieses Mädchen, das da plötzlich an den Tisch gekommen ist, von einer älteren Freundin oder Bekannten geholt, eine junge Frau Anfang der Zwanzig, mit ganz ansehnlichen Körperpartien, nur das Haar hält sie wenig gepflegt, es hängt strähnig, und wenn sie spricht oder lacht, fällt die Lücke links in der oberen Zahnreihe auf. Bei allem scheint sie zugänglich, er spendiert ihr einen Likör, einen Kirsch-Whisky, später noch einen, und schon nach einer Viertelstunde sieht es aus, als wären sie miteinander gekommen, gehörten sie schon immer zusammen. Er weiß nicht recht, ob sie seine Masche mit der Sicherheit glaubt, manchmal findet sie spöttische, übertriebene Bemerkungen, er jedenfalls glaubt ihr nicht, daß sie schon einmal Aufseherin in einer Haftanstalt war. Aber sei's drum, er kann sich ganz gut mit ihr unterhalten, Kapellen und Kneipen nicht nur in der Stadt, sie kennt sich da aus, und Witze hat sie beinahe mehr auf Lager als er. Sie tanzen auch miteinander, er spürt gleich, wie ihr Körper seinen Bewegungen nicht ausweicht, ihnen vielmehr deutlich entgegenkommt. Da weiß er: Er hat an diesem Abend genau die richtige Frau gefunden, ein ganz schön tolles Weib aufgerissen, er wird bald mit ihr einig sein.

Er heißt Ritschy, eigentlich Richard, sagt er, aber seinen Ausweis zeigt er ihr erst später, wenn's was mit ihnen geworden ist. Klar?

Da sagt sie: Sie heißt Anita und ist gerade mal aus dem VEB Knast entlassen, vierzehn Monate hat sie abgerissen.

Das Bekenntnis erschüttert ihn nicht.

Gegen neun, lange vor der großen Pause, stellt er die entscheidende Frage: Gehn wir zu dir? *Zu mir auf Bude is nämlich nich möglich.* Aber auch sie hat kein akzeptables Quartier für diese Nacht, er begreift vielleicht, warum. Doch da existiert eine ältere Freundin, bei der ist sie schon ein paarmal untergekommen, bei der können sie's versuchen.

Er fragt nicht, mit wem sie da schon untergekommen ist, es ist ihm auch gleich, die Hauptsache, er liegt bald mit ihr zusammen. Sowieso müssen sie nun rasch auf und davon, ein paar Jungen haben Anita angepöbelt, sie rüde beschimpft – *Na, Schlampi, bist du wieder da?* –, sie auch Bettputte oder ähnlich genannt. Er hätte eigentlich eingreifen müssen, aber er ist heute nicht in der Stimmung, sich zu prügeln, da geht er lieber, obgleich er weiß: Er hat schon Kraft in den Fäusten. Mancher hat's in der Vergangenheit zu spüren bekommen.

Einundzwanzig Uhr fünfzehn verlassen beide das Promenadenkaffee. Sie sind sich nun völlig einig: Sie werden irgendwo noch eine Flasche Wein miteinander trinken, allein, ungestört, dann klingeln sie Elvira heraus, diese Freundin. Sie wohnt in einer der Schlippen, dieser Seitengassen unmittelbar am Markt.

Noch an diesem Abend, eine Viertelstunde vor Mitternacht, erhält der Operative Diensthabende im Polizeikreisamt der Stadt einen dringlichen Anruf aus dem Krankenhaus Mitte. Die Nachtschwester teilt im Auftrag des diensttuenden Arztes mit, daß vor zehn oder fünfzehn Minuten hier eine schwerverletzte Frau eingeliefert worden ist, Alter etwa fünfundfünfzig bis sechzig Jahre. Sie hat eine blutende Stichwunde unterm rechten Schulterblatt. Sie heißt Elvira Mattke, ist bei Bewußtsein und kann vernommen werden.

Der Stecher! Vier Wochen lang hat er sich ruhig verhalten, ist vielleicht verschreckt gewesen, nun ist er doch wieder da!

Sie unternehmen, was sie in den beiden entscheidenden Aprilnächten bisher auch sofort unternommen haben: Sie beordern die verfügbaren Streifen und Streifenwagen in die Nähe des Tatortes, riegeln das Viertel südlich vom Markt bis zur Kirche inmitten des Herder-Ringes systematisch ab, durchkämmen es gewissermaßen Straße um Straße. Sie alarmieren die Einsatzgruppe, die Morduntersuchungskommission, einen Fährtenhundführer, sie informieren die Leiter von Kripo und Amt ...

Wenige Minuten nach dem Anruf aus dem Krankenhaus Mitte spricht bereits der Leiter der zuständigen Funkwagenbesatzung mit dem Arzt, der Elvira Mattke den ersten Notverband anlegte, wechselt auch ein paar Sätze mit der Überfallenen. Freilich, ein ordentliches Protokoll wird nicht möglich sein, Elvira Mattke ist geschwächt, eben doch schwer verletzt, sie muß rasch in die nahen Universitätskliniken überführt werden, dort auf den Operationstisch. Aber eine junge Frau ist in der Nähe, ein bißchen schmud-

delig zwar und ungepflegt, außerdem riecht sie meterweit nach Al-
kohol. Was sagt sie? Sie kennt den Täter, war mit ihm den ganzen
Abend zusammen, kennt auch den Tatort? Wie heißt sie, Anita
Kohnert?

Kommen Sie bitte, gehen wir in diese Gasse, kommen Sie.
Sofort.

In dieser Nacht ist auch Lieselore Rögner unterwegs. Lilo Rögner ist Anfang Vierzig und Behördenangestellte, beim Rat der
Stadt beschäftigt. Wer Probleme der Naherholung zu klären hat,
kennt sie. Sie gilt als einfallsreich, hilfsbereit; hat sie erst einmal
Feuer für eine Sache gefangen, hat die nicht wenig Chancen,
erfolgreich durchgeboxt zu werden.

Natürlich weiß Lilo Rögner von den Vorgängen im Stadtgebiet,
es gibt da wuchernde Gerüchte, und es gibt interne Informationen. Aber die Geschehnisse liegen bald vier Wochen zurück,
und was soll dem passieren, der Vorsicht übt?

Am 14. Mai 1964 ist Lilo Rögner mit Dutzenden anderen Frauen
zu einer Feier, zu einem Zusammensein bei Kaffee und Wein in das
Gästehaus am Mühlgarten eingeladen. Es wird ein unerwartet
fröhlicher Abend. Hochgestimmt verlassen Lieselore Rögner und
Elfriede Schmitt kurz nach Mitternacht das Gästehaus, sie laufen
den Mühlgartenweg entlang zum Reilplatz und von dort Richtung
Herder-Ring. In der Goethestraße stehen sie noch fünf oder zehn
Minuten, ohne sich von ihren gemeinsamen Eindrücken trennen
zu können. Dann endlich verabschiedet sich Lilo Rögner, überquert die große, sich ein bißchen wellig hinbreitende Ausfallstraße
mit den Straßenbahngleisen, den Verbindungsstrang in den Norden der Stadt, geht in Richtung Theater.

Die Stadt liegt nun schon ziemlich still, weitab kreischt eine
Straßenbahn durch eine Kurve, ein heller Wartburg fährt langsam
die Allee hinunter.

Polizei?

Schon als Lilo Rögner die Ausfallstraße überquert, sieht sie: Vor
den Schaufensterscheiben der Drogerie am Eck geht ein Mann
auffällig hin und her. Was interessiert den dort in der Nacht? Eine

Haltestelle ist da nicht, auch keine für einen Bus. Worauf wartet der Mann?

Lilo Rögner läuft in die Seitenstraße hinein, mitten auf dem Fahrdamm. Als jemand sie seitlich überholen will, auf dem Bürgersteig, verharrt sie, läßt den anderen erst vorüber und um die Straßenbiegung verschwinden. Sie ist nun doch etwas ängstlich. Dabei: Sie hat nur noch zwei Häuserecken hinter sich zu bringen, sie wohnt gleich am Eingang der Luxemburgstraße.

Als die Schritte verhallt sind, gewinnt sie wieder Mut. Doch am nahen Bäckerladen erschrickt sie von neuem. Ein Mann kommt aus der Toreinfahrt. Doch es ist wohl nichts. Der Fremde schlägt einen großen Bogen um sie.

Aber als er genau auf ihrer Höhe läuft, etwa zwei Meter weit weg, kommt er doch noch direkt auf sie zu; urplötzlich stürmt er herüber, über sie her, daß sie nicht mehr reagieren, sich nicht mehr wehren kann. Sie spürt nur den Schlag im Rücken, keinen Schmerz, doch der Schlag ist so stark, daß sie längelang hinstürzt, mitten auf den asphaltierten Fahrdamm. Instinktiv schützt sie Kopf und Gesicht mit vorgehaltenen Händen und sieht dabei dennoch: Der Schläger rennt zu der Drogerie am Eck und um sie herum in die Ausfallstraße hinein.

Sie ruft um Hilfe, rappelt sich auf, läuft selber hin zur Drogerie, in diese großzügig angelegte Allee, schreit noch immer lauthals, *Hilfe, Hilfe*, aber es scheint alles vergeblich: Niemand hört sie, und die lange, breite Straße liegt leer.

Die Funkstreife entdeckt sie Minuten später: Eine Frau lehnt da winkend an der Fensterscheibe dieser Drogerie. Sie ist überfallen worden? Von einem Mann in dunklem Anzug, einem jungen Mann, der schnell rennen konnte? Die Polizisten haben eben so eine Person in die Lohbachstraße einbiegen sehen. Fahren wir ihr nach!

Als sie nebeneinander im Wagenfond sitzen, läßt sich einer der Polizisten das Baumwolljackett geben, das Lilo Rögner auf dem Schoß hält, weil er den Riß im Stoff bemerkt hat. Ein Riß im Stoff – wo genau? Rechts oben, unter der leicht wattierten Schulterpartie? Ist das nicht vielmehr ein Stich?

Zeigen Sie mir Ihren Rücken, fordert er die Frau neben sich auf. Drehen Sie sich um.

Warum? fragt Lilo Rögner. Aber sie tut es.

Da sieht der Hauptwachtmeister den befürchteten roten Fleck unterm Schulterblatt und entdeckt zugleich noch mehr: Im Dederongewebe der Bluse hängt – tatsächlich: hängt – ein metallenes Messerstück, gezähnt, ungefähr fünfzehn Zentimeter lang, eine Klinge, abgebrochen, ohne Griff.

Sie erschrecken, obgleich sie, mancherlei gewöhnt, ihre Erfahrungen haben. Auch Hauptmann Rother, der Leiter der hiesigen Morduntersuchungskommission, erschrickt, als er, kurz nach ein Uhr in dieser Schlippe am Markt eintreffend, die zusätzliche Nachricht vernimmt. Da bieten sie nun alle Kraft auf und so schnell es geht, aber der Bursche schlägt zum zweiten Male zu, gewissermaßen unter ihren Augen, zum zweiten Male in derselben Nacht, um danach zwischen Goethestraße und Mühlgartenweg, hinter Markt und Theater in der Nacht unterzutauchen. Ob es der Mann in der Lohbachstraße gewesen ist? Ein Fährtenhund ist auch diesmal angesetzt.

Freilich, der Mann hat in dieser Nacht etliche hoffentlich entscheidende Fehler begangen: Er hat diesmal geredet, sich ausreichend in aller möglichen Öffentlichkeit sehen lassen. Er ist nicht der Stumme geblieben, der bloß wortlos zuschlägt und Sekunden später verschwindet, alles in allem nur eine unklare Erinnerung für seine Opfer. Er hat getrunken, Bedürfnisse offenbart, geschwatzt, sich sogar einen Namen gegeben. Allerdings: Heißt er wirklich Ritschy, Richard? Jedenfalls, wenn sie diesen Schwätzer und Säufer aus dem Promenadenkaffee haben, haben sie ihren Mann. Denn daß es sich bei allen vier Überfällen um denselben Täter handelt, halten sie für selbstverständlich, *zu sehr ähneln Tatgegend, Tatzeit und Tathergang einander.* Erster und vierter Tatort zum Beispiel liegen ganze dreißig Meter voneinander entfernt. Lilo Rögner stürzte auf den Fahrdamm gegenüber dem Haus, vor dessen Eingang Helene Kanzog in den Rücken gestochen wurde. (Übrigens ist Lilo Rögner mit dem Schrecken und einer schwächeren Verletzung davongekommen. Die Messerklinge ist, bevor sie abbrach, nur wenig in ihren Rücken gedrungen. Sie erfahren es im Laufe der Nacht zu ihrer Erleichterung.)

Eine kleine, nicht sonderlich eingerichtete Wohnung, zwei Zimmer, eine Küche, sämtlich nur von einem schmalen Flur aus erreichbar. Vor den Fenstern, ganz spärlich erleuchtet, doch fast mit den Händen zu greifen, die Front eines anderen Hauses, von dem sich der Putz in Fladen löst. Hier ist Elvira Mattke zur Welt gekommen, groß geworden, hier herein hat sie ihren Mann geholt, hier ihre Tochter geboren und später ihren nächtlichen Freunden Unterschlupf gewährt, immer diese nahe bedrückende Hausfront vor Augen. Was für ein Leben.

War's so?

Hauptmann Rother steht im engen Wohnzimmer, dem einzigen Raum mit zwei kleinen Fenstern, läßt sich von Anita Kohnert noch einmal den Tathergang schildern.

Es war alles ganz einfach, sagt die, eine Sache von knapp zehn Minuten. Sie sind beide, Ritschy und sie, in diese Schlippe gelaufen, sie haben gerufen, Steinchen geschmissen, Elvira Mattke schließlich aus Bett und Schlafzimmer ans Fenster geklingelt und sie überredet, den Schlüssel herunterzuwerfen. Elvira hat am Ende Ritschy dort an der Hauswand entdeckt und ihm verboten, mit hereinzukommen, aber sie haben sich beide, noch voller Hoffnung auf die rasche Erfüllung ihrer Erwartungen, nicht an das Verbot gehalten. Später hat dieser Ritschy seelenruhig auf einer Wäschetruhe im Wohnzimmer gesessen.

Er kennt sie, hat er dort zu Elvira gesagt (so nun die Kohnert). Ob sie sich nicht erinnert, er ist mal hinter ihrer Tochter hergewesen, vielleicht vor zwei Jahren.

Aber so was hat Elvira nich zugänglich jemacht, nee, sie war gradezu bockig. Und da hat er schon mit den Augen jerollt.

Dabei sagt Anita Kohnert, ziemlich ruppig, herausfordernd, wohl sogar selbstgefällig: Wenn die Elvira sie beide nun einmal nicht auf die Couch oder ins Bett lassen wollte, sie – Anita – hätte nichts gegen eine Nacht irgendwo draußen in den Anlagen gehabt. Sie ist ja deshalb auch schon vorausgegangen, aus der Wohnung im ersten Stock hinunter in diese Schlippe und dann weiter

zum Markt. Und nur weil ihr der Ritschy nicht folgte, ist sie noch
einmal retour. (Sie sagt wirklich *retour*.) Da ist er ihr freilich schon
entgegengekommen; wortlos, wie dumm, ist er an ihr vorüberge-
stürzt, hin zum Markt, und Elvira hat da auch schon geschrien. Er
hat mich gestochen, hat sie geschrien, er hat mich gestochen.

*Elvira is nämlich mit dem Ritschy die Treppe runter, ganz sicher wollte
sie sein, daß der abhaute, und de Tür wieder abschließen wollte sie wohl,
und da is es dann unten passiert. Einfach so. Wie sie de Tür aufhielt, hat
der Ritschy einfach von hinten gestochen, was weiß ich, aus Wut, ohne
Warnung, mit 'nem Messer hat er einfach von oben nach unten gestochen.*

Elvira Mattke hat noch neben der Hauseingangstür am Boden
gelegen, als Anita Kohnert sie fand, und sie hat der Mattke aufge-
holfen, sie umgezogen, die Mattke trug ja bloß Nachthemd und
Morgenrock. Endlich sind sie durch zwei Gassen in die nahe
Poliklinik.

*Und ich sage Ihnen, nich länger als zehn Minuten hat das alles gedau-
ert, vom Steinchenschmeißen an, bis der dann wie irre an mir vorüber-
stürzte.*

Wissen Sie, ob auch andere Ihren Freund so nannten: Ritschy?
fragt Hauptmann Rother. Er hat doch mit Leuten gesprochen, mit
wem? Woher kannte er die, wissen Sie etwas davon? Wer war dieser
Mann am Nachbartisch, mit dem er ein paarmal vertraulich flüsterte? Hat dieser Mann Ihren Freund auch mit einem anderen
Namen angesprochen, etwa mit einem Nachnamen, mit einem Fa-
miliennamen?

Hauptmann Rother ist erregt, nervös, er spürt seine Anspannung. Daß er die nie ablegen kann. Er weiß zugleich: Solche Anspannung hat ja mittlerweile jeden von ihnen gepackt. Wenn sie
diesmal nicht rasch und präzise vorzugehen vermögen, wenn sie
diesmal den Schuldigen nicht umgehend greifen, wie sollen sie
dann vor die Öffentlichkeit treten?

Kurz nach zwei Uhr in der Nacht bringt man ihnen Ewald Seelig.
Ein paar Mann haben die letzten Gäste und die Kellner des Prome-
nadenkaffees zurückgehalten und nach den Vorgängen des vorangegangenen Abends befragt: Gab es Auffälliges, Schlägereien, wie
war die Zusammensetzung der Gäste? Ewald Seelig, Anfang Drei-

ßig, *ist* aufgefallen, er hat für sich allein Bier um Bier geschluckt, ab und an mit einem dicklichen Mädchen mit Bubikopffrisur getanzt und kurz nach elf, ziemlich angetrunken, das PK verlassen. Nun haben sie ihn von der Seite seiner fünfundzwanzig Jahre älteren Zimmerwirtin aus dem Bett geholt.

Aber Ewald Seelig kann nicht mit der Sache in Verbindung gebracht werden. Anita Kohnert hat ihn am Abend im Promenadenkaffee nicht einmal bemerkt, sie kennt ihn nicht, sowieso ist er schnurstracks mit einem Taxi vom PK aus nach Hause. Er hat sein Alibi. Viertel nach elf schon hat ihm seine grauhaarige Geliebte ohne Vorwurf das Abendbrot aufgewärmt, Gulasch mit Kraut.

Eine Viertelstunde später trifft auch der Fährtenhundführer zum Rapport ein und gibt seine Fehlmeldung ab. Zwar existiert von dieser Drogerie an eine mögliche Spur, sie führt kreuz und quer durch das Paulusviertel wie die anderen Spuren früher auch, aber am Ende hat der Hund sie in den Wiesenhängen an der Kirche verloren. Und am Markt, in dieser inzwischen mehrfach begangenen Schlippe, war überhaupt nichts auszumachen.

Seit zwei Uhr ist mittlerweile die gesamte Einsatzgruppe unterwegs, ein Major koordiniert alle Maßnahmen, etliche Behörden werden davon informiert, auch Berlin.

Halb drei Uhr kommt plötzlich von einer unerwarteten Seite Sicherheit in ihr Hoffen. (Aber was ist in diesem Stadium der Ermittlungen schon etwas Erwartetes?) An diesem Maiabend sind jedenfalls auch etliche Soldaten der Armee und sogenannte Bereitschaftspolizisten Gäste im Promenadenkaffee gewesen. Nur gut, mancher junge Kerl erhofft sich sonstwo schnelle Kontakte und Attraktionen für sein Leben, warum nicht auch hier. Und in Massen und Gruppen auftretend, verlieren viele ihre Schüchternheit. Jedenfalls: Die meisten der Bereitschaftspolizisten waren Handballer. Man feierte einen Sieg oder Aufstieg oder einen errungenen Pokal. Der nun, der mit Ritschy mehrmals flüsterte, sich aber auch ganz zwanglos mit ihm unterhielt, hatte zugleich reichlich Verbindung zum Tisch dieser Handballer. Wenn sich daraus etwas ergeben könnte!

Sie lassen nach den Handballern forschen, sie holen etliche aus den Betten. Sie gehen ihren Angaben nach. Schon um vier Uhr sitzt Heinz Bernewitz vor ihnen. Heinz Bernewitz ist vierundzwanzig, unverheiratet, aber verlobt, Dreher in einer Maschinenfabrik, vor einem Jahr, wie das so heißt, *in Ehren aus der Truppe entlassen*. Auch dieser andere, nach dem sie fragen, ist vor einem Jahr *in Ehren aus der Truppe entlassen worden*. Er war kein großes Licht, aber auch kein unangenehmer Zeitgenosse. Er war etliche Monate in die Küche abkommandiert, so eine Art Hilfskoch. Ein halbes Jahr lang wenigstens sind sie im selben Objekt stationiert gewesen.

Heißt er wirklich Ritschy, Richard? fragt Hauptmann Rother.

Ritschy, Robby, Jacky – er gab sich etliche solcher Namen oder ließ sich so nennen. Dabei war er wohl ein bißchen primitiv und mit wenig zufrieden. Heute abend zum Beispiel – dieses Mädchen, das da schon vierzehn Monate gesessen hatte. Daß du mit so einer losziehen willst, habe ich gesagt. Na was denn, hat er geantwortet, wenn sie mich läßt.

Sagen Sie, wie er heißt, drängt Hauptmann Rother.

Ganz einfach: Hans Müller. Und er wohnt irgendwo im Paulusviertel. Dorthin ist er gezogen, als er geheiratet hatte.

Er ist verheiratet? fragt Rother.

Warum nicht?

Heinz Bernewitz kann sogar mit einer weiteren Nachricht dienen: Müller ist auch Vater. Vor vier Wochen hat er seine Frau im Krankenhaus besucht und eine Stunde drauf im Salzjunker eine Tischrunde nach der anderen auf seine Tochter ausgegeben. Bernewitz hat mit am Tisch gesessen, es ist der 19. April gewesen, der Tag des großen Autorennens draußen vor der Stadt. Er, Bernewitz, hat danach auch mit in dieses Promenadenkaffee ziehen müssen. Von dort ist Müller schließlich gegen zweiundzwanzig Uhr weggegangen, ziemlich angetrunken.

Der 19. April?

Der 19. April war der Tag, an dem Helene Kanzog das erste Opfer dieses Messerstechers wurde ...

Hans Müller, Mörikestraße 4. Es ist nun eine Leichtigkeit, zu der Adresse zu gelangen.

Eine Viertelstunde vor fünf an diesem Morgen, es ist längst hell, ein freundlicher Tag kündigt sich an, ein Viertel vor fünf am fünfzehnten Mai fahren zwei Polizeiwagen in der Mörikestraße vor. Etliche Männer des Schnellkommandos sichern die Hauseingänge, die Mitarbeiter der Kripo steigen die ausgetretenen Treppenstufen nach oben bis unters Dach. Müller wohnt in der Mansarde. Der Kommissariatsleiter der Fahndung, ein Hauptmann, klingelt mehrmals. Schließlich öffnet eine unausgeschlafen dreinblickende Frau. Ihr Mann liege noch im Bett, sagt sie. Sie erbitten sich Eintritt, wecken Müller. Er ist mit Turnhemd und Turnhose bekleidet. Sie bitten ihn, seine Bekleidung zu vervollständigen, er sei vorläufig festgenommen. Als er sich das Oberhemd überstreift, sehen sie: Es ist in Brusthöhe blutig befleckt. Auf dem Küchentisch des Nachbarzimmers finden sie einen Messergriff ohne Klinge. Auch der scheint mit angetrocknetem Blut bedeckt. Sie stellen ihn sicher. Dann legen sie Müller Handfesseln an. Er protestiert nicht, er fragt auch nicht nach dem Grund seiner Festnahme. Als sie ihn in ihre Mitte nehmen, aus seiner Wohnung geleiten, wirkt sein Gang sicher.

Wie sie aus dem Haus treten, wird ihnen bewußt: Drüben, unmittelbar auf der anderen Seite der Ausfallstraße, befindet sich diese Drogerie. Ganz nahe also die beiden Tatorte, wo Helene Kanzog und Lilo Rögner niedergestochen wurden ...

Als wenig später in Gegenwart des verantwortlichen Stadtstaatsanwalts eine Hausdurchsuchung stattfindet (sie sichern vor allem einige fleckige Kleidungsstücke und etliche Küchenmesser mit gezähnten Klingen), bricht es aus Liane Müller heraus: Tränen und sich überstürzende Worte, dazu vor allem Zorn. Sie hat das alles schon längst kommen sehen, sagt sie, sie hat sich schon zweimal scheiden lassen wollen und doch immer wieder gutwillig Versprechen geglaubt. Nun aber ist Schluß. In dieser Nacht ist ihr Mann betrunken nach Hause gekommen, hat sie geweckt und ihr einen Messergriff aufs Deckbett geworfen. Jetzt kannst du mich erledigen, mich anzeigen, hat er ihr gesagt, ich bin der, nach dem sie überall suchen, der Stecher, nun habe ich wieder eine gestochen. Sie hat in dieser Nacht auch die mehrfachen Wiederholungen seiner Selbstanschuldigungen nicht geglaubt, sie nur für Angabe gehalten. Sie hat zwar im Küchentischfach nach den Messern gesehen und auf den vorgewiesenen Oberhemdenblutfleck geblickt. Aber

am Ende hat sie doch bloß gesagt: Leg dich hin, penn dich aus, du
drehst wieder durch. Es ist der verfluchte Alk. Der läßt dich spin-
nen.

Nun ist sie sicher, daß sie sich geirrt hat. Nun ist sie sicher, daß er
es war.

Ob sie gewillt sei, diese Aussagen zu Protokoll zu geben, fragt
man Liane Müller. Natürlich, nickt sie da. Wenn es drauf ankommt,
sofort. Da bestellt man sie für ein paar Stunden später auf das
Kreisamt.

Noch am selben Tag gehen zwei verantwortliche Kriminalpolizisten zu den Geschädigten, zu den Ärzten in die Kliniken, zu den
Arbeitsstellen der Opfer. Dort nimmt man ihre Mitteilungen mit
Genugtuung entgegen. Nur beim Rat der Stadt ist man erschrok-
ken: Lilo Rögner hat heute Haushaltstag, niemand hat sie bisher
vermißt.

Bald steht es in den Zeitungen: Es ist kein Anlaß mehr vorhanden zu Sorgen und Gerüchten. Der Stecher vom Paulusplatz ist
gefaßt und geständig. Die konzentrierten Ermittlungen haben –
auch dank Hinweisen aus der Bevölkerung – bereits fünf Stunden
nach dem letzten Anschlag des Täters zu seiner Ergreifung geführt.

Der Mann

I

Schildern Sie, welche Beweggründe Sie zu Ihren Handlungen
führten!

*Ich habe Wut gehabt, weil die Menschen alle so gemein und gehässig
sind. Ich habe mich über jeden geärgert, und deshalb kam ich auf diesen
Gedanken, Frauen mit dem Messer zu stechen. Ich habe darum in allen
vier Fällen ausgerechnet Frauen ausgewählt, weil es schwache Geschöpfe
sind. Eine andere Antwort kann ich darauf nicht geben. Der Gedanke zu
meinen Handlungen kam mir zum ersten Male am Sonntag, dem
19. April, in den Abendstunden in der Gaststätte. Ich hatte mich dort wie-*

der über die Menschen geärgert und ging nach Hause und holte das
Messer. In meiner Wut war mir dann alles egal, d. h., ich habe blindlings
zugestochen, und ich habe mir auch keine Gedanken darüber gemacht,
was das Stechen für Folgen haben könnte. Auch in den drei anderen Fällen
habe ich zugestochen, ohne darüber nachzudenken, wie es den Frauen
danach ergehen könnte.

Einmal habe ich versucht, eine weitere Frau niederzustechen. Ich hatte
jedenfalls die Absicht dazu, brachte es dann aber nicht fertig. Ich weiß
nicht mehr, an welchem Tage und zu welcher Uhrzeit das war. Ich kann die
Straße nicht benennen, in welcher sich das zugetragen hat, aber auf alle
Fälle finde ich mich wieder dorthin. Ich weiß noch, daß ich die Frau angesprochen habe und sie fragte, ob ich sie begleiten kann. Nachdem sie ablehnte, sagte ich zu ihr, ob sie sich allein nicht fürchtet. Da die Frau sich
auf nichts einließ, bin ich dann nach Hause gegangen. Ich bin der Meinung, daß ich an diesem Tage keinen Alkohol getrunken hatte. Ich gehe
immer in Gaststätten, wo nicht weiß eingedeckt ist. Dort ist das Bier billiger. Dort braucht man das Tischtuch nicht mit zu bezahlen.

Wenn ich befragt werde, wie das Messer aussieht, so kann ich es wie folgt
beschreiben: brauner Griff aus Holz, die Schneide ist gezackt, so ähnlich wie
eine Säge. Beim Stechen hatte ich das Messer in der rechten Hand. Ich habe
richtig zugestochen, wie man eben zusticht. Ich weiß nicht, wann ich diese
erste Frau traf. Ich selbst habe keine Uhr, da meine Handgelenke so groß
sind, daß kein Uhrenarmband darum paßt. Zu Hause in meiner Wohnung
sah ich dann, daß an der Schneide des Messers Blut war. Ich weiß nicht
mehr genau, wieviel es war, jedenfalls konnte ich deutlich an der Klinge
Blut feststellen. Ich habe das Messer dann gereinigt und in das Schubfach
des Küchenschrankes gelegt, damit meine Frau nach ihrer Entlassung aus
dem Krankenhaus sein Fehlen nicht bemerkte. Sie benutzte das Tatmesser
dann auch wiederum in unserem Haushalt. Das Tatmesser sowie ähnliche
Messer habe ich von einer Tante aus Kassel geschickt bekommen, nein, von
meiner Schwester dort, die uns des öfteren Küchengeräte sandte.

Sie sitzen acht Stunden mit ihm zusammen, unterbrochen von
ein paar Pausen für Essen und Trinken, sie ertragen seinen Alko-
holatem, seine manchmal ruppige, kurz angebundene Art. Sie weisen ihn zurecht, aber schließlich lassen sie ihn gewähren, nehmen
sie ihn so, wie er ist, kommen ihm selber ruppig, grob-freundlich.

und siehe da, sie haben Erfolg, Hauptmann Rother vor allem, es gibt kaum noch Verständigungsschwierigkeiten mit ihm.

Am frühen Nachmittag wissen sie, was sie erst einmal wissen müssen. Sie haben ein detailliertes Geständnis, zehn Seiten Protokoll, die Müller noch einmal durchliest und Seite für Seite einzeln unterschreibt, eine müde, mühsame Handschrift.

Ja, Müller ist überhaupt müde, er gähnt ein paarmal ganz offensichtlich, er entschuldigt sich sogar dafür. Sein Alkoholrausch verfliegt zusehends, und es folgt kein Katzenjammer, Müller bedauert nichts, widerruft nichts, verstrickt sich nicht in Gegensätze, Widersprüche, und wenn er sagt, er weiß etwas nicht, dann weiß er es tatsächlich nicht mehr und wird sich auch nicht mehr daran erinnern. Er hat zum Beispiel ein schlechtes Namens-, aber ein gutes Ortsgedächtnis, erklärt er. Er weiß die Namen der verschiedenen Straßen und Plätze nicht, an denen er die Frauen niedergestochen hat, aber er kann seine Vernehmer mit Sicherheit genau an die verschiedenen Stellen führen.

Auch Hauptmann Rother ist müde, selbst der deutlich jüngere Oberleutnant Strecker, Rothers Stellvertreter, der das Protokoll tippt. Aber sie wissen beide, daß sie nach aller Anstrengung, nach dem jäh abgebrochenen Nachtschlaf und dem reichlichen Arbeitstag von nun schon vierzehn Stunden noch immer nicht Ruhe finden dürfen. Sie lassen Anita Kohnert herbeischaffen, stellen sie Hans Müller gegenüber. Die der Urkundenfälschung und der Verbreitung von Geschlechtskrankheiten wegen unlängst vorbestrafte Kohnert erkennt Hans Müller als den schnellen Freund ihrer vorangegangenen Nacht, und der bekennt sich uneingeschränkt zu ihrer Bekanntschaft. Dann verfrachten sie Müller in einen Bereitschaftswagen und fahren mit ihm durch die Altstadt hinter Markt und Theater. Wo genau hat er sein erstes Opfer niedergestochen, diese ältere Frau, wo wenige Tage darauf die jüngere?

Müller führt sie mit völliger Sicherheit, er kann auch exakt die Straßen und Gassen angeben, durch die er vor und nach seinen Taten gelaufen ist.

Und da, gleich gegenüber, der Hauseingang, der mit den geschwungenen Bögen, da habe ich dann auch die vierte Frau ..., da hab ich sie niedergestochen.

Gespenstisch, mit welcher Nüchternheit er sich zu seinen Taten bekennt und den Wagen durch die Stadt dirigiert, schließlich auch zu dieser Schlippe am Markt.

Nachdem ich die dritte Frau an der Tür niedergestochen hatte, weil sie mich nicht mit dem Mädchen in ihre Wohnung ließ, habe ich im Seemannseck noch ein Bier an der Theke getrunken. Erst danach bin ich nach Hause. Ich fand dort die Nachricht, daß meine Frau in dieser Nacht ebenfalls unterwegs war. Ich ging daraufhin zu der Kneipe, die sie auf ihrem Zettel angegeben hatte, aber weil dort längst geschlossen war, wurde meine Wut nur noch größer. Wie dann die fremde Frau über die Straße kam, stand ich schon am Schaufenster der Drogerie. Mir war gleich klar, ich mußte ihr nachgehen. Ich hoffte, daß das Messer noch mitmachen würde, es hatte schon beim letzten Mal, dort in der Schlippe am Markt, leicht im Griff gewackelt.

Gegen Abend endlich schließen sie Vernehmungen und Protokolle ab. Ja, sie haben tatsächlich alles Wesentliche erhalten, *im ersten Angriff*: das ausführliche Geständnis etwa und die blutbefleckten Belege, dieses Oberhemd zum Beispiel, Halsweite 41. Die vermutliche Tatwaffe ist zerbrochen an zwei verschiedenen Stellen gefunden worden, doch die Teile passen millimetergenau zueinander. Eine Zeugin existiert, die bei der dritten Tat fast zusehen konnte, die übrigen Geschädigten werden den Täter erkennen, seine Ehefrau hat inzwischen ihr morgendliches Bekenntnis wiederholt und dessen ausführliche Nachschrift unterzeichnet. Was wollen sie mehr?

Aber sie sind unzufrieden. Es ist das Motiv, das sie Müller nicht abnehmen, diesen angeblich immer von neuem geschürten Haß auf Menschen und Welt, diese Wut, diesen Zorn. Sie haben ihr anfängliches Rache-Konzept längst aufgegeben, die Männer aus der Berliner Zentrale haben sie darin bestärkt: *Das scheinbar motivlose Verbrechen führt zu der Schlußfolgerung, daß es sich offenbar um einen Sexualpsychopathen mit sadistischen Zügen handelt, der seine Verbrechen zur Lustgewinnung bzw. sexuellen Befriedigung durchführt.* Sollen diese Vermutungen nun genauso abwegig sein, in eine falsche Richtung führen?

So bleibt also auch jetzt noch eine Fülle an Arbeit, es bleiben Nachfragen, Vernehmungen über Tage, vielleicht Wochen hin-

weg: Woher kommt dieser Müller, wie hat er bislang gelebt, gedacht, gefühlt? Wie haben die, die mit ihm zu tun hatten, über ihn
geurteilt? Gab es Anzeichen für eine psychische Krankheit, gab es
ein anderes außergewöhnliches Verhalten?

Und doch: Was ist das alles schon, diese voraussehbare Unmenge Kleinarbeit, gegenüber dem Erreichten? Vor Tagen sind sie
noch völlig ziellos, wie Irre herumgelaufen, nun haben sie den
Täter. Sie können sich erst einmal gründlich ausruhen, ausschla-
fen. Schlafen, schlafen.

II

*In der Nachtschicht hat Müller mitunter ganz gute Arbeit geleistet. Als
Kranführer, wozu er sich qualifizierte, war er dann nicht mehr so zuver-
lässig. Da haben wir ihn zur Verantwortung gezogen. Bei uns ist keine lange Anlernzeit möglich. Wir brauchen Leute. Ein neuer Kollege kann höchstens drei, vier Monate wandern, danach muß er alle Öfen kennen, länger
geht's nicht. Müller war ziemlich verschlossen. Er kam mit niemandem
groß ins Gespräch. Wenn ich es recht bedenke: Alle Kollegen lehnten es ab,
mit ihm zu arbeiten.* (Lutz Freiberg, Meister)

*Müller fiel in seiner Armeezeit nicht negativ auf. Nur einmal bin ich er-
schrocken. Das war, als seine Mutter eines Tages in die Kaserne kam. Es
ging da wohl um eine Alimentenklage, die Müller ablehnte. Aber das betreffende Mädchen lief Müllers Mutter die Wohnung ein. Nun brüllte Müller
seine Mutter an, warum sie deshalb herkäme, ihm die Hölle heiß machte.
Sie solle sich um ihr eigenes Scheißzeug kümmern. Es war einfach schlimm,
unbegreiflich. Ich habe nie jemanden so böse mit seiner Mutter umspringen
sehen.* (Frank Wichmann)

*Wir haben uns nach der Schicht in dieser Kneipe vorm Werkstor getrof-
fen, im Bunker. Später, wie wir umgezogen sind, blieb dieser Müller an uns
dran wie eine Klette. Wir kriegten den Lumpensammler, die letzte Straßenbahn, in allerletzter Minute. Unterwegs ließen mich die anderen dann
nacheinander im Stich.*

*Ich kann nicht zu einem sagen: Ich liebe dich, wenn ich ihn erst ein paar
Stunden kenne. Aber Müller wollte es nicht begreifen. Er stolperte aus der*

*Bahn, ich hinter ihm her. Da kletterte er plötzlich auf einen Hochspan-
nungsmast. Ich weiß nicht, wie das passieren kann, auf halber Höhe kriegte er jedenfalls einen Schlag und fiel herunter. Oder verlor er bloß die Ba-
lance? Er lag jedenfalls, verdrehte die Augen, später war er bewußtlos. Ich
habe ein paar Autos anzuhalten versucht, schließlich das Rote Kreuz alarmieren können.*

Ich werde die Nacht mein Leben lang nicht vergessen. (Birgit Reinelt)

*Manchmal, wie er noch bei der Armee war, hat er mir vorgeflunkert: Er
hat Urlaub nur bis zwanzig Uhr. Und dann verließ er mich, lief in Lokale
und suchte sich Weiber. Erst auf dem Standesamt habe ich erfahren, er war
achtzehn und nicht einundzwanzig. Und einen Beruf hatte er auch nicht,
er war nicht ausgebildeter Traktorist. Das Gericht riet uns später, die Ehe
fortzusetzen, wenigstens bis das Kind da war. Nun haben wir seit Weihnachten keinen Verkehr mehr gehabt. Das kann nicht sein, daß ich dich
angesteckt habe, hat er gesagt; die Frau, bei der ich war, ist ordentlich. Aber
ich bin noch jetzt in Behandlung. – Sein Geld hat er mir immer gegeben,
vollständig. Ich sah seine Lohnstreifen. Wenn er mal in die Kneipe wollte,
steckte ich ihm zwei Mark zu oder drei. Als ich in der Klinik lag, gab ich
ihm zehn. Er war aber während meiner Abwesenheit voll mit Konserven
und Lebensmitteln versorgt. Freilich ist er sofort gelaufen und hat hundertfünfzig Mark von meinem Prämiensparbuch abgehoben.* (Liane Müller)

*Ich weiß, daß ich das Recht auf Zeugnisverweigerung habe, aber ich will
keinen Gebrauch davon machen, da es ja um meinen Jungen geht. Er hat
sein Leben noch vor sich, und ich möchte alles dazu tun, um dieses Leben
nicht noch schwerer zu machen. Was ich aussagen kann, will ich angeben.
Trotzdem: Ich begreife nicht, was der Junge da getan haben soll und warum.* (Henriette Wuslo)

Wer begreift es?

III

Er wird in der damaligen Provinz Ostpreußen geboren, zwei
Jahre vor Weltkriegsende, er hat keine Erinnerungen mehr an
Landschaft und Leute. Nach der Flucht kommen sie in einem mit-

teldeutschen Landstädtchen unter, von wo aus viele ins nahe Chemiewerk zur Arbeit fahren. Es gibt da einen seit langem hier ansäs-
sigen Onkel, der ist erst mal ihr Anlaufpunkt.

Hans Müllers Vater ist der zweite Ehemann von Müllers Mutter.
Zwei deutlich ältere Halbschwestern leben im gemeinsamen Haushalt. Müllers Vater freilich bleibt verschwunden. Nur einmal taucht
er für wenige Tage auf, aus Düsseldorf. Er will sie alle dorthin nachholen, sagt er, nimmt schon mal einiges mit. Die Mutter wiederholt
sein Versprechen oft, aber so nachdrücklich sie später auch Nachforschungen anstellt, Briefe schreibt, ihr Mann bleibt verschollen.
Auch kein Verwandter antwortet. Nach zehn Jahren endlich läßt
sie sich scheiden.

(Eigentümliche Zufälle manchmal: Helene Kanzog, das erste
Opfer Müllers, ist ungefähr so alt wie Henriette Wuslo. Auch sie
stammt aus Ostpreußen, sie geht sogar der gleichen Tätigkeit nach
wie die Wuslo, vor allem aber: Auch ihr Mann ist spurlos verschwunden, verschollen, hat sie nach dem Krieg allein gelassen, hat die Familie, die Kinder einfach verlassen.)

Hans Müller ist kein guter Schüler, Henriette Wuslo (die so natürlich noch nicht heißt) keine gute Mutter. *Ich hab immer mein
Essen bei Mutter gehabt,* sagt er später von ihr. Natürlich, und sie hat
ihm auch die Wäsche gewaschen und geflickt und ihm nachge-
räumt, was er herumliegen ließ. Aber vielleicht fängt es da schon
an: Er lernt bei ihr nie, Ordnung zu halten, erst recht nicht Diszi-
plin, er muß nichts mit Anstrengung zu erreichen suchen, er lernt
nur, List zu gebrauchen. Und da die Mutter grob werden kann,
wird er es auch, schon zeitig.

Die Mutter hält im Städtchen etliche öffentliche Büroräume sauber; früh am Morgen, spät am Abend hat sie Dienst, so ist das gere-
gelt. Dazwischen wartet auf sie der Garten: Sie wollen doch alle was
zu essen, und woher soll sie's sonst nehmen. So sieht mal eine
Schwester nach den Hausaufgaben von Hans, mal dieser einheimische Onkel, wenn seine Schichten ihm Zeit lassen, meist niemand. Sowieso hat der Junge es früh heraus, sie wechselseitig aus-
zuspielen.

Einmal muß er eine Schulklassse wiederholen, die fünfte. Aber aus der siebenten wird er noch in die achte Klasse versetzt. Er besucht die jedoch nicht mehr (die Zehnklassenschule ist damals noch nicht allgemeine Pflicht), er muß Geld verdienen. Die Schwestern sind mittlerweile aus dem Haus, die Mutter ist wieder verheiratet, der Stiefvater *darf uns nichts nachreden können,* sie werden ihm nicht auf der Tasche liegen. *Die Heirat mit diesem Manne war wohl eine Vernunftsheirat,* läßt Hans Müller protokollieren, als er danach gefragt wird.

Die Vernunft sieht so aus: Heinrich Wuslo ist alleinstehender Witwer, ein Nachbar, er arbeitet ebenfalls im Chemiewerk, in der Graphitbude dort. Er hat Henriette Müller aus irgendwelchen Gründen Geld geborgt. Das zurückzuzahlen fällt ihr schwer. Schmeißen wir uns doch zusammen, sagt er da eines Tages, du brauchst dich um deine Schulden nicht mehr zu kümmern, du hast keine mehr. Da heißt sie nun unvermittelt Wuslo und hat den dritten Mann, wieder einen Mann, der Geld, Lohn ins Haus bringt. Dafür sitzt er in der Küche, so schmutzig, wie er aus seiner Graphitbude kommt, greift kaum einmal zu, macht bloß das Allernötigste im Haus, gar nichts im Garten, liest vielmehr nur, liest, was ihm unter die ungewaschenen Finger gerät, Zeitungen, Schwarten, zerfledderte Hefte, auch ordentlich gebundene Bücher. Da gibt es oft genug Streit.

Es ist vorgekommen, daß mein Stiefvater und meine Mutter mit Geschirr in der Wohnung herumgeworfen haben. Meine Mutter wollte ihren Mann umerziehen, da der nicht viel auf sein Äußeres gab. Ich habe immer den Elternteil unterstützt, wo ich gerade Vorteil hatte. Wollte mir der Stiefvater helfen, schrie die Mutter ihn an: Misch dich da nich rein, das is mein Junge.

Ist es bei all dem ein Wunder, daß Hans Müller sich immer größere Freiheiten sucht?

Noch mehr als früher freut er sich mittlerweile Jahr für Jahr auf die Ferien, vor allem auf die langen im Sommer. Da ist er beinahe zwei Monate lang drüben, in Kassel. Die ältere Schwester hat dorthin geheiratet, ihr Mann – der Schwager – ist Spediteur, und der Junge darf rüberkommen, sooft er will, er darf überhaupt alles, schmökern, sich rumtreiben (*Freunde suchen*), vor allem aber mit

Schwager und Lkw über Land fahren, neben dem Schwager in Fernfahrerkneipen hocken, schon ein halber Mann bei deftigen Männergesprächen.

1958 beginnt er eine Fleischerlehre. Er denkt, er wird sich da stets sattessen können. Sechs Monate hält er durch. Angeblich reichen die fünfzig Mark Lehrlingsentgelt zu nichts. (Dreißig Mark gibt er zu Hause ab.) Dann will er Traktorist werden. (*Bodenkunde hat mich schon immer interessiert.*) Er fährt eine Rübenkombine, die Berufsschule sieht ihn unregelmäßig. Sein Betragen? Er ist vorlaut, er prügelt sich auch. *Wie es in den Wald hineinschreit, so schallt es zurück. So hab ich gelebt.* Als es an die Prüfungen geht, besteht er nur die praktischen. *Ich hätte mir eben mehr Mühe geben sollen im Leben.*

Er redet nun nicht mehr ruppig, kurz angebunden mit seinen Vernehmern. Er kann plötzlich fließend erzählen, ausführlich über sich nachdenken.

Im August 1961 wirbt man ihn wie etliche andere Lehrlinge für die Armee. Nach dem 13. August jenes Jahres, dem Beginn des Mauerbaus, herrscht reichlich Bedarf an frischem Nachschub. Er wird der Bereitschaftspolizei zugewiesen, will Unterführer werden, aber man merkt wohl rasch: Es reicht bei ihm nicht dazu. Da meldet er sich zu einem Küchenlehrgang. Er hat zwar keine Ahnung vom Kochen, aber in der Küche ist's immer warm, und wer dort hinterm Herd steht, braucht nie zu hungern.

Er findet für sich schon lange solche leichten Wege.

Im Promenadenkaffee, wohin es ihn schon damals oft zieht, lernt er eines Tages Liane Schindler kennen, und er bleibt mit ihr zusammen. Sie ist ein ordentliches Mädchen, das fühlt er, anders als viele hier, häuslich zum Beispiel, eben *seine Beste*. 1962 heiratet er sie gegen den Willen ihrer Mutter. (*Müller war mir von Anfang an regelrecht zuwider, er war grob, roh, wohl auch jähzornig. Wie konnte das Mädel nur an dem Gefallen finden.*) Aber sie wollen beide die feste Bindung, ist doch Müller inzwischen nach auswärts versetzt, und sie sehen sich nur an seltenen Urlaubstagen.

Freilich erkennt Liane Müller bald: Sie muß ihren Mann offenbar immer wieder mit anderen Frauen teilen.

Im Frühjahr 1963 wird Müller aus der Polizeibereitschaft entlassen, Wochen später schon haben sie eine eigene Wohnung, diese zwei Mansardenzimmer in der Mörikestraße 4. Im selben Sommer bereits taucht eines Nachts eine angetrunkene Evelyn in dieser Wohnung auf, schlägt einen Zwischenvorhang zurück und staunt in Müllers Schlafzimmer hinein, der seine Frau nach einem Streit zu ihrer Mutter geflüchtet wähnt: Da liegt ja schon eine, du lebst ja gar nicht so für dich. Später verlangt Müller gar, daß er mit dieser Evelyn auf der Küchencouch übernachten kann. Und im Dezember dann der Affentanz mit dieser Heidi. Müller zieht zu ihr und zieht wieder zurück, er packt Tage darauf erneut einen Koffer und kehrt von neuem heim, seines Kindes wegen: zwischen Weihnachten und Silvester.

Er arbeitet inzwischen im Chemiewerk. Er hat alle anderen Angebote ausgeschlagen. Der Onkel hat es ihm geraten, auch der Stiefvater: Geh an die Öfen. Die Arbeit ist schwer, aber du kannst da Mäuse machen wie nirgendwo sonst.

Er regt sich schließlich nicht mehr darüber auf, daß ihm im Betrieb keiner so recht wohlwill, daß er mal dahin, mal dorthin gesteckt wird, eben ein ewiger Springer. Er braucht *die* nicht, aber die brauchen *ihn*, und wenn sie ihm gar zu blöd kommen, haut er eben in'n Sack und sucht sich was andres. Hauptsache, er hat sein Geld.

Und ein Weib, sooft ihm danach ist am Tag. Und ein Bier, wenn's der Körper braucht.

Er läßt sich jetzt ziemlich treiben, es fällt ihm schon selber auf. Aber was soll's: So, wie's kommt, hat er's noch immer genommen, und es kommt immer was. Und wenn ihn seine Frau nicht mehr will, er findet allemal noch ein Bett mit was drin und einen leeren Schrank für seine paar Klamotten.

Freilich, die Biere muntern seine Stimmungen nicht mehr so rasch auf wie früher, machen ihn nicht jedesmal locker. Er kann nun schon manchmal ganz bitter über sich nachdenken. *Was ist das menschliche Dasein? Nur das eines Tiers. Was habe ich denn vom Leben?* Aber solche Niedergeschlagenheit verfliegt, wenn sich ein paar gute Kumpels an den Tisch setzen oder gar ein Weib in der Nähe ist, das sich nicht zickig hat. Er hat keine Freunde? Sollen sie ihm doch hier zusehen, sollen sie sich mit an den Tisch ranhocken. Keine Viertelstunde, und er hat Kumpels genug. Sie werden staunen.

Wenn nur diese heimlichen Gedanken manchmal nicht wären, diese quälenden Verlockungen, diese heimliche Lust ...

IV

Ich will nun endlich Genaueres über mein Stechen sagen. Ich stach nie aus Wut oder Haß. Das habe ich nur gesagt, weil ich mich schämte, die wirklichen Gründe zu nennen. Ich habe manchmal Pärchen beobachtet, oder ich bin hinter ihnen hergegangen, und da kam mir eines Tages der Gedanke, es mit dem Messer zu versuchen, ob ich mir körperliche Befriedigung schaffen könnte, wenn ich jemanden stach. Das heißt: Dieser Gedanke ist mir genau am Sonntag, dem 19. April, gekommen, als meine Frau im Krankenhaus lag. Da lief ich aus der Gaststätte nach Hause und holte das Messer ...

Nein, ich will nun ganz ehrlich sein, denn auch das ist noch nicht die volle Wahrheit. Mein Onkel ist Spediteur, auch mein Schwager. Ich bin herumgekommen mit ihnen zwischen Holland und Bayern, Dänemark und der Schweiz. Ich habe das schon mehrfach ausgesagt. Ich habe durch sie viel gehört und gelesen. Sie gaben mir auch Bücher über Frauen. Ich las von Überfällen, von allen möglichen Arten, mit Frauen sein Vergnügen zu finden. Ich las das schon mit dreizehn, vierzehn Jahren, und es hat mich nie losgelassen. Meistens abends bewegte mich das, vor allem, wenn ich Alkohol in mir hatte, auch der Gedanke an eine solche Tat mit dem Messer. Ich wollte dann, stellte ich mir vor, jemandem Schmerz zufügen, einer Frau. Ich stellte mir auch vor, daß ich meine Lust dabei hatte. Solche Vorstellungen beschäftigten mich schon, als ich Fleischer lernte.

Ich wurde von anderen jungen Leuten dazu überredet, Fleischer zu lernen. Ich kann Blut sehen, ich habe keinen Ekel davor. Ich konnte Blut sogar trinken. Ich hatte dabei meist ein prickelndes Gefühl. Ich war ganz kalt, wenn ein Tier getötet wurde.

Wenn ich später mit einer Frau Verkehr hatte, nicht bei meiner eigenen Frau, kam mir oft der Gedanke, ihr wehe zu tun. Mich drängte es einfach dazu, den Frauen Schmerz zuzufügen, Hauptsache, ich hatte meine Befriedigung. Ich kämpfte mit mir, ich kämpfte dagegen an, aber ich konnte nicht anders.

Eines Tages zog ich dann auch los und wollte es wissen, wie es war, wenn ich eine Frau stach, ob es mir die innere Ruhe verschaffte ...

Mir wurde erst während meiner ersten Vernehmung mitgeteilt, daß keine der vier Frauen verstorben ist. Ich selbst war immer anderer Meinung. Zum Beispiel, nachdem die zweite Frau diesen gräßlichen Ton von sich gegeben hatte. Da las ich später in der Zeitung nach, was über die Tat und den Täter geschrieben stand ...

Ich habe zu meiner Frau deshalb davon gesprochen, daß ich wen niedergestochen habe, weil ich es einfach nicht mehr für mich behalten konnte.

Ich stach immer von hinten, damit mich niemand erkannte ...

V

Ein paar Zusammenhängen und Personen dieses Falles könnte man noch genauer nachgehen.

Anita Kohnert zum Beispiel.

Anita Kohnert wird, rückfällig, aus der nächsten Strafhaft zugeführt werden, als sie im Prozeß gegen Hans Müller aussagen muß. Sie hat an zwei Arbeitsstellen jeweils nur zwei Tage gearbeitet, dafür wieder gestohlen, eingebrochen, sich zusätzlich öffentlich angeboten, ein damals strafwürdiges Vergehen.

Oder Liane Müller. Wie erträgt sie alles, wer ist sie? Sie hat ordentlich gewirtschaftet, gespart und vom Ersparten Anschaffungen gemacht, Möbel, einen Kühlschrank, vor allem ein Fernsehgerät, um den Mann zu Hause und fern von den Kneipen zu halten. Die Müllers sind für die zwei Jahre ihrer Gemeinsamkeit schon erstaunlich gut eingerichtet.

Manches wird von der Polizei, auch später vor Gericht nicht bis ins letzte hinein geklärt, unter anderem: Woher hat Müller das Geld für seine gar nicht seltenen Sauftouren genommen? Hat er sich einladen, sich aushalten lassen? Oder gibt es andere, dubiose Quellen? Ähnlich unklar bleiben seine sexuellen Gewohnheiten, die nun mal untrennbar zur Sache gehören. Da schwindelt er offenbar, widerspricht sich, ist nur selten einmal offen (am meisten wohl noch in der Hauptverhandlung), und seiner Frau sind viele Dinge im nachhinein peinlich.

Aber müssen sie dies alles noch bis ins letzte aufdröseln, sichtbar machen? Sie haben mit Dutzenden Leuten gesprochen, Müllers

frühere und gegenwärtige Lebensbereiche gründlich abgeklopft.
Sie wissen zwar noch nicht, was Müller erst in der Hauptverhandlung gestehen wird, daß er nämlich die Anregungen zu seinen
Taten aus Jahre zurückliegender Lektüre bekam, aber sie haben
seine wesentliche Aussage: Er hat diese vier Frauen seiner ge-
schlechtlichen Befriedigung wegen in den Rücken gestochen.
Diese Version seines Tatmotivs hat sich damit voll bestätigt. Sie haben sogar in ihren Protokollen, daß Müller durchaus um die Ge-
fährlichkeit seiner Verbrechen wußte, mindestens nachdem er
sein erstes Opfer niedergestochen hatte. Er hatte den Tod der betroffenen Frauen immer einkalkuliert, und er lief schließlich ganz
absichtsvoll mit diesem Küchenmesser herum.

Das heißt: Es sind *Mord*versuche, die Müller zur Last gelegt werden müssen, nicht etwa Fälle von schwerer Körperverletzung. Und
nicht nur seine Opfer, auch Müller selbst hat Glück gehabt, daß seine Verbrechen nicht mit dem Tode der Geschädigten endeten.
Gefährlich genug, allemal lebensbedrohend waren diese Stiche in
den Rücken.

Die Gerichtspsychiater in Berlin, die sich später noch wochenlang mit Müller beschäftigen, müssen mit ihm ähnliche Erfahrungen sammeln wie zuvor die Kriminalisten in der Bezirksstadt.
Er erscheint ihnen als poltriger, ewig mürrischer, ewig bös blicken-
der junger Mann, und es ist nicht viel grundsätzlich Neues, was sie
an ihm noch entdecken.

Müller hat dreimal seinem Leben ein Ende machen wollen,
schreiben sie in ihre Protokolle, einmal an diesem Hochspan-
nungsmast, einmal mit Gas (ein Vierteljahr zuvor in der eigenen
Wohnung, angeblich wegen dieser drohenden Ehescheidung),
ein allererstes Mal mit fünfzehn, mit Tabletten, nachdem er beim
heimlichen Ausreiseversuch zu seiner Halbschwester gefaßt worden war und mit einer Verhandlung zu rechnen hatte. Liegen da
familiäre Belastungen, erblich veranlagte Neigungen zum Suizid,
krankhafte Umstände? Nein, schlußfolgern die Berliner. Müller
hat sich nur von seinen Stimmungen leiten lassen, und *er hat nie
ernsthaft den Versuch unternommen, diese Stimmungen zu beherrschen.*

*Das menschliche Dasein, was ist das? Das eines Tiers. Was habe ich
denn vom Leben?* Auch vor den Berliner Ärzten wiederholt er die

vielfach gedachten Sätze. Kein Wunder, was da an ihn charakterisierenden Eigenschaften zusammenkommt: Müller ist *leicht impulsiv, rasch beleidigt, jähzornig, nachtragend, rasch und erheblich rabiat, in seinem Wollen haltlos, ziellos.*

Natürlich beschäftigt sich das Berliner Gutachten auch gründlich mit Müllers Neigung zum Alkohol, und es verweist auf die umfassende Verwahrlosung seines gesamten Denkens und Fühlens, auf die völlige Deformierung seiner Wertvorstellungen. *M. hat ein wenig niveauvolles soziales Umfeld vorgefunden, es sich aber auch immer von neuem gesucht, heißt es. Was er für gut oder erstrebenswert hielt, hat er aus diesen Bereichen entnommen. Und, natürlich: Schon das häusliche Milieu wies Züge der Verwahrlosung auf. Seine Mutter war wohl kaum in der Lage, ausdauernd positiv auf ihn zu wirken.*

Interessant auch einige Beobachtungen zu Müllers Sexualleben: *Seine Neigung zum Voyeur, zur Befriedigung beim Beobachten von Liebespaaren und ihrem Verhalten, reicht weit über das hinaus, was wir normalerweise bei Menschen finden. Auch diese Neigung bildet eine der Wurzeln zu M.s Taten. Und: Gerade im Sexualleben ließ sich M. von Zufälligkeiten der jeweiligen Situation und von triebhafter Unbeherrschtheit leiten. Er zeigte dabei eine Reihe von Zügen, wie man sie bei Sadisten findet. Daß er dabei selbst kein Sadist ist, dafür spricht u. a. seine Triebstärke. Sadisten sind fast immer impotent oder schwachpotent. Auch wies M. keine sexuell verzögerte Entwicklung auf wie die meisten Sadisten.*

Alles in allem, auch die Berliner kommen zu dem Schluß: Es gibt nicht den geringsten Anlaß, Müller verminderte Zurechnungsfähigkeit zuzubilligen. Müller ist nach geltendem Recht und Gesetz voll für die Verbrechen verantwortlich zu machen, die er begangen hat. Und so geschieht es dann auch: Der Ofenarbeiter Hans Müller wird im November 1964 wegen vierfachen Mordversuchs zu insgesamt fünfzehn Jahren Freiheitsstrafe verurteilt.

Die Tote an der Waisenhausmauer

Eine Nacht im April

Das Internat ist klein, eigentlich ein ganz normales Wohnhaus, an der Ausfallchaussee nach Süden gelegen, dicht neben dem Lärm der Straßenbahnen und Autos, der weit bis in die Nächte hineinreicht. Aber die Mädchen haben sich an ihre laute Umgebung gewöhnt, sich mit ihr abgefunden, wie sich die Leute in den Etagen über ihnen mit den Mädchen abgefunden haben. Wenngleich – einige der Mieter setzen auf alte Versprechungen: Irgendwann einmal, wenn die neuen Internate gebaut sind, werden die Zimmer im Parterre und ersten Stock wieder in gewöhnliche Wohnungen zurückverwandelt, ziehen gewöhnliche Mieter hier ein.

Hoffentlich nicht so bald, denken die Mädchen. Die neuen Internate, die sie draußen vor der Heide bauen wollen, liegen viel weniger verkehrsgünstig, sie sind gewiß bequemer, aber nur mit viel mehr Aufwand zu erreichen. Wann trifft man das schon einmal so gut in einer großen Stadt: zehn Minuten Weg bis zur Arbeit, zur Schule, zum Institut ... Beinahe ein Geschenk. Das wollen sie sich erhalten. Nur die Wohnheime direkt an der Waisenhausmauer bieten noch größere Vorteile. Aber dort wohnen ausgerechnet die Jungs, auch anderer Fachrichtungen, Mediziner, Philosophen.

Weshalb die Mädchen das alte Haus mit der zerbröckelnden Stuckfassade und den Mansardentürmchen noch mögen? Selten sprechen sie davon, aber alle wissen es, haben es sich längst bewußt gemacht: Hier können sie sich ganz ungezwungen bewegen, und wenn einmal eine einen Freund über Nacht bei sich behalten will, wird sie mit Sicherheit ungestört bleiben. In der Woche zieht eben eine Zimmergenossin um; am günstigsten erweisen sich sowieso die Wochenenden, da fährt wenigstens jede zweite von ihnen zu Eltern oder anderen Verwandten.

Die Mädchen kennen einander, die eine mehr, die andere weniger genau. Sie sitzen tagsüber in denselben Seminaren, Vorlesungen: Musikgeschichte, Harmonielehre, Grundlagenstudium; sie treffen sich häufig, auch wenn sie verschiedenen Studienjahren angehören, laufen sich immer wieder über den Weg in ihrem kleinen Institut, das nicht viel größer ist als das stuckverzierte Wohnhaus an der Ausfallstraße. Nein, da treibt es schon keine zu bunt, da nutzt keine die Gelegenheit maßlos, da passen sie schon wechselseitig aufeinander auf.

Freilich, mittlerweile hat beinahe jede von ihnen ihren Freund.

Ulrike Fischer spürt es: Rainer Wassko ist unzufrieden, am meisten mit sich selbst. Sie kennt ihn inzwischen gut genug. So souverän, so erhaben, ja überheblich er sich manchmal gibt, nicht weniger stark quält ihn jede falsche Reaktion, jede Unbeherrschtheit, die er sich vorwerfen muß.

Komm, sagt sie, gehen wir noch auf ein Bier in die Passage.

Die Wirtsleute in der Passage sind freundlich, sie achten auf Sauberkeit und ein ordentliches Publikum, bei ihnen findet man immer einen Platz, seit sie diesen unsäglichen Automaten abgeschafft haben und die Musikbox. Auch mitten in einer Sonnabendnacht sind sie willkommen, auch diesmal.

Die Wirtsleute kennen die Wünsche des jungen Pärchens, sie bringen die ersten Biere, noch ehe sie bestellt sind.

Da, sagt der Wirt und weist auf die Wand neben der Theke über dem Stammtisch. Sehen Sie meine Neuerwerbung? Hat mir jemand vom Gericht verehrt, der sammelt so was Gescheites.

Rainer Wassko mustert die Wand. Zwischen anderthalb Dutzend Kneipensprüchen hängt da ein neuer, mit Tusche schwungvoll auf Karton gezeichnet: *Der Alkohol erhöht das Wollen, doch nicht das Können.*

Gefällt Ihnen besser, ja?

Auch der Wirt lächelt jetzt.

War kein schlechter Einfall, noch einmal hier hereinzugehen, denkt Ulrike Fischer. Der Freund scheint völlig verwandelt, wie er da plötzlich über den vielfältigen Sinn des Spruches zu reden beginnt, Mögliches und Unmögliches. Aller Streit mit dem Vater ist unvermittelt vergessen, dieses jähe, unkontrollierte Eingeschnapptsein, weil der Ältere von seinem Hausrecht Gebrauch machte, den Fernseher ausschaltete, bloß um der Gäste und dieser mühsam schleppenden Unterhaltung willen. Und mitten in diesem verrückten und doch so spannenden Streifen. *Agatha, laß das Morden sein* – auch ihr hat es Spaß gemacht, den Film anzusehen.

Sie mustert Rainer Wassko, ihr Blick bleibt an seinen Augen hängen, an der Falte darüber, wo die Brauen zusammenwachsen, an seiner Stirn. Sie spürt wieder, wie dieses zärtliche Gefühl für ihn über sie kommt. Anderthalb Jahre sind sie nun zusammen, und ihre Neigung für ihn ist nur heftiger geworden, Monat für Monat. Sie weiß das: Wenn sie einmal jemandem ihre Gefühle zuwendet, ist sie maßlos, verliert sie alle Berechnung und Überlegung. Das ist schon an der Oberschule so gewesen, im Chor, der manchmal am Theater mitgewirkt hat. Daß sie sich in diesen Oberspielleiter verknallte, zwanzig Jahre älter war er als sie, daß sie ihm über Jahre nachlief, bis ins Bett, ihm anhing wie eine Klette. Wie ist sie bloß aus dieser verrückten Schwärmerei wieder herausgekommen?

Sie hört Rainer Wassko reden, sie hört manchmal bloß auf den Klang seiner Worte, die Melodie seiner Sätze. Sie schiebt ihre Finger auf seinen Handrücken, beginnt ihn zu streicheln. Wahrscheinlich ist sie selber schuld an Rainer Wasskos Gereiztheit, an diesem ganzen unglücklichen Tag. Warum hat sie ihn nicht endlich einmal eine ganze Nacht über bei sich behalten im Internat, wie es die andern ganz selbstverständlich tun? Warum hat sie ihr – wenn auch durch Zärtlichkeit erzwungenes – Versprechen plötzlich doch noch gebrochen und ihn um Mitternacht nach Hause geschickt, als schäme sie sich? Vor wem? Vielleicht vor seiner Mutter? April, April, hat sie gesagt, dumme Worte, die auf den Tag anspielten, den ersten des neuen Monats, der da eben begann. Ist's da ein Wunder, wenn auch er sie versetzte, einfach nicht wie verabredet zu seinen Eltern kam, erst Stunden später, und ihr spöttisch auf den unausgesprochenen Vorwurf genauso entgegnete: April, April? Ein Glück nur, daß sie sich mit seiner Mutter so gut versteht. Daß man mit einer anderen, einer fremden Frau so offen reden kann, einer Älteren, einer Mutter, so unverstellt, ohne Hintersinn. Hängt es damit zusammen, daß Janka Wassko lange Zeit hier eine Fremde gewesen ist, eine Ausländerin, eine Slowakin?

Gehen wir, sagt sie unvermittelt, greift nach Rainer Wasskos Hand, drückt sie fest. Es ist nicht mehr erster April. Sieh auf die Uhr: längst nicht mehr.

Ist es ein Versprechen?

Die Nacht nach diesem ersten April ist frisch, sehr frisch, aber nicht unangenehm, weder windig noch kalt. Sie laufen einen Weg, den sie Dutzende Male so zusammen gegangen sind, nicht eingehakt, unentwegt diskutierend, durch Hintergassen bis hin zum Theater, von dort an der Post vorbei, danach die gerade, kaum merklich geschwungene Allee bis zum Turm der uralten, längst vergessenen Stadtbefestigung. Wann hat man den renoviert, ihm die Uhr unters Schieferdach gesetzt? Einmal haben sie sich fest vorgenommen, der Geschichte des Turms nachzugehen. Man kann doch nicht in einer Stadt, einer Umgebung leben, von der man nichts weiß.

Sie sind vor den Schaukästen am Theater stehengeblieben. Warum raffen sie sich so selten auf für einen Besuch hier? Viele sagen, eben im letzten Jahr haben sich allerhand interessante Leute in diesem Haus zusammengefunden, daß es sich plötzlich wieder lohnt herzugehen, ihrem Spiel zuzusehen.

Auf den neuen Rabatten vor dem Theater springt Rainer Wassko übermütig zwischen die noch leeren Beete und Furchen, pflückt eine imaginäre Handvoll Blumen, überreicht sie Ulrike Fischer mit einer Verbeugung. Die knickst und dankt ihm.

Als sie unter der Postuhr vorübergehen, ist es fünf vor halb eins.

Wie sie die Straße hinter dem Leipziger Turm überqueren, sehen sie gleich: Diese halb unterirdisch gelegene Bedürfnisanstalt ist wieder bloß zur Hälfte beleuchtet, nur der Teil für die Männer ist geöffnet. Aber deshalb noch in eine der Kneipen gegenüber gehen?

Sie haben das schon etliche Male durchexerziert: Sie trennen sich hier für zwei, drei Minuten, dann treffen sie sich halbschräg oben an der Ecke vor dem Apothekeneingang. Braucht's da noch Worte?

Bis dann, vor der Apotheke dort, ja?
Ulrike Fischer nickt nur, ist schon unterwegs.

Als Rainer Wassko die Treppe wieder hinaufsteigt, sieht er: Einer
der beiden Männer von da unten, der Jüngere, ist dicht neben ihm,
vor ihm. Er steigt fast gleichmäßig mit ihm über die Stufen. Zufällig?
Er läuft den Bürgersteig entlang, findet die kaum beleuchtete
Treppe, geht sie hinauf und läuft die Straße bis zur Kurve. Warum
er dort plötzlich verharrt? Er weiß es später nicht zu sagen. Er bleibt
einfach stehen, er mustert die Straße nach links, nach rechts. Vielleicht ist Ulrike schon wieder zurück? Sie kennt sich da drüben aus.
Hundertfünfzig, zweihundert Schritte, nicht viel weiter weg liegt
ihr Institut. In den Garten davor, an die Mauer daneben hat sie sich
schon ein paarmal niedergekauert, während er die Stufen gegenüber vom Turm hinuntergestiegen ist.
Er läuft über die dreiecksförmige Grasinsel, den abkürzenden
Trampelpfad. Bemerkt er den Mann, der vor ihm geht, vier, fünf
Schritte vorweg? Irgendwo in der Nacht ist ein Schrei, gar nicht
weit entfernt. Ein erschrockenes Juchzen. Manche Pärchen oder
betrunkene Einzelgänger treiben nachts so ihre Späße.
Er wartet vor der Apothekentür, einmal sieht er zehn, zwölf Meter entfernt jemanden genauso stehen. Hat er ein ungutes Gefühl?
Ulli, ruft er, noch einmal: Ulli, nach links gewandt, die ziemlich
lang abfallende, wenig beleuchtete Straße im Blick.
Natürlich fühlt er bald Unsicherheit. Die Worte der vorange-
henden Nacht sind ihm wieder im Ohr: April, April. Ulrike hat
Angst vor der Mutter, vor ihrer eigenen Furcht. Warum nimmt sie
ihn nicht eine ganze Nacht lang mit zu sich? Als ob zehn Minuten
im Bett nicht viel schneller Endgültigkeiten schaffen können als
eine ganze Nacht. Aber so ist sie. Sie kann mit ihm zusammen sein,
aber nicht eine Nacht lang neben ihm schlafen. Dabei ist sie ganz
versessen auf ihn, auch anschmiegsam, zärtlich wie keine sonst.
Manchmal glaubt er, sich überhaupt nicht in ihr auszukennen.
Ob er das jetzt denkt, jetzt hier oder später? Oder längst davor?
Er geht plötzlich, nachdem er ein, zwei Minuten gewartet hat,
läuft die zwei, drei Dutzend Schritte hin zum Tor links, findet die

Tür offen – wie erwartet –, geht zehn, zwölf Schritte hinein, da ist alles fremd, finster, nachtschwarz. Ulli, ruft er, hörst du? Wozu ruft er eigentlich? Sie ist längst auf und davon. April, April. Vielleicht hat sie schon die Ausfallstraße nach Süden erreicht, lacht sich eins, hält ihn aufs neue zum Narren?

Mach doch keinen Quatsch, bitte, ruft er trotzdem.

Irgendwo, fünfzig, hundert Meter entfernt, unter der einzigen Laterne hier, steht ein Mann, reglos. Blickt er herab, quer herüber? Plötzlich ist er verschwunden.

Rainer Wassko, wie er ihm nachblickt, erinnert sich plötzlich: Der steht ja am Institut. Natürlich kennt Ulrike sich da bestens aus. Vielleicht ist sie dort. Er läuft die Straße hinab, klinkt an der Tür, als könnte sie aufspringen. Vergeblich.

Komm mit, ich bitte dich.

Birgit Pöselt sieht vom halb geöffneten Fenster hinaus auf die Straße, erkennt Rainer Wassko, der über den Zaun geklettert ist, sich offenbar in der Fensterreihe geirrt hat.

Hast du vergessen, wo Ulrike wohnt? Mach dich nebenan bemerkbar. Hast du getrunken?

Ich? Getrunken?

Birgit Pöselt braucht ein bißchen, um die Situation zu begreifen, müde, wie sie ist. Karl ist da. Aber ich komme. Warte.

Fünf Minuten später laufen die beiden Studentinnen Gisela Tschernak und Birgit Pöselt mit Rainer Wassko die Ausfallstraße zurück zum Bahnhof. Das ist Birgit Pöselts Idee: Bei der Transportpolizei von der Bahn hat immer wer Dienst, die ganze Nacht über. Während sie die weithin gestreckte, beleuchtete Chaussee überqueren, die Abkürzung zum Westausgang des Bahnhofs zu erreichen suchen, muß Rainer Wassko erzählen: Erst haben sie seine Eltern besucht, dann sind sie in dieser Kneipe gewesen (jeder zwei Bier, zwei Braune); am Leipziger Turm hinter dem Pissoir haben sie sich getrennt.

Schon zweimal hab' ich dort vergeblich gerufen und gesucht, ich bin schon einmal hierher zum Internat. Gisela hat mir geöffnet. Nein, hat sie gesagt, Ulli ist nicht allein nach Hause gekommen, sie ist nicht in ihrem Zimmer, bestimmt nicht. Da bin ich noch einmal zurück. Man kann kaum was erkennen in dem Gelände hinter der Mauer. Nur ein schwacher Lichtschein fällt über sie hinweg, von den Leuchten an der Straße. Bloß vor eurem Institut brennt eine Lampe. Dort habe ich genauso erfolglos geklinkt.

Er sagt kein Wort von diesem Streit, ach was, von diesem Mißverständnis: April, April. Nur daß er unterwegs auch schon ohne Erfolg an der Tür einer dieser Polizeiwachen gerüttelt hat, erzählt er, merkwürdig, zum wiederholten Male.

Und wenn Ulrike nun zu seinen Eltern zurückgegangen ist oder sonstwo anders hin, zu einer Freundin in der Stadt vielleicht, es gibt da ein paar?

Er sieht die Bahnhofsuhr, schräg voraus. Es ist nun schon deutlich nach halb zwei. Er erschrickt. Vor zwei Stunden haben sie noch friedlich in dieser Passage gesessen, vor gut einer Stunde sind sie freundschaftlich durch diese Allee gelaufen. Und wenn er in zwei, drei, fünf Stunden blamiert dasteht? Irgendwoher ruft sie: April, April, tritt aus ihrem Versteck. Was soll denn sonst sein?

Macht doch kein Drama aus der Sache, sagt er plötzlich, das klärt sich doch sicher ganz harmlos auf.

Als sie an der Tür der Transportpolizeiwache klopfen, begreift er, was er in dieser letzten Stunde immer wieder angstvoll von sich gewiesen hat, als endgültig, unabänderlich, als gewiß. Zweimal hat sie dieses spöttische Spiel nicht mit ihm getrieben. Sieh auf die Uhr, hat sie gesagt, es ist nicht mehr erster April, längst nicht mehr.

Erstes Protokoll

Fünf Stunden später sitzt Polizeihauptwachtmeister Retzlaff in einem der nüchtern ausgestatteten Diensträume des Polizeikreisamtes der Stadt und liest, was er in der letzten Stunde auf Befragen des ihm unbekannten Unterleutnants der K da vor ihm zu Protokoll gegeben hat:

Ich versah in der Nacht vom 1. zum 2. April 1967 meinen Dienst in der Zeit von 22 bis 6 Uhr. Ich bin seit 1962 beim III. Polizeirevier. Seit Mai

1966 bin ich als Streifenführer eingesetzt. Meine Aufgabe besteht vorwiegend darin, Anleitung und Kontrolle über meine Untergebenen auszuüben. Ich hatte in der vergangenen Nacht zwei Genossen zu kontrollieren. Da ich mit Meister der Polizei Pietzsch zusammen war, hatte ich auch den Auftrag, Verkehrskontrollen durchzuführen ... Um Pause zu machen, begaben wir uns etwa um die Mitte unserer Dienstzeit zur Transportpolizeiwache Hauptbahrhof, wo wir gegen 1.35 Uhr eintrafen. Wir hatten uns gerade eine Zigarette angebrannt, als eine mir unbekannte männliche Person mit zwei weiteren – weiblichen – Personen ganz aufgeregt zur Trapo-Wache kam. Dieser Mann sagte, daß er eine Mitteilung zu machen habe, die aber weniger die Transportpolizei anginge. Da er uns sitzen sah, gab er, an uns gewandt, Meister Pietzsch und mir folgende Erklärung ...

Hauptwachtmeister Retzlaff überfliegt die folgenden Zeilen und Absätze, liest noch einmal genau und hat doch wieder denselben Gedanken wie Stunden zuvor, als sie mit den drei Studenten vom Bahnhof aus durch die Nacht gelaufen sind. Warum hat sich dieser Bursche bloß nicht neben sein Mädel gestellt, wenn sie nun schon mal beide ihr Wasser lassen mußten, warum ist er penibel hinunter in dieses Pissoir gestiegen und hat sie allein weiterrennen lassen? Aus Sittsamkeit, Anstand, Ordentlichkeit? Er selber, mit seiner Frau unterwegs, wäre nicht eine Sekunde auf solchen Gedanken verfallen, da ist er sicher.

Ich möchte sagen, liest er weiter, *daß ich den Eindruck hatte, daß alle drei Bürger ziemlich aufgeregt waren. Man mußte ihrem Verhalten entnehmen, daß wirklich etwas passiert war. Polizeimeister Pietzsch ließ sich die Personalien von allen drei Bürgern geben, dazu auch die Personalien von der Freundin des Bürgers. Meister Pietzsch verständigte danach sofort telefonisch den Diensthabenden. Da uns der Rückruf zu lange dauerte, begab ich mich mit Meister Pietzsch und den drei Bürgern zum Eingang Franckesche Stiftungen. Der Eingang befindet sich rechts von der Apotheke an der Waisenhausmauer. Wir ließen uns von dem Manne zeigen, wo er bereits gesucht hatte. Auf unsere Frage, ob er auch das gleich rechts neben dem Eingang liegende umgrenzte Gelände abgesucht habe, sagte er, daß er einzig und allein nur außerhalb des abgegrenzten Geländes entlang der Wege Umschau gehalten habe. Wir sagten darauf zu den dreien, daß sie unmittelbar neben dem Eingang stehenbleiben sollten, während ich mit*

Meister Pietzsch den angrenzenden Garten abzuleuchten begann. Gleich hinter dem dort angebrachten Holzzaun fanden wir eine Brille. Wer von uns beiden nun fragte, ob die Freundin des Mitteilenden eine Brille trug, kann ich nicht mehr sagen. Wir haben jedenfalls den drei Personen die gefundene Brille gezeigt, und uns wurde bestätigt, daß es sich hierbei um die Brille der Gesuchten handelte. Wir forderten daraufhin diese drei Personen nochmals auf, am Eingang stehenzubleiben, und leuchteten tiefer in den Garten hinein. Ca. zweieinhalb Meter von der Brille entfernt fanden wir einen Mauerstein und an diesem Blutspuren ... Ich sah dann, als ich ca. vier Meter im Garten war, in einer Entfernung von ca. zwölf Metern etwas Helles liegen. Ich rief dem Meister der Polizei Pietzsch zu: Schau mal, dort liegt etwas Helles. Meister der Polizei Pietzsch hat sich diesem hellen Fleck nicht unmittelbar genähert. Er muß meiner Meinung nach erkannt haben, daß es sich hierbei um die Gesuchte handelte, und kam gleich auf mich zu und sagte: Komm, gehn wir raus, daß wir keine Spuren vernichten. Er hatte, wie er mir später sagte, eine weibliche Person hinter einem Gebüsch (ca. einen Meter sechzig hoch) auf dem Rücken liegen sehen und beim Ableuchten festgestellt, daß ihr Gesicht blutbeschmiert war.

Als ich mit Meister der Polizei Pietzsch wieder zurückkam, standen die drei Personen noch am Eingang. Da sah Meister Pietzsch plötzlich eine männliche Person, die in die Franckeschen Stiftungen gehen wollte. Meister der Polizei Pietzsch ließ sich den Personalausweis vorweisen.

Bemerken möchte ich noch, daß der Freund der Geschädigten sowie die zwei Studentinnen vermutlich gehört haben, wie ich dem Meister der Polizei Pietzsch zurief: Schau mal, dort liegt etwas Helles. Denn als wir zu ihnen zurückkamen, wurden wir gleich gefragt, was mit der Freundin sei, ob sie verletzt sei usw.

Ich lief dann sofort los in Richtung Leipziger Turm, um von dort aus die Dienststelle zu benachrichtigen.

Unmittelbar danach erschien der Rettungswagen vom Deutschen Roten Kreuz, gleich darauf auch die Kriminalpolizei. Nachdem die beiden von der Kripo mit Meister Pietzsch gesprochen hatten, begaben sie sich zu der Geschädigten. Sie kamen jedoch kurze Zeit darauf wieder und sprachen mit dem Kollegen vom Roten Kreuz. Dieser hat daraufhin mit seinem Wagen den Ereignisort verlassen. Da sagte eins der Mädchen: Nanu, der Krankenwagen fährt ja wieder fort, und sie wollte von mir wissen, was los sei. Sie fragte auch den Polizeiwachtmeister Kosinski, der daraufhin

erklärte, daß der Krankentransport nicht mehr benötigt werde. Das war,
glaube ich, der Augenblick, da sie alle drei begriffen, was vorgefallen war.
    4 Uhr 15 kamen noch Schutzkräfte zur Tatortsicherung und Ablösung,
und wir konnten uns auf unserem Revier beim Diensthabenden zurück-
melden. Dann wurde uns mitgeteilt, daß wir zum Kreisamt kommen soll-
ten zur Vernehmung und zur Aufnahme dieses Protokolls.

Haben Sie gelesen, ist alles richtig wiedergegeben? fragt der
Unterleutnant der K.

Retzlaff nickt und unterschreibt Seite für Seite. Nein, denkt er
dabei noch einmal, ich hätte mein Mädel nie allein dort hinauf-
laufen lassen. Und er sieht plötzlich den Freund der Toten vorsichtig im Dunkel der Nacht hinter der Mauer suchen, unbeholfen in dieser unerwarteten Situation, vielleicht auch ängstlich.
Und er sieht ihn später am Wagen vom Roten Kreuz lehnen, bleich,
offensichtlich dem Umkippen nahe und gewiß voller Selbstvor-
würfe.

Das kannst du noch hinzusetzen, sagt er plötzlich, ja, das setz
noch hinzu: Das Gelände hinter dem Zaun war von außen nicht
einsehbar.

Der Unterleutnant spannt den Bogen noch einmal ein, tippt.

Als ob dieser Satz noch irgendwem nützen kann.

Ermittlungen

    Zur selben Zeit sitzen auch Rainer Wassko, Birgit Pöselt und
Gisela Tschernak einen Flur tiefer Mitarbeitern der K gegenüber,
werden einzeln befragt, was sie über die Tote wissen, über die
Vorgänge dieser Nacht, die Mädchen auch über Wassko, über seine Beziehungen zu Ulrike Fischer. Sie sind in dieser Nacht bereits
vernommen worden, streng isoliert, in diesem Einsatzfahrzeug
der K. Danach hat man sie mit Funkstreifenwagen hierher ins
Polizeikreisamt gefahren und unter Aufsicht untergebracht. Es ist
einsehbar: Sie müssen schnellstens für ihre Aussagen zur Verfügung stehen.

Auch dieser vierte ist mit ihnen hertransportiert worden, dieser merkwürdige Nachtwanderer, der da so unvermittelt durch das Tor neben der Apotheke trat, eben als sie die Leiche Ulrike Fischers entdeckt hatten: Richard Schwetzke, ein Schneider, um die Mitte der Dreißig, in einem der Kaufhäuser der Stadt in der Maßabteilung beschäftigt. Er gibt, alleinstehend, vor, öfter so nachts durch die Stadt spazieren zu gehen. Diesen Weg durch die Franckeschen Stiftungen hat er heute nacht schon mehrfach benutzt, er ist Teil seines üblichen Weges nach Hause. Jetzt kommt er, nach ein paar Umwegen, vom Bahnhof, wo er sich im Wartesaal noch Zigaretten und Zündhölzer erstanden hat. Im übrigen ist er diesem jungen Manne, das wird sich ja durch die Befragung ohne Schwierigkeit ergeben, in dieser Nacht schon einmal begegnet. Sie haben sich beide gleichzeitig in dieser Bedürfnisanstalt gegenüber dem Leipziger Turm aufgehalten, haben sie gewissermaßen sogar gemeinsam verlassen, gleichzeitig. Gleichzeitig? Also hat Schwetzke auch diesen Schrei vernommen, offenbar aus diesem Gartengrundstück hinter der Waisenhausmauer? Ja, nickt Schwetzke, so ein ungewisses Kreischen war da wohl zu hören, als er den Trampelpfad gegenüber der Apotheke benutzte. Und wen hat er sonst noch in dieser Nacht gesehen, exakt zwischen null Uhr dreißig und eins?

Inzwischen hat die Morduntersuchungskommission, noch vor dem frühen Morgen herangeholt, den Fall schon seit Stunden übernommen. Zur selben Zeit liegt der Bericht der Diensthabenden Gruppe der K über die Vorgänge dieser Nacht vor, auch der Hundeführer, ein stämmiger Oberwachtmeister, hat seinen Bericht bereits diktiert. Die Kriminaltechniker dagegen haben mindestens bis ins Morgengrauen hinein warten müssen, ehe sie ihre Arbeit aufnehmen konnten. Nun sind sie seit Stunden dabei, die vorhandenen Spuren zu sichern, ihre Gipsabdrücke zu nehmen (die Tatortfotos sind längst gemacht). Der Leichnam der Getöteten aber liegt um diese Zeit noch immer in diesem Garten, doch man wird sich beeilen, ihn den Gerichtsmedizinern zur Sektion zu übergeben.

Was sich nach allem, dem ersten groben Augenschein, für Hauptmann Rother, den Leiter der MUK, der Morduntersuchungskommission, ergibt, ist ein schon deutlich überschaubarer

Tathergang; die Auffassung darüber braucht später nur noch unwesentlich korrigiert zu werden: Ulrike Fischer, nachdem sie sich
für Minuten von ihrem Freund Rainer Wassko getrennt hat, sucht
den dunklen, abgelegenen Raum hinter der Waisenhausmauer
auf, gelangt zu ihm durch das unverschlossene Tor unmittelbar neben der Apotheke. Vielleicht gerade während sie am Boden kauert,
wird sie vom Täter überrascht. Sie wehrt sich, verliert als erstes ihre
Brille, dazu eine Lederschlaufe vom Gürtel ihres hellen Mantels.
Offenbar gelingt es dem Täter aber, sie zu Boden zu stoßen. Wenige
Meter hin liegt in dieser verwahrlosten eingezäunten Gartenparzelle ein umgestoßener dreiecksförmiger Mauerrest, an seinem
Ende mit einzementierten Glasscherben besetzt. Sie sind blutig,
auf sie hat der Täter, scheint es, sein Opfer geschlagen, es willenlos
gemacht. Schon getötet? Schleifspuren führen durch den Garten,
mindestens einmal hat der Täter Ulrike Fischer abgelegt. Alles,
zum Beispiel der Zustand der Kleidung, deutet darauf hin, daß er
sich an ihr vergangen hat. Ein Sexual-, ein Notzuchtverbrechen.
Mord. Der Hals des Opfers weist deutliche Würgemale auf. Führten die Griffe am Hals zum Tode, oder starb Ulrike Fischer schon
über dem scherbenbesetzten Mauerrest? Zur Klärung solcher Fragen werden wie üblich die Gerichtsmediziner ihren Teil beitragen.
Wer aber ist der Täter? Der Fährtenhund, im Garten angesetzt, ist
die Straße an der Waisenhausmauer bis zu ihrem Ende hinunter-
gelaufen und von dort, vom Franckeplatz, bis zum Markt, wo sich
die Spur offenbar verlor. Ist es die Spur des Täters? Benutzte der
Täter dort einen Nachteinsatzwagen der Straßenbahn, um sich aus
dem Staub zu machen? Aber es gibt noch eine zweite Spur. Von
einem in der Gartenparzelle gefundenen blutigen Männerta-
schentuch führt sie an dem Leipziger Turm vorüber zu einem der
Tanzlokale der Stadt.

Hilft eine dieser Spuren tatsächlich, den Mörder zu finden?

Jeder Mord, jeder Totschlag im damaligen Bezirk Halle ist in den
reichlich zehn Jahren seit 1956 aufgeklärt worden. Also, ist man
ganz selbstsicher, wird man mit höchster Wahrscheinlichkeit auch
diesen Täter finden. Je früher, desto besser. Alle verfügbaren Kräf-
te sind konzentriert im Einsatz, erfahrene Techniker aus Berlin
sind gekommen, vom zentralen kriminaltechnischen Institut.

Die Franckeschen Stiftungen, benannt nach ihrem Gründer, dem Pietisten August Hermann Francke, sind ein ausgedehnter Gebäudekomplex und werden im wesentlichen von zwei nahezu geschlossenen Gebäudereihen gebildet, die sich über ein paar hundert Meter, allmählich abfallend, zwischen der Waisenhausapotheke im Osten und dem Franckeplatz im Westen erstrecken. Die Waisenhausmauer, knapp zwei Meter hoch, grenzt den Komplex nach Norden, zur Straßenseite hin ab, genauso dreihundert Meter lang. Man kann das Gelände durch den Haupteingang am Franckeplatz betreten (neben dem Hauptgebäude, das die Stadt ähnlich charakterisiert wie ihre berühmten fünf Türme) oder durch das Tor neben der Apotheke. Weitere Eingänge liegen nach Süden zu, wo eine Druckerei und eine Schule die vorhandenen Räumlichkeiten nutzen. Die doppelte Gebäudereihe wird vor allem für Wohnungen gebraucht, für Universitätsinternate, in ihrem westlichen Teil sind auch verschiedene Institute und Verwaltungen untergebracht. Der Tatort – in den Polizeiakten immer wieder nur als der Ereignisort bezeichnet – liegt also am äußersten östlichen Ende des weiträumigen Geländes, eine verlotterte, offenbar herrenlose, ungenutzte Gartenparzelle, von Gebüschen, einem Stück Lattenzaun und einer halb umgestürzten Mauer eingefaßt.

Als die Mitarbeiter der K in den umliegenden Häusern ihre Befragungen beginnen, erfahren sie rasch, daß in dieser Nacht vom 1. zum 2. April der Student Konrad Zeigner mit seiner Freundin die Anlagen gegen ein Uhr nachts betreten hat. Zeigner, ein sechsundzwanzigjähriger Medizinstudent, scheidet bald als Tatverdächtiger aus. Er ist in dieser Nacht immer mit seiner Freundin, einer Krankenschwester, zusammen gewesen. Aber wen hat er, wen hat seine Freundin gesehen? Die Freundin erklärt, einen bulligen jungen Burschen bemerkt zu haben, der sich in der Nähe des Musikinstituts herumtrieb. Zeigner selber sah zwei einzelne Männer in der Nähe des Toreingangs. Der direkt am Tor schien sein Gesicht verbergen zu wollen. Zeigners (offensichtlich viel genauerer) Beschreibung von Kleidung und Statur zufolge kann es sich um Wassko oder Schwetzke gehandelt haben. Noch wichtiger aber scheint Zeigners Hinweis auf einen Kommilitonen, der in dieser

Nacht kurz vor ihnen das Internat betreten und sich ungewöhnlich
lange im Toiletten- und Waschraum aufgehalten hat.

Manfred Kreuziger, ebenfalls Medizinstudent, ist achtundzwan-
zig Jahre alt und wie Zeigner mit einer Krankenschwester befreun-
det. Offenbar sind solche Verbindungen beliebt oder nahelie-
gend. Nach dem Besuch bei ihr hat er gegen halb ein Uhr eine Straßenbahn der Linie sieben benutzt, die damals noch vom Haupt-
bahnhof direkt zum Markt fuhr. Kurz vor dem Leipziger Turm, wo
die Bahn wegen der Kreuzung ihr Fahrtempo deutlich verringern
mußte, ist er von dem hinteren Wagen abgesprungen. Kurz vor drei
Viertel eins ist er durch das Tor neben der Waisenhausapotheke
gegangen und gleich auf die Toilette gestürzt. Und warum hat er
nicht die Bedürfnisanstalt am Leipziger Turm benutzt, und was war
das für eine Gestalt im Schatten der Bäume in der Nähe dieses
Rondells? Und warum hat er sich so lange auf der Toilette aufgehalten, den Waschraum blockiert? Was hat er in dieser Nacht für
Kleidung getragen, was besitzt er sonst noch an Anzügen, Schuhen? Kann man die einmal sehen?

Andere Ermittlungen besagen, daß in dieser Nacht auf dem
schmalen Pflasterstreifen unmittelbar neben dem Apothekentor
ein Motorroller geparkt hat. Wassko z. B. kann sich noch daran erinnern; als er dort zum ersten Male durch das Tor ging, stand der
Roller noch dort, später ist er verschwunden. Schwetzke erinnert
sich gleichfalls an diesen Roller. Ein Motorroller der damaligen
Marke Troll offenbar, blau und gelb die Farben. Gleich neben dem
Musikinstitut liegen einige Garagen, da sind mehrere solcher
Roller eingestellt, sowohl Typ Troll als auch Typ Berlin. Ist einer
von ihnen identisch mit dem Roller vorm Tor? Wer fuhr diesen
weg, wann, wohin? Zeigner hat ihn schon nicht mehr stehen sehen.

Zweimal informiert in diesen Tagen die Presse knapp über das
vorgefallene Verbrechen und bittet um Unterstützung, Hinweise.
Es finden sich auch einige Passanten, die ein Schreien gehört haben. So unterschiedlich sie es beschreiben (als Aufschrei, als lang-
gezogen, als ersterbend, in der Lautstärke auf- und abschwellend,
als mehrfach), die Zeit, zu der dieses Schreien ertönte, steht bald
exakt fest, auf die Minute: null Uhr achtunddreißig. So viele Männer in dieser Nacht auch in der Nähe der Waisenhausapotheke

unterwegs gewesen sind, man wird sie vermutlich alle exakt nach diesem Zeitpunkt in das Geschehen einordnen, sie nach ihm gruppieren können.

Am genauesten glaubt das Schreien im übrigen eine Frau Morgenrot beschreiben zu können.

Frau Morgenrot, Witwe, schon über die Fünfzig und Sekretärin in einer der nahegelegenen Verwaltungen, Mutter von vier Kindern, hat am Abend dieses 1. April wie die Wasskos den Film *Agatha, laß das Morden sein* im Fernsehen gesehen, den Film, der nicht zum letzten Male in diesem Fall erwähnt werden muß. Er spielt in den Ereignissen dieser Nacht eine erstaunliche, geradezu makabre Rolle. Auch Frau Morgenrot, allein zu Hause, hat den Fernsehapparat abgestellt, freilich aus einem anderen Grund als Herr Wassko: Der Film hat ihr nicht gefallen, und so ist sie zu Bett gegangen, hat freilich nur flach, nicht fest geschlafen. Wenn die Kinder noch nicht zu Hause sind, schläft eine Mutter nicht gut, sagt sie. Irgendwann in der Nacht schrickt sie auf, stürzt zum Fenster, ohne es zu öffnen, blickt hinaus, kann freilich nichts erkennen; Äste und Zweige, die Nacht überhaupt hindern sie daran, dieses ganz ungewisse Licht. Doch der Schrei war der einer Frau, er war laut und deutlich, aber ohne ein Wort; Hilfe oder ähnliches wurde nicht geschrien. Mit diesem Schrei mischte sich eine männliche Stimme, vollkommen unartikuliert, als würden da Laute im Laufen ausgestoßen. Auseinandersetzungen zwischen Pärchen und Ehepaaren sind in dieser Gegend nichts Seltenes, sagt Frau Morgenrot, da kann sie ein Lied von singen. Also hat sie sich unbesorgt wieder niedergelegt. Später kam dann ihr Sohn Norbert, danach ihre Tochter Marianne.

Sie kann keine genauen Zeitangaben machen, auch klingt ihre Beschreibung des Schreiens, das sie doch aus dem Schlaf geschreckt hat, bei aller Differenziertheit wenig glaubwürdig. Aber ohne es zu wollen, liefert Frau Morgenrot mit ihrer Darstellung einen weiteren möglichen Tatverdächtigen: ihren eigenen Sohn Norbert, was eine Fülle von Nachforschungen nach sich zieht.

Norbert Morgenrot, Heizungsinstallateur, ist an diesem Abend im Puschkinhaus tanzen gewesen, er hat mit ein paar Bekannten am selben Tisch gesessen, aber obgleich sie alle in den Franckeschen Stiftungen wohnen, hat er nicht die Straßenbahn benutzt,

mit der die Bekannten gefahren sind. Dabei: Sein Heimweg vom
Franckeplatz wäre höchstens ein, zwei Minuten länger gewesen.
Man fährt doch lieber mit Bekannten, wenn man beinahe denselben Weg hat, warum Norbert Morgenrot nicht? Wie sich ergibt,
muß die Straßenbahn der Linie sieben, die er benutzt hat, kurz
nach halb eins am Leipziger Turm gewesen sein. Er aber betrat
frühestens eine Viertelstunde später die Wohnung der Mutter. Wo
ist er in dieser Zwischenzeit gewesen, was hat er getan? Getrödelt?
Was heißt das? Ein mit seiner Freundin heimkehrender Soldat hat
an der Waisenhausapotheke einen Burschen gesehen, der auffällig
mit einem Schlüsselbund klimperte. Hat Norbert Morgenrot einen
Schlüsselbund, nein? Nur zwei einzelne Schlüssel? Trotzdem, was
hat er in dieser knappen Viertelstunde getan, seit er die Straßenbahn verließ? Ist er etwa der Täter?

Da findet sich plötzlich noch ein Verdächtiger: Heinz Bahlsen,
vierundzwanzig, ebenfalls Medizinstudent, wohnhaft im Internat
nebenan. Heinz Bahlsen kehrt in dieser Sonnabendnacht vorzeitig
aus Mecklenburg zurück, sucht auf dem Bahnhof vergeblich nach
seiner Bekannten – natürlich auch eine Krankenschwester –, die
ihn nach seiner Aussage dort erwarten wollte, und geht dann in seine Wohnung, in sein Internatszimmer in den Franckeschen Stiftungen. Wann zwischen null Uhr dreißig und null Uhr fünfundvierzig ging er durch das Tor neben der Apotheke? Und wann ist er
zurückgekehrt, um, wie er vorgibt, in diesem Pressecafé am Leipziger Turm nach seiner Freundin zu suchen und dann noch einmal
auf dem Bahnhof? Und danach ringsum in den Straßen der Stadt?
Wann ist er zurückgekehrt? Nachts um zwei Uhr?

Hauptmann Rother ist ein erfahrener Mann. Er arbeitet schon
seit Jahren im Bezirk, seit über zwei Jahrzehnten sogar. Als er sich
für diesen Beruf entschied, für diese Arbeit, hat er nur vage geahnt,
was auf ihn zukommt: unregelmäßige Belastungen, Routineunter-
suchungen und dann wieder höchste Anspannung – und alles in
unvorhergesehenem Wechsel. Nun gut, er hat ähnliches erwartet,
doch was bedeutet das im einzelnen?

Rother hat mittlerweile schon Dutzenden Mördern und Tot-
schlägern gegenübergesessen. Er hat sie erlebt, großmäulig und

kleinlaut, verschüchtert und dem Weinen nahe, wie man so sagt: in Tränen gebadet. Rother weiß natürlich: Es gibt brutale notorische Verbrecher, bei denen die Rücksichtslosigkeit eskaliert, die immer tiefer in das Unrecht hineingeraten, und es gibt Weichlinge, Schüchterne, bei denen sich physischer Druck, Ausweglosigkeit, Schmerz in Stunden oder Minuten der Unbeherrschtheit das bestürzende Ventil suchen, die Tat, vor der sie danach selber erschrecken.

Manchmal denkt Rother: Gut, daß er bloß ermittelt und andere, hoffentlich Objektivere, urteilen müssen ...

Rother weiß auch: Alles, was sie jetzt tun, ist notwendig, Routine. Aber er hat so ein Gespür, fast eine Gewißheit, daß, was da an ersten Ergebnissen auf sie zugekommen ist, an vorläufigen Verdächtigen, wohl nicht dem Tätertyp entspricht, den er sich nach dem Charakter, den Umständen der Tat vorstellen muß. Eine Tat muß zum Täter passen und umgekehrt. Es gibt da so Richtwerte. Und die Tatmotive werden immer noch nach dem kleinen Einmaleins abgerechnet. Höchstens die Ausführung und die Aufklärung einer Tat sind komplizierter geworden.

Wassko zum Beispiel. Natürlich ist erst einmal auch er verdächtig. Er liebt sein Mädchen vielleicht gar nicht, sie ist bloß angenehm, eine freundliche Gewohnheit. Sie ist älter als er, sie ist voller Leidenschaft, mindestens voller Gefühl, auch nicht ohne Erfahrung. Doch was spricht dafür, daß er sie einmal heiratet? Eines Tages findet er einen Grund, sich von ihr zu trennnen. Es sei denn, sie kriegen ein Kind. Dann hat er genügend Verantwortung, mit ihr zusammenzuleben. Aber wie auch immer: Warum soll so einer das Mädchen, das er doch zumindest sehr achtet, gewaltsam nehmen, auf Mauersteine stauchen?

Oder Schwetzke. Eines Tages wird man die Neigung, derethalben er schon einmal verurteilt wurde, nicht mehr als strafwürdig betrachten. Er mag es, mit Männern zusammen seine sexuellen Freuden zu finden. Deshalb ist er durch diese Sonnabendnacht gestreunt, unruhig, immer ärmer an Gewißheit, irgendwo noch einen Partner zu finden. Er kennt alle Pissoirs der Stadt, er ist sie, ein trauriger Wanderer, allesamt abgelaufen, diese nächtlichen Spelunken der Hoffnung. Bringt es der sauber, geradezu penibel gekleidete Schneider nicht glaubhaft vor: Er hat noch nie eine Frau besessen, wirklich noch nicht einmal Sehnsucht nach einer gehabt? Irgendwann fährt er nach Leipzig, Magdeburg, klappert die ihm bekannten möglichen Treffs dort ab, hat, wenn sein Glück es will, seinen unglücklichen Freund, der genauso wenig seinen Namen nennt wie er selber.

Und der soll sich an einem Mädchen, noch dazu auf solch brutale Weise, vergehen?

Es war richtig, ihn bald nach Hause zu schicken.

Kriminalisten bekommen oft tiefere, intimere Einblicke in andere Leben als Psychiater, Eltern, Liebhaber, Ehepartner. Sie dürfen nach dem Geheimsten fragen, und sie erfahren es meist ohne große Umwege. Sind sie glücklich mit ihrem Wissen?

Die Nähe eines Verbrechens macht erstaunlich offen und ehrlich.

Hauptmann Rothers Arbeitskartei der Vernehmungen und Vernommenen schwillt schon in diesen ersten Tagen der Untersuchungen erheblich an, und sie birgt eine Fülle von Fragen: Wer war in dieser Nacht, in dieser Stunde zwischen zwölf und eins, in dieser halben Stunde vor eins, in diesen fünfzehn Minuten nach halb eins in der Nähe der Apotheke, wer ging wann durch dieses entscheidende Tor? Wie war er angezogen? Da gibt es einen, der trug einen Mantel, Muster Pfeffer und Salz, mit einem halben Gürtel hinten, da stand ein anderer im Schatten gegenüber der Waisenhausapotheke, da schepperte einer mit einem Schlüsselbund. Einer trug einen dunklen Nylonmantel, einer einen Koffer, einer fuhr einen Motorroller weg, einer verbarg am Tor sein Gesicht. Einer war bullig, einer stand in der Nähe der Lampe am Musikinstitut. Einer war wenigstens einsachtzig, einer höchstens einssechzig. Wer war wer? Wie viele Fragezeichen?

Die Sache mit dem geparkten Motorroller klärt sich übrigens ziemlich rasch. In den Garagen am Musikinstitut werden lediglich zwei Motorroller untergestellt. Beide gehören dem Hausmeister dort (ein Roller privat, ein Roller für den Dienstgebrauch), Walter Setzepfand wohnt etliche Straßenbahnhaltestellen weiter in der Stadt. Er hat das Gelände nachweislich am Freitagabend zum letzten Male betreten, danach erst wieder am Montagmorgen. Aber

die Meiers in der Breitscheidstraße gegenüber hatten eine kleine
Familienfeier, ihr Schwager Peter Hentze war dabei. Er kam mit
einem Motorroller Typ Troll, den er an der fraglichen Stelle neben
der Apotheke parkte. Viertel nach zwölf trieb man bei den Meiers
allmählich zum Aufbruch, Meiers Eltern sollten noch die letzte
Straßenbahn der Linie drei nach Trotha erreichen, an der Haltestelle unten am Markt. Frau Meier ist durch ein Fußleiden etwas
behindert, da braucht sie viel Zeit für dieses bißchen Weg durch die
Nacht. Frau Hentze begleitet sie, wird bei ihnen sogar übernachten. Währenddes geht Peter Hentze mit einem Freund der Familie
schnurstracks zu diesem Motorroller, startet ihn (etwa null Uhr
vierzig), bringt den Bekannten nach Hause, ist selbst vor eins noch
in seiner Wohnung; ein Nachbar begegnet ihm im Treppenauf-
gang, sie wünschen einander eine gute Nacht. Die Umstände sind
allesamt überprüft, Zeitangaben, Wegstrecken: Alles stimmt. Peter
Hentze oder dieser Bekannte werden von keinem Verdacht betroffen.

Und auch sie haben keine junge Frau durch dieses Tor in die
Franckeschen Stiftungen hineingehen sehen?

Erstaunlich: So ruhig diese Nacht war, so viele Menschen sind
doch in ihr unterwegs gewesen, aus den verschiedensten Gründen
auch in der unmittelbaren Nähe des Tatorts. Aber keiner hat Ulrike Fischer gesehen, eine junge Frau allein, auf dem Weg zu der
Stelle, an der sie jäh sterben wird, verfolgt von einem Mann. Oder?

Natürlich enthält Hauptmann Rothers Kartei auch noch andere Namen und Fragezeichen. Es sind – zum Beispiel – die Namen
von Personen, die, im Stadtgebiet ansässig, schon einmal in ähnliche Delikte verwickelt, ihretwegen sogar verurteilt wurden. Wo
waren sie in dieser Nacht? Was trugen sie für Schuhwerk, weist ihre
Kleidung Blutflecken auf, ist ihr Gesicht vielleicht zerkratzt? Die
für die entsprechenden Reviere zuständigen Polizisten besuchen
ihre bekannten Kunden, mustern ihre Gesichter, ihre Hände.

Und da sind auch diese Kneipen, diese Tanzgaststätten in der
Nähe, wenigstens drei. Zwei davon sind nicht bestens beleumun-
det. Wer im Hallorencafé einkehrt, Einzelgänger oder Dienstrei-
sender, heimatlose Mädchen, kann meist mit einem erfolgreichen
Abenteuer rechnen, die beliebten Damenwahlrunden machen

hier aus Hoffnungen rasch Gewißheiten, führen zu festen Absprachen. Noch zwielichtiger ist das sogenannte Promenadenkaffee,
damals eindeutig auch *Kaffee Röckchen hoch* im städtischen Um-
gangston genannt. Hier braucht es kaum erst Damenwahlrunden,
um Übereinkünfte zu tätigen. Hier trifft sich, was schnell Verbindungen einzugehen gewillt ist, Einsame der verschiedensten Cou-
leur.

Ja, Rother hat viel mehr Hoffnung, in solchen Kreisen den Täter
zu finden. Denen, die sich hier umtun, die hier ihre Zeit totschla-
gen, hier rasche Bekanntschaften machen, Bier und Schnaps rast-
los in sich füllen, ist die Tat viel eher zuzutrauen, unter ihnen ist viel
eher der eine zu finden, der alle Kontrolle verliert, alle Moral, als
unter diesen Internatsbewohnern, die sich in ihren Intimbe-
ziehungen auf Krankenschwestern spezialisiert haben. Vorurteil?
Erfahrung?

Hauptmann Rother hat Fotos anfertigen und zusammenstellen
lassen, eine Art Bildtafel: Vier mal vier Männer, einzeln in einer
Zimmerecke fotografiert, jetzt, früher, weit früher, jedenfalls immer in derselben äußeren Situation: Schwetzke, Wassko, Hentze,
Norbert Morgenrot, Kreuziger, selbst Zeigner. Dazu etliche dieser
alten Bekannten. Wer hat einen von ihnen in dieser Sonnabendnacht gesehen, wann, wo? Hat einer von ihnen eines dieser Restau-
rants, eine dieser Tanzgaststätten besucht?

Nach einer Woche etwa scheidet auch Norbert Morgenrot aus
dem Kreis der Tatverdächtigen aus, eigentlich überraschend. Aber
die getötete Ulrike Fischer weist über dem stramm sitzenden,
ungeöffneten Büstenhalter einen offenbar in kräftiger sexueller
Lust erzeugten Bißabdruck auf, auf der deutlich hervortretenden
linken Brustwölbung; das entsprechende Unterkieferoval ist voll
und detailliert ausgeprägt (die Oberkieferrundung weniger). Jedenfalls haben die Techniker und Mediziner mehrfach Fotos, dazu
komplizierte Folienabzüge davon hergestellt. Die beweisen nun:
Norbert Morgenrots Kiefer können diesen Abdruck niemals verursacht haben, sie sind abnorm deformiert, die Zähne reichlich
kariös. Norbert Morgenrot ist ein vielleicht fast aussichtsloser Fall
für Zahnärzte und ganze stomatologische Kliniken, aber dieses
erschreckende körperliche Debakel, das ihm in den nächsten Jah-

ren gewiß noch ziemliche Sorgen bereiten wird, bewahrt ihn vor allem Verdacht.

Wie steht es übrigens um die sonstigen gesicherten Tatortspuren? Da gibt es sogenannte Teilschuhabdrücke (ein Absatz, eine schräg gemusterte Sohle), eine Textilspur unmittelbar neben dem rechten Oberschenkel der Leiche (ein reichlich handtellergroßer Abdruck eines groben Stoffgewebes, unterbrochen von einem millimeterhohen, zwei Zentimeter breiten Streifen – verursacht von einem ziernahtgesteppten Gürtel?). Die zusammengekrampfte linke Hand der Toten hielt ein paar Haare, auch der Gipsabdruck der größeren Fußspur erfaßte etliche Haarschnipsel. Und was ist mit den Blutlachen, was mit diesem Herrentaschentuch (am Tatort gefunden, voller Blut- und Spermaflecke)? Was ist mit den zwei Lederschlaufen, den zwei abgerissenen Mantel- oder Kostümknöpfen?

Am 12. April 1967, morgens gegen fünf Uhr, gegen Ende der Nachtschicht, erscheinen plötzlich zwei Schutzpolizisten in der Chemischen Fabrik Knorr, einem Betrieb in einem der südlichen Vororte der Stadt. Sie werden ins Ofenhaus verwiesen. Die beiden Polizisten husten, während sie das ungewohnte Gas ringsum einatmen. Hier wird eine ziemlich schmutzige, schwere, geradezu gesundheitsgefährdende Arbeit verrichtet. Sie bitten den sechsundzwanzigjährigen Hans-Peter Papke, mit ihnen zu kommen. Nein, das ist keine Verhaftung, vielmehr eine Zuführung. Papke lächelt, grinst. Wollt ihr mir schon wieder was anhängen, sagt er.

Hauptmann Rother hat seine Festnahme veranlaßt. Papke ist einer auf seiner 16-Mann-Bildtafel. Er ist einschlägig vorbestraft, mit deftigen Eintragungen im Strafregister. Papke hat seinem zuständigen Revierpolizisten (dem *Abschnittsbevollmächtigten,* so seinerzeit die Bezeichnung) erklärt, er war in der Nacht vom 1. zum 2. April zu Hause, hat gemeinsam mit Eltern und sonstiger Familie ferngesehen, diesen Kriminalstreifen *Agatha, laß das Morden sein,* den offenbar Zehntausende in dieser Stadt damals sahen. Doch sowohl ein Kellner als auch ein Gast aus dem Promenadenkaffee (in den Akten nun überall abgekürzt bloß PK genannt) haben unabhängig voneinander erklärt, daß Papke an diesem Abend im PK war, nach der großen Pause gekommen ist.

Am nächsten Tag wird Papke der Haftbefehl verlesen. Papke, heißt es, steht *unter dem dringenden Tatverdacht, vorsätzlich zur Befriedigung seines Geschlechtstriebs getötet zu haben.* Zeugen identifizierten ihn, erklärten, daß er kurz vor der Tatzeit das PK verließ. An seiner Kleidung – bei einer Hausdurchsuchung sichergestellt – finden sich blutähnliche Substanzen: Möglich, die Kleidung wurde mit Wasser ausgewaschen. Die bei der Hausdurchsuchung sichergestellten Kleidungsstücke werden der Gerichtsmedizin übergeben. *Später wird vom Beschuldigten ein Vergleichsbißabdruck abgenommen.* Es besteht Flucht- und Verdunkelungsgefahr.

Ich bin unschuldig, sagt Papke. Ich habe diesen Film gesehn, *Agatha, laß das Morden sein.* Meine Eltern, meine Geschwister können das bezeugen.

Der Täter?

Wie kann einer so leben?

Hans-Peter Papke wird geboren, da ist ringsum Krieg: 1941. Ein Jahr später stirbt sein Vater den Heldentod fürs falsche Vaterland. Hätte er den Jungen klug führen können? Die Mutter, allein, freundet sich mit Franzosen an, da sperren die Nazis sie ein. Nach dem 8. Mai 1945 erst kehrt sie zurück, gebrochen. Sie kümmert sich kaum um die Erziehung ihrer Kinder, um ihre Tochter vielleicht noch, die ist eine Hilfe. Aber der Junge? Soll er doch bei der Großmutter groß werden, soll die sich mit ihm plagen.

1950 heiratet die Mutter Minna Papke von neuem. Willi Stein, ihr zweiter Mann, läßt ihretwegen Frau und fünf Kinder im Stich. Da muß doch Verführerisches an ihr sein. Mit ihm wird sie bald zwei Mädchen haben, die Stiefschwestern des Jungen. Der wächst indes bei der Großmutter auf, ein paar Kilometer vom mütterlichen Haushalt entfernt, allein mit einer rasch alternden, selber der Unterstützung bedürftigen Frau: Sie wird mehr und mehr schwerhörig, ihr Mann – der Großvater des Jungen also – ist inzwischen gestorben. Tanzt der Junge ihr auf der Nase herum? Nutzt er sie aus? Manchmal – immer öfter – lebt er primitiv fast wie ein Tier: essen, trinken, Ruhe haben, nicht gestört werden, selber sich austoben, rücksichtslos. Er legt der Großmutter das Schülertagebuch vor, läßt sie unterschreiben, ohne daß sie lesen darf, was da meist in Rotschrift geschrieben steht. Er treibt sich bis tief in die Nächte herum, er klettert, die Großmutter übertölpelnd, die die Schlüssel versteckt hat, sogar aus dem ersten Hausstock die Wand hinunter, ein Zehnjähriger. Er bleibt in der ersten Schulklasse sitzen, später noch einmal. Ein Dutzend Jahre darauf weiß er nicht mehr zu sagen: War's in der fünften oder der vierten Klasse?

1953, da ist er also gerade mal zwölf und muß diese fünfte Klasse zum ersten oder zweiten Male in Angriff nehmen, 1953 findet er sich mit anderen zusammen, ein Einundzwanzigjähriger leitet sie, verleitet sie, die nur allzu rasch und bereitwillig mitmachen. Sie brechen ein paar Kioske in der Vorstadt auf – Ammendorf – und werden offensichtlich auf frischer Tat ertappt: Zigaretten- und Schokoladendiebe. Elf Tage lebt er in einem Durchgangslager, einer Art Jugendwerkhof, da entdeckt die Mutter jäh ihre Verantwortung, ihr Glucken- und Muttergefühl. Oder ist's die elementare Erinnerung an das eigene Eingesperrtsein, das sie dem Sohn ersparen will? Jedenfalls holt sie den Jungen heraus, bürgt für ihn, bringt ihn zur Oma (wohin sonst?). Dabei würde der gern bei den anderen im Jugendwerkhof bleiben. Hier wird für ihn gesorgt, da kümmert sich wer regelmäßig um ihn, er braucht für sein Essen – zum Beispiel – nicht mühsam selber zu sorgen.

Nach der Schule – entlassen aus der sechsten Klasse – will er Maurer werden. Aber es heißt seltsamerweise: Er ist zu schwach, körperlich nicht genügend entwickelt. Dabei: Immer war er der Stärkste, hat er sich mit Kraft durchgesetzt, auch gegenüber den Lehrern, hat ihnen die Geige versteckt oder die Bücher. Na gut, wird er Maler. Ausgerechnet Maler? Na: seinetwegen. 1955 beginnt er die Lehre.

Später wird man ihn fragen, was er angesichts seines erstaunlichen Strafregisterauszugs noch nennen könnte an weiteren, bislang unbekannten Straftaten. Da erzählt er ausgerechnet dies: Einmal hat er mit einem Verwandten, einem Cousin, in der Nähe des

Zoos einen Wartburg 1000 aufgebrochen. Gemeinsam sind sie auf
der Autobahn gefahren. Aber kurz vor dem Hermsdorfer Kreuz
war der Tank leer, da sind sie zurück mit dem Benzin aus dem Ka-
nister (nein, tanken wollten sie nicht, konnten sie nicht – aus
Geldknappheit, Angst, Unwissen?), jedenfalls haben sie mit Mühe
und Not und Zittern exakt den ursprünglichen Standplatz wieder
erreicht. Der Cousin, Horst, hat wenigstens die Papiere mitgehen
lassen aus dem Handschuhfach. War das alles nicht tollkühn? Na ja,
keiner von ihnen hatte bisher ein Auto gefahren, natürlich besaß
keiner einen Führerschein, und dann gleich solche Tour! Eben
eine Mutprobe.

Und was tragen andere an Straftaten zusammen, Ungesühntes?

Einmal hat er in der Nachbarstadt (Merseburg) die Zeche ge-
prellt – aus Großsprecherei. Am Stadtteich abends waren sie schon
eine richtige Meute. Da hat er ein Mädchen gepackt, irgendein
fremdes, ihr den Rock über den Kopf gezogen, und alle mußten sie
anpissen (sein Wort, sein Befehl). Ein paarmal schläft er mit Marianne, der Tochter aus der ersten Ehe des Stiefvaters. Aber er ist ihr
zu herrisch, zu grob. Mit uns wird das nichts, sagt sie. Da macht er
über die Hofmauer hinweg hinter ihr her, schlägt sie, schlägt ihr
ein Auge blau. Ach, da kommt schon was zusammen. Als Kind,
beim Baden in den Kiesgruben vor der Stadt, schreckt er, nackt, mit
obszönen Gesten die Vorüberkommenden. Später drischt er die
Hasen, die sie trickreich auf den Feldern und Wiesen vor der Stadt
zu fassen kriegen, mit dem Kopf gegen einen Baum. Was ich selber
fange, sagt er, will ich auch selber kaltmachen. Mit einem Kumpel
– nein, Freunde hat er nie – fängt er eine wilde Schlägerei an, weil
der andere aus dem Spielautomaten die Groschen herausholt, die
doch er hineingesteckt hat. Er spuckt mitten auf den Tanzsaal, ver-
schüttet dort mutwillig das Bier anderer, führt gröbste Reden; ja, es
kommt schon was zusammen.

Wie kann man so leben?

1958 beendet er die Malerlehre. Sein Meister ist froh, daß alles
vorüber ist und der Junge auf eigenen Wunsch entlassen wird: *Ich
hatte seinetwegen oft Unannehmlichkeiten mit der Kundschaft. Er bum-
melte, arbeitete unsauber, wurde dabei immer frecher.*

Im September desselben Jahres – noch ist er siebzehn – wird er zum ersten Male verurteilt: ein Jahr Gefängnis wegen versuchter Notzucht. Er hat eine fünfundzwanzigjährige Stenotypistin zu Boden geworfen, mit dem Kopf ein paarmal zur Erde gedrückt, ihr den Rock hochgestreift und so weiter. Auf ihre unausgesetzten Hilfeschreie hin flieht er.

Später arbeitet er in verschiedenen Malerbetrieben der Stadt. Immer erhält er negative Beurteilungen: *Arbeitsmäßig ist er einer der schlechtesten Kollegen.* 1961 wird er wegen grober Verstöße gegen das Statut von einer Malergenossenschaft ausgeschlossen. 1965 kommt er auf 80 Bummelstunden. Ab 1966 kann er nur noch *berufsfremd* arbeiten: In dieser chemischen Fabrik steht er eben an irgendwelchen Öfen. So ist in diesem April 1967 auch seine Berufsbezeichnung: Ofenarbeiter.

Am 13. Juni 1961 soll er zur Verbüßung einer sechsmonatigen Strafe antreten (er hat zum wiederholten Male exhibitioniert, Frauen provoziert, mit seiner Schamlosigkeit belästigt), aber er geht statt dessen ins nächste Klubhaus, schüttet bis Mitternacht 25 Biere in sich hinein. Hinterher lauert er einer Frau auf, die sein Mißfallen erregt hat, stellt ihr an einer dunklen Ecke ein Bein, schlägt sie brutal ins Gesicht, drischt sie arbeitsunfähig. Am 18. Juni, er hat seine Strafverbüßung noch immer nicht angetreten, schüttet er wieder sein gewohntes Maß in sich hinein, 25 Biere. Nach Mitternacht fühlt er sich stark, braucht eine Frau, will sie sich mit Gewalt nehmen. Auf dem Wiesenweg zwischen Ammendorf und Beesen faßt er eine Unbekannte am Hals, reißt sie nieder. Auch ihre Hilfeschreie bewahren sie vorm Letzten.

Als er am 9. März 1967 seine vorerst letzte Strafe verbüßt hat, stehen mittlerweile fünf Posten in seinem Strafregister, hat er insgesamt viereinhalb Jahre hinter Gefängnismauern verbracht. Er ist kräftig, muskulös, ein athletischer Typ. Seine Haut, nicht nur an den Gliedmaßen, zieren Tätowierungen, die Zeichen seiner Vergangenheit: Galgen, Henkerbeil, Klotz, Strick, vor allem Mädchen mit derben Busen. Manchem zeigt er grinsend die Zeile unterm Nabel: MUTTIS LIEBLING. Er ist wieder Ofenarbeiter in der alten Bude, seine Kumpels, die er so kennt, heißen Söhnlein, Hüpfer, Busse, Reinhard der Echte, Kantorra, Katz, Kelle. Ihn selber nennen sie den Boxer. Er besucht in knapp vier Wochen siebzehn Gaststätten in Halle und Ammendorf, handelt sich in zweien Lokalverbote ein. Er mag das Bier noch, einen richtigen Schluck, einen strammen Marsch. Freilich, er verträgt nun nicht mehr so viel wie früher.

Seine Großmutter ist zwei Jahre zuvor verstorben, da hat er angeblich heiraten, die Wohnung übernehmen wollen. Aber er hat sie nicht bekommen. Schlechten Lebenswandels wegen, bedeuteten sie ihm. Der Rabatz, den er ihnen da hinlegte in ihrem Amt, hat ihm auch nichts genützt. So wohnt er bei der Mutter, beim Stiefvater, mit den Stiefschwestern, eng, enger, am engsten. Der Alte hat noch kein Wort mit ihm gesprochen, seit er aus dem VEB Knast zurück ist. Gut nur, daß die Mutter zu ihm hält, die Truppe im Griff hat.

Gut?

Wie kann man so leben.

Zeugen. Aussagen. Vorerst drei von wenigstens dreißig. Oder fünfzig?

Renate Heinrichs ist zweiundzwanzig, Sekretärin, eigentlich Sachbearbeiterin, im Chemiehandel beschäftigt. Was an Plasterohren, Plastedachrinnen in die Geschäfte der Stadt gelangt, geht als Zahl und Rechnung über ihren Schreibtisch. Einmal ist sie schon fast verlobt, fast verheiratet gewesen, nun hat sie seit einem halben Jahr von neuem einen Freund, einen schicken Burschen mit schwarzer Haartolle und schwarzem Bärtchen (die kommen wohl zu dieser Zeit gerade massenhaft auf, wachsen sich bald zu stattlichen modischen Vollbärten aus), unbedingt will sie Bernhard Stumpf halten; sowieso mag sie das nicht, heute den, morgen jenen, solchen blödsinnigen Wechsel. Und wann kriegt sie vielleicht je wieder so einen hübschen Kerl? Also nimmt sie das auf sich, setzt sich ab und zu mit in dieses Café, wo er abends Musik macht, Saxophon oder Trompete bläst, je nachdem, nebenher auch mal die Gitarre schlägt. Für ein paar lächelnde Blicke vom

Kapellenpodest herunter, für einen raschen Tanz? Aus Freude, in Bernhard Stumpfs Nähe zu sein, aus Eifersucht?

Das Promenadenkaffee ist wirklich kein angenehmes Lokal. Das Publikum wechselt, am selben Abend oft sogar mehrmals. Die Gespräche an den Tischen sind laut, angeberisch, die Kapelle sucht sie zu übertönen. Die Entlüfter schaffen es nicht, die Unmassen an Zigarettenrauch aus dem Raum zu befördern. Nicht selten stürzen Flaschen und Gläser um. Aber wozu das Tischtuch wechseln, wenn eine Viertelstunde später ähnliches passiert. Die Kellner und Kellnerinnen kennen ihre Schäfchen, sie kassieren meist auch sofort: jedes Bier einzeln, jeden Schnaps, jede Groschenschachtel Streichhölzer. Wie sollen sie sonst ihr Geld zusammenhalten? Es ist keine gerade befriedigende Arbeit, die sie hier auf sich nehmen, meist auch bloß eine Beschäftigung auf Zeit, aus Bequemlichkeit oder anderen naheliegenden Gründen.

Kann sich Bernhard Stumpf nicht eine andere Kapelle suchen oder die Kapelle einen besseren Ort für ihr Spielen?

Was denkst du, Mädchen, lacht Bernhard Stumpf. Wir haben einen Jahresvertrag, ein ganzes Jahr lang blankes Geld auf die Kralle. Wir müssen nicht danach rennen, daß uns wer für einen Abend in seine Dorfkneipe holt.

Stumpf hat Schlosser gelernt, schon jahrelang nach einem anderen Beruf, einer anderen Beschäftigung geschielt. Irgendwie ist's ihm dann geglückt. Was will sie ihm da ausreden?

Am ersten April überwindet sich Renate Heinrichs von neuem, es ist Sonnabend, was soll sie allein zu Hause hocken, sich unsinnig Gedanken machen. Also geht sie ins PK. In der Küche kennt man sie, alle Kellner schütteln ihr die Hand. Sie ißt eine Suppe, ein Steak mit Letscho, dann sitzt sie vor einer Flasche Wein, gießt sich vorsichtig abwägend ein: fünf Stunden muß das reichen, bis ein Uhr. Schon das dritte Glas schmeckt schal.

Manchmal sind Freundinnen da, Frauen der anderen Kapellenmitglieder; an diesem Abend sitzt sie allein neben Fremden. Einmal holt sie ein Feldwebel zum Tanz, dreimal ein schlaksiger Gefreiter. Den läßt sie mitten im dritten Tanz stehen. Begreift er denn nicht, was sie ihm da eben von ihrem Freund in der Kapelle erzählt hat?

Später, als sie ihr die Bildtafeln vorlegen, sie befragen, tippt sie gleich auf eins der Fotos, sagt: Der war auch schlimm. Der hat einmal mit mir getanzt, da wollte er schon mit mir vor die Tür, irgendwohin, hintern Busch oder auf eine Bank. Halb, drei Viertel zehn war's, ja, an diesem ersten April: Das Bild zeigt Hans-Peter Papke.

Später noch einmal dringlich nach dem Zeitpunkt dieses gemeinsamen Tanzes befragt, sagt sie: Es war doch später, nach der großen Pause war's, als er kam, mich aufforderte.

Also drei Viertel elf?

Und Richard Rollmann, fünfunddreißig, Kellner im PK, genannt der schöne Richard, derzeit alleinstehend und etwas heruntergekommen, schmuddlig (er lächelt schief, einseitig, um eine Zahnlücke rechts zu überspielen) – was weiß er von Papke aus Ammendorf, den sie den Boxer rufen?

Richard Rollmann, zweimal geschieden und Vater von vier ehelichen Kindern, kennt sich aus in den Kneipen in und um Halle und bei den Mädchen, die in ihnen verkehren. Ein Witz, ein Späßchen? Richard Rollmann weiß, worauf's ankommt zwischen Theke und Tischen. Ein schnelles Bier und eine flotte Stimmung alleweil, die locken die Leute heran und die Mäuse aus den Brieftaschen, da steigt schnell mal einer tief in die allerorts beliebten Spendierhosen hinein. Immer war Leben in der Bude, wo Richard Rollmann bediente oder das Bier aus dem Hahn laufen ließ, und nicht nur die Männer sammelten sich um ihn, erst recht die Frauen und Mädchen, da brachte eine Freundin gern mal die andere mit. War's ein Wunder, daß aus solcher Beliebtheit auch rasch mal Liebe wurde? Ach ja, er redet nun zwar in der Vergangenheitsform, muß es gezwungenermaßen tun (aus ökonomischen Gründen), aber der *Mann* ist ja so anfällig, sobald er ein sehnsüchtiges Gurren vernimmt, sobald ihn Weiberblicke heiß mustern. Und wenn sie es so wollten, daß er sie haufenweis glücklich machte?

Freilich, der schöne Richard – geschenkt das Wort, geschenkt, wie lang ist das her, daß ihn Äußerlichkeit angenehm auszeichnete – hat für seine starke Schwäche und Nachgiebigkeit bitter zahlen müssen. Zwei Ehen sind ihm in die Brüche gegangen, die doch einmal so wunderbar und voller Harmonie begannen. (Richard, man merkt es, liebt nicht nur die lieblichen Frauen, er liebt auch die lieblich klingenden Wendungen. Eine Sprache muß ihre Seele zeigen – auch das seine Worte. Weiß der Teufel, woher er sie hat.) Bitter dazu, daß er für die über aller Neigung entstandenen Gören (beiläufig sechs) nicht so aufkommen kann, wie er's von Herzen gern möchte. Aber sollen sie ihm sämtliche Taschen umstülpen, sollen sie ihn splitternackt hinstellen: Er hat nichts, er kann nichts geben, woher soll es kommen? Von den popligen Trinkgeldern aus diesem Schupppen, diesem Bums, diesem PK, in dem er nun gelandet ist, alles der Weiber wegen und wegen der Ökonomie, er, der einmal nicht nur bessere Zeiten gesehen hat, sondern auch bessere Mädchen, er, der Sohn des Oberkellners aus der Goldenen Kugel, der im Roten Roß lernte, einmal eine halbe Million Umsatz machte im Jahr und über zehn Angestellte gebot?

Ja, Richard Rollmann, der schöne Richard, der ökonomische Mensch, erzählt, nicht ohne Selbstmitleid, jeder kennt seine Geschichten, nur der Mann von der K, zu dem er vorgeladen ist, will sie kaum wissen. Er stellt vornehmlich sachliche Fragen, und er erwartet sachdienliche Antworten: Sie sind Kellner im PK, wie lange machen Sie das schon, können Sie sich an den Abend des ersten April erinnern? Schließlich legt er Rollmann die Bildtafeln vor: Wer von denen war am Abend des ersten April im PK? Auch Rollmann tippt sogleich auf das Bild Papkes. Der Boxer, natürlich. Der ging so um zwölf.

Sie wissen's genau? Wieso?

Später lief ich noch mal hinaus. Irgend so ein Kerl wollte die Zeche prellen. Da sah ich ihn noch, ein Stück schräg drüben, an den Parkplätzen lief er hin und her, rauchte.

Wer?

Der Boxer. Der Ammendorfer. Den kenn' ich, nicht nur vom PK. Schon von früher.

Wie spät war es da?

Vielleicht halb eins. Es ging bei uns schon auf den Schluß zu.

Und was spielt sich derweil bei den Steins ab, der Familie des Verhafteten?

Die Steins wohnen beengt, ihr Häuschen gibt nicht viel her, sowieso bewohnen sie bloß das Parterre: Küche, Wohnzimmer, Kammer, Schlafraum. Eine der beiden Stiefschwestern schläft auf einer Liege im Flur, der Vater, der zweiundsechzigjährige kriegsbeschädigte Willi Stein, legt sich, wenn er von der Schicht kommt, aufs Sofa in der Küche. Nun, wo Hans-Peter wieder verschwunden ist, atmen die Mädchen auf: Der alte Zustand ist wiederhergestellt, sie ziehen zurück in die Kammer, die sonst der *Große* belegte. Sie haben kein besonderes Verhältnis zu ihrem Stiefbruder, großmäulig macht er sich bei ihnen breit, nimmt ihnen ihr Zimmer, wie sollen sie ihn da mögen? Erstaunlich bloß, wie ihn die Mutter über allem verteidigt; wie eine Glucke breitet sie die Flügel über ihn. Das ist ihr Erster, der Papke, den sie niemals vergessen hat. In dem Jungen sieht sie den Alten. Die Mädchen gaffen solchen Worten des Vaters mit offenen Mündern nach, nehmen sie aber nur allzu gern auf: Müssen sie sich nicht oft genug benachteiligt fühlen, zu Unrecht gescholten?

Zuweilen hat Willi Stein den Eindruck, es tut seiner Frau leid, noch zwei Mädchen geboren, ihn überhaupt genommen zu haben. Sie lebt manchmal weit zurück in der Vergangenheit. Sie ist so eine. Er begreift das erst jetzt. Hinter allem Schimpfen, Maulen und Schreien: Einmal hat sie einen tatsächlich gemocht. Nun mißt sie allein an ihm, was sie noch Jahrzehnte danach tut, nimmt es als Ersatz: Die Mädchen sind nicht von ihm. Keiner sonst ist von ihm. Keiner kann sich mit Hugo Papke messen. (Nie ist übrigens von dieser richtigen Schwester Papkes mehr die Rede. Wohin und wann ist sie verschollen?)

Freilich, wie Minna Stein auf ihren Jungen – manchmal gesteht er sich seine eigene Ungerechtigkeit – ist er auf seine Kathrin versessen, die Älteste aus seiner ersten Ehe. Von ihr weiß er, sie ist sein Kind. Aber von den anderen? Die uralten Geschichten verjähren nicht, schmerzen noch immer. Neunundreißig mußte er schon an die Front, er kennt Polen, Frankreich, Jugoslawien. Später, am Don, zerschossen sie ihm den Fuß. Die Kinder, die seine Frau indessen kriegte, hatte er sie bei seinen dürftigen Heimaturlauben wirklich selber gezeugt? Vielleicht ist es ihm auch deshalb so leicht gefallen, von ihnen allen wegzugehen, bald nach dem Krieg, zu der anderthalb Jahrzehnte Jüngeren, glücklich, daß so eine Jungsche ihm noch Augen machte, sich nach einem Hinkefuß umwandte.

Nun trifft es ihn sehr, wie wenig Kathrin zu ihm hält, wie selten sie sich sehen läßt. Dabei ist sie beinahe die einzige der alten Familie, die hierher zu ihm in die Wohnung kommt, die Verbindung wahrt – außer Marianne. Aber die zählt merkwürdig wenig, die ist zu sehr nach der Mutter geraten. *Kathrin, mein Mädchen,* schreibt er drum eines Tages in diesem April (nie sonst hat er in der Familie ringsum Karten verschickt, zu keinem Feiertag; sollte zu ihnen kommen, wer nach ihnen Bedürfnis hatte; auch sind ihm früher nie solche Zärtlichkeiten eingefallen), *Kathrin, mein Mädchen,* schreibt er nun also, mit ängstlichem Bedenken, zögernd, ganz ungeübt, *warum kommt Ihr nicht mehr vohrbei. Ich muß Dir sprechen. Vater.* Mit wem soll er sonst sprechen, seit sie den Goldjungen wieder abgeholt und sie selber vernommen haben, sogar die beiden minderjährigen Mädchen? Mit wem denn, etwa mit seiner Frau? Nichts anderes weiß die, wenn sie von ihren Handwerkern und Händlern kommt, denen sie Wohnungen und Werkstätten sauberhält, als kreischend auf ihn einzudringen: Was sie bloß mit dem Jungen wieder vorhaben. Immer, wenn in der Stadt was passiert, haben sie ihn beim Wickel! Hast du denen nun endlich gesagt, wie alles an dem Sonnabend wirklich war in der Nacht? Erzähl mir's noch mal, was du gesagt hast, Wort für Wort! Hast du's auch wirklich nicht anders gesagt? Und dann starrt sie und keift in seine Unsicherheit: Glotz mich nicht so an. Glaubst du etwa auch, was sie dem Großen anhängen wollen?

Aber Kathrin kommt nicht. Alle Körbers kommen nicht mehr. Natürlich steckt Gerd dahinter, Kathrins Mann. Kann man's ihm verdenken? Er, bei der Stadt angestellt, hat einen Stiefschwager, der ein halbes Dutzend mal eingesessen hat und nun schon wieder unter Verdacht hinter Gittern hockt. Worüber soll man zum Beispiel am Kaffeetisch reden? Über Filme und Fernsehen, vielleicht noch über die Kinder. Oder über den Garten, von dem sie alle träumen, jeder von seinem. Und dann? Und wenn wer vermutet, daß sie bei solchen Zusammenkünften Absprachen treffen?

Willi Stein geht in die nahegelegene Waggonfabrik arbeiten. Fünf Minuten läuft er zur Straßenbahn, hinkend, weil ihn die

Kriegsverletzung bis heute quält, dann fährt er drei Stationen weit Richtung Stadt. Er ist beliebt in seinem Bereich (Brigade hieß das damals). Sattler hat er mittlerweile gelernt, sich eingefuchst, ein Auskenner; nun stellt er mit anderen die Sitzbänke für die Waggons her. Der alte Beruf – Former, Gießer in der Maschinenfabrik – ist ihm zu schwergefallen, da hat er sich eben umgestellt. Nun macht er hier seine Witzchen, schon bald zwei Jahrzehnte lang. Wer von seiner Familie ihn in der Werkstatt sehen könnte, würde staunen: Das soll der Alte, der Vater sein – dieser Spaßvogel, Späßemacher, Alleinunterhalter, der zu Hause wortarm, bloß furchtbar rummuffelt? Drei Jahre hat er noch bis zur Rente. Möglich, sagt er, ich mache weiter. Die paar, die wissen, wie er sich daheim rumquält, begreifen: Willi bleibt uns erhalten, noch über Jahre, sagen sie.

Und nun ist er völlig anders, nicht bloß wortkarg, nicht bloß in sich versunken und ein Muffel, vielmehr schreckhaft, ganz unkonzentriert in der Arbeit, schußlig. Natürlich ahnen etliche, was ihn bedrückt. Komm, Willi, sagen sie, nimm dich zusammen. Alles wird sich klären. Bloß gut, daß der Goldjunge noch den alten, alle Verwandtschaft verdeckenden Namen trägt, nicht seinen.

Und wenn es doch um diesen Mord geht, von dem sie überall in der Stadt reden, auch im Werk, sogar öffentlich in der Zeitung?

Und Kathrin kommt nicht, niemand ist da, mit dem er einmal reden kann.

Zweifel

Wann ist ein Täter überführt: Wenn ihn die erkannten Umstände überführen? Wenn er die Tat mit Worten gesteht, mit seiner Unterschrift Seite für Seite der Vernehmungsnachschrift besiegelt? Was heißt: Im Zweifelsfalle für den Angeklagten? Wann gilt der Grundsatz?

Der Fall Papke, so eindeutig er anfangs scheint, so sicher dieser tätowierte, primitiv wirkende Kraftprotz dem möglichen Täterbild entspricht – der Fall Papke wird sich als langwierig und kompliziert erweisen, und der Aktenberg der Protokolle, Gutachten, Notizen, des vielfältigen Briefwechsels wird wachsen. Schon der erste Überblick über die Zeugenaussagen – nicht bloß der Steins – offenbart erstaunliche Widersprüche, Gegensätze, Ungenauigkeiten. Erinnerungsschwächen, offensichtliche Lügen?

Am Ende werden sie eine Fülle von Fakten und Zusammenhängen dieser Nacht kennen, und für alles wird es Belege geben. Aber wieviel werden sie ihnen nützen, was werden sie mit ihnen anfangen können?

Es war kühl in dieser Nacht, die Temperatur betrug nach Mitternacht lediglich zwei, drei Grad über Null, grasbewachsener Boden kann schon leicht feucht gewesen sein, aber die Sicht war normal, beinahe sehr gut: nirgendwo Nebel, nirgendwo Dunst. Die Meteorologen bekunden es detailliert. Die Uhr am Leipziger Turm weist generell eine Abweichung vom zeitgenauen Gang von höchstens plus zwei bis minus zwei Minuten auf, der zuständige Uhrmacher hat sie vierzehn Tage vorm ersten April das letzte Mal kontrolliert und neu eingestellt, die Uhr hat den Drang, minimal vorzugehen, mitunter läßt er sie deshalb ein wenig nachlaufen, damit sie nach einer Woche die exakte Zeit von selber einholt, er kann nicht alle paar Tage den Turm wegen dieses geringfügigen Nebenamtes besteigen. Die genaueste Zeit gibt übrigens die elektrische Anzeige über dem Uhrengeschäft zwischen Leipziger Turm und Marktplatz an, peinlich auf die Sekunde genau läuft sie, und das schon seit Jahren.

Alles das wissen sie, und was wissen sie nicht?

Die Straßenbahnen fuhren in jener Nacht ziemlich präzise nach Plan, Havarien oder Ausfälle hat es nicht gegeben. Auch die Linie sieben ist pünktlich verkehrt. In den fraglichen Wagenzug, der halb eins an der Stomatologischen Klinik hielt, stiegen Leute mit Stühlen, zwei Männer mit je zwei ineinandergestellten, zusammengebundenen Stühlen, der Fahrer des Wagenzuges kann sich deutlich erinnern, es gab da einen gewissen Aufenthalt, eine gewisse Umständlichkeit, die beiden Stuhlträger standen wohl unter Alkoholeinfluß, nichts Ungewöhnliches für eine Sonnabendnacht. Aber nein, ungebührlich haben sie sich nicht benommen. Und ob einer der Männer von den Bildtafeln im Wagenzug war –

nein, erklärt der Fahrer, von seinem Platz aus, durch die Spiegel, lassen sich Personen nur ungenau erkennen, höchstens einmal Bekannte oder Ungewöhnliches wie dieser Stuhltransport. Im übrigen: Null Uhr siebenunddreißig hat er die Haltestelle am Leipziger Turm angefahren, es gab keinen Anlaß, den Fahrplan nicht genau einzuhalten. (Das ist also exakt die Zeit, als der Medizinstudent Kreuziger von der Bahn absprang. Er kann sich übrigens ohne direktes Befragen an diese Stuhltransporteure erinnern. Kam auch Norbert Morgenrot mit dieser Bahn?)

Das alles wissen sie. Sie wissen sogar bis hin zum letzten, wer die Gäste der Gaststätte Passage waren, sie haben eine Skizze der Platz- und Personenverteilung dort, wie sie auch – wichtiger – eine Skizze von der Platzaufteilung im PK haben, diesem Promenadenkaffee. Sie wissen, wer dort bediente und wer im Wartesaal des Hauptbahnhofs Dienst hatte, sie wissen sogar ungefähr, welche Fahrscheinrollen mit welchen Kontrollbuchstaben und -nummern in den Straßenbahnzügen dieser Nacht eingesetzt waren.

Und was wissen sie nicht?

Die Leute von diesem PK, dem Promenadenkaffee, zum Beipiel. Der Gaststättenleiter erklärt: Für die rund 120 Sitzplätze, aufgeteilt in drei Reviere, sind drei Kellner tätig, der schöne Richard war am ersten April im Dienst. Die Kapelle – ja, ein Herr Stumpf steht mit ihnen unter einem vierteljährlich kündbaren Vertrag – ist sonnabends verpflichtet, von acht Uhr bis zehn Minuten vor eins zu spielen, unterbrochen von zwei vereinbarten Pausen, von Viertel bis halb zehn, danach von Viertel bis halb elf. Die zweite Pause wird meist länger, darum wird sie auch die große Pause genannt. Dabei: Nie ist zuvor genau festzulegen, wann eine Pause eintritt, das hängt von der Länge der Titel ab, die gespielt werden, von der Stimmung im Raum, die manchmal zu unerwarteten Wiederholungen oder Zugaben zwingt. Also weiß man auch nicht, wann die Pausen am Abend des ersten April stattfanden? Natürlich nicht, es gibt kein Protokoll. Es sei denn, irgendwer kann sich durch einen Zufall genau erinnern ...

Sie finden keinen solchen Zufall. Sie finden dafür außer Renate Heinrichs und dem schönen Richard Rollmann noch zwei, drei andere, die um die Anwesenheit Hans-Peter Papkes am bewußten

Abend glaubhaft wissen. Bernhard Stumpf zum Beispiel sagt: Ja,
mit so einem Typen hat Renate getanzt, der könnte es gewesen
sein, offener Hemdkragen, grünlich changierendes Jackett. (Das
war damals eine weit verbreitete Mode.)

Wichtiger, verläßlicher scheinen allerdings die Aussagen zweier
Schwestern Anfang Zwanzig. Susi Michael führt anhand eines Ka-
lendariums schon über Jahre hinweg ein erstaunliches Tagebuch
ihres Lebens: Am soundsovielten war sie da tanzen, am soundsovielten dort: Offensichtlich gibt ihr peinlich genauer Nachweis vor
allem Auskunft über ihre unterschiedlichen Männerkontakte. Am
ersten April jedenfalls war sie ab zwanzig Uhr im PK, mit ihrer
Schwester, nein, gar nicht verabredet, denn eigentlich hatte sie
ganztags in der Rosenschenke bedienen sollen, als Aushilfe. Doch
als sie dort erschien, war die festangestellte Kellnerin anwesend
und sie überflüssig. Also lief sie zu ihrer Schwester, um sie zum Ausgehen zu animieren. Ich weiß noch genau, ich hab' mir das auch
notiert: Ich hatte für Ernie eine Bluse besorgt, sie suchte so etwas
schon lange, wir stritten uns ein bißchen wegen des Geldes, ich hatte das Preisschild nicht mehr, dann nahm sie sie doch, so etwas
Hellblaues, Feines, Durchsichtiges. Ich kann mich an den Tag genau erinnern. Zum Dank lud sie mich dann sogar noch ein.

Wie auch immer, wer wen zum Tanzen verleitete, jedenfalls ist
Susi Michael an diesem Abend im PK und sieht den Ammendorfer, Hansi heißt er wohl. Er steht mal an der Garderobe, er tanzt
wohl auch. Sie hat an dem Abend den Vater ihres Kindes gesehen,
ihn kurz begrüßt, dazu Dutzende andere, sie kennt hier viele, und
sie sieht sich gern um, ja, sie ist sich sicher, sie hat den Ammendorfer an diesem Abend gesehen, genau an diesem Abend, als
ihre Schwester sie aus Dankbarkeit nach dem Blusenkauf ins PK
einlud.

Und die Schwester, Erni Setzepfand? Diesen Boxer? Natürlich
kennt sie ihn, einmal – im Volkspark – schlug er sich mit einem
Bekannten, weil er ausgerechnet dessen Frau abschleppen wollte.
Ja, der Boxer hat ein ziemlich charakteristisches Gesicht, sie ist ihm
in etlichen Kneipen der Stadt schon begegnet, und am Abend jenes ersten April saß er im PK, im ersten Revier.

Zwei eindeutige Aussagen?

Es gibt da nur so einige Widersprüche, wenigstens Ungereimt-heiten. Zum Beispiel in bezug auf die Kleidung des Papke (zum wiederholten Male wird er nun als Träger eines Rollkragenpullo-vers beschrieben), noch mehr in bezug auf die Zeit. Die beiden Schwestern wollen Papke schon vor zweiundzwanzig Uhr im PK ge-sehen haben, denn kurz danach – weil es an diesem Abend so stink-langweilig war – sind sie in die Palette, eine der anderen Nacht-tanzgaststätten der Stadt, in der Nähe des Marktes. Aber Papke, der seine Spätschicht im Ofenhaus der Chemiebude nachweislich erst gegen zweiundzwanzig Uhr verließ, kann frühestens kurz vor halb elf im PK eingetroffen sein.

Und welchen Wert haben die Aussagen der Verwandten des Papke?

Stiefvater und Mutter, drei Halbschwestern und ein Schwager werden zur Sache befragt, sie alle waren am Abend des ersten April in dieser kleinen Wohnung der Steins in Ammendorf. Die eindeu-tigste Aussage gibt Gerd Körber ab. Er ist städtischer Angestellter, er erklärt: Wir haben an jenem Abend ferngesehen, *Agatha, laß das Morden sein*, die Kinder lagen da längst im Bett, mein Schwiegerva-ter legte sich halb elf auf das Sofa in der Küche, er hatte am näch-sten Morgen Schicht. Der Film war gegen Mitternacht zu Ende, wir unterhielten uns noch ein bißchen, dann legten wir uns auch schla-fen. Hans-Peter war zu diesem Zeitpunkt noch nicht in der Woh-nung. Meine Schwiegermutter sagte am nächsten Tag, er sei gegen vier Uhr nach Hause gekommen. Am Nachmittag, wir feierten Beates zwölften Geburtstag, klopfte der Abschnittsbevollmächtigte und sprach mit Hans-Peter, zehn Minuten vielleicht, allein. Nein, mir ist an Hans-Peter nichts Besonderes aufgefallen, er war weder an den Händen noch im Gesicht zerkratzt.

Er bleibt bei seiner Aussage auch, als er seiner Frau gegenüber-gestellt wird.

Kathrin Körber, die als Reinigungskraft in einer Zuckerfabrik tätig ist, spricht zwar ständig von irgendwelchen Zweifeln, von ihrer Unsicherheit, sich erinnern zu können, dann aber bekennt sie sich dazu: Ja, Hans-Peter war zu Hause, er ist von seiner Schicht gekom-men, die Mutter hat ihm noch ein paar Schnitten gemacht, er hat mit ihnen diesen Film gesehen. Auf Vorhalt ihres Mannes räumt sie schließlich ein: Möglich, sie verwechselt etwas, vielleicht geschah das alles schon ein Wochenende zuvor, Ostern. Ostern? fragt ihr Mann, weißt du nicht, was Ostern war? Zwei Tage später erklärt sie: Papke war am ersten April abends doch nicht zu Hause. Sie muß das nun so sagen. Sie hat Angst gehabt, ihr Mann verliere seine Stellung bei der Stadt, wenn sie den Bruder belaste, er ist doch Funktionär, darum hat sie die Wahrheit verschwiegen. Sie weiß sogar etwas von einer seiner Hosen, die an den Knien beschmutzt war; sie hat sie am Sonntag gemustert und beiseite gelegt. Aber diesen Teil ihrer Aussage widerruft sie, kaum daß sie ihn gemacht hat. Zwei Monate später dagegen erklärt sie, zu ihrer ersten Aussageversion zurückkehrend: Papke war an jenem ersten April abends doch in der Ammendorfer Wohnung der Eltern. Nein, da ist nichts abgesprochen, Hans-Peter zuliebe etwa; mit wem sollte sie etwas absprechen? Sie hat die Wohnung der Eltern nie wieder aufgesucht seit Aprilanfang, sie hat eben damals in ihrer Aussage verwechselt, was an verschiedenen Wochenenden geschah. In dem Zusammenhang erzählt sie: Einmal freilich, als ihr Mann Gerd auf Dienstreise war, hat ihr Vater auf sie gewartet. Als sie von der Arbeit heimkam, hat er auf den Steintreppen vor ihrer Wohnung gesessen, ziemlich fertig. Er war den Schienenstrang von Ammendorf nach Schkopau entlanggelaufen, immer in der Hoffnung, einem der zahlreichen Durchgangszüge unter die Räder zu geraten. Er war aber stets in letzter Sekunde beiseite gesprungen, eben doch ein Feigling, als den ihn seine Frau bezeichnete. Da hatte sie ihn aus Mitleid mit in die Wohnung genommen. Aber abgesprochen ist da nichts.

 Willi Stein selber macht keine Ausnahme in der wechselhaften Darstellung der Ereignisse und Zusammenhänge jenes Abends. Unmittelbar nach der Verhaftung Papkes vernommen, hat er ausgesagt: Er sieht diesen Hans-Peter überhaupt nicht mehr an. Der Junge nimmt keine Lehre an, er gibt alles Geld gleich für Alkohol aus. Er hat seiner Frau und ihm schon genug Kummer bereitet; rabiat und unbeherrscht, wie er auftritt, hat er sie immer wieder in der Nachbarschaft blamiert. Am ersten April hat sich Stein gegen zweiundzwanzig Uhr fünfundvierzig auf das Sofa in der Küche gelegt. *Bis dahin habe ich meinen Stiefsohn, auf den meine Frau immer von neuem Hoffnung setzt, nicht zu Gesicht bekommen.* (Ja, er hat seiner Frau zunächst offensichtlich falsche Auskünfte über die Zusammenhänge und den Inhalt seiner Vernehmung gegeben.)

Kaum eine Woche später erscheint er freiwillig und läßt völlig anders geartete Angaben protokollieren: Er ist am Abend des ersten April ziemlich müde gewesen, er ist wie Gerd Körber öfter beim Fernsehen weggeschlafen, eingenickt, bei dieser Agathe oder wie der Film hieß. Trotzdem hat er gemerkt, Papke kam kurz nach Beginn des Films, er grüßte laut *Guten Abend,* so daß er, Stein, aufwachte. Der Junge setzte sich auf den Stuhl am Ofen, seine Mutter machte ihm ein paar Schnitten, gab ihm sogar ein paar Gurkenstücke dazu. Nein, nach Alkohol hat der Junge nicht gerochen. Danach verlief alles so, wie er's schon angegeben hat. Dreiviertel elf ging er schlafen, wegen dieser Schicht am nächsten Morgen. Weil er so müde war, hat er sich eben nicht mehr genau zu erinnern vermocht.

Vierzehn Tage später widerruft er auch diese Angaben. Nun hat er, bevor er sich schlafen legte, Papke doch nicht mehr in der Wohnung gesehen. Auch er gibt jetzt als Motiv für seine unterschiedlichen Aussagen an, die Ereignisse verschiedener Wochenenden wohl miteinander verwechselt zu haben.

Ist das seine letzte Version der Geschehnisse des ersten April? (Was spielen sich in diesem Mann für Kämpfe ab?)

Es scheint klar: Weil die Steins nun wissen, daß es um Mord geht, geraten sie in Panik, wollen sie den Jungen, so wenig sie ihn alle mögen, doch vor dem Ärgsten bewahren (vielleicht geht es da wirklich um seinen Tod, um sein Leben). Und doch werden sie alle von ihrem Gewissen gequält. Selbst die Mutter macht da keine Ausnahme. Hat sie anfangs noch erklärt, sich nicht festlegen zu können, einfach dem Jungen nachgeplappert zu haben, was er dem Abschnittsbevollmächtigten gegenüber aussagte (eben: nachts zu Hause gewesen zu sein), nach ein paar Tagen schon weiß sie plötzlich wieder, was sie ihm für Brotschnitten zubereitet hat. Sie beschreibt auch diese ominösen Gurkenscheiben, die sie dem Spätheimkehrer angeblich serviert hat und die nun beinahe in jeder Aussage von Familienangehörigen wiederkehren (auch bei Kathrin). Da ist nichts abgesprochen?

Und die Auswertung der Spuren? Was hat sie erbracht?

Es ist erstaunlich. Die Methoden der gerichtsmedizinischen und chemischen Analysen, die Methoden der Trassologie, so weit und präzise sie im einzelnen auch entwickelt wurden und zu überraschenden Ergebnissen führten, ausgerechnet in diesem Falle werden sie – etwa mangels ausreichender Untersuchungssubstanzen – nur unzureichend wirksam. Eine Fülle von vorgefundenen Fakten wird genau analysiert, aber die Ergebnisse verweisen entweder eindeutig auf die Getötete, oder sie lassen keinen unumstößlichen Schluß auf eine bestimmte andere Person zu. Die Haarstücke, die die Getötete mit ihren Fingernägeln erfaßt hielt, erweisen sich zum Beispiel als Ulrike Fischers eigene Haare. Die Haare, die vom Gips der ausgegossenen größeren Fußspur mitgeführt wurden, sind im wesentlichen Tierhaare, stammen von Hunden und Katzen, die Blutreste auf dem glasbesetzten Mauerstück, die Blutflecke im Mantel, die Proben aus den eingesickerten Blutlachen verweisen sämtlich auf die Blutgruppe der Getöteten (B 1), auf niemanden sonst. Nur auf dem beschlagnahmten ausgewaschenen Hemd des in Gewahrsam genommenen Papke ist Blut seiner eigenen Blutgruppe A. (Also stimmt seine Darstellung vom Nasenbluten Tage zuvor, vielleicht nach einer Schlägerei?) Und die Spermaspuren? Im gefundenen Herrentaschentuch erweisen sie sich von der Menge her als zu gering für eine exakte Bestimmung, und die körperliche Beschaffenheit und Reaktionsweise der Getöteten verhinderten die genauere Analyse der ihr entnommenen Spermienproben: Sie ist eine Ausscheiderin.

Und was ist mit den Schuhspuren, was mit der sogenannten Textilspur, was mit der Bißspur?

Diese Teilschuhabdrücke entsprechen genau den Maßen von Papkes Schuhen (Größe 42). Aber nirgendwo unter seinem geringen Bestand findet sich ein Paar mit dem in Gips abgedrückten Profil (schräg aufgesetzte Sohle mit schwachem parallelem Rippenmuster).

Und die Textilspur, dieser unverkennbar genaue Abdruck neben dem rechten Oberschenkel der Toten? Auf sie setzen sie mit erstaunlicher Ausdauer. Ein reichlich handtellergroßer Abdruck eines groben Stoffgewebes, unterbrochen von einem millimeterhohen, zwei Zentimeter breiten Streifen – verursacht von einem ziernahtgesteppten Gürtel? Dessen Herkunft und Identität muß doch aufzuspüren sein! Sie sprechen mit Vertretern von Mode-instituten, Konfektionsbetrieben, Gürtelherstellern in verschiedensten Gegenden des Landes: Wer stellt so etwas her, wozu wird es verwendet? Ein Ärmelabschluß, ein Schulterstück gar? Oder bloß ein Hosen- oder Rockgürtel? Vieles ist möglich. Nur findet sich keiner, der entsprechende Stücke in seinem Produktionsprogramm hat. Es findet sich auch kein entsprechendes Kleidungsstück in Papkes Wohnung.

Am Ende führt keiner eine Statistik, wie viele Leute sie im Zusammenhang mit diesem Fall befragt haben; so etwas wird erst in späteren Jahren geschehen. Jedenfalls: Sie sind unermüdlich. Jeder kleine Nebensatz, jede beiläufige Bemerkung kann ein Fingerzeig sein.

Was bleibt ihnen nach allem? Vor allem bleibt er noch: Papke.

Noch einmal: Hans-Peter Papke

Er kennt sich hier aus, er hat seine Erfahrung. Er weiß, wie man mit Leuten vom Strafvollzug umgehen muß und wie mit den verschiedenen Zivilisten, er weiß, wie hierorts Suppe schmeckt und wie man zu einem größeren Schlag davon kommt. Die heiseren Nachtgespräche, die Geräusche tagsüber im Bau, die Anschmierer und Erziehungswilligen, die harten Kumpels – da macht ihm keiner was vor, da hat er gleich alles im Griff.

Er gibt sich hart, er ist hart. Dennoch spürt er sofort: Diesmal ist alles anders, diesmal geht es ums Letzte, vielleicht ums Leben.

Ums Leben? Erschrickt er?

Er erklärt: Am ersten April hat er für Fuchs, der angetrunken zur Spätschicht erschien, den Platz auf der Ofenbühne übernommen. Der Meister hat zu ihm gesagt: Da gehst du eben rauf, und da ist er eben raufgegangen. Fuchs, der sie dafür ins Ammendorfer Klubhaus einlud, hat lange auf ihn warten können. Die andern haben da einen Flotten gemacht, einen Durchzug, er nicht. Er ist kurz vor zehn durch die Pforte, er ist ordentlich nach Hause. Er hat diesen Film gesehen, *Agatha*, Krimis guckt er immer, soll er den Inhalt erzählen? Ein verrücktes Ding.

Er fühlt sich sicher, er redet forsch, auch noch nach Tagen. Seine Sätze poltern, sind kurz, abgehackt, sind hingeschleudert. Er ist nicht gewöhnt, in Ruhe Nachgedachtes zu sagen. Trotzdem: Auch wenn er nicht zu seinesgleichen spricht, nicht beim Kneipenbier sitzt, nicht in dieser Stinkbude auf Arbeit steht – er fühlt sich sicher. Na ja, sagt er, es sind vielleicht harte Worte, wenn er sie Lügner schimpft, aber die da, die beiden, Schwager und Stiefvater, müssen höchstens was verwechseln, ein Wochenende mit einem andern. Hat er die Mutter nicht noch aufgefordert, daß ihn am Morgen wer weckt? Aber keiner hat ihn munter gemacht, so hat er die Schicht auslassen, schwänzen müssen, die Sonderschicht, zu der sie sich alle verpflichtet hatten.

Er geht zurück in seine Zelle, er läßt die Gelenke knacken. Wenn nur dieser Durst nicht wäre, diese trockene Kehle, die kein Wasser näßt, erst recht nicht diese Pisse von Kaffee und laschem Tee; wenn nur diese Ungewißheit nicht wäre: Was sie sich jetzt wieder ausdenken, was ihnen so 'ne Säcke wieder aufbinden dürfen wie dieser Hinker, der Stiefvater, was sie sich von solchen einreden lassen werden.

Am nächsten Tag steht er in einer Reihe mit ein paar anderen, Kumpels wie er, ein fünfter hat sich sicher eben erst den Schlips abgenommen: Gegenüberstellung. Ein paar fremde Miezen sind aufgeboten, schließlich zwei feine Pinkels, die ihn aufdringlich mustern. Schweigend ziehen sie an ihm vorüber, schweigend zurück. Er möchte den Mann neben sich in die Rippen boxen: Schluß nun mit dem Theater, sollen sie uns endlich zurückschicken. Aber er kriegt nicht mal den Kopf richtig gerade, sein Kinn zuckt ein paarmal unbeherrscht, stumm.

Später liegt er in seiner Zelle, voll Zorn über sich: Daß ihn so was mitnehmen kann! Kriegen sie ihn etwa weich und so schnell? Oder ist es das: Er hat einfach ein paar andere Gesichter erwartet, nicht diese fremden, unbekannten, von denen er nicht weiß, was er mit ihnen anfangen soll, was sie bedeuten.

Stunden darauf hat er sich schon wieder in der Gewalt, erst recht am folgenden Tag. Immer wieder setzen sie ihm einen anderen hin, der ihn befragt. Sollen sie, seinetwegen. Er hat keine unterschiedlichen Angaben zu machen. Sie können's auch schriftlich haben, worauf sich ihre Neugier stürzt (obgleich er lieber eine Schaufel packt als einen Bleistift): Wer was zu Hause beim Fernsehen gesagt hat, bei dieser Agatha, wer wo gesessen hat, wann er's zum letzten Male einem Weibe besorgt hat. Sollen sie alles erfahren. Bitte. *Leg dich hin, schlahfen, Regine, hab ich meiner Schwester gesagt,* schreibt er, *sonst träumsdu noch von dem Film.* Und: *Regine mußte sich jedes Mahl umdrehn, wenn sie mir was erklährte.*

Denkt er auch an Gisela König? Vier-, fünfmal hat er sie nachts besucht, wenn ihr Mann auf Schicht war, zuletzt zweimal Anfang April, ein scharfes Weib, das alles mit ihm machen konnte wie er mit ihr. Nur daß sie gleich von Scheidung redete! Hätte er in der ersten Aprilnacht auch zu ihr laufen können? Hätte sie sich vor ihn hingestellt und bekannt: Er hat's mir die ganze Nacht über besorgt, nichts andres, was wollt ihr?

Nach diesen ersten Vernehmungen lassen sie ihn erstaunlich in Ruhe. Er ißt, plaudert, quatscht, was ihm einfällt, aber er ist vorsichtig, er gibt nicht mit seiner Vergangenheit an. Er sagt nur: In ein paar Tagen ist er 'raus, alles ist ein Mißverständnis, sie haben ihn unschuldig in diesen Bau gesperrt. Er hört auf jeden Schritt draußen; jeder Schlüssel im Schloß, glaubt er schließlich, schließt für ihn auf. Sie haben eingesehen, daß sie ihm nichts anhängen, nichts beweisen können. Also kommen sie endlich, sich zu entschuldigen, ihm Papiere und Klamotten wiederzugeben.

Aber nichts dergleichen geschieht. Trotzdem ist er bald wieder ganz obenauf. Er riskiert schon mal wieder eine Lippe. Schließlich läßt er sich Papier und Bleistift bringen, schreibt. Die Sätze machen ihm Mühe, aber am Schluß ist er zufrieden. *Ich möchte nur Wissen, weshalb man mich in Untersuchungshaft hält, wo es doch weiß Gott anderes zu tun gibt, ich büsse nicht nur meine Freizeit dadurch ein, auch Geld und die ganze Ernährung und meine Gesundheit obendrein noch. Wenn ich mir über eine Straftat bewußt wäre, würde ich es ja verstehen, aber so wie meine Lage jetzt aussieht ...*

Am Ende des Monats – er sitzt nun schon reichlich zwei Wochen ein – kommen sie eines Morgens sehr früh. Na bitte, denkt er, nun also doch. Er läuft erregt, fast grinsend die bekannten Wege, er wartet und läuft auf Befehl, da plötzlich begreift er: Es geht alles noch einmal von neuem los, diesmal vielleicht erst richtig.

Was haben Sie am Abend des ersten April für Kleidung getragen? Worauf brachte Ihnen Ihre Mutter das Abendbrot? Wie waren diese Gurkenstücke geschnitten, längs, quer? Wann verließ Ihre Stiefschwester Regine das Zimmer? Wie haben Sie Ihre Verwandten begrüßt, wen zum Beispiel durch Handschlag? Was rauchte Ihr Schwager für Zigaretten, welche Sorte, wieviel Stück?

Zu den längst gefragten, vielfach wiederholten Fragen kommen plötzlich zusätzliche, neue. Die beiden Männer, die ihn in dem kaum möblierten Zimmer vernehmen, überbieten sich darin, sie zu finden: Warum ist er an jenem Tag (am Sonntag) dem Revierpolizisten als erster entgegengegangen? Was hat er an diesem Morgen für Sachen getragen? Wieviel Paar Schuhe besitzt er? Was für Jacken? Welche Gaststätte mag er am liebsten? Tanzt er gern? Gibt es Tänze, die er prinzipiell ausläßt? Diese Palette – wann hat er sie nach seiner letzten Haftentlassung besucht? Und wann diesen Mansfelder Hof? Und das Volkshaus? Und hat er sich vielleicht irgendwo ein Lokalverbot eingehandelt und warum?

Wann erschrickt er? Worauf wollen die beiden hinaus?

Sie sind am 23. 3. dem Revier zugeführt worden, sagen sie plötzlich, Sie haben einen Ordnungsstrafbescheid erhalten, zehn Mark; warum haben Sie Partei für diesen Michael Kalz oder Kolz ergriffen, sich in diese Auseinandersetzung gemischt, handgreiflich? Nahm diese Kontroverse nicht ihren Ausgang im PK? Waren Sie seit Ihrer Haftentlassung öfter in diesem Promenadenkaffee? Und wann waren Sie im Volkshaus und wann in der Palette? Wieso erinnern Sie sich an diese Tage so genau?

Plötzlich sagen sie: Danke, lassen ihn das Protokoll lesen, unterschreiben, Seite für Seite abzeichnen, ihn in seine Zelle zurücktraben. Dabei ist eine merkwürdige Unruhe in ihm. Daß sie ihn so ohne weiteres weglassen, ihn nicht aufs Kreuz legen wollen, ihn nun auf einmal nicht mehr kreuz und quer befragen? Was hat das zu bedeuten?

Er wirft sich auf Decke und Matratze, schließt die Augen.

Zwei Stunden später wird er erneut zur Vernehmung geführt, kurz nach Mittag noch einmal, am Nachmittag holen sie ihn das vierte Mal: drei Gegenüberstellungen kurz nacheinander. Da schluckt er doch. Susi Michael und Erni Setzepfand, die beiden Miezen aus dem PK, Schwestern wohl, wenigstens Freundinnen. Irgendwann hat er sie gesehen, im Volkspark, in der Grünen Tanne, die beiden schwärmen genauso 'rum wie er, mal hier, mal da. Hat sich die eine nicht mal unter ihn auf eine Bank gelegt? Na ja, er war damals ziemlich angehackt, angegangen, na eben besoffen. Weiß der Teufel, ob es was geworden ist. Aber am ersten April jedenfalls ist er bei seiner Mutter gewesen, zu Hause, hat diesen Film gesehen, da lügt, wer ihm anderes unterschieben will. Er hat damals, so kurz nach Ostern, auch kein Geld gehabt, nicht einen braunen Schein, und ohne Geld weggehn, auf Pump, vielleicht so ein armes Schwein von Kellner ausnehmen? Nie, sagt er. Nie!

Der letzte an diesem Nachmittag ist Rollmann, der schöne Richard höchstpersönlich, dieser leere Hahn, von dem sie sich Wunderdinge erzählen. Er bekommt den Kopf kaum nach oben, er starrt auf die Sprelacartplatte, während er erzählt, auf Fragen antwortet. Ja, auch er kann bekunden, daß der Ammendorfer an diesem ersten Aprilabend im PK war. Ich weiß genau, daß es sich um eine Verwechslung nicht handeln kann, sagt der schöne Richard in wohlausgewogenen Sätzen, hält aber den Kopf weiter gebeugt, ich weiß es genau, weil ich bereits am Sonntag nach dieser Nacht zur Zusammensetzung der Gäste in unserer Gaststätte eindringlich befragt wurde und bereits zu diesem Zeitpunkt mit Sicherheit sagen konnte, daß die vor mir sitzende Person am Sonnabend in dieser Gaststätte war.

Aber ich war nicht dort, sie irren sich alle, sagt Papke, es kann bei allen nur ein Irrtum sein. Was weiß ich, wie so was passiert. Vielleicht gibt es da wen, der mir verflucht ähnlich sieht?

Er vergißt den Anblick Rollmanns über Tage, Wochen, ach was, Monate hinweg nicht: die verschwitzte dürftige Haartolle, die unter den Brauen gesenkten Augen, die nicht aufblicken können. Ja, hat Rollmann als letztes erklärt, es stimmt, was ich schon ausgesagt habe, Papke, den ich nicht namentlich, nur als Ammendorfer kenne (die hier vor mir sitzende Person), hat nach Mitternacht, kurz vor Gaststättenschluß auf der dem PK gegenüberliegenden Straßenseite gestanden, an den Parkflächen, zwischen Wärterhäuschen und Pissoir. Er hat geraucht, er hat gewartet. Es entzieht sich meiner Kenntnis, worauf.

Als gerade Nachtruhe gegeben wird, die Lampen verlöschen, wird Papke zur letzten Vernehmung dieses Tages geholt. Er merkt es gleich: Er hat nun den Chef von denen allen vor sich, zum ersten Mal. Er könnte zufrieden sein, so hoch war er noch nie angebunden, aber er zittert, ist voller Spannung.

Und plötzlich: Nach einer Stunde Abtasten, beständigen Vorhaltungen (Papke, fünf Personen, darunter zwei aus Ihrer Verwandtschaft, haben uns mit ihren Aussagen zu der Überzeugung gebracht, daß Sie sich am Abend jenes ersten April nicht in Ammendorf aufhielten, sondern vielmehr in diesem Promenadenkaffee, gehen wir die Aussagen noch einmal einzeln durch), nach einer Stunde voller unwiderlegbarer Fakten und Aussagen erklärt Hans-Peter Papke plötzlich vor Hauptmann Rother: Er sieht ein, daß Lügen, Ausreden nun keinen Zweck mehr haben. Er war an jenem Abend im PK. Er fuhr nach Schichtschluß mit einer Straßenbahn der Linie vier bis zum Thälmannplatz, von dort lief er die Gottwaldstraße hinunter bis zum Leipziger Turm. Drei Viertel elf hat er im PK am ersten Tisch links hinter dem Vorhang Platz genommen. Er tanzte mit etlichen Mädchen, er trank sechs bis sieben Glas Bier, dazu drei oder vier Kirschlikör (den er mag, *Kiwi* ist ein Modegetränk jener Jahre bei vielen). Er verließ die Gaststätte, nein, nicht angeheitert, aber allein zwischen halb und drei Viertel eins. Er lief zum Thälmannplatz, fuhr mit der Straßenbahn nach Ammendorf, hat ein bißchen warten müssen, er hat schließlich nicht geguckt, ob es eine vier oder fünf war, nein, er kann's wirklich nicht mehr sagen. Er war dann gegen zwei in der Wohnung der Eltern. Er trug an jenem Abend eine grüne Skelanjacke und eine schwarze, weißgesprenkelte Hose.

Und warum haben Sie das alles bisher geleugnet? fragt Hauptmann Rother.

Ich hatte Angst nach dem Besuch des Polizisten vom Revier. Ich hatte Angst, auch nach den Mitteilungen in den Zeitungen, mit der

Sache in Verbindung gebracht zu werden. Na ja, bei meiner Vergangenheit. Und meine Mutter hatte mal gesagt: Wenn du noch mal solche Zicken machst, werd' ich dich nie mehr beachten.

Papke, sagt Hauptmann Rother, Sie sind in dieser Nacht hinter diesem Mädchen her, Sie haben es mißbrauchen wollen. Gestehn Sie, es macht's uns allen leichter.

Nein, schreit Papke. Hab' ich nicht recht gehabt mit meiner Angst? Hab' ich das nun alles von meiner Ehrlichkeit?

Was in den Wochen darauf folgt, ist eine Kette wechselnder Vernehmungen.

Am 26. April erklärt Hans-Peter Papke: Er hat das PK ungefähr Viertel nach zwölf verlassen. Er hat diese verheiratete Freundin aufsuchen wollen, aber dann ist ihm eingefallen: Ihr Mann hat keine Schicht, ist demnach zu Hause. Da ist er zum PK zurück, hat gegenüber gewartet: Vielleicht findet sich noch wer für ihn, ein Mädchen zum Abstauben, Abschleppen, Bumsen, ein übriggebliebenes.

Am 28. April 1967 (nachts) gibt Papke zu Protokoll: Er war da mal in dieser Toilette. Danach hat er ein Pärchen gesehn, das sich vor dem Pissoir trennte. Sie lief weiter, er ging hinunter. Na ja, es waren etliche Leute in dieser Nacht unterwegs.

Am 29. April schreibt Papke: *Ich sehe ein, daß man sich mit mir große Mühe gibt, welche Untersuchungen sich über den Fall ergeben. Aber ich kann nur sagen, daß die ganze Sache keinen besonderen Grund und Erfolg hat, denn ich sage und schreibe es mit meiner Ehre und Gewissen, das ich mit der Tat nichts zu tun habe, und deshalb möchte ich so bald wie möglich aus meiner jetzigen Lage heraus befreit werden. Ich schreibe hiermit, daß ich unschuldig bin ...*

Am 10. Mai erklärt Papke: Nachdem er gesehn hat, wie sich dieses junge Pärchen trennte (der Mann im dunklen Nylonmantel lief ins Pissoir, das Mädchen – er kann's nicht genau beschreiben, weil es oben die Straße hinterm Gebüsch entlang lief), ging er zu Gisela König, klingelte, dann besann er sich, lief hinunter zum Markt. Nach ein Uhr fuhr er dort weg. Na ja, die Linie vier verkehrt doch dort auch.

Am 24. Mai widerruft Papke: *Meine gesamten vorhergehenden Aussagen wegen meines Aufenthalts im PK stimmen nicht. Ich bin unschul-*

dig. Ich habe von Bekannten von diesem Fall erfahren. Deshalb habe ich von ihm gewußt. Bei meinen Aussagen habe ich mir nichts gedacht. Im Haftbefehl wurde mir vorgelesen, daß Beweise gegen mich vorliegen. Ich habe deshalb an das Gericht geschrieben.

Am 26. Juni gesteht Papke, Ulrike Fischer getötet zu haben. *Wie es bei mir dazu kommen konnte, liegt bei mir bestimmt am Bier und Likör, oder es hat mir der Verstand ausgehakt, auch finde ich keine Lösung, wie mir so etwas passieren konnte. Ich hatte ja nicht die Absicht, die Frau zu töten, dieses bereue ich schon lange. Mir geht vieles durch den Kopf, aber einen klaren Gedanken kann ich nicht mehr fassen.*

Am 27. Juni beschreibt er Einzelheiten vom Geschehen unmittelbar hinter der Waisenhausmauer: *Ich wollte die Frau zu Boden werfen, festhalten, am Schreien hindern. Als ich ihr den Mund zuhielt, wehrte sie sich. Da habe ich ihren Hals gefaßt, nach hinten gedrückt. Sie fiel mit dem Kopf auf den Erdboden.*

Am 28. Juni erzählt er, wie er Ulrike Fischer durch das Gelände geschleppt hat, zwischendurch Stimmen hörte (von der Straße her, offenbar vor allem die von Wassko): *Anfangs wollte ich nicht, daß die Frau tot geht. Aber dann, weil sie sich wehrte, hab' ich ihr den Hals zugedrückt. Ich habe mich lange geschämt, das zuzugeben, weil ich dann auch sagen mußte: Ich hab's mit einer Toten gemacht.*

Am 29. Juni erinnert er sich, daß da Mauerreste waren, auf die er sein Opfer stürzte. *Ich hab' nur gemerkt, daß da was erhöht war.*

Am 30. Juni schreibt er: *Ich lasse mir nicht den Kopf verdrehn, damit ich die Aussagen nun laufend machen muß, zehn- oder zwanzigmal. Auch bereue ich die Untat.*

Am 1. Juli wiederholt er das Geständnis seines Verbrechens in Gegenwart des zuständigen Staatsanwalts: *Ich wollte, daß sie tot ist und ich nicht bei der Entdeckung wieder in Haft komme.*

Am 20. Juli wiederholt er dasselbe Geständnis vor dem zuständigen Haftrichter: *Durch ihr Röcheln kam mir der Gedanke, daß sie noch lebt und mich, wenn sie wieder zu sich kommt, dann verraten wird.*

Am 27. Juli erklärt er vor Hauptmann Rother und dem für den Fall zuständigen Gerichtsmediziner: *Wie's war, hab ich alles schon beschrieben. Ich hab' dieses Mädchen getötet.*

Aber von August, von der psychiatrischen Untersuchung in Berlin an, beharrt er auf seinem konsequenten Widerruf: Er soll kaputt gemacht werden; dabei hat er nichts verbrochen. Er hat sein Geständnis nur abgegeben, um Ruhe zu haben. Ja, ja, genau das: Ruhe, Ruhe.

Auf seiner Seite?

Rechtsanwalt Schreiber ist weit über die Fünfzig, nicht von auffälligem Äußeren. Er hat in einer Zeit, als es schwierig war, geradlinig und sauber zu bleiben, im Büro seines Vaters geholfen, Zivilklagen und Vermögensprozesse vorzubereiten und durchzustehen. Er hat auch kleine Diebe und ungetreue Buchhalter verteidigt, er hat dazu anderer Leute Vermögen verwaltet und ihre Jahressteuern errechnet. Nach Krieg und Gefangenschaft hat er eine eigene Praxis eröffnet, sie später ganz selbstverständlich in diesem allgemeinen Kollegium aufgehen lassen. Karl Schreiber hat keine spektakulären Prozesse geführt, keine großen Erfolge vorzuweisen (doch wie selten gibt es die schon in seinem Beruf?), er gilt als sauberer, geradezu pingeliger Arbeiter, wenn auch nicht als großer, gar brillanter Redner. Seine Spezialität sind Vermögensverwaltungen, Erbschaftsangelegenheiten, da, heißt es, ist er ein Fuchs, ein Gewiefter, da läßt er sich nichts vormachen. Natürlich hat er Strafprozesse nicht gemieden; Raubüberfälle, Schlägereien, Körperverletzungen, Betrügereien – wenn dergleichen anfiel und er hatte Zeit, hat er sich um derartige Straffällige gekümmert. Wozu sich auch einseitig festlegen, sich einseitig festlegen lassen? Freilich, Rechtsanwälte sind nach dem juristischen Allgemeinverständnis in diesem Lande DDR nicht dazu da, jemanden um des eigenen Ruhmes willen aus einer Sache herauszupauken, Rechtsanwälte haben sich vielmehr so, wie sie Anwälte des jeweils Angeklagten sind, auch als Anwälte des Rechts überhaupt und als dessen Verteidiger zu verstehen. Für sie kann die anwaltliche Tätigkeit in Strafprozessen deshalb gar nichts Sensationelles sein, sondern nur und vor allem Arbeit, Anstrengung, Alltag.

Da plötzlich, sechs- oder siebenundfünfzigjährig, sieht Karl Schreiber die unverhoffte Gelegenheit, sich in einem ansehnlichen Prozeß zu bewähren, Fragen aufzuwerfen, die andere offenbar vorzeitig beantwortet sehen.

Eines Tages erscheint eine einfach gekleidete Frau in Karl Schreibers Büro und erklärt, Hermann Kühn schicke sie, ein Elektromeister aus dem Süden der Stadt, Schreiber habe ihm über Jahre hinweg exakt die Bücher geführt, nun kommt sie also mit seiner Empfehlung.

Natürlich, die Frau ist Minna Stein, und es geht um ihren Sohn Hans-Peter. Karl Schreiber hört sich ihre Geschichte an, er ist gerade nicht unmäßig mit Wirtschaftsfällen eingedeckt; nun gut, sagt er, er wird in die Akten Einblick nehmen, sie seine Entscheidung wissen lassen.

Karl Schreiber glaubt sehr bald: Dies ist ein sehr einfacher Prozeß, der Verdächtige ist genügend belastet, dazu kommt seine einschlägige Vergangenheit, sein Geständnis ist nur eine Frage der Zeit: Wenn die Fülle der direkten und indirekten Beweise auf einen Täter einstürzt, was soll er sich da noch wehren, nach Ausflüchten suchen? Auch Hans-Peter Papkes Kraft zur Lüge wird brechen, er wird da keine Ausnahme sein. Was soll er, Schreiber, sich mit diesem Fall belasten?

Er weiß selbst nicht, warum er beim nächsten Besuch Minna Steins entgegen aller inneren Entscheidung schließlich doch die Zusage zur Verteidigung Papkes gibt. Routine? In der Stadt kleben mittlerweile die Fotos des Verdächtigen; hinter Glaskästen, von Anschlagtafeln herunter wird gefragt: Wer hat diesen Mann in der ersten Aprilnacht in der Stadt gesehen? Wann? Wo?

Karl Schreiber hat gelernt, gegenüber Gefühlsausbrüchen und noch so bestechenden Tiraden nüchtern und kühl zu bleiben. Er kennt natürlich eine Fülle menschlicher Abwege und Exzesse, Höhen und Tiefpunkte unterschiedlichster Leben. Dennoch ist er beeindruckt von der Vehemenz, mit der da eine Mutter ihren Sohn vor allen Anklagen in Schutz zu nehmen sucht. Und so sehr er auch gewohnt ist, vorgebrachte Beteuerungen und Exstasen erst einmal anzuzweifeln, das begreift er bald: Was bei dieser Frau da hinter allen Worten steht, was sie bei aller Übersteigerung zu verstehen gibt, ist wahr, keine Schaustellung – sie liebt ihr Kind, ihren Sohn, hängt an ihm mit geradezu ungebärdiger, unbändiger Kraft und Verbissenheit, gerade an ihm, dem Ungestalten, Abnormen, dem vielfachen Gesetzesverletzer.

Routine?

Nein, aus Routine stellt sich Karl Schreiber diesem Fall bestimmt nicht.

Wenn er trank – manchmal hakte es dann bei ihm aus, sagt Minna Stein. Aber er hat doch gebüßt für alles, was er dabei getan hat. Nun kann man ihm doch nichts anhängen, einfach zuschieben, was er nie gemacht hat, bloß weil's ihm einer zutraut und sich der wahre Verbrecher nicht findet. – So helfen Sie mir doch, ich bin so verzweifelt, allein.

Minna Stein hat auch jetzt keine Tränen. Sie senkt nur ihren Kopf, blickt auf ihre Hände, die den Griff ihrer Handtasche pressen, drücken, plötzlich aus der Vernietung gerissen haben. Verwundert starrt sie auf das lose Ende des Kunststoffhenkels und versucht ihn geduldig wieder in seine Verankerung zu schieben.

Ist ausgerechnet dies, diese ungewollte, hilflose Geste, der Anlaß für Karl Schreibers letzte Entscheidung? Nun gut, sagt er jedenfalls etwa zu diesem Zeitpunkt. Nun gut, ich übernehme die Verteidigung. Aber unter einer Bedingung: Ihr Sohn wird aufs schwerste angeschuldigt. Da helfen keine Ausflüchte, keine Winkelzüge. Da hilft nur die volle Wahrheit, in allem: Hat er's getan, wird er dafür geradestehn müssen. Versprechen Sie mir, nichts ohne mein Wissen zu tun und zu unternehmen, mich von allem, was Sie wissen, ehrlich zu unterrichten?

Ich verspreche es Ihnen.

Minna Stein hält ihre Tasche starr mit verkrampften Händen.

Nun heult sie wohl doch noch los, denkt Karl Schreiber. Aber er irrt sich.

Karl Schreiber weiß: Dieser Fall reicht weit in Bereiche hinein, die man gemeinhin mit dem Begriff der Asozialität kennzeichnet, er hat jedenfalls mit Menschen zu tun, die stark nach eigenen abwegigen moralischen Kategorien zu leben und zu handeln versuchen. Was anderwärts gut und richtig ist, erscheint bei ihnen in einem Zerrspiegel. Primitive Kraft steht weit oben in ihrer Werte-skala, Klugheit besteht vor allem darin, ohne große Leistungs-anstrengung durchs Leben zu kommen, Kameradschaft und Ge-meinschaft entarten nicht selten zu billiger Kumpanei. Karl Schrei-ber weiß auch dies: Nicht jeder aus diesen Kreisen wird jemals wieder aus ihnen herausfinden, nicht jeder von ihnen ist noch be-einflußbar, erziehbar. Bei einer Reihe von ihnen wird nichts weiter übrigbleiben, als ihnen gegenüber die Gesetzlichkeit durchzuset-zen und zu garantieren, ohne trügerische Hoffnung auf Wand-lung. Ist Papke nicht selber das beste Beispiel dafür?

Und doch, sagt sich Karl Schreiber, je intensiver er sich mit den Protokollen und Zeugenaussagen beschäftigt: So sehr sie sich auch wechselseitig in Unglaubwürdigkeiten und plumpe Lügen verstrik-ken, so sehr sie meinen, füreinander einstehen, einander heraus-pauken zu müssen, so fragwürdig in diesem Brei verkehrter Nor-men Begriffe wie Ehre und Vertrauen erscheinen (und wer garan-tiert, daß alle Befragten bei ihren Aussagen verharren?) – solange nicht die eindeutige Gewißheit von Papkes Schuld vorhanden, solange er nicht eindeutig und lückenlos überführt ist, besteht kein Anlaß, in ihm einen zu Recht Angeklagten zu sehen. Ja, Schreiber ist sich plötzlich sehr sicher: Es wird und darf kein Urteil gegen Papke geben. Ist er nicht selber zunächst dem naheliegen-den Schluß aufgesessen, in Papke den mit aller Wahrscheinlichkeit Schuldigen zu sehen? Sein Geständnis ist nur eine Frage der Zeit, hat er gedacht. Nun, als Verteidiger, korrigiert er sich rasch. Es gibt da erhebliche Widersprüche, Ungenauigkeiten in den einzelnen Aussagen, und es gibt beispielsweise auch keinen Tatzeugen. Über-haupt: Papke ist in ein Geflecht unglücklicher Umstände hinein-geraten. Da windet und dreht er sich und zwingt andere – bewußt oder unbewußt –, ihm mit ihren Lügen zu helfen. Die Gesetzlich-keit gegenüber jedem, gerade gegenüber den schwachen Gliedern der Gesellschaft durchsetzen? Natürlich. Er, Schreiber, wird es als seine Aufgabe empfinden, dabei zu helfen. Aber jeder Zweifel ist gründlich zu prüfen, es dürfen keine voreiligen Schlüsse gezogen werden.

Da, mitten in solche Überlegungen hinein, trifft ihn die Nach-richt wie ein Schlag: Hans-Peter Papke hat gestanden, Ulrike

Fischer in der ersten Aprilnacht dieses Jahres hinter der Waisenhausmauer getötet zu haben ...

Der Prozeß

Ein Prozeß ist – billige Feststellung – nicht wie der andere, schon
einmal abgesehen von den jeweils zur Debatte stehenden Gegenständen. Natürlich hat die Verhandlung gegen ein paar Raufbolde
und Rowdies einen anderen Stellenwert als die zu erwartende
Verurteilung eines heimtückischen Mörders oder einer Gruppe
ausgefuchster Wirtschaftsbetrüger. Aber so gründlich Prozesse
auch vorbereitet sind – die Tathergänge und -motive sind festgestellt, der Täter ist geständig –, immer wieder laufen sie nicht ohne
eine gewisse Spannung ab: Tritt nichts Unvorhergesehenes ein,
bestätigt sich das Ergebnis der Ermittlungen in der Verhandlung,
finden die Beweise die erwartete Wirkung und Würdigung, steht
der Angeklagte zu seinem Geständnis?
Mit wieviel Spannung muß da von allen Beteiligten der Prozeß
gegen Hans-Peter Papke erwartet werden?
Denn ja: Es kommt zu diesem Prozeß. Kriminalpolizei und Staatsanwaltschaft sind fest davon überzeugt, in Papke tatsächlich den
Mörder von Ulrike Fischer vor sich zu haben. Niemand anders als
allein der Täter konnte so genau, so eindringlich exakt den differenzierten Tathergang schildern. Niemand anders wußte um Zwi-
schenfälle, die den Tathergang auf ihre Weise unterbrachen, ihn
aufschoben: irgendein Rufen von draußen etwa. (Ja, bitter genug
für Rainer Wassko zum Beispiel: Als er in das Gelände der Franckeschen Stiftungen hineinlief, auch in das Dunkel dieser teilweise
umzäunten Gartenparzelle den Namen seiner Freundin rief, lebte
Ulrike Fischer noch. Sie war auf dem umgestürzten scherbenbe-
stückten Mauerrest zwar schon bewußtlos gestoßen, aber sie lebte
noch.) Und es gibt Zeugen, die Papkes Aufenthalt in der Nähe des
Tatortes zur nämlichen Zeit sicher bekunden. Und es gibt Indizien.
Alles in allem: Genug Gründe, begründet Anklage zu erheben.

Der Prozeß findet Ende Januar, Anfang Februar 1968 vor dem damaligen Bezirksgericht Halle statt. Er ist auf wenigstens fünf Verhandlungstage angesetzt. Die werden mit Sicherheit auch gebraucht.

Der erste Tag steht zunächst lange unter dem Eindruck des angeklagten Papke: Zum ersten Male hat ja wenigstens die Öffentlichkeit eines Gerichtssaals die Möglichkeit, ihm gegenüberzusitzen, ihn zu erleben, zu mustern: wie er sich gibt, wie er redet. Presseleute sitzen da, andere Richter und Justizangestellte, zwanzig Plätze sind für Studenten (Studentinnen) vornehmlich des Musikinstituts reserviert worden. Die sind auch gekommen, überhaupt füllen ungewohnt viele junge Leute die Stuhlreihen bis zum letzten Platz und mustern Papkes bullige Gestalt, die Jacke, die ständig schief sitzt, das immer zwei Knöpfe weit geöffnete Hemd. Nur ein bißchen blaß ist er, aber gewiß: Neun Monate U-Haft sind kein Aufenthalt in einem sonnenüberfluteten Sanatorium. Haben sie nachträglich Angst vor ihm, spüren sie insgeheim und immer wieder ein Schaudern, stellen sie sich vor: Auch sie hätten ihm da in der Nacht allein begegnen können?

Aber Papke beeindruckt nicht nur durch seine bloße Existenz, durch seine körperliche Nähe, sein Äußeres. Er verblüfft durch die ganze Art seines Antwortens und Verhaltens. Er schleudert seine halben Sätze noch immer wild und ungefüge aus sich heraus, bellt seine Antworten derb hervor, auch wenn es um einfache Zusammenhänge geht, er kann offenbar nicht anders. Dazu provoziert er natürlich auch bewußt, gibt sich gelangweilt oder protestiert, mit Gesten, ja Ausrufen, mit Hohn im Gesicht, jedenfalls immer beteiligt, schon beim Vortrag der Anklage durch den jungen Staatsanwalt, der hier seinen ersten großen und schwierigen Fall vor sich hat, erst recht, als er zu Person und Sache vernommen wird. Das ist alles Lug, sagt er zum Beispiel, als ihm die Beurteilungen von seinen früheren Arbeitsstellen vorgehalten werden, das ist alles Lug, was da drinsteht. Er hat immer seine Arbeit gemacht, und er kann zupacken. Als er schließlich zum Anklagevorwurf befragt wird, redet er zum ersten Male zusammenhängend. Man merkt, darauf hat er sich gründlich vorbereitet: Am ersten April befand ich mich nicht im PK, so etwa erklärt er. Mit der mir zur Last gelegten Tat habe ich nicht im geringsten irgend etwas zu tun. Die Polizei glaubte meinen Aussagen nicht. Da habe ich die Geständnisse abgelegt, um meine Ruhe zu haben. Bei Gericht wollte ich sie widerrufen, was ich jetzt hiermit wiederum tue. Jetzt soll man mir alles das beweisen, was man mir vorwirft. Ich wußte, daß Paragraph zweihundertelf die Todesstrafe bedeutet oder lebenslänglich ist. Trotzdem habe ich gestanden, um in Ruhe gelassen zu werden.

Nach seinen Worten ist lange Zeit Stille im Saal.

Sie waren also wirklich nicht in diesem PK? fragt schließlich der Vorsitzende Richter.

Nein, ich war zu Hause, sagt Papke. Ich hab' der Mutter gehorcht, auf sie gehört. Junge, geh nicht so oft weg, hat die gesagt, die Polizei geht gern zu Vorbestraften. So hat er diesen Film gesehen, *Agatha, laß das Morden sein,* diesen Film kann er noch in fünf oder zehn Jahren erzählen, jede Einzelheit. (Und er beginnt auch, berichtet noch flüssiger als bei seiner Stellungnahme zur Anklage.)

Der Richter, der junge Staatsanwalt, die beiden Schöffen (eine Warenhausangestellte, ein Ingenieur) nehmen alles zur Kenntnis. (Der Ingenieur erinnert sich: Dieser Film lief jahrelang in den Kinos der Stadt. Papke kann ihn da dutzendmal gesehen haben.) Aber haben sie anderes erwartet? Der Fall ist schwierig. Hören wir die Zeugen.

Von denen ist freilich der schöne Richard, obgleich ordnungsgemäß geladen, nicht erschienen. Und Susi Michael ist entschuldigt: Sie erwartet in diesen Tagen ihr zweites Kind. Aber ihre Schwester Erni Setzepfand sagt aus. Ja, sagt sie, der Boxer, der Ammendorfer, der Angeklagte Papke war an jenem Abend im PK. Sie hat ihn sitzen sehen, bevor sie sich in die andere Tanzgaststätte, die Palette, absetzte. 22 Uhr 45 war das, da ist sie sich mittlerweile ganz sicher.

Sie ist unglaubwürdig, bellt Papke darauf, ich war zu Hause. Mehr habe ich dazu nicht zu sagen.

Nach zwei weiteren Zeugen aus dem PK, die sich unterschiedlich zu erinnern vermögen (eine Kellnerin, ein Gast), wird Renate Heinrichs um ihre Aussage gebeten, die Freundin des Kapellenmitglieds Stumpf, die den ganzen Abend über damals bei einer Flasche Wein verbrachte. Nein, sagt sie, für sie ist da kein Zweifel.

Den Abend im PK zu verbringen war für sie eine Ausnahme (nach längerer Pause ging sie mal wieder hin), und an diesem Abend hat Papke mit ihr getanzt, ihr diesen schlimmen Antrag gemacht, nun ja: sie bedrängt.

Angesichts dieses sicheren Auftretens, ihrer klaren Erklärungen wirkt Papkes offensichtliche Strategie, alle ihn belastenden Aussagen als Lüge oder falsche Erinnerung abzutun, nur um so abwegiger. Ich habe nicht mit diesem Fräulein Heinrichs getanzt, ich verstehe nicht, wieso sich manche Zeugen so unglücklich zu erinnern glauben, ich war nicht im PK.

Der Nachmittag dieses ersten Verhandlungstages wird noch dramatischer. Zunächst erscheint Richard Rollmann, der schöne Richard, ziemlich angetrunken und mit für ihn erstaunlichen Schwierigkeiten, mit Zunge und Worten umzugehen. Er will sich im Datum geirrt haben und wird für den nächsten Tag erneut geladen. Dann beginnt das Gericht, die Familienangehörigen Papkes anzuhören, Willi Stein ist der erste.

Willi Stein ist unsicher, fahrig, er muß ein paarmal ermahnt werden, die Stimme zu heben, sich verständlich, hörbar auszudrücken. Er ist ein alter Mann geworden in diesem einen vergangenen Jahr, grauhaarig und hager. Ich war nicht glücklich, daß der Junge da, Peter, zu uns in die Wohnung kam, sagt er, ich habe auch nach seiner letzten Straftat nicht ein Wort mehr mit ihm gewechselt. Trotzdem, ich muß das sagen: Er war an jenem Abend bei uns zu Hause, er hat sich diesen Film mit angesehn.

Der Staatsanwalt zuckt zusammen, auch der Richter.

Zeuge Stein, bittet der Staatsanwalt schließlich ums Wort, Sie haben schon mehrfach das völlige Gegenteil ausgesagt. Ich ermahne Sie dringend, uns absolut die Wahrheit zu sagen.

Willi Stein blickt müde, geschlagen, geduckt. Er windet sich hilflos in einem Spinnennetz unterschiedlicher Interessen. Ich war damals völlig mit den Nerven fertig, sagt er (ist er es jetzt nicht?), bei uns zu Hause war schon allerhand los, Streit jeden Tag. (Absprachen? fragt der Staatsanwalt. Haben Sie Absprachen getroffen, sich deshalb gestritten?) Kann ich meine Aussage verweigern?

Aber der Staatsanwalt entläßt ihn nicht aus seiner Verantwortung, Stein spürt das gleich: Sie *haben* schon ausgesagt, Zeuge Stein, nur müssen Sie uns noch mitteilen, welche Ihrer Aussagen wir als die verbindliche, gültige nehmen sollen.

Natürlich, er muß sich bekennen, aber wozu? Der Junge war doch *nicht* zu Hause, sagt er schließlich, diese Aussage stimmt.

Lüge nicht, Lügner, bellt da Hans-Peter Papke und muß zur Ruhe ermahnt werden.

Am nächsten Tag haben die Zeitungen der Stadt, die ausführlich über die Verhandlung berichten, ihre einhellige Schlagzeile: Staatsanwalt läßt Stiefvater des Angeklagten im Gerichtssaal verhaften! Verhaftung im Gerichtssaal!

Tatsächlich? Tatsächlich. Alle haben es miterlebt. Als Willi Stein das zweite Mal innerhalb seiner Zeugenvernehmung umkippt, wieder zu seiner anfänglichen Aussage zurückkehrt (Papke war bei ihnen zu Hause, sah mit ihnen fern), geht das dem Staatsanwalt doch über Hutschnur und tolerierendes Verständnis: Ich lasse Sie hiermit festnehmen, erklärt er, und leite gegen Sie ein Ermittlungsverfahren wegen falscher eidlicher Aussage ein. Ich weiß nicht: Haben Sie anfangs gelogen oder später. Aber ich weiß: Eine Ihrer Aussagen ist wissentlich falsch.

Dieser Dramatik gegenüber verblaßt, was noch an diesem Nachmittag im Gerichtssaal geschieht. Gerd Körber sagt von neuem aus, Papke an jenem Abend nicht in der Ammendorfer Wohnung gesehen zu haben. (Ferner sagt er: Meine Schwiegermutter ist sehr impulsiv, ihr erster Mann wollte sich mehrfach ernsthaft das Leben nehmen. Wir haben keine Verbindung mehr zu den Steins seit Papkes Verhaftung.) Und Minna Stein randaliert. Sie tritt schon schimpfend in den Gerichtssaal, sie fällt schließlich dem vorsitzenden Richter jäh ins Wort: Von nun an wird sie keine Aussagen mehr machen, keine! Sie bemüht dazu ihr Vokabular an Gassenausdrükken und läßt sich nicht bremsen, bis sie des Saales verwiesen wird. Nach der notwendigen Pause aufs neue befragt, nimmt sie ihr Recht als Familienangehörige in Anspruch, die Aussage zu verweigern.

Der zweite Verhandlungstag bringt in die Turbulenz des Geschehens noch eine Steigerung.

Zunächst bekennt Kathrin Körber nach einigem Hin und Her: Ihr Stiefbruder hat an jenem Abend nicht mit ihnen ferngesehen, sie kann's aber nicht beschwören. (Sie sagt außerdem: Sie weiß nichts von einer Festnahme Willi Steins, ihres Vaters, in der Verhandlung am vergangenen Tage.) Danach werden Richard Schwetzke und Rainer Wassko aufgerufen. Sie können indes zur Sache nichts Weiterführendes beitragen, sie fallen lediglich durch ihre betont solide modische Kleidung gegenüber den bisherigen Zeugen auf, besonders der Herrenschneider, der sich an vieles nicht mehr so genau zu erinnern vermag. Und Wassko? Er spricht erstaunlich sachlich über die Todesnacht seiner einstigen Verlobten. Hat er sich schon neu gebunden? Natürlich: Das Leben geht weiter. (Oder gibt er sich nur äußerlich sicher? Vielleicht ist er für sein ganzes Leben getroffen?)

Am Nachmittag befragt der Staatsanwalt überraschend Papke nach den Monaten in der U-Haft. Mit wem hat er in der Zelle zusammengelegen, mit wem ist er gut ausgekommen?

Reinecke, sagt Papke schließlich. Anfangs war ich viel mit Reinecke zusammen, der war ein Kumpel. Ihn hatten sie wohl wegen Unterschlagung vor, also, er saß wohl deshalb in Haft, aber mit dem konnte man viel bereden.

Da wendet sich der Staatsanwalt an den Vorsitzenden Richter: Ich bitte als nächsten den Zeugen Klaus Reinecke zu befragen.

Die in diesem Augenblick unwillkürlich auf Papke blicken, sehen ihn auffahren, die Hände auf die Knie stemmen, den Kopf wenden. Erschrickt er? Denkt er: Was hat das nun wieder zu bedeuten?

Das fragen sich sicherlich auch die meisten Zuschauer im Saal (fragt sich zum Beispiel selbst Rechtsanwalt Karl Schreiber), als sie den ungefähr dreißigjährigen blondhaarigen Mann nach vorn treten sehen. Sie werden es bald wissen: Reinecke ist plötzlich der vielleicht wichtigste Zeuge des Staatsanwalts, seine Aussagen werden dem Prozeß auch eine entscheidende psychologische Wendung geben, sie werden zugleich auf eine Fülle bisher ungeklärter Fragen antworten.

Klaus Reinecke ist tatsächlich dreißig, und er ist aus eigenem Antrieb gekommen, sagt er. Er hat in den Zeitungen vom Prozeßbeginn gelesen, von Papkes Leugnen; nun fühlt er sich verpflichtet auszusagen, was er weiß. Er hat zwei Monate lang die Zelle mit

Papke geteilt, er ist darüber sein Vertrauter geworden, er hat, als er entlassen wurde, einen Kassiber für Papkes Mutter nach draußen geschmuggelt (freilich gleich vernichtet), er hat mit Steins Kontakt aufgenommen, sechsmal haben die Steins ihn in seiner Wohnung besucht.

Hat der Angeklagte mit Ihnen auch über das Verbrechen gesprochen, dessen man ihn hier beschuldigt? fragt der Vorsitzende Richter.

Anfangs nicht, später immer, antwortet Klaus Reinecke. Papke hat mit zehn, zwölf Jahren gerechnet, so sprach er oft. Später wollte er widerrufen, was er gestanden hatte, so war vielleicht ein Freispruch mangels Beweisen zu erreichen. Manchmal ist ihm auch alles egal gewesen. Er hat so oft gesessen, hat er gesagt, da hockt er die Jahre in Waldheim auch noch ab.

Und hat er Ihnen Einzelheiten des Verbrechens erzählt?

Er hat das PK gegen halb ein Uhr nachts verlassen, er hat am Geländer Richtung Waisenhausapotheke gestanden: Irgendwer würde schon noch kommen, den er abschleppen konnte. Er sah schließlich ein Pärchen, das sich an dieser Toilette trennte. Er ist dem Mädchen hinter die Mauer nachgelaufen, er hat es schließlich gewürgt, genommen, zwischendurch rief wer ihren Namen von der Straße her. Papke hat über die Mauer geblickt, einen jungen Mann dort stehen sehen, wohl diesen Verlobten. Später ist er in Richtung Leninallee nach Hause. Seine Kleidungsstücke hat er unter einer Brücke in Ammendorf versteckt, seine Schuhe an seiner Arbeitsstelle verbrannt. Ein paarmal hat er sich in den Arm gebissen, mir den Abdruck gezeigt.

Er hat sich in den Arm gebissen? Weshalb das?

Er hat wissen wollen, wie lange so etwas sichtbar ist, wenn man in Fleisch beißt. Und wie genau man die Zähne erkennen kann. Fünf-, sechsmal hat er's probiert. Später habe ich's mir zusammengereimt: Es ging doch um diesen Biß in die Brust der Toten. Man hatte da doch diesen Abdruck gefunden.

Sie hatten auch Kontakt zu den Eltern des Angeklagten?

Meine Frau kann es bezeugen. Sechsmal haben die Steins uns besucht, meine Frau war immer dabei. Anfangs sollte ich in Erfahrung bringen – so stand es auch in dem Kassiber –, wo Papkes

Sachen verblieben waren, ob seine Mutter sie hatte beseitigen können. Später wollten sie, daß ich für Papke aussage. Ich sollte aussagen, daß man Papke sein Geständnis abgezwungen, daß man ihn
geschlagen hatte. Sie wollten mir, wenn ich das erklärte, meine
Küche malerisch instandsetzen und mir zweihundert Mark als Ab-
findung geben. Ich sollte dann auch sagen, daß Gerd Körber seine
Aussage widerrufen wolle. Als mir alles schließlich sehr merkwürdig vorkam, als ich immer mehr den Eindruck hatte, daß seine
Eltern ihn decken wollten und es vielleicht auch schafften, habe
ich beim letzten Gespräch in unserer Wohnung heimlich ein Tonband mitlaufen lassen.

Ein Tonband?

Ja, sagt Reinecke. Er hat es sogar bei sich.

Man sieht sich an, entscheidet schließlich: Anhören kann man es
sich ja.

Eine entsprechende Apparatur wird aufgebaut, danach sind –
hinter allen Geräuschen und technischen Unvollkommenheiten
der Aufnahme – plötzlich eine Viertelstunde lang bekannte
Stimmen im Raum, die verhaltene von Willi Stein (Kinder, Kinder,
Kinder, sagt er nicht nur einmal), ferner die laute, erregte von Minna Stein, dazwischen die des Zeugen Reinecke. Eine Tonbandstelle
läuft zweimal ab, da ist Minna Stein ganz deutlich zu verstehen: Ne,
da komme ich nich mehr mit, sagt sie, schreit es fast. Da fällt er uns
so in'n Rücken. Ne, da schwören wir nich, da schwöre *ich* nich. Da
erzählt er den anderen von zehn oder fuffzehn Jahren, das tut er
uns an. Ne, da komme ich nich mehr mit.

Papke hält die ganze Zeit über den Kopf gebeugt, rührt sich
nicht.

Die folgende Stille bricht Karl Schreiber als erster. Er bittet, eine
Erklärung abgeben zu dürfen. Er hat offenbar bis eben jetzt noch
seine erheblichen Zweifel an der Schuld Papkes gehabt, er hat,
scheint es, nicht von der Hypothese lassen können, daß Papke, aus
Angst, mit dem Mord ernsthaft in Verbindung gebracht zu werden,
nach Ausflüchten, Lügen suchte, andere dazu anstiftete, seine Gegenwart im PK zu vertuschen. Er ist sogar (solange schlüssig das
Gegenteil nicht bewiesen war) Papkes Vorgabe gefolgt, sein Geständnis nur abgegeben zu haben, um Ruhe zu finden. Nun erklärt

Karl Schreiber: Ich sehe keine Veranlassung, die Aussage des Zeugen Reinecke in ihrem Wesen anzuzweifeln. Die Steins wurden von mir ausdrücklich darauf hingewiesen, vor Gericht die Wahrheit zu sagen. Ich sehe mich nun von ihnen hintergangen und aufs ärgste getäuscht. Ich lege aus diesem Grunde die Verteidigung des Angeklagten nieder und bitte das Gericht, mich oder einen anderen Rechtsanwalt als Pflichtverteidiger zu bestellen.

Als Karl Schreiber sich setzt, weiß er: Viele werden über Jahre hinaus diese Minuten als seine größte berufliche Niederlage empfinden. Sollen sie's. Er hat sich selten so sicher und sauber gefühlt.

Nach der Pause erklärt der Staatsanwalt: Ich habe gegen Frau Stein ein Ermittlungsverfahren einleiten lassen, wegen Verleitung zur falschen Aussage und wegen erfolgter Anstiftung zum Meineid. Frau Stein ist festgenommen.

Danach wird Karl Schreiber dem Angeklagten als Pflichtverteidiger beigeordnet.

Für den Tag darauf haben die Zeitungen zwischen verschiedenen Schlagzeilen zu entscheiden.

Was nun noch im Prozeß gegen Papke geschieht, ist Kleinarbeit, Abarbeit einer Fülle von Fakten und Argumenten; das Entscheidende ist längst geschehen. Auch Papke scheint es zu spüren, er ist nicht mehr aggressiv, im Lauf der Tage wird er sogar immer gleichgültiger. Schließlich zieht er sich auf einen stereotypen Satz der Abwehr zurück: Ich bin völlig unschuldig und habe nichts mehr zu sagen.

Klaus Reineckes Erklärungen zum Beispiel kann er nicht entkräften. Er versucht sie zu bagatellisieren, aber er findet keine entscheidenden Begründungen gegen sie. Ja, er hat sich in den Unterarm gebissen, aber nur einmal. (Nein, vier-, fünfmal, wirklich, beharrt Reinecke.) Und warum? Nur zum Spaß. Zum Spaß? – Und diesen Kassiber, hat er den Reinecke mitgegeben? Und was ist mit den zehn, fünfzehn (zwölf?) Jahren Waldheim? Und was mit den Erzählungen über den Tatablauf? So in die Enge getrieben, antwortet er schon da: Ich bin völlig unschuldig und habe nichts mehr zu sagen.

Ferner: Dieses angeblich erzwungene Geständnis, die von der vernehmenden Kripo angeblich vorformulierten Antwortsätze, die er bloß abzuzeichnen brauchte, flüchtig las. Hauptmann Rother, selber als Zeuge aufgerufen, erklärt geduldig den Ablauf der Vernehmungen, das methodische Vorgehen. Hat Papke nicht oft genug sein Wissen und seine Aussagen selber zu Papier gebracht, in dürftigem Deutsch zwar und schlechter Orthographie, hat er nicht sogar Geländeskizzen entworfen, schließlich eine graphische Übersicht, wie er sein Opfer durch die Gartenparzelle schleifte, wo er es ablegte, würgte, sich an ihm sexuell verging? Woher ist ihm die Kenntnis dazu gekommen? Freie Erfindung ist es gewesen, wehrt sich Papke nun, von dem Pärchen, das sich an der Toilette trennte, hat er beispielsweise schon im Betrieb erfahren. (Der Kollege von dort, mit dem er gesprochen haben will, erinnert sich am nächsten Verhandlungstag nicht.)

Am meisten erregt sich Dr. Holzkamp, der zuständige Gerichtsmediziner der Universität. Auch vor ihm (zusammen mit Rother) hat Papke ja sein Geständnis wiederholt. Wir haben einander ruhig gegenübergesessen, wir haben ruhig miteinander gesprochen, sagt Holzkamp, wollen Sie sich erdreisten zu behaupten, ich hätte Sie da in irgendeiner Form genötigt?

Dr. Holzkamp als Sachverständiger beschäftigt sich sehr gründlich mit Verhalten und Geständnis des Angeklagten und kommt zu dem Schluß: Der Angeklagte hat sehr präzise und detaillierte Erklärungen und Geständnisse abgelegt – sowohl hinsichtlich des Tatablaufs wie auch des Todesmechanismus, kurzum: Der Angeklagte hätte, wenn er nicht unmittelbar an dieser Tat beteiligt oder als Zeuge dabeigestanden hätte, nicht all das zum Ausdruck bringen können, was sich dann tatsächlich hat objektiv feststellen lassen.

Ausführlich spricht Dr. Holzkamp auch über diese Bißspur, den Bißabdruck in der Brust der Toten. Er führt Tabellen vor, vergleicht, erläutert Meßverfahren. Am Ende ergibt sich: Der Vergleich von Abdruck und Gebiß des möglichen Täters kann – auch wenn in einer Fülle von Positionen wie hier Übereinstimmungen bestehen – *nicht allein zur Identifizierung des Bißverursachers* verwendet werden. Die Untersuchungsmethode allein führt nicht zu unumstößlichen Beweisen. Aber wenn andere Verdachtsmomente schlüssig belegt werden, kann sie wesentlichen zusätzlichen Beweiswert erhalten.

Und das psychiatrische Gutachten?

Es liefert einen erstaunlichen, von manchen erwarteten, von allen jedenfalls lange bedachten und diskutierten Fakt: Papke hat einen zerebralen Defekt, bestimmte Teile seines Hirns unterlagen der Deformierung und Rückbildung. Aber genaue Untersuchungen (bis hin zu Vergleichen mit entsprechenden Kriegsverwundeten) ergaben: Ein solcher Defekt führt nicht automatisch zu sozialem Fehlverhalten. Erst in Verbindung mit reichlichem Alkoholgenuß ergibt sich für den Betroffenen die eingeschränkte Fähigkeit, sein Verhalten zu kontrollieren. Papke aber wußte um die Tatsache, daß es bei ihm nach einem *Durchzug*, einem *Ritt* rasch aushakte und er die Beherrschung über sein Handeln verlor. Doch er setzte sich immer von neuem dem Risiko eines solchen Fehlverhaltens aus. Alkoholgenuß aber wirkt nicht strafmindernd. *Papke war verpflichtet, sich auf den Umstand einzustellen, daß er nach Alkoholgenuß zu Straftaten neigte.* Er hatte da ja auch schon seine Erfahrungen. Das heißt: Er ist für seine Tat voll verantwortlich.

Und sonst?

Der schöne Richard, mittlerweile stellungslos und polizeilich vorgeführt, macht eine wankelmütige Aussage: Es liegt alles schon so weit zurück. Susi Michael wird von einem beauftragten Richter zusätzlich im Krankenhaus aufgesucht und gibt zu Protokoll: Sie hat den Ammendorfer an jenem Aprilabend im PK gesehen. Und Helga Reinecke bestätigt im wesentlichen die Aussagen ihres Mannes.

Am 5. Februar hält der Staatsanwalt sein Plädoyer. Er faßt die Argumente zusammen, er würdigt die Zeugenaussagen, das Geständnis Papkes und die angeblichen Motive seines Widerrufs, er geht auch auf den Alkoholkonsum Papkes ein. Nach allem ist für ihn klar: Das Verbrechen bleibt ein brutaler Mord, und der ihn beging, war Papke. Das war und muß aber auch seine letzte Straftat sein.

Der Staatsanwalt beantragt die lebenslange Zuchthausstrafe.

Nach ihm spricht Karl Schreiber: Ich bin in einer Position, sagt er, um die mich gewiß niemand beneidet. Wieso kommt ein junger Mann dazu, ein Geständnis abzulegen und danach zu widerrufen? Ich habe alles getan, um Widersprüche, Zweifel aufzuklären. Ja, es

wäre mir lieber, der Angeklagte hätte gestanden. Alle Zeugenaussagen überzeugen mich nicht, daß Papke der Täter war. Aber ich
habe keinen Beweis dafür, daß Papke am Abend des ersten April
nicht im PK war. Ich kann deshalb auch keine Ausführungen
machen, wenn der Angeklagte sagt: Er war es nicht. Ich kann mich
nicht zum Sprecher eines Angeklagten machen, der keine Antwort
auf die an ihn gestellten Fragen gibt. Ich beantrage zu erkennen,
was rechtens ist.

Papke, danach, in seinem letzten Wort, hofft wohl schon auf die
Berufung: Ich habe die Tat niemals begangen. Es gibt noch andere
Stellen, wo ich mich hinwenden kann.

Das Urteil

Am 8. Februar kommen Senat und Zuschauer ein letztes Mal in
dieser Sache zusammen. Sie hören stehend, was der Vorsitzende
Richter verkündet: Im Namen des Volkes! Der Angeklagte wird
wegen fortgesetzten versuchten und vollendeten Mordes, teilweise
begangen in Tateinheit mit Notzucht, zu lebenslangem Zuchthaus
verurteilt.

Richter und Schöffen haben es sich nicht leicht gemacht. Sie erklären es offen: Da unmittelbare Tatzeugen nicht zur Verfügung
standen, gestaltete sich die Würdigung der erhobenen Beweise als
sehr schwierig. So ist man froh, sich an eine wenige Jahre zuvor –
1963 – vom damaligen Obersten Gericht der DDR getroffene
Grundsatzentscheidung halten zu können, Fragen der Sachaufklärung und der Beweiswürdigung beim Widerruf eines Geständnisses betreffend. Die Richter und Schöffen berücksichtigen danach, *daß ein Geständnis, von dessen Richtigkeit das Gericht auf Grund
von objektiven Umständen überzeugt ist, nicht allein deshalb an Wert als
Beweismittel verliert, weil der Angeklagte es später widerrufen hat. In diesem Zusammenhang blieb zu beachten, daß das Geständnis ein ebenso
selbständiges Beweismittel und daher auch geeignet ist, Lücken in der
Kette der anderen Beweise zu schließen, wobei es – soweit objektive Umstän-*

de es nicht gestatten, das Geständnis bis in alle Einzelheiten auf seine Richtigkeit hin durch andere Beweise zu überprüfen – darauf ankommen muß, wesentliche Teile des Geständnisses anderweitig zu belegen.

Von dem ausgehend, wurden die Beweise damals gesichtet und gewertet. Das hieß für das urteilende Gericht, zusammengefaßt: Genügend Zeugen sprechen für die Anwesenheit Papkes in diesem PK. Viele Angaben in seinen Geständnissen und in seinen Erzählungen gegenüber dem Zeugen Reinecke stimmen mit Tatortfunden und Leichenzustand überein. Das Motiv des Verbrechens entspricht der Persönlichkeitsstruktur des gemüts- und gefühlsmäßig schwer verwahrlosten Angeklagten. Und seine Angaben über die Motive, ein Geständnis abzulegen, stehen in Widerspruch zu seinen wiederholten Erfahrungen mit Polizei und Justizorganen und zu der schweren Strafandrohung, die auf dem ihm zur Last gelegten Verbrechen ruhte. Unglaubwürdig da die Hoffnung auf Widerruf in der Hauptverhandlung. *Nach alledem war als erwiesen anzusehen, daß die vom Angeklagten während des Ermittlungsverfahrens abgelegten Geständnisse der Wahrheit entsprechen und seine Widerrufe als Ausdruck der Furcht vor der zu erwartenden Strafe zu bewerten sind.*

Danach bewerten die Urteilenden das Tatgeschehen differenziert, zehn Minuten Tatablauf, ein einheitlicher Komplex, und doch in deutlich geschiedene Abschnitte geteilt, unterbrochen etwa durch diesen Ruf von außen. Zunächst also *vollendete Notzucht in teilweiser Tateinheit mit einer zur Befriedigung des Geschlechtstriebes und zur Ermöglichung einer anderen Straftat, nämlich der Notzucht, bedingt vorsätzlich begangenen versuchten Tötung.* Sodann ein zweiter Abschnitt, um die Aufdeckung dieses ersten Verbrechens zu verhindern: *fortgesetzt versuchter und schließlich vollendeter Mord, teilweise in Tateinheit mit Notzucht.* Auch sieht das Gericht wie zuvor der Staatsanwalt keinen Grund zur Anwendung des strafmildernden damaligen Paragraphen 51: Das Gericht, heißt es noch einmal deutlich (wörtlich), *folgt dem Grundsatz, daß derjenige Täter, der sich dem Alkoholgenuß hingibt, obwohl er aufgrund vorangegangener Erfahrungen weiß, daß er, unter Alkoholeinfluß stehend, zur Begehung von Straftaten neigt, keine Strafmilderung zu erwarten hat.*

Zusammenfassend: Papke hat eins der schwersten Verbrechen begangen. Seinem egoistischen Verlangen ordnete er brutal und skrupellos selbst ein Menschenleben unter. Der Angeklagte ist ein Mensch, der, wie der Volksmund sagt, über Leichen geht. Papke, ein notorischer Rückfalltäter mit asozialen Zügen und einer gefühlsmäßigen Verwahrlosung, hat durch sein abscheuliches Verbrechen Unruhe und eine große Empörung unter der Bevölkerung hervorgerufen. Er muß durch eine harte Strafe zur Verantwortung gezogen werden.

Klingt in diesen letzten Sätzen an, daß man zeitweilig auch die noch rigorosere Strafe, die Todesstrafe, auszusprechen erwogen hat? Möglich, diese Rückbildung im Zwischenhirn, das beschädigt ist, die ihn leicht erregbar macht, dieser Hirnschaden, der freilich nicht weiterschreiten kann, haben Papke davor bewahrt.

Schon am 9. Februar legt Dr. Schreiber im Auftrage seines Mandanten Berufung ein. Die wird bereits einen Monat später, im März, in Berlin von der damaligen höchsten Instanz, dem Obersten Gericht, verhandelt und zurückgewiesen. *Die Berufung ist unbegründet. Die angehörten Zeugen belegen: Die Geständnisse des Angeklagten sind wahr, sein Widerruf ist unwahr. Das Bezirksgericht hat am Zustandekommen des Geständnisses und im Vergleich der Angaben des Angeklagten mit den objektiven Tatbeständen – in Verbindung mit der Aussage des Zeugen Reinecke – überzeugend nachgewiesen, daß die Erklärungen des Angeklagten im Ermittlungsverfahren das tatsächliche Geschehen richtig widerspiegeln. Beweiswürdigung und Sachaufklärung führen logisch und lückenlos zu dem Ergebnis: Der Angeklagte hat Ulrike Fischer genotzüchtigt und erwürgt. Für einen Zweifel bleibt kein Raum. Die rechtliche Beurteilung ist nicht zu beanstanden: Die lebenslange Freiheitsstrafe für dieses schwere Verbrechen entspricht dem Gesetz und ist korrekt. Die Berufung ist deshalb zu verwerfen.*

Ein Nachtrag

In der Hauptverhandlung vor dem Halleschen Bezirksgericht ist seinerzeit über den Antrag des Vaters der Getöteten dahingehend entschieden worden, daß der Verurteilte Schadenersatz zu leisten hat: Beerdigungskosten, ein Grabstein, ein Totenmahl und so fort.

Josef Fischer, schon deutlich über die Sechzig, Lehrer irgendwo im
Erzgebirge, hat auch für die Ausbildung seiner einzigen – späten –
Tochter finanziellen Ersatz verlangt. Er wolle dies alles nicht für
sich, vielmehr für einen gemeinnützigen Zweck, *aber er wird doch
dem Unhold nichts schenken.* Das Bezirksgericht hat generell positiv
entschieden, zur Abwicklung und Entscheidung der Einzelheiten
aber an eine Zivilinstanz verwiesen. Wie die im einzelnen urteilte
und auflistete, ist nicht mehr bekannt. Wohl aber ist dies überlie-
fert: Papke, da nun alles unwiderruflich, keine Hoffnung mehr
bleibt, erklärt irgendwann beiläufig, mitten im Aufrechnen von
Mark- und Pfennigbeträgen: Naja, er war's, irgendwie ist's mit ihm
durchgegangen, er weiß selber nicht wie. Es tut ihm leid.

So ungefähr.

Die Leiche am Blauen Tonloch

Freunde und Pläne

I

Du hast eine hübsche Freundin.

Ja, gefällt dir Nadine?

Die Art, wie sie redet, ihr Haar trägt. Du hast Glück bei den Frauen, wenigstens bei ihr. Halt sie dir warm.

Ein halbes Jahr sind wir schon zusammen. Manchmal hab ich gedacht: Ist die zickig, eingebildet, und ich wollte mich schon nicht mehr mit ihr treffen. Aber dann sind wir doch beieinander geblieben.

Frauen muß man manchmal zeigen, daß man nicht auf sie angewiesen ist. Da kommen sie von ganz allein und winseln. Du machst das schon richtig.

Du hast noch immer keine Lust, es mit einer länger zu versuchen?

Ich hab noch viel vor. Da ist es Unsinn, sich zu früh zu belasten. Jede Trennung, die sich ergibt, bringt Schmerzen, für beide Seiten.

Ja, das kann ich mir gut vorstellen. Du kannst nicht hart sein, zu niemandem, keinem Leid zufügen.

Sie waren achtzehn, vielleicht neunzehn oder siebzehn. Sie schwadronierten manchmal so, über das Leben, über Frauen, Geld, Leute, wie sie es gerade wußten. Sie hockten in Diskos, Kneipen, seltener in der Kaserne, da war alles so offiziell, am liebsten saßen sie auf der Freiterrasse vor dem Café am Strand. Dort lag der kleine Hafen vor ihnen, Boote fuhren ein und aus, kreuzten unterm Wind. Viele Leute flanierten. Man konnte allem nachträumen, seine Gedanken wandern lassen.

Der eine war schlank, sein braunes Haar fiel ohne Scheitel, aber immer genau und gleichmäßig wie frisch vom Friseur, er trug, sooft sie die Uniform ablegen durften, Jacke und Schlips, jedenfalls keine gewöhnlichen T-Shirts, wie man sie im Supermarkt oder anderen billigen Läden im Dreierpack bekam. Er war ganz offensichtlich der Feinere, legte auch auf Manieren Wert. Wenn er rauchte, schnippte er die Asche nie sorglos in die Gegend, sondern klopfte sie vorsichtig mit dem Zeigefinger in die vorgesehene Glasschale, drei-, viermal, bis der letzte Krümel herabgefallen war.

Der andere war kräftiger, auch dicker. Seine Muskeln, sein Bauch wölbten sich sichtbar unter dem eng anliegenden Stoff seiner Hemden. Er hatte eine ständig gerötete pralle Gesichtshaut, sein borstiges Haar war strähnig, blond. Man konnte meinen, er wäre in der Gegend groß geworden, ein Kind des Landes hier oben an der Küste. Wenn nur dieser singende südliche Dialekt nicht gewesen wäre. Weiß der Teufel, was ihn zur Marine getrieben hatte. Abenteuerlust, die Sehnsucht der Landratten, Hoffnung auf einen leichteren Dienst, mehr Geld? Das jedenfalls wußte der Dicke: Nach dem Bund würde er Discjockey, lieber noch Bodyguard. Mit einem berühmten Popstar herumziehen, seinetwegen auch mit einem Politiker – er war nicht feige, und er hatte Kraft.

Hast du mit deinem Mister Frank in der letzten Woche gesprochen, hast du ihn gefragt, ob er mir helfen kann?

Natürlich habe ich mit Ralph Frank telefoniert. Bei der Position, die er in unserer Firma hat, Sicherheitschef, da hängen wir jeden Tag miteinander am Handy, haben etwas abzusprechen, über hohe Beträge zu entscheiden. Da muß ich eine günstige Gelegenheit abpassen, um die Rede auf dich zu bringen. Aber du kannst sicher sein, es braucht nur ein paar Sätze, und schon habe ich ihn für dich eingenommen. Vielleicht wirst du sogar direkt bei ihm arbeiten, an seiner Seite.

Was sagst du? Wenn das was würde! Sicherheitsmann bei einem Sicherheitsboß!

Wenn's dir gefällt, ich lancier dich an die Stelle.

Deinen Mister Frank – wie muß ich ihn mir vorstellen? Ein richtiger Amerikaner mit Cowboystiefeln und Hut? Ich hätte ihn zu gern einmal kennengelernt.

Was du dir so ausdenkst. Frank ist einfach, unauffällig. Alle richtig großen Leute sind einfach und unauffällig. Aber vielleicht sind wir viel früher bei ihm, als wir's jetzt denken.

Sie blickten über die Terrasse hinweg, musterten die hereinkommenden Boote, hingen jeder seinen Vorstellungen nach. Der Wind hatte nun gegen Abend an Stärke verloren, war nur noch ein mildes Wehen, das die See sanft kräuselte. Wo würden sie heute abend noch landen, in einer Disko, einer Kneipe?

Ich würde dich gern meinen Freunden vorstellen, sagte plötzlich der Dicke. Du sollst nicht nur Nadine kennen. Ihr würde ich auch gern als erster mehr von dir erzählen.

Hast du's nicht längst schon getan? Hast du nicht längst schon mit mir angegeben? Da ist einer, der zahlt mir jede Zeche. Hast du's deinen Freunden nicht schon so gesagt? Hast du nicht vielleicht auch so das Maul vollgenommen: Stellt euch vor, das bißchen Zeche ist dabei nur ein Klacks für ihn. Eigentlich hat er Millionen, wenigstens seine Eltern. Sie besitzen Haziendas in Venezuela, Viehfarmen am Mississippi und sind an etlichen Spielhöllen in Las Vegas beteiligt, den größten. Hast du wirklich noch nicht so mit mir angegeben?

Keinmal, kein solches Wort hab ich gesagt. Du hast mir's verboten.

Ach, Ronny. Wenn ich dir glauben, wenn ich dir vertrauen könnte. Und wenn ich erst mal an das Geld herankommen würde. Aber ich bin ja noch nicht volljährig, ich bin noch voll von der Gnade meiner Eltern abhängig. Und die enthalten mir sogar meinen sauer verdienten Arbeitslohn der letzten Monate vor. Du bist bei der Bundeswehr, wieso arbeitest du da noch für uns? sagen sie. Dabei wissen sie genau, wie unentbehrlich ich für uns alle bin. Gräßlich, sage ich dir. Kleinlich. Spießer. – Na gut. Wo sind deine Freunde heute abend? Können wir mit ihnen zusammen ausgehen? Vielleicht werden es noch ein paar schöne Stunden.

II

Ronny, der Dicke, die Dogge, der Bernhardiner. Er wußte, daß sie ihn so nannten. Hundenamen hatten ihn die zwei Jahrzehnte seines Lebens bisher ständig begleitet, vor allem in der Schule, aber auch zuvor im Elternhaus. Komm, dackle nicht, Dackel, Junge, hatte die Mutter ihn aufgefordert, sich zu beeilen, wenn sie mit ihm unterwegs war, Einkäufe zu erledigen oder andere Besorgungen, und sie hatte ihn mit sich gerissen, der ihr träge an der Hand hing und unbeholfen vorwärts stolperte. Und nichts wurde besser, wenn sie ihn gelegentlich an sich drückte, ihn vielleicht sogar zärtlich Dackelchen, mein Dackel nannte. Im Gegenteil. Was war er aber auch lange Zeit für ein lahmer Trottel gewesen. Gott sei Dank hatte sich das schlagartig geändert, als er diese Filme sah und Gefallen an ihnen fand, amerikanische GIs in den Dschungeln Vietnams, in Weltkriegsschlachten, auf den Inseln im Pazifik; als er zum Kraft- und Kampfsporttraining rannte und die Stärke in seinen Muskeln wachsen fühlte, Interesse an Waffen fand, sie zu sammeln begann. Sein Bruder war Freiwilliger in der Marine, er machte was her in seiner Uniform, ihm wollte der Jüngere nacheifern. Und es hatte tatsächlich geklappt, sie hatten ihn genommen, mit siebzehn, wenn das auch etliche neue Sorgen brachte: Sein Körper machte plötzlich nicht alles mit, was von ihm verlangt wurde. Er versagte in gewisser militärischer Hinsicht total.

Doch wie gering erschien Ronny manchmal dieser erhebliche Ärger angesichts der unerwarteten Freundschaft, die ihm von Kai Wesendonk entgegengebracht wurde. Kai war schlank, sah unheimlich gut aus und kam aus einer völlig anderen Welt. Seine Eltern hatten Geld, Besitztümer. Sie sprachen über Amerika und ihre Haziendas wie andere Leute über ihren Garten hinterm Haus, und ihr Sohn war in ihre (ganz sicher: Millionen-) Geschäfte frühzeitig eingebunden. Er telefonierte unentwegt mit seinen Handys und bekam offensichtlich Dutzende Anrufe. Was für ein Glück, ihn kennengelernt zu haben. Was sich daraus noch ergeben konnte! Diese Hoffnungen! Kai machte manchmal so merkwürdige Andeutungen, die vieles verheißen konnten, möglicherweise nicht nur diese Anstellung als Bodyguard bei seinem Mister Frank.

Ronny stieg die Röte ins Gesicht, seine Hände zitterten, wenn er seine Gedanken solcherart auf Wanderschaft in eine wahnsinnige Zukunft gehen ließ. Er war ja wirklich immer ein armer Hund gewesen, nicht bloß ein trottliger Dackel. Der arme Sohn armer Eltern. Ständig hatte es in der Familie an Geld gefehlt, die Mutter barmte, und der Vater, der Trinker, zog von Arbeitsstelle zu Arbeitsstelle, wenn er nicht überhaupt ganz ohne Arbeit war und bis Mittag im Bett herumlag. Er hatte den Vater schließlich gehaßt, konnte seine Dünste nicht mehr riechen, nicht seinen Atem, nicht seinen Schweiß, erst recht nicht, wenn er, ein heulendes Elend, zu ihm ins Bett kroch und er ihn trösten und streicheln sollte. Es war wie eine Erlösung gewesen, als der Alte dann auf einmal gar nicht mehr da war. Nachbarn hatten ihn am Seile hängend im Schuppen gefunden. Aber die eigentliche Not traf sie erst nach diesem Selbstmord: fünfundzwanzigtausend Mark unvermuteter Schulden, eine böse Hinterlassenschaft, von der die Mutter in zehn Jahren einfach nicht herunterkam, weil die Zinsen mitwuchsen. Das einzige Erfreuliche: Sein Verhältnis zur Mutter, die als Putze in alle möglichen Häuser ging, wurde mit den Jahren besser, obgleich sie ihn zu allerlei Mithilfe daheim zwang. Aber er war nun mal nach dem Weggang des älteren Bruders der einzige Mann im Haus, mußte Verantwortung übernehmen.

In solchem Elend – wer dachte schon gern daran zurück – war er jedenfalls groß geworden, und nun traf er auf jemanden, den das Leben immerfort bloß verwöhnt hatte, der solche leidvolle Kindheit nicht aus eigenem Erleben kannte, der regelrecht im Wohlstand schwamm. Ja, er mußte diese Kameradschaft, diese Freundschaft hüten und pflegen, nicht durch unbedachte Worte oder Handlungen gefährden. Immerhin war Kai sein militärischer Untergebener, ein soldatischer Frischling, er hatte Befehlsgewalt über ihn und sein Handeln, er konnte ihn triezen, schikanieren.

Zumindest konnte der andere manche Befehle so mißdeuten. Ja nicht!

Ihr Alltag war nüchtern, hart, ganz anders als die ungebundenen Wochenenden. Früh raus aus den Betten, ab aufs Kasernengelände, Frühsport, das war erst der lockere Anfang. Später ging's weiter auf der Kampfbahn, auf dem Schießplatz. Die Seilknoten, die sie schlingen lernten, und die Uniform waren lange Zeit das einzige, was sie mit der Marine und dem Meer verband. Wenigstens ließ man sie dann an die Schiffswaffen. Das ist der Grunddienst, der ist

öd für alle, aber eine Notwendigkeit. Das wird anders, wenn ihr erst
auf die Schiffe kommt. Ich sag's euch.

Ronny äußerte so etwas. Er war in diesem Alltag ihr Truppführer,
der sie durch den Sand und über die Seilbrücken scheuchte, ihre
Betten penibel kontrollierte, auch einmal einriß, wenn die Decken-
enden nicht sauber übereinanderlagen. Er hatte schließlich sein
erstes freiwilliges Jahr bereits hinter sich, dazu einen Unteroffi-
zierslehrgang, aber auch diese Riesenenttäuschung. Über sie verlor er natürlich kein Wort, ihretwegen schämte er sich unendlich.
Und wenn er annehmen mußte, daß der betreffende Sachverhalt
irgendwo zur Sprache kommen konnte, wurde er im vorhinein rot
und unsicher und begann zu zittern. Aber so war es nun einmal,
und er mußte damit leben: Er vertrug den Dienst auf See nicht, wurde rasch seekrank. Knapp zwei Monate hatten sie ihn auf einem U-
Boot mitgeschleppt, auf das er abkommandiert war. Aber jedesmal,
wenn es auf die Ostsee hinausging, gar durchs Skagerrak in Nord-
see und Atlantik, hatte er von ihren Kreuzfahrten und Manövern
herzlich wenig mitbekommen. Er hatte in seiner Koje gelegen und
nur noch sein Innerstes nach außen gegeben. Er war borduntaug-
lich, so die Bezeichnung, die von da an wie ein Kainsmal in seinen
Akten stand, er wußte es. Es war ein Jammer, daß sein Körper so
schmählich und schwach reagierte, versagte. Aber sobald sich eine
neue Ausfahrt auch nur entfernt ankündigte, würgte es ihn schon
in Hals und Magen. Da war's ihm als Wohltat erschienen, daß sie
ihn von Bord nahmen, ihm sogar noch diese Chance gaben, ihn
auf die Unteroffiziersschule schickten. Er ein Truppführer, ein
Anführer mit neunzehn? Aber es klappte erstaunlich. Er konnte
zum Beispiel die Waffen, MPi und Bordgeschütze, wie kaum ein
anderer erklären. Er war eben ein Waffennarr, dazu ein Soldat aus
tiefster Seele.

III
Sympathische Freunde hast du.
Aber sie schleppen alle genügend Probleme mit sich herum.
Wer hat die nicht, Liebeskummer, Geldschwierigkeiten.
Bei Silvio ist's ernster. Er erwartet einen Prozeß.

Hat er geklaut, einen Unfall gebaut?

Sie sind mit anderen eines Abends in Streit geraten. Ein Messer war im Spiel. Am Ende blieb einer schwerverletzt in seinem Blute liegen, und es fehlte auch Geld, etliches Geld, aus einer Brieftasche. Nun soll Silvio der Schlimmste dabei gewesen sein. – Einen Unfall hat übrigens Heiko gebaut. Er heißt bei uns der Flitzer.

Schlimm?

Totalschaden. Gott sei Dank ist niemand zu Schaden gekommen. Heiko hat erklärt, er ist von zwei Typen entführt worden. Genötigt worden, sagt er. Aber er hat wohl allein im Auto gesessen, im Suff natürlich, als sich die Kiste dreimal überschlug. Ich hab die Schrottruine gesehen, schrecklich. Daß Heiko da heil rausgekommen ist.

Und nun?

Keine Versicherung berappt. Und der Wagen war gerade mal angezahlt.

Ihr seid ja eine richtige Chaostruppe.

Arne hat seine Prüfung nicht bestanden, im Theoretischen hapert's bei ihm gewaltig. Nun fürchtet er, er kriegt keine Arbeitsstelle.

Und deine hübsche Nadine, womit quält die sich?

Die hat mich. Ich bin ihr Problem, sagt sie, nur ich. Gott sei Dank.

Sie lachten. Sie saßen wieder auf der Freiterrasse vor dem Café. Diesmal blieb der Tag trübe, nicht einmal für Minuten kam die Sonne heraus, da war im Hafen nicht viel los, die Boote lagen mit schlaff hängenden Segeln vor Anker, die Wetteraussichten waren schlecht, sagte gerade eine Stimme aus dem Radio. War's da vielleicht ein Wunder, daß sie selber so trübe Themen abhandelten?

Ich habe übrigens auch mein Problem. Das heißt, ich hab natürlich etliche. Aber über eins bin ich mir ganz klar geworden, und ich weiß auch, wie es zu lösen ist.

Willst du darüber sprechen?

Gerade mit dir. Weil gerade du mir helfen kannst.

Ich?

Du glaubst, es geht mir super, ich komme mit meinen Eltern hervorragend aus, ich bin in wahnsinnige Entscheidungen eingebunden. Glaubst du. Manchmal denke ich es ja auch, aber dann spüre ich wieder diese irren Grenzen, diese Enge. Ich bin erst siebzehn, meine Entscheidungen sind vor den Gerichten nicht gültig, und meine Eltern segnen sie nicht ab. Im Gegenteil. Ich habe dir ja erzählt, daß sie sich sogar weigern, mir den Lohn für meine Leistungen zu zahlen.

Immer noch?

Immer noch. Und deshalb bitte ich dich, mein Vormund zu werden.

Ich? Kai! Dein Vormund? Aber geht denn das?

Wieso nicht? Ich mache das über einen unserer Rechtsanwälte. Sie mögen mich, einer besonders. Er wird mir helfen, wird das Notwendige in die Wege leiten. Aber vor allem mußt du bereit sein, für mich die Verantwortung zu übernehmen.

Mensch, Kai!

Und dann erkämpfe ich mir mein Geld von den Eltern. Und noch viel mehr. Ich habe dir gegenüber noch nicht davon gesprochen. Da gibt es ein Konto, in Luxemburg, ein Konto auf meinen Namen. Auf dem liegen meine Ersparnisse. Ich hab ja vor meiner Zeit beim Bund schon für die Firma gearbeitet. Las Vegas, Venezuela, ich hab mich dort mehrfach aufgehalten. Und was ich da verdient, gewissermaßen eingespielt habe, ist alles auf dieses Konto eingezahlt worden. Nicht wenig, das kannst du dir vorstellen. An das komm ich dann ran, dank deiner Hilfe. Und ich kann mit dem Geld arbeiten, schon jetzt, nicht irgendwann an einem Sankt-Nimmerleins-Tag. Ich hab so viele Pläne. – Wirst du mir helfen, Ronny? Ronny, ich bitte dich herzlich. Es wird dein Schaden nicht sein.

Mensch, Kai. Wenn du mir das alles zutraust, ich will dich nicht enttäuschen. Sprich mit deinem Rechtsanwalt.

Ronny, der Dackel, der Bernhardiner, die Dogge, der Unterführer. Hitze stieg in ihm auf, schoß durch seinen Körper, ließ seine Glieder glühen, dörrte seine Kehle aus. Er winkte zitternd dem Kellner. Immer hatte der andere, Kai Wesendonk, ihre Zechen bezahlt. Nun würde er es sich nicht nehmen lassen. Und es mußte Champagner sein.

IV

Die Nacht war mild und hell, der Sand hielt noch die Wärme des Tages, die Wellen liefen leise in schaumigen Linien über den Strand. Aus den Dünen heraus konnte man ihnen weit folgen.

Was starrst du? fragte das Mädchen. Wo bist du mit deinen Gedanken? Wieder bei deinem Kai?

Immer. Immer denk ich nur an ihn.

Er ist überheblich, gibt an, ein Großmaul.

Du verstehst nichts. Der kommt aus anderen Kreisen, einer anderen Welt. Seine Eltern sind reich, stinkreich, Millionäre sind das, da kann der so reden. Einmal werden er und sein Bruder das alles erben. Und ich bin sein Freund. Aber du begreifst es nicht.

Nein, fragte sie, nein? Versteh ich wirklich nichts?

Er spürte ihre Hände, die über seinen Körper strichen, allmählicher tiefer glitten. Er streckte sich, als sie sich auf ihn hockte. Er vernahm wieder staunend ihre raschen, kleinen Schreie, dann glitt auch er weg.

Sind seine Eltern wirklich so stinkreich? fragte Nadine später, als sie wieder nebeneinander lagen.

Wir können's uns beide nicht richtig vorstellen, erwiderte Ronny. Haziendas, verstehst du, große Farmen, Hotels und Spielbanken. Ahnst du, wieviel Geld das ist? Die strecken ihre Hände irgendwohin und stecken im Golde. Die könnten ihre Wände wirklich mit Hundertmarkscheinen bekleben, die Zimmerdecken dazu. Mit Tausenddollarnoten, wenn sie's wollten. Freilich, solches Geld ist nicht flüssig, es steckt in Werten, Boden, Häusern. Immobilien, verstehst du, Aktien. Da gibt es viel zu verwalten, zu überweisen, zu finanzieren, über Ländergrenzen hinweg, Gewinne rechtzeitig abzuziehen, neu und besser zu investieren.

Du kennst dich vielleicht aus!

Kai hat mir manches erklärt. Er hat mir Papiere gezeigt, Briefwechsel, ganze Bündel. Wesendonk Consulting, Nationalbank, Hotel Nevada, Wesendonk & Schnyder, ich hab mir die Namen nicht alle merken können. Einmal ging's um die Übernahme eines weiteren Hotels mit Hunderten Automaten im Spielbankgeschoß. Das war ein Haufen Briefe mit Rechtsanwälten, Banken. Das meiste in Englisch.

Und er will dich wirklich zu seinem Vormund machen?

Sprich zu keinem davon, ja nicht. Er hat's mir verboten. Dabei sind die Bündel mit den Briefen noch nicht alles. Wenn du hören könntest, wie er mit seinem Handy telefoniert, sogar in der Kaserne, was ja eigentlich verboten ist, mit allen möglichen Leuten redet. Und der ist mein Freund.

Und du wirst sogar sein Vormund. Ach, Ronny.

Er spürte, wie ihre warmen Hände von neuem kamen. Nadine war schon ein verrücktes Weib. Aber ob er immer mit ihr zusammenbleiben konnte bei dem, was sich vielleicht noch aus der Freundschaft mit Kai ergab? Sie war eine kleine Kassiererin im Supermarkt, hatte manchmal schon ihre Schwierigkeiten mit der Schichtabrechnung. Ob sie da je lernte, mit Millionen umzugehen? Kai hatte es angedeutet: Er könnte ihm vielleicht ein bißchen zur Hand gehen, die Arbeit wuchs ihm über den Kopf. Vielleicht ergab es sich sogar, daß sie einmal zusammen nach Venezuela flogen, ein Kurzurlaub mitten im Dienst, ein Trip an Ort und Stelle, Leute kennenlernen, Probleme. Vor Ort.

Er sah Nadines Brüste vor dem hellen Himmel. Er streichelte ihre kurzen Schenkel, griff nach ihnen. Er wollte jetzt an nichts anderes denken.

V

Und der ist mein Freund. So einer ist mein Freund.

Es war wie ein Rausch. Er wachte auf, kommandierte seine Leute, erläuterte sachlich Bau und Funktion der Geschütze, saß beim Essen, aber immer dachte er an Kai und dessen Leben, an die ferne, unbegreifliche Firma, die riesigen Haziendas. Er sah den anderen, verfolgte, wie er hantierte, sich gab, aber er wagte ihn nicht anzusehen aus Sorge, seine Blicke könnten ihre Vertrautheit verraten. Dabei wartete er doch nur auf die Zeit nach dem Dienst, auf die Wochenenden, daß sie zusammensaßen und redeten, Kai ihn mitnahm in seine Welt.

Erzähl mir, wie hab ich mir vorzustellen, was euch gehört in Las Vegas.

Du kennst doch die Filme. Alles ist, wie sie's zeigen, nur noch größer, feiner, solider. Unten sind die Spielsäle, die Casinos, die sind bunt, leise, mit Teppichen ausgelegt, für jeden Bereich ein anderes Muster, daß du gleich weißt, wo du bist: Sterne, Rosetten, rot, orange, golden, und leise surren die Kugeln im Roulette, dort in den riesigen Räumen, und plötzlich klickern harte Ships in ein stählernes Auffangbecken, irgendwo, endlos, das Klacken hört gar nicht wieder auf. Da unterbrechen alle das eigene Spiel, sehen auf, für Sekunden. Jemand ist am Gewinnen! Das treibt sie an, es selber nur umso verbissener weiter zu versuchen.

Wie du das alles erzählst. Ich kann das Klickern fast hören.

Dabei passiert das Wichtigste gar nicht dort in den Sälen. Das geschieht in den Hinterzimmern, im Chefbüro. Dort werden die Fäden gezogen, die Werbekampagnen, wie sie das nennen, beschlossen, dort geht es um die entscheidenden Beträge, zum Beispiel auch um Waffen. Wer an den Tischen und Automaten spielt, verliert meist. Das ist nun mal so. Aber genau das ist dann unser Gewinn. Und doch sind solche Gewinne nur Kleckerbeträge gegenüber anderem. Hast du mich eigentlich schon einmal spielen sehen, am Banditen oder am Roulette? Ich spiele übrigens nie.

In euren Casinos geht es auch um Waffen?

Bernd, mein Bruder. Ich habe dir bisher wenig von ihm erzählt. Wir beide werden, wenn es einmal gut geht, das Ganze erben, das Imperium unter uns aufteilen. Er hat es besser als ich. Er ist älter, längst volljährig. Er steckt auch schon tiefer in den Geschäften. Er lebt unauffällig, hat eine Tagesarbeit, aber er ist für den gesamten Waffenhandel verantwortlich, teilt sich die Arbeit mit Mister Frank. Ich will dir das nur andeuten. Es gibt Verbindungen in den Iran, nach Jugoslawien. Und Kontakte zu verschiedenen Geheimdiensten: BND, MAD, CIA. Ich will dir das wirklich nur andeuten. Ich bin da selber nicht bis ins Letzte eingeweiht, klar. Aber Bernd hat das alles prima in der Hand.

VI

Von Ende September an veränderte sich plötzlich vieles, wenn es auch absehbar war. Die Grundausbildung für Kai Wesendonk war beendet, er wurde versetzt, kam dreißig Kilometer entfernt in die Kasernen nach Klöden, wo die Schiffe standen, unter anderem die kleinen Zerstörer, wo er auf einem nun Dienst tun mußte. Ronny dagegen blieb zurück, erhielt neue Matrosen zur Anleitung.

Sie schworen sich beide: Es sollte keine Trennung auf Dauer sein, zu vieles verband sie mittlerweile, Sehnsüchte und wechselseitige Versprechen. Jedes freie Wochenende wollten sie zusammen sein.

Und so geschah es dann auch. Ein-, zweimal trafen sie sich in Klöden, meist jedoch fuhr Kai Wesendonk in die andere Kleinstadt, Fahrmünster an der See, wo auch die Clique zu Hause war, die Chaostruppe, Arne, Silvio und die hübsche Nadine. Freilich, das fehlende tägliche Zusammensein bewirkte, daß sie die Zeit, diese Wochenenden, intensiver nutzen, schneller zu Entscheidungen gelangen mußten. Die Absicht, später als Bodyguard ausgebildet zu werden und arbeiten zu können, rückte für Ronny dabei rasch in eine ungewisse Ferne. Ungeduldig fragte er dagegen immer wieder nach der in Aussicht genommenen Entscheidung, Kai Wesendonks Vormund zu werden, damit der Freund seine finanzielle Selbständigkeit erreichte, endlich unabhängig an das kaum vorstellbar üppige Luxemburger Konto gelangte. Aber da gab es Schwierigkeiten, erklärte Kai. Die Rechtsanwälte mußten noch Papiere beschaffen, die Eltern mußten bewegt werden, zustimmende Unterschriften und Verzichtserklärungen abzugeben, Ralph Frank war über Wochen hinweg nicht erreichbar gewesen. Dabei besaß er zwingende Dokumente, die die Eltern belasteten, Steuerhinterziehung auf seinen Namen war das Geringste, Verträge, in seinem Namen abgeschlossen und mit seiner – natürlich gefälschten – Unterschrift versehen, schon etwas mehr. Über allen berechtigten Anschuldigungen und Beweisen würden die Eltern sich schließlich aus Angst vor Folgerungen und Strafen nicht sperren können, ihm die Eigenständigkeit zuzugestehen. Doch war dies alles zweitrangig geworden. Er, Kai, hatte sich höhere Ziele gesteckt, und es betraf auch ihn, seinen besten Freund, Ronny.

Mich?

Wir werden beide nach Übersee gehen. Ich werde meinen Anteil an Verantwortung und Aufgaben schon jetzt übernehmen. Und du kommst mit.

Ich? Aber wieso denn? Du bist verrückt, Kai. Wir sind doch Soldaten, durch Eid gebunden für drei Jahre. Da kommt keiner weg.

Du mußt ein bißchen ungewöhnlicher denken, nicht so normal, wie du es kennst. Gibt es nicht viele Verträge, die gekündigt, Eide, die gebrochen werden, nicht mehr wichtig sind, weil wesentlichere Aufgaben warten?

Aber was soll ich dort, auf deinen Haziendas?

Traust du dir nicht zu, genauso Verantwortung zu übernehmen? Du trittst in die Unternehmensleitung ein, du bist die linke oder rechte Hand von Ralph Frank, je nachdem, was du willst. Ein Jahr an seiner Seite, und du beherrschst das Management besser als er, hast deine tausend Kontakte. Die Zeit beim Bund ist längst vergessen, Ralph selber wird uns herausholen. Bei seinen Beziehungen ist das ein Klacks.

Und wo werde ich wohnen? Mit dir zusammen?

Wir sehen uns oft genug. Aber deine Nadine ist doch bei dir. Ihr habt euer eigenes Haus, zehn, zwölf Zimmer, Personal, nach dem ihr nur zu klingeln braucht, ach was, die kennen alle eure Wünsche auswendig. Auch Silvio und Arne sind mit dabei. Glaubst du nicht, daß sie mit uns kommen?

Ach, Kai.

VII

Die Vorstellung trieb Ronny in wilde Träume, verwegene Phantasien. Er zweifelte keinen Augenblick an dem großen Glücksschlag, der ihm bevorstand, er zitterte ihm Tag für Tag mehr entgegen: bald. Kai, war er sicher, hatte alles bestens geplant. Im November schon bestiegen sie in Hamburg das Schiff, das sie über den Atlantik brachte. Noch vor den Bermudas tauchte das Flugzeug auf, der Helikopter, der sie an Bord nahm, in das andere, neue Leben flog. Sie bekamen sämtlich neue Identitäten, neue Namen, neue Ausweise, andere Staatsbürgerschaften. Ralph regelte das. Ohne ihn zu kennen, nannte er Ralph Frank nun längst vertraulich beim Vornamen. Kai wurde der Manager, er, Ronny, ging ihm zur Hand, machte den zweiten Unternehmenschef.

Und Arne und Silvio? Und Nadine?

Ihr seid verrückt. Auswandern und noch in diesem Jahr?

Was heißt auswandern. Wir verschwinden, allesamt. Was haben wir hier zu verlieren? Stell dir vor, die wollen dich zu ihrem Prozeß holen, und du bist ausgeflogen, nicht mehr vorhanden. Du bist nicht mehr Silvio Klein, den gibt's nicht mehr, du bist Henk Schneider oder Rob Wilson.

Oder Bruce Willis.

Wie kommst du auf den? Meinetwegen. Oder sonst wer. Du kannst dir den Namen aussuchen.

Sie blickten sich an, lachten. Sie hockten auf einer Düne am Achterwasser, abseits von den Strandkörben und begangenen Wegen. Ronny hatte sie herbestellt. Ihr Gespräch sollte etwas Geheimnisvolles, Verschwörerisches haben, schließlich ging es ja um Enormes, große Entscheidungen, und er hatte es Kai versprochen: Er würde seine Freunde überzeugen, daß sie mitkamen, ausnahmslos. Am meisten Sorge hatte er sich noch Nadines wegen gemacht. Ihre Abneigung gegen Kai, ihre abschätzigen Worte über ihn hatte er nicht vergessen. Großmäuligkeit, hatte sie gesagt. Würde sie wieder am Freunde zweifeln? Ein Satz in dieser Hinsicht, und es war aus mit ihnen.

Er hatte schließlich mit ihr allein gesprochen, vor allen anderen. Aber sie hatte unerwartet stürmisch zugestimmt: Fortreisen, in ein anderes Land, dort leben, mit ihm, Ronny, zusammen? Sofort. Manchmal hätte sie schon geglaubt, er hätte sie über, wollte sie aufgeben, aber wer so etwas vorhatte, der meinte es ernst, dauerhaft.

Sie saß auch jetzt mit glühendem Gesicht, während alle gemeinsam an diesem Platz auf der Düne am Achterwasser hockten, sie lachte, freute sich, am meisten darüber, daß die anderen, die Freunde, genauso begeistert waren. Mit allen zusammen würden sie es viel leichter schaffen, zum Beispiel die Sprache lernen. Wie viele mußten sich in kürzester Zeit in einem anderen Land zurechtfinden, warum nicht auch sie?

Ich bin Henk Schneider. Sie kennen mich nicht? Sie werden mich kennenlernen. In einem Monat sind die Gewinne in Ihrem Scheißcasino verdoppelt, oder Sie fliegen. Wie Sie das machen? Ihre Sache. Strengen Sie Ihre Erbse, Ihre Birne ein bißchen an, zackzack.

Silvio Klein war plötzlich aufgestanden, hatte sich vor ihnen hingepflanzt, die Beine auseinander, die Hände in die Seiten gestemmt, auf sie eingeredet, als seien sie ein paar Angestellte aus den Spielsälen in Las Vegas, die nicht spurten. Als sie es begriffen, klatschten sie, schrien begeistert ihre Zustimmung hinaus. Ja, so würden sie es machen, Silvio und Heiko in den Spielcasinos, für die sie Verantwortung übernahmen, Arne und Ronny auf den Farmen und Haziendas.

Wenn du so einen Posten hast, gleich hast du Macht.

Und gleich reißen sie vor dir die Hacken zusammen.

Und den Arsch auf.

Tragen wir eigentlich auch Pistolen, Ronny?

Aber sicher, warum nicht? Manchmal wird das ganz schön gefährlich sein, was wir tun müssen. Wollt ihr deshalb abspringen?

VIII

Sie trafen sich nun öfter, beinahe jeden Abend, besprachen ihre Auswanderungspläne, verständigten sich über ihre Aufgaben. Kai sollte nicht enttäuscht sein, wenn er zum Wochenende von seinem Dienst in Klöden herüberkam, sie waren keine Chaostruppe, wie er sich Ronny gegenüber mal geäußert hatte, sie waren ganz verläßliche Kerle.

Kai Wesendonk, als er dann eintraf, auf der Terrasse am Hafen mit ihnen zusammensaß, nahm ihre Zustimmung mit einem Lächeln zur Kenntnis. Im Grunde hatte er mit nichts anderem gerechnet, sagte er. Er freute sich schon auf ihre gemeinsamen Jahre in der für sie noch unbekannten, ihm selber schon so vertrauten Fremde, auf ihre Zusammenarbeit. Aber um sie ganz einzuweihen und mögliche Zweifel zu zerstreuen, um sie also völlig zu überzeugen, hatte er ein paar Papiere mitgebracht.

Er griff nach ihnen, breitete sie aus. Und nun lasen auch sie, was Ronny wenigstens zum Teil schon kannte, eindrucksvolle Briefköpfe: *Hotel Nevada, Wesendonk & Schnyder, Wesendonk Consulting.* Das meiste war in Englisch geschrieben, aber sie konnten Zahlen, Aufstellungen, Tabellen erkennen, imponierende Kolonnen und Summen, unter dem Strich selten weniger als Millionenbeträge.

Es handelte sich um Käufe, Abrechnungen, Aufträge für Aktien-
käufe. Ein Schriftstück betraf die Übernahme eines Hotels, etliche Briefe begannen: *Dear Mr. Kai Wesendonk*, einmal ging es eindeutig um Waffen. Endlich war auch ein in Deutsch verfaßter Brief
darunter: *Lieber Mr. Wesendonk, lieber Kai, zu allen freudigen Ergebnissen der letzten Wochen noch diese Mitteilung: Der Helikopter steht
bereit, der Sie und Ihre Freunde auf die Insel bringen kann. Die Tickets für
die Überfahrt zu reservieren, ist angesichts dessen nur noch eine Kleinig-
keit. Teilen Sie mir bitte nur rechtzeitig den Termin Ihrer Überfahrt mit,
damit ich alles Weitere veranlassen kann. Liebenswürdig, Ihr Mr. Ralph
Frank.*

Sie reichten sich den Brief wortlos zu und blickten sich aus hoch-
roten heißen Gesichtern an: Ihr Glück war nicht zu fassen. Und
alles verdankten sie ihrer Freundschaft zu Ronny und der Tatsache, daß der den stinkreichen Kai in seinen Marinezug bekommen hatte.

Müssen wir ein bißchen Bargeld zur Verfügung haben, wenn es
auf die große Tour geht? fragte schließlich Arne, der sonst der Zu-
rückhaltendste in ihrer Runde war.

Nicht unbedingt, erwiderte Kai. Aber wenn es euch beruhigt,
nicht ganz mittellos zu sein?

Da erklärte Arne: Er besaß einen Computer und einen Fernseher, wozu brauchte er die, wenn er für immer wegfuhr, abtauch-
te? Er würde beides verkaufen. Auch Silvio faßte an diesem Tag den
Entschluß, sich von seiner Elektronik zu trennen, Videogerät und
Fernseher zu Geld zu machen. Nur Nadine hielt sich zurück: Was
sie besaß, würde sie vielleicht ihrer jüngeren Schwester schenken.
Die hatte mit ihren fünfzehn Jahren schon lange neidische und gie-
rige Blicke darauf. Sollte sie am Ende auch etwas davon haben, daß
ihrer so oft bevorteilten Nadja Unverhofftes widerfuhr. In einem
Brief – Erst in vierzehn Tagen öffnen! – würde sie alles aufschrei-
ben, andeuten: Vergiß mich nicht! Mir geht es gut!

Freilich, als Ronny danach allein mit Kai Wesendonk zusammensaß, gerieten in die überströmende freudige Stimmung rasch
trübe, nachdenkliche Töne. Mit einem Satz: Es gab Schwierigkeiten, nun ja, eben finanzieller Art. Er hatte die Kumpels mit diesen

Dingen nicht belasten wollen, aber Ronny, sein bester Freund, mußte es wissen: Seine finanziellen Kalamitäten waren erheblich angewachsen, sie waren zum derzeitigen Augenblick mit einem Wort: schrecklich. Er sah sich unerwartet außerstande, seine Handy-Rechnungen zu bezahlen. Das Imperium, seine Eltern weigerten sich weiterhin strikt aus den bekannten Gründen, seine Leistungen für die Firma anzuerkennen, jetzt wiesen sie sogar diesen Klacks zurück, die Bezahlung der angelaufenen Telefonkosten. Und zu allem Überdruß hatte man ihm noch Geld gestohlen, in der neuen Kaserne, aus dem Versteck in der Bude, etliche tausend Mark. Er hatte zur Überbrückung seiner momentanen Sorgen einen kleinen Fahrradhandel aufgezogen, nun hatte ihn irgendwer um den kleinen Erfolg gebracht.

Du hast Anzeige erstattet?

Natürlich. Aber wer kümmert sich schon ernsthaft um solche Fälle. Soll die Polizei eine Großrazzia in der Kaserne veranstalten? Stell dir das vor! Ich bin sicher, bald krieg ich die Nachricht: Die Untersuchungen sind eingestellt worden, der Täter war nicht zu ermitteln. Man kennt das doch.

Wo ist denn mein Antrag jetzt, die Vormundschaft über dich zu übernehmen, meine Unterlagen, meine Papiere?

Auch das bedrückt mich, Ronny. Ralph hat noch nichts Entscheidendes erreicht. Die Eltern, immer die Eltern! Sie bringen ihre eigenen Anwälte ins Spiel. Ich fürchte, wir müssen unseren Termin für die Ausreise noch einmal ändern, zum Jahresende hin verschieben.

Gibt es denn keinen anderen Ausweg?

Den gäbe es schon. Mein Bruder hat durch seinen Waffenhandel, du verstehst, reichlich Beziehungen zur Unterwelt. Nun will er plötzlich auch auswandern. Wenn eines Tages die Eltern nicht mehr da wären – wir würden über Nacht die Erben von Millionen, wir hätten Zugriff auf die Konten in Luxemburg, auf die Haziendas, die Spielsäle. Das alles gehörte dann uns ...

Wie meinst du das: Wenn die Eltern nicht mehr da wären ...

Nun mach dir nicht in die Hose. Im Bereich von Geheimdiensten, von Waffenschiebern lebst du immer gefährlich. Wie leicht geht da eine Bombe hoch, versagt eine Bremse. Mit diesen Gefahren mußt du ständig umgehen können. Und die Eltern bewegen sich tief in diesen Kreisen.

Und da, glaubst du ...

Ich glaube nicht nur, ich weiß.

Du weißt?

Ich weiß. Ich habe mit Ralph Frank darüber gesprochen. Es existieren Pläne, genaue Pläne ...

Die du kennst?

Kai Wesendonk wich seinem Blick nicht aus. Er nickte. Ja, sagte er, ja.

IX

Erschrickt Ronny, weist er jeden Gedanken von sich, auf solche Weise dem Schicksal gnadenlos auf die Sprünge zu helfen, zum notwendigen, ersehnten Geld zu gelangen? Sagt er: Das ist doch Mord, um Gottes willen, ich will nichts damit zu tun haben, nichts davon hören? Davon redet man doch nicht mal im Spaß. Schlägt ihm kein Gewissen, ist der unmißverständlich angedeutete Umstand der in Aussicht stehenden Erbschaft der selbstverständliche Weg, der einzige Schlüssel, die Hoffnungen auf die Übersiedlung und ein Leben in Wohlstand nicht aufgeben zu müssen?

Zwei Wochenenden reden sie nicht davon, besprechen nur Notwendiges, anderes, Naheliegendes. Der Dieb der paar tausend Mark hat sich nicht gefunden, Geld ist nicht aufgebracht, die Fahrt über den Ozean muß um einen Monat verschoben werden, kann erst im November stattfinden. Die Freunde sind über diese letzte Nachricht betroffen, sie haben allesamt ihre elektronische Habe schon verschleudert, wohl sogar deutlich unter Wert angesichts der Hast, mit der sie den Verkauf betreiben mußten. Und nun diese Vertröstung.

Doch das ist noch nicht das Schlimmste. Anfang des Monats November kommt es zu einer erneuten Verschiebung. Die Freunde ahnen nur allgemein: Es geht um das Geld für die Überfahrt. Ronny aber weiß es genauer: Auch die Sache mit den Eltern hat nicht geklappt, man muß andere Wege finden, die Finanzen locker zu machen. Schlimm auch: Bernd, der ältere Bruder, der Mann aus dem Waffengeschäft, will plötzlich Alleinerbe werden, er hat schon Killer auf Kai angesetzt (oder wird es umgehend tun), Ralph Frank hat den Umstand aufgedeckt. Mit Bernd aber existiert inzwischen eine Lebensversicherung zu wechselseitigen Gunsten, jeder der Brüder wird im Todesfalle den anderen beerben, eine Riesensumme. Ronny hat vor Wochen auf ein Konto in den neuen Bundesländern – Bernds Konto – zweitausend Mark überwiesen, die Überweisung als *Schuldzahlung* gekennzeichnet, damit der Bruder die ersten monatlichen Versicherungsraten zahlen kann.

Am allerschlimmsten aber: Anfang November verunglückt Ralph Frank beim Absturz seines Helikopters in den Staaten tödlich. Nun sind sie mit den Rechtsanwälten allein, auf sich selbst angewiesen, nun müssen sie alles ganz allein entscheiden ...

Siebenunddreißig Stiche

I

Die Gegend am nordwestlichen Rande der Stadt Halle ist ziemlich eintönig, Felder und Ödland, hin und wieder etwas Buschwerk, alles ist weit voneinander an eine mählich ansteigende Höhe hin gestreut. Erst danach fällt das Land schnell wieder ins Tal ab, zum nächsten Dorf. Im Norden liegen die letzten Ausläufer des Stadtwalds, quer nach Westen, in den Harz, verläuft die Ausfallstraße, die Harzstraße, glatt, gerade und schnell. Wer auf der mit dem Auto fährt, gewinnt rasch Kilometer. Und mit dem Bau der neuen Häuser und der Siedlung hier draußen wird erst in ein paar Jahren begonnen.

Wer in solch einsamer Gegend unterwegs ist, noch dazu kurz vorm Winter, auch wenn noch kein Schnee gefallen ist? Nicht einmal Jogger mögen die matschigen Feldwege.

Am frühen Nachmittag des ersten Dezembermontags geraten Kinder in diese trotz der nahen, vielbefahrenen Straße doch ziemlich verlassene Gegend, zwei Jungen, vielleicht neun und zehn Jahre alt. Sie haben einen Hund bei sich, einen ziemlich ungehorsamen Köter, der ihnen immer wieder entkommt und sich nicht an die Leine legen läßt, sooft sie auch rufen. Als sie ihn schließlich fast erreicht haben, stutzen sie: Jago, der Hund, unentwegt bellend, hockt auf den Hinterbeinen neben einem Wasser, einem kleinen See. Und vor ihm liegt ein Mann auf dem Bauch, reglos. Schläft er? Traut sich einer der Jungen, ihn anzufassen? Da ist es der Kleinere, der näher tritt, den Liegenden anstößt, ihm auf den Rücken faßt, ihn schüttelt. Als er die Hand zurückzieht, sieht er die Wunde im Hinterkopf des Mannes.

Die Kinder haben noch keinen Toten gesehen, sie hüten sich auch, sich den, den sie da gefunden haben, als tot vorzustellen. Sie laufen in den nahen Vorort zurück. Weil ihre Eltern aber nicht zu Hause sind, spüren sie einen Lehrer auf und melden ihm das Entdeckte: Da liegt ein Mann am See, am Blauen Tonloch, und schläft. Ihm fehlt ein Stück Haar am Kopf, und auf seinem Rücken ist alles blutig.

Mit denselben Worten erfährt es Minuten später die Polizei.

Sie kommen über die Ausfallstraße, biegen in den Feldweg, gehen das letzte Wegstück zu Fuß. Es sind etliche Wagen, auch der vom Staatsanwalt und der von der Gerichtsmedizin, selbst der Leichenwagen trifft rasch ein.

Vorn, nahe am See, liegt ein schmaler provisorischer Parkplatz, im Erdreich verankerte Stäbe und ein Stahlseil trennen ihn von Wiese und Feldern. Sonst stehen dort andere Autos, die von Anglern. Ihr Verband hat hier Fischbrut aussetzen lassen, mittlerweile ist daraus ein erfolgversprechendes Revier geworden.

Der eine Satz bewegt jeden, als sie näher treten: Ihm fehlt ein Stück Haar am Kopf. Nun sehen sie im Schein der Taschenlampen und Scheinwerfer, wie er zu verstehen ist, was auch die Kinder bemerkt haben müssen: Dem Toten fehlt ein Stück Kopfschwarte, fast kreisrund, handgroß. Warum tut einer so etwas: einen anderen derart zu skalpieren?

Das Auf und Ab der Lichter am frühen Winterabend, die hin- und herlaufenden Gestalten geben für die Autofahrer auf der Straße ein merkwürdig gespenstisches Bild ab. Später wenden die Kriminalbeamten den Toten um, legen ihn seitwärts auf den Rücken und entdecken: Sein Gesicht ist zerschnitten, erst recht das blutige Hemd, sogar die Hose. Aber das dürre Rasenstück, auf dem er liegt, ist offenbar wenig von Blut getränkt.

Er trägt seinen Ausweis noch bei sich. Tatsächlich. Die Karte steckt in der Brieftasche, ist eingestochen, zerschnitten wie das Taschenleder. Mit wieviel Stichen hat man den Toten traktiert?

Hier sind sogar Schlüssel, ein ganzes Bund, sagt einer der Kriminalisten.

Die Wohnungsschlüssel des Toten? Man wird es ausprobieren. Merkwürdig alles, ziemlich ungewöhnlich.

Ich nehme nicht an, daß wir hier am Tatort stehen. Das Opfer wurde an diesen See, diesen Tümpel verbracht, vermutet ein anderer.

Der Staatsanwalt nickt. Er ist offenbar auch dieser Meinung. Genaueres werden sie sowieso erst morgen wissen. Da werden sie sehen, wo die Schleifspur liegt.

Neunzehn Uhr fünfunddreißig, sagt später das Protokoll, wurde der Tote in die Gerichtsmedizin überführt.

Etwa um dieselbe Zeit fährt ein Polizeiwagen in einer Nebenstraße im beginnenden Süden der Stadt vor. Die Häuser hier stammen vom Anfang des Jahrhunderts, sind heruntergewohnt. Von ihren Fronten bröckelt der Putz. Noch hat niemand begonnen, sie zu renovieren. Zwei Männer mustern die Namensschilder neben der Tür des Hauses Nummer sieben, nicken einander bestätigend zu, dann klingeln sie im Parterre und bitten das ältere Ehepaar, mit ihnen in den dritten Stock hinaufzusteigen, als Zeugen gewissermaßen. Der Mann und die Frau, vom Fernseher weggeholt, folgen ihnen, neugierig wie erstaunt. Der junge Mann oben in der Mansardenwohnung, Bernd, hat er sich irgend etwas zuschulden kommen lassen? Er ist ruhig und solide, sagen sie unaufgefordert, tagsüber immer auf Arbeit, er hat ja welche, ist doch ein Glück heutzutage. Selten, daß ihn mal wer besucht, genauso solide und freundliche Kumpels allesamt, oder seine Freundin, ein blondes Mädchen, deutlich jünger als er, das immer gleich grüßt.

Die beiden schwatzhaften Rentner oder Vorruheständler schweigen erst, als sie in der Tür der geöffneten Wohnung stehen und hereinkommen und verfolgen dürfen, wie die Polizisten die Zimmer mustern, zwei Mansardenräume mit schrägen Wänden, ein Schlaf-, ein Wohnzimmer, beide nicht üppig ausstaffiert, aber sauber aufgeräumt. Auf dem Tischchen neben dem Fernseher steht ein Foto hinter Glas. Das ist das Mädchen, das öfter hierhergekommen ist, wohl auch über Nacht blieb, die Freundin, sagen sie noch, da schrillt das Telefon, ausgerechnet jetzt. Der Ältere, Gesetztere der Polizisten greift zum Hörer, und die beiden, Mann wie Frau, erschrecken, erstarren, je länger er spricht.

Ja, hier bei Wesendonk. Ja, Sie sind Herr Wesendonk, der Vater von Bernd Wesendonk? Ja, wir nehmen gerade eine Wohnungsbesichtigung vor. Ich fürchte, Herr Wesendonk, ich muß Ihnen eine sehr traurige Mitteilung machen. Ihr Sohn ist heute aufgefunden worden, tot, getötet, erstochen. Nein, ich kann Ihnen nichts Näheres sagen. Ich muß Sie da bitten, sich an unseren Vorgesetzten zu wenden. Ich kann Ihnen die Nummer von unserem Amt geben, Sie notieren, ja? Ja, das ist vielleicht das Beste, Sie kommen sofort zurück in die Stadt. Von wo aus telefonieren Sie?

Und Sie? fragt er später, als er die Wohnungstür abschließt, mit den beiden älteren Leuten die Treppe hinunterläuft. Ist Ihnen in letzter Zeit irgend etwas Merkwürdiges aufgefallen, Streit in der oberen Wohnung, Auseinandersetzungen, ungewöhnlicher Besuch, der zu Herrn Wesendonk kam?

Die beiden verneinen. Ungewöhnlicher Besuch? Nein. Der Junge, Bernd, hat sich verhalten wie immer, freundlich, wie gesagt. Sie haben ihn freilich selten genug gesehen. Und gekommen ist immer mal jemand, warum nicht. Aber niemand Ungewöhnliches.

Sie stehen noch an der Haustür, nun ganz bleich, als die Polizisten davonfahren. Was ist da in ihrer nächsten Nähe passiert, von dem sie sonst nur in der Zeitung lesen, im Fernsehen hören, und ausgerechnet mit diesem lieben Burschen?

II
Kommen Sie, Sie sind Herr Wesendonk? Ich bedaure die Umstände, unter denen wir uns kennenlernen müssen. Nehmen Sie Platz.

Der Kommissar greift nach der Hand, die der andere ihm unsicher entgegenstreckt. Er ist müde, die Nacht war kurz. Der eigene Sohn ist am vergangenen Tag achtzehn geworden, der Feier mit seinen Freunden hat er sich nicht entziehen können, sein Junge zeigt noch erstaunliche Anhänglichkeit, Familiensinn. Und dazu dieser neue Fall, der Überlegungen braucht, Absprachen, der ihn ungeduldig aus den Federn treibt.

Ich drücke Ihnen mein Beileid aus.

Kann ich meinen Sohn sehen, Herr Kommissar? Bitte, ich möchte ihn noch einmal sehen. Wenn es irgendwie geht.

Kommen Sie erst einmal, nehmen Sie Platz.

Das Büro des Kommissars ist erstaunlich klein, an einem zusätzlichen Tisch vor dem Schreibtisch stehen vier Stühle, Sitzgelegenheiten bei notwendigen Besprechungen. Für eine Sitzecke mit ein paar Sesseln zu einem ruhigen Gespräch hat sich nie die Möglichkeit gefunden, kein Platz. Das Polizeiamt platzt aus allen Nähten, seit langem, weshalb soll da der Hauptkommissar, der seit Jahren für sämtliche Fälle von Gewalt und Angriffen gegen das Leben zuständig ist, eine Extrawurst gebraten bekommen? Schon immer sitzen sie alle in den Zimmern am hinteren Flur des zweiten Stocks, und immer auf engstem Raum.

Mein Junge ist erstochen worden, abgestochen. Wer macht so was?

Wir wissen es noch nicht. Wir wissen eigentlich noch gar nichts. Ich erwarte mir da ein bißchen Hilfe von Ihnen. Ich bin sicher, daß sich aus unserem Gespräch mancher Hinweis ergibt. Erzählen Sie mir von Ihrem Sohn. Übrigens: Sie können ihn erst später sehen. Er liegt in der Gerichtsmedizin ...

Auch Martin Wesendonk ist müde, ziemlich bleich im Gesicht. Er ist die ganze Nacht über mit seinem kleinen Ford in die Stadt an der Saale gefahren, fünfhundertfünfzig Kilometer, so weit hat es ihn vor knapp einem Jahr auf der Suche nach einem besseren Auskommen weggetrieben. Einmal hat er sich in der Nacht eine kurze Pause gönnen wollen, da ist er vor Erschöpfung eingeschlafen. Erst nach anderthalb Stunden ist er aufgeschreckt. Nun hat er's im Morgenstau gerade mal so bis zum telefonisch vereinbarten Termin ins Polizeiamt geschafft.

Wenn der Junge damals nur mit uns mitgezogen wäre, er würde noch leben. Aber er war schon sechsundzwanzig und hatte sich längst abgenabelt, wirtschaftete allein, unabhängig von uns. Wieso auch nicht.

Erzählen Sie mir ein bißchen mehr von Ihrem Sohn. Warum haben Sie zum Beispiel gestern mit ihm telefonieren wollen?

Ich habe noch ein paar Stände vom ambulanten Handel. Ich habe das Geschäft früher, gleich nach der Wende, in größerem Stil betrieben, aber auf Dauer warf es zuwenig ab. Da bin ich lieber in eine feste Anstellung gegangen, gut, wenn man die in meinem Alter noch findet. Aber vor Weihnachten läuft der Verkauf auf vollen Touren, da takte ich mich noch einmal für ein paar Wochen ein. Bernd wollte mir dabei helfen. Er hat das früher schon manchmal getan.

Ihr Sohn ... war ... arbeitslos, hatte Zeit?

Ganz im Gegenteil. Bernd ist ... war in einem kleinen Unternehmen beschäftigt, *Klempnerei und Installation Saaleland* heißt der Betrieb. Dort war immer gerade er gefragt. Da hatte er noch nicht mal Gelegenheit zum Urlaubmachen gefunden. Das wollte er nun nachholen. Aber ich brauchte seine feste Zusage, sonst mußte ich mich anders umtun. Dazu die Zustimmung von seiner Freundin. Doch an der hing es wohl. Deshalb, wegen dieser Zusage, habe ich ihn tagelang zu erreichen versucht. Vergeblich. Wir hatten uns schon so auf ein gemeinsames Weihnachten gefreut ...

Sie kennen diese Freundin?

Annett? Ja. Nur nicht ihre Adresse. Sie wohnt im Paulusviertel. Sie hat Bernd gestern übrigens genauso vergeblich gesucht – sie waren verabredet – wie meine Mutter, Bernds Großmutter. Und Bernds Bruder hat ihn schon vorgestern nicht angetroffen.

Dieser Bruder ...?

Kai stammt aus meiner zweiten Ehe. Er war vorgestern hier in der Stadt. Ich habe nach dem Tod meiner ersten Frau wieder geheiratet. Kai ist noch nicht achtzehn, aber schon beim Bund, bei der Marine in Schleswig-Holstein. Man hat ihm dort die spätere Weiterbildung und Anstellung über seine ersten drei Militärjahre hinaus versprochen.

Was hatte Ihr Sohn Bernd für Vorlieben? Hatte er Hobbys, Leidenschaften? Ging er gerne tanzen, angeln?

In Diskos lief er, ja, gern. Er war auch dabei, wenn bekannte Gruppen kamen, etwa in der Eissporthalle auftraten. Aber angeln? Nein, nie. Für so was hatte er keine Geduld.

Wir haben Ihren Sohn nicht in der Stadt gefunden, vielmehr an einem Angelteich.

Aber jetzt ist doch sowieso keine Fischzeit ...

Fast zwei Stunden sprechen sie so miteinander.

Die *Klempnerei und Installation Saaleland* hat ihren Sitz in einer der Nebenstraßen gleich hinter dem Theater. Die untere Etage eines Hinterhauses ist als kleine Werkshalle ausgebaut, in der Drehbänke, Metallfräsen und Schleifbänke eng nebeneinanderstehen.

Wir sind derzeit sieben Leute, nicht mehr, sagt Gisbert Preisler, der Chef und Besitzer. Ich habe den Altbestand der Handwerksgenossenschaft aufgekauft, auf Kredit natürlich. Demnächst ziehen wir um. Ich hoffe, wir schaffen's, können uns in der neuen Halle sogar ein bißchen vergrößern. Ein halbes Dutzend Arbeitsplätze zusätzlich bringt das erst mal – wir sind noch gefragt.

Bernd Wesendonk war lange bei Ihnen?

Er hat in der Genossenschaft seine Lehre begonnen, noch vor der Wende. Ich habe auch ihn übernommen. Ich sage das mit großem Bedauern: Er war mein bester Mann.

Er hat gewiß viel auswärts arbeiten müssen. Gab es irgendwelche Schwierigkeiten, Auseinandersetzungen? Mit Kunden, mit Kollegen?

Ich begreife das alles nicht. Bernd ist tot, ermordet. Wer tut so was. Ich wollte ihn mal zu einer Art Stellvertreter machen. Nun muß ich ganz neu nachdenken. Nein, über sein privates Leben weiß ich eigentlich wenig. Er hatte wohl eine Freundin, Freunde. Daß er noch nicht verheiratet war mit sechsundzwanzig, ich habe nicht drüber nachgedacht. Ist doch wohl jedem seine Sache, wann er zuschlägt, sich bindet.

Gisbert Preisler nickt, auch der Kommissar.

Fragen Sie doch mal Klaus. Wieprecht meine ich, der arbeitet auch bei uns. Junge Leute reden über mancherlei miteinander, wovon wir nichts mehr erfahren.

Sie sind Klaus Wieprecht von der Saaleland?

Polizei. Und Sie kommen wegen Bernd. Ist das nicht furchtbar, was da geschehen ist? Sie haben den Täter?

Vielleicht können Sie uns helfen, eine Spur zu finden. – Sie waren oft mit Bernd Wesendonk zusammen?

Was heißt oft? Wir begegneten uns beinahe jeden Tag auf Arbeit, da hat man keinen Bock, sich auch noch hinterher auf die Nerven zu fallen. Aber ich bin zur Zeit solo, Liebe ist mal wieder kaputt, da hat Bernd gesagt: Bevor du dich heimlich allein vollaufen läßt, schließ dich uns an, da stehst du ein bißchen unter Kontrolle. Recht hatte er, und so bin ich ein paarmal mit ihnen gegangen, in irgend 'ne Disko oder in 'ne Kneipe.

Haben Sie bestimmte Stätten in der Stadt bevorzugt? Gaststätten, Diskotheken?

Wir waren im Gänschmann, in der Waldschenke, zweimal in der Eissporthalle.

Was heißt das: wir?

Das war immer eine wechselnde Besetzung: Bernd, Knut, Norbert, ich, Latte, Ziemzeck ...

Keine Frauen, keine Mädchen? Bernd Wesendonk war doch wohl verlobt.

Mädchen? Nee. Die wollten wir ja aufreißen, da brauchten wir keine Begleitung. Und bei Bernd war sowieso schon seit Monaten Gewitterstimmung. Er kam mit seinem Mädchen nicht mehr richtig klar.

Warum?

Hat er nie drüber gesprochen. Zu mir wenigstens nicht.

Wann haben Sie Bernd Wesendonk das letzte Mal gesehen?

Das ist ja das Komische. Am Wochenende. Genau in der Nacht, als ihn dieser Verrückte erstochen hat. Wir waren in der Eissporthalle, wollten von dort um Mitternacht noch einmal weiterziehen, in die Schorre oder in den Bauernklub, da war er plötzlich wie vom Erdboden verschwunden, ohne Bescheid gesagt, sich verabschiedet zu haben. Das war sonst nie seine Art. Auch wenn er auf privaten Trip ging, er hat uns verständigt. Na gut, sind wir allein weiter. Und Montagfrüh, gestern, kein Bernd auf Arbeit, dafür diese Nachricht. Meine Güte, erstochen. Wer macht denn so etwas? Hätte er sich an uns gehalten bei der Disko, er würde noch leben.

Mit wem waren Sie in der Eissporthalle zusammen?

Gekommen bin ich mit Bernd und Ziemzeck, so gegen zweiundzwanzig Uhr. Dort haben wir dann auch die anderen getroffen, Latte, Norbert und Knut.

Gab es irgendwelche besonderen Vorkommnisse?

Bernds jüngerer Bruder war zu Besuch. Wenn das ein Vorkommnis ist. Er wartete schon mit einem Kumpel, als wir kamen, so einem Dicken, Kräftigen. Namen hab' ich vergessen. Der tanzte und trank, während die beiden Brüder miteinander redeten.

Haben Sie mitbekommen, worum es da ging?

Wiedersehensfreude vielleicht. Der Kleine lebte ja schon lange nicht mehr in der Stadt.

Die Brüder sind zusammen weggegangen?

Das glaub' ich nicht. Der Jüngere war noch im Saal, Kai hieß er wohl, als wir Bernd längst vermißten.

Der Kindergarten liegt mitten zwischen hohen Bäumen. Ahorn und Linden umstehen einen freien Platz, Büsche wuchern. Im Sommer ein herrliches Gelände zum Toben und Spielen, jetzt, in Erwartung des Winters und des ersten Schnees, wenig anziehend.

Die Leiterin des Kindergartens führt den Kommissar in ihr Büro, wo Annett Kupfer schon wartet. Gehen Sie mit dem Mädchen nicht zu hart um, ich bin mit ihrer Arbeit sehr zufrieden. Aber sie ist doch ziemlich angeschlagen.

Der Kommissar nickt. So schlimm wird's nicht werden, sagt er besänftigend. Was soll er erwidern.

Im Büro dann stutzt er doch. Er hat zwar gewußt, daß Annett Kupfer deutlich jünger ist als Bernd Wesendonk, der Vater des Toten hat es ihm gesagt, aber was ihm hier entgegenkommt, ist fast noch ein Kind, schlank, zierlich, auch im Gesicht noch ein sehr junges Mädchen.

Ich muß Ihnen ein paar Fragen stellen, die Ihnen vielleicht peinlich sind. Es geht nicht anders.

Sie nickt nur, hält die Lippen zusammengepreßt, aber dann antwortet sie ruhig, sachlich. Vor über einer Woche hat sie Bernd

Wesendonk das letzte Mal gesehen, sagt sie, dazwischen noch einmal mit ihm telefoniert, ihn am Wochenende aber nicht angetroffen.

Bernds Vater erhoffte sich Ihren Besuch vor Weihnachten und Ihre Mithilfe.

Darum ging es ja. Ich wollte endgültig absagen. Ich hatte keine Lust mehr, mich wochenlang an solche Verkaufsstände zu stellen, wie sein Vater es wollte.

Es kostet sie wenig Überwindung, wie es scheint, von ihrer Beziehung zu Bernd Wesendonk zu erzählen. Sie hat ihn vor anderthalb Jahren in einer Disko kennengelernt, es so lange mit ihm ausgehalten. Aber nun, wo es endgültig werden sollte, wich er aus und tat nicht dergleichen, wenn sie anfing, von Heirat zu reden. Sowieso war er mitunter lieber mit seinen Freunden zusammen. Da erschien ihr ihre Zuneigung manchmal ziemlich hoffnungslos. Sie wünschte sich eine eigene Familie, eigene Kinder, sie war gern mit den Kleinen hier im Hause zusammen, er jedoch wollte sich mit allem noch Zeit lassen, viel Zeit ...

Aber jetzt ist es ja für alles zu spät.

Nun schießen ihr doch die Tränen ins Gesicht.

Er ist mein erster und einziger Freund gewesen. Deshalb fiel mir eine Trennung ja auch so schwer.

Die Verwandten Ihres Freundes kannten Sie?

Seine Eltern hatte ich gesehen, solange sie noch in der Stadt lebten. Seinen kleinen Bruder nie.

Und seine Freunde?

Manche von ihnen mochte ich nicht. Ich war nicht gern mit ihnen zusammen. Sie waren auch so anders.

Wie: anders?

Na eben anders. Ich weiß auch nicht, wie ich das sagen soll.

III

Ich will nicht von allen Wegen und Irrwegen berichten, sagt der Hauptkommissar, die wir gingen, um diesen Mordfall aufzuklären. Mit wieviel Leuten wir sprachen, ich selber sprach. Ich will mir immer eine eigene Anschauung von den Vorgängen und Umständen bilden. Die Akten und Protokolle füllten schließlich Bände. Die Gespräche mit der Familie des Toten und seinen Arbeitskollegen waren nur ein Anfang.

War der Fundort des Toten zugleich auch der Tatort? Das war zum Beispiel für uns lange Zeit ein Problem. Wir hatten ja kaum Blutspuren an diesem Anglerteich, an diesem, wie sie es nannten, *Blauen Tonloch* gefunden. Dafür wurde ein Hundebesitzer ermittelt – oder er stellte sich als Zeuge –, der schon am Morgen die Gegend dort durchstreift hatte. Sein Hund hatte am Tonloch nicht angeschlagen. War der Tote erst im Laufe jenes Tages an diese abgelegene Fundstelle gebracht worden, kurz bevor die Kinder ihn dann entdeckten? Hatte jemand tagsüber ein auffällig parkendes Auto dort bemerkt, gab es Reifenspuren? Deutliche Schleifspuren zumindest gab es nicht. Existierten, so fragten wir uns, möglicherweise mehrere Täter, die den Toten in Ufernähe getragen hatten?

Ein Universitätsprofessor half uns später, Zweifel zu beseitigen. Er kippte Liter von Schweineblut auf den Boden am Tonloch. Es versickerte ziemlich rasch und hinterließ kaum Flecken, das Erdreich dort erwies sich als sehr aufnahmefähig. So waren wir uns bald einig: Bernd Wesendonk war hier draußen vor der Stadt getötet worden. Nachts zwischen zwölf und zwei, sagten die Gerichtsmediziner.

Ein anderes Problem beschäftigte uns noch länger: Hatte Bernd Wesendonk Kontakte zu Homosexuellen, hatte er vielleicht direkte Beziehungen, Verhältnisse, Freundschaften? Es gab da so ein paar Hinweise auf einen *vielfältigen Freundeskreis*. Hatte nicht selbst Annett Kupfer, die Vertraute und Lebensgefährtin, die ich gerade wegen dieser Zusammenhänge zeitig aufgesucht hatte, so eigentümlich formuliert, von Freunden gesprochen, die so anders waren?

Ich will an dieser Stelle das gerichtsmedizinische Gutachten erwähnen, das besagte, daß Bernd Wesendonk mit insgesamt siebenunddreißig Stichen getötet worden war. Nicht wenige davon waren jeder für sich schon lebensbedrohlich gewesen. Die meisten hatten ihr Opfer von hinten in den Rücken getroffen, zweiundzwanzig; die übrigen, von vorn abgegeben, hatten Brust, Gesicht und Unterleib gegolten. Als Tatwerkzeug mußte ein feststehendes Messer gedient haben, eine Art Fleischermesser oder Dolch mit scharfer Klinge, ohne Zähne, die Wundränder waren glatt, gerade. Es gab Gründe für die Annahme, daß dem Opfer zunächst die Stiche von vorn beigebracht worden waren, in Herz, Lunge und Unterleib. Weshalb hatte der Täter danach noch diese Unmenge Stiche von hinten auf den vermutlich längst Leblosen abgegeben, unter anderem in linke Niere, Zwerchfell und Milz? Warum diese mehrfachen Rundumschnitte um Kopf und Hals, von denen einer die Nackenmuskulatur durchschnitt? War das Motiv des Täters Haß, Rache? Oder war es blanke Lust am Töten? Für verschmähte Zuneigung, gebrochene Liebe konnte man so töten. Gab es das auch unter Männern? Und da war auch noch diese zusätzliche, genauso unbegreifliche Tat: das herausgeschnittene kreisrunde Stück Kopfhaut. Wenn man Eifersucht annahm, ergab sich daraus eine Erklärung für alles Geschehene?

Ich sage ja: Diese mögliche Beziehung zu homosexuellen Kreisen beschäftigte uns lange.

Anfang Dezember, gleich zu Beginn unserer Ermittlungen, fuhren wir zu zweit, einer meiner Mitarbeiter und ich, nach Schleswig-Holstein an die Küste, in die Marinegarnison. Ich habe das schon erklärt: Ich will nicht nur die Protokolle sichten, ich will, wenn es einigermaßen angeht, die Menschen erleben, von denen in ihnen geschrieben wird. Und Kai Wesendonk hatte am Tage vor der Tat seinen Bruder getroffen, ihn sogar am selben Abend noch gesprochen, er konnte ein wichtiger Zeuge sein, Wesentliches zu den Lebensumständen und Gewohnheiten seines Bruders aussagen.

Kai Wesendonk, vier Tage nach dem Mord an seinem Halbbruder, schien noch immer schwer getroffen. Er hatte gerötete Augen, er rieb sie sich während unseres Gesprächs immer wieder mit einem völlig durchnäßten Taschentuch. Dabei machte er trotz allem einen erstaunlich gefaßten Eindruck. Er redete überlegt und sachlich, er verfügte, will ich mal sagen, über einen ziemlich umfangreichen Wortschatz, und er setzte ihn ein.

Ich hatte immer einen guten Kontakt zu meinem Bruder, erklärte er. Auch wenn wir mittlerweile Hunderte von Kilometern voneinander getrennt wohnten, wir telefonierten miteinander und halfen uns auch mal, wenn es nötig wurde. Diesmal hatte mir Bernd beim Kauf eines preisgünstigen Gebrauchtwagens behilflich sein wollen. In den östlichen Bundesländern, die Erfahrung habe ich mittlerweile gemacht, sind die Preise für gebrauchte Wagen immer noch um etliches niedriger. Das wollte ich nutzen.

Sie sind noch nicht achtzehn, Herr Wesendonk. Dürfen Sie schon einen Wagen fahren?

Natürlich noch nicht. Deshalb hatte mich ja mein Freund begleitet, Ronny, mein ehemaliger militärischer Vorgesetzter und Ausbilder. Er hätte die Überführung des Wagens vornehmen können, wenn der Gelegenheitsdeal schon diesmal geklappt hätte. Außerdem komme ich gern wieder in meine Heimat, ich kenne hier vieles, interessante Kneipen, Ecken und Leute.

Nein, ich hatte bei diesem ersten Gespräch keinen Anlaß zu Zweifeln oder Mißtrauen. Kai Wesendonk erschien als der trauernde Bruder, der jäh von einem schweren Schlag getroffen war, nun suchte er damit zurechtzukommen.

Sie sind in der Todesnacht Ihres Bruders noch mit ihm zusammen gewesen?

Ich hatte ihn bereits am Vormittag besucht, wegen dieses Autos. Da hatten wir dann beschlossen, uns abends noch einmal zu treffen, einfach so, in der Disko, zu unserem Vergnügen, in der Eissporthalle. Bernd kam mit seinen Freunden und wollte um Mitternacht weiter. Das ist dann wohl auch geschehen. Er hat sich bloß nicht von uns verabschiedet. Aber wir, mein Freund Ronny und ich, wollten sowieso nicht noch in eine andere Disko weiterziehen. Wir sind dann gleich in das angemietete Zimmer meiner ehemaligen Lehrerin gefahren und haben uns schlafen gelegt. Der Versuch, Bernd am nächsten Tag noch einmal in seiner Wohnung zu treffen, war vergeblich. Da wußte ich natürlich noch nicht, warum. Jedenfalls sind wir dann weiter zum Flugplatz gefahren und nachmittags zurück nach Hamburg geflogen, am Montagmorgen begann unser Dienst.

Nein, ich hatte keinen Anlaß zu Zweifeln. Ich dachte höchstens: Da verfliegen zwei Mann etliche Hundertmarkscheine, bloß um eine Schrottkiste für ein paar Mark weniger zu ergattern. Na gut, mochten sie, es war nicht mein Geld.

Wissen Sie etwas von Schwierigkeiten im Bekanntenkreis Ihres Bruders, von Auseinandersetzungen? fragte ich schließlich. Können Sie hinsichtlich des Täters, der Ihren Bruder getötet hat, Hinweise geben, einen eigenen Verdacht äußern?

Da zögerte Kai Wesendonk, machte Ausflüchte. Erst nachdem ich ihn mehrfach ermuntert hatte, erklärte er: Ich hätte das unter anderen Umständen nie preisgegeben, aber ich denke, mein Bruder war homosexuell, wenngleich er das gut verdecken konnte. Er hatte jedenfalls in dieser Richtung merkwürdige Freunde. Er besaß dazu auch Kontakte zur Drogen- und Waffenschieberszene. Er hatte manchmal erstaunlich viel Geld. Natürlich ist das ungewöhnlich für Leute im Osten, die Drogenszene ist noch nicht ausgeprägt, ich sehe das auch so, aber ich glaube, mein Bruder wollte in manchem ungewöhnlich sein und vorangehen. Er war sowieso rechts eingestellt und von unverständlichem Haß auf Ausländer geprägt, auf Andersgläubige, Andersfarbige.

Ich war betroffen, ohne es natürlich zu zeigen. Ja, wir hatten bei unseren Ermittlungen schon eine wichtige Richtung eingeschlagen. Hier, mit den Aussagen Kai Wesendonks, kam die neuerliche Bestätigung. Und noch viel mehr. Plötzlich mußten wir den Tod Bernd Wesendonks in ganz anderen Dimensionen sehen.

Am nächsten Tag waren wir bei Ronny Steinwand, dem ehemaligen Vorgesetzten, dem Freund, hörten ihn an. Er schien ziemlich nervös und redete zerfahren, ein dicker, schwitzender Kerl, ein ganz anderes Kaliber als sein Freund. Dennoch: Er bestätigte uns im wesentlichen die Aussagen Kai Wesendonks, es gab keine Widersprüche hinsichtlich des vergangenen Wochenendes. Er schilderte es uns genauso bis hin zu diesem vergeblichen Sonntagsbesuch. Nur von außergewöhnlichen Kontakten Bernd Wesendonks wußte Steinwand kein Sterbenswörtchen. Wieso auch. Selbst Freunde reden längst nicht über alles.

IV

Wenn sich eines Tages der Erfolg einstellt, das Ziel erreicht ist, erscheinen die Wege und Irrtümer bis dahin in einem versöhnlichen Licht, kann man vielleicht sogar über manche Umwege und ungewöhnlichen Anstrengungen schon wieder lächeln. Und das Lächeln fällt umso leichter, je schneller man zum Erfolg kommt.

Ja, alles in allem, die Umstände von Bernd Wesendonks Tod klärten wir schließlich verhältnismäßig rasch: fünf Wochen, dazwischen Weihnachten und Silvester ... Da gibt es Fälle, die uns weitaus länger beschäftigen, nicht zu reden von den Morden, deren Abläufe wir uns immer wieder herbeten, weil die Täter noch immer nicht gefunden sind und ihre Taten uns noch nach Jahren belasten.

Trotzdem: Auch im Falle von Bernd Wesendonk gingen wir nicht wenige Irr- und Umwege. Ich will das alles nicht genauer oder gar im einzelnen darlegen. Ich will vielmehr ganz einfach sagen: Alle Anstrengungen, Bernd Wesendonk mit einer wie auch immer gearteten Homosexuellenszene in Verbindung zu bringen, aus solchen Kontakten Tatmotive herzuleiten, erwiesen sich als unsinnig, abwegig, führten zu gar nichts. Wer unsere Ermittlungen in eine solche Richtung zu drängen versuchte, hatte der uns vielleicht sogar bewußt irreleiten wollen?

Und die Verdachtsäußerungen, Drogen- und Waffengeschäfte betreffend? Gewiß rechneten wir damit, daß uns derlei Delikte eines Tages auch im Osten mehr, als uns lieb war, beschäftigen würden. Aber nun war auf einmal einer dieser exotischen Fälle schon da! Ernsthaft? Ich will nichts entschuldigen, auch wir sind nur Menschen, die Erfahrungen sammeln. Natürlich war die Versuchung groß zu glauben, sich in einem völlig neuen Bereich umtun zu können. Und einige von uns legten sich da mit ungeahnter Vehemenz ins Zeug.

Doch bald erkannten wir: Auch das war ein Holzweg. Bernd Wesendonk war weder ein Rechter noch ein Ausländerfeind gewesen, er hatte schon gar nicht irgendwelche Ambitionen im Waffenschiebermilieu besessen, er war auch kein Drogendealer oder -konsument. Er war ein geradezu stinknormaler junger Mann, fleißig, ordentlich, angesehen. Nicht wenige redeten mit Hochachtung von ihm, nicht nur sein Vater und sein Arbeitgeber. Daß er gern ein paar Bier trank und sich mit sechsundzwanzig noch nicht dauerhaft binden wollte – waren das Fehler?

Dafür geriet ein anderer allmählich stärker in unser Visier und verlor vom blendenden Lack des ersten Eindrucks: der Bruder des

Getöteten. Weshalb hatte Kai Wesendonk uns dieses eigentlich böse Bild seines Bruders gezeichnet? Bloß aus Wichtigtuerei? Es gab übrigens keine Tickets auf die Namen Wesendonk und Steinwand für Flüge zwischen Hamburg und Leipzig, niemand hatte unter diesen Namen am entscheidenden Sonntagabend den Flughafen Leipzig/Schkeuditz verlassen. Wieso nicht?

Und dann erhielten wir die Nachricht von dieser Lebensversicherung. Bernd Wesendonk hatte sie im November, Wochen vor seinem Tode, über eine Höhe von zwei Millionen Mark abschließen wollen. Irgend jemand schien ihn dazu gedrängt zu haben. Die Beraterin der Bank hatte ihn geduldig überzeugt, auf die monatlichen Raten und sein im Verhältnis schmales Einkommen verwiesen, so waren schließlich 80 000 Mark als Garantiesumme im Todesfall übriggeblieben – zugunsten des Bruders. Und die beanspruchte nun Kai Wesendonk. Da hatte sich also der kleine Bruder zwei Tage nach dem Tode des anderen an seinen Computer gesetzt, das verheulte nasse Taschentuch daneben gelegt und einen dringlichen Brief an die Versicherung verfaßt: Ich bitte um rasche Überweisung des mir zustehenden Betrags ...?

Mitten in der Weihnachtszeit hatte ich das unbestimmte Gefühl, daß bald nach Jahresbeginn eine längere Reise auf meinem Dienstplan stehen würde. Es gab da wohl ein paar dringliche Nachfragen in zwei Garnisonsstädtchen an der Ostseeküste ...

Unsicherheiten

Was haben sie dich gefragt? Was hast du gesagt? Haben sie dich reingelegt?

Nein, nein, es lief alles gut. Wirklich, du kannst es mir glauben. Sie haben nicht den geringsten Verdacht.

Sie hatten einander am Wochenende nicht treffen wollen, Zeit sollte vergehen, aber der überraschende schnelle Bullenbesuch, wie sie sagten, hatte sie doch so verunsichert, daß sie ihre Erfahrungen austauschen mußten. Nun saßen sie in dem Café, in dem sie schon oft gesessen hatten, diesmal freilich längst nicht mehr auf der aussichtsreichen Terrasse, sie rauchten und tranken, auch Kai Wesendonk ließ sich zwei Baccardi kommen. Seit dem Abend in der Eissporthalle hatte er wohl seine Zurückhaltung aufgegeben. Ronny sah es mit Erstaunen.

Und wie soll es nun weitergehen, was wird mit Amerika? fragte er, zündete sich schon wieder eine Zigarette an, rauchte auch die vielleicht nur zur Hälfte auf.

Natürlich bleibt es bei unseren Plänen. Weshalb haben wir denn alles gemacht? Aber es wird dauern, wir brauchen Geduld. Ich werde vielleicht die Rechtsanwälte einschalten müssen. Ich habe jedenfalls den Antrag gestellt, daß man mir die Lebensversicherung auszahlt, aber sicherlich werden sie überlegen, prüfen. Wir sollten uns wirklich einige Zeit nicht sehen, nur im Notfall. Wenn was Neues passiert. Bis dahin trink nicht zuviel, reiß dich zusammen.

Und was soll ich den anderen sagen, wenn ich sie treffe, Arne, Heiko, Nadine?

Natürlich dasselbe. Es bleibt bei unseren Plänen, das Geld wird kommen. Aber es braucht Geduld.

Später standen sie in Bahnhofsnähe, Ronny zitterten die Hände. Er wollte die Rechte des anderen umfassen, drücken. Dann schien ihm das zuwenig, und er umschlang ihn ganz mit seinen Armen. Er spürte, wie Kai Wesendonk den Kopf seitwärts wandte, ihm aber den Rücken klopfte, beruhigend, vertraut.

Die Geste behielt er lange in Erinnerung, sogar bis weit hinein in den Prozeß.

Es bleibt bei unseren Plänen, das Geld wird kommen.

Es war manchmal schwer, diese Sätze zu wiederholen, an sie zu glauben. Nadine gegenüber zum Beispiel.

Keiner redet plötzlich mehr davon, sagte die, daß wir wegreisen. Nun wird's vielleicht März oder Sommer oder überhaupt nichts mehr.

Es bleibt bei unseren Plänen, das Geld wird kommen.

Wieso bist du so sicher? Hat Kai was erreicht? Deshalb seid ihr doch gefahren.

Nein, Kai hat nichts erreicht. Aber das Geld wird kommen. Da war ein Unfall.

Ein Unfall?

Ja, Kais Bruder ist tot. Er ist unter ein Auto gekommen.

Gerade als ihr in Halle wart?

Wir haben nichts damit zu tun. Du kennst doch die Mafia, die Waffenschieber. Sie schlagen zu, ehe du's glaubst. Da ist keiner seines Lebens sicher.

Aber Heiko, der Flitzer, wußte anderes. Er war dabei gewesen, als Kai nach ihrer Rückkehr mit seinem Vater telefoniert hatte, aus einer Kneipe, dem *Trichter*. Heulend war der Freund zusammengebrochen, Heiko hatte ihn trösten müssen und dann erfahren: Kais Bruder, dieser Bernd, war gefunden worden, irgendwer *hatte ihn abgestochen, ihm die Kopfhaut abgezogen, ihn übel, bestialisch zugerichtet.* Auf den Knien hatte Kai gelegen und geschrien: „Ich fasse es nicht, ich begreife es nicht! Wer tut denn so was!"

Wenn Kai sich so gehen ließ, was sagte er vielleicht anderen gegenüber, sogar Fremden? Und hatte er, Ronny, sich nicht selber dumm verhalten, kaum daß sie von dieser Fahrt zurückgekehrt waren? Ausgerechnet vor Arne hatte er sich nicht zurückhalten können. *Es ist etwas Schreckliches in Halle passiert.* Waren das seine Worte? *Kais Bruder ist ermordet worden, und ich bin dabeigewesen, habe daneben gestanden.*

Er hatte jetzt manchmal Angst. Die Bullen hatten sich zurückgehalten, keine gefährlichen Fragen gestellt, er hatte ruhig geantwortet, sich nicht in Widersprüche verstrickt. Aber wußte er denn, ob sie nicht eines Tages wiederkamen, neue Fragen stellten? Wußte er, worauf sie im fernen Halle verfielen, wer dort quatschte? Oder hatten sie etwas vergessen, liegen lassen, an diesem Tonloch oder im gemieteten Auto? Doch wer sollte denn quatschen? Was hatten sie nicht alles genau abgesucht, jede Spalte im Auto!

Trotzdem: Sie mußten fort, weg, nach Amerika, wenigstens Kai und er, wenn das Geld nicht für die Überfahrt von allen reichte, wenigstens für sie beide mußte es doch zu beschaffen sein. Kai hatte doch seine Verbindungen. Warum meldete er sich nicht? Warum rief er nicht an: Ronny, in Amerika sind wir sicher, da tauchen wir unter, da kriegen wir gleich den anderen Paß, die fremde Identität, da kommt kein deutscher Bulle hin! Ronny, ich habe die Tickets!

Nein, er kam nicht zurecht mit seiner Angst. Er stand an seinen Geschützen und erklärte die Verschlüsse, die Rekruten antworteten, aber er hörte nicht hin. Er sah sich auf einem ganz anderen Schiff, der angekündigte Hubschrauber steuerte im Sturm auf sie zu, doch sie konnten das schwingende Seil unter ihm nicht erreichen, da war alles vergebens. Oder er stand im Zwielicht an diesem Tonloch, sah die Büsche vorm Wasser, die Scheinwerfer der Autos in der Nacht nebenan. Und die beiden Gestalten, die aufeinander einschlugen, bis einer fiel.

Dieses Bild, dieser Wachtraum kam meistens am späten Abend, wenn er einschlafen wollte und doch nur mit offenen Augen in die Nacht starren konnte. Da half kein Alkohol. Redete er etwa in seinen Träumen?

Weihnachten fuhr er für ein paar Tage auf Urlaub zu seiner Mutter in die Nähe des Schwarzwalds, aber er hielt nicht lange durch: über fremde Sorgen reden, über die uralten Schulden, zum Bruder fahren, der mittlerweile was hermachte auch mit seinem neuen Beruf und seiner Familie. Dann lieber zurück in die Kaserne und zu Nadine, selbst wenn die ihn mit ihren Fragen nervte: Wann fliegen wir nun? Hast du mich noch gern und nimmst du mich noch mit? Wie war dieser Bernd, wie redete er, wie zog er sich an? Ein Schaumschläger war er, schrie er schließlich, ein Täuscher. Er traf sich mit uns in der Disko, und seine Wohnung war billiger eingerichtet als deine. Aber alles war nur Täuschung. Heimlich bestellte er die Killer und reiste durch die Welt.

Es bleibt bei unseren Plänen. Wir werden im Geld schwimmen.

Langsam schwand die Hoffnung, der Glaube an die Versprechen Kais, der sich rar machte. Zu Silvester fuhr er endlich zu ihm, holte ihn aus seiner Kaserne. Am Ende standen sie sich wieder gegenüber, fielen einander um den Hals, und Kai klopfte ihm den Rücken. Glaub' mir, alles wird gut, nur noch Wochen. Der Antrag für die Versicherungssumme ist gestellt. Vielleicht komme ich sogar an die Luxemburger Bank heran. Hab Geduld.

Wie lange hielt die Zuversicht nach dieser Begegnung vor?

Anfang Januar denkt er's nicht zum ersten Mal, aber ganz heftig: Wenn sie jetzt kommen, wieder fragen, ich werd's nicht mehr schaffen. Sie werden merken, daß ich lüge, und ich werde ihnen alles sagen, auspacken. Ich bleibe doch immer der arme Hund, der Dackel, der Bernhardiner, ich schaff's nicht in die große Welt. Es wird sowieso nichts mit den Haziendas und den Casinos.

Aber dann stürzte das Schiff wieder durch die stürmischen Wellen, den tobenden Orkan, und diesmal packte er das Seil, erreichte er die Kabine über sich.

So wird er hin und her gerissen. Nein, er kommt nicht zu Rande mit seiner Angst.

Die beiden Kommissare aus Halle machen sich tatsächlich noch einmal auf den Weg an die Küste, in der zweiten Januarwoche. Diesmal ist die Reise beschwerlicher, Schnee ist gefallen. Wir haben noch ein paar Fragen an Sie, Herr Wesendonk, sagen sie, später ähnliches zu Ronny Steinwand, dem Truppführer. Es gibt da einige Widersprüche zu klären. Warum, zum Beispiel, haben Sie die Flugtickets unter fremdem Namen gebucht? Was wollten Sie damit verdecken? Und woher wußten Sie, welche Stiche Ihrem Bruder im einzelnen beigebracht wurden, woher wußten Sie vor allem von dieser Skalpierung? Ihr Vater konnte Ihnen am Telefon nichts davon erzählen, er erfuhr es erst später. Was Sie Ihrem Freund mitteilten, war reines Täterwissen. Sie haben Ihren Bruder getötet. Äußern Sie sich zu diesem Vorwurf! Und was hat es mit dieser Lebensversicherung auf sich, zu der Sie Ihren Bruder drängten?

Kai Wesendonk sperrt sich, windet sich. Ronny Steinwand aber, in seiner getrennten Vernehmung, sagt nach einer halben Stunde: Ich will es loswerden. Kai hat seinen Bruder zusammengestochen, und ich war dabei. Ich will mich genau erinnern, wie's war. Wir wollten mit dem Geld nach Amerika. Ich will alles aussagen.

Die tatsächlichen Abläufe

I

Klöden unterschied sich wenig von anderen Garnisonsstädten. Das Militär, die jungen Soldaten, bestimmten das Milieu in vielen Straßen und Kneipen. Sie hatten Zeit und Geld und suchten nach Gelegenheiten, beides loszuwerden. Darauf hatten sich die Einwohner seit Jahrzehnten eingestellt, und nicht wenige zogen ihre Gewinne daraus. Waren Matrosen durstiger oder unternehmungslustiger als Panzerfahrer oder Fallschirmspringer? Nein, die Garnisonsstädte an der Küste unterschieden sich höchstens in Äußerlichkeiten von denen etwa in der Lüneburger Heide oder an den Mittelgebirgen.

Wir treffen uns in der Mausefalle, hatte Kai Wesendonk entschieden, und die anderen hatten zugestimmt, obgleich sie wußten: In der Mausefalle ging es meist hoch und laut her, da konnte man über ernste Dinge kaum reden. Der lange Arne hatte nun auch eine Freundin, und die mußte er ihnen vorführen. Henriette war, wie sich erwies, hoch aufgeschossen und dürr wie Arne selbst, und sie trank mehr als sie alle zusammen, Bier und Rotwein, am meisten aber Margaritas. Sie mußte sich Mut antrinken, erklärte sie schließlich mit lockerer, gelöster Zunge, aber sie wußte Bescheid, und sie war bereit, alles hinter sich zu lassen, Familie und Heimat, und mit ihnen nach Amerika auszuwandern. Sie wanderten doch aus, noch in diesem Jahr?

Da starrten alle zugleich auf Kai, der auch an diesem Abend der einzige von ihnen war, der nichts Alkoholisches trank, nur Tonic oder Orangensaft, dafür aber unentwegt rauchte, eine Zigarette beinahe an der nächsten anzündete.

Ja, sagte Kai Wesendonk schließlich. Sie wanderten alle aus, und die lange Henriette konnte mit ihnen kommen, auch für sie fand sich eine Aufgabe im großen Imperium. Dafür aber, für meine Großzügigkeit, wird Arne heute die ganze Zeche zahlen.

Der dachte wehmütig an seine Elektronik, die er unlängst mit etlichem Verlust verkauft hatte, und an die Summe, die an diesem Abend vermutlich zusammenkam. Aber er willigte rasch ein: Um seiner langen Henny willen tat er noch alles.

Es wurde tatsächlich ein teurer und ausdauernder Abend. Am Ende erklärte Kai unvermittelt: Möglicherweise würden sie einen von ihnen beiden, Ronny oder ihn selber, nach diesem kleinen Fest nicht mehr wiedersehen, nie mehr. Am nächsten Wochenende wollten sie das nötige Geld für die Reise besorgen, und es war keine leichte Sache, vielleicht eine auf Leben und Tod.

Ronny, der dem Bier reichlich zugesprochen hatte, erschrak bei diesen Worten: Daß es einem von ihnen wirklich ans Leben gehen konnte, entsetzte ihn genauso wie die Tatsache, daß sie in wenigen Tagen schon losfuhren. Er krallte seine Hand in Nadines Knie. Sie hatte schon ein paarmal an Kais Worten und seinem Willen gezweifelt. Doch nun wurde es ernst. Wenn sie beide heute nacht zusammenlagen, sie mit ihm machte, was er so gern hatte, war es vielleicht das letzte Mal.

Aber wieso denn? fragte sie. Die Lebensversicherung, von der er erzählt hatte, betraf doch nur die beiden Brüder, nicht ihn.

Da winkte er ab. Sie verstand wirklich nicht, worum es bei all dem ging.

Sie trafen sich am frühen Nachmittag des zweiten Dezember vor der Marinekaserne in Klöden. Ronny hatte seinen kleinen Ford auf dem Parkplatz stehen, nun erfuhr er: Sie würden die lange Strecke nach Halle nicht mit dem Wagen fahren, Kai hatte Flugtickets von Hamburg nach Leipzig besorgt.

Auf die Namen von Heiko und Arne? Warum?

Es muß alles geheim sein. Je weniger Spuren wir hinterlassen, umso besser.

Ronny nickte. Dann fuhren sie erst einmal nach Kiel. Kai hob bei einer Bank Geld ab – Ronny konnte nicht erkennen, wieviel –, darauf streunten sie durch die Stadt, sie hatten ja noch Zeit. Sie liefen in ein paar Geschäfte, musterten die Auslagen, verglichen die Angebote. Schließlich waren sie sich einig. Ein *Schinkenmesser*, wie der Verkäufer es nannte, war für ihre Zwecke wohl das Richtige, ungefähr zwanzig Zentimeter lang und drei breit. Danach entdeckte Ronny eine Schreckschußpistole. Die konnten sie vielleicht auch gebrauchen? Er erstand sie, dazu zwanzig Gaspatronen. Sie musterten außerdem etliches andere Gerät, konnten sich aber nicht zum

Kauf entschließen. Was würde der Verkäufer auch denken, wenn sie sich mit einem halben Waffenlager eindeckten? Dafür ließen sie sich in einem nahen Geschäft noch die Wirkungsweise eines Elektroschockers erklären, nahmen aber Abstand vom Kauf. Was sie mittlerweile besaßen, reichte für ihre Absichten wohl aus. Sowieso war das Messer das Beste, es arbeitete leise und wirkungsvoll, sagte Ronny.

Auf der Fahrt danach zwischen Kiel und Hamburg verstauten sie das Gekaufte in ihrem Reisegepäck. Das enthielt auch einen Sprengkörper, den Ronny sich ausgedacht und selbst gebaut hatte: eine Trinkflasche, wie sie sie bei der Bundeswehr benutzten, war mit Granulat aus Platzpatronen und Schwarzpulver gefüllt. Hoffentlich wurde nichts davon bei der Flughafenkontrolle entdeckt!

Kurz vor zwanzig Uhr kamen sie in Leipzig an, unbehelligt. Dafür hatten sie anderes Pech: Der bestellte Mietwagen wurde ihnen nicht ausgehändigt, sie waren zu jung und offenbar zu wenig solide für einen entsprechenden Vertrag. Da fuhren sie mit dem Taxi von Schkeuditz nach Halle, übernachteten in einer halbfertigen Wohnung. Es war seine Wohnung, erklärte Kai, er hatte sie von einer ehemaligen Lehrerin gemietet. Immer, wenn er in der Stadt geschäftlich zu tun hatte, würde er hier bleiben.

Ronny hatte am Morgen darauf mehr Glück. Er erhielt den gewünschten Mietwagen sofort. Mit ihm fuhren sie in die Innenstadt, bummelten ein bißchen, ziellos. Ronny gefiel die Stadt nicht sonderlich, sie schien ihm zu schmutzig und verfallen, er war zum ersten Mal in einer Stadt des neuen Ostens. Kai Wesendonk aber ließ wenig auf sie kommen: Überall wurde doch gebaut und saniert. Sie gingen in ein Waffengeschäft, fragten nach einem Elektroschocker, kauften ihn. Später probierte Kai ihn aus, in einer abgelegenen Parkecke wollte er *ein Gefühl für das Gerät* bekommen. Spätestens nach zweimaliger Benutzung müssen Sie die Batterien austauschen, hatte ihnen der Verkäufer erklärt. So suchten sie nach einem weiteren Waffenladen, um sich mit einem zusätzlichen Batteriesatz zu versorgen. Auf die Weise verging die Zeit.

Gegen elf Uhr fuhren sie zur Wohnung von Bernd Wesendonk. Ronny mußte im Wagen bleiben, ein Stück seitwärts warten. Möglich, sie lauern mir oben auf. Du kennst die Mordpläne meines lieben Brüderchens. Halt Augen und Ohren offen. Wenn ich nach zwei Stunden nicht zurück bin, unternimm was.

Ronny musterte unentwegt das Haus und seine Nachbarschaft, während er Zigarette um Zigarette rauchte. Merkwürdig, daß der reiche Bruder und Waffenhändler hier wohnte, in solch abgewrackter Gegend. Aber vielleicht gehörte das zu seiner Tarnung. Natürlich, das war es: Es gehörte zu seiner Tarnung.

Als nach knapp zwei Stunden Kai noch immer nicht aufgetaucht war, begann er, die Hupe ausdauernd zu betätigen. Kai erschien sogleich, stieg ein und bedeutete ihm, rasch davonzufahren. Er hatte mit dem Bruder über die Versicherung gesprochen, erzählte er schließlich. Nun gehe alles klar. Aber es war gut, daß du vor dem Haus gewartet und schließlich so auffällig gehupt hast. Es war nämlich ein Killer mit in der Wohnung. Und nur deshalb, weil du dich so deutlich bemerkbar gemacht hast, bin ich heil davongekommen.

In Ronny wuchs, je weiter der Tag vorankam und sie durch die ihm fremde Stadt liefen, die Erregung. Diese zwei Stunden unruhigen Wartens im Auto, Kais Erzählungen danach von dem Killer in der Wohnung, die verschiedenen Waffen, die sie einstweilen im Wagen deponiert hatten, die Erinnerung an Kais Worte vor den Freunden, daß es einem von ihnen vielleicht ans Leben gehen würde, machten ihn unsicher und steigerten zugleich seine Anspannung. Wurden sie verfolgt, beobachtet? Er blieb manchmal hinter Kai zurück, wartete Sekunden vor einem Schaufenster oder musterte scheinbar interessiert die auf den Warenständern angebotenen Auslagen. In Wirklichkeit beobachtete er die Leute, die Vorübergehenden, noch mehr die entfernt Stehenden. Wie sah der Killer aus bei deinem Bruder? hatte er Kai gefragt, und der hatte ohne Zögern den anderen beschrieben: mittelgroß, vielleicht fünfundzwanzig Jahre alt, und nun sah er sich um nach solchem Fünfundzwanzigjährigen in schwarzer Lederjacke mit kurzem Bürstenhaarschnitt. Wartete er hinter einer Hausecke, in einem Eingang? Oder hatte ein anderer seine Aufgabe übernommen?

Er fühlte sich schon lange auf dieser Fahrt als der Beschützer des Freundes, als sein Bodyguard. Kai durfte nichts geschehen. Kai war ihr Kopf, ihr Herz, er wußte alles, plante alles, er hatte die Verbin-

dungen. Wenn Kai etwas zustieß, zerbrachen alle ihre Pläne, wurde
es nichts mit der Ausreise, nichts mit dem Leben auf den Haziendas
und nichts mit dem in Las Vegas.

Wollen wir nicht lieber mit dem Auto raus vor die Stadt fahren
oder zu deiner Wohnung? hatte er Kai einmal gefragt. Aber der hatte nur gelacht. Hast du Angst, daß uns einer hier umlegt? Wenn der
das will, tut er es gewiß nicht auf offener Straße.

Sie aßen zu Mittag, gingen später in ein Café, wo Kai mit seinem
Handy telefonierte (noch einmal mit meinem Bruder, erklärte er),
liefen in eine Spielhalle, doch nur Ronny versuchte sich dort, ziemlich glücklos. Der Tag wollte nicht vergehen. Am späten Nachmittag fuhren sie erneut zu Bernd, wieder stieg Kai allein zu ihm in die
Wohnung hinauf, aber er kehrte bald zurück: Heute abend ist
Disko in der Eissporthalle, die kennst du noch nicht. Aber wir werden dort sein und Bernd auch.

Sie parkten den gemieteten Ford in dem buschumstandenen
Karree neben dem früheren Café, sie gaben ihre Mäntel und Jak-
ken an der Garderobe der Disko ab. Ronny, der die Schreckschuß-
waffe bei sich trug, übergab auch die samt Gürtel und Pistolen-
tragetasche dem Mädchen hinter der Annahme. Dann liefen sie
erst einmal an die Bar, um einen Überblick zu gewinnen, wie sie
sagten, sich umzusehen. Ronny bemerkte mit Erstaunen, daß Kai
sich einen doppelten Whisky bestellte und rasch hinunterschütte-
te, danach einen zweiten kommen ließ.

Du trinkst?

Heute ja, erwiderte Kai. Hast du eigentlich die Pistole draußen
gesichert, ehe du sie abgegeben hast? Du weißt es nicht? Ich würde
mich auf jeden Fall noch einmal überzeugen.

Ronny gehorchte. Das Mädchen an der Garderobe sah ihn mit
merkwürdigen Blicken an, als er die Pistole hervorzog und über-
prüfte. Bei euch im Osten bringt wohl selten mal einer so ein Gerät
mit? fragte er. Hast du eine Ahnung, erwiderte das Mädchen, sonst
krieg ich hier immer gleich ein halbes Dutzend Kalaschnikows in
Verwahrung.

Sie lachten beide. Aber merkwürdig war das schon. Warum hatte die Pistole nicht im Auto liegen bleiben können? Doch Kai hat-

te darauf bestanden, daß ausgerechnet er sie mitnahm. Besser, wir haben sie in unserer Nähe. Weißt du, was kommt?

Es war mittlerweile fast zweiundzwanzig Uhr, Kai hatte, wie er sagte, Schulfreunde getroffen und unterhielt sich mit ihnen. Amüsier dich allein, du schaffst das, sagte er, und Ronny bewunderte ihn. Wie leicht und locker der Freund sich verhielt. Er hatte da seine Schwierigkeiten. Er war voller Unruhe und Anspannung, seine Hände juckten, manchmal auch die Haut seines Körpers. Und der Schweiß, der ihm Stirn und Achseln näßte, rührte kaum von der Hitze im Saal oder der lauten Musik her, auch nicht von dem Baccardi, den er nun trank. Nadine war eine flotte Tänzerin, sie hatte ihm daheim Gott sei Dank manches beigebracht, davon profitierte er nun. So kam er über die Zeit.

Später sah er Kai wieder an der Bar stehen und ihn heranwinken. Das ist mein Bruder Bernd, der Ganove. Macht euch bekannt.

Ganove! Ich werde dir helfen! Ich verdien' mir mein Geld mit ehrbarer Arbeit. Da, guck. Er wies seine Hände vor, die im Licht der flackernden Scheinwerfer rauh und rissig schienen. Mein Bruder hat schon immer seine Späße getrieben. Freut mich, dich kennenzulernen, Ronny.

Der andere hatte ein breites, rundes Gesicht, Fünftagebart, trug Jeanshemd und -hose und klopfte ihm auf die Schulter. Dieselbe vertrauliche Geste, die auch sein Bruder Kai draufhatte. Ronny zuckte zusammen. Blender, dachte er, du Blender, mich täuschst du nicht.

Kurz vor zwölf gehst du raus, setzt dich in den Wagen, raunte ihm Kai bald darauf zu. Laß die Jacke an der Garderobe, die ist unser Alibi. Du holst sie später auf dem Rückweg.

Ronny nickte. Er tanzte noch ein bißchen, ließ sich Baccardi und Whisky kommen, saß manchmal bloß da und bespähte ihr Opfer, Kais Bruder, wie er sich gab und wie er mit denen redete, mit denen er gekommen war. Wieder näßte ihm der Schweiß Achseln und Stirn und hinterließ dunkle Flecke im Hemdenstoff.

Schon kurz nach halb zwölf ging er an die Garderobe, ließ sich Waffe und Mantel geben. Das Mädchen hinter der Theke schäkerte noch mit ihm, es hatte tatsächlich die Pistole aus dem Futeral herausgezogen, fuchtelte mit ihr herum, legte sie auf ihn an. Bist du verrückt, schrie er da, damit macht keiner Spaß, und entrang ihr die Waffe. Das Mädchen war wohl zu mehr bereit, aber er hatte jetzt keine Lust, gerade jetzt weiß Gott nicht, anzubändeln, einen Flirt anzufangen.

Eine Viertelstunde später saßen auch die beiden Brüder im Ford, nebeneinander hinter ihm, und er fuhr durch die Stadt, von Kai geleitet, aber die Straßen kannte er inzwischen schon ein bißchen. In die Wohnung des Bruders sollte es noch einmal gehen, da konnten sie in Ruhe noch ein bißchen miteinander quatschen, ohne den Radau der Disko, und ein Bierchen trinken. Ihr seid Kameraden zusammen auf unseren Schiffen? fragte Bernd Wesendonk irgendwann unterwegs. Was habt ihr da eigentlich für Geschütze?

Na bitte, dachte Ronny, trommelte in Gedanken zufrieden mit den Händen auf das Lenkrad. Kommen wir doch endlich zur Sache.

Über die waffentechnische Ausrüstung von Zerstörern und Korvetten redeten sie auch noch, als sie schon in Bernd Wesendonks Wohnung saßen und Bier der Einfachheit halber gleich aus den Flaschen tranken. Ronny blickte sich um, aber die schlichte, wenn auch saubere Einrichtung der Wohnung täuschte ihn nicht mehr. Er begann von seiner Waffensammlung zu reden; er sei, wie er sagte, ein Waffennarr. Er bemerkte Kais Grinsen, aber es störte ihn jetzt nicht. Er hatte Kai einmal zu sich eingeladen, in das Dorf, wo seine Mutter lebte, und ihm seine Dolche, Fahrtenmesser und Pistolen gezeigt, aber Kai hatte nur Spott dafür gefunden: Das bißchen Zeug soll eine Sammlung sein! Er steigerte sich in sein Erzählen hinein, redete seine Unsicherheit nieder, seine Ängstlichkeit: Was, wenn Kai plötzlich aufstand, das Messer herausriß, auf den anderen einstach, was sollte er da selber tun, worin bestand sein Anteil?

Daß sich die Situation auf einmal gründlich änderte, sie sich entschlossen, zu dritt noch einmal wegzufahren? Wie war das nur gekommen?

Kai sprach plötzlich von der Höllenmaschine, die sie im Auto mitgebracht hatten, selbst gebastelt, mit Schwarzpulver und sonstwas gefüllt, eine Bundeswehrtrinkflasche, nichts weiter, ganz unscheinbar, unauffällig.

Was, eine Trinkflasche? sagte Bernd Wesendonk. Darauf muß einer erst kommen. Die muß ich mir ansehen, die probieren wir aus. Er schien Feuer und Flamme, er hatte, sagte er, während seiner Armeezeit selber so was versucht.

Weißt du einen Platz, wo man das Ding mal unbemerkt anzünden könnte? fragte Kai seinen Bruder.

Was Abgelegenes, Stilles? Na los, fahren wir zum Blauen Tonloch.

Sie wußten nun: Hier war der Platz. Hier würde es geschehen. Sie parkten das Auto auf dem vorgesehenen, abgeteilten Wiesenstück. Ronny nahm die Trinkflasche, stellte sie in die Mitte der Grasfläche und zündete die Lunte. Aber die angebliche Höllenmaschine explodierte nicht wie erhofft, sondern brannte lediglich mit einem Zischen ab. Da lief Ronny Steinwand, um sie erneut in Gang zu setzen oder den Fehler zu entdecken.

Während er noch dahockte, zog Kai Wesendonk unvermittelt Elektroschocker und Schinkenmesser hervor und versetzte seinem völlig arglos dastehenden Bruder jäh einen Stich in den Bauch. Der, die Hände vor der Wunde, stolperte zum Seeufer davon und rief: Hör auf, hör auf, mein Rechtsanwalt weiß Bescheid. Aber Kai folgte ihm, holte ihn ein, schlug mit dem Elektroschocker auf ihn ein und stach erneut zu, immer wieder. Bernd Wesendonk hob die Hände und suchte die Stiche abzuwehren. Vergeblich. Als Ronny hinzutrat, lag ihr Opfer schon leblos am Boden, aber Kai stach immer noch zu. Hör doch auf, es ist genug, sagte Ronny, aber er konnte den anderen in seinem Wüten nicht hindern. Kai Wesendonks Stiche trafen schließlich in Nacken- und Halsbereich und in die linke Augenpupille des da wohl längst schon toten Bruders. Zuletzt schnitt er ihm das kreisrunde Stück Kopfhaut am Hinterkopf heraus.

Warum denn? Warum machst du das?

Nun ist er tot, richtig tot.

Kai Wesendonk, der zuletzt gekniet hatte, erhob sich. Er hatte kaum Atem, er hechelte. Dann sah er den anderen an, und sie fielen einander in die Arme, umschlangen sich, beklopften sich die Rücken. Es wird schon alles gut, sagte Ronny Steinwand, beruhige dich. Später räumten sie den Elektroschocker, das Messer und die Überreste des ausgebrannten Sprengsatzes zusammen und packten sie in die blutbespritzte Jeansjacke von Kai und danach in den Ford, vorn vor den Beifahrersitz. Sie fuhren in die Stadt zurück, zunächst wieder zur Eissporthalle. Es war nun schon weit nach ein Uhr. Der Spaziergang hat ein bißchen länger gedauert, sagte Ronny zu der jungen Garderobiere, die ihm seine Jacke herausgab, während Kai dabeistand, aber das junge Mädchen, vielbeschäftigt, hatte jetzt keine Zeit für ein Gespräch.

In der Wohnung angekommen, legten sie sich gleich in die Betten. Kai schlief sofort ein, während Ronny noch lange wach lag.

Am folgenden Mittag fuhren sie noch einmal zur Wohnung des Toten. Kai Wesendonk stieg hinauf, klingelte mehrfach, Ronny Steinwand dagegen, wieder im Auto wartend, betätigte nachhaltig die Hupe. So sollten Nachbarn und Hausbewohner aufmerksam werden und später, im Notfall, zu ihren Gunsten aussagen können: Sie hatten Bernd Wesendonk noch besuchen wollen, natürlich vergeblich.

Danach fuhren sie nach Leipzig. In der riesigen Stadt suchten sie nach einem größeren Müllcontainer, der allgemein zugänglich war, um die Jacke mit den Tatwerkzeugen und die genauso blutverschmierte Jeanshose von Kai zu entsorgen. Sie fanden jedoch keinen geeigneten. Da setzten sie ihre Fahrt fort, weiter zum Einkaufspark an der Autobahn, und warfen dort Tatwerkzeuge und Kleidung, die mittlerweile in einer Reisetasche verstaut waren, in eine Abfallbox. Weil noch genügend Zeit bis zum Abflug ihrer Maschine war, aßen sie etwas und sahen sich im Großkino des Einkaufsviertels den gerade sehr erfolgreichen Film *Der König der Löwen* an, von dem auch in den Kasernen geredet wurde. Am Flughafen Schkeuditz gaben sie später den Leihwagen ab und flogen über Frankfurt/Main nach Hamburg.

Von Frankfurt aus rief Kai mit seinem Handy den Vater an: Ich mache mir Sorgen um Bernd. Wir haben ihn heute mittag in seiner Wohnung nicht angetroffen. Da erfuhr er: Auch die Eltern und Bernds Großmutter hatten den Jungen vergeblich telefonisch zu erreichen versucht.

Prozeß und Urteil

Das ist alles ein Komplott. Das ist ein Komplott zwischen meinen angeblichen Freunden, der Polizei und der Staatsanwaltschaft. Es ist vieles falsch, was hier ausgesagt wurde. Ich habe meinen Bruder immer geliebt, er ist mein Vorbild gewesen, wieso sollte ich ihn tö-ten? Ja, ich war in dieser Disko. Ja, ich bin danach in diesem Miet-auto mitgefahren, aber was darauf in dieser Nacht geschehen ist, davon habe ich nichts mitbekommen. Ich hatte getrunken, viel mehr, als es sonst meine Art ist, ich habe mehr als hundert Mark bezahlt für Whisky, Baccardi und Bier. Ich habe mir von Ronny den automatischen Türöffner für den Ford geben lassen und bin, kaum daß ich im Wagen saß, eingeschlafen und erst wieder aufgewacht, als mich Ronny, Herr Steinwand, vor unserem Nachtquartier weck-te, munterschütteln mußte. Ich habe dann oben im Zimmer gleich weitergeschlafen.

Ich weiß nicht, wohin in dieser Nacht gefahren wurde. Ich weiß ebenso wenig, wer meinen Bruder getötet hat. Vielleicht wirklich Herr Steinwand, der ein Motiv hatte, der wirklich an diese Ameri-kareise glaubte, oder irgendwer sonst.

Ich war einmal bei Herrn Steinwand eingeladen im Schwarz-wald, er hatte mir seine Waffensammlung zeigen wollen, aber sie war jämmerlich. Da wollte ich mich rächen, ihm umgekehrt die Taschen vollhauen. Ich habe vom Reichtum meiner Eltern erzählt, der in Wirklichkeit nicht existierte, ich habe das immer weiter aus-gesponnen und auch meinen Bruder einbezogen. Ich habe so übertrieben und dick aufgetragen, daß ich immer dachte: Der muß das doch merken, das kann doch keiner glauben. Aber Ronny, Herr Steinwand, nahm alles für bare Münze. Da habe ich noch mehr erfunden und mir Leute ausgedacht, Ralph Frank und das Konto in Luxemburg und die Ausreisepläne. In die wurden dann auch die Bekannten von Herrn Steinwand eingeweiht, auf seinen Wunsch, und sie waren genauso naiv und gutgläubig und nahmen alles als wirklich hin. Von Treffen zu Treffen – meist geschah das an den Wochenenden – steigerten sie sich in ihre Vorstellungen, träumten sie von Geld und Einfluß und daß sie Chefs würden. Ja, es

ist richtig, ich habe zum Beweis der Richtigkeit meiner Angaben
Schriftstücke, Dokumente vorgelegt. Ich habe mir diese Unterlagen ausgedacht und sie auf meinem Computer geschrieben. Niemand ist stutzig geworden.

Ich habe diese Dummheit und unbegreifliche Leichtgläubigkeit
ausgenutzt, ich hatte kein schlechtes Gewissen dabei, auch Ronny,
Herrn Steinwand, gegenüber nicht. Es machte mir einen Riesen-
spaß, mir immer neue Sachen auszudenken, ich saß am Computer
und lachte, wenn ich die Dokumente verfaßte, mir immer phanta-
stischere Beziehungen ausmalte. Ich erfand dann auch diese Waf-
fenschiebereien und die Killer. Sie glaubten alles.

Ich habe dabei selber nie ernsthaft Auswanderungspläne verfolgt. Ich hatte keine Beziehungen nach Übersee, ich habe nirgendwo einen Antrag auf Einbürgerung oder ähnliches gestellt.
Wohin sollte ich gehen, was machen? Ich habe mit der Clique gespielt, sie war eigentlich so unheimlich unter meinem Niveau, da
gelang alles. Ich habe auch nie ernsthaft die Tötung meiner Eltern
in Erwägung gezogen, zu ihnen hatte ich immer ein gutes Verhältnis, auch nicht die Tötung meines Bruders. Ich habe mich niemals Ronny, Herrn Steinwand, gegenüber in dieser Weise geäußert.

Es ist alles ein Komplott.

Der Prozeß gegen Kai Wesendonk und Ronny Steinwand begann im August desselben Jahres, er sollte erst kurz vor Weihnachten, ein reichliches Jahr nach der Tat, zu Ende gehen. Er war nicht
frei von starken Emotionen. Erschütternd waren die verhandelten
Vorgänge und die Brutalität, mit der sie abliefen, dramatisch aber
auch die Gefühlsregungen, die ihre Aufklärung begleiteten. Dazu
mußten Dutzende Zeugen, Gutachter angehört werden. Zwei Ter-
mine wurden sogar vor Ort angesetzt, am Blauen Tonloch, einer
davon nach Mitternacht.

Ronny Steinwand hatte in der Untersuchungshaft offenbar von
Mitgefangenen den Rat erhalten, sich herauszureden und frühere
Aussagen abzuschwächen, nun versuchte er, sich daran zu halten.
Er wäre in die Vorgänge hineingeraten, erklärte er, gutgläubig mit
nach Halle gefahren, er hätte nicht geglaubt, daß der Freund die
angekündigte Tat wirklich durchführen würde, er hätte sie für

Spinne und Angeberei gehalten. Deshalb wäre er, vor Schreck und maßloser Überraschung, nicht fähig gewesen einzugreifen, Kai Wesendonk in die Arme zu fallen, als der das Messer zog, ihn am Schlimmsten zu hindern. Aber als man ihn auf die Widersprüche in seinen Aussagen, etwa in bezug auf die längst zugegebenen planmäßigen Waffenkäufe, eindringlich aufmerksam machte, kehrte er bald zu der Darstellung zurück, die er schon vor der Polizei und danach auch vor der Haftrichterin abgegegen hatte: Der Tod von Bernd Wesendonk war lange vorbedacht und genau vorbereitet. Mit dem Geld aus seiner Lebensversicherung erhofften sie sich die Finanzierung der Reise ins amerikanische Paradies. Anders Kai Wesendonk. Er hatte eine Tatbeteiligung, gar die Haupttäterschaft immer abgestritten. Nun war er auf die Idee vom Komplott gekommen, und er verfocht sie vehement. Man wollte ihn aufs Kreuz legen, sagte er, man brauchte einen spektakulären Täter, deshalb hätten sich alle gegen ihn verbündet. Aber er war es nicht, er würde es wieder und wieder beweisen, und er hoffte auf die Vernunft der Richter. Er hatte diejenigen, die hier falsch gegen ihn ausgesagt hatten, bereits angezeigt.

Kai Wesendonk war ziemlich gerissen. Der psychiatrische Gutachter hatte ihn als überdurchschnittlich intelligent eingestuft, ihm beispielsweise einen *überdurchschnittlichen Verbal-IQ von 124* bescheinigt. Auch andere Leistungstests erbrachten für sein Alter überdurchschnittliche Werte. So konnte er sich, hieß es, in den Tests hervorragend konzentrieren. Vor Gericht versuchte er durch Wortreichtum und Bilder, Widersprüche schönzureden, Argumente zu entkräften, sich gefällig ins rechte Licht zu setzen. Doch ganz direkt befragt, wich er aus oder *verweigerte auf weitere Nachfragen und Vorhaltungen die Aussage.* Er habe, sagte er etwa, die Tat nicht begangen, sehe sich jedoch *außerstande, die aufgetauchten Widersprüche auszuräumen.* Wegen seiner immensen psychischen Belastung infolge des unglaublichen Tatvorwurfs seien ihm keine schlüssigen Erklärungen mehr möglich.

Nein, er machte keine gute Figur, nicht nur dieser Ausflüchte wegen. Man erschrak vor seiner Kälte, Härte und Unverfrorenheit. Immer mehr Fakten traten zutage, die seinen Charakter als schwach, mies, ja tief böse erscheinen ließen. Der Zynismus, mit dem er mehrfach den leidgeprüften, erschütterten Bruder gespielt hatte, zum Beispiel. Die Dreistigkeit, mit der er den Vater von Frankfurt aus beschwor, nach dem Bruder zu sehen, den er in seiner Wohnung nicht angetroffen hatte. Die Art dazu, wie er den Bruder verhöhnte. Bernd, immer ein Muster an Fleiß, ein Vorbild – genügend Zeugen hoben das hervor –, nach den Worten von Kai Wesendonk war auf den kein Verlaß, selten hielt er Verabredungen ein, war oft unpünktlich. Martin Wesendonk war ein paarmal den Tränen nahe, als er ihn so über den Toten reden hörte, und er verließ den Gerichtssaal. Wie hatte Kai nur so werden können? Was hatten sie an ihm versäumt?

Immer aufs neue tief getroffen war auch Ronny Steinwand. Ungläubig und entsetzt blickte er manchmal auf den anderen, der dicht neben ihm auf der Anklagebank saß und hämisch und kalt, herablassend und voller Überheblichkeit die Dummheit seiner ehemaligen Freunde verächtlich machte, die er nun nur noch Bekannte nannte, die *Clique*, die ihm dabei so blind vertraut hatte. Und er war mal *sein bester Freund* gewesen! Gut nur, daß sie selten einmal in den Pausen nebeneinander stehen mußten, getrennt untergebracht wurden.

Kai Wesendonk ... Die Schule bereitete ihm keine Schwierigkeiten, er begriff schnell, aber Fleiß war nicht sein Fall. Nach der achten Klasse hatte er keine Lust mehr zum Lernen, er wollte gleich Geld verdienen. Verkäufer werden – wie der Vater mit seinem ambulanten Handel, bloß besser: Mit einem eigenen Geschäft sich selbständig machen. Vorher hilft er dem Vater, erhält Taschengeld, der große Rest des Lohns wird auf ein Sparbuch eingezahlt. Was sich da ansammelt, soll ihm mit achtzehn den Start in die berufliche Zukunft erleichtern.

Ein Jahr lang macht er einen Fernlehrgang an einem *Institut für Parapsychologie und Grenzwissenschaften,* liest ein paar interne Broschüren, schreibt als Abschlußarbeit auf drei Seiten seine naiven Ansichten über eins dieser Bücher nieder und erhält prompt Urkunde und Diplom als *lebensberatender Psychologe* und *lebensberatender Parapsychologe.* Oberflächlicher, unseriöser Humbug, aber er ist stolz auf die Titel. Er jobbt als Versicherungsvertreter, zieht den Eltern nach ins Schwäbische, jobbt in einer Fahr-radfirma. Plötzlich meldet er sich unter der Adresse einer früheren Lehrerin polizeilich wieder in Halle an: *Als Bürger mit Wohnung in den neuen Bundesländern muß man geringere Einstellungsvoraussetzungen für die Bundeswehr erfüllen,* hat er gehört. Und er will zum Bund, mit siebzehn, die Eltern sind einverstanden, beim Bund verspricht man ihm für später in der Verwaltung gute Verdienst- und Aufstiegsmöglichkeiten.

Immer schon fällt es ihm schwer, sich mit dem zufrieden zu geben, was er ist, was er hat, wo er herkommt. Wenn er von den Eltern spricht, redet er wenigstens vom *Geschäft,* von der *Firma.* Vor dem gutachtenden Psychiater hat er sich endlos geziert, den ursprünglichen Beruf des Vaters anzugeben: ein simpler Maler. Er will etwas Besseres sein, eine bessere Herkunft haben, einen *höheren sozialberuflichen Status mit höherer Geltung.* Als er dieses dubiose Studium hinter sich bringt, ist für ihn nicht das Eindringen in den Stoff von Bedeutung, sondern der Titel: *Diplomparapsychologe.* Er will sich schmücken und angeben, will Aufmerksamkeit und Bewunderung erregen, anders sein als andere. Immer fühlt er sich im Mittelpunkt stehend, von anderen beobachtet, da will er alles besonders gut machen. Bei ihm liegt *eine narzißtische Persönlichkeitsstörung* vor, stellt der Gutachter fest. Er hat ein exhibitionistisches Bedürfnis nach Aufmerksamkeit, ein völlig überzogenes Selbstwertgefühl. Dabei überschätzt er seine tatsächlichen Fähigkeiten maßlos.

Da plötzlich, merkwürdiger Un-Glücksfall, findet er sein Publikum: Ronny Steinwand und die Clique, vor denen er sich aufspielen, denen er die Taschen vollhauen, vollügen kann. Mit seiner Intelligenz, seinem selbstsicheren Auftreten, seinem angeblichen Reichtum, seinen angeblichen Beziehungen kann er Eindruck schinden, als der große Gönner wirken. Aber was anfangs sicherlich Spiel ist, wird bald ernsthafter, todbringender Plan.

Kai Wesendonk hat schon immer wenig Rücksicht auf andere genommen, er hat Freundschaften, familiäre Beziehungen gern ausgenutzt, auch finanziell. Er hat sich von anderen zu seinen Zielen chauffieren lassen, er hat ihnen seinen Willen aufgedrückt, er hat seine unmäßig hohen Handyrechnungen nicht bezahlt und doch weitertelefoniert (mit wem eigentlich? Im Prozeß kommt es nicht

zur Sprache), die Telefonfirma konnte ihn, den noch nicht Voll-
jährigen, nicht ernsthaft belangen, er hat eine Bürgschaft vom
Vater erwirkt, auch dafür, daß er sich Fahrräder kaufen konnte. Er
hat sie weit unter Preis weiterverkauft, nur um schnell an Bargeld
zu gelangen. Was kann ich dafür, sagt er nun, wenn die Bürgschaft
jetzt in Anspruch genommen wird. Das Geld ist mir gestohlen worden, ich kann es nicht ersetzen. Ob der angezeigte Diebstahl je
stattgefunden hat? Die Polizei hat ihre Ermittlungen längst abgebrochen, der Staatsanwalt das Verfahren eingestellt.

Und dann diese Idee mit der Lebensversicherung: zwei Millionen! Im Todesfall des Bruders zu seinen Gunsten auszuzahlen!
Nein, es gibt keinen Grund auszuschließen, daß mit dieser Idee der
Mordplan von Anfang an verbunden war. Ronny muß die zweitausend Mark überweisen, damit der Bruder die Unterstützung spürt:
Die hohen Raten werden aufgebracht, im Notfall gemeinsam. Und
dann die maßlose Enttäuschung: Der Bruder hat sich anstelle der
hohen Lebensversicherung eine simple Rentenversicherung über
achtzigtausend Mark aufschwatzen lassen. Was soll er mit einer
*Renten*versicherung! Kai Wesendonk schreit, tobt, fährt nach
Halle: Wenigstens aus allem noch eine Lebensversicherung über
diese niedrige Summe zu machen, das muß ihm im November gelungen sein. Wochen vor Bernd Wesendonks Ermordung wird die
Versicherung umgewandelt.

Kai Wesendonk hat seinen Bruder immer gemocht, nie gehaßt,
sich ihm gegenüber nie zurückgesetzt gefühlt. Bis zuletzt äußert er
sich in dieser Weise vor Gericht. Man wird ihm da sogar weithin folgen können. Auch Martin Wesendonk berichtet, Kai sei immer auf
den großen Bruder stolz gewesen. (Natürlich: Hinter seiner Darstellung steht auch die Absicht, durch ein so positiv beschriebenes
familiäres Verhältnis vom Mordvorwurf freizukommen.) Umso
eindeutiger steht danach fest: Kai Wesendonk hat den eigenen
Bruder nicht aus irgendwelchen verletzten Gefühlen, sondern
ganz allein aus Geldgier ermordet. Als er die Chance sah, durch
den Tod des Bruders zu Geld zu kommen, hat er sie genutzt.
Eiskalt. So urteilt auch das Gericht.

Einiges kann im Prozeß nicht geklärt werden. Nur Kai Wesendonk hätte darüber Auskunft geben können, aber der schwieg. Was

hatte er zum Beispiel tatsächlich mit den achtzigtausend Mark anfangen wollen, wenn er nicht mit seiner *Clique unter Niveau* nach Amerika aufbrechen wollte? Und weshalb dieses regelrechte Abschlachten des Bruders, das verschiedene Medien und eine breite Öffentlichkeit über Monate hinweg zu Gerüchten und Mutmaßungen trieb? Und was geschah mit den Mitgliedern der Clique, von denen feststand, daß sie vor der Tat von dem Mordplan und nach ihr von dem Ergebnis gewußt hatten?

Wie schon mehrfach angedeutet: Kai Wesendonk gesteht seine Tat bis zum Schluß nicht. Da muß das Gericht Beweis um Beweis zusammentragen. Es macht es sich nicht leicht, hat aber im Grunde keinerlei Schwierigkeiten. Es hat insgesamt drei Geständnisse Kai Wesendonks vor Freunden aus der Clique, der *Chaostruppe.* (Übrigens: Einmal hat er zu Heiko gesagt: Ich weiß, du bist schwul, ich bin's auch. Hilf mir, rede mit mir. Ich habe meinen Bruder umgebracht.) Und die einstigen Freunde und Vertrauten stehen zu ihren Aussagen.

Das Gericht hat ferner Kai Wesendonks Reaktion nach dem Telefonat mit seinem Vater als er Einzelheiten benannte, die zu jenem Zeitpunkt nur er wissen konnte: als Täter (*Ich fasse es nicht, man hat Bernd abgestochen, ihm die Kopfhaut abgezogen*). Und es hat die ausführlichen Aussagen Ronny Steinwands, die in sich völlig schlüssig erscheinen. Nach seinem vergeblichen Versuch, sich nach dem Rat von Mitgefangenen reinzuwaschen, ist Ronny Steinwand *zu seinem Aussageverhalten gegenüber Polizei und Haftrichterin zurückgekehrt.*

Oder ist Ronny Steinwand doch der Täter, hat Kai Wesendonk die Tatzeit im Auto verschlafen? Aber er stand dabei, ganz munter (*grinsend*, sagt das Mädchen von der Garderobe), als Ronny Steinwand in der Eissporthalle seine Jacke abholte. Ronny Steinwand hat nach der Tat sein Opfer zum Blauen Tonloch transportiert? Doch im Auto findet sich nicht die geringste Spur, die auf den Transport des Opfers schließen läßt.

So fügt das Gericht Stein an Stein, Beweis an Beweis. Es läßt sogar Vertreter des Autovermieters aussagen und die Tagespläne der Müllabfuhr darlegen, die sich im Einkaufspark um den Abtransport der Abfälle kümmert

Kai Wesendonk verfolgt dieses Bemühen des Gerichts mit selbstsicherer Herablassung. Er ist, wenn Widersprüche auftauchen, selten um eine Antwort verlegen. Er korrigiert sich oder gibt an, sich zuvor mißverständlich ausgedrückt zu haben, falsch verstanden worden zu sein. Manchmal beantragt er auch eine *dringend benötigte Pause*, wegen eines Toilettenganges, wegen Erschöpfung oder ähnlichem. Danach wartet er mit penibel formulierten Erklärungen auf. Er begrüßt zu Beginn jedes Gerichtstages jovial lächelnd seinen Verteidiger, trägt mit schneidender Stimme Befangenheitsanträge vor, scherzt in den Verhandlungspausen mit den Vorführbeamten. *Dieses abgebrühte Verhalten machte angesichts der Tatsache, daß es um den Tod seines Bruders ging, die Kammer mehrfach fassungslos.*

Auch wer als Zuschauer im Saal sitzt, ist immer wieder erschüttert.

Anfang Dezember gibt er sich noch einmal besonders wichtig. Voller Empörung stellt er das Gericht zur Rede. Polizisten haben ihn noch einmal nachvernommen, mitten in der Hauptverhandlung. Unmöglich! Aber die Sache klärt sich rasch: Kai Wesendonk hat – sich auch da wieder einmal hervorhebend – angeblich Angaben machen wollen zu einem Brand im Hallenser Prostituiertenmilieu. Da hat man ihn in der Untersuchungshaft vernommen. *So tut er sich wichtig, gibt Augenblickseinfällen nach und kommt sich superschlau vor. Er sucht nur seine eigenen Vorteile. Dieselben Motive, die zur Tat geführt haben, sind bei ihm noch ungeschmälert vorhanden.*

Natürlich: Auch Gutachter kommen im Prozeß ausführlich zu Wort. Sie finden nichts, was die Schuldfähigkeit der beiden Angeklagten zur Tatzeit minderte, beeinträchtigte, weder Alkohol noch Entwicklungsdefizite.

Eine Woche vor Weihnachten wird das Urteil verkündet: Sechs Jahre für Ronny Steinwand, der noch den Entwicklungsstand eines Jugendlichen hat, zehn Jahre Jugendstrafe für Kai Wesendonk. *Nur durch die Verhängung der höchstmöglichen Jugendstrafe kann nach Meinung der Kammer dem Angeklagten das Unrecht seines Tuns vor Augen geführt, eine Verhaltensänderung bei ihm herbeigeführt werden.* An anderer Stelle heißt es: *Eine schlimmere Tat als seine ist kaum vorstellbar.*

Wie Jesus am Kreuz

Ein Tag im Oktober

Die Jungen hatten ihr Revier in den Straßen zwischen Markt-kirche und Bahnhof, in den Hinterhöfen gleich am Steg oder am Rannischen Platz, sie besetzten die Wippen auf den wenigen Kinderspielplätzen der Altstadt, trieben die Schaukeln fast zum Überschlag und grinsten, wenn junge Mütter mit ihren Kleinen in weitem Bogen ihre Nähe flohen. Manchmal hockten sie auch auf den Stufen und Bänken im Grünen Winkel, der einmal ein Schmuckstück der Stadt hatte sein sollen und nun zwischen Schmierereien, Scherben und kotig dünstenden Gerüchen verkam; von dort schwärmten sie aus, zehn, zwölf junge Kerle, halbe Kinder noch, dazu ein paar Mädchen, sie schonten ihre Stimmen nicht, sie zogen zum Markt hinunter, wo die Händler in den Ständen ihr Herankommen fürchteten. Manchmal war ein langer Bursche zwischen ihnen, der deutlich älter war als sie alle und sie um Kopfeshöhe überragte; er trug seitlich geknöpfte Stiefel und eine schwarze Jacke aus verblichenem Leder mit einem Sheriffstern an der Brust, ein Hund lief an seiner Seite, ein bulliger zottiger Bernhardiner, der das Zeichen für sie alle war und ihnen den Namen abgab: Die mit dem Hund sind wieder da, hieß es, der Schwarze mit dem Köter kommt, paßt auf, achtet auf eure Sachen! Und sie schoben ein paar Auslagen tiefer in die Stände, schlossen die Kassen, rückten die Kleiderständer zusammen. Vergebens freilich. Denn da stürmte die Clique schon lärmend in die Budenstraßen hinein, die Jungen stemmten die Arme und Schultern heraus, sich großmäulig und mit derber Kraft ihre Wege zu bahnen, ein paar Obststiegen polterten zu Boden, ein Eisenständer stürzte in splitterndes Glas, und ihre Hände griffen zu, etliche heimlich, nicht wenige ganz offen. Sie hielten ein paar Stücke Obst, Äpfel und Apfelsinen oder die noch ziemlich neuen Kiwifrüchte. Auch einen Schal oder eine Mütze, gar einen Pullover?

Aber durften die sich denn wieder und wieder alles erlauben, wer
trat denen denn in den Weg, gab es keine gemeinsame Hilfe? Wo
war die Polizei?

Der alte Mann saß mit anderen auf der Backsteinmauer vor den
Café- und Kneipentischen am Markt. Ein Italiener hatte seit etlichen Monaten das Restaurant dahinter von der Stadt gemietet, er
lag mit den Trinkern auf den Bänken vor der Mauer in Fehde, er
wollte eine saubere, feine Gaststätte, ein nobles Etablissement, in
dem die Chefs und besseren Sekretärinnen der nahegelegenen
Stadtverwaltung aus dem Rathaus ohne Schwierigkeiten verkehren konnten, aber er hatte wenig Glück. Die Sekretärinnen und
ihre Bosse bevorzugten noch immer die nahe billige Stadtabspei-
sung, die einstige Werks-, nun stadtbekannte sogenannte Armen-
küche, wie die wöchentlich eingeflogene Westkundschaft sie nannte. Und die Alkis, die das Wort gerne aufgriffen, hinter der Mitte
der gemieteten Mauer auf sicherem Terrain saßen, ließen sich genauso wenig von ihren Plätzen vertreiben. Sie bevölkerten städti-
sches, nicht an einen Italiener oder sonstwen vermietetes Terrain,
wie sich nach einem öffentlichen Pressestreit herausgestellt hatte,
sie konnten ungehindert hier sitzen, reden und ihre geleerten
Bierbüchsen in den städtischen Abfallkübeln horten und entsorgen lassen. Etliche Artikel in der lokalen Presse hatten wochenlang
genüßlich davon berichtet.

Der alte Mann blinzelte in die Vormittagssonne, die über den
hohen Häuserfronten im Osten des freien großen Marktplatzes
stand: das Kaufcenter, das Stadthaus. Er saß seit Jahren gern hier, er
kannte eine Reihe unbekannter Lieder und Melodien und sang
sie. Die Leute mochten ihn, schien ihm. Wenn er vor sich hin sin-
nierte, nachdachte und sang, blieben sie vor ihm stehen, sahen auf
ihn, hatten selten einmal spöttische Worte. Machte er sie nach-
denklich, vielleicht sogar fröhlich? Er trank nicht, er spielte nicht
Zither oder Ziehharmonika wie andere vor ihm. Trotzdem blieben
sie mitunter stehen, offensichtlich nur seinetwegen. Anfangs hatte
er sich geschämt, später nicht mehr oder nur manchmal. Er hatte
seine Mütze vor sich hingelegt oder ein Tuch, und er hatte die
Markstücke und Groschen zusammengestrichen, die sie ihm darauf geworfen hatten. Konnte er sie nicht brauchen neben seinem

bißchen Stütze, das er sich Monat für Monat auf dem Amte abholen durfte? In diesem Monat freilich noch nicht.

Der alte Mann reckte seinen Hals in die Sonne, das Kinn. Er schloß die Augen. Wie lange noch, und der kalte Herbst kam, der Winter. Er war verrückt, da er schon jetzt daran dachte. Aber gestern hatte er sich eine warme Decke besorgt. Die Evangelischen hatten sie angeboten, da hatte er zugegriffen. Es sollte ihm nicht noch einmal wie im letzten Winter gehen.

Er öffnete den Hemdkragen. Auch die Haut am Hals sollte die aufsteigende Sonnenwärme spüren. Da hörte er den Hund bellen, kurz, heftig, und er erschrak. Der Schwarze mit dem Köter ist wieder da, dachte er, die Truppe mit dem Bernhardiner. Er kannte sie alle. Was sollte er tun, fortlaufen, sich heimlich davonstehlen, durch Seitenstraßen, über Ruinenhöfe, wenn das noch möglich war? Oder bleiben? Er entging ihnen ja doch nicht. Sie suchten ihn heim, wo immer er auch war.

Sie waren tags zusammen, manchmal auch nachts. Oft kamen dann einige später, mit Hallo und He empfangen. Sie waren rasch noch einmal einkaufen gewesen, ohne Geld, hatten noch fix einen kleinen Bruch hingelegt, wie sie es nannten. Es gab viele Worte für dieselbe Sache. Ein Kioskschloß war draufgegangen, ein kleines Ladenfenster, gelegentlich auch eine normale private Wohnungstür, hinter der gerade niemand zu Hause war. Sie brachten seltener Alkohol mit, den mochten sie, erstaunlich, alle nicht sehr, aber immer Zigaretten, auch Eßwaren, und, wenn es klappte, einen Videorecorder oder Kassetten. Die waren, wenn wer jemand kannte, der sie absetzen konnte, wie bares Geld. Und sie kannten etliche, die das Zeug abnahmen, weiterverscherbelten.

Wurde es schlimm und fehlte es an allem, Geld und Mut, irgendwo etwas mitgehen zu heißen, ließen sie sich auch einmal wieder daheim sehen. Die meisten kamen aus gestörten Familienverhältnissen. Die Eltern tranken, schlugen sich, auch die Kinder, sie wußten es nicht besser. Manche Eltern waren sogar froh, wenn sich ihr Nachwuchs gar nicht sehen ließ. Sie wurden seiner sowieso nicht Herr. Die Jungen wollten sich bloß durchfuttern, durchfressen, dabei lagen sie den ganzen Tag faul auf der Küchencouch und räumten noch den Kühlschrank leer, wenn sie sich – Gott sei Dank – endlich auf und davon machten.

Für einige war auch Heimunterbringung angeordnet. Manchmal erzählten sie von ihren Tricks auszureißen, immer wieder weg-
zukommen.

Natürlich kannten viele die Verwahrräume der Polizei und der
Gerichte längst aus eigenem Erleben. Sie hatten Pech gehabt, man
hatte sie aufgegriffen, erwischt, sagten sie. Aber meist war es gut ab-
gegangen. Die Bullen hatten ihre Namen notiert, Genaueres konnte man ihnen selten nachweisen. Und die paar Wochen Knast, zu
denen es manchmal kam, saßen sie auf einer Arschbacke ab.

Da schleicht er.

Wer?

Der Alte, der Sänger.

Er hat nicht auf uns gewartet und hatte es doch versprochen.

Die beiden Jungen folgten ihm von ferne; lange ziellos herum-
streunend, hatten sie auf einmal ein Ziel. Sie waren sich einig, ohne
sich abzusprechen. Sie waren dem Alten schon ein paarmal nachgelaufen, hatten ihn in seinem Verlies heimgesucht, seinem Abriß
unterm Dach. Er war feige, schlotterte gleich, sobald sie sich nur
vor ihn stellten, ihn nur ansahen. Vielleicht hatte er sein Sozial-
geld, die Stütze, endlich abgefaßt, und sie konnten ein bißchen davon absahnen oder gleich den großen Reibach machen, alles mitnehmen: vierhundert Eier, die ganze Stütze.

Dem lassen sie genug in seine speckige Mütze fallen, wenn er
sich nur hinstellt und anfängt zu flöten.

Manche haben eben zuviel.

Und sie geben's obendrein noch den Falschen.

Deshalb wird's den Alten nicht treffen, wenn er uns was von sich
rausrückt.

Geht's uns was an, wenn's ihn trifft?

Der Alte blieb mitunter stehen und blickte sich um, ängstlich,
wie es schien. Glaubte er sich verfolgt? Sie mußten sich hinter ein
paar abgestellten Autos verbergen, später ging es über einen großen freien Platz unter der Stadtautobahnunterführung, da war es
genauso gefährlich, konnte man schnell gesehen werden.

Aber auch die von der eigenen Clique brauchten sie jetzt nicht zu entdecken. Wo sie sich beide so glücklich von ihnen abgeseilt hatten, mußte nun keiner kommen und mit ihnen teilen wollen.

Sie waren sich jetzt ziemlich sicher, daß der Alte auf dem Sozialamt sein Geld abgeholt hatte. Wer verzichtete schon freiwillig auf soviel Moos, vier große Scheine. Und sie hatten's ihm angedroht, daß was passierte, wenn er's nicht tat. Wo er's verborgen hatte?

Ja, es war klar: Der Alte lief in die Straße hinein, in der er sich gewöhnlich verkroch. Sie konnten ihm unbemerkt folgen. Der Kleine ging voran, jeder seiner Schritte federte. Man spürte seine Kraft, seine Muskeln. Manchmal blickte er zur Seite, hielt die Augenlider zusammengekniffen. Der andere, bald neben ihm, war fleischiger, dicker, auch einen Kopf größer, er zog jeden seiner Schritte nach, stolperte sogar hin und wieder ungeschickt. Mußten sie sich an diesem Vormittag nicht eigentlich in der Schule aufhalten, Schüler noch beide, wenigstens der Jüngere?

Sie steigerten sich immer mehr in den Gedanken hinein: Sie wollten nun das Geld, unbedingt, alles! Vierhundert Mark – eine Wahnsinnssumme. Sie erreichten das Haus, es lag unmittelbar an der Straße, Straßenbahnen fuhren in Abständen vorbei, Autos; nebenan hatten Geschäfte ganz normal geöffnet, eine Drogerie, ein Eisenwarenladen, Leute liefen vorbei, aber sie mieden den Fußsteig vor den drei Häusern, die, längst verlassen und zum gelegentlichen Abriß bestimmt, durch einen Zaun abgetrennt waren, liefen Bögen darum.

Die beiden Jungen stiegen die staubige Brettertreppe in den ersten Stock hinauf, vorsichtig, leise. Sie griffen nicht nach dem Treppengeländer. Sie kannten es. Sie wußten, es bot keinen Verlaß mehr, es schwankte bei der geringsten Berührung in seinen Verankerungen. Sie kannten auch die Zimmertür, hinter der sich der Alte eingenistet hatte. Sie war nur angelehnt, das machte den Anfang einfacher, leiser. Sie blickten sich an, als sie den Alten in seinem Zimmer husten hörten. Na bitte, er war da.

Sie schoben den Türflügel zurück, drangen ins Zimmer hinter dem kurzen Flur.

He, sagte der Kleine, hast dich verpißt, he? Hast nicht auf uns warten können.

Hast gedacht, wir finden dich nicht, fügte der Große hinzu. Wir finden dich immer.

Los, Geld her, sagte der Kleine, Jacke runter.

Der alte Mann hatte sich jäh umgewandt, war erschrocken, hielt den Körper noch immer halb gebeugt. Er hatte am Tisch in ein paar Sachen gekramt, Lumpen (oder waren Eßwaren in dem zerknüllten, fettigen Papier?), sein Mund stand offen, seine Hände hielten zitternd ein Tuch.

Nicht ausgerückt bin ich, nein, nein. Ich hab nichts, kein Geld, sagte er dann. Sie haben mir heute nur ein paar Groschen gegeben am Markt.

Hast wohl nicht laut genug geflötet, lachte der Große.

Quatscht nicht lange, sagte der Junge. Her die Klamotten.

Er riß kräftig am Ärmel, als der Alte, bibbernd, die Jacke nicht schnell genug herunterbekam. Dann tastete er geschickt und erfahren den Stoff ab, fuhr in die Taschen, legte das Gefundene auf den Tisch, fegte das Knüllpapier zur Seite: eine angebrochene Schachtel F 6, sechs lose Zigaretten, dazu sechs einzelne Geldstücke, Groschen.

Das soll alles sein? Und wo sind die vier Riesen, wo ist deine Stütze? Wo hast du die versteckt? Rede, ich zwing dich.

Ich war nicht dort, nicht auf dem Amt, ich hol das Geld nicht. Für wen? Doch nicht für mich. Ich kenn mich dort auch gar nicht mehr aus.

Wir bringen dich hin.

Nein, ich geh nicht. Keinen Schritt geh ich.

Sie begriffen seine Zähigkeit, seinen Widerstand nicht. Er stand vor ihnen, schwach, zitternd, aber er war nicht bereit, mit ihnen zu gehen. Immer hatte es wenig Mühe gekostet, von ihm zu bekommen, was sie wollten. Sie brauchten ihn im Grunde nicht einmal zu schlagen, nicht anzubrüllen, es brauchte nicht einmal die ganze Clique dabei zu sein, der Hund nicht, sie brauchten sich nur entschieden vor ihn zu stellen, dann zog er hervor, was er mit sich trug.

Nur diesmal, ausgerechnet diesmal, wo so viel auf dem Spiel stand, wo es um so viel mehr ging, weigerte er sich. Es steigerte ihren Zorn. Sie packten den schwachen Greis, sie schüttelten ihn. Sollte ihre Aussicht auf das große Geld schwinden, noch dazu, da es ihnen beiden allein gehören konnte? Sie redeten noch ein, zwei

Minuten, dann wußten sie: Es hatte keinen Zweck, sie mußten anders vorgehen.

Sie sprachen von nun an nur noch wenig miteinander, nur das Nötigste. Hatten sie sich irgendwann vorher abgesprochen, oder ergab sich alles zwischen ihnen von ganz allein, wie sich immer vieles bei ihnen von allein ergeben hatte?

Der Kleine hielt unvermittelt einen Knüppel in seinen Händen, eine hölzerne Stange, ein rundes Langholz, vielleicht einen Stiel, den ihm der andere gereicht hatte. Mit dem trieb er nun den Alten, der sich willig ergab, die Treppe zum Dachboden hinauf. Das Hemd, sagte er dort, los, runter. Der Alte nestelte die oberen Hemdknöpfe auf, riß sich schließlich den sperrigen Stoff über den Kopf, stand mit nahezu nacktem Oberkörper vor ihnen, fror. Sein Unterhemd war dünn, schmutzig, zerrissen, bestand eigentlich nur noch aus Fetzen. Sie sahen gleichgültig die dünne Haut, ahnten das bißchen Fleisch über den bloßen, durchscheinenden Knochen.

Was habt ihr mit mir nur vor? fragte der Alte. Was soll das werden?

Ruhe, befahl der Kleine.

Der Dachboden war schmal, eng, ein Schlauch, der rückwärts an einem schmalen Hof vorüber über das Hinterhaus führte. Balken teilten ihn in Kopfhöhe, ließen ihn zusätzlich enger erscheinen. Durch zwei kleine Fenster, vorn und hinten, trat einiges Licht. So sah man Bretter und Kisten stehen. In die Balken waren Haken eingedreht. Der Dachboden war früher wie viele Dachböden zum Wäschetrocknen genutzt worden. Eine Plasteleine hing, zusammengeschlungen, noch an einem der vorderen Haken.

Was soll das? fragte der Alte noch einmal. Aber er bekam keine Antwort mehr. Er mußte sich an einen der Mittelbalken stellen, die Füße eng zusammen, die Arme weit nach oben, daß sie vor den hölzernen Verstrebungen lagen, dann begannen die Jungen, den Körper des Mannes an die Balken zu fesseln, erst die Füße, dann den Leib, nacheinander Bauch, Brust und Hals.

Sie verwendeten die Plastewäscheleine, die sie gefunden hatten. Sie führten die Leine jedesmal von vorne über den Körper nach hinten, zogen sie straff zusammen und verknoteten sie mehrfach. Sie machten das über den Unterschenkeln genauso wie in der Hüf-

te und über der Brust. Unterm Kopf führten sie das Seil erst hinterm Nacken entlang rund um den gesamten Hals und dann noch
einmal um Hals und Balken, ehe sie es wieder so straff verknoteten,
wie sie konnten. Der alte Mann hatte ein paarmal japsend gestöhnt,
auch wieder gefragt: Warum? Nun stopfte ihm der Kleine das zuvor
ausgezogene Hemd, nachdem er es kräftig zu einem Knebel zu-
sammengewunden hatte, zwischen Ober- und Unterkiefer, während der andere mit der straff gezogenen Leine wartete, um sie
danach auf die gleiche Weise wie bisher durch den geöffneten
Mund und rund um den Balken zu spannen. Weil ihnen die Kno-
ten schließlich nicht fest genug saßen, zwängten sie die hölzerne
Rundstange, den Stiel, zusätzlich zwischen Balken und Knotenfol-
ge, von unten nach oben, und prüften, zufrieden nickend, das Ergebnis. Nur schien dem Großen plötzlich die Mundfessel noch
etwas locker zu liegen. So schlangen sie den Leinenrest ihrem
Opfer noch einmal um den Mund. Da saß die Fessel dann auch in
diesem Bereiche fest, werden sie später erklären.

Du hast begriffen: Wir schneiden dich erst ab, wenn du mit uns
das Geld holen gehst. Hast du kapiert? sagten sie dann. Oder du
zeigst's uns, wenn du's schon unten versteckt hast.

Der alte Mann hob nur einmal die Lider, starrte sie mit großen
Augäpfeln an.

Da es sein konnte, irgendwer aus dem noch bewohnten Nach-
barhaus gegenüber entdeckte den alten Mann zufällig durch das
kleine Fenster, stellten sie zwei in einer Ecke herumliegende Türen
senkrecht auf, verkantet zueinander, so daß sie nicht umstürzten,
lehnten ein breites Stück Linoleum zusätzlich daran.

Der Lange, Größere, vielleicht in dem jähen Gefühl, im Vergleich zu dem Jüngeren zu wenig getan zu haben, rannte danach
noch einmal hinter die derart geschaffene Sichtblende. Damit du's
kapierst, schrie er und trat ihrem Opfer noch dreimal gegen den
Leib. Der erste Tritt traf zwischen die Beine, der zweite die Hüfte,
der dritte den Bauch.

Dann gingen sie, verschlossen die Bodentür sorgfältig, steckten
den Schlüssel ein und blieben anschließend noch ein paar Minuten in der Etage darunter. Sie hatten Gelegenheit, die paar Sachen
des alten Mannes und das bißchen Gerümpel in der Stube gründ-

lich zu durchsuchen. Aber sie wußten es ja längst: Da waren keine Reichtümer verborgen, da gab es kein gehortetes Geld.

Sie waren nicht erregt, sie waren auch nicht matt von der Anstrengung – die war es ja für sie trotz allem gewesen – wenngleich: Sie hatten doch mit etlichem Widerstand des alten Mannes gerechnet. Nun hofften sie nur, ihre Bemühungen hätten bald Erfolg.

Sie liefen durch die Stadt, der Kleinere, Jüngere war mit der ihn betreuenden Sozialarbeiterin verabredet, aber er hatte schließlich keine Mauke, keine Lust, den Termin wahrzunehmen, wer wußte, wie lange die ihn festhielt, gerade jetzt. Da mußte der Große, Ältere zu ihr gehen, ihn zu entschuldigen.

Keine zwei Stunden später, zurück im Abriß, stiegen sie in eiliger Neugierde zum Dachboden hinauf: Ihr Opfer würde schon kirre geworden sein. Als sie die Sichtblenden beiseite räumten, entdeckten sie's sofort: Der alte Mann hing entkräftet, schlaff in den Fesseln, er war zusammengesackt, er atmete nicht mehr, die Schlinge um seinen Hals, diese herumgeführte Plasteleine, hatte sich zusammengezogen, er war erstickt. Scheiße, sagten sie da, Pisse – sie kannten eine Menge solcher Wörter und verwendeten sie häufig –, die Aussicht auf das Geld war dahin. Das bewegte sie als erster Gedanke. Später begriffen sie, daß sie die Tat verbergen mußten. Mit einem Brotmesser, das sie zuvor offensichtlich übersehen hatten und nun in der Hose des Toten fanden, schnitten sie seine Fesseln auf, so daß er gegen den Mittelbalken auf die Knie herabfiel. Dort ließen sie ihn liegen, deckten die Türen und den Streifen Linoleum über ihn. Das Messer warf der Kleine durch das hintere Dachfenster in den Hof.

Danach streiften sie wieder ziellos durch die Stadt. Gegen Abend erst fanden sie vor Hunger nach Hause, der Kleine in die Wohnung seiner Eltern, die sich wie üblich gerade stritten, der Große in das Kinderheim, in dem er seit reichlich einem Monat untergebracht war.

Am Tag darauf erneut in der Stadt unterwegs, meiden sie den Abriß in der Rannischen Straße, halten sie sich krampfhaft meist in Bahnhofsnähe auf. Doch als sie mittags einem Mädchen aus der Clique begegnen, vermögen sie ihr Geheimnis nicht mehr für sich zu behalten. Sie wollen dem Mädchen zeigen, wen sie gefunden haben. Sabine B. informiert eine Stunde danach die Polizei. Die vernimmt etliche Anwohner, sie verhört auch Rene D., sechzehn Jahre, den Großen, und Andy K., fünfzehn Jahre, den Kleinen, die den Toten gefunden haben. Sie erwirkt, nachdem ihre Aussagen einander vielfach widersprechen, schließlich den Haftbefehl gegen beide. Kein großer Unbekannter, wie sie erst einmal vorgegeben haben, hat die Tat begangen, sie waren es beide, nur sie.

Das Urteil

Was tun mit solchen Tätern?

Die Öffentlichkeit der Stadt, mittlerweile oft und vielfältig über kaum begreifliche Verbrechensabläufe und Täter orientiert, ist, nachdem die Nachricht in die Zeitungen gekommen ist, dennoch schmerzlich berührt: Die Besonderheit der Vorgänge, die Brutalität des Geschehens, das jugendliche, fast kindliche Alter der Täter schockieren. Das weithin stadtbekannte Opfer, über dessen Lebensumstände man nun erst Genaueres erfährt, dieser hilflose, obdachlose Sänger, erregt zusätzliches Mitgefühl. Auch die Kriminalpolizisten, in vielem erfahren, werden von den Ereignissen, vor allem von der Gefühlskälte und Affektarmut der beiden Jugendlichen in den Vernehmungen, bis nahe an die Fassungslosigkeit gebracht. Kalt und sachlich beschreiben die beiden die Abläufe in dem Abrißhaus, auf dem Dachboden. Sie hätten, sagten Rene D. und Andy K., dem alten Mann einen Denkzettel verpassen wollen, weil er sie an der Nase herumführte. Sie hätten's gemacht, damit er ihnen sein Geld herausrückte. Sie hätten ihn nicht umbringen wollen. Er hätte sich selber erhängt, er habe eben Pech gehabt, ein Betriebsunfall. Ja, fügte der Jüngere, Andy K., sogar hinzu: Der Tod des alten Mannes interessiere ihn nicht sonderlich. Der wäre sowieso bald abgekratzt. Der habe ständig, von jedem, Dresche bezogen, auch schon von ihm. Es habe großen Spaß gemacht, den alten Mann zu quälen.

Der gutachtende Gerichtspsychiater vermag die Gründe für ihr

Verhalten genauer sichtbar zu machen, vor Gericht kommen sie gründlich zur Sprache. Es ist beinahe das Übliche, nur daß es sich hier in extremer Ausprägung zeigt. Der Kleine wie der Große haben nie echte Familienbeziehungen kennengelernt, in ihren Familien nie dauerhaft Schutz, Zuwendung oder Sicherheit erfahren, von Liebe gar nicht zu reden. So konnten sich bei ihnen nie Gefühle von Mitleid oder Schuld entwickeln.

Keinerlei solche Gefühle, sagt der Gutachter. Natürlich wurden auch die Fähig- und Fertigkeiten ihres Intellekts nur schwach ausgebildet. Beide Angeklagte gingen längere Zeit durch Kinderheime, der Große an eine Schule für Lernbehinderte, beide wehrten sich gegen jegliche staatlich verordneten Erziehungsmaßnahmen. Sie reagierten immer nur aggressiv, kalt, zornig, abwehrend. Der Große zum Beispiel, Rene D., *suchte seine innere Haltlosigkeit und Leere mit seinem aggressiven, gereizten, dissozialen Verhalten zu kompensieren.* Beide wurden bereits vielfach straffällig, meist durch Diebstahlshandlungen. Aber immer hatte man gehofft, auf sie nicht durch Jugendstrafen einwirken zu müssen, sondern sie durch sozialpädagogische Betreuung bessern zu können. Da hatten sie immer von neuem den Weg zu ihrer Clique gefunden ...

Was tun mit solchen Tätern?

Die Diskussion über diese Frage ist erheblich in Bewegung geraten, besonders im Zusammenhang mit Wiederholungsfällen von Sexualstraftätern. Sie kann in dieser Darstellung nicht zur Debatte stehen. Aber die hier geschilderten Abläufe und ihre juristische Beurteilung scheinen ein nützlicher Beitrag zur Auseinandersetzung.

Im Falle von Rene D. und Andy K. stellte die 4. Strafkammer des zuständigen Landesgerichts, die Jugendstrafkammer, seinerzeit fest: Die beiden Angeklagten wollten zwar nicht morden – so noch der Vorwurf der Anklage –, denn um zu ihrem erhofften Geld zu gelangen, brauchten sie ihr Opfer lebend. Aber *sie haben zur Erlangung ihres Ziels in nicht zu überbietender Brutalität und Rücksichtslosigkeit das Leben ihres Opfers leichtfertig aufs Spiel gesetzt.* Die Ursachen für dieses Verhalten sind in den Defiziten ihrer sozialen und psychischen Entwicklung zu sehen. Die könne man nur durch langdauernde erzieherische Einwirkung, vor allem medizinisch-therapeutische Behandlung, beseitigen. Dennoch dürfe nicht auf die Verhängung einer erheblichen Jugendstrafe verzichtet werden: *Gerade aus erzieherischer Sicht muß den Angeklagten klargemacht werden, daß ihre Tat äquivalent geahndet wird und daß die Ursachen für diese schwere Tat nur in einer ausreichend langen Zeit beseitigt werden können. Gerade wegen der schwierigen psychischen Struktur der Angeklagten ist es wichtig, ihnen die normalen Folgen ihrer Tat aufzuzeichnen, um dadurch auch ihre Einsicht in medizinisch-therapeutische Bemühungen zu fördern.*

Außerdem bemerkte die Kammer in voller Übereinstimmung mit dem gutachtenden Sachverständigen, *daß die festgestellten Persönlichkeitsstörungen bei beiden Angeklagten dazu führen werden, daß sie, wenn sie nicht therapiert werden können, in Zukunft in ähnlicher Weise auffallen werden. Mit Wiederholungstaten der angeklagten Art ist wegen der völlig fehlenden Mitleidensfähigkeit der Angeklagten zu rechnen.* Die Chancen einer Gesundung, die Ansätze eines Erfolgs, einer partiellen Besserung, werden dabei erhofft: bei langjähriger Therapie, aufgrund des Alters der Angeklagten.

Das Ergebnis: Die Jugendkammer ordnet die Unterbringung der beiden Angeklagten in einem psychiatrischen Krankenhaus an und spricht gleichzeitig gegen beide eine danach zu verbüßende Jugendstrafe von jeweils sieben Jahren aus.

PS
Während ich mich wieder in die Zusammenhänge des Falles ver-
setze, ihn beschreibe, lese ich in den Zeitungen: In der Hansestadt
H., im Sommer 1998, haben zwei Jugendliche, jeweils sechzehn,
bereits vielfach straffällig geworden und mehrfach vorbestraft, derzeit untergebracht in einer großzügigen *Jugendwohnung zur Abwen-
dung von Untersuchungshaft*, gestanden, den dreiundsiebzigjähri-
gen Besitzer eines Feinkostgeschäfts getötet zu haben: in der Mit-
tagszeit, mit einem Messer, wegen des Inhalts der Ladenkasse, 220
Mark Beute, die die beiden sechzehnjährigen Täter sogleich nach
der Tat teilten.

Mörderische Ärzte

Die spektakulärsten Serienmordfälle

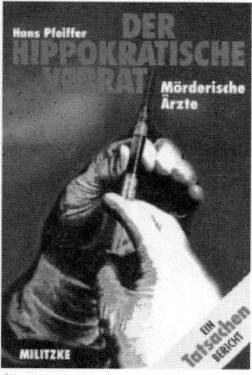

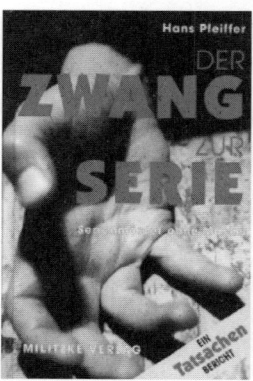

**Hans Pfeiffer
Der Hippokratische Verrat**
256 Seiten • Festeinband
ISBN 3-86189-095-X
24,80 DM

» …Pfeiffer vermag es, spannend die kruden Seiten des menschlichen Lebens zu erzählen… Eben richtig gute Kriminalliteratur.«
MDR-Kultur

**Hans Pfeiffer
Der Zwang zur Serie**
256 Seiten • Festeinband
ISBN 3-86189-087-9
24,80 DM

Hans Pfeiffer zeigt an authentischen Mordfällen die Schattenseite der Halbgötter in Weiß. Wie in all seinen Tatsachenberichten versteht es Hans Pfeiffer, höchste Spannung zu erzeugen und gleichzeitig sachlich Bedeutsames zu vermitteln.
Von der ersten bis zur letzten Seite ein aufrührendes und schockierendes Buch.

»Die seltsame Faszination der Untäter inspirierte nicht nur zahllose Filme… Hans Pfeiffer schildert elf berühmte Fälle… detailliert beschreibt er die Motive der Mörder…«
Die Welt

»Pfeiffers neues Buch … ist wie ein Quellenwerk … Lest es doch alle …«
Prof. Dr. Otto Prokop, ND

Dubiose Todesfälle	34 authentische Kriminalfälle	Für Leser mit starken Nerven

Hans Pfeiffer **Die Spuren der Toten** 224 Seiten · Festeinband ISBN 3-86189-065-8 24,80 DM	**Hans Pfeiffer** **Die Sprache der Toten** 224 Seiten · Festeinband ISBN 3-86189-047-X 19,80 DM	**Hans Pfeiffer** **Die Spiele der Toten** 224 Seiten · Festeinband ISBN 3-86189-073-9 24,80 DM

Auf welch rätselhafte Weise erstach Antonia Carlotti ihre dreijährige Tochter, ohne daß sich äußere Verletzungen an der Leiche fanden? Floß in Erich von Leyens Adern Hundeblut? Riß tatsächlich der Strick, als Theo Schell sich zusammen mit seiner Geliebten erhängen wollte, so daß er überlebte? Oder war es Mord und der angeblich gemeinsame Selbstmord nur vorgetäuscht?

Am 29. September 1935 ging Miss Johnson, ein Kurgast, in der Nähe des schottischen Ortes Moffet spazieren. Unweit eines Brückenpfeilers sah sie mehrere verschnürte Pakete liegen. Sie waren mit Zeitungen und blutiger Wäsche umhüllt. Miss Johnson benachrichtigte die Polizei... So beginnt der Bericht über den Zyklopenaugen-Fall, einen der 34 Tatsachenberichte, die Hans Pfeiffer spannend und kenntnisreich schildert.

Zuweilen spielen die Toten mit den Lebenden. Sie verbergen ihnen das Geheimnis ihres Todes. Im Auto eine Leiche. Der Kopf des Mannes liegt auf der Straße Ist es glaubhaft, daß er sich selbst enthauptet hat? Eine Tote hat ein Kind geboren. Sind »Sarggeburten« Horrormärchen oder Realität? Auf den Schienen eine zerstückelte Frauenleiche. War es Selbstmord, war es Mord? Drei erregende Fälle von vielen.

(Un-)gewöhnliche Fälle vor Gericht

Ein Kriminalbrevier

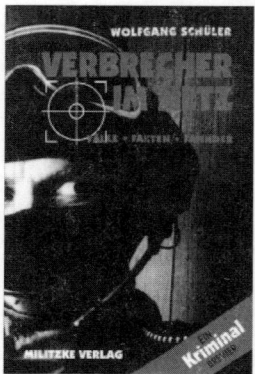

Wolfgang Schüler
In den Fängen der Justiz
Fälle · Fakten · Fehlurteile
224 Seiten · Festeinband
ISBN 3-86189-113-1
29,80 DM

Wolfgang Schüler
Verbrecher im Netz
Fälle · Fakten · Fahnder
240 Seiten · 71 Abbil-
dungen · Festeinband
ISBN 3-86189-091-7
29,80 DM

Militzke Verlag

Die Justiz gilt als ein trockenes Geschäft – Schüler vermag es mit Humor zu würzen. Seine Gerichtsberichte aus jüngster Zeit geben einen anschaulichen Überblick darüber, welche Tücken auf die Menschen im Alltag lauern: im Urlaub, auf der Arbeit, beim Einkaufen oder vor dem Fernseher ...
Wenn die Fälle, seien sie auch noch so kurios, vor Gericht landen, zählen nur noch Beweise.

»Ein spannendes, locker geschriebenes Buch, das allen Büchereien empfohlen wird.«
Die Neue Bücherei, München

»Mit dem Buch von Wolfgang Schüler kann man sich vergnüglich und kurzweilig durch die komplette Kriminalgeschichte beamen.«
Prof. Dr. Frank-Rainer Schurich, ND

Heike Diefenbach

Kinder und Jugendliche aus Migrantenfamilien im deutschen Bildungssystem

Erklärungen und empirische Befunde

VS VERLAG FÜR SOZIALWISSENSCHAFTEN

Bibliografische Information Der Deutschen Nationalbibliothek
Die Deutsche Nationalbibliothek verzeichnet diese Publikation in der
Deutschen Nationalbibliografie; detaillierte bibliografische Daten sind im Internet über
<http://dnb.d-nb.de> abrufbar.

1. Auflage März 2007

Alle Rechte vorbehalten
© VS Verlag für Sozialwissenschaften | GWV Fachverlage GmbH, Wiesbaden 2007

Lektorat: Frank Engelhardt / Katrin Schmitt

Der VS Verlag für Sozialwissenschaften ist ein Unternehmen von Springer Science+Business Media.
www.vs-verlag.de

Umschlaggestaltung: KünkelLopka Medienentwicklung, Heidelberg
Druck und buchbinderische Verarbeitung: Krips b.v., Meppel
Gedruckt auf säurefreiem und chlorfrei gebleichtem Papier
Printed in the Netherlands

ISBN 978-3-531-15356-8

Inhalt

Abbildungsverzeichnis

8

Tabellenverzeichnis

1. Einleitung

Die Situation von Kindern und Jugendlichen aus Migrantenfamilien im deutschen Schulsystem ist zuletzt im Zusammenhang mit der Veröffentlichung der Ergebnisse der PISA-Studie aus dem Jahr 2000 (OECD 2001) und – weniger pointiert – der PISA-Studie von 2003 in das Bewusstsein der Öffentlichkeit und der Bildungspolitiker gerückt. Für die schlechten Ergebnisse, die die Schüler an Deutschlands Schulen im Rahmen dieser Studie erzielten, wurden von einigen die Schüler aus Migrantenfamilien verantwortlich gemacht. Tatsächlich schnitten sie unabhängig davon, ob sie in Deutschland geboren waren oder nicht, im Vergleich zu deutschen Kindern in der PISA-Studie von 2000 deutlich schlechter ab, und zwar in allen Bereichen der Lesefähigkeit, die getestet wurden, nämlich der Fähigkeit, literarische, mathematische sowie wissenschaftliche Texte zu lesen und zu verstehen (OECD 2001: 152-156).[1]

Der Befund, nach dem Kinder und Jugendliche aus Migrantenfamilien im deutschen Schulsystem Nachteile gegenüber einheimischen Schülern haben, ist jedoch keineswegs neu. Vielmehr wurden bereits während der 1980er Jahre und zu Beginn der 1990er Jahre entsprechende Untersuchungen sowohl für einzelne (der alten) Bundesländer als auch für Gesamt(west)-deutschland durchgeführt, die diesen Befund erbrachten (Hopf 1981; 1990; Köhler 1990; Nauck 1994; Reiser 1981). Blickt man auf nunmehr etwa 20 Jahre Forschung über die schulische Situation von Migrantenkindern im deutschen Schulsystem zurück, so zeigt sich aber, dass es sich bei diesen Untersuchungen lediglich um Teildarstellungen handelt, die – auch zusammen betrachtet – keine adäquate und systematische Situationsbeschreibung bieten. Ein Ziel des vorliegenden Buches ist es daher, die Art und das Ausmaß der Nachteile der Kinder und Jugendlichen aus Migrantenfamilien gegenüber einheimischen Kindern im deutschen Schulsystem anhand verschiedener Indikatoren aufzuzeigen. Zu diesem Zweck werden Daten aus amtlichen Bildungsstatistiken und Surveys analysiert und die Ergebnisse dargestellt, nachdem die definitorischen und datentechnischen Voraussetzungen dieses Unterfangens geklärt worden sind (in Kapitel 2).

Mit der Feststellung von Art und Ausmaß der Nachteile, die Migrantenkinder gegenüber einheimischen Kindern im deutschen Schulsystem haben, ist jedoch nichts darüber ausgesagt, inwiefern es erstens überhaupt notwendig oder auch nur wünschenswert ist, Kindern mit Migrationshintergrund zu größerer Bildungsbeteiligung oder größerem Bildungserfolg zu

---

[1] Es sei darauf hingewiesen, dass die vergleichsweise schlechten Leistungen der Schüler aus Migrantenfamilien in der PISA 2000-Studie das schlechte Abschneiden Deutschlands im Vergleich zu anderen Ländern *nicht* erklären. Als Beleg hierfür sei zweierlei angeführt: Zum einen haben in Kanada und Australien, beides Länder mit deutlich höheren Anteilen von Schülern aus Migrantenfamilien als Deutschland, die Migrantenkinder ebenso gute Leistungen gezeigt wie einheimische Kinder (OECD 2001: 152-156). Zum anderen zeigen Schüler in Deutschland auch in solchen Bundesländern schlechte Leistungen, die keinen nennenswerten Anteil an Migrantenkindern in Schulen aufweisen, nämlich in den Neuen Bundesländern: Unter den Neuen Bundesländern hatte Sachsen im Schuljahr 1999/2000 mit 0,8% den höchsten Anteil ausländischer Schüler an allen Schülern. Zum Vergleich: Unter den Alten Bundesländern war im selben Schuljahr Schleswig-Holstein dasjenige mit dem niedrigsten Anteil ausländischer Schüler an allen Schülern; er betrug 4,7% (vgl. http://www.destatis.de).

verhelfen, und zweitens gerechtfertigt ist, von Benachteiligung von oder Ungerechtigkeit gegenüber diesen Kindern zu sprechen. Beide Fragen werden in Deutschland bislang nicht hinreichend diskutiert (ja, meist nicht einmal gestellt). Dies ist möglicherweise dadurch zu erklären, dass dem öffentlichen wie dem wissenschaftlichen Diskurs einige Annahmen zugrunde liegen, deren Status als unhinterfragte Prämissen gerade dadurch deutlich wird, dass sie implizit bleiben: So wird z.B. davon ausgegangen, dass ein enger Zusammenhang zwischen Bildung und wirtschaftlichem Wachstum bestünde oder davon, dass jede ungleiche Verteilung von Ressourcen auf Bevölkerungsgruppen auf eine Benachteiligung oder Ungerechtigkeit verweise. Mit diesen Prämissen wird sich Kapitel 3 beschäftigen.

Es wird sich zeigen, dass es insbesondere in Bezug auf die Frage danach, inwieweit schulische Nachteile von Kindern und Jugendlichen aus Migrantenfamilien als Benachteiligung aufgefasst werden können, notwendig ist, die Ursachen für die existierenden Nachteile festzustellen: Eine absichtliche oder unabsichtliche Diskriminierung der Kinder und Jugendlichen aus Migrantenfamilien durch die Institutionen des Bildungssystems bzw. durch deren Repräsentanten ist ebenso eine mögliche Ursache wie Defizite auf Seiten der Schüler aus Migrantenfamilien oder ihrer Eltern, die das deutsche Schulsystem vielleicht nicht durchschauen oder den Zielsetzungen, die in ihm verfolgt werden (sollen), misstrauen. Möglicherweise sind die Nachteile der Schüler aus Migrantenfamilien gegenüber deutschen Schülern aber auch Ergebnis rationaler Erwägungen, nach denen sich eine lange Bildungskarriere und die damit eventuell verbundenen Bildungsabschlüsse angesichts der Lebenspläne der Migranten einfach nicht lohnen. Diese und weitere mögliche Erklärungen für die in Kapitel 2 beschriebenen Befunde werden in Kapitel 4 vorgestellt. In ihm wird erstmals eine umfassende Darstellung verschiedener potentieller Erklärungen für die schulischen Nachteile von Kindern und Jugendlichen aus Migrantenfamilien versucht, die sowohl die in der Fachliteratur vorgebrachten Argumentationsmuster als auch in den USA entwickelte, aber bislang in Deutschland nicht rezipierte Erklärungen berücksichtigt. Jede Erklärung wird auf ihren empirischen Bewährungsgrad hin untersucht: Zum einen werden – sofern verfügbar – die Befunde berichtet, die Prüfungen anderer Autoren ergeben haben, zum anderen werden Forschungslücken durch eigene statistische Analysen zu schließen versucht, wo dies mittels verfügbarer Daten möglich ist. Am Ende von Kapitel 4 der vorliegenden Arbeit wird eine Zusammenfassung dessen möglich sein, was wir über die Ursachen der Nachteile von Kindern und Jugendlichen aus Migrantenfamilien gegenüber deutschen Kindern und Jugendlichen im System schulischer Bildung wissen und was wir nicht wissen, aber aus bestimmten (später zu nennenden) Gründen wissen sollten.

Anschließend (in Kapitel 5) wird danach gefragt, ob und ggf. welche Folgerungen aus der Darstellung und Diskussion der verschiedenen Erklärungen für die pädagogische Praxis oder die Bildungspolitik abgeleitet werden können.

Das vorliegende Buch endet mit der Zusammenfassung der Ergebnisse sowohl des beschreibenden als auch des theoretischen und empirischen Teils sowie der hierauf basierenden Überlegungen zum Stand der Forschung und zu den Implikationen für die pädagogische Praxis und die Bildungspolitik.

2. Bildungsbeteiligung, schulische Leistungen und Bildungserfolg von Kindern und Jugendlichen aus Migrantenfamilien im deutschen Schulsystem

Ziel dieses Kapitels ist es, einen möglichst systematischen und umfassenden Überblick über die Bildungsbeteiligung, die Schulleistungen und den Bildungserfolg von Kindern und Jugendlichen mit Migrationshintergrund im deutschen Schulsystem zu geben. Bevor die inhaltliche Darstellung geleistet werden kann, muss geklärt werden, warum die Situation im deutschen Schulsystem anhand der genannten drei Kriterien (und keiner anderen) beschrieben werden soll, wer genau als Migrantenkind oder -jugendlicher gelten soll und welche Daten zur Beschreibung der schulischen Situation von Migrantenkindern oder -jugendlichen in Deutschland überhaupt zur Verfügung stehen. Kapitel 2.1 behandelt diese Fragen und bietet somit die Grundlagen für das Verständnis und die sinnvolle Interpretation der in Kapitel 2.2 berichteten Ergebnisse.

2.1 Die Voraussetzungen der Beschreibung

Die Situation von Schülern bzw. Schülergruppen im Bildungssystem lässt sich auf vielerlei Weise und anhand einer Vielzahl verschiedener Indikatoren beschreiben. Um zu einer umfassenden Darstellung zu kommen, müssten individuelle Merkmale wie die Zufriedenheit von Schülern mit ihrem Schulalltag ebenso wie strukturelle Faktoren wie z.B. die Ausgaben für Bildung pro Schüler Berücksichtigung finden. Dies ist jedoch im Rahmen der vorliegenden Arbeit nicht zu leisten und soll auch nicht versucht werden, weil es im Zusammenhang mit der schulischen Situation von Kindern oder Jugendlichen mit Migrationshintergrund letztlich immer um die Frage nach der Existenz sowie der Erklärung oder der Legitimation sozialer Ungleichheit geht. Deshalb sollen hier nur diejenigen Indikatoren zur Beschreibung berücksichtigt werden, die in der Bildungsforschung gewöhnlich verwendet werden, wenn es um soziale Ungleichheit geht, weil sich für sie ein direkter Einfluss auf die späteren Lebens- und Erwerbschancen herstellen lässt. Es handelt sich dabei um die Bildungsbeteiligung, die Schulleistungen und den Bildungserfolg. Alle drei Indikatoren werden in Kapitel 2.1.1 erläutert.

Zweitens ist unklar, wer als Migrantenkind oder -jugendlicher bzw. als Schüler aus einer Migrantenfamilie gelten soll. Kapitel 2.1.2 wird zeigen, dass es gänzlich falsch wäre, diese Population als homogene, klar abgrenzbare Gruppe aufzufassen. Vielmehr werden unter der Klammer "Migrantenkinder und -jugendliche" oder "Schüler aus Migrantenfamilien" sehr heterogene Schülergruppen zusammengefasst. Diese Gruppen auch nur hinsichtlich der drei oben genannten Indikatoren differenziert zu beschreiben, erweist sich angesichts des vorliegenden Datenmaterials, das in Kapitel 2.1.3 vorgestellt wird, als sehr schwierig.

Kapitel 2.1.4 zieht ein Resümee zur Menge und Qualität der Informationen über die Situation von Kinder oder Jugendlichen aus Migrantenfamilien im deutschen Schulsystem und stellt die Schwierigkeiten, die mit der Betrachtung des Gegenstands verbunden sind, noch einmal zusammen.

2.1.1   Indikatoren der Situation von Schülern oder Schülergruppen im Schulsystem: Bildungsbeteiligung, Schulleistungen und Bildungserfolg

Als Indikatoren für die Situation von verschiedenen Schülergruppen im Allgemeinen und Migrantenkindern und -jugendlichen im Besonderen werden gewöhnlich die Bildungs-beteiligung, die Schulleistungen und der Bildungserfolg in verschiedenen Operationalisie-rungen herangezogen. Abbildung 1 stellt diese Indikatoren zusammen.

Abbildung 1:   Indikatoren für die schulische Situation (verschiedener Gruppen) von Schülern

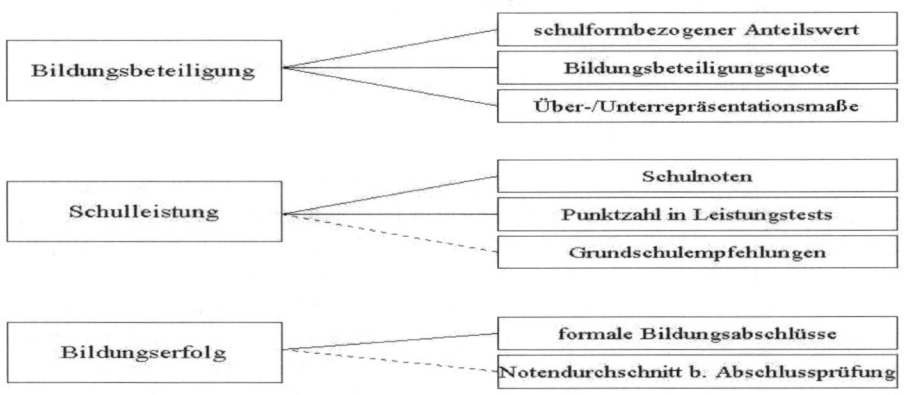

Bezüglich der Bildungsbeteiligung lassen sich der schulformbezogene Anteilswert und die sog. Bildungsbeteiligungsquote (auch "sozialer Beteiligungswert" genannt) unterscheiden. Bei beiden handelt es sich um in Prozenten ausgedrückte Anteilswerte; jedoch sind die Grund-gesamtheiten, auf die sie sich beziehen, jeweils unterschiedlich: Beim *schulformbezogenen Anteilswert* wird errechnet, wie groß die Anteile von Schülern aus verschiedenen sozialen oder ethnischen Gruppen, die zu einem bestimmten Zeitpunkt eine bestimmte Schulform besuchen bzw. eine bestimmte Bildungsmöglichkeit nutzen, im Verhältnis zueinander sind. Ein Beispiel für einen schulformbezogenen Anteilswert ist z.B. der Ausländeranteil an einer bestimmten Schulform in einem bestimmten Schuljahr. Die Grundgesamtheit, auf deren Basis schulform-bezogene Anteilswerte errechnet werden, sind also alle Schüler, die die jeweilige Schulform besuchen bzw. die jeweilige Bildungsmöglichkeit nutzen.

Die Grundgesamtheit, die der *Bildungsbeteiligungsquote* zugrunde liegt, ist die Gesamtheit aller Personen, die einer bestimmten Gruppe (z.B. der Gruppe der ausländischen Schüler) angehören. Die Bildungsbeteiligungsquote drückt aus, wie groß die Anteile unter den Personen in dieser Gruppe sind, die zu einem bestimmten Zeitpunkt bestimmte Schulformen besuchen oder bestimmte Bildungsmöglichkeiten nutzen. Wenn man sagt, dass im Schuljahr 1999 von allen ausländischen Schülern in der Sekundarstufe 44,8% eine Hauptschule und 15,4% eine Integrierte Gesamtschule besuchten, so gibt man Bildungsbeteiligungsquoten an. In der Literatur wird sowohl für den schulformbezogenen Anteilswert als auch für die Bildungs-beteiligungsquote häufig der Überbegriff "Bildungsbeteiligung" benutzt, so dass jeweils zu prüfen ist, von welchem Indikator für Bildungsbeteiligung tatsächlich die Rede ist.

Auch *Maße für die Über- oder Unterrepräsentation* von Schülern, die verschiedenen sozialen Gruppen zugerechnet werden können, an bestimmten Schulformen werden als Indi-katoren für deren Bildungsbeteiligung herangezogen. Sie werden gewöhnlich auf der Grundlage der Differenz berechnet, die sich aus dem Vergleich der Kontingenz- und der Indifferenztabelle ergibt (z.B. bei Diefenbach & Klein 2002; Kornmann & Schnattinger 1989). Manchmal wird auch von einer Über- oder Unterrepräsentation bestimmter Schülergruppen gesprochen, wenn ihr Anteil an einer bestimmten Schulform, d.h. ihr schulformbezogener Anteilswert, über oder unter ihrem Anteil an der Gesamtschülerschaft liegt.[2]

Eines der Über- und Unterrepräsentationsmaße, nämlich der Relative Risiko-Index (RRI), wird hier näher beschreiben, weil es gegenüber verschiedenen alternativen Maßen Vorteile hat (vgl. hierzu den Vergleich verschiedener Maße zur Beschreibung der Bildungsbeteiligung bei Burgard 1998) und in Kapitel 2.2 verwendet wird.

Beim RRI handelt es sich um ein Assoziations- und Effektmaß zur Quantifizierung der Stärke eines statistischen Zusammenhangs. Es ist der Epidemiologie entlehnt, wo es als „Relati-ves Risiko" (RR) bezeichnet wird. Es gibt an, um wie viel wahrscheinlicher oder weniger wahr-scheinlich das Eintreten eines Ereignisses oder das Auftreten eines Merkmals bei Vorhanden-sein eines bestimmten Faktors im Vergleich zum Nichtvorhandensein dieses Faktors ist. Tabelle 1 illustriert, wie der RRI berechnet wird:

Tabelle 1:   Die Berechnung des Relativen Risiko-Index (RRI)

	Merkmal vorhanden	Merkmal nicht vorhanden	Insgesamt
Population 1	A	B	a + b
Population 2	C	d	c + d
Insgesamt	a + c	b + d	a + b + c + d

Risiken (R) des Vorhandenseins des Merkmals in den beiden Populationen (1 und 2):
$R_1 = a / a + b$; $R_2 = c / c + d$
Relatives Risiko der Population 1, das Merkmal aufzuweisen, im Vergleich zur Population 2:
R_1 / R_2

---

[2]   Dies ist z.B. bei Merkens (1990: 242) der Fall, der u.a. für das Schuljahr 1985 den Ausländeranteil an Gymnasien in Westdeutschland mit dem Ausländeranteil an der gesamten Schülerschaft an allgemein bildenden Schulen in Westdeutschland im selben Schuljahr vergleicht und feststellt, dass Ersterer mit 3,3% deutlich niedriger ist als Letzterer mit 9,2%, was er als eine Unterrepräsentation von ausländischen Schülern an Gymnasien bezeichnet.

Der RRI kann als Maß für die Stärke eines Zusammenhangs aufgefasst werden: RRI = 1 bedeutet, dass kein Zusammenhang zwischen dem jeweils interessierenden Merkmal und der Zugehörigkeit zu der einen oder anderen Population besteht, d.h. keine der beiden Populationen wäre im Hinblick auf das Merkmal über- oder unterrepräsentiert. Ein RRI > 1 zeigt eine Über-repräsentation von Population 1 gegenüber Population 2 bezüglich des Merkmals, ein RRI < 1 eine Unterrepräsentation. Z.B. besagt RRI = 2, dass Population 1 das Merkmal doppelt so häufig aufweist wie Population 2 – jeweils gemessen an ihren relativen Häufigkeiten (siehe Tabelle 1). Umgekehrtes gilt für RRI = 0,5: Population 1 weist das Merkmal nur halb so häufig auf wie Population 2. Es sei betont, dass der Zusammenhang, den der RRI abbildet, nicht notwendigerweise ein kausaler Zusammenhang ist; vielmehr ist zu klären, warum bzw. wie der Zusammenhang zustande kommt.

Für den RRI lässt sich durch Berechnung des 95%-Konfidenzintervalls angeben, ob er statistisch signifikant von 1 verschieden ist. Dies ist jedoch nur dann notwendig, wenn ein RRI für eine Stichprobe aus der Grundgesamtheit errechnet wird, wenn sich also die Frage danach stellt, inwieweit die Stichprobe mit der Grundgesamtheit übereinstimmt. In Fällen, in denen RRI für die Grundgesamtheit selbst (z.B. bei Vollerhebungen) berechnet werden, stellt sich diese Frage nicht, und die Berechnung von Konfidenzintervallen ist nicht notwendig.

Neben dem RRI gibt es eine Reihe weiterer Maße, die relative Risiken schätzen. Unter ihnen ist das Chancen-/Quotenverhältnis oder 'odds ratio' (OR) das am häufigsten benutzte und insofern bekannteste Maß. Jedoch ist der RRI stabiler als andere Risikomaße (auch als das OR) gegenüber Veränderungen der Stichprobengröße sowie der Gruppengrößen (vgl. hierzu aus-führlich Burgard 1998).[3]

Ein Über- bzw. Unterrepräsentationsmaß, das nicht auf der Bildungsbeteiligungsquote aufbaut, sondern der Logik der schulformbezogenen Anteilswerte folgt, haben Pierre Bourdieu und Claude Passeron in ihrer bekannten Studie zur "Illusion der Chancengleichheit" (1971 [1964]) verwendet: Sie haben die Anteile von Jugendlichen, deren Eltern verschiedenen Berufsgruppen angehören, an der Studentenschaft errechnet und diese Anteile in Beziehung gesetzt zur Größe der jeweiligen Berufsgruppen in der Gesamtbevölkerung. Aus beiden An-teilen wird der Quotient gebildet, so dass ein Quotient, der größer als eins ist, eine über-proportionale Vertretung der Jugendlichen mit Eltern aus der entsprechenden Berufsgruppe anzeigt, ein Quotient, der kleiner als eins ist, jedoch eine unterproportionale Vertretung. Dieser sogenannte Rekrutierungsindex ist insbesondere zur Beschreibung der Bildungsbeteiligung von Schülern mit Eltern aus verschiedenen Berufsgruppen über die Zeit hinweg geeignet, weil er eine Zu- oder Abnahme der Erwerbstätigen in den verschiedenen Berufsgruppen in Rechnung stellt. Wird z.B. eine Zunahme von Schülern mit Eltern aus einer bestimmten Berufsgruppe über einen bestimmten Zeitraum hinweg beobachtet, so wird sie mit der Zu- oder Abnahme von Erwerbstätigen in dieser Berufsgruppe im selben Zeitraum ins Verhältnis gesetzt, um herauszu-finden, ob die Zunahme der Schüler mit Eltern aus dieser bestimmten Berufsgruppe einfach der Tatsache geschuldet ist, dass es mehr Personen als früher in dieser Berufsgruppe gibt, oder ob es sich tatsächlich um eine Veränderung des Bildungsverhaltens der Schüler mit Eltern aus die-ser Berufsgruppe handelt (vgl. hierzu die Erläuterungen und Berechnungen von Rodax 1995).

---

[3]   Im übrigen gleicht sich das OR dem RRI um so stärker an, je seltener das Ereignis ist, dessen Auftretens-
       wahrscheinlichkeit für verschiedene Personengruppen berechnet werden soll.

Schulleistungen werden entweder als fächerspezifische *Schulnoten* oder als *in Leistungstests erreichte Punktzahlen* abgebildet. Noten als Indikatoren für Schulleistungen haben den Vorteil, dass sie leicht nachvollziehbar sind. Außerdem haben die von Lehrern tatsächlich vergebenen Noten einen entscheidenden Einfluss auf die Schulkarriere eines Kindes insofern als sie die Versetzungschancen des Kindes bestimmen, beim Übergang von der Primar- in die Sekundarstufe die Grundlage für die *Grundschulempfehlung*, die das Kind erhält, darstellen und auch herangezogen werden, wenn entschieden werden muss, ob die schulische Bildung über den gesetzlich bestimmten Mindestzeitraum hinaus fortgesetzt werden soll oder die Schulform gewechselt werden soll. Da jedoch die Noten eines Kindes für die Grundschulempfehlung nicht in allen Bundesländern gleichermaßen bindend sind, in die Empfehlung der Grundschullehrer andere Schülermerkmale als deren Noten einfließen dürfen und dem Elternwillen ein jeweils unterschiedlicher Stellenwert zukommt, sind Grundschulempfehlungen einerseits nicht mit Noten gleichzusetzen (vgl. hierzu Büchner & Koch 2001: 19-22 sowie zur empirischen Forschung über das Verhältnis zwischen Elternwünschen und Grundschulempfehlungen Ditton 1989; Merkens & Wessel 2002: 112-115), andererseits sind die Grundschulempfehlungen aber in der Regel nicht unabhängig von den Schulnoten. Inwieweit Grundschulempfehlungen tatsächlich ein geeigneter Indikator für Schulleistungen sind, ist also eine empirische Frage (weswegen der entsprechende Zusammenhang in Abbildung 1 als eine unterbrochene Linie dargestellt ist). Dennoch sind Grundschulempfehlungen ein wichtiger Indikator zur Beschreibung der Situation verschiedener Schülergruppen im System schulischer Bildung, weil sie den Übergang vom Primar- in den Sekundarschulbereich beeinflusst, der im gegliederten Schulsystem der Bundesrepublik Deutschland die zukünftigen Bildungschancen weitgehend determiniert, auch wenn Wechsel innerhalb des Sekundarschulbereichs möglich sind.

Im Rahmen von Schulleistungsstudien wie der Internationalen Grundschul-Lese-Untersuchung (IGLU) und der Third International Mathematics and Science Study (TIMSS), die beide von der International Association for the Evaluation of Educational Achievement (IEA) initiiert und gefördert wurden, oder dem Programme for International Student Assessment (PISA) der Organisation for Economic Co-operation and Development (OECD) gibt man sich jedoch mit den Noten als Indikatoren für Schulleistungen nicht zufrieden. Zum einen bilden Noten die Einschätzungen der schulischen Leistungen von Kindern durch die (Fach-/)Lehrer ab; es handelt sich bei ihnen also nicht um "objektive" Messungen der Schulleistungen der Kinder. Zum anderen interessieren sich die an Schulleistungsstudien beteiligten Forscher häufig nicht für die fachlichen Leistungen, die die Schüler erbringen, als solche, sondern für Kompetenzen, die den fachlichen Leistungen zugrunde liegen. Aus diesem Grund werden im Rahmen von Schulleistungsstudien Tests verwendet oder erst entwickelt, die die interessierenden Kompetenzen erheben und eine vergleichende Bewertung dieser Kompetenzen ermöglichen sollen.[4] Die Schülerleistungen werden dann als in diesen Tests erreichte Punktzahlen gefasst und die Punktzahlen wiederum in Kompetenzstufen zusammengefasst.

Obwohl Schulleistungen plausiblerweise als ein Indikator für Bildungserfolg betrachtet werden können, ist es üblich, als *Bildungserfolg* den *Erwerb bestimmter formaler Bildungsabschlüsse* zu bezeichnen. Während Schulleistungen Bildungserfolg punktuell, d.h. zu einem bestimmten Zeitpunkt und in bestimmten Schulfächern messen, bilden formale Bildungsabschlüsse oder Bildungszertifikate den langfristigen Bildungserfolg ab. Wenn Informationen

---

[4]   Erläuterungen hierzu werden in Kapitel 2.1.3 gegeben.

über erworbene Bildungsabschlüsse nicht vorliegen, z.B. aufgrund des (niedrigen) Lebensalters der interessierenden Personen, kann ersatzweise die Wahrscheinlichkeit, bestimmte formale Bildungsabschlüsse zu erreichen, als Maß für Bildungserfolg herangezogen werden.[5]

In Ländern, in denen bestimmte, meist weiterführende Bildungsabschlüsse durch zentrale Prüfungen erworben werden, wie z.B. Großbritannien, wird häufig nicht (nur) der Abschluss als solcher als Indikator für Schulleistungen oder Bildungserfolg herangezogen, sondern auch der *Notendurchschnitt, der im Rahmen der Abschlussprüfung erzielt wurde.* Der Informationsgehalt ist in diesem Fall größer, weil nicht nur das Vorliegen oder Nicht-Vorliegen eines bestimmten Abschlusses festgestellt und beschrieben werden kann, sondern auch angegeben werden kann, wie qualifiziert der Abschluss ist. Dass dies wichtig ist, ist unmittelbar einleuchtend, wenn man bedenkt, dass z.B. die Abiturnote mit darüber entscheidet, ob ein bestimmtes Fach an der Universität studiert werden kann oder nicht, nämlich dann, wenn verschiedene Studienfächer mit einem unterschiedlich hohen numerus clausus belegt sind.[6] Dennoch werden die bei Abschlussprüfungen erreichten Noten bzw. der entsprechende Notendurchschnitt in der Bildungsforschung – vermutlich mangels Verfügbarkeit – selten als Indikatoren für Schulleistungen oder Bildungserfolg herangezogen.

Im Verlauf dieser kurzen Beschreibung der verschiedenen Maße, die in der Bildungsforschung benutzt werden, um die Situation von Schülern oder verschiedenen Schülergruppen in einem Bildungssystem zu beschreiben, wurden bereits einige Vor- oder Nachteile bestimmter Maße angesprochen. In der deutschen Bildungsforschung wird die Bildungsbeteiligungsquote besonders häufig als Indikator benutzt. Vielleicht liegt dies darin begründet, dass sie der amtlichen Statistik zu entnehmen ist und in Surveys auf der Basis der Antworten, die Schüler (bzw. deren Eltern) auf die Frage nach der von ihnen besuchten Schule geben, leicht errechnet werden kann. Häufig liegt der Benutzung der Bildungsbeteiligungsquote (bzw. auf der individuellen Ebene: der Kenntnis des derzeit besuchten Schultyps) die Annahme zugrunde, nach der die Bildungsbeteiligungsquote (bzw. der besuchte Schultyp) im gegliederten Schulsystem der Bundesrepublik Deutschland in einem engen Zusammenhang mit dem formalen Bildungsabschluss stünde.[7] Der Hinweis scheint angebracht, dass es eine empirische Frage ist, ob dies tatsächlich so ist, und ob sie ggf. für verschiedene Schultypen und für verschiedene Schülergruppen unterschiedlich zu beantworten ist. So hat Diefenbach (2003) anhand der Daten der amtlichen Bildungsstatistik gezeigt, dass über einen Zeitraum von 1992 bis 1999 hinweg mehr ausländische Schüler eine Hauptschule besuchen als ausländische Schüler im gleichen Zeitraum einen Hauptschulabschluss machen, während bei deutschen Schülern im selben Zeitraum geringfügig mehr Schüler einen Hauptschulabschluss machen als eine Hauptschule besuchen. Sowohl ausländische als auch deutsche Schüler besuchen seltener eine Realschule als Absolventen die Schule mit einem Realschulabschluss verlassen, und bezüglich des Gymnasiumbe-

---

[5]   Wie die Berechnung der Wahrscheinlichkeiten für Schüler, die noch keinen Schulabschluss aufzuweisen haben, einen bestimmten Schulabschluss zu erreichen, vorgenommen werden kann, ist in Nauck, Diefenbach & Petri 1998 dargestellt.

[6]   Im israelischen Bildungssystem sind neben dem 'bagrut' als solchem, das mit dem deutschen Abitur vergleichbar ist, die Noten wichtig, die man in den einzelnen Fächern sowohl im Schulunterricht als auch in den zentralen Prüfungen erzielt hat. Zusätzlich ist die Fächerkombination, in der man die Prüfungen abgelegt hat, entscheidend dafür, welche Bildungswege im Bereich tertiärer Bildung offenstehen.

[7]   So stellt z.B. Nauck (1994: 114) fest: "Bemerkenswert ist im Hinblick auf den Schul*erfolg* von Ausländerkindern die Rolle der Gesamtschulen, auf die nach anfänglich zögernder Öffnung inzwischen ein erheblich und ständig steigender *Anteil* der Schüler ausländischer Herkunft entfällt" (Hervorhebung d. d. A.).

suchs bzw. des Abiturs verhält es sich umgekehrt. Die Bildungsbeteiligungsquote bzw. der Besuch eines bestimmten Schultyps ist also bestenfalls ein Näherungswert an die formalen Bildungsabschlüsse, die erzielt werden, und der Schluss von der Bildungsbeteiligung auf den Bildungsabschluss erweist sich als Fehlschluss.

Welches Maß zur Beschreibung der schulischen Situation von Schülern oder bestimmten Schülergruppen das geeignete ist, hängt von der spezifischen Fragestellung ab, die man zu beantworten versucht. Interessiert man sich z.B. für die Effizienz von Lehr-/Lernprozessen oder die Effekte bestimmter Lehrermerkmale auf den Wissenserwerb von Schülern, so wird man Schulleistungen in Form von Fachnoten oder die in Leistungstests erzielten Punkte betrachten. Betrachtet man dagegen die schulische Situation von Schülern vorrangig unter Gesichtspunkten der sozialen Ungleichheit, so bietet es sich an, formale Bildungsabschlüsse in den Blick zu nehmen, weil sie die mittel- und langfristigen Berufs- und Lebenschancen stark beeinflussen. Die Wahl eines passenden Maßes hängt aber auch von den Spezifika des Bildungssystems, innerhalb dessen die Situation der Schüler beschrieben werden soll, ab: So hat Allmendinger (1989) gezeigt, dass formale Bildungsabschlüsse den Berufseinstieg und die Karrierechancen in stark stratifizierten und standardisierten Bildungssystemen deutlich stärker beeinflussen als in weniger stratifizierten und standardisierten Bildungssystemen. Die Grundschulempfehlung und die Bildungsbeteiligungsquote an Schulen des Sekundarschulbereichs sind nur innerhalb eines gegliederten Schulsystems sinnvoll, und die in Abschlussprüfungen erzielten Noten stellen nur dann geeignete Indikatoren dar, wenn es sich um zentrale Abschlussprüfungen handelt, weil diese Noten nur dann miteinander vergleichbar sind. Dies alles sorgt bei internationalen Vergleichen für eine Reihe bislang ungelöster Probleme. Für die Beschreibung der schulischen Situation deutscher und ausländischer Schüler bzw. der Schüler mit Migrationshintergrund innerhalb *eines* Bildungssystems, um die es in Kapitel 2.2 gehen wird, ist es wichtig, im Auge zu behalten, für welche Art von Fragestellung der jeweilige Indikator geeignet ist und für welche weniger.

2.1.2   Wer sind "Migrantenkinder und -jugendliche"?

Neben der Frage nach den Indikatoren, die verwendet werden sollen, um die schulische Situation von Schülern zu beschreiben, ist zu entscheiden, wer als "Migrantenkind" gelten soll. Im öffentlichen Diskurs um "Migrantenkinder" scheint es ein mehr oder weniger geteiltes Vorverständnis darüber zu geben, wer "Migrantenkinder" sind, nämlich die Nachkommen der sog. Gastarbeiter, die im Rahmen bilateraler Verträge zwischen Deutschland und Italien (im Jahr 1955), Spanien, Griechenland (beide im Jahr 1960), der Türkei (1961), Marokko (1963), Portugal (1964), Tunesien (1966) und Jugoslawien (1968) zur Arbeit in Deutschland angeworben wurden, insbesondere die Nachkommen der in Deutschland sesshaft gewordenen Türken. Zwar gibt es eine Schnittmenge zwischen den Kategorien "Nachkommen der nach Deutschland zugewanderten Gastarbeiter" und "Migrantenkinder" (nämlich diejenigen, die als Kinder von sog. Gastarbeitern im Herkunftsland geboren und irgendwann nach ihrer Geburt nach Deutschland eingewandert sind), aber die Menge der "Migrantenkinder" geht sicherlich über die Kategorie der "Nachkommen der nach Deutschland zugewanderten Gastarbeiter" hinaus (man denke z.B. an die Kinder von Aussiedlern). Gleichzeitig ist fraglich, ob es sinnvoll ist, alle Nachkommen der nach Deutschland zugewanderten Gastarbeiter als Migrantenkinder zu bezeichnen (wenn z.B. ein Kind mit deutscher Staatsangehörigkeit in Deutschland als Kind türkischer Gastarbeiter geboren wurde). Die Gruppe der "Migrantenkinder" oder der "Schüler mit Migrationshintergrund" zu definieren, ist jedenfalls unerlässlich, und zwar sowohl aus theoretischen Gründen (wie in Kapitel 4 noch deutlich werden wird) als auch aus Gründen der Korrespondenz mit der Lebenswelt, die uns umgibt.

Ausgangspunkt der Definition ist in jedem Fall der Begriff "Migration". Er kommt aus dem Lateinischen und bedeutet "Wanderung". Bislang gibt es keine einheitliche Definition von "Migration" in den Sozialwissenschaften. Der kleinste gemeinsame Nenner in Bezug auf "Migration" ist, dass es sich um "... solche Bewegungen von Personen und Personengruppen im Raum ...[handelt], die einen dauerhaften Wohnortwechsel ... bedingen" (Han 2000: 7). Andere Definitionen von "Migration" betonen zusätzlich die soziokulturellen Aspekte dieses Wohnortwechsels: So versteht Eisenstadt (1954: 1) unter "Migration" '... the physical transition of an individual or a group from one *society* to another [Hervorhebung d.d.A.]", und Ellemers (1964) fasst unter den Begriff "Migration" den Übertritt von einer soziokulturellen Umgebung in eine andere, wobei eine räumliche Distanz zwischen diesen Umgebungen besteht, die physische Kontakte erschwert.

Notwendiger Bestandteil einer Definition von "Migrantenkindern" oder "Schülern aus Migrantenfamilien" ist also, dass eine Zuwanderung nach Deutschland aus einem anderen Gebiet stattgefunden hat, mit der ein Übertritt von einer soziokulturellen Umgebung in eine andere vollzogen wurde. Bei Wanderungen über nationale Grenzen hinweg wird der Übertritt in eine andere soziokulturelle Umgebung als gegeben angenommen, so dass in der Regel eine Zuwanderungen nach Deutschland aus dem Ausland gemeint ist, wenn von "Migrantenkindern" oder "Schülern aus Migrantenfamilien" die Rede ist.[8] Die Frage ist nunmehr, in welcher Generation diese Wanderung stattgefunden hat bzw. wer der Migrant oder die Migranten nach Deutschland gewesen ist/sind. Unstrittig ist sicherlich, dass ein Kind, das in einem anderen Land als Deutschland geboren wurde und danach nach Deutschland gewandert ist, ein Migrantenkind ist: Es ist ein Kind, das nach Deutschland migriert ist, also sozusagen ein Migrantenkind erster Ordnung. In einem anderen Sinn läßt sich "Migrantenkind" als ein Kind von Migranten auffassen, d.h. als ein Kind von Eltern, die nicht in Deutschland geboren wurden, sondern in einem anderen Land, und nach Deutschland migriert sind. "Migrantenkinder" in diesem Sinn, also "Migrantenkinder 2. Ordnung", werden gewöhnlich als die "Zweite Generation" bezeichnet. Dies ist zumindest missverständlich, weil es sich bei diesen Kindern nicht notwendigerweise um die zweite Generation *von Migranten* handeln muss, nämlich dann nicht, wenn die Kinder keine Migranten (1. Ordnung) sind, weil sie in Deutschland geboren wurden und daher nicht nach Deutschland gewandert sind.[9] Umgekehrt muss nicht jedes

---

[8]   Es handelt sich hier jedoch keineswegs um eine Implikationsbeziehung: Z.B. kann eine Schülerin, die bislang mit ihrer Familie in Schleswig-Holstein gelebt hat und zur Schule gegangen ist und nunmehr in Bayern lebt und zur Schule geht, insofern als Schülerin aus einer Migrantenfamilie gelten als sie ihren physischen Lebensraum durch Wanderung verändert hat und sich nach der Wanderung in einer anderen soziokulturellen Umgebung wiederfindet. Offensichtlich wird eine Wanderung dieser Art gewöhnlich als unproblematisch betrachtet - wobei unerforscht bleibt, inwieweit sie dies tatsächlich ist. Jedenfalls wird sie in der Fachliteratur so gut wie nicht thematisiert, und noch weniger ist es üblich, Schüler mit dieser Art von Wanderungsgeschichte als Schüler aus Migrantenfamilien zu bezeichnen.

[9]   Wenn es sich aber nicht um eine zweite Generation von Migranten handelt, dann fragt man sich: die zweite Generation wovon? Treffender wäre vermutlich, wenn man statt von der "Zweiten Generation von Migranten" von der "Ersten Generation in Deutschland geborener Kinder nach Deutschland zugewanderter Eltern" spräche.

"Migrantenkind 1. Ordnung" der "Zweiten Generation" angehören: Z.B. sind Kinder, die als Flüchtlinge ohne ihre Eltern nach Deutschland kommen, Migrantenkinder 1. Ordnung, aber gehören nicht der "Zweiten Generation" an. Auch die Frage danach, ob ein Migrantenkind 2. Ordnung zwei Elternteile haben muss, die im Ausland geboren wurden, oder ob es (mindestens) ein Elternteil haben muss, das diese Bedingung erfüllt, ist keineswegs trivial, wenn man bedenkt, dass die sozialwissenschaftliche Beschäftigung mit der sog. Zweiten Generation auf gänzlich andere Weise und ohne Bezüge zur Beschäftigung mit Kindern aus binationalen Ehen erfolgte. Erst in neueren Studien (wie der PISA-Studie oder der IGLU-Studie) werden beide Gruppen von Kindern, also diejenigen mit zwei im Ausland geborenen Elternteilen und diejenigen mit einem im Ausland geborenen Elternteil, gleichermaßen und getrennt voneinander betrachtet. In den Publikationen zu diesen Studien werden sie gewöhnlich als "Kinder mit Migrationshintergrund" (z.B. Schwippert, Bos & Lankes 2003) bezeichnet. Der Ausdruck "Kinder mit Migrationshintergrund" entspricht dort also dem, was oben "Migrantenkinder 2. Ordnung" genannt wurde. Er kann aber auch als Sammelbegriff für Migrantenkinder 1. Ordnung und 2. Ordnung (z.B. bei Stanat 2003) verwendet werden oder um Kinder zu bezeichnen, deren Großeltern, Urgroßeltern oder Ururgroßeltern gewandert sind, d.h. deren "Migrationshintergrund" noch weiter in die Generationentiefe reicht, womit der Ausdruck Gefahr läuft, nicht mehr zu differenzieren, weil nach einer bestimmten Anzahl von Generationen fast jede/r einen Migrationshintergrund hat. Im vorliegenden Text wird der Ausdruck "Migrantenkinder" als Sammelbegriff für "Migrantenkinder 1. Ordnung" und "Migrantenkinder 2. Ordnung" im oben beschriebenen Sinn verwendet. Im Interesse der sprachlichen Darstellung werden Migrantenkinder und -jugendliche (in diesem Sinn) im vorliegenden Text auch als "Schüler aus Migrantenfamilien" bezeichnet. Der Begriff "Schüler mit Migrationshintergrund" bleibt als weitergefasster Begriff für solche Schüler reserviert, deren Migrationshintergrund auf die Migrationserfahrung der Großeltern oder der Urgroßeltern zurückgeht.[10]

Die Kategorie der "Migrantenkinder" wird häufig verquickt mit dem Ausländerstatus, was vermutlich dadurch zu erklären ist, dass aufgrund des restriktiven Einbürgerungsgesetzes Deutschlands über Jahrzehnte hinweg Migrantenkinder 1. Ordnung und Migrantenkinder 2. Ordnung in aller Regel tatsächlich Ausländer gewesen und geblieben sind. Dies hat sich allerdings durch Einbürgerungen von Migrantenkindern (1. oder 2. Ordnung) sowie durch die Zuwanderung von Aussiedlern, die die deutsche Staatsangehörigkeit haben, geändert. Wie selbstverständlich die Gleichsetzung von "Migranten(kindern)" und Ausländern in Deutschland ist bzw. bis vor kurzem war, belegt die Tatsache, dass die amtliche Statistik bis heute zwischen Deutschen und Ausländern unterscheidet, aber keine Kategorie von Migranten oder mehr oder weniger restriktiv definierten Personen mit Migrationshintergrund kennt. Dies gilt auch für die amtliche Bildungsstatistik. Dabei lässt sich heute nicht nur sagen, dass die Zahl der Schüler aus Migrantenfamilien diejenige der ausländischen Schüler übersteigen muss; sie lässt sich inzwischen auch quantifizieren: Auf der Grundlage der Daten aus der IGLU-Studie berichten Schwippert, Bos & Lankes (2003: 277) für Grundschüler der vierten Jahrgangsstufe, dass gut

---

[10] Damit wird der Ausdruck "Kinder mit Migrationshintergrund" im vorliegenden Text keine nennenswerte Rolle spielen: Im deutschen Kontext gibt es weder Hypothesen speziell über die Kinder, deren (Ur-/)Großeltern aus dem Ausland nach Deutschland gewandert sind, noch gibt es eine nennenswerte diesbezügliche Forschung. Dies ist vor dem Hintergrund der Forschung zum seit den 1960er Jahren in den USA beobachteten "ethnic revival", d.h. eines Wiedererstarkens ethnischer Identität bzw. des Zugehörigkeitsgefühls zu einer ethnischen Gruppe (Smith 1981), bedauerlich.

ein Fünftel oder 20% der Schüler als Schüler aus einer Migrantenfamilie im oben definierten Sinn zu bezeichnen ist. Im Rahmen der PISA-Studie, die sich auf 15jährige Schüler an allgemein bildenden Schulen der Sekundarstufe bezieht, wurden entsprechende Anteile von Schülern mit Migrationshintergrund ermittelt (Stanat 2003: 247, Tabelle 9.2). Dagegen betrug der Ausländeranteil an allgemein bildenden Schulen in Deutschland im Jahr 2000 nur 10%. Dies illustriert nicht nur die Versäumnisse der Bildungsstatistik, sondern vor allem die quantitative Relevanz der Migrantenkinder im deutschen Bildungssystem. Es wäre angesichts dieser relativen Häufigkeit von Migrantenkindern an allgemein bildenden Schulen völlig verfehlt, Migrantenkinder als kulturfremde Randgruppe einzuschätzen, deren Situation im Schulsystem zu beschreiben zwar ein legitimes Anliegen der soziologischen Bildungs- und Ungleichheitsforschung sowie der Förderpädagogik, aber nicht von grundlegender Wichtigkeit für die Beurteilung der Lage und Leistungen von Schülern im deutschen Schulsystem sei.

Wenn in der folgenden Darstellung "Migrantenkinder" oder "Kinder und Jugendliche aus Migrantenfamilien" "deutschen Kindern" gegenübergestellt werden, so ist daran zu denken, dass unter "deutschen Kindern" hier nicht Kinder deutscher Staatsangehörigkeit zu verstehen sind, sondern all diejenigen, die nicht Migrantenkinder im oben definierten Sinn sind.[11]

2.1.3   Datenquellen: Amtliche Statistiken, Surveys, Schulleistungsstudien

Die Grundlage für die Beschreibung und Beurteilung sowohl der Bildungsbeteiligung als auch der Bildungsabschlüsse, die Migrantenkinder im Vergleich zu deutschen Kindern erreichen, sind einerseits amtliche Bildungsstatistiken, andererseits kommen hierfür Surveys der Wohnbevölkerung Deutschlands, d.h. Surveys mit Anspruch auf Repräsentativität, in Frage, sofern sie Informationen zu Bildungsbeteiligung und Bildungserfolg bereitstellen. Daneben gibt es Surveys, die sich zentral oder am Rande mit dem Bildungserfolg von Migrantenkindern und deutschen Kindern befassen und die sich im Hinblick auf einzelne Forschungsfragen als sehr nützlich erweisen. Bei diesen Studien stellt sich immer die Frage nach der Verallgemeinerbarkeit ihrer Ergebnisse, weil sie von Anfang an nicht für sich beanspruchen, für (alle) Migrantenkinder oder deutschen Kinder repräsentative Befunde zu erbringen, z.B. dann, wenn sie sich nur auf Migrantenkinder beziehen, die Ausländer sind oder deren Eltern aus einem bestimmten Land eingewandert sind o.ä.. Weil es im vorliegenden Kapitel darum gehen soll, ein möglichst realistisches Bild des Bildungserfolgs von Migrantenkindern und deutschen Kindern in Gesamtdeutschland und den einzelnen Bundesländern zu zeichnen, sind diese Studien (an dieser Stelle) wenig aufschlussreich.

---

[11]   Eine terminologische Alternative zum Ausdruck "deutsche Kinder" wäre die Bezeichnung "autochthone Kinder", von deren Verwendung in der vorliegenden Arbeit allerdings abgesehen wird, weil sie die Konnotation des Alteingesessenen oder Bodenständigen hat, aber zweifelhaft ist, ob die Personengruppe, die hier als "deutsche Kinder" gelten soll, alteingesessen oder bodenständig ist bzw. in welchem Sinn jemand als alteingesessen oder bodenständig gelten soll.

2.1.3.1   Amtliche Statistiken

Weil amtliche Bildungsstatistiken Vollerhebungen für Gesamtdeutschland, einzelne Bundesländer oder Landkreise darstellen und darüber hinaus für einen mehr oder weniger langen Zeitraum vorliegen, sind sie auf den ersten Blick am besten geeignet, die Situation von Schülern bzw. Schülergruppen im allgemein bildenden sowie im beruflichen Schulsystem abzubilden. Fragen der Repräsentativität stellen sich hier nicht. Nur anhand von amtlichen Bildungsstatistiken ist auch eine Feststellung systematischer Variationen zwischen Staaten, Bundesländern oder Landkreisen möglich, die wiederum auf unterschiedliche strukturelle Bedingungen und möglicherweise auf Mechanismen struktureller Diskriminierung verweisen können.

Die amtlichen Bildungsstatistiken unterscheiden männliche und weibliche Schüler, deutsche und ausländische Schüler sowie teilweise ausländische Schüler verschiedener Nationalitäten. Es besteht also keine Möglichkeit, Kinder oder Jugendliche aus Migrantenfamilien, die die deutsche Staatsangehörigkeit haben, oder solche, die in Deutschland geboren und sozialisiert wurden und ihre gesamte Bildungslaufbahn in Deutschland absolviert haben, aber nicht die deutsche Staatsangehörigkeit haben (die sog. Bildungsinländer), zu identifizieren.[12] Dies gilt auch für die Kinder von Aussiedlern: Entsprechend ihrer Staatsangehörigkeit werden sie in der amtlichen Statistik als deutsche Schüler geführt und sind damit als Schüler aus Migrantenfamilien nicht identifizierbar; vgl. Beer-Kern 2000.) Dies schränkt die Möglichkeiten, zuverlässige Aussagen über den Grad und die zeitliche Entwicklung sowie die Determinanten der Integration von verschiedenen ethnischen Gruppen erheblich ein.[13] Eine Einschränkung ist aber auch bezüglich der ausländischen Schüler zu machen, die durch die amtliche Statistik abgedeckt werden: Ausländische Schüler, die internationale Schulen besuchen oder von anderen Staaten als Deutschland getragene Schulen besuchen, sind in der amtlichen Statistik nicht enthalten. Es sind also nicht alle ausländischen Schüler, die in Deutschland eine Schule besuchen, in den amtlichen Bildungsstatistiken enthalten, aber die große Mehrheit unter ihnen wird durch die amtlichen Bildungsstatistiken abgedeckt, nämlich diejenigen, die eine Schule besuchen, die Bestandteil des deutschen Schulsystems ist. Insofern ist es korrekt zu sagen, dass die amtlichen Bildungsstatistiken die größtmögliche Annäherung an eine Vollerhebung der deutschen und ausländischen Schüler an Schulen des deutschen Bildungssystems darstellen.

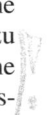

Während amtliche Bildungsstatistiken mit den genannten Einschränkungen also für deskriptive Zwecke gut geeignet sind, sind sie für die Prüfung von Erklärungen für die Situation von ausländischen Schülern im Allgemeinen oder Schülern bestimmter Nationalitäten im Besonderen nicht geeignet, weil sie keine Informationen über die Größen bereitstellen, die in diesen Erklärungen eine Rolle spielen (z.B. über den familialen Hintergrund der Kinder oder die Unterrichtsbedingungen, die sie in der Schule vorfinden) bzw. diese Informationen lediglich als Aggregatdaten liefern. Zusammenhangsanalysen auf der Ebene von Aggregatdaten sind

---

[12]   Das Bundesministerium für Bildung und Forschung (BMBF) hat in Kooperation mit der Arbeitsstelle interkulturelle Konflikte und gesellschaftliche Integration (AKI) am Wissenschaftszentrum Berlin für Sozialforschung (WZB) erste Schritte unternommen, dem Abhilfe zu schaffen: Wege zur diesbezüglichen Weiterentwicklung der amtlichen Statistik wurden im Rahmen eines Workshops am 18. und 19. Juni 2004 in Berlin diskutiert; die Ergebnisse sind nachzulesen in Band 14 der Publikationsreihe "Bildungsreform" des Bundesministeriums für Bildung und Forschung (Arbeitsstelle Interkulturelle Konflikte und gesellschaftliche Integration 2005).

[13]   Zur Erläuterung der Problematik und zur Prüfung der These, dass eingebürgerte Zuwanderer eine günstigere sozioökonomische Platzierung aufweisen als Ausländer derselben Herkunft, vgl. Salentin & Wilkening 2003.

jedoch vor allem aufgrund der Gefahr eines ökologischen Fehlschlusses problematisch (Jargowsky 2005; Robinson 1950).

2.1.3.2 Surveys der Wohnbevölkerung Deutschlands mit Anspruch auf Repräsentativität

Theoretisch sind Surveys der Wohnbevölkerung sowohl zur Beschreibung als auch zur Erklärung der Situation von Migrantenkindern im deutschen Bildungssystem geeignet, weil sie Individualdaten liefern, anhand derer Zusammenhangs- oder Unterschiedshypothesen getestet werden können, und die anhand dieser Daten generierten Befunde aufgrund der Repräsentativität des Samples verallgemeinerbar sein sollen. In der Praxis sind mit der Analyse von Daten aus repräsentativen Surveys der Wohnbevölkerung jedoch verschiedene Probleme verbunden. Ein grundlegendes Problem bezieht sich auf die Frage, ob es eine für die gesamte Wohnbevölkerung repräsentative Stichprobe überhaupt geben kann bzw. ob das, woraus sich die "Repräsentativität" ergibt, eine legitime Basis für Verallgemeinerungen über die gesamte Wohnbevölkerung bildet (vgl. hierzu Schnell 1993). Wenn man diese Frage verneint, so lässt sich zwar nicht entscheiden, inwieweit gefundene Zusammenhänge verallgemeinert werden können, aber Zusammenhangshypothesen lassen sich selbstverständlich dennoch prüfen. Dies setzt allerdings voraus, dass die Daten Indikatoren für diejenigen Gruppen und Größen enthalten, die für eine bestimmte Fragestellung und für bestimmten Erklärungen für das jeweils interessierende Phänomen wichtig sind, und weil Surveys der Wohnbevölkerung gewöhnlich nicht zu dem Zweck erhoben werden, ein bestimmtes Phänomen zu erklären, sondern bestenfalls einen Schwerpunkt auf einer bestimmten Thematik haben, sind Surveys der Wohnbevölkerung zu Erklärungszwecken meist wenig nützlich. Nur, wenn die entsprechenden Merkmale erhoben werden, lassen sich z.B. zugewanderte Ausländer von eingebürgerten Zuwanderern oder von in Deutschland geborenen Ausländern unterscheiden, was für die Frage nach dem Effekt der Nationalität oder der Sozialisationserfahrung auf die Existenz bzw. das Ausmaß ethnischer Segmentation im deutschen Bildungssystem sicherlich sehr wichtig ist. Allerdings sind entsprechende Erhebungen und Analysen bislang noch die Ausnahme.[14] Selbst in dem Fall, in dem sich die interessierenden Gruppen identifizieren lassen und die für die Prüfung von Zusammenhangshypothesen wichtigen Indikatoren verfügbar sind, sind Subgruppenanalysen in Individualdatensätzen aufgrund geringer Fallzahlen häufig enge Grenzen gesetzt.

Unter den Surveys der Wohnbevölkerung Deutschlands (wie dem Mikrozensus oder der Allgemeinen Sozialwissenschaftlichen Bevölkerungsumfrage ALLBUS) ist in Bezug auf Fraugen, die ausländische Familien in Deutschland betreffen, vor allem das vom Deutschen Institut für Wirtschaftsforschung (DIW) initiierte Sozioökonomische Panel (SOEP) wichtig, weil die ausländische Bevölkerung im SOEP (anders als im Mikrozensus oder dem ALLBUS) nicht nur entsprechend ihres Bevölkerungsanteils vertreten ist, sondern überproportional erfasst ist, wodurch statistische Analysen für diese Bevölkerungsgruppe erst möglich werden. Es handelt sich beim SOEP um eine Längsschnittstudie, die zum ersten Befragungszeitpunkt im Jahr 1984

---

[14] Der einzige mir bekannte Individualdatensatz, der sowohl die ethnische Abstammung von Personen als auch deren Staatsangehörigkeit(en) und ggf. ihre Wanderungsbiographie erfaßt und daher geeignet ist zu prüfen, welche Effekte die ethnische Abstammung oder die Staatsangehörigkeit auf die schulische und berufliche Bildung haben, ist der Integrationssurvey des Bundesinstituts für Bevölkerungsforschung (BiB) aus dem Jahr 2000 (vgl. hierzu Diehl 2005a).

12.245 Befragungspersonen und 5.921 Haushalte umfasste. Derzeit stehen 21 Befragungswellen aus den Jahren 1984 bis einschließlich 2004 zur Auswertung zur Verfügung. Ausländer
sind im SOEP wie gesagt überproportional erfasst: 1984 wurden Teilstichproben der fünf
damals zahlenmäßig größten Zuwanderernationalitäten gezogen, nämlich von Türken, Jugoslawen, Italienern, Griechen und Spaniern. Somit standen 1984 Informationen zu über 1.300
Haushalten mit einem Haushaltsvorstand einer dieser Nationalitäten und zu über 3.000
befragten Personen einer dieser Nationalitäten bereit. Sie wurden mit Hilfe von Fragebögen in
ihrer jeweiligen Muttersprache befragt. Neben einem Haushaltsfragebogen, der jeweils vom
Haushaltvorstand auszufüllen ist, beinhaltet das SOEP einen Personenfragebogen, der allen
Personen im Haushalt, die das 16. Lebensjahr vollendet haben, vorgelegt wird. Ausländischen
Befragten werden zusätzlich einige ausländerspezifische Fragen gestellt, wie z.B. Fragen nach
den deutschen Sprach- und Schreibkenntnissen oder nach Besuchen im Herkunftsland.
Eingebürgerte lassen sich zwar identifizieren, aber eingebürgerte Italiener, Griechen und
Spanier sind in so geringer Zahl im SOEP vertreten, dass vergleichende Analysen nicht möglich
sind (vgl. Salentin & Wilkening 2003: 283, Fußnote 1).

Speziell für die Analyse der Bildungsbeteiligung und des Bildungserfolgs von ausländischen Kindern im Vergleich zu deutschen Kindern stehen zum einen die Angaben bereit, die
der Haushaltsvorstand im Rahmen des Haushaltsfragebogen zu den im Haushalt lebenden
Kindern gemacht hat und die sich auf ihre Anzahl und die von ihnen besuchten Schultypen
beziehen. Zum ersten Befragungszeitpunkt im Jahr 1984 wurden Angaben zu insgesamt 3.928
Kindern, davon zu 1.524 Kindern türkischer, (ex-)jugoslawischer, italienischer, griechischer
oder spanischer Haushaltsvorstände gemacht. Zum anderen stehen die Informationen der
Kinder zur Verfügung, die mit dem Erreichen des 17. Lebensjahrs in den Status von Befragungspersonen wechseln und dann relativ detailliert nach Weiterbildungen bzw. Erwerbstätig-
keiten gefragt werden. Damit ist es bei einer entsprechend langen Laufzeit des SOEP möglich,
die Bildungskarrieren von deutschen Kindern und ausländischen Kindern nachzuzeichnen.

Die Möglichkeiten für eine solche Analyse, die mit zunehmender Panel-Laufzeit im Prinzip
immer besser werden, haben allerdings ihre Beschränkungen: Zunächst sind einer nationali-
täten- oder geschlechtsspezifischen Betrachtung der ausländischen Kinder enge Grenzen gesetzt, weil die für statistische Analysen notwendigen Fallzahlen bei einer nach Subgruppen
getrennten Betrachtung teilweise nicht erreicht wird. Darüber hinaus leidet das SOEP – wie
jede Panelbefragung – unter der so genannten Panelmortalität. D.h. mit zunehmender Befra-
gungszeit sinkt die Zahl derer, die an der Befragung teilnehmen, weil sie zur Teilnahme nicht
mehr bereit sind oder ihnen die Teilnahme aus unterschiedlichen Gründen nicht mehr möglich
ist. Dies ist vor allem dann ein Problem, wenn man an der Analyse von Subgruppen interessiert
ist, die ohnehin durch eine relativ geringe Anzahl von Befragungspersonen repräsentiert wird.
Aufgrund der genannten Beschränkungen der Analysemöglichkeiten können mit der Daten des
SOEP also nur teilweise nationalitäten- oder geschlechtsspezifische Betrachtungen angestellt
werden. Die Analyse von Bildungsbeteiligung/-erfolg von ausländischen Kindern setzt außerdem die Verknüpfung von Informationen auf der Personen- und Haushaltebene und von Informationen zu unterschiedlichen Themen (aus unterschiedlichen Erhebungswellen) voraus. Dies
ist nicht nur in technischer Hinsicht ein aufwändiges Unterfangen. Es muss für die jeweils zu
beantwortende Fragestellung auch geprüft werden, zu welchen Zeitpunkten die relevanten
Daten erhoben wurden und ob sich die zu unterschiedlichen Zeitpunkten u.U. von unterschiedlichen Personen gegebenen Informationen sinnvoll aufeinander beziehen lassen.

Trotz der genannten Einschränkungen ist das SOEP derzeit der einzige Datensatz in Deutschland, der es ermöglicht, die ausländische Bevölkerung im Hinblick auf zentrale Lebensbereiche wie Bildung und Erwerbstätigkeit, Wohnen und Lebenszufriedenheit mit der deutschen Bevölkerung zu vergleichen und darüber hinaus die jeweiligen Veränderungen in den unterschiedlichen Lebensbereichen über die Zeit festzustellen. Dies erklärt, warum viele empirische Studien zur Integration von Ausländern im Allgemeinen und zur Situation von ausländischen Kindern im deutschen Schulsystem im Besonderen auf den Daten des SOEP basieren (z.B. Alba, Handl & Müller 1994; Büchel & Wagner 1996; Gang & Zimmermann 1996; Haisken-DeNew, Büchel & Wagner 1996; Seifert 1992).

2.1.3.3 Schulleistungsstudien

Schulleistungsstudien geben Aufschluss über den Leistungsstand von Schülern verschiedener Klassen- oder Altersstufen anhand von speziell für diese Studien entworfenen Testinstrumenten. Schulleistungsstudien basieren nicht auf Vollerhebungen, jedoch wird beim Design von Schulleistungsstudien ein erheblicher Aufwand betrieben, um sie als repräsentative Studien zu konzipieren. Schulleistungsstudien haben gegenüber anderen Datensätzen, die für die Untersuchung des Bildungserfolgs und der Determinanten des Bildungserfolgs verschiedener Schülergruppen herangezogen werden können, verschiedene Vorteile, von denen der bedeutsamste der ist, dass sie eben speziell zu diesem Zweck konzipiert werden und es daher erlauben, Leistungen der Schüler – wie gesagt – anhand speziell konzipierter Tests statt anhand der von den Lehrern vergebenen Noten zu messen. Außerdem wird im Rahmen von Schulleistungsstudien eine Vielzahl von Informationen erfragt, die theoretisch relevant sind. Diese Informationen können für eine deutlich größere Anzahl von Schülern erfragt werden als dies im Rahmen drittmittelgeförderter universitärer Forschungsprojekte in der Regel möglich ist. Darüber hinaus werden diese vielfältigen Informationen meist auf verschiedenen Ebenen gesammelt: So werden Schüler befragt, aber auch Lehrer und Schulleiter. Hinzu kommt, dass Schulleistungsstudien häufig in einen internationalen Kontext eingebettet sind, in dessen Rahmen ein Vergleich der Schülerleistungen vorgenommen werden kann.

Angesichts dieser Vorteile fragt man sich, wofür andere Daten als diejenigen aus Schulleistungstests für die Beschreibung und Erklärung des Schulerfolgs verschiedener Schülergruppen notwendig sind. Zum einen sind aber zur Beschreibung des formalen Schulerfolgs, d.h. der tatsächlich erreichten Schulabschlüsse in Deutschland, die amtlichen Statistiken als Vollerhebungen im Prinzip konkurrenzlos, und zum anderen unterliegen auch die Daten aus Schulleistungsstudien teilweise erheblichen Einschränkungen, von denen die wichtigste die eingeschränkte Zugänglichkeit sein kann. Das prominenteste Beispiel hierfür ist in Deutschland die PISA-2000-E-Studie. Der Zugang zu ihr ist zwar möglich, aber nur ohne die Länderkennung, die es erlauben würde, Analysen für bestimmte Bundesländer oder einen Vergleich zwischen Bundesländern vorzunehmen, und ohne die Kennung, die die Identifikation einzelner Schulen erlauben würde.[15] Damit wird die Klärung bestimmter Fragen, insbesondere solcher

---

[15] Für jeden, der sich nicht speziell hiermit beschäftigt, ist es bereits schwierig herauszufinden, wer für die Sammlung, Aufbereitung, Verwaltung und Auswertung der Daten zuständig war (nämlich das Max-Planck-Institut für Bildungsforschung in Berlin) und letztlich die Verfügungsgewalt über die Daten hat (nämlich die Kultusministerkonferenz). In diesem Zusammenhang ist bemerkenswert, dass das sog. "PISA-Konsortium" sich in seinen eigenen

nach Effekten der Schulkultur oder bildungspolitischen Maßnahmen, aus macht- und interessenpolitischem Kalkül verunmöglicht. [6] Jedenfalls sind die veröffentlichten Ergebnisse für Fachkollegen nur zum Teil replizier- und damit prüfbar, und daher ist ihr Wert für die wissenschaftliche Forschung gering. Ein weiterer Nachteil von Schulleistungsstudien ist, dass auch dann, wenn sie in regelmäßigen Abständen wiederholt werden, meist Querschnittsanalysen sind, so dass es nicht möglich ist festzustellen, wie sich die Schulleistungen von Schülern mit der Zeit und konkret mit variierenden familialen oder Unterrichts-Bedingungen verändern. Aus Sicht der Ungleichheitsforschung mag man auch bezweifeln, dass Schulleistungen wie sie durch in Schulleistungsstudien verwendeten Tests gemessen werden, geeignete Indikatoren für ungleiche Bildungs- und damit verbunden für Lebenschancen sind, weil es nicht Leistungen, sondern Bildungszertifikate (mit den Worten Bourdieus also nicht inkorporiertes kulturelles Kapital, sondern institutionalisiertes kulturelles Kapital; vgl. hierzu Bourdieu 1983) sind, die letztlich für die weitere Bildungs- oder Erwerbskarriere entscheidend sind.

Die internationalen Schulleistungsstudien, an denen sich Deutschland in der jüngeren Vergangenheit beteiligt hat, sind die 'Third International Mathematics and Science Study' (TIMSS), das bereits mehrfach erwähnte 'Programme for International Student Assessment' (PISA) und die Internationale Grundschul-Lese-Untersuchung (IGLU). Einmalig ist für Deutschland die Schulleistungsstudie "Aspekte der Lernausgangslage und der Lernentwicklung von Schülerinnen und Schülern der n-ten Klassen an Hamburger Schulen" oder "Lernausgangslagenunterschung" (LAU), bei der es sich um eine Längsschnittstudie handelt. Weil auf alle genannten Schulleistungsstudien im Verlauf der vorliegenden Arbeit Bezug genommen wird, werden sie im folgenden kurz einzeln beschrieben:

Die 'Third International Mathematics and Science Study' (TIMSS)

Bei der TIMSS-Studie handelt es sich um eine Schulleistungsstudie, in der die Kompetenzen in mathematisch-naturwissenschaftlichen Fächern getestet wurden. Sie wird von der 'International Association for the Evaluation of Education' (IEA) getragen. Die IEA ist ein Forschungsdachverband, in dem überwiegend Regierungseinrichtungen der einzelnen Mitgliedsstaaten, die mit

---

Publikationen nicht erklärt. So fungiert es als Herausgeber (z.B. Deutsches PISA-Konsortium 2003), und Mitglieder des Konsortiums sind die Verfasser der einzelnen Beiträge, aber Erläuterungen dazu, wer Mitglieder dieses Konsortiums sind (nämlich die mit der Studie beauftragten Wissenschaftler, die wiederum eine nennenswerte Schnittmenge mit dem Max-Planck-Institut haben) und wie (dies ist nicht zu klären) und von wem (nämlich der Kultusministerkonferenz) die Mitglieder ausgesucht wurden, sucht man vergeblich. Ein Teil dieser Informationen steht auf der homepage des Max-Planck-Instituts für Bildungsforschung bereit, wie hoch aber die Wahrscheinlichkeit ist, sie dort zu finden, wenn man nicht ohnehin weiß, welche Rolle das Max-Planck-Institut für Bildungsforschung im Zusammenhang mit der PISA-Studie spielt bzw. gespielt hat, bleibt dahin gestellt. Studierende, die die Autorin dieses Buches bezüglich ihrer Qualifikationsarbeiten betreut hat, haben bei ihren Versuchen, an die Daten der PISA-E-Studie heranzukommen, sehr unterschiedliche Erfahrungen gemacht: Bei Anrufen beim Max-Planck-Institut für Bildungsforschung wurden sie teilweise auf den Public Use File verwiesen, teilweise aber auch an die Kultusministerkonferenz. In den Fällen, in denen sie aufgrund ihrer spezifischen Fragestellung die Länderkennungen benötigt hätten, waren sie bei der Kultusministerkonferenz zwar an der richtigen Adresse, wurden dort aber an die jeweiligen Kultusministerien der Länder verwiesen. Dort wurden sie entweder vertröstet oder erhielten unklare Antworten, oder sie wurden zurückverwiesen an die Kultusministerkonferenz. Dies alles zog sich über Wochen hin und hatte bislang in allen Fällen den Erfolg, dass die Studierenden ihre Fragestellungen zugunsten anderer, die nicht die PISA-E-Studie involvieren, aufgegeben haben.

[16] Es bleibt unnachvollziehbar, warum Daten auf Kosten der Steuerzahler gesammelt werden, deren Auswertung möglichst nicht oder nur sehr eingeschränkt erfolgen soll, nur, weil die Ergebnisse von diversen Positionsinhabern als politisch brisant eingestuft werden.

Bildung befasst sind, vertreten sind. So wird England im Rahmen der IEA durch das 'Department for Education and Skills' und die 'National Foundation for Educational Research' vertreten. Deutsche Vertreter in der IEA sind Dr. Rainer Lehmann (Humboldt-Universität zu Berlin) und Dr. Wilfried Bos (Universität Dortmund). Die Studie ist die dritte Untersuchung innerhalb einer Testreihe, die 1964 mit der 'First International Mathematic Study' (FIMS) begann, 1970/71 mit der 'First International Science Study' (FISS) weitergeführt und 1980/82 um die 'Second International Mathematics Study' (SIMS), ergänzt wurde. TIMSS wurde mehrfach, nämlich in den Jahren 1995, 1999 und 2003, durchgeführt. Im Rahmen jeder TIMSS-Studie wurden die mathematischen und naturwissenschaftlichen Kompetenzen von Grundschülern (TIMSS/I), von Schülern in der sogenannten Mittelstufe (TIMSS/II) und von Schülern in der Oberstufe (TIMSS/III) untersucht. Für das Jahr 2007 ist die nächste TIMSS- Studie geplant, die die mathematisch-naturwissenschaftlichen Kompetenzen der Viert- und Achtklässler testen soll. Im Jahre 2008 soll ein weiterer Baustein ergänzt werden: Das Ziel der TIMSS-Advanced 2008 Studie ist es, die mathematisch-naturwissenschaftlichen Kompetenzen der Schüler zu testen, die die Schule verlassen, d.h. die sich im letzten Jahr ihrer schulischen Ausbildung befinden. Derzeit sind die Daten für die TIMSS-Studien der Jahre 1995 und 1999 für die Öffentlichkeit verfügbar.[17]

Neben den eigentlichen Schulleistungstests enthalten die TIMSS-Studien einen Schülerfragebogen, einen Lehrerfragebogen und einen Fragebogen, in dem Schulleiter Informationen zur Ausstattung der Schulen geben sollen: "TIMSS administered a broad array of questionnaires, which also collected information about the social and cultural contexts for learning. Questionnaires were administered at the country level about decision-making and organizational features within the educational system. The students who were tested answered questions pertaining to their attitudes towards mathematics and science, classroom activities, home background, and out-of-school-activities. The mathematics and science teachers of sampled students responded to questions about teaching emphasis on the topics in the curriculum frameworks, instructional practices, textbook use, professional training and education, and their views on mathematics and science. The heads of schools responded to questions about school staffing and resources, mathematics and science course offerings, and support for teachers" (Gonzales, Smith & Sibberns 1997: 1-3). Die Tests, anhand derer die Leistungen der Schüler in Mathematik und naturwissenschaftlichen Fächern erhoben wurden, basieren auf dem 'literacy'-Konzept, mit dem nicht nur die Kenntnis und Nutzung einfacher Begriffe und Verfahren abgefragt werden soll, sondern auch das Verständnis zentraler theoretischer Konzepte, deren Übertragung auf spezielle Bereiche sowie der kritische Umgang mit den entsprechenden Konzepten: "Dementsprechend wurden mehrere Stufen von *Literacy* [Hervorhebung im Original] unterschieden, von einem anschaulichen Verständnis von Alltagsphänomenen über ein sinnvolles Anwenden elementarer fachlicher Modelle bis hin zur vollen Kommunikations- und Urteilsfähigkeit in diesen Bereichen" (Baumert, Bos, Brockmann et al. 2000: 16).

Deutschland hat nur an der TIMSS-Studie des Jahres 1995 teilgenommen[18]. "Die deutsche Forschungsgruppe setzt sich aus drei Partnern zusammen: dem Max-Planck-Institut für Bildungsforschung (MPIB), dem Institut für die Pädagogik der Naturwissenschaften an der Universität Kiel (IPN) und der Humboldt-Universität zu Berlin" (www.timss.mpg.de).

---

[17] Die Daten können unter der folgenden Adresse für eigene Analysen heruntergeladen werden: http://www.iea.nl/ iea_studies_datasets.html

[18] An der für das Jahr 2007 geplanten TIMSS-Studie ist Deutschland wieder beteiligt.

Allerdings wurden in Deutschland nicht alle der drei Schülergruppen befragt: Auf TIMSS/I, d.h. die Befragung von Grundschülern in der vierten Klasse, wurde in Deutschland verzichtet.[19] Im Gegensatz zur internationalen Praxis wurde TIMSS/II in Deutschland als Längsschnittuntersuchung konzipiert und nicht als Querschnittstudie: "Die Schülerinnen und Schüler der 7. und 8. Jahrgangsstudie nehmen in Deutschland an einer Längsschnittstudie teil (TIMSS-Deutschland). TIMSS-Deutschland legt zusätzliche Schwerpunkte auf die Untersuchung der motivationalen Entwicklung von Schülern und die verwendeten Unterrichtsmethoden im mathematisch-naturwissenschaftlichen Unterricht" (Max-Planck-Institut für Bildungsforschung 1997: 9). An der internationalen Vergleichsstudie TIMSS/II nahmen nach Angaben von Baumert, Bos & Brockmann et al. (2000: 9) insgesamt 45 Staaten teil.[20] Die Schüler, die an der deutschen Mittelstufenstudie (TIMSS/II) teilgenommen haben, verteilen sich wie in Tabelle 2 dargestellt, auf die einzelnen Schuljahrgänge:

Tabelle 2:　　Die Verteilung der Schüler der deutschen Mittelstufenstudie im Rahmen von TIMSS/II auf Schularten und Jahrgänge

	Schuljahr 1993/94	Schuljahr 1994/95	
	7. Jahrgang	7. Jahrgang	8. Jahrgang
Hauptschule	935	1.036	994
Realschule	1.008	1.099	1.066
Gymnasium	1.071	1.083	1.127
Gesamtschule	272	246	232
Insgesamt	3.286	3.464	3.419

Quelle: homepage des Max-Planck-Institutes für Bildungsforschung, Berlin;
　　　http://www.mpib-berlin.mpg.de/TIMSSII-Germany/Die_Stichproben/Die_Stichproben.htm

TIMSS/III, d.h. die Befragung der Oberschüler, wurde im Jahr 1995 in 25 Ländern[21] durchgeführt und hat zur Grundgesamtheit "alle Personen, die sich zum Zeitpunkt der Erhebung im letzten Jahr der vollzeitlichen Ausbildung in der Sekundarstufe II im Allgemeinen oder beruflichen Schulwesen befinden und die Sekundarstufe II zum ersten Mal durchlaufen"

---

[19]　Informationen über die Kompetenzen von deutschen Grundschülern im mathematisch-naturwissenschaftlichen Bereich wurden - wenn man so will: im Nachtrag - im Rahmen der Erweiterungsstudie zur 2001 durchgeführten IGLU-Studie (Internationale Grundschul-Lese-Untersuchung; international: PIRLS) gesammelt (s.u.).

[20]　Eine Aufstellung der Staaten, die an den Erhebungen der Leistungen von Mittelstufenschülern in Mathematik und den Naturwissenschaften im Rahmen von TIMSS/II teilgenommen haben, findet sich im Internet auf der Seite: http://www.mpib-berlin.mpg.de/TIMSSII_Germany/index.htm;Genannt sind dort aber nur 40 Staaten.

[21]　Eine Übersicht über die Staaten, die an den Erhebungen der Schülerleistungen in den drei verschiedenen Untersuchungsbereichen im Rahmen von TIMSS/III (mathematisch-naturwissenschaftliche Grundbildung, voruniversitärer Mathematikunterricht und voruniversitärer Physikunterricht) jeweils teilgenommen haben, wird im Internet bereitgestellt unter der Adresse: http://www.timss.mpg.de/

(Baumert, Bos, Brockmann et al. 2000: 9). Die Stichprobe, die aus der entsprechenden Grundgesamtheit in Deutschland gezogen wurde, beinhaltet insgesamt 5.345 Schüler.

Mit den TIMSS/II und TIMSS/III-Datensätzen sind auch Auswertungen möglich, die im Hinblick auf die Platzierung und die Kompetenzen von Kindern und Jugendlichen aus Migrantenfamilien interessant sind. Dabei steht ein vergleichsweise komplexes Instrumentarium zur Verfügung, mit dem Schüler aus Migrantenfamilien identifiziert werden können: Neben der Frage, in welchem Land der jeweilige Schüler geboren wurde, finden sich Fragen nach der/den im Kindesalter erlernten Sprache/n, der Häufigkeit, mit der Deutsch zu Hause gesprochen wird, dem Geburtsland von Vater und Mutter sowie – für Schüler, die nicht in Deutschland geboren wurden – die Frage nach dem Einreisealter.

Das 'Programme for International Student Assessment' (Die PISA-Studie)

Die PISA-Studie, die aufgrund ihrer Ergebnisse in Deutschland zwischenzeitlich einige Berühmtheit in der Öffentlichkeit erreicht hat, wurde erstmals im Jahr 2000 durchgeführt, und zwar in den 28 OECD-Ländern und in Brasilien, Lettland, Lichtenstein und Russland, also in 32 Ländern insgesamt.[22] Das Projekts wird von einem internationalen Konsortium unter Federführung des 'Australian Council for Educational Research' (ACER) koordiniert. Dieser ersten PISA-2000-Studie folgte zwischenzeitlich die zweite PISA-Studie, die im Gegensatz zur ersten den Schwerpunkt auf die mathematische Kompetenz und nicht auf die Lesekompetenz der Schüler gelegt hat: "PISA 2000 surveyed reading literacy, mathematical literacy and scientific literacy, with a primary focus on reading. (...) The survey will be repeated every three years, with the primary focus shifting to mathematics in 2003, science in 2006 and back to reading in 2009" (OECD 2001: 14).

An der im Jahre 2000 durchgeführten PISA-Studie haben weltweit mehr als 500.000 Schüler im Alter von 15 Jahren teilgenommen. In Deutschland wurden insgesamt 5.073 Schüler an 219 Schulen getestet. Die deutsche PISA-Studie wurde um eine nationale Studie, die sogenannte PISA-E-Studie, erweitert. An der PISA-E-Studie nahmen 45.899 Schüler teil, die sich auf 1.460 Schulen verteilten. Die 45.899 Schüler sollen eine für jedes Bundesland repräsentative Stichprobe der Gesamtschülerschaft an allgemein bildenden Schulen darstellen: "Für jedes Land und jeden Stadtstaat wurde eine Stichprobe gezogen, die repräsentativ für die 15-Jährigen bzw. für die Neuntklässler des betreffenden Landes ist und statistisch abgesicherte Aussagen über die Ergebnisse in den einzelnen Ländern und pro Schulform erlaubt" (Baumert & Artelt 2003: 15).

In Deutschland wurde die PISA-Studie von einem "Konsortium" koordiniert, an dem sich sieben Forschungseinrichtungen unter der Federführung des Max-Planck-Institutes für Bildungsforschung beteiligten.[23] Die Finanzierung der PISA-Studie erfolgte durch das Bundes-

---

[22]   Die Studie wurde außerdem verspätet, nämlich im Jahre 2002, in Albanien, Bulgarien, Chile, China (inklusive Hong-Kong), Indonesien, Israel, Litauen, Mazedonien, Peru, Rumänien und Thailand durchgeführt.

[23]   Im einzelnen handelt es sich dabei um Jürgen Baumert (Nationaler Projekt-Manager), Max-Planck-Institut für Bildungsforschung, Helmut Heid (assoziiertes Mitglied), Universität Regensburg, Eckhard Klieme (Sprecher der Expertengruppe Problemlösen), Deutsches Institut für Internationale Pädagogische Forschung, Michael Neubrand (Sprecher der Expertengruppe Mathematik), Carl-von-Ossietzky-Universität Oldenburg, Manfred Prenzel (Sprecher der Expertengruppe Naturwissenschaften), Universität Kiel, Institut für die Pädagogik der Naturwissenschaften, Ulrich Schiefele (Sprecher der Expertengruppe Lesekompetenz), Universität Bielefeld, Wolfgang Schneider (Lesekompetenz), Universität Würzburg, Klaus-Jürgen Tillmann (Sprecher der Expertengruppe Kontextbedingungen von Schulleistungen), Universität Bielefeld, und Manfred Weiß (Kontextbedingungen von Schulleistungen),

ministerium für Bildung und Forschung. Informationen zur Finanzierung der PISA-E-Studie und Informationen zur Höhe der Kosten sind kaum bzw. nicht zu finden. Die Tatsache, dass sich die Länder an der Finanzierung der Erweiterungsstudie für Deutschland, der PISA-E-Studie, beteiligt haben, muss z.B. indirekt aus einem Beschluss der Kultusministerkonferenz erschlossen werden: "Die Kultusministerkonferenz hat beschlossen, die Untersuchungen im Rahmen von PISA auch für den innerdeutschen Vergleich zu nutzen. Voraussetzung hierfür ist eine Ausweitung der Stichprobe im Rahmen von PISA international" (http://www.kmk.org/-schul/home1.htm).

Wie bei TIMSS so stand auch bei der PISA-2000-Studie das Konzept der 'literacy' der Schüler im Vordergrund des Interesses. 'Literacy', das manchmal – unvollkommen – mit "Lesefähigkeit" übersetzt wird, steht für eine bestimmte Auffassung von (nicht nur) Lese- und Schreibkompetenz: "In pragmatischer Absicht werden grundlegende Kompetenzen definiert, die über den unterrichtlichen Rahmen hinaus für die Lebensbewältigung in konkreten Anwendungssituationen nützlich sind. ... Damit werden zwei Aspekte betont: Der Stellenwert der grundlegenden Bildung für die Beteiligung und Verkehrsfähigkeit in aktuellen Lebenssituationen und die Anschlussfähigkeit für zukünftiges Lernen in der Schule, in Ausbildung und Beruf" (Lankes, Bos, Mohr et al. 2003: 14). Zur Messung von 'literacy' wurden spezielle Testaufgaben entwickelt, die allerdings in jedem Land curricular valide sein sollten. Die Fragen, mit denen die 'reading literacy' der Schüler ebenso wie ihre 'literacy' in Mathematik und Naturwissenschaft erhoben wurden (vergleiche dazu die Darstellung der TIMSS-Studie), beinhalten sowohl multiple-choice-Fragen als auch offene Fragen, bei denen die Schüler ihre Antworten selbst formulieren müssen.

Dem theoretischen Rahmenmodell, auf dem die PISA-Studie basiert (Baumert & Artelt 2003: 18), entsprechend beinhaltet die PISA-Studie (ebenso wie die PISA-E-Studie) Angaben der befragten Schüler zum sozioökonomischen Status ihrer Eltern, zu deren Beruf und Bildungsniveau, zum elterlichen Erziehungs- und Unterstützungsverhalten, zur Anzahl der Geschwister, zu Lernstrategien und zur Lesezeit der Schüler. Diese wurden durch einen Schülerfragebogen erhoben, d.h. die entsprechenden Angaben stammen von den Schülern. Neben diesem Schülerfragebogen gibt es noch einen 'Cross-Curricula-Questionnaire', mit dessen Hilfe im Wesentlichen die Arbeitsweise und Arbeitsmotivation der Schüler erfragt werden soll. Die PISA-Studie wird vervollständigt durch den 'Computer-Familiarity-Questionnaire', mit dem die Vertrautheit der Schüler und ihr Umgang mit Computern untersucht werden soll, sowie durch einen 'School-Questionnaire', der die Ressourcen der Schule, die Anzahl der Lehrer und ihre Qualifikation, die administrativen Strukturen innerhalb der Schule sowie die pädagogische Praxis erheben soll.

Von besonderem Interesse im Kontext dieses Buches ist die Frage, wie in den PISA-Datensätzen Schüler aus Migrantenfamilien identifiziert werden können. Ihre Identifizierung ist in der PISA-Studie durch die Frage nach dem Geburtsland möglich, die jeder Schüler für sich selbst,

Deutsches Institut für Internationale Pädagogische Forschung. Diese Liste wurde der homepage (http://www.mpib-berlin.mpg.de/pisa/mitarbeiter_konsorium.html) des Max-Planck-Institutes für Bildungsforschung entnommen. Die Liste der genannten Personen ist nicht identisch mit der Zusammenstellung des "PISA-Teams" und der assoziierten Personen auf einer anderen Seite des Max-Planck-Institutes für Bildungsforschung (http://www.mpib-berlin.mpg.de/en/forschung/eub/Projekte/PISA.htm) und auch nicht mit den Personen, die in diversen Veröffentlichungen als "Deutsches PISA-Konsortium" firmieren (wie in Deutsches PISA-Konsortium 2003), und dies verschiedentlich als Herausgeber, Autoren oder beides gleichzeitig, was die zu beobachtende uneinheitliche Zitierweise der Publikationen des "Deutschen PISA-Konsortiums" erklärt.

sowie für Vater und Mutter beantwortet. Zudem ist in der PISA-Studie eine Frage enthalten, mit der die zuhause am häufigsten gesprochene Sprache erhoben wird. Leider enthält die PISA-Studie – im Gegensatz zu TIMSS – für diejenigen Schüler, die nicht im Land, in dem sie befragt wurden, geboren sind, keine Angaben dazu, in welchem Alter sie in das entsprechende Land migriert sind.

Um den Umfang des Datenmaterials einschätzen zu können, mit dem derjenige konfrontiert ist, der sich das Ziel gesetzt hat, eine Sekundäranalyse der PISA-2000-(E)-Studie durchzuführen, sei ergänzt: "PISA 2000 used pencil and paper assessments, lasting two hours for each student. (...) A total of seven hours of assessment items was included, with different students taking different combinations of the assessment items" (OECD 2001: 16).

Zwischenzeitlich ist die PISA-2003-Studie, deren Schwerpunkt auf der 'mathematic literacy' lag und die in Deutschland am Institut für Pädagogik und Naturwissenschaften der Universität Kiel koordiniert wurde, beendet[24]. Auch die PISA-2003-Studie umfasst eine nationale Ergänzungsstudie, die PISA-2003-E-Studie:

"1. Für den internationalen Vergleich wurden 15-Jährige an 220 Schulen getestet[25], jeweils 25 Schülerinnen und Schüler pro Schule. Dies ergibt eine Testung von ca. 5.500 Schülerinnen und Schülern in der internationalen Stichprobe (PISA-I). 2. Diese Stichprobe wird in Deutschland erweitert (PISA-I PLUS). An den 220 Schulen wurden zusätzlich zwei komplette neunte Klassen getestet (also 440 untersuchte Klassen mit insgesamt ca. 9.000 Schülerinnen und Schülern). Diese erweiterte Stichprobe wurde an zwei Tagen untersucht. Am 2. Testtag wurden nationale Zusatztests eingesetzt. Eine kleine Untergruppe wird schließlich an einem dritten Tag mit computergestützten Aufgaben getestet. 3. Um einen Ländervergleich innerhalb Deutschlands zu ermöglichen, wurde noch die nationale Ergänzungsstichprobe (PISA-E) getestet, bei der 15-Jährige aus 1.500 Schulen, insgesamt ca. 50.000 Schülerinnen und Schüler getestet worden waren" (http://pisa.ipn.uni-kiel.de/-pisa2003/index.html). Die Angaben auf der homepage des Kieler Institutes für Pädagogik und Naturwissenschaften unterscheiden sich etwas von den Angaben von Prenzel, Baumert, Blum et al. 2005: "Insgesamt wurden damit bei PISA 2003 in Deutschland 44.580 Schülerinnen und Schüler aus 1.487 Schulen getestet. Die Schulen wie die Schülerinnen und Schüler wurden nach einem Zufallsverfahren für den Test ausgewählt" (Prenzel, Baumert, Blum et al. 2005: 4).

Wie die PISA-2000-(E)-Studie, so besteht auch die PISA-2003-(E)-Studie nicht nur aus Leistungstests, sondern darüber hinaus aus einem Schülerfragebogen und aus einem Schulfragebogen. Zudem wurden in einem Teil der Schulen Elternfragebögen verteilt, zu denen sich leider keine näheren Informationen finden lassen. Die Indikatoren für den familiären Hintergrund der Schüler entsprechen im Wesentlichen denjenigen, die schon in der PISA-2000-(E)-Studie verwendet wurden. Auch die Identifizierung von Schülern aus Migrantenfamilien erfolgte in analoger Weise.

---

[24]   Die Feldzeit dauerte vom 20. April bis zum 31. Mai 2003.
[25]   An der internationalen Studie nahmen die folgenden Länder teil: Australien, Österreich, Belgien, Brasilien, Kanada, die Tschechische Republik, Dänemark, Finnland, Frankreich, Deutschland, Griechenland, Hong-Kong, Ungarn, Island, Indonesien, Irland, Italien, Japan, Korea, Lettland, Lichtenstein, Luxemburg, Macao, Mexiko, die Niederlande, Neuseeland, Norwegen, Polen, Portugal, Russland, Serbien und Montenegro, die Slowakei, Spanien, Schweden, die Schweiz, Thailand, Tunesien, die Türkei, das Vereinigte Königreich, die USA und Uruguay.

Die Internationale Grundschuld-Lese-Untersuchung (IGLU)

Bei der IGLU-Studie handelt es sich um den deutschen Teil (unter der entsprechenden deutschen Bezeichnung) der internationalen "Progress in International Reading Literacy Study" (PIRLS). Diese Studie geht auf eine Initiative der "International Association for the Evaluation of Educational Achievement" (IEA) zurück, die mit der Durchführung der Studie wiederum das International Study Center (ISC) des Boston College in Chestnut Hill in den USA und Statistics Canada betraut hat. Der nationale Koordinator in Deutschland ist Wilfried Bos vom Institut für International und Interkulturell Vergleichende Erziehungswissenschaft des Fachbereichs Erziehungswissenschaft an der Universität Hamburg gewesen, der wiederum ein nationales Konsortium eingerichtet hat, dem Kollegen von anderen deutschen Universitäten angehören (vgl. hierzu Bos, Lankes, Prenzel et al. 2003: 3). Finanziell gefördert wurde IGLU vom Bundesministerium für Bildung, Wissenschaft, Forschung und Technologie (BMBF) und von der Kultusministerkonferenz (KMK). Wie die PISA-Studie (s.u.) wurde auch die IGLU-Studie um eine deutsche Zusatzstichprobe erweitert: Im Rahmen von PIRLS wurde die Lesekompetenz ('literacy'; s.o.) von Neunjährigen untersucht, in Deutschland wurde die Studie erweitert, um die Kompetenz der Neunjährigen in Mathematik, Naturwissenschaft, Rechtschreibung und das Anfertigen eines Aufsatzes zu messen. Diese nationale Erweiterung wird als IGLU-E-Studie bezeichnet.

Die PIRLS-Studie wurde im Frühsommer und im Herbst 2001 durchgeführt. 146.490 Grundschüler aus 35 Staaten nahmen an ihr teil.[26] Die deutsche Stichprobe (IGLU) umfasst 7.633 Schüler an 211 Schulen. An der Messung der Lesekompetenz der Grundschüler beteiligten sich alle Bundesländer. Am zweiten Testtag, an dem die oben aufgelisteten zusätzlichen Kompetenzen getestet werden sollten, nahmen nicht alle Bundesländer teil: "Von den 16 Bundesländern entschieden sich zwölf für einen zweiten Testtag: Die Länder Brandenburg, Mecklenburg-Vorpommern, Niedersachsen und Sachsen-Anhalt haben an der Erweiterung um Mathematik und Naturwissenschaften (IGLU-E) nicht teilgenommen. Aus diesem Grund verkleinerte sich die Stichprobe am zweiten Testtag, an dem die Tests in Mathematik, Naturwissenschaften, Rechtschreiben und Aufsatz durchgeführt wurden: 5.943 Schülerinnen und Schüler an 168 Schulen umfasste die den Zufallskriterien genügende Stichprobe für die nationale Erweiterung IGLU-E (Lankes, Bos, Mohr et al. 2003: 13). Die IGLU-Daten wurden gewonnen mit Hilfe der unterschiedlichen Leistungstests, eines Schülerfragebogens, eines Elternfragebogens, eines Schulleiterfragebogens sowie dreier Lehrerfragebögen, die von den Deutsch-, Mathematik- und Sachkundelehrern ausgefüllt wurden. Angaben zum sozioökonomischen Status der Herkunftsfamilie (Haushaltseinkommen, Anzahl der Geschwister, Beruf der Eltern, erreichter Bildungsabschluss der Eltern) können dem Elternfragebogen entnommen werden. Darüber hinaus enthält dieser Fragebogen Angaben über die Lesegewohnheiten der Familienmitglieder, die durch die entsprechenden Angaben der Schüler in ihrem Fragebogen ergänzt werden. Im Lehrerfragebogen wird hauptsächlich der Lehrstil erfragt. Zudem werden Lehrer zur Ausstattung der Schule befragt. Diese Angaben werden durch den Schulfragebogen ergänzt, der Angaben zur Klassenzusammensetzung und zur Anzahl der Schüler enthält.

---

[26] Die Teilnahmestaaten waren: Argentinien, Belize, Bulgarien, Deutschland, England, Frankreich, Griechenland, Hong Kong, Iran, Island, Israel, Italien Kanada, Kolumbien, Kuwait, Lettland, Litauen, Marokko, Mazedonien, Moldawien, Neuseeland, die Niederlande, Norwegen, Rumänien, Russland, Schottland, Schweden, Singapur, Slowakei, Slowenien, Tschechien, die Türkei, Ungarn, USA, Zypern.

Wie in der TIMSS- und der PISA-Studie werden in der IGLU-Studie Schüler aus Migrantenfamilien zunächst durch den Geburtsort ihrer Eltern identifiziert: Kinder mit mindestens einem im Ausland geborenen Elternteil wurden als Migrantenkinder definiert. Der Schülerfragebogen enthält jedoch nicht nur Fragen nach dem Geburtsland des befragten Schülers und seiner Eltern, sondern darüber hinaus die Nachfrage für Schüler, deren Geburtsland nicht das Land ist, in dem sie nun leben, nach dem Alter, in dem sie in das entsprechende Land migriert sind. Darüber hinaus enthält der Fragebogen eine Frage nach der/n Sprache/n, die der Schüler erlernt hat, als er klein war, und danach, wie häufig die Schulsprache in der Familie des Schülers gesprochen wird.

"Aspekte der Lernausgangslage und der Lernentwicklung ... an Hamburger Schulen" (Die LAU-Studie)

Im Rahmen der Hamburger LAU-Studie wurden die Lernausgangslage bzw. "Aspekte der Lernausgangslage und der Lernentwicklung von Schülerinnen und Schülern der n-ten Klassen an Hamburger Schulen" (http://www.hamburger-bildungsserver.de) untersucht. Die Studie wurde im Auftrag der Schulbehörde Hamburg von Dr. Rainer H. Lehmann (Humboldt-Universität zu Berlin) durchgeführt: "Die Behörde für Schule, Jugend und Berufsbildung Hamburg [seit 2002 Behörde für Bildung und Sport] hatte 1995 eine Erhebung von Aspekten der Lernausgangslage von Schülerinnen und Schülern der fünften Klassen an Hamburger Schulen in Auftrag gegeben. Nach einer Pilotstudie, die der Erprobung des Erhebungsverfahrens, der Schulleistungstests sowie des Schüler- und Elternfragebogens diente, wurde die Erhebung im September 1996 flächendeckend in allen fünften Klassen an den allgemein bildenden staatlichen Schulen der Freien und Hansestadt Hamburg durchgeführt" (http://www.hamburger-bildungsserver.de).

Diese Erhebung aus dem Jahr 1996 war die erste einer Reihe von Erhebungen im Rahmen der Lau-Studie. Bei ihr handelt es sich – im Gegensatz zu den bislang besprochenen Lernleistungsstudien (mit Ausnahme von TIMSS/II-Deutschland) – um eine Längsschnittstudie, d.h. Daten werden für dieselben Schüler zu unterschiedlichen Zeitpunkten in ihrer schulischen Laufbahn gesammelt.

In LAU 5, der ersten Erhebung aus dem Jahr 1996, wurden alle Schüler, die sich in diesem Jahr an einer Hamburger Schule und in einer fünften Klasse befanden, einem Leistungstest unterzogen. Zwischenzeitlich sind der ersten Studie LAU 7 (1998), LAU 9 (2000) und LAU 11 (2002) gefolgt. Die erste Welle der LAU-Studie (LAU 5) beinhaltet die Ergebnisse zu Schulleistungstests für 12.476 Fünftklässler an Hamburger Schulen[27]. Das entspricht nahezu einer Vollerhebung, denn damit sind 95,24% aller Fünftklässler an Hamburger Schulen im Jahr 1996 berücksichtigt. LAU 7 beinhaltet die Angaben und Ergebnisse von 12.162 Hamburger Schülern, an LAU 9 nahmen 12.620 Schüler teil, und LAU 11 umfasst noch die Ergebnisse und Angaben von 6.411 Hamburger Schülern.

Die Anlage der Studie als Längsschnittuntersuchung erlaubt es, die Schulleistungstests durch unterschiedliche Schwerpunkte zu ergänzen. So lag der Schwerpunkt von LAU 5 auf dem Übergang von der Grundschule in die Sekundarstufe I, LAU 7 "richtete sich auf die Ausprägung und Entwicklung von Fachleistungen, Problemlösungskompetenzen und schul-

---

[27]   Alle Daten beruhen auf den jeweiligen Publikationen zu LAU, die unter http://www.hamburger-bildungsserver.de abgerufen werden können.

bezogenen Einstellungen desselben Schülerjahrgangs in den Beobachtungsstufen der Haupt-
und Realschulen bzw. der Gymnasien sowie in den Jahrgangsstufen 5 und 6 der Gesamtschulen
– und damit zugleich auf die zu Beginn des Unterrichts in der Jahrgangsstufe 7 erreichten Lernstände" (Lehmann, Hunger, Ivanov et al. 2004: 5). In den folgenden Wellen 3 und 4 (LAU 9
und LAU 11) sollten vor allem die weitere Lernentwicklung und die erreichten Lernstände der
Jugendlichen untersucht werden. Dazu kamen die unterschiedlichsten Leistungstests zum
Einsatz. So umfasst z.B. der Hamburger Schulleistungstest für achte und neunte Klassen (SL-
HAM 8/9) Untertests in den Lernbereichen Mathematik, Deutsch (Sprache, Leseverständnis
und Rechtschreibwissen) und erste Fremdsprache sowie im Bereich Problemlösen. Während
der Problemlösetest aus drei "simulierten Projektaufträgen aus dem schulischen Alltag"
besteht[28], sind die Tests aus den unterschiedlichen Lernbereichen aus "typischen" Aufgaben der
"entsprechenden Schul- bzw. Kursform" (Lehmann, Peek, Gänsfuß et al. 2002.: 10) zusammen-
gesetzt. Damit wird in LAU – anders als in den oben dargestellten internationalen Studien –
keine 'literacy' getestet. Vielmehr wird der Lernstand der einzelnen Schüler in den jeweiligen
Fächern bestimmt. Zudem enthalten die LAU-Studien mit dem CFT-20 [Cultural Fair Intelligence Test] einen Intelligenztest, anhand dessen die Fähigkeit zum schlussfolgernden Denken
untersucht werden kann.

Im Rahmen der LAU-Studie wurden außerdem schul- und unterrichtsbezogene Einstellungen der Schüler anhand eines Schülerfragebogens erhoben. Darunter fassen Lehmann,
Peek, Gänsfuß et al. (2002: 16): "Schulzufriedenheit, leistungsbezogenes Selbstkonzept und
Anstrengungsbereitschaft ... Informationen ... [zur] Wohnsituation und zu Lernangeboten zu
Hause, ... [zur] außerschulischen Alltagsgestaltung, zur Nutzung lernförderlicher Angebote
(z.B.: Nachhilfekurse, Förderkurse, Zusatzangebote für Leistungsstarke, Büchereien/Bücher-
hallen) und zu ihren Hausaufgabenzeiten." Der Schülerfragebogen wird durch einen Elternfragebogen ergänzt, mit dem vor allem "die Bildungsnähe des Elternhauses und der sozioökonomische Hintergrund der Familie (Erwerbsstatus, Schul- und Ausbildungsabschlüsse der
Eltern)" (Lehmann, Peek, Gänsfuß et al. 2002.: 16) erfragt werden soll. Schließlich beinhaltet
die LAU-Studie noch Schülerbögen, für die aus den Schulakten neben dem Alter, dem
Geschlecht und der Nationalität der Schüler die Noten in den letzten Zeugnissen, Informationen
zum Überspringen oder Wiederholen einer Klasse u.v.m. entnommen wurden.

Die im Kontext dieses Buches am meisten interessierende Operationalisierung ist diejenige,
die es erlaubt, die Migrantenpopulation zu identifizieren. Dies ist in der LAU-Studie durch
mehrere Fragen möglich: Die Nationalität der getesteten Schüler kann den Schülerbögen entnommen werden. Zusätzlich ist es möglich, die Muttersprache der Schüler einer entsprechenden
Angabe im Schülerfragebogen zu entnehmen, und schließlich wird im Elternfragebogen noch
die "Familiensprache", d.h. die in der Familie am häufigsten gesprochene Sprache, erhoben.
Die LAU-Studie ist unter den Schulleistungsstudien die einzige, die die Nationalität der
Befragten erfragt. Obwohl man sich heute weithin einig darüber ist, dass die Nationalität ein
sehr unvollkommener Indikator für mögliche Migrationserfahrungen einer Person ist, ist dies
ein großer Vorteil: Erstens sind damit Vergleiche der Ergebnisse aus der LAU-Studie mit Daten
der amtlichen Statistiken möglich, die Schüler nur nach Nationalitäten unterscheiden. Zweitens

---

[28] "Über eine Serie von Informationen und Fragestellungen werden die Schülerinnen und Schüler durch den Ablauf
eines jeden Projekts hindurch geleitet: vom ersten Verstehen der Ausgangssituation und der Zielsetzung über das
Beschaffen relevanter Informationen und die Koordination von Arbeitsschritten bis hin zur Analyse auftretender
Fehler" (Lehmann, Peek, Gänsfuß et al. 2002: 14).

ist es möglich zu beobachten, welche Ergebnisse sich für Schüler aus Migrantenfamilien einstellen, je nachdem, ob man sie aufgrund ihrer nicht-deutschen Nationalität oder ihrer Muttersprache bzw. Familiensprache definiert.

2.1.3.4 Nicht-repräsentative Surveys

Es gibt in Deutschland eine Vielzahl nicht-repräsentativer Surveys, die sich meist auf Ausländer bestimmter Nationalitäten, teilweise auch auf Migranten unabhängig von ihrer Nationalität beziehen. Unter ihnen sind Studien, die sich speziell auf die Bildungsbeteiligung oder den Bildungserfolg von Kindern oder Jugendlichen aus Migrantenfamilien beziehen oder diesbezüglich zumindest einen Schwerpunkt setzen, aber selten. Sie gehen meist auf die Initiative und das persönliche Forschungsinteresse einzelner Wissenschaftler zurück, die anhand dieser Surveys die Existenz bestimmter theoretisch begründeter Zusammenhänge überprüfen möchten. Für Reanalysen durch andere Forscher sind sie häufig nicht freigegeben. Nicht-repräsentative Surveys sind allerdings nicht dazu geeignet, verallgemeinerbare Aussagen über Schüler einer bestimmten Nationalität oder Schüler aus Migrantenfamilien zu machen, weswegen sie im Zusammenhang dieses Kapitels vernachlässigbar sind. Ein nicht-repräsentativer Survey, nämlich der Integrationssurvey des Bundesinstitutes für Bevölkerungsforschung (BiB), soll hier aber näher beschrieben werden, weil an seinem Beispiel deutlich wird, welche Potentiale nicht-repräsentative Surveys haben bzw. welche Vorteile sie gegenüber repräsentativen Surveys haben können, und weil einige der Analysen, die die Autorin vorgenommen hat und in diesem Buch präsentiert (vgl. Kapitel 4), auf den Daten des Integrationssurvey beruhen.

Der Integrationssurvey des Bundesinstitutes für Bevölkerungswissenschaft

Im Rahmen des Integrationssurvey des Bundesinstitutes für Bervölkerungsforschung (BIB), der in den Jahren 2000 und 2001 durchgeführt wurde, wurden "1.200 italienisch- und türkisch-stämmige Migranten" (Diehl 2005a: 17) befragt: Tatsächlich finden sich im Datensatz des BIB 3.685 Personen im Alter von 18 bis 30 Jahren (junge Erwachsene), von denen 1.220 deutscher, 1.224 türkischer und 1.241 italienischer Abstammung sind. Die Befragten wurden mit Hilfe eines "Namenserkennungsverfahrens aus örtlichen Telefonregistern gezogen" (Diehl 2005a: 19). Auf diese Weise sollte sichergestellt werden, dass die Befragten einer bestimmten ethnischen Gruppe zugeordnet werden können. Zusätzlich wurden die Befragten noch nach ihrer Staatsangehörigkeit gefragt, so dass es möglich ist, z.B. Befragte türkischer Abstammung, die die deutsche Staatsangehörigkeit haben, von Befragten türkischer Abstammung, die keine deutsche Staatsangehörigkeit haben, zu unterscheiden. Daneben finden sich für Befragte, die nicht in Deutschland geboren sind, Angaben zum Alter, in dem sie nach Deutschland migriert sind. Schließlich wurden die Deutschkenntnisse der Befragten sowie die entsprechenden Kenntnisse ihrer Eltern erfragt.

Die Zielsetzung, mit der der Datensatz zusammengestellt wurde, ist es, die "Untersuchung der Integration [der italienisch- und türkischstämmigen Befragten] in ganz verschiedenen Bereichen zu ermöglichen. (...) Bei der Befragung wurden Items über die Lebensverhältnisse, das Verhalten und die Einstellungen der Zielpersonen erhoben. Im Mittelpunkt standen thematisch die schulische, berufliche, soziale, sprachliche und identifikative Integration; Art und Ausmaß der Kontakte zur ethnischen Gruppe und ethnischen Institutionen; Einstellungen zum Leben in Deutschland und zur politischen Partizipation sowie familiale Lebensbedingungen und Einstellungen" (Diehl 2005a: 15; 19). Die Fragen zur Staatsangehörigkeit und zur Abstammung in Verbindung mit den Fragen zur schulischen Integration erlauben es festzustellen, "welche Aspekte des Migrationshintergrundes für die schulische Bildung von Jugendlichen mit Migrationshintergrund relevant sind" (Diefenbach 2005: 152).

Der Integrationssurvey hat gegenüber Surveys mit Anspruch auf Repräsentativität den Vorteil, dass in ihm Migranten im Vergleich zur deutschen Bevölkerung überrepräsentiert sind, so dass Migranten keine (verschwindend) geringe Gruppe im gesamten Datensatz darstellen, die als Folge von Fallzahlproblemen keiner tiefer gehenden Analyse zugänglich sind. Dass der Integrationssurvey *kein* repräsentativer Survey ist, ist sein wesentlicher Vorteil, der die Analyse bestimmter Fragestellungen überhaupt erst möglich macht.

2.1.4 Zusammenfassung: Menge und Qualität der Informationen über den Bildungserfolg von Migrantenkindern im deutschen Schulsystem

Aufgrund der Darstellungen in Kapitel 2.1 sollte deutlich geworden sein, dass die Frage nach der schulischen Situation von Kindern und Jugendlichen aus Migrantenfamilien einfach zu stellen, aber aus verschiedenen Gründen schwierig zu beantworten ist: Erstens ist wichtig, anhand welcher Kriterien die schulische Situation überhaupt beschrieben werden soll. Die Auswahl dieser Kriterien kann kaum unabhängig davon geschehen, auf welchen Aspekt der schulischen Situation man Wert legt: Für Ungleichheitsforscher wird der Bildungserfolg in Form von Schulabschlüssen das relevante Kriterium sein, weil Bildungszertifikate die zukünftigen Lebenschancen stark beeinflussen. Für Unterrichtsforscher wird eher interessant sein, ob bzw. inwiefern der Lernstand von Schülern aus Migrantenfamilien demjenigen von deutschen Schülern vergleichbar ist, weswegen sie sich eher für die in Leistungstests erreichten Punktzahlen interessieren werden. Für alle Bildungsforscher ist es aber gleichermaßen wichtig, die Zusammenhänge zwischen verschiedenen Indikatoren für die schulische Situation aufzuarbeiten, denn nur die Kenntnis dieser Zusammenhänge erlaubt es, die verschiedenen Kriterien richtig zu gewichten. Ob z.B. ein bestimmtes Maß für Bildungsbeteiligung auf Bildungserfolg oder Schulnoten auf Lernstände schließen lassen, ist fragwürdig, wird aber häufig einfach vorausgesetzt. Es ist m.E. keine unfaire Übertreibung, wenn man sagt, dass in den meisten der bislang vorliegenden Arbeiten, in denen die schulische Situation von Kindern und Jugendlichen aus Migrantenfamilien beschrieben wird, die Kriterien zur Beschreibung dieser Situation häufig ohne Begründung und willkürlich, meist wohl einfach mangels (anderer oder weiterer) Daten ausgewählt werden. Um die schulische Situation einer bestimmten Schülergruppe möglichst realistisch zu beschreiben, ist aber eine Berücksichtigung möglichst vieler verschiedener Kriterien notwendig. Obwohl im vorliegenden Buch erstmals versucht wird, die schulische Situation von Schülern aus Migrantenfamilien umfassend, d.h. anhand möglichst vieler verschiedener Indikatoren zu beschreiben, müssen auch hier viele Aspekte der schulischen Situation von Schülern aus Migrantenfamilien ausgeblendet bleiben wie z.B. Schulangst oder Informationen zum Lehrer-Schülerverhältnis. Hierzu gibt es bis heute leider so gut wie keine Daten.

Die Beschreibung der schulischen Situation von Schülern aus Migrantenfamilien ist auch aus definitorischen Gründen schwierig: Jede Beschreibung ihrer schulischen Situation setzt eine

Entscheidung darüber voraus, wer als Schüler aus einer Migrantenfamilie gelten soll. Diese Entscheidung unterliegt gesellschaftlichen Verhältnissen und entsprechenden Normalitätsvorstellungen, die sich im historischen Wandel verändern. Wenn es heute naiv erscheint, Migrantenfamilien als Ausländerfamilien aufzufassen, so sei daran erinnert, dass diese Gleichsetzung während der 1970er Jahre eine relativ hohe Wahrscheinlichkeit hatte, empirisch richtig zu sein, d.h. nach Deutschland Zugewanderte und ihre Kinder tatsächlich Ausländer waren (und umgekehrt). Diese Gleichsetzung wird den heutigen Verhältnisse in Deutschland keinesfalls mehr gerecht, aber in weiten Teilen muss eine Beschreibung und Erklärung der schulischen Situation von Schülern aus Migrantenfamilien auf diejenigen Daten bezogen werden, die unter historisch andersartigen gesellschaftlichen Bedingungen als sinnvoll galten und entsprechend gesammelt wurden, d.h. konkret auf Daten über Ausländer.

Wie Kapitel 2.1.3 gezeigt haben sollte, werden erst seit einigen Jahren Daten über Schüler gesammelt, die aufgrund anderer Kriterien als ihrer Nationalität als Schüler aus Migrantenfamilien definiert werden. Während diese Anpassung der Datenerhebungen an die Realität an sich begrüßenswert ist, schafft sie auch eine Kluft zwischen neuer und vergangener Forschung, insbesondere dann, wenn das Merkmal "Nationalität" nicht (mit-)erhoben wird, denn dann ist kein Vergleich der Ergebnisse neuer Studien mit älteren Studien möglich. In jedem Fall ist es notwendig, jeder Studie über Schüler aus Migrantenfamilien Erläuterungen darüber anzufügen, welche Schüler warum als solche gelten sollen, bzw. jede Studie daraufhin zu betrachten, wer die in ihr untersuchten Schüler aus Migrantenfamilien sind.

Aus der Vielzahl der verwendeten Indikatoren für die schulische Situation und den verschiedenen Definitionen von Schülern aus Migrantenfamilien ergibt sich insgesamt gesehen eine Forschungssituation, die von Uneinheitlichkeit geprägt ist: Die Populationen der Schüler aus Migrantenfamilien sind häufig kaum miteinander vergleichbar, und die Indikatoren für ihre schulische Situation sind ebenfalls sehr unterschiedlich und meistens auch unbefriedigend, denn gewöhnlich wird hierfür der in der Sekundarstufe besuchte Schultyp, also eine Variante der Bildungsbeteiligung, herangezogen, ohne dass Klarheit darüber bestünde, warum gerade dieser Indikator in Bezug auf die jeweilige Forschungsfrage relevant ist. Man muss also sagen, dass trotz der großen Popularität des Themas "Schüler aus Migrantenfamilien" oder inzwischen häufiger: "Schüler mit Migrationshintergrund" nur lückenhafte, häufig kaum miteinander vergleichbare Informationen aus relativ wenigen Datenquellen vorliegen.

2.2   Ergebnisse

In diesem Abschnitt werden die Informationen zusammengestellt, die sich den in Abschnitt
2.1.3 beschriebenen Datenquellen zur Frage der Häufigkeit von Schülern aus Migrantenfamilien – häufiger: ausländischer Schüler – an allgemein bildenden Schulen in Deutschland
und zur Frage nach ihrer Bildungsbeteiligung, ihren Schulleistungen und ihrem Schulerfolg –
trotz aller Schwierigkeiten – entnehmen lassen.

2.2.1   Häufigkeit ausländischer Schüler an allgemein bildenden Schulen in Deutschland

Das einfachste Maß zur Beschreibung der Häufigkeit von Schülern aus Migrantenfamilien an
allgemein bildenden Schulen in Deutschland wäre sicherlich ihre absolute Häufigkeit. Leider ist
dieselbe bislang unbekannt. Diesbezüglich kann lediglich auf die Befunde aus der IGLU- und
aus der PISA-Studie verwiesen werden, die auf Anteile von Schülern aus Migrantenfamilien
von etwa 20% an allen betrachteten Schülern kommen (worauf bereits in Kapitel 2.1.2 hingewiesen wurde). Die amtlichen Bildungsstatistiken unterscheiden – wie gesagt – lediglich
zwischen Schülern deutscher Staatsangehörigkeit und Schülern nichtdeutscher Staatsangehörigkeit. Wie sich die absolute Häufigkeit ausländischer Schüler an allgemein bildenden Schulen in
Deutschland im Zeitraum von 1991 bis 2000 entwickelt hat, zeigt Abbildung 2.

Abbildung 2:   Entwicklung der Anzahl ausländischer Schüler an allgemein bildenden
                  Schulen 1991 bis 2000 in Deutschland

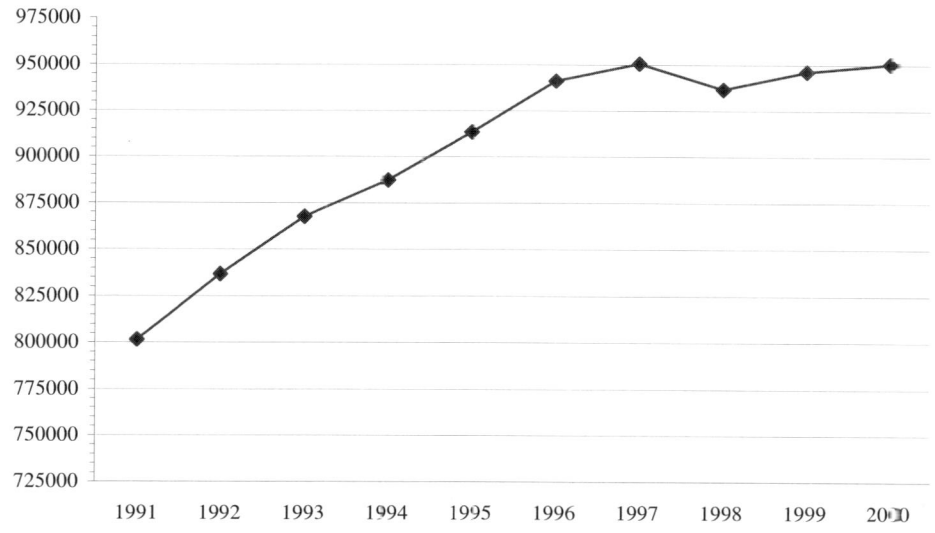

Quelle: Kultusministerkonferenz 2002a: Tabellenteil (B: Länderergebnisse), S. 94; eigene Abbildung

Seit 1991 hat es in Deutschland einen deutlichen Anstieg der Anzahl ausländischer Schüler an allgemein bildenden Schulen gegeben: Im Jahr 1991 besuchten 801.587 ausländische Schüler allgemein bildende Schulen in Deutschland. In den folgenden beiden Jahren wuchs ihre Zahl um 35.185 bzw. 30.817, danach nicht mehr ganz so stark, aber immer noch deutlich um 19.657 bzw. 26.092. 1997 besuchten 950.707 ausländische Schüler allgemein bildende Schulen in Deutschland. Nach einem Rückgang ihrer Zahl auf 936.693 im Jahr 1998 nahm ihre Zahl wieder zu und erreichte mit 950.490 im Jahr 2000 wieder das Niveau von 1997.

Auf die einzelnen Bundesländer verteilten sich die 950.490 ausländischen Schüler, die im Jahr 2000 eine allgemein bildende Schule in Deutschland besuchten, wie folgt:

Abbildung 3:   Anzahl ausländischer Schüler an den Schülern allgemein bildender Schulen in den verschiedenen Bundesländern im Jahr 2000

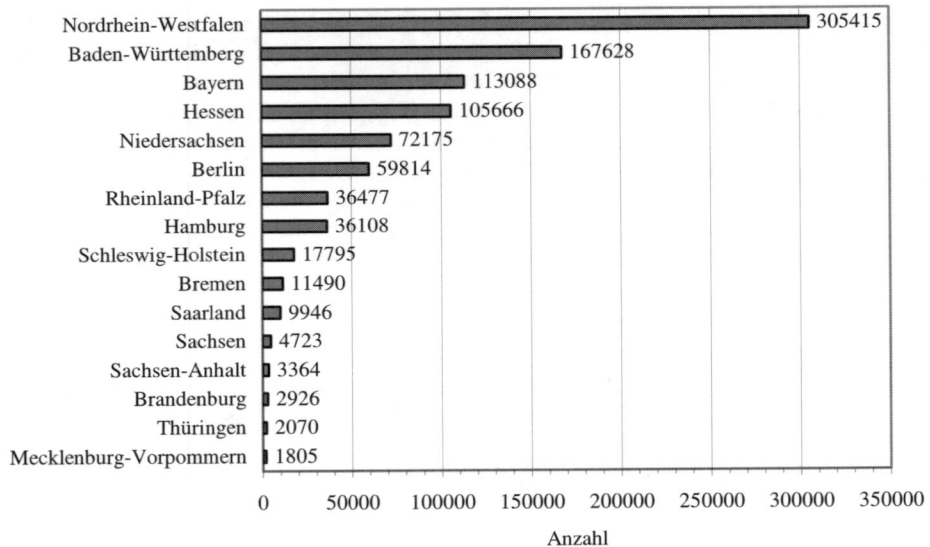

Quelle: Kultusministerkonferenz 2002a: Tabellenteil (B: Länderergebnisse), S. 89-94; eigene Abbildung

305.415 oder 32,1% der ausländischen Schüler, die in Deutschland im Jahr 2000 eine allgemein bildende Schule besuchten, gingen in Nordrhein-Westfalen zur Schule. Es folgten Baden-Württemberg mit 167.628 (17,6% aller ausländischen Schüler in Deutschland), Bayern mit 113.088 (11,9%) und Hessen mit 105.666 (11,1%) ausländischen Schülern. Die 72.175 ausländischen Schüler, die in Niedersachsen allgemein bildende Schulen besuchten, machten nur noch 7,6% der ausländischen Schülerschaft in Deutschland aus. In Berlin besuchten 59.814 ausländische Schüler eine allgemein bildende Schule, was 6,3% der gesamten ausländischen Schülerschaft in Deutschland im Jahr 2000 entspricht. In Rheinland-Pfalz und Hamburg gingen 36.477 bzw. 36.108 ausländische Schüler in allgemein bildende Schulen. Dies entspricht jeweils 3,8% der ausländischen Schülerschaft in Deutschland im Jahr 2000. In Schleswig-Holstein, Bremen und dem Saarland zusammengenommen gingen im Jahr 2000 4,1% der ausländischen Schülerschaft in Deutschland zur Schule. Auf den letzten Plätzen der Rangfolge fanden sich die fünf Neuen Bundesländer, wobei Sachsen mit 4.723 ausländischen Schülern (0,5% der gesamten ausländischen Schülerschaft in Deutschland im Jahr 2000) unter den Neuen Bundesländern die größte Zahl ausländischer Schüler aufzuweisen hat, Mecklenburg-Vorpommern mit 1.805 (0,2% aller ausländischer Schüler in Deutschland) die niedrigste.

Wenn in einem Bundesland eine große Zahl ausländischer Schüler zu Schule geht bzw. ein großer Anteil der gesamten ausländischen Schülerschaft in Deutschland auf ein Bundesland entfällt, so bedeutet dies nicht notwendigerweise, dass ausländische Schüler dort den Schulalltag prägen oder besonders stark in Erscheinung treten. Ob sie dies tun, hängt davon ab, wie häufig sie im Verhältnis zu deutschen Schülern sind, und hierüber gibt der Ausländeranteil an der Schülerschaft an allgemein bildenden Schulen Aufschluss. Als Kompositionsmaß gibt der Ausländeranteil Auskunft über die relative Häufigkeit von deutschen und ausländischen Schülern im Verhältnis zueinander. Betrachtet man den Ausländeranteil in der Schülerschaft an allgemein bildenden Schulen in den verschiedenen Bundesländern im Jahr 2000, so ergibt sich eine andere Rangfolge der Bundesländer als diejenige, die in Abbildung 3 dargestellt ist. Dann zeigt sich nämlich (vgl. Abbildung 4), dass in Hamburg, das bezüglich der Anzahl der ausländischen Schüler nur einen mittleren Rangplatz einnimmt, der Ausländeranteil an der Schülerschaft im Jahr 2000 am höchsten war: Dort war fast jeder fünfte Schüler an allgemein bildenden Schulen Ausländer. In Schleswig-Holstein, das bezüglich der absoluten Häufigkeiten ausländischer Schüler nur einen Rangplatz hinter Hamburg lag, war im Jahr 2000 aber nur etwa jeder achtzehnte Schüler an allgemein bildenden Schulen Ausländer. Außer Hamburg lagen im Jahr 2000 Bremen, Berlin, Hessen, Nordrhein-Westfalen und Baden-Württemberg (in dieser Reihenfolge) bezüglich des Ausländeranteils in ihrer Schülerschaft über dem Bundesdurchschnitt, während das Saarland, Bayern, Rheinland-Pfalz, Niedersachsen und Schleswig-Holstein unter dem Bundesdurchschnitt lagen.

Sehr deutlich unter dem Bundesdurchschnitt lagen alle Neuen Bundesländer: Sachsen hatte unter den Neuen Bundesländern mit 1,0% den höchsten Anteil ausländischer Schüler an der Gesamtschülerschaft. Thüringen hatte mit 0,7% den niedrigsten Ausländeranteil an der Schülerschaft an allgemein bildenden Schulen in der Bundesrepublik.

Abbildung 4:   Anteil ausländischer Schüler an den Schülern allgemein bildender Schulen in den verschiedenen Bundesländern im Jahr 2000

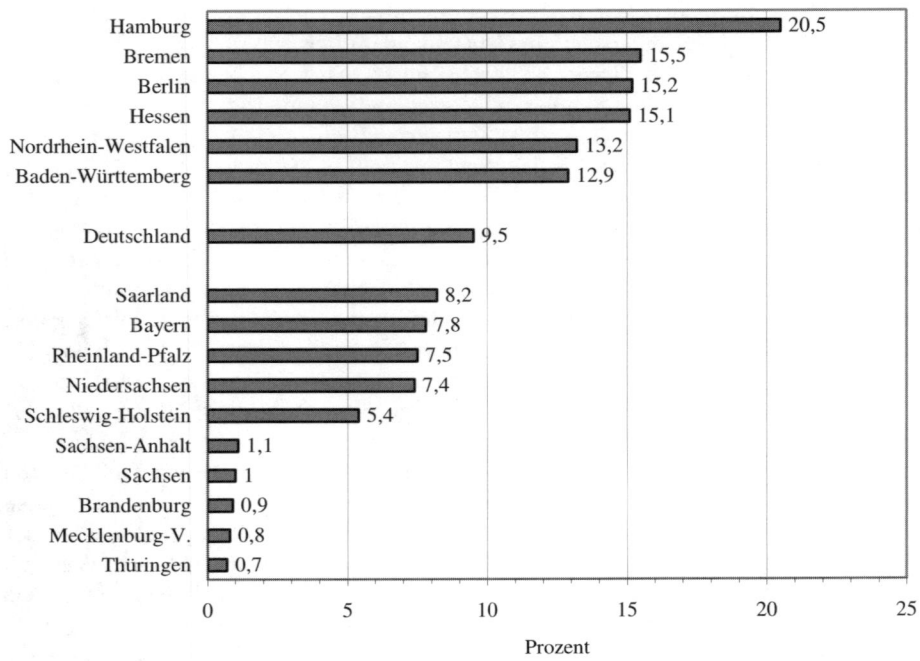

Quelle: Kultusministerkonferenz 2002a: Tabellenteil (B: Länderergebnisse), S. 94; eigene Abbildung

Aus der gemeinsamen Betrachtung von Abbildung 3 und Abbildung 4 lässt sich festhalten, dass erstens die ausländische Schülerschaft Deutschlands ein nahezu rein westdeutsches Phänomen ist und zweitens ausländische Schüler an allgemein bildenden Schulen in den verschiedenen Bundesländern unterschiedlich stark vertreten sind und diese Unterschiede relativ groß sind, gleichgültig, ob man die absoluten Häufigkeiten ausländischer Schüler oder die Ausländeranteile an der Gesamtschülerschaft zugrundelegt. (Diese Unterschiede bestehen auch dann noch, wenn man die Neuen Bundesländer aus der Betrachtung ausschließt.)

    Abbildung 5 zeigt, wie sich der Ausländeranteil an der Gesamtschülerschaft an allgemein bildenden Schulen zwischen 1991 und 2000 in den Alten Bundesländern und in der Bundesrepublik Deutschland (einschließlich der neuen Bundesländer) entwickelt hat.

Abbildung 5:   Entwicklung des Ausländeranteils an allgemein bildenden Schulen in
                Deutschland und den einzelnen alten Bundesländern, 1991 bis 2000

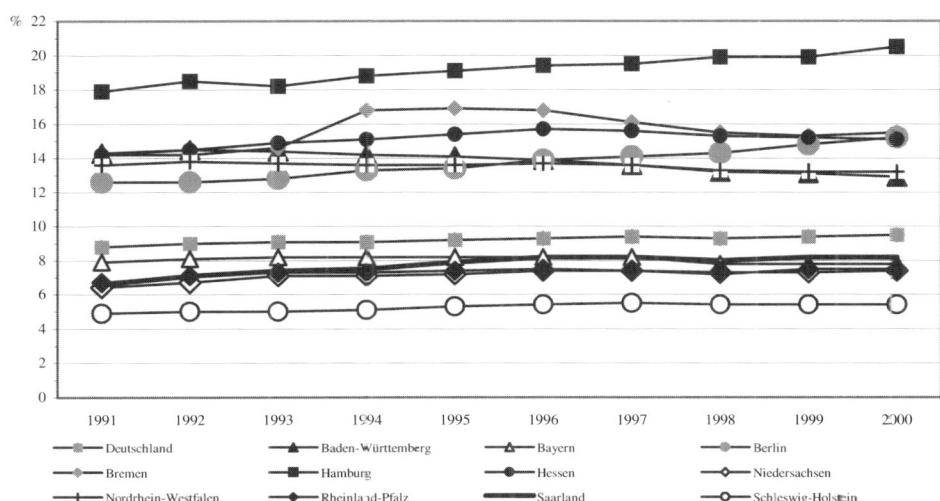

Quelle: Kultusministerkonferenz 2002a: Tabellenteil (B: Länderergebnisse), S. 94; eigene Abbildung

Wie man sieht ist der Ausländeranteil an allgemein bildenden Schulen zwischen 1991 und 2000
in Deutschland nicht so stark gestiegen wie die Betrachtung der Gesamtzahlen ausländischer
Schüler im Zeitverlauf in Abbildung 2 suggeriert: Im Jahr 1991 betrug er 8,8%, und er stieg im
Verlauf der 1990er Jahre kontinuierlich, aber nur geringfügig auf 9,5% im Jahr 2000. Während
der Ausländeranteil unter den Schülern in Westdeutschland jedoch 11,7% betrug, lag er in den
Neuen Bundesländern bei 0,91%.

Abbildung 5 zeigt auch, dass sich an der Rangfolge der alten Bundesländer bezüglich ihres
Ausländeranteils an der Gesamtschülerschaft zwischen 1991 und 2000 wenig verändert hat.
Hamburg blieb während des gesamten Zeitraums das Bundesland, das diesbezüglich mit einem
deutlichen Abstand vor den anderen alten Bundesländern rangiert. Am anderen Ende der Skala
blieb Schleswig-Holstein während des gesamten Zeitraums mit einem ebenso klaren und kon-
stanten Abstand von den anderen alten Bundesländern das Bundesland mit dem niedrigsten
Ausländeranteil an der Gesamtschülerschaft an allgemein bildenden Schulen. Auffällig ist, dass
die Ausländeranteile in den meisten Bundesländern im Beobachtungszeitraum erstaunlich stabil
geblieben sind. In Bremen wuchs der Ausländeranteil an der Gesamtschülerschaft an allgemein
bildenden Schulen zwischen 1993 und 1994 um zwei Prozent auf 16,8% und sank seit 1996
wieder bis auf 15,5% im Jahr 2000. In Hamburg ist der Ausländeranteil unter den Schülern seit
1993 von 18,2% stetig auf 20,5% im Jahr 2000 gewachsen. Berlin hat ebenfalls ein kontinuier-
liches Wachstum des Ausländeranteils an der Gesamtschülerschaft an allgemein bildenden
Schulen von 12,6% im Jahr 1991 auf 15,2% im Jahr 2000 aufzuweisen. Geringfügige Zunah-
men im Bereich zwischen 1-2% haben Niedersachsen, Rheinland-Pfalz und das Saarland zu
verzeichnen. Einen entsprechend großen – oder inhaltlich angemessener: kleinen – Rückgang
von 14,3% im Jahr 1991 auf 12,9% im Jahr 2000 weist Baden-Württemberg auf.

Neben der Verteilung der ausländischen Schüler auf die verschiedenen Bundesländer ist die Nationalität der ausländischen Schüler interessant. In Abbildung 6 ist zunächst dargestellt, wie sich die Schülerzahlen in den quantitativ bedeutsamsten Nationalitätengruppen unter den ausländischen Schülern an allgemein bildenden Schulen in Gesamtdeutschland von 1991 bis 2000 entwickelt haben:

Abbildung 6:   Schülerzahlen in den quantitativ bedeutsamsten Nationalitätengruppen unter den ausländischen Schülern an allgemein bildenden Schulen in Deutschland von 1991 bis 2000*

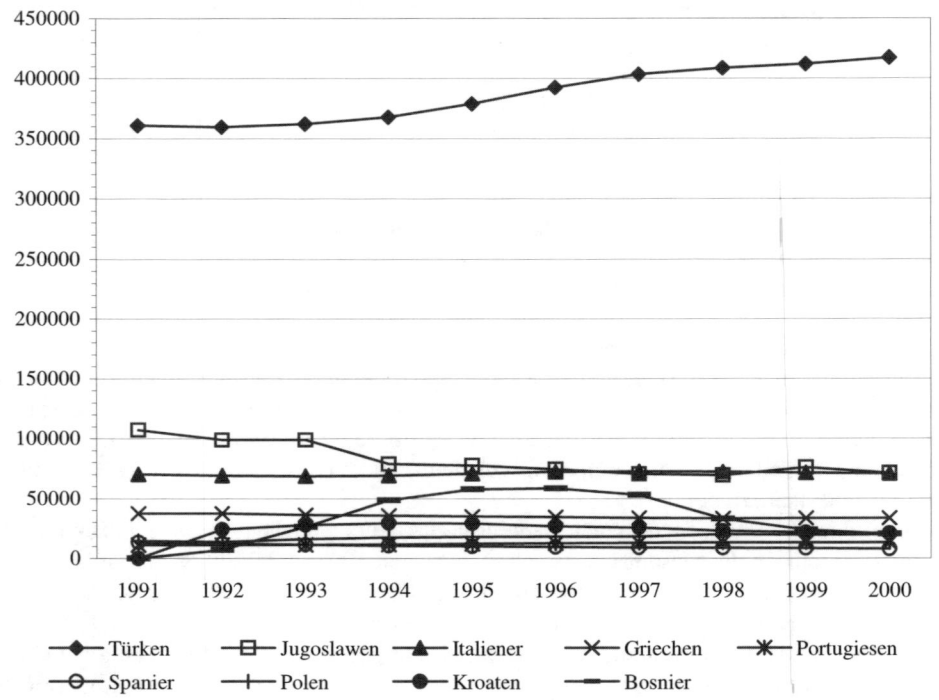

*Aus darstellungstechnischen Gründen ist für Bosnier und Kroaten im Jahr 1991 eine "0" als Anzahl eingetragen. Dies ist sachlich falsch. Vielmehr verhält es sich so, dass die Quelle zur Anzahl dieser beiden Nationalitäten im Jahr 1991 keine Informationen enthält.

Quelle: Kultusministerkonferenz 2002a: Tabellenteil (A: Bundesergebnisse), S. 8; eigene Abbildung

Wie man Abbildung 6 entnehmen kann, sind Türken unter den ausländischen Schülern in Deutschland bei weitem am häufigsten. Ihre Zahl ist seit 1992 kontinuierlich von 359.692 auf 417.166 im Jahr 2000 gestiegen. Die Zahl der jugoslawischen Schüler ist dagegen ausgehend von 107.337 im Jahr 1991 auf 69.285 im Jahr 1998 zurückgegangen, im Jahr 1999 aber wieder deutlich auf 75.893 angestiegen. Im Jahr 2000 lag sie bei 71.225. Die drittgrößte Gruppe ausländischer Schüler stellen Italiener. Ihre Zahl ist während des Beobachtungszeitraums mehr oder weniger stabil geblieben: Sie variierte nur geringfügig um die 70.700. Die Anzahl der griechischen Schüler ist von 37.354 im Jahr 1991 leicht, aber kontinuierlich auf 33.064 im Jahr 1998 gefallen. Seitdem ist sie stabil. Den deutlich stärksten Zuwachs hatten im Beobachtungszeitraum bosnische Schüler: Ihre Zahl stieg von 6.904 im Jahr 1992 auf 25.976 im Jahr 1993 bis auf den Höchststand von 58.330 im Jahr 1996. Weniger rasant, aber deutlich fiel ihre Zahl in der zweiten Hälfte der 1990er Jahre wieder bis auf 19.903 im Jahr 2000. Die Zahl kroatischer Schüler wuchs in der ersten Hälfte der 1990er Jahre. 1995 betrug sie 28.844. Bis zum Jahr 2000 sank ihre Zahl kontinuierlich auf 20.585. Die Zahl polnischer Schüler erreichte nach einem Anstieg von 14.174 im Jahr 1991 auf 17.186 im Jahr 1994 und einer Phase sehr geringer Zunahme (um jeweils ein- bis einige Hundert) im Jahr 1998 ihren Höchststand mit 19.734 und fiel in den folgenden beiden Jahren nur leicht. Im Jahr 2000 betrug sie 19.366. Ein zwar geringer, aber kontinuierlicher Anstieg von 10.969 im Jahr 1991 auf 13.065 ist für portugiesische Schüler festzustellen. Spanische Schüler sind im Beobachtungszeitraum seltener geworden: Betrug ihre Zahl im Jahr 1991 noch 13.318, so sank sie im Jahr 1995 mit 9.785 erstmals unter die 10.000-Marke. In der zweiten Hälfte der 1990er-Jahre nahm ihre Zahl bis auf 7.752 im Jahr 2000 weiter ab.

Insgesamt bietet sich in Abbildung 6 ein Bild relativer Stabilität über den Beobachtungszeitraum hinweg, so dass es ausreichen mag, wenn nur für das Jahr 2000 gezeigt wird, wie sich die genannten Schülerzahlen als prozentuale Anteile an der gesamten ausländischen Schülerschaft darstellen:

Abbildung 7:   Anteile der quantitativ bedeutsamsten Nationalitäten an allen ausländischen Schülern an allgemein bildenden Schulen im Jahr 2000 in Deutschland

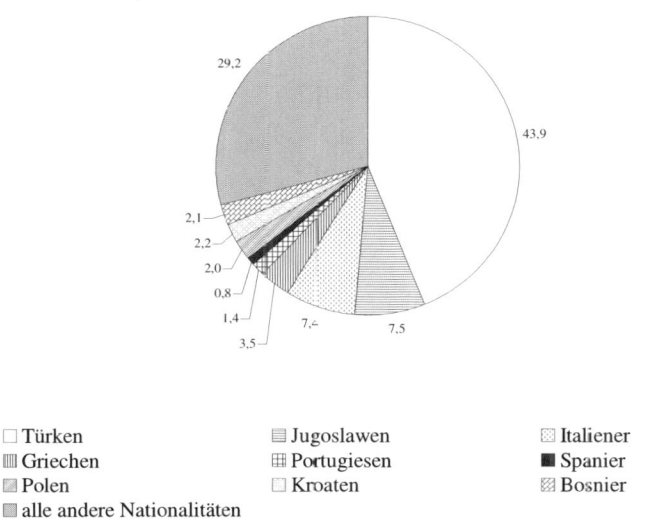

Quelle: Kultusministerkonferenz 2002a: Tabellenteil (B: Länderergebnisse), S. 94; eigene Abbildung

Im Jahr 2000 waren 43,9% aller ausländischen Schüler an allgemein bildenden Schulen in Deutschland Schüler türkischer Nationalität. Damit stellten sie die bei weitem größte Nationalitätengruppe unter den ausländischen Schülern. Die zweitgrößte Gruppe stellten die jugoslawischen Schüler mit 7,5%. Es folgten die italienischen Schüler mit 7,4%, griechische Schüler mit 3,5 %, kroatische Schüler mit 2,2%, bosnische Schüler mit 2,1% und polnische Schüler mit 2,0%. Portugiesische und spanische Schüler machten im Jahr 2000 1,4% bzw. 0,8% an allen ausländischen Schülern an allgemein bildenden Schulen in Deutschland aus. Alle anderen Nationalitäten außer den genannten stellten die verbleibenden 29,2%, von denen wiederum 64,2% eine Nationalität von Staaten außerhalb Europas hatten (dies entspricht einem Anteil von 18,7% nicht-europäischer Schüler an allen ausländischen Schülern).

Die Abbildungen 8 und 9 zeigen, wie sich die ausländische Schülerschaft an allgemein bildenden Schulen in Hamburg, dem Bundesland mit dem größten Anteil ausländischer Schüler an der Gesamtschülerschaft, und Nordrhein-Westfalen, dem Bundesland mit der größten absoluten Häufigkeit ausländischer Schüler an allgemein bildenden Schulen, zusammensetzt.

Abbildung 8:   Anteile der quantitativ bedeutsamsten Nationalitäten an allen ausländischen Schülern an allgemein bildenden Schulen im Jahr 2000 in Hamburg

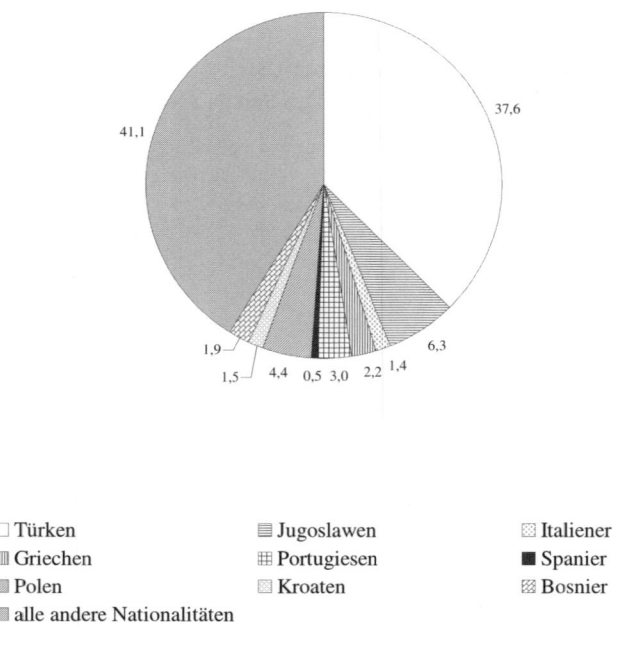

☐ Türken   ▦ Jugoslawen   ▨ Italiener
▥ Griechen   ▦ Portugiesen   ■ Spanier
▦ Polen   ▧ Kroaten   ▨ Bosnier
▦ alle andere Nationalitäten

Quelle: Kultusministerkonferenz 2002a: Tabellenteil (B: Länderergebnisse), S. 90; eigene Abbildung

Abbildung 9:   Anteile der quantitativ bedeutsamsten Nationalitäten an allen ausländischen Schülern an allgemein bildenden Schulen im Jahr 2000 in Nordrhein-Westfalen

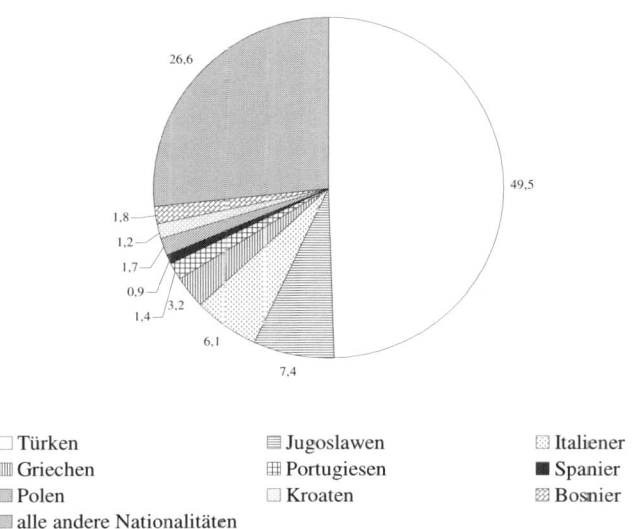

Quelle: Kultusministerkonferenz 2002a: Tabellenteil (B: Länderergebnisse), S. 92; eigene Abbildung

Zunächst fällt auf, dass zwar in beiden Bundesländern die Mehrheit der ausländischen Schüler Türken sind, dass der Anteil der türkischen Schüler in Hamburg mit 37,6% aber deutlich geringer ist als in Nordrhein-Westfalen, wo jeder zweite ausländische Schüler Türke ist. Die jugoslawischen Schüler sind mit großem Abstand hinter den Türken in beiden Bundesländern die zweitgrößte Gruppe mit 6,3% der ausländischen Schülerschaft in Hamburg und 7,4% in Nordrhein-Westfalen. Den drittgrößten Anteil an der ausländischen Schülerschaft haben in Hamburg polnische Schüler mit 4,4%, in Nordrhein-Westfalen italienische Schüler mit 6,1%. Italienische Schüler stellen in Hamburg nur 1,4% der ausländischen Schülerschaft, polnische Schüler in Nordrhein-Westfalen nur 1,7%. Außer bei den Portugiesen, die im Hamburg immerhin 3,0%, in Nordrhein-Westfalen nur 1,4% der ausländischen Schülerschaft ausmachen, bestehen bei den übrigen Nationalitäten keine nennenswerten Unterschiede zwischen den beiden Bundesländern. Die ausländische Schülerschaft in Hamburg ist insgesamt heterogener als in Nordrhein-Westfalen: Die ausländischen Schüler, die andere Nationalitäten haben als diejenigen, die explizit ausgewiesen sind, stellen in Hamburg 41,1% (und sind damit eine größere Gruppe als die türkischen Schüler), in Nordrhein-Westfalen aber nur 26,6%.

Der Vergleich zwischen Hamburg und Nordrhein-Westfalen ebenso wie Vergleiche zwischen diesen und anderen Bundesländern und zwischen anderen Bundesländern, die hier nicht im einzelnen dargestellt werden, zeigen, dass die Zusammensetzung der ausländischen Schülerschaft an allgemein bildenden Schulen in den verschiedenen Bundesländern bezüglich der Nationalitäten der Schüler grob gesehen ähnlich ist: In allen Alten Bundesländern sind es dieselben Nationalitäten, die quantitativ die bedeutsamsten sind. In der Regel (aber nicht immer, wie z.B. in Hamburg oder in Berlin) sind türkische, jugoslawische und italienische Schüler die drei größten Schülergruppen. Dabei stellen türkische Schüler in jedem der Alten Bundesländer den deutlich größten Anteil an der ausländischen Schülerschaft. Betrachtet man die Zusammensetzung der ausländischen Schülerschaft an allgemein bildenden Schulen in den verschiedenen Bundesländern aber genauer, so zeigen sich durchaus nennenswerte Unterschiede, insbesondere bezüglich der Heterogenität der ausländischen Schülerschaft: Wie bereits beschrieben, machen in Hamburg andere als die in den vorstehenden Abbildungen berücksichtigten Nationalitäten 41,1% der ausländischen Schülerschaft aus, während ihr Anteil in Baden-Württemberg nur 19,2% beträgt. Darüber hinaus sind die Nationalitäten der ehemaligen Anwerbestaaten recht unterschiedlich auf die verschiedenen Bundesländer verteilt: In Baden-Württemberg sind 15,1% der ausländischen Schüler Italiener, in Hamburg und in Berlin aber nur 1,4% bzw. 1,5%. Auch neue Zuwanderergruppen prägen die ausländische Schülerschaft in den verschiedenen Bundesländern unterschiedlich stark: Im Jahr 2000 machten polnische Schüler 3,9% der ausländischen Schülerschaft in Berlin und 4,4% in Hamburg aus, in Baden-Württemberg aber nur 0,9%.

Diese Daten illustrieren, dass es kaum sinnvoll ist, die ausländische Schülerschaft, die in der amtlichen Bildungsstatistik der deutschen gegenübergestellt wird, als homogene und über die verschiedenen Bundesländer etwa gleich verteilte Gruppe zu betrachten. Vielmehr sind die ausländische Schülerschaft und ihre ggf. vorhandenen Probleme im deutschen Bildungssystem differenziert zu betrachten, und daher wäre es wichtig, eine kleinräumigere Betrachtung als diejenige über die gesamte Bundesrepublik Deutschland hinweg vorzunehmen, wobei man sich keineswegs auf die Betrachtung der verschiedenen Bundesländer beschränken sollte: Zweifellos wäre es aufschlussreich, den Blick auch auf verschiedene Städte und Landkreise zu richten, weil die ausländische Schülerschaft aufgrund unterschiedlich verlaufender historischer Wanderungsströme und Kettenmigration wahrscheinlich eine von Stadt zu Stadt und Landkreis zu Landkreis unterschiedlich zusammengesetzte Schülergruppe darstellt. Falls zutrifft, dass verschiedene Nationalitäten unterschiedlich starke Probleme im deutschen Bildungssystem haben, die möglicherweise durch unterschiedliche Faktoren verursacht sind, sind Analysen und ggf. auf ihnen basierende Förderprogramme für die ausländische Schülerschaft als solche von vornherein dazu verurteilt, bestenfalls selektiv zu wirken. Es sei aber daran erinnert, dass auch mit einer regional differenzierten Betrachtung der ausländischen Schülerschaft all diejenigen Schüler mit Migrationshintergrund, die deutsche Staatsbürger sind, aus der Betrachtung ausgeschlossen blieben.

2.2.2   Bildungsbeteiligung in Form von Sekundarschulabschlüssen

Die Bildungsbeteiligung gibt darüber Auskunft, zu welchen Anteilen bestimmte Schülergruppen an bestimmten Bildungseinrichtungen oder -wegen partizipieren. Weil in Deutschland einerseits unterschiedliche Bildungseinrichtungen aufeinander aufbauen und andererseits unterschiedliche Bildungseinrichtungen oder -wege zu unterschiedlichen Abschlüssen führen und das Schulsystem insofern (in manchen Bundesländern mehr, in anderen weniger) hierarchisch gegliedert ist, kann anhand der Bildungsbeteiligung eine näherungsweise Aussage darüber gemacht werden, wie gut oder schlecht Schülergruppen im Schulsystem positioniert sind, die später (in Abschnitt 2.2.4) durch die Betrachtung der tatsächlich erzielten Sekundarschulabschlüsse zu qualifizieren sein wird. Die Darstellung in diesem Kapitel folgt weitgehend der Chronologie der Schullaufbahn im deutschen Schulsystem.[29]

2.2.2.1 Vorschulische institutionelle Betreuung, Einschulung und Grundschulbesuch

Auch wenn die pädagogischen Ziele und Inhalte der Kindergartenerziehung in Deutschland eher auf die allgemeine Förderung kognitiver und sozialer Kompetenzen als auf eine inhaltliche Vorbereitung auf die Schule abzielen (vgl. hierzu Fthenakis & Eirich 1998), wird dem Kindergartenbesuch (im Allgemeinen und dem letzten Kindergartenjahr im Besonderen) häufig große Bedeutung als auf den Schulalltag vorbereitende und zur "Schulfähigkeit" führende Form institutioneller Betreuung beigemessen, insbesondere für ausländische Kinder oder Migrantenkinder, für die der Kindergarten als Möglichkeit der Integration und speziell des Erwerbs oder der Vertiefung von Deutschkenntnissen bieten soll.[30] Jedoch ist über die vorschulische institutionelle Betreuung und Einschulung von ausländischen Kindern oder Kindern aus Migrantenfamilien relativ wenig bekannt. Avenarius, Ditton, Döbert et al. (2003: 214) berichten auf Grundlage des Mikrozensus für das Jahr 2001, dass 91,7% der deutschen und 88,3% der ausländischen Kinder zwischen fünf und sechs Jahren in einer Kinderkrippe sind oder einen Kindergarten besuchen. Eine Analyse des bereits in Kapitel 2.1.3 beschriebenen Sozioökonomischen Panels ergibt zum einen niedrigere Anteile von Kindern in vorschulischen Betreuungseinrichtungen, zum anderen deutlich größere diesbezügliche Unterschiede zwischen deutschen und ausländischen Kindern: Im Alter von sechs Jahren sind 86,8% der deutschen und 67,6% der ausländischen Kinder im Kindergarten oder in einer Kindertagesstätte; 12,9% der deutschen Kinder, aber 31,9% der ausländischen Kinder (die im SOEP türkische, italienische, (ex-)jugoslawische, griechische oder spanische Kinder sind) sind ohne institutionelle Betreuung. Im Alter von sieben Jahren sind nur noch 5,8% der deutschen und 21,5% der ausländischen Kinder ohne institutionelle Betreuung (Diefenbach 2002: 17). Das entspricht einer Differenz im Verlauf eines Lebensjahres von 18,4% bei den ausländischen Kindern und 7,1% bei den deutschen Kindern. Bezieht man allerdings die Differenzen auf das für ausländische und deutsche Kinder unterschiedliche Ausgangsniveau, so stellt man fest, dass der Anteil der deutschen Kinder ohne institutionelle Betreuung im Verlauf eines Lebensjahres um 55% zurückgegangen ist, während er unter den ausländischen Kindern nur um 46,1% zurückgegangen ist. Festgehalten werden kann jedenfalls, dass sowohl auf der Grundlage der Daten des Mikrozensus als auch des Sozioökonomischen Panels ausländische Kinder seltener als deutsche Kinder vorschulisch institutionell betreut werden und daher deutschen Kindern gegenüber Nachteile haben, wenn es stimmt, dass vorschulische institutionelle Betreuung eine Voraussetzung für einen guten Start in die Schulkarriere ist.

---

[29] In Teilen wurden die in diesem Kapitel dargestellten Befunde bereits veröffentlicht in Diefenbach 2004a.
[30] Im Rahmen der Internationalen Grundschul-Lese-Untersuchung (IGLU) konnte ein positiver Zusammenhang zwischen der Besuchsdauer des Kindergartens und den schulischen Leistungen (im Lesen ebenso wie in Rechtschreibung, Mathematik und Naturwissenschaften) festgestellt werden; auf Kinder mit Migrationshintergrund wird im Zusammenhang mit diesem Befund allerdings nicht speziell eingegangen (Bos, Lankes, Schwippert et al. 2003: 128).

Dafür, dass dies tatsächlich so ist, sprechen die Befunde von Büchel, Spieß & Wagner (1997) sowie Becker & Lauterbach (2004) aus Analysen des Sozioökonomischen Panels, nach denen Kinder aus Migrantenfamilien noch stärker als Kinder aus deutschen Familien von vorschulischer Betreuung profitieren: "Betrachtet man alle 14-jährigen Schulkinder unabhängig von ihrer Nationalität, so hatten diejenigen, die vor ihrer Einschulung eine vorschulische Betreuungseinrichtung besucht hatten, 2,3-mal bessere Chancen, auf das Gymnasium zu wechseln, als diejenigen, die keine vorschulische Betreuung genossen haben. Bei den westdeutschen und ausländischen Kindern lagen die Chancenverhältnisse jeweils bei 1,6 und 2,5" (Becker & Lauterbach 2004: 145). Einen weiteren Aspekt des Nutzens vorschulischer Betreuung speziell für Kinder aus Migrantenfamilien haben Gomolla & Radtke (2000) im Rahmen ihrer Studie über Bielefelder Schulen festgestellt: "Vor allem 'fehlende Kindergartenzeiten' scheinen bei Migrantenkindern quasi automatisch dazu zu führen, dass zusätzlicher Förderbedarf vor dem Schuleintritt veranschlagt wird. Dies wird vor allem mit kulturellen Passungsproblemen zwischen Kindern und Familien und der deutschen Schule begründet" (Gomolla & Radtke 2000: 331). Allerdings ist diesbezüglich sicherlich mit regionalen Disparitäten zu rechnen. Es zeigt sich nämlich anhand der Daten des Sozioökonomischen Panels, dass in Gesamtdeutschland keine nennenswerten Unterschiede zwischen Deutschen und Ausländern beim Einschulungsalter bestehen (mit acht Jahren sind 52,7% der deutschen Kinder und 49,4% der ausländischen Kinder in der Grundschule, und mit neun Jahren sind es 97% der deutschen und 95% der ausländischen Kinder), während z.B. im Bericht über "Gesundheit und Entwicklungsstand der Osnabrücker Schulanfänger" zu lesen ist, dass die Zurückstellungsrate von der Einschulung bei Migrantenkindern mehr als doppelt so hoch ist wie bei deutschen Kindern (Rohling 2002).

Hinsichtlich der Dauer der Grundschulbildung unterscheiden sich nach den Daten des Sozioökonomischen Panels deutsche und ausländischen Kinder ebenfalls nur geringfügig voneinander: Im Alter von 13 Jahren gehen noch 16,2% der deutschen Kinder und 22,7% der ausländischen Kinder in die Grundschule, und im Alter von 14 Jahren beträgt das Verhältnis 4,1% zu 5,9%.

Ungeklärt muss aufgrund mangelnder Daten bleiben, welche Verteilung eine nationalitätenspezifische Betrachtung der ausländischen Kinder in vorschulischer institutioneller Betreuung, beim Schuleintritt und bezüglich der Dauer der Grundschulbildung ergeben würde.

2.2.2.2 Übertritt von der Primar- in die Sekundarstufe

Der Übergang von der Primar- in die Sekundarstufe ist insofern die wichtigste Bildungsentscheidung im gesamten Lebensverlauf als sie die weitere Schullaufbahn eines Kindes entscheidend prägt: Beim Zugang zu beruflichen und – über diese vermittelt – zu gesellschaftlichen Positionen ist der Bildungsabschluss das entscheidende Selektionskriterium (vgl. hierzu Ditton 1992), und die unterschiedlichen Sekundarschultypen bieten unterschiedliche Qualifizierungen und dementsprechend unterschiedliche Bildungsabschlüsse an. Die theoretisch vorhandene Durchlässigkeit des Sekundarschulsystems ist faktisch kaum gegeben, so dass die Wahl eines bestimmten Sekundarschultyps einer Vorentscheidung über den zu erzielenden Schulabschluss gleichkommt.[31]

Mit Ausnahme von Bayern, Baden-Württemberg, Sachsen und Thüringen liegt die Entscheidung über die Wahl eines bestimmten Sekundarschultyps letztlich bei den Eltern.[32] Dennoch wird eine Empfehlung durch den/die Grundschullehrer ausgesprochen bzw. erfolgt eine Beratung der Eltern durch den Klassenlehrer, so dass die Wahl eines bestimmten Sekundarschultyps nicht umstandslos mit den Bildungsaspirationen der Eltern gleichgesetzt werden kann.[33] Inwieweit der Übertritt in einen bestimmten Sekundarschultyp die Wahl der Kinder bzw. ihrer Eltern widerspiegelt und inwieweit die Empfehlung der Grundschullehrer, ist eine ggf. von Fall zu Fall unterschiedlich zu beantwortende empirische Frage.

Abbildung 10 zeigt anhand der Daten des Sozioökonomischen Panels, wie sich Migrantenkinder, die von der Grundschule in die Sekundarstufe wechselten, im Zeitraum zwischen 1985 und 1995 auf die verschiedenen Schultypen der Sekundarstufe verteilten.[34] Auf der y-Achse sind die prozentualen Anteile abgetragen, zu denen Kinder in den auf der x-Achse abgetragenen Jahren auf die jeweiligen Schultypen der Sekundarstufe wechselten. Man kann dieser Abbildung also entnehmen, wie häufig ausländische Kinder in einem bestimmten Jahr von der Grundschule auf einen bestimmten Schultyp der Sekundarstufe wechselten und wie sich die Häufigkeiten, mit der die jeweiligen Schultypen gewählt wurden, über die Zeit veränderten.

---

[31]   Für das Schuljahr 1983/84 berichten Hansen, Rösner & Weissbach (1986), dass über 90% der Schüler keinen Wechsel des Sekundarschultyps vornehmen, und Blossfeld (1988) kommt für ältere Kohorten zu einem noch höheren Anteil an Nicht-Wechslern. Bellenberg (1999: 119-154) beschreibt schultypspezifische Wechsel in Nordrhein-Westfalen und berichtet ebenfalls von eher wenigen Schultypwechseln, insbesondere bezüglich der Hauptschulen. Speziell für Schüler aus Migrantenfamilien bzw. ausländische Schüler liegen diesbezüglich so gut wie keine Erkenntnisse vor. Das wenige, was hierzu bekannt ist, wird weiter unten berichtet.

[32]   Kristen (2002: 539) stellte anhand ihrer Untersuchung von 3.354 Viertklässlern in 151 Schulklassen an sechs Grundschulen in Baden-Württemberg über den Zeitraum von 1984 bis 2000 hinweg fest, dass der Übergang auf eine Schule der Sekundarstufe in 95% der Fälle tatsächlich der Grundschulempfehlung entspricht, so dass man davon ausgehen kann, dass dort die Verteilungen deutscher und ausländischer Kinder nach Abschluss der Grundschule auf die verschiedenen Sekundarschultypen ein realistisches Abbild der ausgesprochenen Empfehlungen ist.

[33]   Zur Genese und zu den Determinanten der Wahl eines bestimmten Sekundarschultyps sind während der letzten Jahre einige empirische Studien vorgelegt worden, darunter diejenige von Mahr-George (1999), die sich auf sechs Regionen in Rheinland-Pfalz bezieht, diejenige von Büchner & Koch (2001) bzw. Koch (2001) über den Übergang von der Primar- in die Sekundarstufe aus Kinder- und Elternsicht sowie aus Sicht der Lehrerinnen an unterschiedlichen Grundschulen in Marburg und im Landkreis Marburg-Bidenkopf, die Studie von Merkens & Wessel (2002), die die Sekundarschulwahl in 64 Grundschulklassen in Ostberlin, Cottbus und Frankfurt/Oder untersucht, sowie einige andere, über die Büchner & Koch (2001: 26-34) einen Überblick geben. Mit Bildungsentscheidungen in Migrantenfamilien beschäftigt sich die Studie von Urbahn (2001), die u.a. ergeben hat, dass Migrantenfamilien keine geringeren Bildungsaspirationen aufweisen als deutsche Familien. Ältere Studien von Mehrländer, Hofmann, König et al. (1981), Neumann (1980) und Wilpert (1980) stimmen darin überein, dass türkische Migrantenfamilien unrealistisch hohe Bildungsaspirationen aufweisen.

[34]   Die folgenden Analysen zum Übergang von Kindern aus Migranten- und deutschen Familien von der Primar- in die Sekundarstufe wurden bereits veröffentlicht in Diefenbach 2002.

Abbildung 10:   Übergang von der Grundschule in die Sekundarstufe 1985-1995:
                 Ausländische Kinder

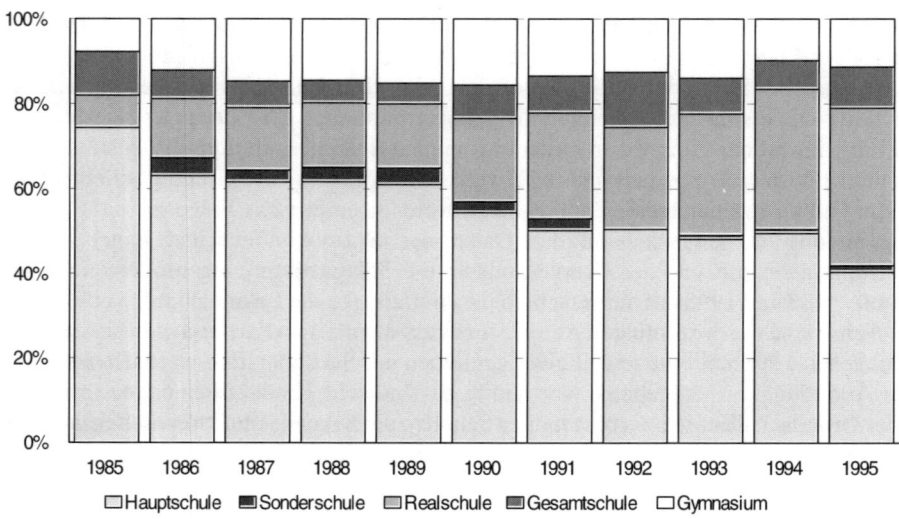

n = 2062

Quelle: eigene Berechnungen auf der Basis der Daten des Sozioökonomischen Panels

In allen auf der x-Achse abgetragenen Jahren wechselten ausländische Kinder am häufigsten von der Grundschule auf die Hauptschule. Es zeigt sich allerdings eine nahezu kontinuierliche Verringerung dieser Wahl über die Zeit: Wechselten 1985 noch 74,4% aller ausländischen Kinder auf die Hauptschule, so waren es 1990 54,3% und 1995 nur noch 37,9%. Dem nahezu kontinuierlichen Rückgang der Wahl der Hauptschule nach der Grundschule entspricht ein kontinuierlicher Anstieg der Häufigkeiten, mit der ausländische Kinder nach der Grundschule die Realschule besuchten: 1985 wählten nur 7,7% der ausländischen Kinder die Realschule, 1990 waren es bereits 19,6% und 1995 34,8%. Im Jahr 1995 wählten ausländische Kinder nach Abschluss der Grundschule also fast ebenso häufig die Realschule wie die Hauptschule. Auffällig ist außerdem, dass die Anzahl der ausländischen Kinder, die nach der Grundschule die Sonderschule besuchten, über den beobachteten Zeitraum hinweg geringer wurde. Am häufigsten war der Übergang von der Grundschule auf die Sonderschule im Jahr 1986. In diesem Jahr wechselten 4,2% der ausländischen Kinder von der Grundschule auf die Sonderschule. In allen späteren Jahren macht der Wechsel auf die Sonderschule einen geringeren prozentualen Anteil aus. Im Jahr 1990 beträgt er 2,6%, im Jahr 1995 1,5%. Angesichts der Tatsache, dass die Fallzahlen in der Gruppe der ausländischen Kinder, die auf die Sonderschule wechseln, in allen Jahren im Sozioökonomischen Panel sehr gering sind (1986: 7 Kinder, 1990: 7 Kinder, 1995: 1 Kind) sind diese Ergebnisse in Bezug auf den Wechsel auf die Sonderschule allerdings kaum aussagekräftig.

Die Integrierte Gesamtschule ist der Schultyp in der Sekundarstufe, der von ausländischen Kindern (von der Sonderschule abgesehen) nach dem Abschluss der Grundschule am seltensten besucht wurde. Der prozentuale Anteil der ausländischen Kinder, die diesen Schultyp besuchten, blieb zwischen 1985 und 1995 relativ gleich. 1985 besuchten 12,9% der ausländischen Kinder nach der Grundschule diesen Schultyp, 1990 waren es 7,8% und 1995 13,5%. Jedoch sind auch hier die absoluten Häufigkeiten, die die Prozentuierungsbasis bilden, gering, so dass dieses Ergebnis vorsichtig interpretiert werden muss (1985: 9 Kinder, 1990: 11 Kinder, 1995: 5 Kinder).

Was den Wechsel von der Grundschule auf das Gymnasium betrifft, so lässt sich in der Zeit zwischen 1985 und 1995 ebenfalls keine nennenswerte Zunahme der Häufigkeit feststellen. Zwar gingen im Jahr 1985 nur 8,6% der ausländischen Kinder nach der Grundschule auf das Gymnasium, während es im Jahr 1986 11,9% und im Jahr 1990 sogar 16,3% waren aber der Anteil der ausländischen Kinder, die von der Grundschule auf das Gymnasium wechseln, ging in der ersten Hälfte der 1990er-Jahre wieder zurück.

Sofern also von einer positiven Entwicklung im Hinblick auf die Bildungsbeteiligung ausländischer Kinder in der Sekundarstufe gesprochen werden kann, bezieht sie sich vorrangig auf den Rückgang der Häufigkeiten, mit der ausländische Kinder nach der Grundschule die Hauptschule besuchen. Dieser Rückgang vollzieht sich offensichtlich nahezu ausschließlich zugunsten des Realschulbesuchs, während sich für die anderen Schultypen nur geringfügige Variationen über die Zeit ausmachen lassen. Dass diese positive Entwicklung kaum als Annäherung an die Bildungsbeteiligung der deutschen Kinder in der Sekundarstufe interpretiert werden kann, macht Abbildung 11 deutlich, die – in Entsprechung zu Abbildung 10 – zeigt, wie sich deutsche Kinder, die im Zeitraum zwischen 1985 und 1995 von der Grundschule in die Sekundarstufe wechseln, auf die verschiedenen Schultypen der Sekundarstufe verteilten.

Abbildung 11:　　Übergang von der Grundschule in die Sekundarstufe 1985-1995: Deutsche Kinder

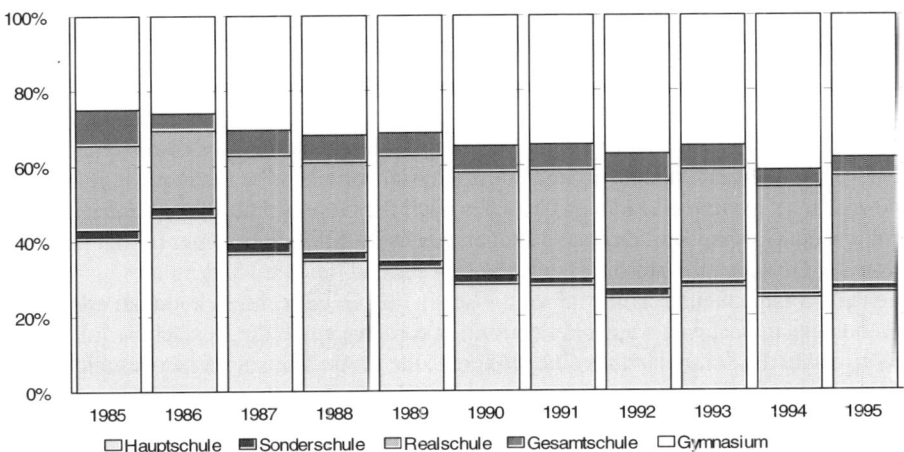

n = 3224

Quelle: eigene Berechnungen auf der Basis der Daten des Sozioökonomischen Panels

Wie Abbildung 11 zeigt, besteht der wesentliche Unterschied zwischen ausländischen Kindern und deutschen Kindern hinsichtlich des Übergangs von der Grundschule in die Sekundarstufe darin, dass deutsche Kinder zu weit größeren prozentualen Anteilen als ausländische Kinder auf das Gymnasium übergehen. Bereits im Jahr 1985 wählte ein Viertel der deutschen Kinder das Gymnasium nach der Grundschule. Dieser Anteil ist bis 1994 kontinuierlich auf 41,6% angestiegen und im Jahr 1995 wieder leicht gesunken (auf 36,1%). Ging in der zweiten Hälfte der 80er Jahre noch ein etwa doppelt so großer Anteil deutscher Kinder wie ausländischer Kinder nach der Grundschule auf das Gymnasium, so war der entsprechende Anteil deutscher Kinder in den 90er Jahre nahezu dreimal so groß. Dem größeren Anteil deutscher Kinder, die auf das Gymnasium übergehen, entspricht ein geringerer Anteil deutscher Kinder, die auf die Hauptschule wechseln. Eine Annäherung ausländischer Kinder an deutsche Kinder lässt sich lediglich hinsichtlich des Realschulbesuchs feststellen: Bis 1993 wählte ein geringer Anteil ausländischer Kinder als deutscher Kinder die Realschule, der Anteil ausländischer Kinder, die auf die Realschule wechselten, näherte sich dem der deutschen Kinder aber kontinuierlich an. Im Jahr 1994 kehrte sich das Verhältnis dann um: 1994 wechselten 28,7% der deutschen Kinder und 33,3% der ausländischen Kinder von der Grundschule auf die Realschule.

Ein dauerhaft erfolgender überproportionaler Wechsel von ausländischen Kindern auf die Sonderschule lässt sich anhand der Daten des Sozioökonomischen Panels nicht erkennen: In fünf von elf Jahren wechselt ein größerer Anteil ausländischer Kinder als deutscher Kinder von der Grundschule auf die Sonderschule, und in ebenfalls fünf Jahren ist es umgekehrt. In einem der elf Jahre, nämlich 1995, ist diesbezüglich kein Unterschied zwischen ausländischen und deutschen Kindern zu beobachten.

Um zu prüfen, ob sich hinter den Unterschieden zwischen ausländischen Kindern und deutschen Kindern hinsichtlich der Bildungsbeteiligung in der Sekundarstufe geschlechtsspezifische Effekte verbergen, wurden die Übergänge von Jungen und Mädchen von der Grundschule in die Sekundarstufe getrennt betrachtet, und zwar sowohl bei ausländischen als auch bei deutschen Kindern. Die Ergebnisse dieser Analysen, die hier nicht dargestellt werden, zeigen sowohl bei Kindern aus ausländischen Familien als auch bei deutschen Kindern kaum nennenswerte Unterschiede zwischen den Geschlechtern. Mädchen und Jungen aus ausländischen Familien wechseln in etwa gleich häufig von der Grundschule auf das Gymnasium (wenn man vom Jahr 1995 einmal absieht, in dem geringe Fallzahlen stark unterschiedliche prozentuale Unterschiede ergeben). Deutsche Mädchen besuchen nach der Grundschule etwas häufiger als deutsche Jungen ein Gymnasium. Deutsche Jungen wechseln deutlich häufiger als deutsche Mädchen von der Grundschule auf die Hauptschule, während bei den Kindern aus ausländischen Familien ein entsprechender Unterschied zwischen den Geschlechtern kaum zu erkennen ist. Sowohl bei ausländischen als auch bei deutschen Kindern spielt die Realschule für Mädchen beim Wechsel in die Sekundarstufe eine größere Rolle als für Jungen. Dieser geschlechtsspezifische Unterschied ist bei deutschen Kindern jedoch deutlicher ausgeprägt als bei ausländischen Kindern. Was die Gesamtschule betrifft, so gibt es keinen Unterschied zwischen deutschen Jungen und Mädchen in der Häufigkeit, mit der sie von der Grundschule auf die Gesamtschule wechseln, aber einen geringfügigen Unterschied zwischen Jungen und Mädchen aus ausländischen Familien: Für ausländische Jungen hat die Gesamtschule beim Wechsel in die Sekundarstufe eine größere Bedeutung als für ausländische Mädchen. Die Anteile der Mädchen und Jungen, die eine Sonderschule besuchen, sind aufgrund ihrer niedrigen Zahlen im Sozioökonomischen Panel nicht sinnvoll interpretierbar.

Festgehalten werden kann also, dass die Nachteile ausländischer Kinder gegenüber deutschen Kindern, die die Daten des Sozioökonomische Panel im Hinblick auf ihre Bildungsbeteiligung in der Sekundarstufe zeigen, kein geschlechtsspezifischer Effekt sind. Sofern Unterschiede zwischen Mädchen und Jungen festgestellt werden können, sind sie bei deutschen Kindern etwas größer als bei ausländischen Kindern.

Möglicherweise haben nur ausländische Kinder bestimmter Nationalitäten gegenüber deutschen Kindern Nachteile hinsichtlich des Übergangs von der Primar- in die Sekundarstufe. Um dies zu prüfen, wurden die Übergänge von der Grundschule in die Sekundarstufe für Kinder aus türkischen, (ex-)jugoslawischen, griechischen, italienischen und spanischen Familien getrennt auf der Grundlage der SOEP-Daten betrachtet. Eine solche Analyse, die außerdem die Übergänge der Kinder in unterschiedlichen Jahren betrachtet, ist aufgrund geringer Fallzahlen aber kaum sinnvoll zu interpretieren. Daher wurden die Übergänge der Jahre 1985 bis 1995 zusammengefasst und der durchschnittliche prozentuale Anteil errechnet, mit dem Kinder der jeweiligen Nationalität in diesem Zeitraum von der Grundschule auf einen bestimmten Schultyp wechselten. Abbildung 12 zeigt das Ergebnis dieser Analyse und verdeutlicht die großen Unterschiede zwischen ausländischen Kindern unterschiedlicher Nationalitäten hinsichtlich des Übergangs von der Grundschule in die Sekundarstufe.

Abbildung 12: Übergang türkischer, (ex-)jugoslawischer, griechischer, italienischer, spanischer und deutscher Kinder von der Grundschule in die Sekundarstufe im Zeitraum von 1985 bis 1995

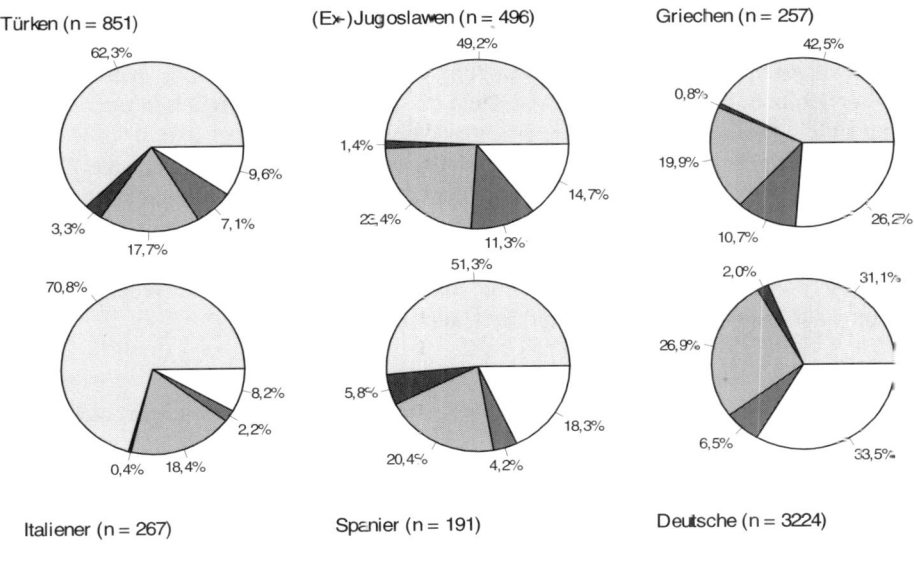

Quelle: eigene Berechnungen auf der Basis der Daten des Sozioökonomischen Panels

Italienische Kinder weisen mit 70,8% den größten Anteil an Übergängen auf die Hauptschule und gleichzeitig mit 8,2% den niedrigsten Anteil an Übergängen auf das Gymnasium auf, gefolgt von türkischen Kindern, von denen im Zeitraum zwischen 1985 und 1995 62,3% von der Grundschule auf die Hauptschule und 9,6% auf das Gymnasium wechselten. Griechische Kinder weisen mit 42,5% von allen Kindern aus ausländischen Familien den niedrigsten Anteil derer auf, die auf die Hauptschule wechselten und gleichzeitig mit 26,2% den höchsten Anteil derer, die auf das Gymnasium wechselten. (Ex-)jugoslawische und spanische Kinder nehmen diesbezüglich die mittleren Positionen ein. (Ex-)Jugoslawische Migrantenkinder wechselten fast ebenso häufig von der Grundschule auf die Realschule (23,4%) wie deutsche Kinder (26,9%). Bei spanischen und griechischen Kindern sind es jeweils um die 20%, die von der Grundschule auf die Realschule wechselten, bei italienischen und türkischen Kindern jeweils um die 18%. Weit größere Unterschiede zwischen den Nationalitäten herrschen bezüglich des Wechsels auf die Gesamtschule. Die Anteile spanischer und italienischer Kinder, die auf die Gesamtschule wechseln, sind noch niedriger als der entsprechende Anteil der deutschen Kinder, der bei 6,5% liegt. Türkische Kinder wechseln nur geringfügig häufiger auf die Gesamtschule als deutsche Kinder: Ihr Anteil liegt bei 7,1%. Dagegen liegt er für (ex-)jugoslawische und griechische Kinder jeweils bei etwa 11%. Von ihnen wechselte also ein fast doppelt so großer Anteil auf die Gesamtschule wie von deutschen Kindern. Ein weiterer auffälliger Befund bezieht sich auf den Wechsel von der Grundschule auf die Sonderschule: Italienische, griechische und (ex-) jugoslawische Kinder wechselten noch seltener auf die Sonderschule als deutsche Kinder, deren diesbezüglicher Anteil 2% beträgt. Der Anteil türkischer Kinder, die auf die Sonderschule wechselten, liegt mit 3,3% etwas höher als der entsprechende Anteil deutscher Kinder, jedoch erheblich niedriger als der entsprechende Anteil spanischer Kinder, der 5,8% beträgt.

Insgesamt gesehen lässt sich eine Annäherung der ausländischen Kinder an die deutschen Kinder über den betrachteten Zeitraum von 1985 bis 1995 hinweg lediglich in Bezug auf den Übergang auf die Realschule feststellen. Was den Wechsel auf das Gymnasium betrifft, so hat sich der Abstand zwischen ausländischen und deutschen Kindern im beobachteten Zeitraum vergrößert. Zwar haben ausländische Kinder aller im SOEP berücksichtigten Nationalitäten hinsichtlich des Übergangs von der Grundschule auf eine Schule der Sekundarstufe im Vergleich zu deutschen Kindern gleichermaßen Nachteile, aber der Vergleich dieser Nationalitäten untereinander ergibt z.T. erhebliche Unterschiede, vor allem hinsichtlich des Wechsels von der Grundschule auf das Gymnasium und auf die Hauptschule.

2.2.2.3 Bildungsbeteiligungsquoten ausländischer und deutscher Schüler an verschiedenen Schultypen der Sekundarstufe

Nachdem die Übertrittsquoten von ausländischen und deutschen Schülern von der Grundschule auf verschiedene Schultypen der Sekundarstufe anhand der Daten des Sozioökonomischen Panels beschrieben wurde, werden nunmehr die Bildungsbeteiligungsquoten ausländischer und deutscher Schüler an Schulen der Sekundarstufe anhand der Daten der amtlichen Bildungsstatistiken dargestellt. Im Unterschied zum Sozioökonomischen Panel enthalten die amtlichen Bildungsstatistiken Daten über alle ausländischen Schüler (und nicht nur Daten über Schüler aus türkischen, (ex-)jugoslawischen, griechischen, italienischen und spanischen Familien).

Deswegen und weil ein Wechsel von einem Sekundarschultyp zum anderen möglich ist, ist nicht selbstverständlich davon auszugehen, dass die nun folgende Betrachtung der Bildungsbeteiligungsquoten dieselben Befunde erbringt wie die vorangehende Betrachtung der Übertrittsquoten. Die Abbildungen 13 und 14 geben Auskunft über die Bildungsbeteiligungsquoten ausländischer und deutscher Schüler an den Schulformen der Sekundarstufe in den Jahren 1992 bis 2003.[35]

Beim Vergleich der Abbildungen 13 und 14 fällt zunächst auf, dass von allen ausländischen Schülern, die im Beobachtungszeitraum eine Haupt-, Real- oder Integrierte Gesamtschule oder ein Gymnasium besuchten, der deutlich größte Anteil auf Hauptschulen entfällt. Im Durchschnitt der Jahre 1992 bis 2003 beträgt dieser Anteil 47,3%. Der entsprechende Anteil für deutsche Schüler beträgt dagegen nur 19,7%. Die Mehrheit der deutschen Schüler in der Sekundarstufe, nämlich 46,2%, besuchte ein Gymnasium, während nur 20,3% der ausländischen Schüler dies taten.

Abbildung 13:   Bildungsbeteiligungsquoten ausländischer Schüler an verschiedenen Sekundarschulformen in den Jahren 1992 bis 2003 (prozentuale Anteile; Prozentuierungsbasis: alle Schüler an Haupt-, Real- und Gesamtschulen (ohne Primarbereich) sowie Gymnasien

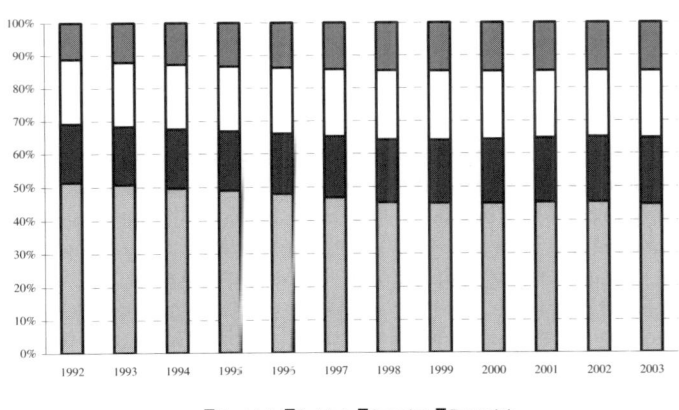

Quelle: Statistisches Bundesamt; eigene Berechnungen

---

[35]   Die Daten, die den Abbildungen 13 und 14 zugrunde liegen, wurden auf Anfrage vom Statistischen Bundesamt zur Verfügung gestellt. Für das Jahr 1991 wurden keine Daten bereitgestellt, für das Jahr 1990 wurden nur Daten für die Alten Bundesländer bereitgestellt. Als Begründung wurde mitgeteilt, dass das Schulsystem der ehemaligen DDR nicht vergleichbar mit dem der alten Bundesländer war. Dementsprechend wurden die Daten für die Jahre 1990 und 1991 in den Abbildungen 13 und 14 nicht berücksichtigt. Die Kultusministerkonferenz erhält ihre Daten über die Zahl deutscher und ausländischer Schüler ebenfalls vom Statistischen Bundesamt und weist Zahlen für 1991 aus, macht aber keine Aussagen zur Qualität der Daten für dieses Jahr (oder andere Jahre) (vgl. Kultusministerkonferenz 2002a: 9).

Abbildung 14:   Bildungsbeteiligungsquoten deutscher Schüler an verschiedenen Sekundarschulformen in den Jahren 1992 bis 2003 (prozentuale Anteile; Prozentuierungsbasis: alle Schüler an Haupt-, Real- und Gesamtschulen (ohne Primarbereich) sowie Gymnasien

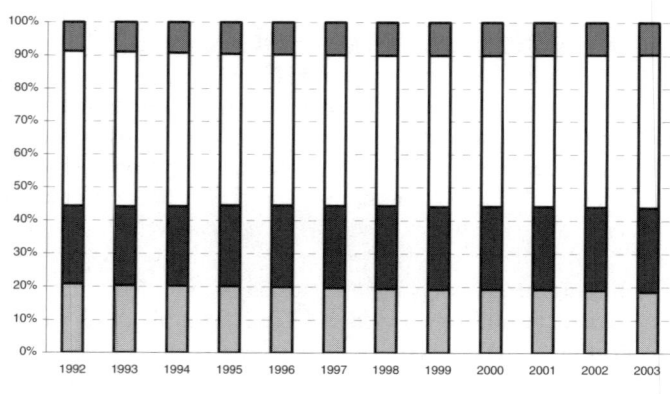

Quelle: Statistisches Bundesamt; eigene Berechnungen

Am oberen und unteren Ende der Qualifizierungsskala in der Sekundarstufe ergibt sich also für ausländische und für deutsche Schüler ein komplementäres Bild: Der Anteil der ausländischen Schüler am unteren Ende der Skala (d.h. die eine Hauptschule besuchen), entspricht in etwa dem Anteil der deutschen Schüler am oberen Ende der Skala (d.h. die ein Gymnasium besuchen) und umgekehrt. Von den deutschen Schülern entfällt mit durchschnittlich 24,6% ein etwas größerer Anteil auf Realschulen als von den ausländischen Schülern mit 18,6%, und hinsichtlich des Gesamtschulbesuchs verhält es sich umgekehrt: 13,8% der ausländischen Schüler und 9,5% der deutschen Schüler besuchten eine Integrierte Gesamtschule. Insgesamt gesehen besuchte also ein weit größerer Anteil ausländischer Schüler als deutscher Schüler eine weniger qualifizierende Sekundarschulform.

     Auffällig ist auch, dass die genannten Anteile im Beobachtungszeitraum, d.h. von 1992 bis 2003, nur wenig variieren, wobei allerdings eine leichte Verbesserung der Bildungsbeteiligung ausländischer Schüler festzustellen ist: Der Anteil ausländischer Schüler, die eine Hauptschule besuchten, betrug im Jahr 1992 51,6%, im Jahr 2003 jedoch nur noch 44,7%. Betrachtet man, zugunsten welcher Schulformen dieser Rückgang erfolgte, so sind vor allem Real- und Gesamt-schulen zu nennen. Der Anteil der ausländischen Schüler, die ein Gymnasium besuchten, ist dagegen nicht nennenswert gestiegen ist, nämlich von 19,7% im Jahr 1992 auf 20,4% im Jahr 2003.

     Dass die Hauptschule nicht nur insofern als "Ausländerschule" bezeichnet werden kann als der größte prozentuale Anteil der ausländischen Schüler in der Sekundarstufe auf Hauptschulen entfällt, zeigt Abbildung 15, in der die schulformbezogenen Ausländeranteile für die Jahre 1992 bis 2003 zu sehen sind: In diesem Zeitraum sind durchschnittlich 18,4% aller Schüler an Hauptschulen Ausländer. Gesamtschulen haben mit 12% den zweitgrößten Ausländeranteil an den vier in Abbildung 12 berücksichtigten Sekundarschularten. An Realschulen sind im selben Zeitraum nur 6,6% und an Gymnasien nur 4% der Schüler Ausländer.

Interessant ist auch die Entwicklung der schulformbezogenen Ausländeranteile über den Beobachtungszeitraum hinweg gesehen, die ebenfalls in Abbildung 15 dargestellt ist:

Abbildung 15:   Schulformbezogene Ausländeranteile in den Jahren 1992 bis 2003

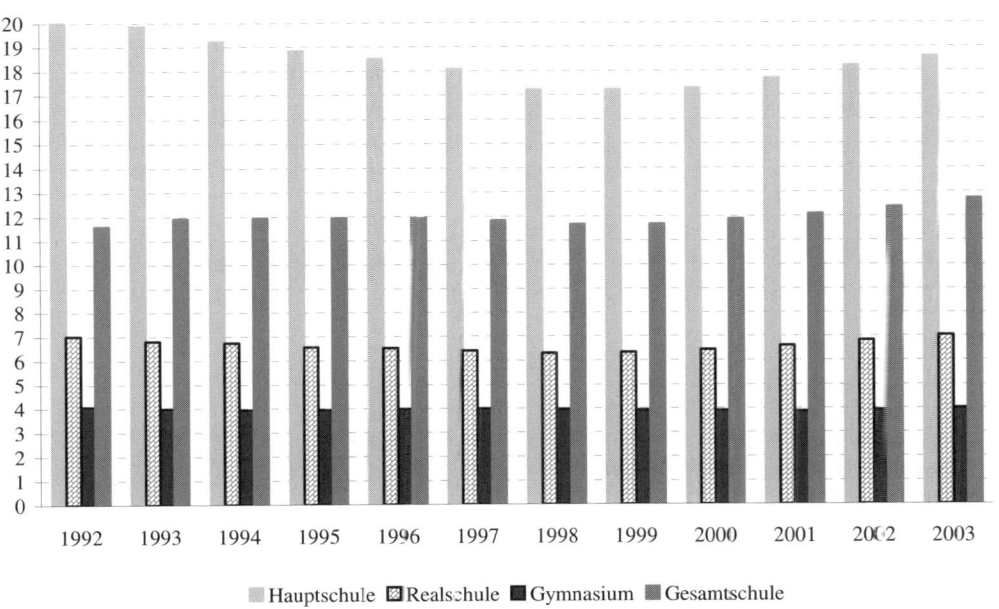

Quelle: Statistisches Bundesamt; eigene Berechnungen

Der Ausländeranteil ist im Beobachtungszeitraum nämlich an allen vier Schularten nahezu konstant geblieben. Die größte Stabilität lässt sich dabei an Gymnasien feststellen: Die Anteile ausländischer Schüler an Gymnasien betragen im Jahr 1992 4,1% und in jedem Jahren seit 1993 entweder 4,0% oder 3,9%. An Realschulen ist der Ausländeranteil von 7% im Jahr 1992 bis Ende der 1990er-Jahre auf 6,3% gefallen, danach aber wieder bis auf 7% im Jahr 2003 gestiegen. Der Ausländeranteil an Gesamtschulen lag zwischen 1992 und 2000 fast konstant bei knapp 12% und stieg in den Folgejahren geringfügig, aber kontinuierlich auf 12,7% im Jahr 2003. Die größten unter den insgesamt geringfügigen Variationen des schulformspezifischen Ausländeranteils weisen im Beobachtungszeitraum Hauptschulen auf: Von 20% im Jahr 1992 sank der Anteil ausländischer Schüler an Hauptschulen bis 1998 kontinuierlich auf 17,2%, stagnierte in den beiden folgenden Jahren, und stieg wieder an, und zwar kontinuierlich von 17,3% im Jahr 2000 auf 18,6% im Jahr 2003.

Über den Beobachtungszeitraum hinweg betrachtet ist es also nicht gelungen, den deutlich höheren Ausländeranteil an Hauptschulen als an anderen Sekundarschultypen abzubauen und insofern ihrem Ruf als "Ausländerschule" entgegenzuwirken; knapp jeder fünfte Schüler an Hauptschulen war im Beobachtungszeitraum Ausländer. (Zur Erinnerung: Unter Gymnasiasten war jeder 25. Schüler Ausländer.)

2.2.2.4 Über- und Unterrepräsentation ausländischer Schüler an verschiedenen Schultypen der Sekundarstufe

Um die Beschreibung der Bildungsbeteiligung von ausländischen und deutschen Kindern in der Sekundarstufe zu vervollständigen und eine detailliertere Perspektive einzunehmen, indem die einzelnen Bundesländer betrachtet werden, sei nunmehr gezeigt, wie stark ausländische Schüler gegenüber deutschen Schülern an bestimmten Schultypen der Sekundarstufe über- oder unterrepräsentiert sind. Hierzu wird der in Kapitel 2.1.1 beschriebene Relative Risiko-Index (RRI) für die verschiedenen Sekundarschultypen für das Jahr 2002 berechnet. Die entsprechenden Ergebnisse sind in den Tabellen 3-6 zusammengestellt.

Tabelle 3:   Über- und Unterrepräsentation von ausländischen Schülern an Gymnasien in Deutschland und den einzelnen Bundesländern im Jahr 2002: Rangreihe

Deutschland:	0,49		
Unter dem Bundesdurchschnitt:		*Über dem Bundesdurchschnitt:*	
Saarland	0,37	Thüringen	0,50
Baden-Württemberg	0,38	Bayern	0,52
Nordrhein-Westfalen	0,44	Niedersachsen	0,56
Rheinland-Pfalz	0,48	Hessen	0,57
Baden-Württemberg	0,49	Hamburg	0,60
		Berlin	0,61
		Sachsen-Anhalt	0,61
		Schleswig-Holstein	0,62
		Bremen	0,83
		Brandenburg	0,85
		Mecklenburg-Vorpommern	0,88
		Sachsen	0,88

Quellen: eigene Berechnungen auf der Grundlage der Daten in den Statistischen Veröffentlichungen der Kultusminister-konferenz Nr. 171 (Kultusministerkonferenz 2003) sowie der vom Sekretariat der Kultusministerkonferenz freundlicherweise mitgeteilten Daten des Statistischen Bundesamts über ausländische Schüler im Schuljahr 2002

Bei der Betrachtung von Tabelle 3 fällt zweierlei auf, erstens, dass ausländische Schüler an Gymnasien in Deutschland deutlich unterrepräsentiert sind: Nur halb so viele ausländische wie deutsche Schüler besuchen ein Gymnasium. Zweitens fällt auf, dass kein Bundesland den Wert von 1,0 erreicht, bei dem ausländische Kinder an Gymnasien weder unter- noch überrepräsentiert wären. Am nächsten kommen diesem Wert drei ostdeutsche Bundesländer, nämlich Brandenburg, Mecklenburg-Vorpommern und Sachsen (mit 0,85 bzw. 0,88). Am deutlichsten an Gymnasien unterrepräsentiert sind ausländische Schüler in Baden-Württemberg und im Saarland mit RRI = 0,38 bzw. RRI = 0,37. Auf 13 deutsche Schüler kommen dort an Gymnasien fünf ausländische Schüler.

Wie Tabelle 4 zeigt, ist die Unterrepräsentation von ausländischen Schülern an Realschulen etwas weniger stark ausgeprägt: Auf acht deutsche Schüler kommen fünf ausländische Schüler (RRI = 0,62). Die RRI, die die verschiedenen Bundesländer aufweisen, streuen ziemlich stark (und stärker als die RRI, die sich auf den Besuch von Gymnasien beziehen). Im Saarland kommen an Realschulen 24 deutsche Schüler auf fünf ausländische Schüler, während in Hamburg keine Unter- oder Überrepräsentation ausländischer Schüler an Realschulen besteht.

Tabelle 4:   Über- und Unterrepräsentation von ausländischen Schülern an Realschulen in Deutschland und den einzelnen Bundesländern im Jahr 2002: Rangreihe*

Deutschland:	0,62		
Unter dem Bundesdurchschnitt:		*Über dem Bundesdurchschnitt:*	
Saarland	0,21	Berlin	0,64
Brandenburg	0,24	Schleswig-Holstein	0,64
Bayern	0,44	Hessen	0,83
Mecklenburg-Vorpommern	0,48	Bremen	0,88
Baden-Württemberg	0,49	Hamburg	0,99
Rheinland-Pfalz	0,53		
Nordrhein-Westfalen	0,57		
Niedersachsen	0,58		

* ohne Sachsen, Sachsen-Anhalt und Thüringen, wo es keine Realschulen gibt

Quellen: eigene Berechnungen auf der Grundlage der Daten in den Statistischen Veröffentlichungen der Kultusminister-konferenz Nr. 171 (Kultusministerkonferenz 2003) sowie der vom Sekretariat der Kultusministerkonferenz freundlicherweise mitgeteilten Daten des Statistischen Bundesamts über ausländische Schüler im Schuljahr 2002

Deutlich überrepräsentiert sind ausländische Schüler an Hauptschulen wie Tabelle 5 zu entnehmen ist: Auf zehn deutsche Schüler kommen 19 ausländische Schüler, d.h. ausländische Schüler sind fast doppelt so häufig an Hauptschulen vertreten wie deutsche Schüler. Betrachtet man die einzelnen Bundesländer, so stellt man fest, dass ausländische Schüler in fast allen Bundesländern deutlich überrepräsentiert sind.[36] Am stärksten ist die Überrepräsentation von ausländischen Schülern an Hauptschulen in Hessen und in Baden-Württemberg: Hier besuchen etwas mehr als doppelt so viele ausländische wie deutsche Schüler Hauptschulen.

---

[36] Der RRI für das Saarland ist nicht aussagekräftig, weil in seine Berechnung nur acht ausländische Schüler, die Hauptschulen besuchen, einfließen.

Tabelle 5:   Über- und Unterrepräsentation von ausländischen Schülern an Hauptschulen
                    in Deutschland und den einzelnen Bundesländern im Jahr 2002: Rangreihe*

Deutschland:	1,88		
Unter dem Bundesdurchschnitt:		*Über dem Bundesdurchschnitt:*	
Saarland	0,27	Rheinland-Pfalz	1,94
Mecklenburg-Vorpommern	0,53	Baden-Württemberg	2,02
Niedersachsen	1,41	Hessen	2,11
Bremen	1,52		
Bayern	1,56		
Hamburg	1,63		
Nordrhein-Westfalen	1,67		
Schleswig-Holstein	1,69		
Berlin	1,75		

* ohne Brandenburg, Sachsen, Sachsen-Anhalt und Thüringen, wo es keine Hauptschulen gibt

Quellen: eigene Berechnungen auf der Grundlage der Daten in den Statistischen Veröffentlichungen der Kultusministerkonferenz Nr. 171 (Kultusministerkonferenz 2003) sowie der vom Sekretariat der Kultusministerkonferenz
freundlicherweise mitgeteilten Daten des Statistischen Bundesamts über ausländische Schüler im Schuljahr 2002

Tabelle 6 macht deutlich, dass auch an Integrierten Gesamtschulen ausländische Schüler
überrepräsentiert sind, allerdings deutlich weniger stark als an Hauptschulen: auf fünf deutsche
Schüler kommen an Integrierten Gesamtschulen in Deutschland sieben ausländische Schüler.
Auffallend ist, dass vergleichsweise viele Bundesländer einen RRI um den Wert 1 herum aufweisen. Man kann sagen, dass zumindest in sechs von fünfzehn Bundesländern nicht von einer
Über- oder Unterrepräsentation von ausländischen Schülern an Integrierten Gesamtschulen gesprochen werden kann. In weiteren sechs Bundesländern besteht eine Unterrepräsentation ausländischer Schüler, die in Bremen am stärksten ist. Dort kommen an Integrierten Gesamtschulen auf zehn ausländische Schüler 17 deutsche Schüler. Nur Bayern und Baden-Württemberg weisen eine starke und über dem Bundesdurchschnitt liegende Überrepräsentation ausländischer Schüler an Integrierten Gesamtschulen auf, wobei in Bayern ausländische Schüler fast
doppelt so häufig wie deutsche Schüler (nämlich im Verhältnis 48 zu 25) eine Integrierte
Gesamtschule besuchen. (In Baden-Württemberg ist das Verhältnis 29 zu 20.)

Tabelle 6:   Über- und Unterrepräsentation von ausländischen Schülern an Integrierten
                Gesamtschulen in Deutschland und den einzelnen Bundesländern im Jahr
                2002: Rangreihe*

Deutschland:	1,39		
Unter dem Bundesdurchschnitt:		*Über dem Bundesdurchschnitt:*	
Bremen	0,60	Baden-Württemberg	1,45
Sachsen-Anhalt	0,65	Bayern	1,92
Berlin	0,68		
Rheinland-Pfalz	0,75		
Schleswig-Holstein	0,75		
Brandenburg	0,77		
Niedersachsen	0,94		
Hessen	0,98		
Saarland	1,00		
Hamburg	1,05		
Mecklenburg-Vorpommern	1,08		
Thüringen	1,08		
Nordrhein-Westfalen	1,17		

* ohne Sachsen, wo es keine Integrierten Gesamtschulen gibt

Quellen: eigene Berechnungen auf der Grundlage der Daten in den Statistischen Veröffentlichungen der Kultusministerkonferenz Nr. 171 (Kultusministerkonferenz 2003) sowie der vom Sekretariat der Kultusministerkonferenz
freundlicherweise mitgeteilten Daten des Statistischen Bundesamts über ausländische Schüler im Schuljahr 2002

Insgesamt gesehen zeigen die Tabellen 3 bis 6, dass ausländische Schüler an den höher
qualifizierenden Schultypen, also dem Gymnasium und der Realschule, unterrepräsentiert und
an Hauptschulen und Integrierten Gesamtschulen überrepräsentiert sind, wobei allerdings Integrierte Gesamtschulen von allen betrachteten Sekundarschultypen das ausgewogenste Verhältnis zwischen ausländischen und deutschen Schülern aufweisen. Besonders an den Polen der
Qualifikationsskala, also bezüglich des Gymnasiums und der Hauptschule, ist die Unter- bzw.
Überrepräsentation ausländischer Schüler gegenüber deutschen Schülern stark ausgeprägt.

Betrachtet man die Bildungsbeteiligungsquoten, die schulformbezogenen Ausländeranteile
und die RRI als Maße für die Unter- oder Überrepräsentation ausländischer Schüler an bestimmten Sekundarschultypen gemeinsam, so stellt man fest, dass die Hauptschule anhand aller drei
Indikatoren tatsächlich als "die Ausländerschule" in Deutschland bezeichnet werden kann. Es
hat sich aber auch gezeigt, dass dies keinesfalls in jedem Bundesland gleichermaßen der Fall
ist; vielmehr trifft es besonders für Rheinland-Pfalz, Baden-Württemberg und Hessen zu.[37] Die
Frage, ob (auch) Sonderschulen als "Schulen für Ausländerkinder" betrachtet werden müssen,
haben verschiedene Autoren um Helga Reiser bereits im Jahr 1981 zu beantworten versucht
(Reiser 1981). Im folgenden werden Daten zusammengestellt, die diese Frage für die 1990er-
Jahre klären sollen.

---

[37]   Für Bayern müsste man die Integrierte Gesamtschule - mehr noch als die Hauptschule - als "die Ausländerschule"
       bezeichnen.

2.2.2.5 Besuch von Sonderschulen[38]

An Sonderschulen sollen solche Schüler unterrichtet werden, die sonderpädagogischen Förderbedarf haben. Die Kultusministerkonferenz der Länder in der Bundesrepublik Deutschland
hat hierzu folgendes festgestellt: "Sonderpädagogischer Förderbedarf ist bei Kindern und
Jugendlichen anzunehmen, die in ihren Bildungs-, Entwicklungs- und Lernmöglichkeiten so
beeinträchtigt sind, dass sie im Unterricht der allgemeinen Schule ohne sonderpädagogische
Unterstützung nicht hinreichend gefördert werden können" (Kultusministerkonferenz 1994: 5).
Angesichts dieser Tautologie stellt sich die Frage, wie ein sonderpädagogischer Förderbedarf
festzustellen ist. Die Kultusministerkonferenz schreibt hierzu in ihren "Empfehlungen zur
sonderpädagogischen Förderung in den Schulen in der Bundesrepublik Deutschland" von 1994,
es seien "Informationen aus folgenden Bereichen wichtig: Erleben und Verhalten, Handlungs-
kompetenzen und Aneignungsweisen, Wahrnehmung und Wahrnehmungsverarbeitung, Ent-
wicklungs- und Leistungsstand, soziale Einbindung, Kommunikations- und Interaktionsfähig-
keit, individuelle Erziehung- und Lebensumstände, das schulische Umfeld und die
Möglichkeiten seiner Veränderung, das berufliche Umfeld und die erforderlichen Förder-
möglichkeiten" (Kultusministerkonferenz 1994: 8). Wie diese Informationen gesammelt,
bewertet und gewichtet werden sollen, bleibt jedoch offen, und diese Vagheit ist angesichts der
Folgen, die es für einen Schüler hat, sonderpädagogischer Förderung unterworfen zu werden,
erstaunlich. 90% der Schüler, denen sonderpädagogischer Förderbedarf attestiert wird, werden
an Sonderschulen (und zwar allen Sonderschulen zusammen, d.h. Sonderschulen für
Lernbehinderte bzw. Sonderschulen mit dem Schwerpunkt Lernen oder inklusive solcher für
Erziehungsschwierige und für Schüler mit körperlichen und geistigen Behinderungen)
unterrichtet (Avenarius, Ditton, Döbert u.a. 2003: 57). Wer also sonderpädagogischer
Förderung anheim fällt, tritt in der Regel aus einer (statistisch) normalen Bildungskarriere aus,
was für die Betroffenen grundlegende Nachteile hinsichtlich ihrer Chancen auf einen
(höherwertigen) Bildungsabschluss und damit ihrer allgemeinen Lebenschancen bedeutet.
    Die Überstellung an Sonderschulen für Lernbehinderte bzw. Sonderschulen mit dem
Schwerpunkt Lernen wird seit langem als wesentlicher Indikator für die Bildungsbeteiligung
und den Bildung(miss)erfolg von ausländischen Schülern betrachtet (u.a. von Apitzsch 1990;
1994; Hopf 1987; Kornmann, Burgard & Eichling 1999; Kornmann & Klingele 1996;
Kornmann, Klingele & Iriogbe-Ganninger 1997; Kornmann & Neuhäusler 2001; Kornmann &
Schnattinger 1989; Kronig 1996; Reiser 1981). Vergleicht man den Ausländeranteil an allen
Schulen mit dem Ausländeranteil an Sonderschulen mit dem Förderschwerpunkt Lernen, dann
ergibt die amtliche Bildungsstatistik das folgende Bild für die Jahre 1991 bis 1999:

---

[38] Die folgende Beschreibung der Situation ausländischer Kinder an Sonderschulen wurde teilweise publiziert in
      Diefenbach 2004a.

Abbildung 16:   Prozentualer Anteil ausländischer Schüler an allen Schülern und an Sonderschulen mit dem Förderschwerpunkt Lernen, 1991 bis 1999

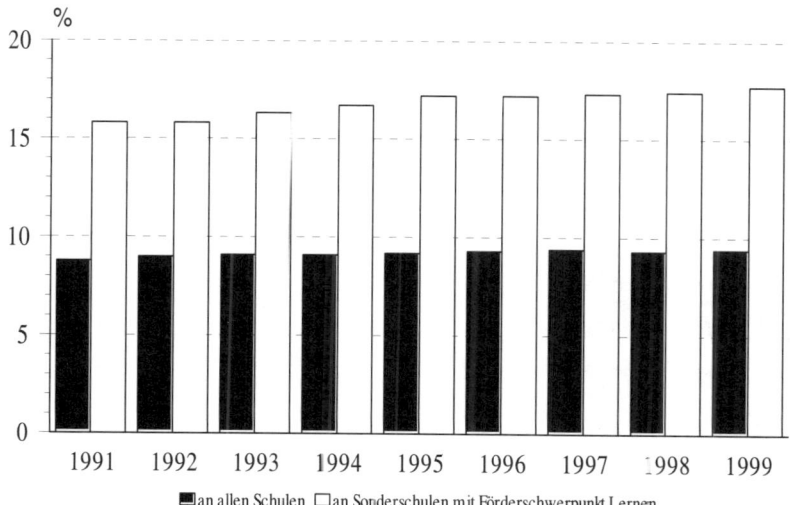

■an allen Schulen □an Sonderschulen mit Förderschwerpunkt Lernen

Quelle: Powell & Wagner 2001, Tabelle 1.1; eigene Darstellung

Wie Abbildung 16 zeigt, betrug der Anteil der ausländischen Schüler an allen Schülern im Jahr 1991 8,8%, an Sonderschulen mit dem Förderschwerpunkt Lernen deutlich mehr, nämlich 15,8%. Während außerdem der Anteil der ausländischen Schüler an allen Schulen in den Folgejahren nur leicht gestiegen ist, nämlich auf 9,4% bis 1997, und danach gleich geblieben ist, ist der Anteil der ausländischen Schüler an Sonderschulen mit dem Förderschwerpunkt Lernen stärker und kontinuierlich gestiegen, und zwar auf 17,7% im Jahr 1999.

Wechselt man die Perspektive und betrachtet statt dieser Anteilswerte die Bildungsbeteiligungsquoten ausländischer und deutscher Schüler an Sonderschulen mit dem Schwerpunkt Lernen sowie die Relativen Risiko-Indices in Bezug auf den Besuch von Sonderschulen mit dem Förderschwerpunkt Lernen, so ergibt sich für die Jahre 1991 bis 2000 folgendes Bild:

Tabelle 7:   Anzahl deutscher und ausländischer Schüler an allen Schulen und an Sonderschulen mit dem Förderschwerpunkt Lernen, Bildungsbeteiligungsquoten sowie Relative Risiko-Indices für die Jahre 1991-2000

Jahr	Deutsche Schüler			Ausländische Schüler			RRI
	insgesamt	an Sonderschulen mit Förderschwerpunkt Lernen		insgesamt	an Sonderschulen mit Förderschwerpunkt Lernen		
	n	n	%	n	n	%	
1991	8.341.000	165.707	1,99	801.600	31.106	3,88	1,89
1992	8.508.400	173.729	2,04	836.800	32.629	3,90	1,91
1993	8.690.900	177.800	2,05	867.600	34.617	3,99	1,95
1994	8.873.200	181.356	2,04	887.200	36.290	4,09	2,00
1995	9.018.400	182.503	2,02	913.300	38.037	4,17	2,06
1996	9.129.600	182.463	2,00	941.200	37.813	4,02	2,01
1997	9.196.200	182.360	1,98	950.700	38.036	4,00	2,02
1998	9.171.400	181.595	1,98	936.700	38.160	4,07	2,06
1999	9.102.500	189.087	2,08	946.300	40.555	4,29	2,06
2000	9.961.548	230.920	2,32	950.490	41.792	4,40	1,90

Quelle: eigene Berechnungen auf der Basis der Angaben bei Powell & Wagner 2001, Tabelle 1.1, sowie – für das Jahr 2000 – Kultusministerkonferenz 2002a, Tabelle 4, S. 41

Tabelle 7 ist zu entnehmen, dass in allen berücksichtigten Jahren eine deutliche Überrepräsentation ausländischer Schüler gegenüber deutschen Schülern an Sonderschulen mit dem Förderschwerpunkt Lernen bestand: Ausländische Schüler besuchten etwa doppelt so häufig eine Sonderschule mit dem Förderschwerpunkt Lernen wie deutsche Schüler und durchliefen dementsprechend nur halb so oft eine (statistisch) normale Bildungskarriere wie deutsche Schüler. Diesbezüglich bestehen allerdings große Unterschiede zwischen den einzelnen Bundesländern. Tabelle 8 stellt die Relativen Risiko-Indices zusammen, die sich für das Jahr 2002 in den einzelnen Bundesländern für Sonderschulen mit dem Förderschwerpunkt Lernen ergeben:

Tabelle 8:   Über- und Unterrepräsentation von ausländischen Schülern an Sonderschulen mit dem Förderschwerpunkt Lernen in Deutschland und den einzelnen Bundesländern im Jahr 2002: Rangreihe

Deutschland: 2,03

Unter dem Bundesdurchschnitt:		*Über dem Bundesdurchschnitt:*	
Thüringen	0,37	Bayern	2,13
Brandenburg	0,42	Rheinland-Pfalz	2,13
Sachsen-Anhalt	0,51	Hamburg	2,26
Sachsen	0,60	Nordrhein-Westfalen	2,37
Mecklenburg-Vorpommern	0,67	Hessen	2,51
Bremen	1,02	Saarland	3,04
Berlin	1,00	Niedersachsen	3,05
Schleswig-Holstein	1,71	Baden-Württemberg	3,41

Quellen: eigene Berechnungen auf der Grundlage der Daten in den Statistischen Veröffentlichungen der Kultusminister-konferenz Nr. 171 (Kultusministerkonferenz 2003) sowie der vom Sekretariat der Kultusministerkonferenz freundlicherweise mitgeteilten Daten des Statistischen Bundesamts über ausländische Schüler im Schuljahr 2002

Tabelle 8 zeigt, dass auch im Jahr 2002 in Deutschland doppelt so viele ausländische wie deutsche Kinder auf Sonderschulen mit dem Förderschwerpunkt Lernen gingen (RRI = 2,03). Die Betrachtung der Relativen Risiko-Indices für die einzelnen Bundesländer ergibt, dass alle ostdeutschen Bundesländer, aber kein einziges westdeutsches Bundesland eine Unterrepräsentation ausländischer Schüler an Sonderschulen mit dem Förderschwerpunkt Lernen aufweist. Weil sich die ostdeutschen Bundesländer durch einen sehr geringen Anteil von ausländischen Schülern (zwischen einem und zwei Prozent) auszeichnen, sind die Ergebnisse für sie aber wenig aussagekräftig. Festzuhalten bleibt dennoch: Die Überrepräsentation ausländischer Schüler an Sonderschulen mit dem Förderschwerpunkt Lernen ist derzeit (noch) ein rein westdeutsches Phänomen. Unter dem Bundesdurchschnitt liegen bezüglich der Überrepräsentation ausländischer Schüler an Sonderschulen mit dem Förderschwerpunkt Lernen außer den ostdeutschen Bundesländern Berlin, Bremen und Schleswig-Holstein, wobei die RRI für Berlin und Bremen bei 1,00 bzw. 1,02 liegen, d.h. ausländische Schüler sind dort an Sonderschulen mit dem Förderschwerpunkt Lernen weder über- noch unterrepräsentiert. In Schleswig-Holstein liegt der RRI bei 1,71.

Von den 16 Bundesländern liegen also acht unter dem Bundesdurchschnitt (und von diesen weisen wiederum fünf eine Unterrepräsentation ausländischer Schüler an Sonderschulen mit dem Förderschwerpunkt Lernen auf), und acht liegen über dem Bundesdurchschnitt und zwar zum Teil erheblich: Im Saarland und in Niedersachsen ist das Risiko eines ausländischen Kindes, eine Sonderschule mit dem Förderschwerpunkt Lernen zu besuchen, dreimal so groß wie das eines deutschen Kindes. Am stärksten überrepräsentiert sind ausländische Schüler an Sonderschulen mit dem Förderschwerpunkt Lernen jedoch in Baden-Württemberg dort liegt der RRI bei 3,41.

Unterschiede bezüglich der Überrepräsentation ausländischer Schüler an Sonderschulen mit dem Förderschwerpunkt lassen sich auch zwischen ausländischen Schülern verschiedener Nationalitäten beobachten wie Tabelle 9 zeigt:

Tabelle 9:   Über- und Unterrepräsentation von ausländischen Schülern unterschiedlicher Nationalitäten an Sonderschulen mit dem Förderschwerpunkt Lernen und an Sonderschulen mit sonstigen Förderschwerpunkten in Deutschland im Jahr 2002 (Relative Risiko-Indices)

	Sonderschule mit FS Lernen	Sonderschule mit sonstigen FS
Ausländer insgesamt	2,03	1,11
darunter:		
EU	1,80	1,14
Frankreich	0,86	0,68
Griechenland	1,42	0,93
Großbritannien	0,69	1,06
Italien	2,49	1,36
Portugal	1,90	1,23
Spanien	1,23	1,05
Bosnien	1,39	0,96
Serbien und Montenegro	5,33	1,33
Kroatien	0,96	0,95
Mazedonien	2,15	0,99
Slowenien	1,02	1,36
Türkei	1,84	1,17
Polen	0,72	0,66

Quellen: eigene Berechnungen auf der Grundlage der Daten in den Statistischen Veröffentlichungen der Kultusminister-konferenz Nr. 171 (Kultusministerkonferenz 2003) sowie der vom Sekretariat der Kultusministerkonferenz freundlicherweise mitgeteilten Daten des Statistischen Bundesamts über ausländische Schüler im Schuljahr 2002

Am stärksten überrepräsentiert sind hinsichtlich des Sonderschulbesuch mit dem Förder-schwerpunkt Lernen Kinder aus Italien, Mazedonien und der Türkei, vor allem aber aus Serbien und Montenegro, für die sich ein RRI von 5,33 ergibt. Unterrepräsentiert sind französische, polnische und britische Schüler.

Gomolla & Radtke (2000) haben festgestellt, dass ausländische Schüler häufig aufgrund mangelnder Deutschkenntnisse auf Sonderschulen überwiesen werden. Ob diese Praxis mit den Empfehlungen zur sonderpädagogischen Förderung in den Schulen in der Bundesrepublik Deutschland der Kultusministerkonferenz vereinbar ist, darf zumindest bezweifelt werden. Darüber hinaus kann "faktisch kein Beleg dafür gefunden werden, dass Sonderschulen beson-dere Kompetenzen in der Vermittlung von (Fremd-)Sprachen und der Anwendung von Didaktik besitzen, die zur Überwindung von Problemlagen nichtdeutscher Jugendlicher beitragen" (Powell & Wagner 2001: 19). Insofern verunmöglicht die Überweisung ausländischer Kinder an Sonderschulen aufgrund mangelnder Deutschkenntnisse ihnen eine normale Bildungs-karriere, ohne den mangelnden Deutschkenntnissen Abhilfe schaffen zu können.

Wenn man sich außerdem vergegenwärtigt, dass in jedem Jahr seit 1991 insgesamt gut 30% derjenigen, die die Sekundarstufe nach Beendigung der Vollzeitschulpflicht ohne einen Haupt-schulabschluss verlassen (vgl. Kultusministerkonferenz 2002b, S. 351, Tabellen C I1.1 und C I 1.1.1) von Sonderschulklassen mit dem Förderschwerpunkt Lernen kommen, dann wird deut-lich, dass die Überstellung ausländischer Schüler an Sonderschulen mit dem Förderschwer-punkt Lernen aufgrund mangelnder Deutschkenntnisse eine klare Benachteiligung darstellt.

2.2.3   Schulleistungen

Über die Schulleistungen von ausländischen Schülern oder Schülern aus Migrantenfamilien im Vergleich zu Schülern aus deutschen Familien ist relativ wenig bekannt, insbesondere dann, wenn man sich Schulnoten als Indikatoren für Schulleistungen betrachten möchte. Es liegen immerhin einige Befunde aus den in Kapitel 2.1.3 beschriebenen Schulleistungsstudien vor, in deren Rahmen Kompetenzen anhand einheitlicher Tests gemessen werden.

In der international vergleichenden PISA 2000-Studie wurden Schüler danach gefragt, ob sie selbst und ob ihre Eltern im jeweiligen Befragungsland geboren wurden. Entsprechend konnten die Schüler in vier Gruppen unterteilt werden, nämlich in (1) einheimische Schüler, für die gilt, dass beide Elternteile und sie selbst im Befragungsland geboren wurden, (2) Schüler mit einem im Ausland geborenen Elternteil, (3) Schüler der sog. "1. Generation", deren Eltern im Ausland geboren wurden, während sie selbst im Befragungsland geboren wurden, und (4) Schüler, die selbst im Ausland geboren wurden und deren Eltern ebenfalls im Ausland geboren wurden. Zusammenfassend konnte festgestellt werden, dass in 10 der 14 Teilnehmerstaaten, in denen die Kategorie der Schüler der "1. Generation" (Gruppe 3) mindestens 3% der Länderstichprobe ausmachten, vergleichsweise starke und statistisch signifikante Unterschiede hinsichtlich der Lesekompetenz von Schülern der "1. Generation" und einheimischen Schülern (Gruppe 1) bestanden, und zwar zuungunsten der Schüler der "1. Generation". Dies gilt auch für Deutschland, und zwar in stärkerem Maße als für die meisten anderen dieser Staaten (OECD 2001: 155 und Abbildung 6.5 auf S. 154). Schüler, die im Ausland geboren wurden und deren Eltern beide im Ausland geboren wurden (Gruppe 4), schneiden hinsichtlich ihrer Lesekompetenz noch schlechter ab: Fast die Hälfte von ihnen kommt nicht über die elementare Kompetenzstufe I (von insgesamt fünf Kompetenzstufen) hinaus, und dies "obwohl über 70 Prozent von ihnen die gesamte Schullaufbahn in Deutschland absolviert haben" (Stanat, Artelt, Baumert u.a. 2002: 13). In Deutschland ist der Abstand zwischen diesen Schülern und Schülern der "1. Generation" vergleichsweise gering, was damit zusammenhängt, dass sich in Deutschland – wie gesagt – bereits die Schüler der "1. Generation" stärker (negativ) von den einheimischen Schülern unterscheiden als in den meisten anderen Staaten. Insgesamt gesehen haben in Deutschland Schüler aus Migrantenfamilien also eine deutlich geringere Lesekompetenz als einheimische Kinder. (Es wurde bereits in der Einleitung darauf hingewiesen, dass dies am insgesamt schlechten Abschneiden Deutschlands in der PISA 2000-Studie nur wenig ändert.)

Gleichzeitig sind in Deutschland erhebliche Unterschiede zwischen Bundesländern hinsichtlich der Leistungen zu beobachten, die von Schülern aus Migrantenfamilien in den Bereichen Lesen, Mathematik und Naturwissenschaften erbracht werden: "Während in Bayern und Baden-Württemberg beide Schülergruppen im nationalen Vergleich der einbezogenen Länder relativ hohe Leistungen erzielen, liegen die Ergebnisse in Bremen und Schleswig-Holstein konsistent auf vergleichsweise niedrigem Niveau" (Baumert, Artelt, Klieme u.a. 2003: 52/53).

Die IGLU-Studie von 2001, in der die Lese- sowie die mathematischen und naturwissenschaftlichen Kompetenzen von Viertklässlern untersucht wurden, erzielte vergleichbare Ergebnisse im Hinblick auf Schüler aus Migrantenfamilien in Deutschland: "Für alle drei Kompetenzen zeigt sich, dass Kinder aus Familien ohne Migrationshintergrund am besten abschneiden. Um ca. ein Drittel Standardabweichung schlechter schneiden im Vergleich hierzu die Kinder aus Familien ab, in denen ein Elternteil im Ausland geboren wurde. Um nochmals rund eine halbe Standardabweichung schlechter schneiden Kinder im Lesen und in den Naturwissenschaften ab, wenn beide Eltern im Ausland geboren wurden. Dieser Malus ist in Mathematik weniger stark und beträgt insgesamt nur rund ein Drittel Standardabweichung" (Schwippert, Bos & Lankes 2003: 285).

2.2.4   Bildungserfolg

Letztlich sind es der Schulabschluss sowie die im Abschlusszeugnis erzielten Noten, mit denen ein Schüler die Sekundarstufe verlässt, die für seine weitere Bildungs- oder für seine Berufs- karriere und schließlich für sein erzielbares Erwerbseinkommen relevant sind. Über die in Ab- schlusszeugnissen erzielten Noten von Schülern aus Migrantenfamilien oder ausländischen Schülern im Vergleich zu Schülern aus deutschen Familien ist nichts bekannt. Aussagen über die erzielten Schulabschlüsse lassen sich jedoch machen, und zwar zum einen auf der Grund- lage der amtlichen Bildungsstatistik und zum anderen auf Basis des Sozioökonomischen Panels.

Betrachtet werden sollen zunächst die Daten der amtlichen Bildungsstatistik bezüglich der Abschlüsse, mit denen ausländische und deutsche Schüler in den Jahren 1990 bis 2001 die Sekundarstufe verlassen haben[39]:

Abbildung 17:   Ausländische Abgänger von Sekundarschulen in den Jahren 1990 bis 2001 nach erreichten Schulabschlüssen (prozentuale Anteile)

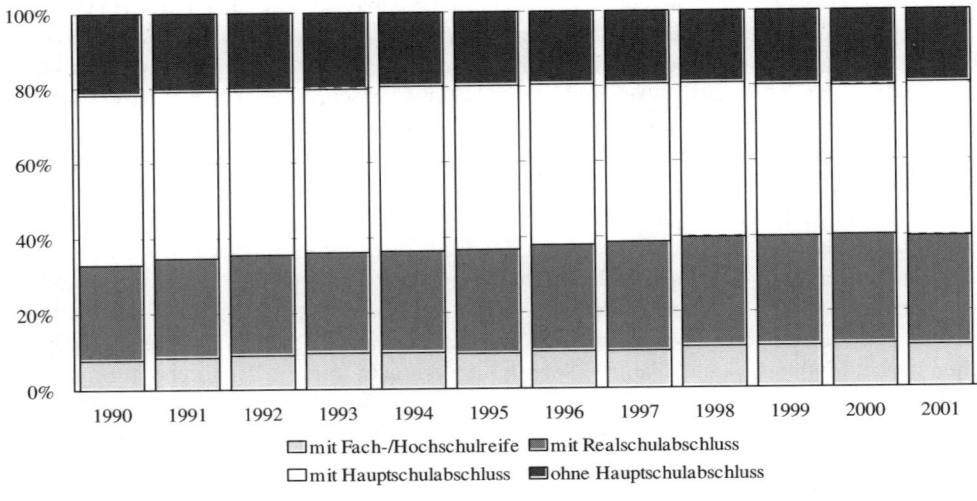

Quelle: Statistisches Bundesamt; eigene Berechnungen

---

[39]   Die Darstellung und Diskussion dieser Ergebnisse wurde in Diefenbach 2004a publiziert.

Abbildung 17 zeigt, dass der größte Teil, nämlich 40-45%, der ausländischen Schulabgänger während des Beobachtungszeitraums mit einem Hauptschulabschluss aus der Sekundarstufe austrat. Im Jahr 1990 verließen 45,3% aller ausländischen Abgänger die Sekundarstufe mit einem Hauptschulabschluss. Bis 2000 sank ihr Anteil zwar kontinuierlich, aber nur geringfügig auf 39,6% und stieg im Jahr 2001 wieder auf 40,8% an. Der zweitgrößte Anteil, nämlich 25-29%, der ausländischen Abgänger von Sekundarschulen erwarb einen Realschulabschluss oder die Mittlere Reife. Ihr Anteil stieg bis 1997 auf 28,9% kontinuierlich an, stagniert aber seitdem. Bemerkenswert ist der hohe Anteil von etwa 20% der ausländischen Schulabgänger, die über den gesamten Beobachtungszeitraum hinweg betrachtet die Sekundarstufe ohne einen Hauptschulabschluss verließen. Zwar ging ihr Anteil leicht zurück von 21,8% im Jahr 1990 auf 19,3% im Jahr 1998, er stieg aber in den beiden folgenden Jahren wieder an (auf 19,9% respektive 20,2%) und betrug im Jahr 2001 19,5%. Eine leichte Steigerung ist dagegen am anderen Ende der Skala zu beobachten: Der Anteil der ausländischen Abgänger von Sekundarschulen, die mit einer Fachhochschulreife oder einem Abitur abgingen, betrug im Jahr 1990 7,7% und im Jahr 2001 10,9%. In den dazwischenliegenden Jahren stieg dieser Anteil nahezu kontinuierlich an; im Jahr 2000 wurde mit 11,4% ein vorläufiger Höchststand der ausländischen Absolventen mit Fachhochschulreife oder Abitur erreicht. Insgesamt gesehen kann für den betrachteten Zeitraum also bestenfalls von einer leichten Verbesserung der Schulabschlüsse von ausländischen Schülern gesprochen werden. Die Situation läßt sich treffender als stabil beschreiben.

In Abbildung 18 sind die entsprechenden Daten für deutsche Abgänger von Sekundarschulen dargestellt:

Abbildung 18:   Deutsche Abgänger von Sekundarschulen in den Jahren 1990 bis 2001 nach erreichten Schulabschlüssen (prozentuale Anteile)

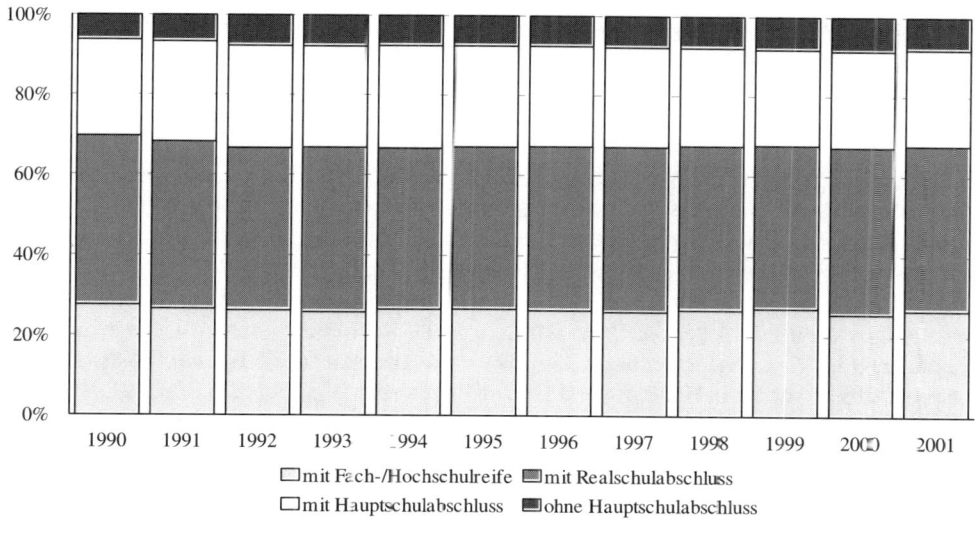

Quelle: Statistisches Bundesamt; eigene Berechnungen

Bei der Betrachtung von Abbildung 18 fällt zunächst auf, dass auch in Bezug auf deutsche Abgänger von Sekundarschulen das Bild über den Beobachtungszeitraum hinweg gesehen erstaunlich stabil ist. Der größte Teil der deutschen Abgänger von Sekundarschulen entfällt auf die Kategorie derer mit Mittlerer Reife oder Realschulabschluss: Während des gesamten Beobachtungszeitraums beträgt ihr Anteil 41-42%. Etwas größere Anteile deutscher Abgänger von Sekundarschulen entfallen auf die Kategorie "Fachhochschulreife oder Abitur" (26-27%) als auf die Kategorie "Hauptschulabschluss" (24-26%). Der Anteil derer, die ohne Hauptschulabschluss aus der Sekundarstufe austreten, lag im Jahr 1990 bei 6,3%, stieg in den Folgejahren leicht an und stagnierte in der zweiten Hälfte der 1990er-Jahre um die 7,7%. Im Jahr 1998 wurden erstmals 8% erreicht. Seitdem ist der Anteil nicht mehr unter 8,2% gesunken. Obwohl also ein leichter Anstieg des Anteils der deutschen Abgänger von Sekundarschulen ohne Hauptschulabschluss im Beobachtungszeitraum zu verzeichnen ist, liegt er dennoch in jedem Jahr deutlich unter dem entsprechenden Anteil ausländischer Abgänger (von rund 20%). Während die Mehrheit (41-42%) der deutschen Abgänger die Mittlere Reife erreicht, erreicht eine ebenso große Mehrheit (41-45%) der ausländischen Abgänger nur einen Hauptschulabschluss. Die Anteile derer, die die Sekundarstufe mit der Fachhochschulreife oder dem Abitur verlassen, sind unter Ausländern deutlich geringer als unter Deutschen (8-11% vs. 26-27%).

Die Nachteile der ausländischen Schulabgänger gegenüber den deutschen Schulabgängern sind also gemessen an den erreichten Schulabschlüssen erheblich, und zwar besonders an den beiden Polen der Skala, also hinsichtlich derer, die aus der Sekundarstufe ohne einen Hauptschulabschluss oder mit einer Fachhochschulreife oder einem Abitur austreten. Außerdem sind die diesbezüglichen Verhältnisse im beobachteten Zeitraum sowohl für ausländische als auch für deutsche Abgänger von Sekundarschulen erstaunlich stabil. Zwischen den Bundesländern bestehen aber große Unterschiede in Bezug auf die von ausländischen Schülern erreichten Sekundarschulabschlüsse wie Abbildung 19 zeigt.[40]

Der durchschnittliche Anteil ausländischer Schüler, die die Sekundarstufe ohne einen Hauptschulabschluss verlassen, liegt im Zeitraum 1990 bis 2001 bei 20,9%. Acht der elf Alten Bundesländer liegen diesbezüglich über dem Bundesdurchschnitt, drei darunter. Bei Letzteren handelt es sich um Hamburg (18,3%), Bremen (17,6%) und Nordrhein-Westfalen, das mit 13,8% einen "Ausreißer" darstellt. Die höchsten Anteile ausländischer Abgänger ohne Hauptschulabschluss haben Niedersachsen, Berlin und Bayern: Hier verlässt jeweils über ein Viertel der ausländischen Absolventen die Sekundarstufe ohne einen Hauptschulabschluss. Die größten Anteile ausländischer Abgänger von Sekundarschulen mit Hauptschulabschluss finden sich mit gut 50% in Baden-Württemberg, Rheinland-Pfalz, Bayern und Schleswig-Holstein. In keinem Bundesland ist dieser Anteil niedriger als in Bremen; dort beträgt er 35%. Der Anteil der ausländischen Abgänger, die eine Mittlere Reife vorweisen können, ist in Nordrhein-Westfalen (35,5%), Niedersachsen (34,3%) und Bremen (33,5%) am höchsten. Die entsprechenden Anteile in Hamburg und Hessen liegen ebenfalls über dem Bundesdurchschnitt von 27,6%; alle anderen Bundesländer liegen darunter, und unter ihnen weist Bayern den geringsten Anteil mit 16,9% Abgängern mit Mittlerer Reife auf. Dieselben Bundesländer, die die geringsten Anteile ausländischer Sekundarschulabgänger ohne Hauptschulabschluss haben,

---

[40]   Aus Gründen der Übersichtlichkeit und aufgrund der geringen Anzahl ausländischer Schüler in den Neuen Bundesländern wurden in Abbildung 19 nur die Alten Bundesländer berücksichtigt.

nämlich Hamburg, Bremen und Nordrhein-Westfalen, haben die höchsten Anteile an ausländischen Schulabgängern mit (Fach-/)Hochschulreife (Hamburg: 14,7%; Bremen: 13,8%; Nordrhein-Westfalen: 13,5%). Die Schlusslichter bezüglich dieser Größe bilder Bayern (5,8%), Baden-Württemberg (5,3%) und Rheinland-Pfalz (5,1%).

Abbildung 19:   Ausländische Sekundarschulabgänger in den alten Bundesländern nach erreichten Schulabschlüssen (arithmetische Mittel über die Schuljahre 1990-2001)

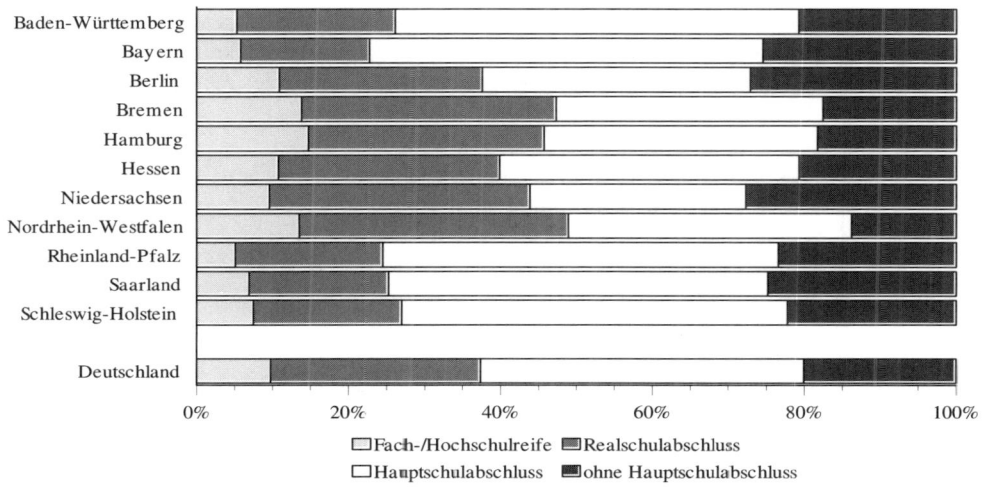

Quelle: Statistisches Bundesamt; eigene Berechnungen

In der Gesamtschau ergibt sich, dass Nordrhein-Westfalen, Bremen und Hamburg von den Alten Bundesländern diejenigen sind, in denen die ausländischen Absolventen die für sie vorteilhaftesten Sekundarschulabschlüsse erzielen, nämlich häufiger höherwertige und seltener geringwertige Schulabschlüsse und seltener keinen Schulabschluss als in anderen Bundesländern.

Anders als im Hinblick auf den Wechsel von der Primar- in die Sekundarstufe (vgl. Kapitel 2.2.2.2) bestehen bezüglich der erreichten Sekundarschulabschlüsse bei ausländischen wie bei deutschen Sekundarschulabsolventen (vgl. hierzu Diefenbach & Klein 2002) geschlechts-spezifische Unterschiede: Hier nicht dargestellte eigene Berechnungen über den Zeitraum von 1990 bis 2002 hinweg zeigen, dass im Durchschnitt 23,7% der ausländischen Jungen, aber nur 16,1% der ausländischen Mädchen die Sekundarstufe ohne einen Hauptschulabschluss verlassen. Etwa gleich viele ausländische Jungen und Mädchen (43% bzw. 42%) verlassen sie mit einem Hauptschulabschluss. Bei den höheren Abschlüssen, also der Mittleren Reife und der Fach-/Hochschulreife, sind die ausländischen Mädchen deutlich im Vorteil: 31% vor ihnen gehen mit der Mittleren Reife und 10,7% mit einer Fach-/ Hochschulreife ab, während die entsprechenden Anteile bei den ausländischen Jungen 25% bzw. 8,8% betragen.

Nationalitätenspezifische oder geschlechtsspezifische Analysen zu den Sekundarschulabschlüssen, die ausländische Jugendliche erzielen, sind auf der Basis der Daten des Sozioökonomischen Panels aufgrund zu geringer Fallzahlen nicht möglich. Immerhin lässt sich anhand
der SOEP-Daten aber zeigen, welche Schulabschlüsse Jugendliche aus türkischen, (ex-)jugo-
slawischen, griechischen, italienischen und spanischen Migrantenfamilien, also Jugendliche aus
den „klassischen" Zuwanderernationen, zusammengenommen erwerben. Zu berücksichtigen ist
dabei aber, dass die Kategorien von Abschlüssen, die hier unterschieden werden, mit denen der
amtlichen Bildungsstatistik nicht identisch sind. Für die Analyse, deren Ergebnis in Abbildung
20 dargestellt ist, wurden alle Jugendlichen berücksichtigt, die zum Zeitpunkt der ersten Welle
des SOEP, also 1984, bereits einen Schulabschluss in Deutschland erworben und das 25.
Lebensjahr noch nicht vollendet hatten oder zu diesem Zeitpunkt noch keinen Schulabschluss
hatten, aber irgendwann im Zeitraum bis 1998 und vor Vollendung des 25. Lebensjahres einen
Schulabschluss in Deutschland erworben haben.

Abbildung 20:   Von ausländischen Jugendlichen und von deutschen Jugendlichen in der
                 Sekundarstufe erworbene Bildungsabschlüsse

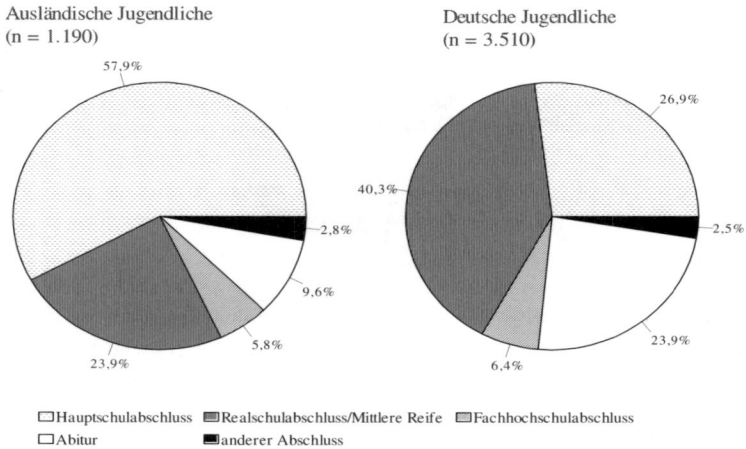

Quelle: eigene Berechnungen auf der Basis der Daten des Sozioökonomischen Panels

Aus Abbildung 20 ist deutlich erkennbar, dass ausländische Jugendliche mehr als doppelt so
häufig wie deutsche Jugendliche einen Hauptschulabschluss erwerben: 57,9% aller von
ausländischen Jugendlichen und 26,9% aller von deutschen Jugendlichen vor der Vollendung
des 25. Lebensjahres erworbenen Schulabschlüsse sind Hauptschulabschlüsse. Die Mittlere
Reife erwerben fast doppelt so viele deutsche Jugendliche (40,3%) wie ausländische Jugendliche (23,9%), und ein Abitur machen deutsche Jugendliche zweieinhalbmal häufiger als
ausländische Jugendliche. Bei Fachhochschulabschlüssen und anderen Abschlüssen lassen sich
keine nennenswerten Unterschiede zwischen ausländischen Jugendlichen und deutschen
Jugendlichen beobachten.

Eine Analyse der Sekundarschulabschlüsse von ausländischen und deutschen Jugendlichen auf der Basis der Daten des Sozioökonomischen Panels produziert also insgesamt gesehen der amtlichen Bildungsstatistik vergleichbare Ergebnisse. Eine nennenswerte Abweichung ist in Bezug auf den Anteil derer mit Hauptschulabschluss beobachtbar: Der Anteil der ausländischen Jugendlichen im SOEP, die einen Hauptschulabschluss aufzuweisen haben, ist mit 57,9% deutlich größer als der Anteil der ausländischen Jugendlichen in der amtlichen Statistik, die einen Hauptschulabschluss aufzuweisen haben (40-45%). Dies mag ein Nationalitäteneffekt sein, also der Tatsache geschuldet sein, dass im SOEP nur Kinder aus ausländischen Familien ausgewählter Nationalitäten vertreten sind. Es ist aber auch möglich, dass sich hier leichte Verbesserungen der Sekundarschulabschlüsse von ausländischen Schülern im Zeitverlauf niederschlagen, weil der Zeitraum, dem die SOEP-Analyse zugrunde liegt im Gegensatz zur Analyse auf der Basis der amtlichen Statistik die gesamte zweite Hälfte der 80er Jahre umfasst. Jedenfalls ist zu beachten, dass die Grundgesamtheiten in den Analysen auch insofern nicht übereinstimmen als in der amtlichen Statistik Jugendliche ohne Hauptschulabschluss berücksichtigt wurden, in der SOEP-Analyse dagegen nicht. Letztere bezieht sich nur auf diejenigen Jugendlichen, die irgendeinen Sekundarschulabschluss aufzuweisen haben. Dies mag (erneut) illustrieren, warum es so wichtig ist, sich bei jedem Befund, der über die schulische Situation von ausländischen Schülern oder Schülern aus Migrantenfamilien publiziert wird, klar zu machen, wer genau die Grundgesamtheit in der Analyse stellt und wer welche/r Indikator/en für die schulische Situation (in der vorstehenden Analyse: welche Kategorien von erreichten Schulabschlüssen) in der Analyse benutzt wurden.

2.3   Zusammenfassung: Die Stellung von Kindern und Jugendlichen aus Migrantenfamilien im deutschen System schulischer Bildung

Im Hinblick auf die in Kapitel 2 zusammengestellten Daten zur schulischen Situation von Kindern und Jugendlichen aus Migrantenfamilien lässt sich zunächst festhalten, dass – entgegen einer weit verbreiteten Auffassung – so gut wie keine statistischen Informationen zu dieser Schülergruppe vorliegen. Die amtlichen Statistiken stellen ebenso wie das Sozioökonomische Panel Informationen über *ausländische* Schüler bereit, erlauben aber keine Beschreibung der schulischen Situation derer, die *Migrantenkinder* im in Kapitel 2.1.2 definierten Sinn sind (und keineswegs notwendigerweise Ausländer sind).[41] Lediglich die Schulleistungen lassen sich aufgrund der in den verschiedenen Schulleistungsstudien gewonnenen Daten für Schüler aus Migrantenfamilien (und nicht nur: ausländische Schüler) beschreiben, und diesbezüglich haben sich deutliche Nachteile für die Schüler aus Migrantenfamilien nachweisen lassen. Jedoch beschreiben die in Leistungstests erworbenen Punktzahlen die schulische Situation von Kindern und Jugendlichen aus Migrantenfamilien nur sehr unvollständig.

---

[41]   Zwar wäre es möglich, im SOEP Schüler, die Ausländer (geblieben) sind, von Schülern aus ausländischen Familien zu unterscheiden, die irgendwann im Beobachtungszeitraum die deutsche Staatsangehörigkeit angenommen haben, jedoch ist dies erstens recht kompliziert und zweitens ergibt das Verfahren Fallzahlen, die so gering sind, dass die entsprechenden Analysen wenig aufschlussreich sind und schon gar keine Subgruppenanalysen, z.B. für Schüler aus verschiedenen ethnischen Minderheiten, erlauben.

Die schulische Situation *ausländischer* Kinder und Jugendlicher lässt sich aufgrund der in diesem Kapitel dargestellten Daten wie folgt charakterisieren:

1. Die Anteile ausländischer Schüler an der Gesamtschülerschaft an allgemein bildenden Schulen sind in den verschiedenen Bundesländern sehr unterschiedlich hoch.

2. Wenn man von ausländischen Schülern spricht, spricht man mehrheitlich von türkischen Schülern. Im Jahr 2000 waren 43,9% der ausländischen Schülerschaft türkischer Nationalität. (Hinzu kommt eine unbekannte Anzahl von Schülern einer anderen Nationalität, deren Eltern jedoch Türken sind oder in der Türkei geboren wurden oder die einen Elternteil haben, auf den eines von beiden zutrifft. Inzwischen ist auch mit Schülern zu rechnen, deren Eltern als Kinder türkischer Zuwanderer – möglicherweise in Deutschland – geboren wurden, so dass mit einem noch größeren Anzahl von Schülern aus türkischen Migrantenfamilien zu rechnen ist.)

3. Die Nachteile der ausländischen Kinder und Jugendlichen im System schulischer Bildung fallen im Vergleich der Bundesländer miteinander teilweise sehr unterschiedlich aus. Z.B. bestehen große Unterschiede hinsichtlich der Sekundarschulabschlüsse, die ausländische Jugendliche erreichen, wobei sie in Nordrhein-Westfalen, Bremen und Hamburg am häufigsten höherwertige Abschlüsse erzielen, am seltensten in Bayern, Rheinland-Pfalz, im Saarland, in Baden-Württemberg und in Schleswig-Holstein. Erhebliche Unterschiede bestehen auch bezüglich der Überrepräsentation ausländischer Schüler an Sonderschulen mit dem Förderschwerpunkt Lernen: Während sie in Berlin und Bremen an Sonderschulen mit dem Förderschwerpunkt Lernen nicht überrepräsentiert sind, sind sie in Baden-Württemberg, in Niedersachsen und im Saarland besonders stark überrepräsentiert.

4. Es bestehen bei ausländischen Schülern (ebenso wie bei deutschen Schülern) geschlechtsspezifische Unterschiede, die durch Vorteile der Mädchen gegenüber den Jungen gekennzeichnet sind. Insbesondere erwerben ausländische Mädchen häufiger höherwertige Schulabschlüsse und bleiben seltener ohne Hauptschulabschluss als ausländische Jungen.

5. Vergleiche zwischen verschiedenen Nationalitäten von ausländischen Schülern hinsichtlich verschiedener Indikatoren zeigen, dass es insgesamt gesehen wenig sinnvoll ist, ausländische Schüler gemeinsam, d.h. ohne Berücksichtigung ihrer Nationalität zu betrachten: Wann immer eine nationalitätenspezifische Betrachtung möglich ist, zeigt sich, dass zwischen Schülern unterschiedlicher Nationalitäten erhebliche Unterschiede bestehen. Nichtsdestoweniger lässt sich festhalten, dass italienische und türkische Kinder sowie Kinder aus dem ehemaligen Jugoslawien bzw. aus den Nachfolgestaaten im deutschen Schulsystem im Hinblick auf verschiedene Indikatoren (nach wie vor) am schlechtesten gestellt sind.

Trotz der insgesamt mangelhaften Datenlage lässt sich eine Vielzahl von Nachteilen gegenüber deutschen Schülern konkretisieren, und zwar sowohl im Bereich vorschulischer institutioneller Betreuung als auch in den Bereichen der Primar- und Sekundarschulbildung. Sie seien im Folgenden zusammengefasst:

1. Ausländischen Kinder erfahren gegenüber deutschen Kindern weniger vorschulische Betreuung.
2. Ausländischen Kinder werden deutlich häufiger als deutsche Kinder von der Einschulung zurückgestellt.
3. Ausländischen Kinder treten von der Grundschule deutlich häufiger als deutsche Kinder in eine Hauptschule über und deutlich seltener als deutsche Kinder in eine Realschule oder ein Gymnasium.
4. Ausländischen Kinder sind an Hauptschulen und – in geringerem Ausmaß – an Integrierten Gesamtschulen überrepräsentiert, an Realschulen und besonders an Gymnasien dagegen unterrepräsentiert.
6. Kinder und Jugendliche aus Migrantenfamilien haben eine deutlich geringere Lese- und naturwissenschaftliche (und eingeschränkt auch mathematische) Kompetenz als Kinder und Jugendliche aus deutschen Familien, auch wenn sie in Deutschland geboren wurden oder im Ausland geboren wurden, aber ihre gesamte Schullaufbahn in Deutschland durchlaufen haben.
7. Ausländische Kinder besuchen doppelt so häufig Sonderschulen mit dem Förderschwerpunkt Lernen wie Kinder aus deutschen Familien.
8. Ausländische Jugendliche bleiben deutlich häufiger als deutsche Jugendliche ohne einen Hauptschulabschluss. Der prozentuale Anteil von ausländischen Jugendlichen, die ohne Hauptschulabschluss bleiben, entspricht dem prozentualen Anteil von deutschen Jugendlichen, die einen Hauptschulabschluss erwerben (nämlich 20%);
9. Ausländische Jugendliche erwerben deutlich häufiger als deutsche Kinder einen Hauptschulabschluss und seltener einen Realschulabschluss oder eine Fach-/ Hochschulreife.
10. Im Zeitverlauf gesehen hat der Anteil der ausländischen Jugendlichen, die einen Hauptschulabschluss erwerben, leicht abgenommen, während der Anteil der ausländischen Jugendlichen, die einen höherwertigen Abschluss erreicht haben, leicht zugenommen hat. Der Anteil der ausländischen Jugendlichen, der ohne Hauptschulabschluss bleibt, liegt jedoch stabil bei 20%, während er bei deutschen Jugendlichen bei 7-8% liegt.

Weil im hierarchisch gegliederten Schulsystem Deutschlands Nachteile zu einem früheren Zeitpunkt bzw. auf früheren Stufen der Bildungskarriere die Ausgangspositionen zu späteren Zeitpunkten bzw. an späteren Schwellen in der Bildungskarriere deutlich verschlechtern und Wechsel zwischen Schulformen nur eingeschränkt möglich, riskant und in vielerlei Hinsicht aufwendig sind, es sich hier also um eine historische Kontingenz handelt, ist es nicht verwunderlich, dass sich Nachteile ausländischer Schüler gegenüber deutschen Schülern gleichermaßen bei der vorschulischen institutionellen Betreuung, im Primarschulbereich und im Bereich der Sekundarschulbildung feststellen lassen. Im Verlauf ihrer Bildungskarriere werden ausländische Schüler von deutschen Schülern immer stärker getrennt, so dass im Ergebnis eine ethnische Differenzierung entsteht, und zwar insofern als ausländischen Schüler und deutsche Schüler zumindest teilweise parallele Schülerschaften darstellen mit jeweils deutlich häufiger von den einen als von den anderen besuchten Schultypen oder Typen von Klassen (z.B. Regel- oder Förderklassen) und erreichten Abschlüssen und dementsprechend mit jeweils mehr oder weniger binnenethnischen, zumindest aber nach dem Merkmal "Deutsch" vs. "Nicht-Deutsch" getrennten Milieus. Insofern muss man das deutsche Bildungssystem als (wenn auch nicht in allen Bundesländern oder an allen Schultypen gleichermaßen) ethnisch segmentiert bezeichnen.

Auf die Vielzahl der Fehlstellen in den zur Verfügung stehenden Daten wurde bereits im Verlauf dieses Kapitels hingewiesen. Auf eine Frage bleibt jedoch noch einzugehen, nämlich die, inwieweit die in diesem Kapitel dargestellten Befunde zur schulischen Situation von ausländischen Kindern und Jugendlichen im deutschen Schulsystem einen realistischen Eindruck von der schulischen Bildung geben, auf deren Grundlage diese Kinder und Jugendlichen ihren Berufs- und Lebensweg gestalten müssen. Möglicherweise holen sie zu späteren Zeitpunkten Schulabschlüsse auf dem sog. Zweiten Bildungsweg nach, und falls sie dies häufiger tun als deutsche Kinder, so verbessern sie ihre relativen Bildungsnachteile gegenüber deutschen Kindern. Um sich dieser Frage anzunähern, werden die Sekundarschulabschlüsse, die ausländische und deutsche Schulabgänger im einem bestimmten Schuljahr auf dem Ersten und auf dem Zweiten Bildungsweg erworben haben, einander gegenübergestellt.

Im Schuljahr 2003 erwarben 18.419 Personen, darunter 16.266 Deutsche und 2.153 Ausländer, in Deutschland einen Schulabschluss auf dem Zweiten Bildungsweg.[42] Sie machen 1,9% an allen Personen aus, die in diesem Schuljahr einen Sekundarschulabschluss erwarben. Der Zweite Bildungsweg ist also im Vergleich zum Ersten Bildungsweg von geringer quantitativer Bedeutung. Unter *allen* deutschen Schulabsolventen (d.h. des Ersten oder des Zweiten Bildungsweges) haben im Jahr 2003 1,8% ihren Schulabschluss auf dem Zweiten Bildungsweg erreicht, unter ausländischen Absolventen sind es 2,6%. Der Zweite Bildungsweg hatte also im Schuljahr 2003 für ausländische Absolventen quantitativ eine größere Bedeutung als für deutsche Absolventen. Dies zeigt sich auch, wenn man die Ausländeranteile an den Absolventen des Ersten und des Zweiten Bildungswegs in diesem Jahr miteinander vergleicht: Der Ausländeranteil an Absolventen des Zweiten Bildungsweges betrug 11,7%, der an den Absolventen der Ersten Bildungsweges jedoch nur 7,6%. Hieraus muss jedoch keine Relativierung der Nachteile ausländischer Jugendlicher gegenüber deutschen Jugendlichen in Bezug auf ihre Sekundarschulabschlüsse resultieren, denn es ist möglich, dass Ausländer vor allem Hauptschulabschlüsse nachholen, Deutsche aber vor allem höherwertige Abschlüsse. Abbildung 21 auf der folgenden Seite ermöglicht die Prüfung dieser Vermutung, indem sie zeigt, wie groß die prozentualen Anteile der Absolventen unter den Ausländern einerseits und den Deutschen andererseits sind, die auf dem Ersten und auf dem Zweiten Bildungsweg bestimmte Sekundarschulabschlüsse erworben haben.

---

[42]   Als auf dem Zweiten Bildungsweg erworbene Abschlüsse gelten entsprechend der Statistik des Statistischen Bundesamtes Hauptschulabschlüsse, Realschulabschlüsse, Fachhochschul- und Hochschulabschlüsse, die auf Abendhauptschulen, Abendrealschulen, Abendgymnasien oder Kollegs sowie durch Schulfremdenprüfungen erwoben wurden.

Abbildung 21:   Von Ausländern und von Deutschen auf dem Ersten und auf dem Zweiten
                Bildungsweg erworbene Sekundarschulabschlüsse im Jahr 2003 (prozentuale
                Anteile)

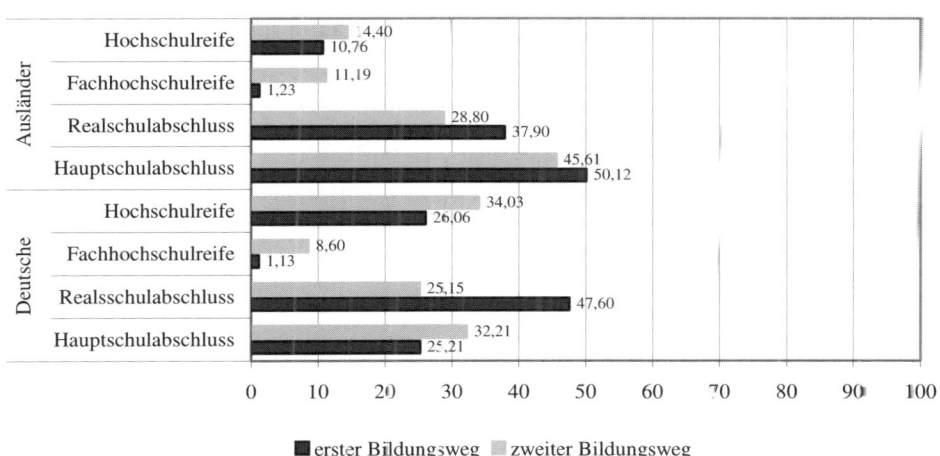

Quelle: Statistisches Bundesamt; eigene Berechnungen

Wie man Abbildung 21 entnehmen kann, erwarben von allen Ausländern, die im Jahr 2003
einen Schulabschluss auf dem Zweiten Bildungsweg erworben haben, 45,6% einen Hauptschulabschluss, 28,8% einen Realschulabschluss, 11,2% einen Fachhochschulabschluss und
14,4% die Hochschulreife. Der Vergleich mit den entsprechenden prozentualen Anteilen unter
den Deutschen zeigt, dass unter den Ausländern ein weit größerer Anteil als unter den Deutschen (45,6% im Vergleich zu 32,2%) einen Hauptschulabschluss erwirbt. Auch für auf dem
Zweiten Bildungsweg erworbene Realschul- und Fachhochschulabschlüsse gilt, dass auf sie
unter Ausländern ein größerer Anteil der Absolventen entfällt als unter Deutschen. Betrachtet
man jedoch die Hochschulreife, so stellt man fest, dass ein deutlich größerer Anteil unter den
deutschen Absolventen des Zweiten Bildungswegs, nämlich 34%, als unter den ausländischen
Absolventen des Zweiten Bildungswegs (14,4%) diesen Abschluss machen. Unter denjenigen,
die im Jahr 2003 auf dem Zweiten Bildungsweg die Hochschulreife erwarben, kamen auf
sieben Deutsche drei Ausländer.

Insgesamt gesehen kann man also feststellen, dass Ausländer den Zweiten Bildungsweg tatsächlich stärker als Deutsche nutzen, um Schulabschlüsse nachzuholen. Ihre Bildungsnachteile
gegenüber Deutschen holen sie dadurch aber nicht auf: Zwar haben im Jahr 2003 25,5% der
Ausländer, die einen Schulabschluss auf dem Zweiten Bildungsweg erworben haben, die Fachhochschulreife oder die Hochschulreife erworben, aber im selben Jahr haben 42,6% der Deutschen, die einen Schulabschluss auf dem Zweiten Bildungsweg erworben haben, einen dieser
Abschlüsse erworben. Angesichts der Unterschiede zwischen ausländischen und deutschen
Schülern bezüglich des Ausgangsniveaus, d.h. der Abschlüsse, die sie aus dem Ersten Bildungsweg mitbringen, überrascht dieses Ergebnis nicht. Bei stärkerer Nutzung des Zweiten Bildungs-

wegs durch Ausländer als durch Deutsche schreiben sich die Niveauunterschiede zwischen Ausländern und Deutschen bezüglich ihrer Schulabschlüsse aus dem Ersten Bildungsweg auf dem Zweiten Bildungsweg fort. Für die in diesem Kapitel beschriebene Situation ausländischer Kinder und Jugendlicher im deutschen Schulsystem bedeutet das, dass sie insgesamt geringfügig schlechter dargestellt wird als sie mittel- oder langfristig ist, wenn man die Schulabschlüsse, die auf dem Zweiten Bildungsweg erworben werden, außer Acht lässt. Relativ gesehen, d.h. im Vergleich zu den deutschen Kindern und Jugendlichen gesehen, bildet sie die mittel- bis langfristigen Verhältnisse aber recht gut ab: Ihre Nachteile gegenüber den deutschen Jugendlichen in Bezug auf ihre Schulabschlüsse können sie auch durch die Nutzung des Zweiten Bildungswegs nicht ausgleichen.

Abschließend sei nochmals daran erinnert, dass wir derzeit nicht sicher sein können, wie gut die schulische Situation von Schülern aus Migrantenfamilien durch die Informationen, die für ausländische Schüler vorliegen, beschrieben wird, weil wir (noch) nicht wissen, wie groß die Schnittmenge zwischen Schülern aus Migrantenfamilien im in Kapitel 2.1.2 definierten Sinn und ausländischen Schülern tatsächlich ist.

3.   Warum sind Bildungsnachteile von Kindern und Jugendlichen aus Migrantenfamilien problematisch?

Kapitel 2.2 hat belegt, dass erhebliche Nachteile für Schüler aus Migrantenfamilien oder viel mehr: ausländische Schüler gegenüber deutschen Schülern im System schulischer Bildung bestehen. Die Frage, die nunmehr behandelt werden soll, ist jedoch – politisch unkorrekt und daher möglicherweise für einige Leser provokant –, ob diese Nachteile problematisch oder beklagenswert sind. Um die Antwort vorwegzunehmen: Es wird gezeigt werden, dass die beschriebenen Nachteile tatsächlich problematisch sind, dies jedoch nicht als solche (und schon gar nicht, weil Nachteile prinzipiell als Benachteiligungen aufgefasst werden müssten), sondern aus angebbaren Gründen, die im Wesentlichen mit zwei verschiedenen, aber nicht notwendigerweise inkompatiblen Perspektiven verbunden sind, nämlich einer ökonomisch orientierten und einer gesellschaftspolitisch orientierten Perspektive, die bereits die gesellschafts- und bildungspolitische Debatte der 1960er- und 1970er-Jahre geprägt haben.

Die ökonomisch orientierte Perspektive basiert auf dem Postulat, nach dem es einen Zusammenhang zwischen dem Bildungsniveau einer Bevölkerung und ihrer wirtschaftlichen Entwicklung gebe. Bereits 1965 hat Georg Picht für Deutschland eine "Bildungskatastrophe" konstatiert, die ihn zu der Voraussage anregte, dass "der bisherige wirtschaftliche Aufschwung ... ein rasches Ende nehmen [wird], wenn uns die qualifizierten Nachwuchskräfte fehlen, ohne die im technischen Zeitalter kein Produktionssystem etwas leisten kann" (Picht 1965: 9). Falls die Voraussage ihre Berechtigung angesichts geburtenstarker Jahrgänge gehabt haben sollte, um wie viel dringlicher müsste die Qualifizierung möglichst vieler Nachwuchskräfte dann in Zeiten des demographischen Wandels und eines international verschärften wirtschaftlichen Wettbewerbs sein? Jugendliche aus Migrantenfamilien wären vor diesem Hintergrund eine bislang unzureichend genutzte Bildungsreserve, so, wie es bis vor kurzer Zeit Frauen gewesen sind. Die Frage ist allerdings, ob sich der postulierte Zusammenhang zwischen dem Bildungsniveau einer Gesellschaft und ihrer wirtschaftlichen Entwicklung empirisch belegen lässt. Dies ist eine der (dauerhaft) umstrittensten Fragen im Zusammenhang mit Bildungsrenditen, die Bildungsökonomen ebenso wie die OECD bereits seit den 1950er Jahren beschäftigt, ohne dass eine Entscheidung in dieser Frage absehbar wäre.[43] Bessere bzw. höhere Bildung für Kinder und Jugendliche aus Migrantenfamilien hätte aber auch unabhängig von der Frage nach dem Zusammenhang zwischen dem Bildungsniveau einer Bevölkerung und ihrer wirtschaftlichen Entwicklung ökonomische Vorteile: Sie würde das Arbeitslosigkeitsrisiko dieser Jugendlichen verringern und somit die Steuereinnahmen erhöhen und gleichzeitig "die öffentliche Hand ..., vor allem im sozialstaatlichen Bereich" [entlasten] (van Suntum & Schlotböller 2002: 13).

---

[43]   Diskutiert wird nicht nur, ob Bildung bzw. Humankapital für wirtschaftliches Wachstum überhaupt relevant ist (vgl. hierzu Bassanini & Scarpetta 2001), sondern auch, in welche Richtung die Kausalität ggf. geht, d.h. ob Bildung wirtschaftliches Wachstum auslöst oder umgekehrt (Bils & Klenow 1998), und inwieweit Überqualifizierung besteht und welche Kosten sie verursacht (Dolton & Vignoles 1997). Eine Darstellung und Diskussion der Befunde zum Zusammenhang zwischen Bildung und Wirtschaftswachstum bietet (in falsifizierender Absicht) Wolf 2002.

Hiermit wäre möglicherweise eine größere Akzeptanz von Jugendlichen aus Migrantenfamilien oder Migranten allgemein in der Bevölkerung verbunden, was wiederum die Integration von Migranten im Allgemeinen befördern dürfte. Wenn dies zuträfe, ließen sich wirtschaftliche Vorteile einer besseren Bildung von Kindern und Jugendlichen aus Migrantenfamilien von ihrem gesellschaftlichen Nutzen nicht trennen.

Dem nicht-monetären, gesellschaftlichen oder kulturellen Nutzen von Bildung haben sich nur wenige Autoren gewidmet, was u.a. damit zu tun hat, dass er sich noch schwieriger messen lässt als der monetäre Nutzen (Barr 2000: 35). Theoretisch begründet wird der nicht-monetäre, gesellschaftliche Nutzen von Bildung vor allem damit, dass Bildung geteilte kulturelle Erfahrungen ermöglicht, die eine Voraussetzung für soziale Kohäsion sind: "The educational experience seems to develop a sense of civic responsibility. ... The system of values taught and learned at school may reinforce democratic institutions in the long run. Since human rights improve with the democratisation of societies, education also has public benefits in terms of freedom of the press, independent judiciary, and less political repression" (Vila 2000: 28). Tatsächlich besteht ein positiver Zusammenhang zwischen höherer Bildung und ehrenamtlicher Arbeit sowie politischen Aktivitäten (Bynner & Egerton 2001; Wolfinger & Rosenstone 1980; für Deutschland: Bürklin & Klein 1998; Eilfort 1994; Kleinhenz 1995). Analysen auf der Grundlage der Daten aus dem Integrationssurvey des Bundesinstitutes für Bevölkerungsforschung ist zu entnehmen, dass sowohl für Türken und Italiener als auch für Deutsche im Alter von 18 bis 30 Jahren ein positiver Effekt weiterführender Schulabschlüsse auf die politische Partizipation besteht (Diehl 2005b: 303, Tabelle 6). Man kann also feststellen, dass zumindest in Teilen empirische Belege dafür existieren, dass Bildung im Allgemeinen und Bildung von Migranten im Besonderen einen nicht-monetären, gesellschaftlichen Nutzen hat. Bildungspolitik ist deshalb tatsächlich "mehr als eine Magd der Wirtschaftspolitik" (Dahrendorf 1966: 22). In Bezug auf Migranten kann Bildungspolitik ein Teil von Integrationspolitik sein.

Gesellschaftlich relevant sind die Nachteile von Kindern und Jugendlichen aus Migrantenfamilien aber nicht nur deshalb, sondern auch, weil sie Fragen nach der sozialen Gerechtigkeit in Deutschland aufwerfen, insbesondere die Frage, ob es sich bei diesen Nachteilen um Benachteiligungen handelt. Nicht alle *Nachteile*, die Menschen oder Gruppen von Menschen anderen Menschen oder Menschengruppen gegenüber haben, sind als *Benachteiligung* oder Diskriminierung anzusehen.[44] Ein Nachteil für eine Person besteht, wenn sie einen geringeren Anteil an einem erstrebenswerten Gut oder schlechtere Zugangschancen zu diesem Gut hat als eine andere Person. Ein solcher Nachteil besteht objektiv und kann von der Person, die ihn hat, subjektiv als solcher (oder als Benachteiligung) empfunden werden, muss es aber nicht. Außerdem kann die Tatsache, dass ein Nachteil besteht, vielerlei Gründe haben. Benachteiligung ist einer dieser Gründe, aber nicht der einzig mögliche und wahrscheinlich nicht der häufigste.[45] Mit dem

---

[44] Dies mag trivial klingen, kann aber offensichtlich nicht genug betont werden, denn auch in wissenschaftlichen Beiträgen wird beides gleichgesetzt. So verwenden Alba, Handl & Müller (1994) die Begriffe "ethnische Ungleichheit" und "ethnische Benachteiligungen" zur Beschreibung von Nachteilen ausländischer Schüler gegenüber deutschen Schülern im Schulsystem synonym, und dies ohne gezeigt zu haben, dass die beschriebene Ungleichheit tatsächlich aus Benachteiligungen der ausländischen Schüler resultiert.

[45] Ungleiche Verteilungen, die als solche für eine Partei nachteilig sind, kommen wahrscheinlich häufiger durch Bevorteilung der anderen Partei als durch Benachteiligung der ersten zustande, und zwar deshalb, weil Bevorteilungen weniger starkem Legitimationsdruck ausgesetzt sind als Benachteiligungen. Wer dies bezweifelt, möge sich vor Augen führen, dass sogar Sozialpsychologen und Ungleichheitsforscher deutlich seltener Bevorteilungen als Benachteiligungen thematisieren, weil sie sie offensichtlich als weniger problematisch auffassen.

Begriff der Benachteiligung sind Gerechtigkeitsvorstellungen verbunden, auf deren Grundlage ein Nachteil überhaupt erst als Benachteiligung gelten kann. Ohne die Offenlegung dieser Gerechtigkeitsvorstellungen ist die Entscheidung, ob es sich bei einem Nachteil um eine Benachteiligung handelt oder nicht, nicht möglich.

In modernen postindustriellen Staaten gilt als Prinzip für eine gerechte Verteilung von Bildungszertifikaten das der Leistungsgerechtigkeit, die als Variante des Äquitätsprinzips, wie es von George C. Homans (1961) formuliert und von Stacy J. Adams (1965) erweitert worden ist, gelten kann. Leistungsgerechtigkeit in Bezug auf Bildungszertifikate oder Schulleistungen ist gegeben, wenn der Erwerb derselben ausschließlich aufgrund der individuellen Leistung erfolgt und nicht aufgrund leistungsfremder Bestimmungsgründe wie z.B. Prestige oder Wohlstand der Eltern, Geschlecht, Hautfarbe usw. (Hradil 2001: 152). Sofern also die im Vergleich zu denen deutscher Jugendlicher niedrigerwertigen Schulabschlüsse von Jugendlichen aus Migrantenfamilien (oder entsprechend den empirischen Belegen: von ausländischen Jugendlichen) allein darauf beruhen, dass sie weniger gute Schulleistungen erbringen und deshalb schlechtere Noten bekommen bzw. die jeweiligen Klassenziele nur auf Schultypen erreichen können, die diese niedrigerwertigen Abschlüsse ermöglichen, sind ihre diesbezüglichen Nachteile d.h. eben ihre niedrigerwertigen Abschlüsse. ein Abbild ihrer geringeren Leistungen und daher leistungsgerecht. Eine entsprechende Interpretation des Befundes, nach dem ausländische Kinder in der Grundschule schlechtere Durchschnittsnoten in Mathematik und Deutsch bekommen als deutsche Kinder und deutlich häufiger als deutsche Kinder eine Grundschulempfehlung für die Hauptschule bekommen, findet sich bei Esser (2001: 63): "Es gibt beim Übergang von der Grundschule in die weiterführenden Schulen *keine* unmittelbare "Diskriminierung" der ausländischen Kinder. Der Übergang zu den weiterführenden Schulen folgt vielmehr strikt ... meritokratischen Gesichtspunkten. ... Aufgrund der schlechten Lernleistungen erhalten sie schlechte Noten und aufgrund dieser Noten weniger Empfehlungen für den Besuch einer weiterführenden Schule. Einen besonderen 'Malus' als Angehörige bestimmter ethnischer Gruppen bekommen sie nicht. Die Schulen funktionieren ganz offenbar als 'moderne'. strikt nach Leistung operierende Institution". Die beschriebenen Nachteile der ausländischen Kinder gegenüber den deutschen Kindern sind hier keine Benachteiligungen, sondern aufgrund geringerer Leistungen "verdient". Im öffentlichen Diskurs hat sich diese Betrachtungsweise der Nachteile der Kinder und Jugendlichen aus Migrantenfamilien weitgehend durchgesetzt.[46]

Allerdings lassen sich an dieser Beschreibung des Sachverhaltes verschiedene Punkte hinterfragen, so z.B. ob nicht die Defizite der 15jährigen Migrantenkinder bezüglich der Deutschkenntnisse, die in der PISA-Studie festgestellt wurden, "auf das Versagen der Schule, nicht der Jugendlichen zurückzuführen" (Auernheimer 2003: 17) sind, weil man bei den meis-

---

[46] Hierzu hat sicherlich beigetragen, wie die Befunde aus der PISA-E 2000-Studie zur Lesekompetenz von seiten des PISA-Konsortiums interpretiert und dargestellt wurden: "Weder die soziale Lage noch die kulturelle Distanz als solche sind primär für Disparitäten der Bildungsbeteiligung verantwortlich; von entscheidender Bedeutung ist vielmehr die Beherrschung der deutschen Sprache auf einem dem jeweiligen Bildungsgang angemessenen Niveau" (Deutsches PISA-Konsortium 2001: 374). Davon abgesehen, dass in diesem Zusammenhang differenziert werden müsste, welche Aspekte der sozialen Lage hier gemeint sind, und in der PISA-Studie keine ernstzunehmenden Indikatoren für "kulturelle Distanz" enthalten sind, nehmen die Autoren hier keinen Bezug auf mögliche Erklärungsfaktoren, die nicht als Schülermerkmale, sondern als Kontextbedingungen aufzufassen sind, wie Klassenzusammensetzungen, Unterrichtsstile oder -materialien, obwohl die PISA-Studie hierfür zumindest teilweise Indikatoren enthält. Was "primär für Disparitäten der Bildungsbeteiligung verantwortlich" ist, kann aber nur geprüft werden, wenn möglichst viele potentiell erklärende Variablen berücksichtigt werden.

ten dieser Jugendlichen davon ausgehen darf, dass sie bereits mehrere Jahre, wenn nicht ihre gesamte Schullaufbahn im deutschen Schulsystem zugebracht haben, ohne dass es ihnen ausreichende Deutschkenntnisse hätte vermitteln können. Insofern bedeutet die kausale Rückführung der Nachteile der Kinder und Jugendlichen aus Migrantenfamilien auf deren durch Schulnoten oder Tests gemessene Defizite in Deutsch den Bildungsauftrag von Schulen zu ignorieren und sie zu "Mess-Stationen" des status quo zu degradieren.

Aber auch dann, wenn man die Nachteile der Kinder und Jugendlichen aus Migrantenfamilien nicht im Kontext der Beschulung sehen möchte, stellt sich angesichts des Prinzips der Leistungsgerechtigkeit die Frage, was genau als Leistung zählen soll bzw. woher die Leistung kommt.[47] Impliziert das meritokratische Prinzip, dass alle Personen, die nach ihm "entlohnt" werden, dieselben Startbedingungen haben? Bezogen auf den hier interessierenden Kontext würde die entsprechende Frage lauten, ob die Leistungsbemessung in der Schule, z.B. die Vergabe von Schulnoten, in Rechnung stellen muss, dass Kinder und Jugendliche aus Migrantenfamilien im Elternhaus möglicherweise weniger gut auf den deutschen Schulalltag vorbereitet werden (können) als deutsche Kinder. Während es leicht fällt, Konsens darüber zu erreichen, dass es eine Verletzung des meritokratischen Prinzips bedeuten würde, wenn die Leistungsbemessung *direkt* nach sozialer Herkunft erfolgen würde, ist strittig, ob es eine Verletzung des meritokratischen Prinzips darstellt, wenn z.B. die Deutschnote von der in einem Rechtschreibtest erreichten Punktzahl abhängt, die Punktzahl aber wiederum eher von Kindern aus der mittleren oder oberen Schicht als von Kindern aus der unteren Schicht erreicht werden kann. Ist das meritokratische Prinzip in diesem Beispiel allein aufgrund des ersten Teilsatzes (die Deutschnote hängt von der in einem Rechtschreibtest erreichten Punktzahl ab) befriedigt, oder wird es durch den im zweiten Teilsatz formulierten Zusammenhang (die in Rechtschreibtests erreichte Punktzahl kann eher von Kindern aus der mittleren oder oberen Schicht als von Kindern aus der unteren Schicht erreicht werden) diskreditiert? Nach Feagin & Booher Feagin (1978: 31-33) wäre dies ein Fall indirekter institutionalisierter Diskriminierung, die durch "Praktiken, die negative und differenzierende Wirkungen für ethnische Minderheiten und Frauen haben, obwohl die organisatorisch vorgeschriebenen Normen oder Verfahren ohne unmittelbare Vorurteile oder Schadensabsichten eingerichtet und ausgeführt wurden" (Gomolla & Radtke 2002: 45) oder anders gesagt: durch die Gleichbehandlung von Personen mit ungleichen Voraussetzungen gekennzeichnet ist. Für Äquitätstheoretiker und vermutlich auch für Hartmut Esser wäre dies keine Form der Benachteiligung oder Diskriminierung, sondern durchaus "gerecht" insofern als "justice is a curious mixture of equality within inequality" (Homans 1961: 244).

Es gibt kein zwingendes Kriterium, nach dem die Frage nach der sozialen Un-/Gerechtigkeit der Nachteile von Kindern und Jugendlichen aus Migrantenfamilien abschließend geklärt werden könnte. Jede Diskussion darüber, was in diesem Kontext warum als gerecht oder ungerecht soll, profitiert aber von einer klaren und geteilten Terminologie, und es sollte deutlich

---

[47]   Die Äquitätsformel nach Homans (1961) bleibt ökonomischen Termini verhaftet, die in konkreten Bezügen gefüllt werden müssen: Investitionen sind "the relevant attributes that are brought by a party to the exchange" (Adams 1965: 272/273). Welche Attribute in einem bestimmten Kontext (von wem) als relevant angesehen werden, bleibt unbestimmt und muss empirisch bestimmt werden. Theoretisch können solche Attribute auch das Geschlecht oder die Nationalität einer Person sein. Anders als das Äquitätsprinzip, das erfüllt ist, wenn - unabhängig davon, was inhaltlich als relevante Attribute vereinbart wurde - ein proportionales Verhältnis zwischen den Investitionen und den Erträgen zweier Personen herrscht, schließt das meritokratische Prinzip alle Attribute außer der erbrachten Leistung aus, wobei - wie gesagt - zu klären bleibt, was genau als Leistung gelten soll.

geworden sein, dass es wenig hilfreich ist, wenn der Begriff "Benachteiligung" inflationär, nämlich immer dann verwendet wird, wenn für Menschen Nachteile bezüglich der Verteilung eines Gutes im Vergleich zu anderen Menschen festgestellt werden. Es ist aber ebenso verfehlt, Benachteiligungen quasi automatisch auszuschließen, wenn Daten vordergründig dem meritokratischen Prinzip entsprechen bzw. ohne den Gehalt des meritokratischen Prinzips zu reflektieren.

Wenn Nachteile auf ihre gesellschaftspolitische Bedeutung hin eingeschätzt werden sollen und entschieden werden soll, ob bzw. welche Konsequenzen aus der Feststellung von Nachteilen gezogen werden sollen, kann dies nur sinnvoll vor dem Hintergrund einer Kenntnis der Faktoren getan werden, die ein bestimmtes Ergebnis produzieren. Die im folgenden Kapitel (Kapitel 4) dargestellten Erklärungen für die Nachteile von Kindern und Jugendlichen aus Migrantenfamilien im deutschen Schulsystem bzw. die Befunde, die sich aus der empirischen Prüfung dieser Erklärungen ergeben haben, sind deshalb für Migrations-, Bildungs- und Ungleichheitsforscher in den Reihen der Soziologen sowie für Pädagogen und Bildungspolitiker gleichermaßen relevant.

4. Erklärungen für die Nachteile der Kinder und Jugendlichen aus Migrantenfamilien im deutschen System schulischer Bildung: Argumentationen und empirische Befunde

Kapitel 4 stellt Argumentationen zusammen, die als Erklärungen für die Nachteile der Kinder und Jugendlichen aus Migrantenfamilien in Deutschland entweder bereits vorgebracht wurden oder in Deutschland in diesem Zusammenhang zwar noch nicht rezipiert wurden aber als Erklärungen dienen könnten (diese Erklärungen werden in den Kapiteln 4.4 und 4.5 vorgestellt). Es handelt sich bei diesen Erklärungen nur teilweise um konkurrierende Erklärungen bzw. konkurrieren sie nur in Teilen miteinander, und dies nur dann, wenn sie sich auf ein und derselben logischen Ebene bewegen. Grob lassen sie sich auf zwei verschiedenen Ebenen verorten: Zunächst sind diejenigen Erklärungen zu nennen, die sich auf die individuelle Ebene beziehen, d.h. die Nachteile der Kinder und Jugendlichen aus Migrantenfamilien durch deren Eigenschaften oder diejenigen ihrer Familien oder durch deren Entscheidungen zu erklären versuchen. Auf dieser Ebene kann man wiederum danach unterscheiden, ob Aspekte der Herkunftskultur, der schichtspezifischen Kultur oder Aspekte der Migrationssituation als erklärungskräftig postuliert werden. Auf der zweiten Ebene bewegen sich Erklärungen, die auf Merkmale der Schule als Institution abstellen. Diesbezüglich lassen sich Erklärungen, die Kontextbedingungen des Schulbesuchs und -erfolgs thematisieren, von Erklärungen unterscheiden, die Prozesse der Diskriminierung in den Vordergrund stellen, wobei hier nicht individuelle Akte der Diskriminierung von Interesse sind, sondern Aspekte struktureller (und gewöhnlich unbeabsichtigter, wenn nicht unbewusster, wo bewusst, aber in kauf genommener) Diskriminierung. Diese Unterscheidungen sind selbstverständlich nicht die einzig möglichen und nicht in jedem Fall trennscharf.[48] Sie sind aber – wie hoffentlich im Verlauf dieses Kapitels deutlich werden wird – dazu geeignet, die Argumentationen und entsprechenden empirischen Arbeiten zu den Nachteilen von Schülern aus Migrantenfamilien zu strukturieren und das Verhältnis, in dem sie zueinander stehen, zu klären. Im Überblick stellen sich die Erklärungen bzw. die in den jeweiligen Erklärungen als ausschlaggebend postulierte Faktoren wie folgt dar:

---

[48] Z.B. könnte man auf der individuellen Ebene eine Unterscheidung danach vornehmen, ob mit den Merkmalen der Schüler oder mit den Interpretationen dieser Merkmale durch die Lehrer argumentiert wird. Letzteres könnte teilweise unter Erklärungen durch Diskriminierung eingeordnet werden. Dann würde es sich anbieten, eine Kategorie von Erklärungen durch Diskriminierung zu schaffen, die sowohl individuelle als auch institutionelle Diskriminierung beinhaltet, etc.

Abbildung 22:   Mögliche Determinanten der Bildungsbeteiligung oder des Bildungserfolgs von Kindern und
                  Jugendlichen aus Migrantenfamilien im Überblick

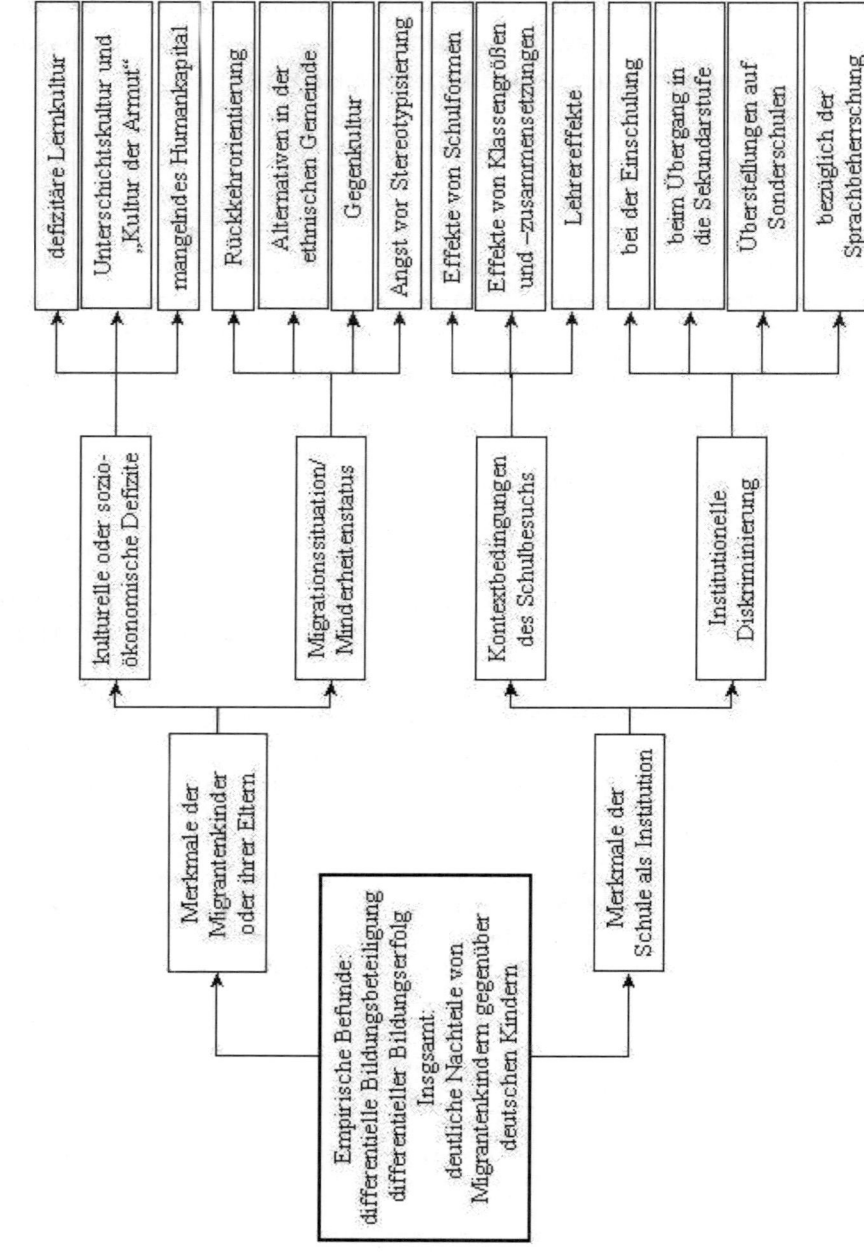

Im weiteren Verlauf dieses Kapitels wird so vorgegangen, dass jede Erklärung erläutert wird und die für die jeweilige Erklärung relevanten empirischen Befunde vorgestellt werden. Zentral wird dabei die Darstellung eigener empirischer Prüfungen einzelner Erklärungen sein, wo immer dies aufgrund der zur Verfügung stehenden Daten möglich war. Weil kein Datensatz existiert, der die Prüfung aller genannten Erklärungen gleichermaßen erlauben würde, musste im Rahmen der vorliegenden Arbeit für die Prüfung verschiedener Erklärungen auf verschiedene Datenquellen zurückgegriffen werden. Welche Daten für die Prüfung der Erklärung herangezogen wurden und auf welche Weise sie geprüft wurde, wird jeweils an Ort und Stelle dargestellt; es sei aber bereits an dieser Stelle auf Kapitel 2.1.3 zurückverwiesen, das Beschreibungen der wichtigsten Datenquellen enthält. Dass bestimmte Erklärungen für Deutschland ungeprüft bleiben müssen, ist der Tatsache geschuldet, dass das Datenmaterial, das hierfür notwendig wäre, für Deutschland bzw. in Deutschland lebende Kinder und Jugendliche aus Migrantenfamilien nicht vorliegt und im Rahmen der vorliegenden Arbeit auch nicht erhoben werden konnte. Bezüglich dieser Erklärungen muss es bis auf Weiteres also bei der Darstellung der Forschungslage in denjenigen Ländern bleiben, in denen diese Erklärungen formuliert und rezipiert wurden (meist handelt es sich um die USA).

Das Kapitel schließt mit einer Zusammenfassung dessen, was aktuell über die Ursachen der Nachteile von Kindern und Jugendlichen aus Migrantenfamilien im deutschen Schulsystem in Deutschland bekannt ist, und einigen Überlegungen darüber, welche (Art von) Daten notwendig wären, um die diesbezüglichen Wissenslücken zu schließen.

4.1   Die Erklärung durch kulturelle Defizite

Die Grundthese der Erklärung für die Nachteile von Kindern und Jugendlichen aus Migrantenfamilien gegenüber deutschen Kindern hinsichtlich ihrer Bildungsbeteiligung und ihres Bildungserfolgs durch kulturelle Defizite lautet, dass sie aufgrund ihres kulturellen Erbes Defizite hinsichtlich dessen aufweisen, was als "'Normalausstattung' an Verhaltensweisen, Kenntnissen und Fähigkeiten [vorausgesetzt wird]..., die ein Kind oder ein Jugendlicher eines bestimmten Entwicklungsstandes in die Institutionen der Bildung und Erziehung mitbringe" (Gogolin 2002: 264). Worin diese Defizite genau bestehen, variiert je nach Autor(en). Prinzipiell lassen sich aber zwei Varianten dieser Erklärung voneinander unterscheiden: Die erste Variante führt die Nachteile auf eine Herkunfts- oder Lernkultur als Teil der Herkunftskultur zurück, die angesichts der Anforderungen, die die deutsche Schule stellt, defizitär ist. Diese Herkunftskultur wird gewöhnlich als Nationalkultur vorgestellt, so dass z.B. "die" türkische Kultur "der" deutschen gegenüber gestellt wird. Diese Variante der Erklärung durch kulturelle Defizite wird in Kapitel 4.1.1 dargestellt. Die zweite Variante der Erklärung durch kulturelle Defizite geht nicht von einer defizitären Herkunftskultur der Migrantenfamilien aus, sondern von einer defizitären schichtspezifischen Kultur. Sie schließt an die Diskussion über schichtspezifische Sozialisation an, die die Bildungssoziologie stark geprägt hat und für die z.B. die Arbeiten von Pierre Bourdieu und von Basil Bernstein programmatisch gewesen sind. Die Grundthese ist diejenige, dass Migrantenfamilien sowohl in ihrem Herkunftsland als auch in Deutschland gewöhnlich der Arbeiter- oder Unterschicht angehören und die sozialisatorischen Praktiken in dieser Schicht weniger gut auf die deutsche Schule vorbereiten als die sozialisatorischen Praktiken der Mittel-

oder der oberen Schichten. In dieser Variante ist es also "die" Arbeiter- oder Unterschichts-
kultur, die in Bezug auf die Erfordernisse der deutschen Schule defizitär ist. Diese zweite
Variante der Erklärung durch kulturelle Defizite ist Gegenstand von Kapitel 4.1.2.

4.1.1   Defizitäre Herkunfts- oder Lernkultur

Mit der Vorstellung vom "kulturellen Erbe" verbindet sich die Vorstellung von der Enkulturation, d.h. dem Prozess, durch den ein Kind in die Kultur eingeführt wird, während dessen es
die konstituierenden Elemente einer Kultur und die spezifische Form, in der sie aufeinander
bezogen sind, kennenlernt und verinnerlicht.[49] In die deutsche Migrations- bzw. Migrantenforschung wurde diese Idee von Dieter Cleassens (1962) eingeführt, und zwar in einer spezifischen Form: Er ging davon aus, dass ein Kind mit der Enkulturation in der Kernfamilie eine
Grund- oder Basispersönlichkeit ausprägt: "Das Erleben bestimmten Verhaltens der Eltern in
den 'Schlüsselsituationen' formt also letztlich die 'Basic Personality' und präjudiziert damit
weitgehend späteres eigenes Verhalten" (Claessens 1962: 103). Diese Basispersönlichkeit, so
Claessens, könne nicht mehr verändert werden, wenn sie erst einmal entwickelt sei: "Die kulturelle Persönlichkeit, die 'Basic Personality', kann im Laufe des Lebens kaum abgewandelt
werden, ... Man kann nur sagen: Weil die Grundformung der Persönlichkeit frühen Einflüssen
zuzuschreiben ist, kann sie nur schwer verändert werden; ebenso kann aber geschlossen
werden: weil sie nur schwer verändert werden kann, ist sie frühen Einflüssen zuzuschreiben. In
jedem Fall sind resistente Geformtheit und früher Einfluss miteinander verbunden" (Claessens
1962: 101). Die Vorstellung von der kulturell determinierten Basispersönlichkeit hat jedoch
nicht Claessens entwickelt; vielmehr stammt sie aus der Kulturanthropologie, wo sie von Ruth
Benedict (1934), Abram Kardiner (1939) und etwas später von Ralph Linton (1945) entwickelt
wurde und in den Folgejahren viele Vertreter gefunden hat, die zusammen die sog. 'culture-
personality school' bilden.[50]
     Die Annahme einer kulturell geprägten Basispersönlichkeit wirft die Frage danach auf,
welche Effekte es hat, wenn Kinder durch die Sozialisation in der Familie in eine bestimmte
Kultur enkulturiert werden, ihre Umgebung aber eine andere Kultur repräsentiert oder sich aufgrund einer Migration ändert. Schrader, Nikles & Griese (1976) beantworten sie wie folgt:
"Durch ... eine plötzliche Konfrontation mit einer großen Masse von neuen Inhalten, die den
bisherigen fremd sind ... und eine Zerstörung der bisher gebildeten Strukturen zur Folge haben
können, kann das Kind sehr stark belastet werden. Hinzu kommt noch die gegenhaltende
Einflussnahme des Elternhauses, die schließlich dazu führen kann, dass das Kind in einen

---

[49]   Der Begriff "Enkulturation" wird häufig synonym mit "Sozialisation" oder seltener "Kulturinternalisation" benutzt.
[50]   Es sei darauf hingewiesen, dass die 'culture-personality school' in vieler Hinsicht auf den völkerpsychologischen
       Versuchen Sigmund Freuds, wie sie insbesondere in "Totem und Tabu" (1912) nachzulesen sind, aufbaut, was
       schon dadurch deutlich wird, dass die Basispersönlichkeit konzeptionell einem kulturellen Über-Ich (vgl. hierzu
       Cleassens 1962: 118-121) entspricht. Es ist kein Zufall, dass Abram Kardiner, der das Konzept der Basis-
       persönlichkeit ausgearbeitet hat, selbst Psychoanalytiker war. Bekannt ist auch, dass die Studenten des deutschen
       Immigranten Franz Boas an der Universität von Columbia aufgrund seines Engagements von deutschen Psycho-
       analytikern, die dem Nationalsozialismus in Deutschland geflohen waren, unterrichtet wurden (Schlegel 1993:
       202). Einen Überblick und eine detaillierte Auseinandersetzung mit verschiedenen Varianten der 'culture-perso-
       nality school' sowie alternativen Konzeptionen zum Zusammenhang zwischen Kultur und Persönlichkeit bietet
       LeVine (1973).

starken Konflikt gerät, der … zu einem psychisch-kulturellen Konflikt führen kann, den das Kind gar nicht zu lösen imstande ist (Schrader, Nikles & Griese 1976: 117, zitiert nach Bender-Szymanski & Hesse 1987: 183). Allgemeiner formuliert: Wenn zwischen der Basispersönlichkeit des Kindes und der es umgebenden Kultur eine Kluft besteht, dann ist es vermutlich für das Kind schwierig, sich in seiner Umgebung zu bewegen bzw. dort zu "funktionieren"; in der neuen, kulturell anders geprägten Umgebung ist die Basispersönlichkeit des Kindes defizitär. In der Literatur wird eine Vielzahl von kultur-bedingten "Defiziten" benannt, die den Schulerfolg von Kindern aus Migrantenfamilien behindern sollen, darunter ein autoritärer Erziehungsstil und die Verhinderung der Selbständigkeit und Mitbestimmung der Kinder (Mantas 1982: 23, zitiert nach Bender-Szymanski 1987: 39), eine mangelnde Anerkennung von Lernen und Leistung als Werte (Schrader, Nikles & Griese 1976: 102), eine mangelnde Einsicht in die Notwendigkeit eines regelmäßigen Schulbesuchs (Forschungsgruppe "Kinder ausländischer Arbeitnehmer" 1974: 391) und Unkenntnis des deutschen Schulsystems (Akpinar, Lopez-Blasco & Vink 1977: 31; Stüwe 1982: 135) sowie Verhaltensprobleme bis hin zu Neurosen aufgrund des in den Kindern stattfindenden "Kulturkonflikts" (Akpinar, Lopez-Blasco & Vink 1977: 68).[51]

Sofern diese Behauptungen im Zusammenhang mit empirischen Studien vorgebracht werden, handelt es sich entweder um ex-post-facto-Erklärungen, Plausibilisierungen oder um Forschungsergebnisse, die nicht verallgemeinerbar sind, weil sie im Rahmen qualitativer Studien oder unter Verwendung sehr spezifischer Stichproben gewonnen wurden. Dort, wo empirische Prüfungen erfolgten, die den Standards empirischer Sozialforschung eher entsprechen, wurden zentrale Thesen der Erklärung durch kulturelle Defizite widerlegt. So konnte Nauck (1985) aufgrund seiner Untersuchung türkischer Migrantenfamilien zeigen, dass eine autoritär-patriarchalische Familienstruktur eher selten zu finden war und in allen Handlungsfeldern synkratische Entscheidungen in den Familien überwogen. Weitere Studien haben gezeigt, dass in türkischen Migrantenfamilien keinesfalls ein Mangel an Einsicht in die Notwendigkeit eines regelmäßigen Schulbesuchs und kein mangelnder Respekt vor den Werten "Lernen" und "Leistung" besteht, sondern – im Gegenteil – die Bildungsaspirationen besonders hoch sind, und zwar höher als in deutschen Familien (Holtbrügge 1975; Mehrländer, Hofmann, König et al. 1981; Neumann 1980; Wilpert 1980).

Trotz dieser empirischen Befunde und theoretischer Einwände wurden während der 1980er- und 1990er-Jahre immer wieder Arbeiten publiziert, die die Erklärung der schulischen Nachteile von Kindern aus Migrantenfamilien durch kulturelle Defizite verteidigten oder zum Ausgangspunkt von Untersuchungen wählten. Eine dieser Studien ist diejenige von Leenen, Grosch & Kreidt (1990), die hier etwas ausführlicher dargestellt werden soll, weil sie für empirische Studien, die diese zum Ausgangspunkt nehmen, typisch ist, und zwar sowohl in der Art der Argumentation als auch bezüglich der methodischen Vorgehensweise und der Interpretation der Ergebnisse.[52]

Leenen, Grosch & Kreidt (1990: 760/761) gehen davon aus, dass türkische Migranten eine traditionelle Haltung dem Lernen und der Schule gegenüber haben, die durch Auswendiglernen des präsentierten Stoffs und die absolute Autorität der Lehrer in allen Fragen des schulischen

---

[51] Eine umfassende Liste der in der Literatur angeführten defizitären Umstände für die Schullaufbahn von Kindern aus Migrantenfamilien haben Bender-Szymnaski & Hesse in ihrer verdienstvollen Bestandsaufnahme zur bis zum Erscheinungsdatum ihres Buches durchgeführten "Migrantenforschung" (1987: 37-41) zusammengestellt.

[52] Die folgende Darstellung ist eine überarbeitete und erweiterte Version der Beschreibung der Studie von Leenen, Grosch & Kreidt, die in Diefenbach 2004b: 231/232 publiziert wurde.

Betragens und Erfolges der Kinder gekennzeichnet sei. Diese "traditionelle Haltung zum Wissen ist autoritativ-sachgebunden, die moderne Haltung instrumentell und individualistisch" (Leenen, Grosch & Kreidt 1990: 762), so dass Migranteneltern "Skepsis und Misstrauen" (Leenen, Grosch & Kreidt 1990: 760) der deutschen Schule gegenüber konstatiert wird. In einem solchen heimischen Klima würden die Kinder entweder die ablehnende Einstellung der Eltern zur Schule reproduzieren, oder sie müssten sich unter Austragung eines Kultur- und Generationenkonfliktes selbst platzieren: "'Selbstplatzierung' meint also, dass diese Gruppe [der schulerfolgreichen Jugendlichen] einen großen Bereich familiärer Platzierungsleistungen selbst übernehmen muss: die Vertretung ihrer Interessen gegenüber schulischen Instanzen, die Konkretisierung allgemeiner Berufs- und Bildungsziele und ihre Übersetzung in Entscheidungen hinsichtlich Schulformen und -laufbahnen" (vgl. Leenen, Grosch & Kreidt 1990: 762).[53] Wenn die Mehrzahl der türkischen Migrantenkinder in der deutschen Schule nicht erfolgreich ist, dann liegt dies – dieser Argumentation folgend – also daran, dass sie aufgrund ihres kulturellen Erbes dort nicht erfolgreich sein *können*, außer, sie verfügen über ausreichende Selbstplatzierungsfähigkeiten, was notwendig ein gewisses Ausmaß an individueller Modernisierung, Individualisierung und damit Akkulturation voraussetzt. Nach Leenen, Grosch & Kreidt ergibt sich hieraus ein Generationenkonflikt, denn: "Die 'bildungserfolgreichen' Jugendlichen entwickeln durch den längeren Verbleib im deutschen Bildungssystem und durch die intensivere Auseinandersetzung mit modernen Persönlichkeitsidealen Grundorientierungen der Lebensgestaltung, die sich von den traditionellen Vorstellungen der Elterngeneration entfernen" (Leenen, Grosch & Kreidt 1990: 765) . Um im deutschen Bildungssystem erfolgreich sein zu können, müssen Kinder und Jugendliche aus Migrantenfamilien also ihre kulturellen Defizite gegen den Widerstand ihrer Eltern überwinden, sich also im Zuge eines Akkulturationsprozesses modernisieren.[54]

Es ist nicht Ziel von Leenen, Grosch & Kreidt, diese Argumentation einer Prüfung zu unterziehen, sondern "anhand von qualitativen Interviews mit türkischen Jugendlichen, die das deutsche Bildungssystem bereits durchlaufen haben, soziokulturelle Deutungsmuster von Bildung, Schule und Lernen in Migrantenfamilien" (Leenen, Grosch & Kreidt 1990: 753) zu "rekonstruieren" (Leenen, Grosch & Kreidt 1990: 753). Zu diesem Zweck wählen sie "nach einem Zufallsverfahren ... 25 Studenten aus verschiedenen Hochschulstudiengängen sowie eine als Kontrastgruppe (n = 15) gedachte Gruppe von gleichaltrigen Türken ..., die bestenfalls den Hauptschulabschluss erreicht haben" (Leenen, Grosch & Kreidt 1990: 755) aus und präsentieren Interviewauszüge, die die oben skizzierte Argumentation illustrieren sollen. Warum die Autoren Wert darauf legen, dass ihre Auswahl nach einem Zufallsverfahren erfolgt sei und sie eine Kontrastgruppe von bildungsunerfolgreichen gleichaltrigen Türken berücksichtigt hätten, bleibt unklar, da es ihnen nach eigener Aussage ja nicht um die Prüfung ihrer Argumentation geht, sondern lediglich um die Illustration dessen, dessen Existenz sie behaupten. Im übrigen findet die Kontrastgruppe im Beitrag keine einzige weitere Erwähnung. Was man dem Beitrag

---

[53] Gemeint ist – trotz der von den Autoren gewählten Formulierung – sicher nicht, dass nur bildungserfolgreiche Migrantenkinder sich selbst platzieren müssten, sondern, dass nur die bildungserfolgreichen dies geschafft haben – sonst wären sie ja nicht erfolgreich gewesen.

[54] In der Argumentation von Leenen, Grosch & Kreidt wird deutlich, wie zwei Arten von Differenzhypothesen, nämlich Hypothesen über kulturelle Differenzen und Modernitätsdifferenzen, zusammenspielen können: Die Überwindung kultureller Differenzen, die sich für die Kinder aus Migrantenfamilien in der deutschen Schule als Defizite erweisen, ist hier nur durch individuelle Modernisierung möglich. Mit anderen Worten: Andersartigkeit ist letztlich eine Form der Rückständigkeit, die es zu überwinden gilt (vgl. hierzu Bukow & Llaryora 1988: 19-25).

entnehmen kann, ist also, dass es eine Gruppe von bildungserfolgreichen türkischen Jugendlichen der sog. Zweiten Generation gibt, die ihren Bildungserfolg vor dem Hintergrund eines kulturell interpretierten Konfliktes mit ihren Eltern beschreiben. Bestätigt werden kann durch diese Studie also, dass es etwas gibt, wovon die Autoren angenommen haben, dass es existiere, nicht mehr, nicht weniger. Sicherlich kann das Ergebnis dieser Studie aber nicht – quasi im Umkehr-Fehlschluss – als Bestätigung dafür aufgefasst werden, dass für den geringen Bildungserfolg von Türken der sog. Zweiten Generation im deutschen Bildungssystem die traditionelle türkische (Lern-/)Kultur bzw. die Schwierigkeiten von Jugendlichen aus Migrantenfamilien, sich selbst zu platzieren, verantwortlich wären. Um Leenen, Grosch & Kreidt nicht Unrecht zu tun, sei darauf hingewiesen, dass sie selbst diesen Fehlschluss in ihrem Text nicht ziehen. Positiv zu vermerken ist im Hinblick auf diese Studie außerdem, dass sie eine der wenigen Studien ist, die speziell bildungs*erfolgreiche* Jugendliche aus Migrantenfamilien in den Blick nimmt. Dies alles ändert jedoch nichts daran, dass der Informationsgehalt der Studie sehr niedrig ist, aber möglicherweise dazu einlädt, weitreichende und ungerechtfertigte Folgerungen über die defizitäre Herkunfts- und insbesondere Lernkultur in Migrantenfamilien zu ziehen. Sämtliche theoretisch interessanten Fragen, z.B. danach, ob es auch bildungserfolgreiche türkische Jugendlichen der sog. Zweiten Generation gibt, die keinen Generationenkonflikt mit ihren Eltern austragen mussten, danach, inwieweit die Eltern der befragten Jugendlichen eine ähnliche oder eine andere Sichtweise haben, oder danach, ob bzw. ggf. welche Werte der Herkunftskultur den Bildungserfolg von Migrantenkindern befördern können statt ihn zu behindern, bleiben unberücksichtigt.[55]

Wie gesagt ist die Studie von Leenen, Grosch & Kreidt insofern typisch für Studien zur Erklärung der Nachteile von Kindern und Jugendlichen aus Migrantenfamilien durch defizitäre Herkunfts- oder Lernkulturen als sie anhand der gesammelten Daten die Existenz dessen belegt, was behauptet wird, ohne die Widerlegung der Behauptungen zu ermöglichen. Letztlich ist dies der Grund dafür, dass empirische Belege im Sinne einer wissenschaftlichen Prüfung (und nicht einer Illustration) für diese Erklärung ausstehen. Entsprechend haben auch Bender-Szymanski & Hesse (1987: 37) festgestellt: "Viele Autoren behaupten, nur wenige ermitteln empirisch die Sozialisationsbedingungen der ausländischen Kinder, von denen sie Auswirkungen auf ihr Bildungsverhalten erwarten". Und – so möchte man hinzufügen – selbst wenn sie diese Sozialisationsbedingungen ermitteln würden, so wäre noch zu prüfen, ob dieselben und nicht (auch) andere Faktoren die Ursache für das Bildungsverhalten sind.[56]

Abgesehen von der methodischen und inhaltlich-theoretischen Kritik an der Erklärung der Nachteile von Kindern und Jugendlichen aus Migrantenfamilien durch defizitäre Herkunfts- oder Lernkulturen kann diese Erklärung auch nicht plausibilisieren, warum es – neben türkischen Kindern – italienische Kinder sind, die im deutschen Bildungssystem von allen Nationalitäten am schlechtesten abschneiden: Für ein Kind sollte es um so schwieriger sein,

---

[55] Interessanterweise wurde die Möglichkeit, kulturelle Werte von Migranten könnten Bildungserfolg befördern statt ihn zu behindern, in der deutschsprachigen Literatur m.W. nicht diskutiert, während dies in der U.S.-amerikanischen Literatur durchaus der Fall ist. Z.B. führen Sue & Okazaki (1990) den Erfolg asiatischer Migranten in den USA auf entsprechende kulturelle Werte zurück. Entsprechend könnte man die Frage stellen, ob der Erfolg griechischer Migranten in Deutschland ebenfalls auf spezifische kulturelle Werte zurückzuführen ist. Die Fixierung auf bildungs*un*erfolgreiche Migranten in Deutschland (vor allem auf türkische Migranten) hat jedoch bislang eine solche Fragestellung verunmöglicht.

[56] Eine detaillierte Kritik, die weniger auf methodische Mängel als auf die Fragwürdigkeit der impliziten Prämissen dieser Erklärung abstellt, haben Diehm & Radtke (1999) vorgenommen.

sich in seiner "kulturfremden" Umgebung zurecht zu finden, je weniger kulturelle Merkmale diese Umgebung mit der Kultur gemeinsam hat, in die das Kind hinein sozialisiert wurde. Dieser Gedanke liegt der These zugrunde, nach der es z.B. italienischen Migranten leichter als türkischen Migranten fallen müsste, sich in die deutsche Gesellschaft zu integrieren, weil "die" italienische Kultur gemeinhin als "der" deutschen Kultur ähnlicher betrachtet wird als "die" türkische Kultur.[57] Aus dem gleichen Grund lässt sich vermuten, dass Kinder aus italienischen Migrantenfamilien in der Schule weniger Probleme haben sollten als Kinder aus türkischen Migrantenfamilien. Kapitel 2.2 hat bereits gezeigt, dass dies nicht der Fall ist, die Argumentation also insofern nicht empirisch gestützt wird.

Weiter wäre zu erwarten, dass Kinder oder Jugendliche aus Migrantenfamilien erfolgreicher im deutschen Schulsystem sind, wenn sie in Deutschland geboren oder sozialisiert wurden, und man daher annehmen darf, dass ihre kulturelle Basispersönlichkeit, die die Erklärung durch eine defizitäre Herkunftskultur unterstellt (vgl. hierzu Claessens 1972), in Deutschland gebildet wurde. Zwar ist empirisch belegt, dass Migrantenkinder um so bessere Chancen im Bildungssystem haben, je niedriger ihr Einreisealter bzw. das Alter ist, in dem sie in das deutsche Bildungssystem eingetreten sind (Esser 1990; Nauck, Diefenbach & Petri 1998), und dass sog. Bildungsinländer (d.h. in Deutschland geborene oder vor ihrem siebten Lebensjahr nach Deutschland gewanderte ausländische Schüler) höherwertige Sekundarschulabschlüsse erreichen als Migrantenkinder im Allgemeinen, jedoch erreichen sie keine den deutschen Schülern vergleichbaren Bildungsabschlüsse. Außerdem bleiben auch dann, wenn man nur Bildungsinländer betrachtet, statistisch signifikante Unterschiede zwischen verschiedenen Nationalitäten bestehen (Haug 2002: 127/128). Diese empirischen Befunde sind also nur teilweise vereinbar mit der Erklärung der Nachteile von Kindern und Jugendlichen aus Migrantenfamilien durch eine defizitäre Herkunfts- oder Lernkultur. Sie stellen allerdings auch keine der Faktoren direkt in Rechnung, die in der Argumentation im Rahmen dieser Erklärung eine Rolle spielen, insbesondere keine Indikatoren für die kulturelle Identifikation der Kinder und Jugendlichen, eventuell bestehende Marginalitätsgefühle aufgrund einer "doppelten Sozialisation" in zwei verschiedenen Kulturen oder eventuell bestehende Konflikte mit den Eltern.

Der in Kapitel 2.1.3 beschriebene Integrationssurvey des Bundesinstitutes für Bevölkerungsforschung (BiB) ist der einzige Datensatz, der einige Indikatoren enthält, anhand derer es möglich ist, zu prüfen, inwieweit der Bildungserfolg von Jugendlichen aus türkischen oder italienischen Migrantenfamilien unter Berücksichtigung der Tatsache, ob jemand Bildungsinländer ist oder nicht, durch eine defizitäre Herkunftskultur erklärt werden kann. Daher werden im Folgenden Ergebnisse einer empirischen Prüfung verschiedener Hypothesen bezüglich der Erklärung der Nachteile von Kindern oder Jugendlichen aus Migrantenkindern im Schulsystem durch defizitäre Herkunftskulturen berichtet, die anhand der Daten des Integrationssurveys vorgenommen wurde.[58]

---

[57]   Vor diesem Hintergrund ist plausibel, warum besonders den Problemen türkischer Migranten und insbesondere türkischer Migrantinnen, in der Literatur der 1970er Jahre so viel Raum gewidmet worden ist (exemplarisch seien angeführt Baumgartner-Karabak & Landesberger 1978; Schiffauer 1983; Weische-Alexa 1977), während italienische, spanische oder griechische Migranten weit weniger Aufmerksamkeit gefunden haben.

[58]   An dieser Stelle sei dem Bundesinstitut für Bevölkerungsforschung (BiB) sehr herzlich für die Erlaubnis der Datennutzung gedankt. Die Analysen dieser Daten durch die Autorin wurden publiziert bei Diefenbach 2005 in Haug & Diehl 2005.

Im einzelnen wurden vier Hypothesen aus dieser Erklärung abgeleitet und getestet:

Hypothese 1: Jugendliche aus Migrantenfamilien, die in Deutschland geboren oder ihre gesamte Schullaufbahn in Deutschland absolviert haben, also sog. Bildungsinländer, haben höherwertige Sekundarschulabschlüsse als Jugendliche aus Migrantenfamilien, die nicht in Deutschland geboren wurden oder ihre gesamte Schullaufbahn in Deutschland absolviert haben, also keine Bildungsinländer sind,

und zwar, weil die kulturelle Basispersönlichkeit, die die Erklärung durch eine defizitäre Herkunftskultur unterstellt (vgl. hierzu Claessens 1972), bei Ersteren, aber nicht bei Letzteren in Deutschland gebildet wurde.

Wenn man davon ausgeht, dass nicht nur das kulturelle Umfeld, sondern auch die Identifikation mit der deutschen Kultur oder der Herkunftskultur der Eltern oder Großeltern bedeutsam ist für den Modernisierungsgrad von Jugendlichen aus Migrantenfamilien ist und dieser individuelle Modernisierungsgrad den Schulerfolg beeinflusst, dann ist Folgendes zu erwarten:

Hypothese 2: Jugendliche aus Migrantenfamilien sind um so erfolgreicher im deutschen System schulischer Bildung, je stärker sie akkulturiert sind.

Akkulturationsprozesse müssen nicht notwendigerweise in Richtung einer Assimilation gehen. Sie können ebenso in Marginalität resultieren, d.h. in einem Zustand, in dem eine Person sich weder mit den Werten, Einstellungen und kognitiven Stilen der Herkunftskultur noch denjenigen der „neuen" Kultur identifizieren bzw. sie verinnerlichen kann oder möchte (Berry 1990). In diesem Fall bieten weder das Elternhaus noch die Institutionen der Gesellschaft, in der man lebt, Orientierungspunkte oder Anreize, so dass zu vermuten ist:

Hypothese 3: Jugendliche mit Migrationshintergrund haben einen um so geringeren schulischen Erfolg, je stärker sie ein Gefühl der Marginalität haben.

Nach Leenen, Grosch & Kreidt ergibt sich aus der Akkulturation der Kinder – wie oben beschrieben – ein Generationenkonflikt, denn: "Die 'bildungserfolgreichen' Jugendlichen entwickeln durch den längeren Verbleib im deutschen Bildungssystem und durch die intensivere Auseinandersetzung mit modernen Persönlichkeitsidealen Grundorientierungen der Lebensgestaltung, die sich von den traditionellen Vorstellungen der Elterngeneration entfernen" (Leenen, Grosch & Kreidt 1990 765). Daraus ergibt sich die folgende Hypothese:

Hypothese 4: Es besteht ein positiver Zusammenhang zwischen höherwertigen Sekundarschulabschlüssen bei Jugendlichen aus Migrantenfamilien und den Schwierigkeiten, die sie mit ihren Eltern aufgrund der traditionellen Einstellungen der Eltern haben.

Als Indikatoren für die Größen, die in diesen vier Hypothesen relevant sind, dienen die folgenden Variablen:

Als *Bildungsinländer* gilt jeder, der in Deutschland geboren ist oder vor dem siebten Lebensjahr nach Deutschland gekommen ist, weil Kinder in Deutschland i.d.R. spätestens im Alter von sieben Jahren eingeschult werden. Ob jemand Bildungsinländer ist oder nicht, lässt sich im Integrationssurvey dadurch feststellen, dass nach dem Geburtsland der Befragten gefragt wird. Die entsprechende Variable ist dichotom: (1) bedeutet, dass ein Befragter in Deutschland geboren wurde, (2) bedeutet, dass er nicht in Deutschland geboren wurde. Für diejenigen Befragten, die nicht in Deutschland geboren sind, kann errechnet werden, in welchem Alter sie nach Deutschland gekommen sind. Damit wiederum kann bestimmt werden, ob sie ihre gesamte schulische Sozialisation in Deutschland durchlaufen haben oder nicht.

Für den Grad der Akkulturation stehen im Integrationssurvey mehrere Indikatoren zur Verfügung. Für die hier berichteten statistischen Analysen wurde als Indikator die *Identifikation der Befragten als Deutsche/r oder Italiener/in bzw. Türke/Türkin* gewählt, die direkt erfragt wurde: "Wie stark fühlen Sie sich als Deutsche/r bzw. Italiener/in/Türke/Türkin?" Nach Rekodierung der entsprechenden Variablen bleiben drei Kategorien: (1) (eher) als Deutsch/r; (2) als beides gleichermaßen/unentschlossen; (3) (eher) als Italiener/in bzw. Türke/Türkin.

Der Indikator für ein *Gefühl der Marginalität* wurde aus den folgenden drei Aussagen gebildet, die die Befragten als zutreffend oder nicht zutreffend qualifizieren konnten: "Ich fühle mich manchmal hin- und hergerissen zwischen Deutschland und Italien/der Türkei", "eigentlich fühle ich mich weder in Deutschland noch in Italien/der Türkei richtig zugehörig" und "ich finde es schwierig, die deutsche und die italienische/türkische Lebensart zu vereinen". Auf der Basis der Häufigkeit, mit der ein Befragter diese drei Items als zutreffend qualifizierte, wurde eine Variable mit vier Ausprägungen gebildet: (1) kein Marginalitätsgefühl; (2) leichtes Marginalitätsgefühl; (3) starkes Marginalitätsgefühl; (4) sehr starkes Marginalitätsgefühl.

Schwierigkeiten mit den traditionellen Einstellungen der Eltern lassen sich im Integrationssurvey anhand einer Aussage feststellen, der die Befragten auf einer 7-Punkte-Skala zustimmen oder nicht zustimmen konnten, wobei 1 bedeutet, dass dies überhaupt nicht zutrifft, während 7 bedeutet, dass es voll und ganz zutrifft: "Ich habe manchmal Schwierigkeiten mit meinen Eltern, weil sie traditionelle Vorstellungen vom Leben haben". Die entsprechende Variable steht zwar nur für diejenigen Befragten zur Verfügung, deren Eltern in Deutschland leben, dies sind aber immerhin 3.297 der insgesamt 3.685 Befragten.

Als Kontrollvariablen gingen in die Analysen zunächst die Gruppierungsvariable ein, d.h. die Variable, die die Personen aus türkischen oder italienischen Migrantenfamilien danach unterscheidet, ob sie die deutsche Staatsbürgerschaft haben oder nicht. Sie hat die folgenden vier Ausprägungen: (1) Deutsch-Italiener sind Personen aus italienischen Migrantenfamilien, die die deutsche Staatsangehörigkeit haben; (2) Italiener sind Personen aus italienischen Migrantenfamilien, die die deutsche Staatsangehörigkeit nicht haben; (3) Deutsch-Türken sind Personen aus türkischen Migrantenfamilien, die die deutsche Staatsangehörigkeit haben; (4) Türken sind Personen aus türkischen Migrantenfamilien, die die deutsche Staatsangehörigkeit nicht haben. Weiterhin gingen als Kontrollvariablen das Geschlecht der Befragten mit den Ausprägungen (1) männlich und (2) weiblich sowie die Beherrschung der deutschen und der italienischen bzw. türkischen Sprache mit den folgenden vier Ausprägungen in die Analyse ein: (1) beherrscht weder Italienisch/Türkisch noch Deutsch sehr gut; (2) beherrscht nur Italienisch/-Türkisch sehr gut; (3) beherrscht nur Deutsch sehr gut; (4) beherrscht beide Sprachen sehr gut.

Die Effekte der erklärenden Variablen sowie der Kontrollvariablen werden im Rahmen zweier logistischer Regressionsmodelle getestet, die sich bezüglich der binären abhängigen Variablen voneinander unterscheiden: Die erste der beiden abhängigen Variablen stellt diejenigen, die ohne Schulabschluss geblieben sind oder einen Hauptschulabschluss erreicht haben, denjenigen mit einem höheren Abschluss gegenüber; die zweite abhängige Variable stellt diejenigen, die die Fachhochschulreife oder ein Abitur erworben haben, denjenigen gegenüber, die einen niedrigerwertigen Schulabschluss erreicht haben. Befragte, die angaben, einen anderen Schulabschluss zu haben (n = 51) oder nie zur Schule gegangen zu sein (n = 12), wurden aus der Analyse ausgeschlossen. Die Ergebnisse sind in Tabelle 10 zusammengestellt:

Tabelle 10: Determinanten allgemein bildender Sekundarschulabschlüsse: Indikatoren für die Erklärung durch defizitäre Herkunftskulturen (logistische Regressionen; ausgewiesen sind exp (b) und deren Signifikanzniveaus sowie Maße für die Güte der Modellanpassung)

Erklärende Variablen	Abhängige Variable: kein Schulabschluss oder Hauptschulabschluss vs. weiterführender Schulabschluss (Ref.-Kat.)	Abhängige Variable: Fach-/Hochschulreife vs. niedrigerer Schulabschluss (Ref.-Kat.)
	Modell 1	Modell 2
Gruppierungsvariable: ethnische Abstammung und Staatsangehörigkeit (Ref.-Kat.: Deutsch-Italiener)		
Italiener	1,947***	0,547***
Deutsch-Türken	1,103	0,559*
Türken	1,720***	0,344***
Bildungsinländer (Ref.-Kat: nein)		
ja	2,428***	0,561
ethnische Identifikation (Ref.-Kat.: (eher) als Italiener/in bzw. Türke/in)		
beides	0,948	1,235
eher als Deutsche/r	0,880	1,406
Gefühl der Marginalität (Ref.-Kat.: sehr starkes Marginalitätsgefühl)		
starkes Marginalitätsgefühl	0,987	1,381
leichtes Marginalitätsgefühl	0,785	1,370
kein Marginalitätsgefühl	0,905	1,067
Schwierigkeiten mit Eltern aufgrund ihrer trad. Einstellungen	1,013	1,004
Sprachbeherrschung (Ref.-Kat.: beherrscht weder Italienisch/Türkisch noch Deutsch sehr gut)		
beherrscht nur Italienisch/ Türkisch sehr gut	0,236*	6,248
beherrscht nur Deutsch sehr gut	0,268*	5,248
beherrscht beides sehr gut	0,638	2,077
Geschlecht (Ref.-Kat.: männlich)	1,041	0,804
Konstante	3,076	0,063
Chi-Quadrat	118,287***	103,907***
Nagelkerkes R-Quadrat	0,072	0,075
N	2129	2129

Datenquelle: Integrationssurvey des BIB; * p ≤ .05; ** p ≤ .01; *** p ≤ .001

Modell 1 in Tabelle 10 zeigt, dass die deutsche Staatsbürgerschaft einen starken Effekt auf die Wahrscheinlichkeit hat, keinen Abschluss oder einen Hauptschulabschluss (statt eines weiterführenden Schulabschlusses) erreicht zu haben. Im Vergleich mit Deutsch-Italienern haben Italiener und Türken eine signifikant höhere (Italiener: 95%; Türken: 72%) Wahrscheinlichkeit, keinen Abschluss oder einen Hauptschulabschluss erreicht zu haben, während Deutsch-Türken nur eine um 10% höhere und nicht statistisch signifikante Wahrscheinlichkeit hierfür haben. Interessanterweise ist dies in Bezug auf die Wahrscheinlichkeit, die (Fach-/)Hochschulreife (s. Modell 2) erreicht zu haben, anders: Zwar haben auch hier Italiener und Türken signifikant niedrigere Wahrscheinlichkeiten als Deutsch-Italiener, die (Fach-/)Hochschulreife erreicht zu haben, aber dies trifft auch auf die Deutsch-Türken zu, und zwar im gleichen Ausmaß wie für die Italiener (Italiener: 45%; Deutsch-Türken: 44%; Türken: 66%). Für Modell 2 ist außerdem festzustellen, dass die Gruppierungsvariable die einzige Variable ist, die überhaupt signifikante Effekte produziert. Zwar hat die Sprachbeherrschung starke Effekte auf die Wahrscheinlichkeit, die (Fach-/)Hochschulreife erreicht zu haben, jedoch sind diese nicht signifikant. In Modell 1 hat die Sprachbeherrschung nur schwache Effekte in keiner sinnvollen Richtung. In Modell 1 hat außerdem der Status als Bildungsinländer einen signifikanten Effekt in die unerwartete Richtung: Er erhöht die Wahrscheinlichkeit, keinen Abschluss oder einen Hauptschulabschluss erreicht zu haben, um 143%. Hierzu ist anzumerken, dass nur gut 20% der Befragten keine Bildungsinländer sind und die verschiedenen Subgruppen diesbezüglich sehr ungleich besetzt sind, so dass auch dieser Befund kaum sinnvoll zu interpretieren ist. In Modell 2 hat die Variable "Bildungsinländer" keinen statistisch signifikanten Effekt. In beiden Modellen haben die ethnische Identifikation, das Vorhandensein von Marginalitätsgefühlen oder Schwierigkeiten mit den Eltern aufgrund ihrer traditionellen Einstellungen keine Effekte. Die Hypothesen 2 bis 4 erfahren also keine Unterstützung durch die Daten des Integrationssurvey, und der Befund zu Hypothese 1, die sich auf Bildungsinländer bezieht, kann aufgrund der Verteilung der Befragten auf dieser Variable kaum sinnvoll interpretiert werden. Beide Modelle in Tabelle 10 erklären darüber hinaus nur einen sehr geringen Anteil der Varianz, nämlich jeweils nur 7%. Somit kann der Schulerfolg von Jugendlichen mit Migrationshintergrund so gut wie gar nicht durch Variablen erklärt werden, denen im Rahmen der Erklärung durch defizitäre Herkunftskulturen Bedeutung zukommt.

Insgesamt gesehen muss man feststellen, dass sowohl eine inhaltlich-theoretische als auch eine empirische Auseinandersetzung mit der Erklärung der Nachteile von Kindern und Jugendlichen aus Migrantenfamilien gegenüber deutschen Kindern hinsichtlich ihrer Bildungsbeteiligung und ihres Bildungserfolgs durch eine defizitäre Herkunftskultur zeigt, wie unzureichend diese Erklärung ist. Zwar wurde sie bisher m.W. nur in der vorliegenden Arbeit mittels einer quantitativ-statistischen Analyse und unter Verwendung von Indikatoren, die Teile der Argumentation tatsächlich repräsentieren, getestet, aber bislang spricht nichts dafür, dass sie sich bei einem wiederholten statistischen Test anhand anderer Daten oder Migrantengruppen als erklärungskräftig erweisen würde. Dies hat sicherlich auch mit der problematischen Annahme mehr oder weniger homogener Nationalkulturen zu tun, die den Kern dieser Erklärung ausmacht. Diese Annahme reflektiert eher bestimmte in Deutschland verbreitete Bilder vom 'typischen' Leben in einer muslimischen oder südeuropäischen Gesellschaft oder Familie als dass sie Mechanismen beschreiben würde, die empirisch nachweisbare Effekte auf den Schulerfolg von Kindern oder Jugendlichen aus den entsprechenden Migrantenfamilien haben sollen.

4.1.2   Unterschichtskultur als defizitäres Sozialisationsumfeld

Die zweite Variante der Erklärung der Nachteile von Kindern und Jugendlichen aus Migrantenfamilien gegenüber deutschen Kindern im deutschen Schulsystem durch kulturelle Defizite
argumentiert zwar ebenfalls mit einer mangelnden Passung von Familien- und Schulkultur,
stellt aber nicht auf defizitäre (nationale) Herkunftskulturen der Migrantenfamilien ab, sondern
auf deren sozialstrukturelle Position im Ungleichheitsgefüge der Herkunftsgesellschaft. Als
Angehörige der unteren Schichten[59] – so die Vorstellung – herrschen in Migrantenfamilien
Sozialisationsbedingungen, die den Schulerfolg der Kinder zumindest nicht befördern, vermutlich aber eher beeinträchtigen. Welche konkreten Sozialisationsbedingungen dabei
angesprochen werden, ist sehr unterschiedlich: Sie reichen von vorrangig auf die Wahrung der
Autorität gegenüber den Kindern ausgerichteten elterlichen Erziehungspraktiken (Ort 1976)
oder schichtspezifischen Präferenzen wie Überanpassung an das Erreichbare und Risikoaver-
sion (Gambetta 1987: 72) über die Weitergabe "passivistische[r], gegenwarts- und familistisch
orientierte[r]" (Schorb 1976) Einstellungen bis hin zu einem restringierten Sprachcode
(Bernstein 1977) oder mangelndem Engagement der Eltern für das schulische Leben des Kindes (dazu kritisch: Lareau 1987). In dieser Variante der Erklärung der Nachteile von Kindern
und Jugendlichen aus Migrantenfamilien gegenüber deutschen Kindern im deutschen Schulsystem durch kulturelle Defizite wird also mit einem "Sozialcharakter" (statt einer kulturellen
Basispersönlichkeit) argumentiert. Dass diese Perspektive eine soziologisierte Version der
'culture-personality school' ist, sozusagen als 'social class-personality school' aufgefasst
werden kann, wird besonders deutlich, wenn man sich die Erläuterungen von Riesman, Denney
& Glazer (1958) zum Konzept des Sozialcharakters vergegenwärtigt: "'Sozialer Charakter' ist
der Teil des 'Charakters', der signifikanten sozialen Gruppen gemeinsam ist und der nach der
Definition der meisten zeitgenössischen Sozialwissenschaftler das Produkt der Erfahrungen
dieser Gruppen darstellt. Der so verstandene Begriff des sozialen Charakters erlaubt uns, … von
dem Charakter von Klassen, Gruppen, Völkern und Nationen [!] zu sprechen" (Riesman,
Denney & Glazer 1958: 20). Am so verstandenen Begriff "Sozialcharakter" ist dann aber auch
dieselbe Kritik zu üben wie an dem der kulturellen Basispersönlichkeit.[60] Insbesondere ist die
Annahme problematisch, dass die Sozialisationsbedingungen in den jeweils unterschiedlichen
sozialen Schichten gleichartig seien, und verschiedene Autoren bestreiten, dass es sinnvoll sei,
soziale Klassen oder Schichten in heutigen Gesellschaften zu unterscheiden (vgl. hierzu De
Lange & Rupp 1992 sowie Fußnote 59). Darüber hinaus ist die Gleichsetzung von
Migrantenfamilien mit Unterschichts- oder Arbeiterfamilien zweifelhaft. Sie mag in den
1960er- und 1970er-Jahren plausibel gewesen sein, in denen Kinder aus Migrantenfamilien im
deutschen Schulsystem mehrheitlich Kinder der sog. Gastarbeiter bestimmter Nationalitäten

---

[59] Im öffentlichen Diskurs würde man inzwischen vermutlich sagen: "Angehörige der bildungsfernen Schichten", und
es gilt aktuell als nicht mehr politisch korrekt von "unteren Schichten" zu sprechen. Wie jedem Soziologen und
insbesondere den Ungleichheitsforschern unter den Soziologen bekannt sein dürfte, ist es aufgrund der stark
differentiellen Lebenschancen verschiedener Bevölkerungsgruppen und ihrer intergenerationalen Transmission
ziemlich schwierig, wenn nicht unmöglich, dafür zu argumentieren, die Gesellschaft in Deutschland sei keine
geschichtete Gesellschaft.

[60] Eine zum Erscheinungszeitpunkt des Buches umfassende Darstellung und Kritik der verschiedenen Argumentationen bezüglich schichtspezifischer Sozialisation bietet Bertram (1981). Übrigens wäre es sehr interessant zu
diskutieren, inwieweit die Kritik am Konzept der Basispersönlichkeit oder am Konzept des Sozialcharakters auch
Bourdieus Habitus-Konzept betrifft, wozu hier aber leider kein Raum ist.

waren, inzwischen ist aber fragwürdig geworden, inwieweit diese Gleichsetzung noch gerechtfertigt ist.[61]

Lässt man aber die Annahme eines schichtspezifischen Sozialcharakters fallen, bleiben lediglich einzelne Merkmale der Kinder oder ihrer Familien, die möglicherweise Effekte auf den Schulerfolg haben. Die soziologische Bildungsforschung ist geprägt von der Diskussion und empirischen Untersuchung solcher Effekte der Schichtzugehörigkeit oder dessen, was man heute "soziale Herkunft" nennt und – vor allem – vom Streit darüber, wie diese Effekte zu interpretieren seien (Jencks, Bartlett, Corcoran et al. 1979; DiMaggio 1982).[62] Sie zu referieren, kann nicht Aufgabe dieses Buches sein. Vielmehr sind hier diejenigen Argumentationen von Interesse, die bestimmte Aspekte der sozialen Herkunft von Kindern oder Jugendlichen mit ihrem Migrationshintergrund in Verbindung bringen. Z.B. wäre es verfehlt zu fragen, ob Kinder aus Migrantenfamilien als Angehörige der Unterschicht einen entsprechenden schichtspezifischen Sprachgebrauch aufweisen (nämlich einen restringierten Code im Sinne Bernsteins benutzen); statt dessen ist hier zu fragen, wie gut sie die Unterrichtssprache beherrschen, mit wem sie in welcher Sprache kommunizieren und welche Arten des häuslichen Sprachverhaltens den Schulerfolg befördern oder behindern. Solche Argumentationen werden gewöhnlich mit dem Anspruch auf zentrale (wenn nicht alleinige) Erklärungskraft vorgebracht, so dass sie im Rahmen der vorliegenden Arbeit auf entsprechende Weise präsentiert werden, nämlich in eigenständigen Unterkapiteln.

Gleiches gilt für die Erklärung durch die Zugehörigkeit zur Unterschicht als defizitärem Sozialisationsumfeld, die nicht mit einer schichtspezifischen *Kultur* (im engeren Sinn) argumentiert, sondern mit einer defizitären Ressourcenausstattung von Unterschichtsfamilien, z.B. hinsichtlich inadäquater Wohnverhältnisse, die kein konzentriertes Lernen für die Schule erlauben (Boos-Nünning 1983) oder bezüglich einer mangelnden Ausstattung der Familie mit ökonomischen und zeitlichen Ressourcen, wie z.B. eines größeren Ausmaßes an Müttererwerbstätigkeit aufgrund finanzieller Knappheit (Lukesch 1981). Solche Argumentationen werden in der Literatur zwar häufig im Zuge der Diskussion der Effekte der Unterschichts*kultur* angeführt, beziehen sich aber nicht oder nur am Rande auf kulturelle Aspekte, weswegen sie eigentlich einem anderen argumentativen Strang angehören, der im folgenden Kapitel behandelt werden wird, nämlich dem humankapitaltheoretischen Argumentationsstrang.

---

[61] Z.B. hat Geißler (1996: 218) errechnet, dass 1970 nur 1,6% der Ausländer in Deutschland Selbständige waren, während es im Jahr 1993 9,3% waren, womit Ausländer in diesem Jahr annähernd dieselbe Selbständigenquote erreicht hatten wie Deutsche. Im Jahr 1995 waren 19% der Ausländer Facharbeiter und 11% mittlere oder höhere Angestellte.

[62] Sicherlich ist es kein Zufall, dass in diesem Zusammenhang sehr häufig auf die Kapitalientheorie von Bourdieu verwiesen wird, die es erlaubt, die Vielzahl möglicher familialer Effekte auf den Bildungserfolg von Kindern und Jugendlichen zu ordnen (vgl. hierzu Ditton 1992; Rüesch 1998: 39/40). Die Frage danach, inwieweit Bourdieus Kapitalientheorie und insbesondere sein Konzept des kulturellen Kapitals zu diesem Zweck geeignet ist, haben Lamont & Lareau bereits 1988 kritisch diskutiert.

4.2   Die humankapitaltheoretische Erklärung

Ebenfalls auf Defizite der Migrantenkinder bzw. Defizite ihrer Herkunftsfamilien rekurrieren humankapitaltheoretische Erklärungen für ihren im Vergleich zu deutschen Kindern deutlich geringeren Schul- und Berufserfolg. Hier ist der Grundgedanke derjenige, dass es Kindern aus Migrantenfamilien häufiger bzw. stärker als deutschen Kindern an Humankapital mangele, das für das erfolgreiche Durchlaufen der Schullaufbahn in Deutschland notwendig sei.

In der Bildungsökonomie bezeichnet "Humankapital" alle Investitionen, die in einen Menschen im Verlauf seiner Erziehung und Ausbildung gemacht werden und die ihm monetäre oder nicht-monetäre Erträge bringen: "Schooling, a computer training course, expenditures on medical care, and lectures on the virtues of punctuality and honesty are capital too in the sense that they improve health, raise earnings, or add to a person's appreciation of literature over much of his or her lifetime. Consequently, it is fully in keeping with the capital concept as traditionally defined to say that expenditures on education, training, medical care, etc., are investments in capital. However, these produce human, not physical or financial, capital because you cannot separate a person from his or her knowledge, skills, health, or values the way it is possible to move financial and physical assets while the owner stays put" (Becker 1993a: 15/16). Die familiale Sozialisation wird als besonders bedeutsam für die Akkumulation von Humankapital betrachtet, weil Eltern ihren Kindern grundlegende Wissensbestände, Werte und Gewohnheiten, die dem Erfolg in den Bildungsinstitutionen oder auf dem Arbeitsmarkt zu- oder abträglich sind, vermitteln. Dies gelingt um so besser, je mehr Humankapital die Eltern ihrerseits aufzuweisen haben. Als Indikatoren für dieses Humankapital gelten vor allem die Bildungsabschlüsse der Eltern und ihr Einkommen bzw. das Haushaltseinkommen (Krüssel-berg, Auge & Hilzenbecher 1986: 115). Weil die familiären Ressourcen wie Zeit, Zuwendung und Geld auf mehrere "Köpfe" verteilt werden müssen, wenn mehrere Kinder in der Familie leben, wird außerdem angenommen, dass sich Geschwister (bzw. eine höhere Anzahl von Geschwistern) negativ auf die Akkumulation von Humankapital in einem Kind auswirken (Becker 1993a: 21-23; Leibowitz 1977).

Übertragen auf die Aggregatebene bedeutet dies, dass Bildung- oder Einkommensunter-schiede zwischen Gruppen von Personen auf differentielle Investitionen bzw. differentielle Akkumulation von Humankapital in diesen Gruppen von Personen zurückgeführt werden (Leibowitz 1974). Für Einkommensunterschiede zwischen Angehörigen verschiedener ethni-scher Gruppen in den USA stellt Becker (1993a: 23) fest: "It should come as no surprise that children from the ethnic groups with small families and large investments in human capital typically rise faster and further in the United States' income-occupation hierarchy than do children from other groups". Entsprechend wäre der geringe Schulerfolg von Migrantenkindern im Vergleich zu deutschen Kindern ein Ergebnis systematisch geringerer familiärer Ressourcen in Migrantenfamilien als in deutschen Familien: Weil Migranteneltern eine geringere Bildung und ein geringeres Einkommen sowie mehr Kinder haben als Eltern deutscher Kinder, stehen für die Akkumulation von Humankapital in den Kindern von Migranteneltern weniger Ressour-cen zur Verfügung, und dies wirkt sich im geringeren Bildungserfolg von Kindern aus Migran-tenfamilien aus, der sich wiederum in geringeren Erfolg auf dem Arbeitsmarkt übersetzt.[63]

---

[63]   Es sollte deutlich geworden sein, dass im Rahmen humankapitaltheoretischer Argumentationen weniger die Wissensbestände und Werte der Schüler selbst von Interesse sind, sondern die familiären Bedingungen, die eine Weitergabe dieser Wissensbestände und Werte der Eltern an ihre Kinder ermöglichen. Daher findet im Rahmen der

Empirische Studien haben die Grundannahmen der Humankapitaltheorie nur teilweise bestätigt: Für die USA konnte z.B. Becker (1993a; 1993b) zeigen, dass die Bildung von Kindern tatsächlich positiv mit der Bildung ihrer Eltern korreliert, die Bildung von Eltern positiv mit dem Haushaltseinkommen korreliert, Kinder aus einkommensschwachen Familien mehr Zeit brauchen, bis sie einen Bildungsabschluss erreichen als Kinder aus Familien mit höherem Einkommen und dass mit der Anzahl der Kinder in einer Familie eine Reduktion des Zeit- und Güterinputs je Kind einhergeht. Ein Test der humankapitaltheoretischen Grundannahmen für deutsche Kinder und Kinder aus Migrantenfamilien, den Nauck, Diefenbach & Petri (1998) anhand der Daten des Sozioökonomischen Panels (SOEP) vornahmen, ergab eine deutlich bessere Bestätigung in Bezug auf die Wahrscheinlichkeit deutscher Kinder als von Migrantenkindern, einen bestimmten Schulabschluss zu erreichen. Für Migrantenfamilien ergab sich, "dass der Bildungserfolg von Jugendlichen aus Migrantenfamilien – anders als bei deutschen Jugendlichen – in einem zwar signifikant positiven, aber außerordentlich geringen Zusammenhang mit dem ökonomischen und kulturellen Kapital der Herkunftsfamilie steht" (Nauck, Diefenbach & Petri 1998: 713). Dabei ging von der Anzahl der Kinder im Haushalt ein etwas stärkerer Effekt als von der Bildung der Eltern und von ihrem Einkommen auf die Wahrscheinlichkeit eines Kindes, einen höheren Schulabschluss als den Hauptschulabschluss zu erreichen, aus. Dieser Befund stimmt überein mit den Ergebnissen der PISA 2000-E-Studie: Dort konnte festgestellt werden, dass "für die individuellen Bildungschancen ... die Zahl der Geschwister ... keineswegs unbedeutend [ist]. Vielmehr gilt in 8 von 14 Ländern, dass mit steigender Geschwisterzahl die individuellen Chancen auf eine gymnasiale Bildungsbeteiligung sinken" (Baumert, Artelt, Klieme et al. 2003: 79). Allerdings konnte der erwartete Effekt der Anzahl der Kinder im Haushalt in der Studie von Nauck, Diefenbach & Petri bei deutschen Familien nicht festgestellt werden. Die Erklärungskraft des humankapitaltheoretischen Modells zur Erklärung der Wahrscheinlichkeiten von Jugendlichen aus Migrantenfamilien, bestimmte Sekundarschulabschlüsse zu erreichen, war in der Studie von Nauck, Diefenbach & Petri sehr gering (mit R^2 von .02 für das Erreichen des Hauptschulabschlusses, .06 für das Erreichen der Mittleren Reife und .08 für das Erreichen des Abiturs; die entsprechenden Werte für deutsche Jugendliche waren .14, .18 und .27; vgl. Nauck, Diefenbach & Petri 1998: 712/713, Abbildungen 2 und 3).

Die Tatsache, dass der Zusammenhang zwischen Bildung und Einkommen der Eltern und schulischer Platzierung bzw. Schulerfolg der Kinder bei Migrantenfamilien nur schwach ist, hängt vielleicht damit zusammen, dass Migrantenfamilien ihr in der Herkunftsgesellschaft akkumuliertes Humankapital (z.B. ein bestimmter Bildungstitel) in der Aufnahmegesellschaft nicht zum Einsatz bringen können, weil es dort einfach nicht gefragt ist (wenn z.B. ein bestimmter im Herkunftsland erworbener Bildungstitel im Aufnahmeland nicht anerkannt wird). Tatsächlich spielte die formale Bildung von Arbeitsmigranten im Zuge der Anwerbung durch die Bundesregierung in den 60er Jahren – anders als z.B. in der Einwanderungspolitik Kanadas – keine Rolle. Für die soziale Platzierung von Migranten und die Chancen ihrer Kinder im Schulsystem des Aufnahmelandes ist nicht nur von Bedeutung, wie viel oder welche Art von Humankapital sie mitbringen; ebenso wichtig ist, ob es in der Aufnahmegesellschaft direkt

humankapitaltheorischen Theoriebildung und Forschung so gut wie keine Beschäftigung mit der Frage statt, welche Wissensbestände oder Werte *inhaltlich* mehr oder weniger geeignet sind, Schulerfolg zu befördern, und deshalb gibt es so gut wie keine Berührungspunkte zwischen Humankapitaltheoretikern und Vertretern kulturalistischer Erklärungen.

einsetzbar ist oder in eine Form transferiert werden kann, die in der Aufnahmegesellschaft nutzbar gemacht werden kann. Wenn (mindestens) ein Elternteil eines Kindes aus einer Migrantenfamilie in Deutschland geboren ist, darf man davon ausgehen, dass dieser Elternteil auch einen Bildungstitel im deutschen Schulsystem erworben hat, und – gemäß der humankapitaltheoretischen Erklärung – sollte die Weitergabe bildungsrelevanten Humankapitals an die Kinder in Migrantenfamilien mit mindestens einem in Deutschland geborenen Elternteil eher möglich sein als in Migrantenfamilien, in denen beide Eltern im Ausland geboren wurden und ihre Bildungstitel im Ausland erworben haben.

Eine Prüfung der Effekte, die es möglicherweise hat, wenn man neben den aus der Humankapitaltheorie abgeleiteten Indikatoren die Information darüber berücksichtigt, ob (mindestens) ein Elternteil in Deutschland geboren ist, ist wieder anhand des Integrationssurvey des BiB möglich.

Die Hypothesen, die geprüft werden sollen, ergeben sich zunächst aus der oben skizzierten humankapitaltheoretischen Argumentation und lauten wie folgt:

Hypothese 1: Der schulische Erfolg von Kindern und Jugendlichen steht in einem positiven Zusammenhang mit der schulischen Bildung ihrer Eltern.

Hypothese 2: Der schulische Erfolg von Kindern und Jugendlichen ist um so höher, je höher das Haushaltseinkommen ist.

Hypothese 3: Geschwister (bzw. eine höhere Anzahl von Geschwistern) stehen in einem negativen Zusammenhang mit der Akkumulation von Humankapital in einem Kind, d.h. je mehr Geschwister ein Kind hat, desto geringer seine schulische Bildung.

Eine weitere Hypothese postuliert den oben erläuterten Effekt des Geburtsortes der Eltern:

Hypothese 4: Personen mit mindestens einem in Deutschland geborenen Elternteil erreichen eher weiterführende Schulabschlüsse als Personen mit Eltern, die beide im Ausland geboren wurden.

Als Indikatoren für die hier relevanten Größen dienen die folgenden Variablen:
Informationen der Befragten über den *höchsten allgemein bildenden Schulabschluss der Mutter und den höchsten allgemein bildenden Schulabschluss des Vaters* stehen im Integrationssurvey mit sechs Kategorien zur Verfügung: (1) ohne Abschluss, (2) Hauptschulabschluss, (3) Mittlere Reife, (4) Fachhochschulreife oder Hochschulreife, (5) anderer Abschluss (6) bin nie auf eine Schule gegangen und (7) weiß nicht.

Das Haushaltsnettoeinkommen wurde bedauerlicherweise nur von denjenigen Befragten erhoben, die eine eigene Wohnung haben, nicht aber für diejenigen, die bei ihren Eltern wohnen. Es wurde in 10 Kategorien erfasst, die jedoch in den unteren und oberen Kategorien schwach besetzt waren. Aus diesen Gründen musste auf die Berücksichtigung dieser Variable verzichtet werden. Ersatzweise wurde auf die Fragen nach der *Erwerbstätigkeit von Vater und Mutter* zum Erhebungszeitpunkt zurückgegriffen, da man davon ausgehen darf, dass mit der Erwerbstätigkeit ein höheres Haushaltseinkommen einhergeht. Informationen zur Erwerbstätigkeit von

Vater und Mutter zu bestimmten Zeitpunkten während des Schulbesuchs der Befragten wären eher im Sinne der humankapitaltheoretischen Erklärung gewesen als die Information zur elterlichen Erwerbstätigkeit zum Befragungszeitpunkt; jedoch stehen solche Informationen nicht zur Verfügung. Die Informationen zur Erwerbstätigkeit von Vater und Mutter zum Befragungszeitpunkt wurden so zusammengefasst, dass vier Kategorien entstehen, die ausdrücken, welches Erwerbsarrangement die Eltern haben: (1) beide sind erwerbstätig; (2) Vater ist erwerbstätig, Mutter nicht; (3) Mutter ist erwerbstätig, Vater nicht; (4) beide sind nicht erwerbstätig.

Die *Anzahl der Geschwister* des Befragten wird in sechs Kategorien abgetragen: (1) ein Geschwisterkind, (2) zwei, (3) drei, (4) vier, (5) fünf und (6) sechs oder mehr Geschwister.

Eltern können mehr Zeit für ihre Kinder aufwenden und sie ggf. stärker von anderen als Qualifikationsaufgaben entlasten, wenn die Kinder bei ihnen im Haushalt leben. Ob *Befragte bei ihren Eltern wohnen oder nicht*, wurde in einer dichotomen Variablen ((1) ja, (2) nein) erfasst.

Ob *Befragte mindestens einen Elternteil haben, der in Deutschland geboren wurde*, kann aus den Fragen danach, ob der Vater in Deutschland geboren wurde, und ob die Mutter in Deutschland geboren wurde, rekonstruiert werden. Die neu geschaffene Variable hat vier Ausprägungen: (1) beide Eltern sind in Deutschland geboren; (2) nur der Vater ist in Deutschland geboren; (3) nur die Mutter ist in Deutschland geboren; (4) beide Eltern sind im Ausland geboren.

Als Kontrollvariablen gingen in die Analysen wieder die Gruppierungsvariable und das Geschlecht der Befragten ein (vgl. Darstellung in Kapitel 4.1.1), und die abhängigen Variablen waren wieder zwei dichotome Variablen, auf denen einmal diejenigen, die ohne Schulabschluss geblieben sind oder den Hauptschulabschluss erreicht haben, denjenigen gegenübergestellt werden, die einen weiterführenden Schulabschluss erreicht haben, und dann diejenigen, die die Fachhochschulreife oder das Abitur erreicht haben, denjenigen gegenübergestellt werden, die keinen Schulabschluss, den Hauptschulabschluss oder die Mittlere Reife erreicht haben.[64] Tabelle 11 zeigt die Ergebnisse der Analysen:

---

[64]   Bei der Gruppierungsvariable ist zu beachten, dass in diesen Analysen - anders als in den in Kapitel 4.1.1 präsentierten Analysen - deutsche Befragte miteingeschlossen sind und sie die Referenzkategorie für die anderen Ausprägungen dieser Variable darstellen.

Tabelle 11:   Determinanten allgemein bildender Schulabschlüsse: Indikatoren für die humankapitaltheoretische Erklärung (logistische Regression; ausgewiesen sind exp (b) und deren Signifikanzniveaus sowie Maße für die Güte der Modellanpassung)

Erklärende Variablen	Abhängige Variable: kein Schulabschluss oder Hauptschulabschluss vs. Weiterführender Schulabschluss (Ref.-Kat.)	Abhängige Variable: Fach-/Hochschulabschluss vs. niedrigerer Schulabschluss (Ref.-Kat.)
	Modell 1	Modell 2
Gruppierungsvariable: ethnische Abstammung und Staatsangehörigkeit (Ref.-Kat.: Deutsche)		
Deutsch-Italiener	1,756*	0,917
Italiener	2,558***	0,838
Deutsch-Türken	1,459	0,674
Türken	2,372***	0,420**
Vaters höchster allgemein bildender Schulabschluss (Ref.-Kat: kein Schulabschluss)		
Hauptschulabschluss	0,793	1,169
Mittlere Reife	0,521***	1,335
(Fach-/)Hochschulreife	0,342***	2,468**
Mutters höchster allgemein bildender Schulabschluss (Ref.-Kat.: kein Schulabschluss)		
Hauptschulabschluss	0,962	0,963
Mittlere Reife	0,619*	1,341
(Fach-/)Hochschulreife	0,320***	2,058**
Erwerbsarrangement der Eltern (Ref.-Kat.: beide nicht erwerbstätig)		
Vater erwerbstätig	1,012	0,881
Mutter erwerbstätig	0,922	1,065
beide Eltern erwerbstätig	0,896	0,723*
Zusammenleben mit Eltern (Ref.-Kat.: nein)		
ja	0,771	0,517***
Anzahl der Geschwister	1,136***	0,887***
Geburtsort der Eltern (Ref.-Kat.: beide im Ausland)		
Mutter in Deutschland geboren	1,005	1,271
Vater in Deutschland geboren	1,439	0,968
beide in Deutschland geboren	0,798	1,197
Geschlecht (Ref.-Kat.: männlich)	0,837	0,929
Konstante	0,756	0,621
Chi-Quadrat	474,915***	315,474***
Nagelkerkes R-Quadrat	0,240	0,174
N	2425	2425

Datenquelle: Integrationssurvey des BIB; * p ≤ .05; ** p ≤ .01; *** p ≤ .001

Zunächst ist festzustellen, dass die Modelle 1 und 2 jeweils immerhin 24% bzw. 17% der Varianz erklären. Wenn die Eltern die Fachhochschulreife oder das Abitur oder die Mittlere Reife haben, hat dies einen schwachen, aber statistisch signifikanten negativen Effekt auf die Wahrscheinlichkeit, keinen Schulabschluss oder einen Hauptschulabschluss zu haben. Auf die Wahrscheinlichkeit, die (Fach-/)Hochschulreife erreicht zu haben, haben Mutters und mehr noch Vaters (Fach-/)Hochschulreife einen signifikanten positiven Effekt: Mutters (Fach-/)Hochschulreife erhöht die Wahrscheinlichkeit um 106%, Vaters (Fach-/)Hochschulreife erhöht sie um 147%. Hypothese 1 ist somit bestätigt. Hypothese 2 kann jedoch nicht bestätigt werden, wenn das Erwerbsarrangement der Eltern ersatzweise für das Einkommen des elterlichen Haushaltes als erklärende Variable eingeführt wird. Lediglich die Erwerbstätigkeit beider Eltern hat in Modell 2 einen geringen signifikanten Effekt (28%) auf die Wahrscheinlichkeit des Kindes, die (Fach-/)Hochschulreife erreicht zu haben. Befragte, die bei den Eltern leben, haben sowohl eine niedrigere Wahrscheinlichkeit, die (Fach-/)Hochschulreife erreicht zu haben, als auch eine niedrigere Wahrscheinlichkeit, keinen Schulabschluss oder einen Hauptschulabschluss erreicht zu haben, aber nur im ersten Fall (Modell 2) ist der Effekt signifikant. Eine zunehmende Anzahl an Geschwistern erhöht die Wahrscheinlichkeit, keinen Schulabschluss oder einen Hauptschulabschluss erreicht zu haben, nur geringfügig, aber signifikant um knapp 14%, während sie die Wahrscheinlichkeit, die (Fach-/)Hochschulreife erreicht zu haben, ebenfalls geringfügig und signifikant um gut 11% senkt. Hypothese 3 wird also durch die Ergebnisse bestätigt. Dies gilt nicht für Hypothese 4, nach der Befragte, die mindestens einen Elternteil haben, der in Deutschland geboren ist, größeren schulischen Erfolg haben sollten als Befragte, deren Eltern beide im Ausland geboren wurden: Die Koeffizienten für die verschiedenen Kategorien der Variable "Geburtsort der Eltern" bewegen sich nahe 1, und keiner der Koeffizienten ist signifikant. In Modell 1 sind Effekte der ethnischen Abstammung bzw. der deutschen Staatsangehörigkeit von Befragten aus Migrantenfamilien zu beobachten, d.h. Befragte aus türkischen oder italienischen Migrantenfamilien haben eine statistisch signifikant höhere Wahrscheinlichkeit, keinen Schulabschluss oder einen Hauptschulabschluss statt eines weiterführenden Schulabschlusses erreicht zu haben, als deutsche Befragte, insbesondere dann, wenn sie nicht die deutsche Staatsangehörigkeit haben. In Modell 2 haben nur Türken eine statistisch signifikante geringere Wahrscheinlichkeit als Deutsche, die Fachhochschulreife oder das Abitur statt eines niedrigeren Schulabschlusses erreicht zu haben. Gleichzeitig sind in Modell 2 die Effekte der elterlichen (Fach-/)Hochschulreife deutlich stärker als in Modell 1: Insbesondere bezüglich der Frage, ob Personen aus türkischen oder italienischen Migrantenfamilien die (Fach-/)Hochschulreife erreichen, ist die elterliche Bildung von Bedeutung.

Die in Tabelle 11 dargestellten Ergebnisse zeigen, dass die Modelle, die Indikatoren für die humankapitaltheoretische Erklärung des Schulerfolgs beinhalten, einige Erklärungskraft haben. Dies gilt vor allem für die Schulabschlüsse der Eltern und die Anzahl der Geschwister. Bezüglich des Erwerbsarrangements der Eltern, das so gut wie keine Effekte hat, ist in Rechnung zu stellen, dass es sich hierbei um einen nur wenig zufriedenstellenden Ersatz für das Haushaltseinkommen handelt. Allerdings wäre zweierlei zu erwarten gewesen, wenn die humankapitaltheoretische Erklärung zutreffend wäre: Erstens dürfte die Gruppierungsvariable keine Effekte mehr aufweisen. Dies trifft zwar weitgehend zu, wenn es darum geht, ob ein Befragter die (Fach-/)Hochschulreife erreicht hat oder nicht, aber nicht für die Frage danach, ob er statt eines weiterführenden Schulabschlusses keinen Schulabschluss oder nur einen Hauptschulabschluss erreicht hat.[65] Zweitens wäre zu erwarten gewesen, dass es Effekte auf die Schulabschlüsse der Befragten hat, ob sie mindestens einen Elternteil haben, der in Deutschland geboren ist, was aber nicht der Fall ist, und zwar unabhängig davon, welche Schulabschlüsse man miteinander vergleicht. Beide Befunde sprechen gegen die Erklärung der Nachteile von Kindern und Jugendlichen aus Migrantenfamilien durch eine geringere Ausstattung mit bildungsrelevanten Ressourcen. Insofern als die Schulabschlüsse der Eltern oder ihr Erwerbsarrangement ihre Schichtzugehörigkeit anzeigen, ist außerdem festzustellen, dass diese Befunde gegen die Erklärung durch eine defizitäre Sozialisation in der Unterschicht sprechen.

Betrachtet man die empirischen Befunde für die Erklärungen durch Defizite bezüglich der Herkunftskulturen der Migrantenfamilien oder bezüglich der Ressourcenausstattung in der Familie, so ergibt sich ein insgesamt ernüchterndes Bild: Erstens liegen bei weitem nicht so viele Befunde vor wie man dies angesichts der Popularität dieser Erklärungen vermuten würde, zweitens haben die existierenden Prüfungen unbefriedigende Ergebnisse erbracht.[66] Damit ist

---

[65] In diesem Zusammenhang sei ergänzt, dass auch andere Studien zur schulischen Situation von Kindern und Jugendlichen aus Migrantenfamilien, die sozioökonomische Merkmale berücksichtigt haben, nur schwache Effekte dieser Merkmale feststellen konnten und dort, wo Effekte feststellbar waren, Effekte der Nationalität unabhängig von den sozioökonomischen Effekten bestehen blieben (z.B. bei Alba, Handl & Müller 1994, Diefenbach 2002; Gang & Zimmermann 2000). Der Versuch, Leistungen von türkischen, russlanddeutschen und deutschen Kindern anhand der Daten der Zusatzerhebung zum Kinderpanel des Deutschen Jugendinstitutes (DJI) zu erklären, erbrachte folgendes Ergebnis: "Bei der gruppenspezifischen Betrachtung ... zeigt sich, dass die Merkmale des familialen Hintergrunds für die Schulleistungen der türkischen und der russlanddeutschen Kinder keinerlei Bedeutung haben, und bei den deutschen Kindern es nicht diejenigen Merkmale des familialen Hintergrunds, die im Bedeutung sind, die im öffentlichen und bildungspolitischen Diskurs als relevant erachtet werden, insbesondere nicht die Erwerbssituation in der Familie, das Einkommen, die Armutsbetroffenheit oder der soziale Status" (Diefenbach 2006: 256). Walter (2006: 271) kommt anhand seiner Analyse der Daten einer Ergänzungsstudie zur PISA 2003-Studie zu dem Ergebnis, "dass die Befunde die Bedeutung der familiären Ressourcen für die Kompetenzentwicklung bis zum Ende der 9. Klassenstufe bestätigen .... Sie erklären aber nur zum Teil die Disparitäten zwischen Jugendlichen ohne Migrationshintergrund und Jugendlichen mit Migrationsbefund". In seiner Mehrebenen-Sekundäranalyse der 'IEA Reading Literacy Study' der 'International Association for the Evaluation of Educational Achievement' (IEA) für 2.159 deutschschweizer Kinder im dritten Schuljahr kommt Rüesch zu folgender Feststellung: "Auch bei vergleichbarem Sozioökonomischen Status erzielen Immigrantenkinder schwächere Leseleistungen als ihre einheimischen Mitschüler. Die Schulschwierigkeiten von Immigranten können deshalb nicht auf ein schichtspezifisches Problem reduziert werden. Die unterdurchschnittlichen Leistungen von Immigrantenschülern, aber auch von einheimischen Schülern aus unteren Sozialschichten, können jedoch nicht einfach durch mangelnde familiäre Ressourcen und Unterstützung oder durch eine geringe schulische Motivation der Kinder selbst erklärt werden (Rüesch 1998: 326). Eine Ausnahme stellt die Studie von Urbahn (2001) dar. Obwohl sie dieselbe Datenbasis benutzt wie die oben angesprochenen Studien, nämlich das Sozioökonomische Panel, kommt sie zu dem Ergebnis, "dass die Schichtzugehörigkeit einen größeren Einfluss auf Schulwahlen hat als die Nationalität" (Urbahn 2001: 87). Zu dieser Einschätzung kommt sie allerdings aufgrund einer methodisch fragwürdigen Vorgehensweise, bei der sie die Differenzen zwischen den chi²-Werten für logistische Regressionsmodelle bildet, die einerseits allein die Nationalität des Haushaltsvorstandes (nicht des Schülers), andererseits verschiedene Indikatoren für die Schichtzugehörigkeit (bei Urbahn definiert durch den höchsten Schulabschluss und den höchsten beruflichen Bildungsabschluss sowie durch das Pro-Kopf-Nettoeinkommen des Haushaltes) enthalten, d.h. die chi²-Werte für die verschiedenen Modelle voneinander subtrahiert. Neben anderen Problemen, die mit dieser Vorgehensweise verbunden sind, unterstellt sie, dass es keine Interaktion zwischen der Variable "Nationalität" und den Variablen, die die Schichtzugehörigkeit messen sollen, gibt. Im Argument, nach dem die Nachteile von Kindern und Jugendlichen aus Migrantenfamilien gegenüber deutschen Kindern und Jugendlichen im deutschen Schulsystem darauf zurückzuführen seien, dass Erstere (zumindest) mehrheitlich den unteren Schichten angehörten, ist diese vermutete Interaktion aber gerade der entscheidende Punkt. Urbahn (2001: 87) stellt übrigens außerdem fest: "Es ist dennoch nicht der Fall, dass nationalitätenspezifische Differenzen [bei Kontrolle der Statusvariablen] gänzlich verschwinden, was vor allem für Türken und Italiener gilt", womit auch ihre Studie den üblichen Befund erbringt.

[66] Dasselbe gilt übrigens für die Niederlande und England, wie Bestandsaufnahmen des jeweiligen Forschungsstandes zu entnehmen ist (Fase 1994; Tomlinson 1989).

nicht gesagt, dass Faktoren, die in diesen Erklärungen angesprochen sind, keine Rolle für den Schulerfolg von Kindern und Jugendlichen aus Migrantenfamilien spielen. Klar ist aber, dass sie keinesfalls den Anspruch erheben können, die hierfür relevanten – geschweige denn die allein entscheidenden – Größen zu sein. Der bei Kontrolle dieser Faktoren hartnäckig bestehen bleibende Effekt der Nationalität oder ethnischen Zugehörigkeit verweist darauf, dass die Qualität(en), die sich damit verbinden, durch die Faktoren, die in den Erklärungen durch Defizite in den Migrantenfamilien berücksichtigt werden, nicht erfasst sind.

4.3   Bildungsentscheidungen und Strategien sozialer Platzierung in der Migrationssituation

In den Kapiteln 4.1 und 4.2 wurde deutlich, dass empirisch nicht bestätigt werden kann, dass die Nachteile von Kindern und Jugendlichen aus Migrantenfamilien gegenüber deutschen Kindern und Jugendlichen bezüglich ihrer Bildungsbeteiligung vor allem auf die (mangelnde) Verfügbarkeit von Ressourcen im Elternhaus zurückzuführen sind. Dennoch ist es möglich, dass Migranteneltern spezifisches Wissen über die deutschen Bildungsinstitutionen und ihre Funktionsweise fehlt, was zu den Nachteilen von Kindern und Jugendlichen aus Migranten-familien bezüglich ihrer Bildungsbeteiligung und in der Folge bezüglich ihrer Bildungs-abschlüsse führt. Entsprechend ist in der Literatur verschiedentlich die These vorgebracht worden, Migranteneltern wüssten über das deutsche Bildungssystem einfach nicht Bescheid, so dass es zu Fehlplatzierungen der Migrantenkinder in der Sekundarstufe komme.[67] Schrader, Niklas & Griese haben dies nicht nur vermutet, sondern auch berichtet, dass tatsächlich zwei Drittel der befragten Migranteneltern nichts über weiterführende Schulen wussten (Schrader, Niklas & Griese 1979: 146). Dieser Befund ist relativ alt und mag für die sog. Gastarbeiter zu-treffend gewesen sein, aber man darf annehmen, dass sich die Kenntnis des deutschen Schul-systems in Migrantenfamilien verbessert hat. Allerdings stellt auch Urbahn anhand ihres Inter-viewmaterials gut zwanzig Jahre später fest: "Im Vergleich fällt bei nicht-deutschen Eltern zunächst die oftmals geringe oder auch gar nicht vorhandene Kenntnis des deutschen Bildungs-systems im Allgemeinen und der verschiedenen Schularten im speziellen auf. Sie scheinen, unabhängig von der eigenen Bildungskarriere, weitgehend schlecht informiert zu sein. Auch gute Deutschkenntnisse wirken sich bei nicht-deutschen Eltern nur unwesentlich auf den Informationsgrad aus" (Urbahn 2001: 149).

Als ein Indikator dafür, ob Migrantenfamilien über die verschiedenen Bildungswege in der Sekundarstufe und darüber, was sie ermöglichen oder nicht (oder nur auf Umwegen) ermög-lichen, Bescheid wissen, kann die Häufigkeit gelten, mit der Kinder aus Migrantenfamilien in der Sekundarstufe die Schulform wechseln. Anhand der Daten des Sozioökonomischen Panels kann geprüft werden, wie häufig ausländische Kinder und deutsche Kinder zwischen bestim-mten Schultypen der Sekundarstufe wechseln. Auf der Grundlage der über den Zeitraum von

---

[67]   Wenn dem so wäre, bliebe immer noch zu fragen, warum die Fehlplatzierung offensichtlich systematisch 'nach unten' gerichtet ist, Migrantenkinder in der Sekundarstufe also viel häufiger die Hauptschule besuchen als eine weiterführende Schule. Vielleicht könnte man hier annehmen, dass Migranteneltern aufgrund ihrer Uninformiertheit fraglos der Grundschulempfehlung folgen, was wiederum voraussetzen würde, dass die Grundschulempfehlung für Migrantenkinder meistens die Hauptschule nahelegt und somit die Erklärung weg von der Uninformiertheit der Eltern und hin zu den Grundschulempfehlungen der Lehrer verschieben würde.

1984 bis 1995 kumulierten Zahlen der Schüler in der Sekundarstufe wurde jeweils errechnet, wie viele Wechsel es zwischen bestimmten Schultypen in diesem Zeitraum gab und in welche Richtung der Wechsel erfolgte, d.h. nach 'oben' auf eine Schule, die einen höheren Bildungsabschluss erlaubt, oder nach 'unten' auf eine Schule, die mit einem weniger hohen Bildungsabschluss endet.[68] Die Analyse ergibt für deutsche Kinder eine Wechselrate von 18,1% oder 1.906 Wechseln von insgesamt 10.544 über den Zeitraum von 1984 bis 1995 kumulierten deutschen Schülern in der Sekundarstufe und von 21,9% oder 1.359 Wechseln von insgesamt 6.201 über denselben Zeitraum kumulierten ausländischen Kindern. Ausländische Kinder wechselten also etwas häufiger als deutsche Kinder den Schultyp in der Sekundarstufe. Abbildung 23 zeigt, wie groß die prozentualen Anteile von Wechseln auf einen Schultyp, der einen höheren Bildungsabschluss erlaubt, und Wechseln auf einen Schultyp, der einen niedrigeren Bildungsabschluss erlaubt als der vorher besuchte Schultyp, bei deutschen Kindern und bei ausländischen Kindern sind. (Bei diesen Wechseln kann es sich sowohl um einmalige Wechsel verschiedener Kinder als auch um mehrfache Wechsel ein und derselben Kinder handeln.)

Abbildung 23:   Wechsel ausländischer und deutscher Kinder von Schulformen innerhalb der Sekundarstufe nach 'oben' und nach 'unten' im Zeitraum zwischen 1984 und 1995

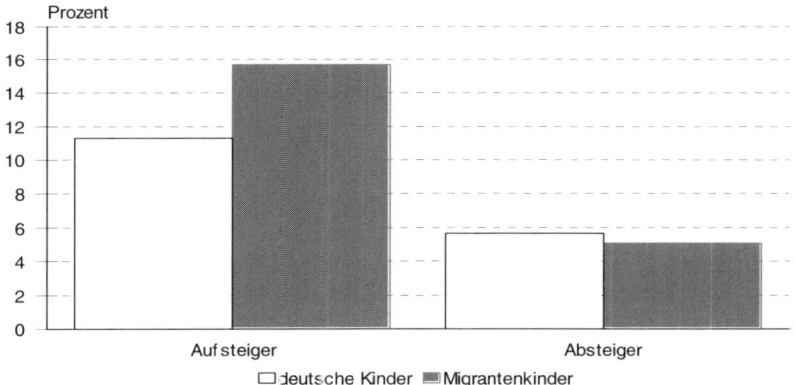

Quelle: Sozioökonomisches Panel (SOEP) des Deutschen Institutes für Wirtschaftsforschung; Kumulierte Daten aus den Befragungswellen 1984 bis einschließlich 1995.

Wie man Abbildung 23 entnehmen kann, wechseln ausländische Kinder tatsächlich häufiger als deutsche Kinder nach ihrem Übergang in die Sekundarstufe auf einen Schultyp, der einen höheren Bildungsabschluss erlaubt als die Schulform, die sie direkt nach Abschluss der Grundschule gewählt haben: 71,6% der Wechsel von ausländischen Kindern und 62% der Wechsel von deutschen Kindern sind Wechsel auf einen Schultyp, der einen höheren Bildungsabschluss erlaubt. Dementsprechend wechseln ausländische Kinder seltener als deutsche Kinder auf einen Schultyp, der einen niedrigeren Schulabschluss erlaubt: 23,3% der Wechsel der

---

[68]   Das Ergebnis dieser Analyse wurde publiziert in Diefenbach 2002.

ausländischen Kinder und 31,4% der Wechsel von deutschen Kindern sind in diesem Sinn Wechsel nach 'unten'. Für den verbleibenden Anteil von Wechseln ist nicht eindeutig zu klären, ob es sich um Wechsel nach 'oben' oder nach 'unten' handelt.[69] Die Tatsache, dass Wechsel nach 'oben' bei ausländischen Kindern häufiger sind als bei deutschen Kindern, spricht dafür, dass sie tatsächlich beim Übergang in die Sekundarstufe häufiger als deutsche Kindern nicht entsprechend ihrer Möglichkeiten positioniert werden. Dass ingesamt gesehen ausländische Kinder aber nicht weniger häufig, sondern – im Gegenteil – etwas häufiger als deutsche Kindern den Schultyp in der Sekundarstufe wechseln, belegt, dass entweder ihre Eltern genauso gut wie deutsche Eltern über die verschiedenen Schultypen Bescheid wissen oder eventuell bestehende diesbezügliche Wissensdefizite bei ausländischen Eltern irrelevant sind, nämlich dann, wenn die Wechsel durch Lehrer initiiert werden.

Möglicherweise haben aber andere Merkmale der Migrationssituation als die vielleicht bestehende relative Uninformiertheit über das Bildungssystem Deutschlands Effekte auf die nachteilige Situation von Kindern und Jugendlichen aus Migrantenfamilien gegenüber deutschen Kindern und Jugendlichen im deutschen Bildungssystem. Es könnte nämlich sein, dass Migrantenfamilien ihre Ressourcen anders einsetzen als deutsche Familien, um ihre Kinder möglichst gut zu platzieren. Anders ausgedrückt: Es ist nicht ein Mangel an familialen Ressourcen oder spezifischem Wissen über die Verhältnisse in Deutschland, der dazu führt, dass Kinder und Jugendliche aus Migrantenfamilien bezüglich ihrer Bildungsbeteiligung und ihres Bildungserfolgs deutlich schlechter dastehen als deutsche Kinder, sondern die Art, wie Migrantenfamilien ihre Ressourcen einsetzen. Die These ist also – ökonomisch formuliert – die, dass Migrantenfamilien ein anderes Investitionsverhalten in Bildung zeigen als deutsche Familien. Die Frage ist dann natürlich, *warum* Migrantenfamilien ein anderes Investitionsverhalten zeigen sollten als deutsche Familien. Diesbezüglich sind mehrere Vorschläge gemacht worden, die alle darin übereinstimmen, dass die Antwort auf diese Frage in der Migrationssituation bzw. der sozialen Lage ethnischer Minderheiten in der Gesellschaft liege.

So haben Korte (1990) und Schiffauer (1991) auf der Basis qualitativer Studien in Bezug auf türkische Migrantenfamilien argumentiert, dass sie aufgrund ihres unsicheren Aufenthaltsstatus keine langfristige Perspektive auf die deutsche Gesellschaft hin entwickeln könnten, so dass türkische Eltern ein geringes Interesse an den Bildungsabschlüssen hätten, die ihre Kinder in Deutschland erwerben. Im Falle einer Rückkehr in die Herkunftsgesellschaft seien diese Abschlüsse ohnehin formal wertlos. Statt dessen hätten türkische Eltern ein Interesse daran, ihre Kinder möglichst früh von der Schule zu nehmen, damit sie durch eine Erwerbstätigkeit oder eine Tätigkeit als mithelfender Familienangehöriger im familieneigenen Betrieb zum Familieneinkommen beitragen könnten, denn dies könne die Rückkehr in die 'Heimat' beschleunigen. Wenn dies zuträfe, so wäre das, was sich statistisch als eine Unterinvestition von Migrantenfamilien in Bildung darstellt, das Ergebnis einer vernünftigen Entscheidung, vernünftig insofern als sie unter Berücksichtigung der spezifischen Lebenssituation von Migrantenfamilien erfolgt.

---

[69] Abbildung 23 ist nicht zu entnehmen ist, von welchem Schultyp auf welchen anderen Schultyp ausländische Kinder und deutsche Kinder aufsteigen, weshalb dies hier ergänzt sei: Der Aufstieg von ausländischen Kindern besteht vor allem in Wechseln von der Hauptschule auf die Real- oder die Gesamtschule, während deutsche Kinder sowohl von der Hauptschule auf die Real- oder Gesamtschule als auch von der Real- oder Gesamtschule auf das Gymnasium wechseln.

Zwar ist es mangels Daten nicht möglich, die Entscheidungsprozesse in Migrantenfamilien einer Prüfung in Bezug auf diese Argumentation zu unterziehenden, aber es ist möglich, die Implikationen dieser Argumentation mit den Mitteln der 'klassischen' quantitativen Sozialforschung zu testen. Wenn die Argumentation nämlich zutrifft, so sollten die Bildungsbeteiligung und der Bildungserfolg von Kindern aus Migrantenfamilien systematisch mit der Rückkehrabsicht variieren: Jugendliche aus Migrantenfamilien, die planen, in Deutschland zu bleiben, sollten stärker in Bildung investieren als Jugendliche aus Migrantenfamilien, die eine Rückkehr planen, und Erstere sollten daher eher weiterführende Schulen besuchen oder höhere Schulabschlüsse erwerben als Letztere. Diefenbach (2002) hat unter Verwendung der Daten des Sozioökonomischen Panels getestet, ob sich dies in Bezug auf den Besuch weiterführender Sekundarschulen so verhält und festgestellt, dass von den vom Haushaltsvorstand zu zwei verschiedenen Zeitpunkten im Abstand von sechs Jahren geäußerten Rückkehrabsichten keinerlei statistisch signifikante Effekte auf den Besuch des Kindes der Hauptschule, der Realschule oder des Gymnasiums ausgehen (Diefenbach 2002: 57).[70] Aber nicht nur dieser Befund spricht gegen diese Erklärung. Diese Erklärung würde auch erwarten lassen, dass Jugendliche derjenigen Nationalitäten, die aufgrund ihrer Zugehörigkeit zur Europäischen Union Freizügigkeit genießen, z. B. Italiener, in Deutschland eher in Bildung investieren als Jugendliche derjenigen Nationalitäten, die keine innereuropäische Freizügigkeit genießen, namentlich türkische Jugendliche. Wie aus Kapitel 2.2 bekannt ist, ist dies aber nicht der Fall.

Migrantenfamilien müssen nicht unbedingt eine Rückkehrabsicht haben, um zu der Einschätzung zu kommen, dass sich Bildung für ihre Kinder im deutschen Schulsystem nicht lohne. Eine Unterinvestition in Bildung könnte dadurch erklärt werden, dass Migrantenfamilien lebensweltlich erfahren haben, dass sich Bildung für sie nicht lohnt oder nicht in demselben Maße lohnt wie für Deutsche. In diesem Fall wäre die Unterinvestition in Bildung wieder eine rationale Anpassung an die bestehenden Verhältnisse (und insofern eigentlich gar keine Unterinvestition). Mit den Daten des Sozioökonomischen Panels kann geprüft werden, wie viel ausländische und deutsche Jugendliche in bestimmten Erwerbsverhältnissen verdienen. Hierzu wird das durchschnittliche monatliche Nettoeinkommen von ausländischen und deutschen Jugendlichen, die das 25. Lebensjahr noch nicht erreicht haben, in verschiedenen beruflichen Stellungen errechnet, wobei eine nationalitätenspezifische Analyse für ausländische Jugendliche aber aufgrund niedriger Fallzahlen nicht möglich ist.[71] In Tabelle 12 sind die Ergebnisse zusammengestellt:

---

[70]   Möglicherweise wäre ein anderes Ergebnis erzielt worden, wenn die Rückkehrabsicht der Schüler statt des Haushaltsvorstandes als erklärende Variable hätte berücksichtigt werden können; dieses Datum war aber leider nicht verfügbar.

[71]   Weitere methodische Erläuterungen und die präsentierten Ergebnisse sind Bestandteil einer Expertise, die für die Sachverständigenkommission für den 11. Kinder- und Jugendbericht angefertigt wurde (vgl. Diefenbach 2002).

Tabelle 12:   Durchschnittliche monatliche Nettoeinkommen von ausländischen Jugendlichen und von deutschen Jugendlichen in unterschiedlichen beruflichen Stellungen: Beträge, Differenzen und Zugewinne

Berufliche Stellung	Durchschnittliches monatliches Nettoeinkommen					
	von ausländischen Jugendlichen		von deutschen Jugendlichen		Differenz	
	Zugewinn	DM	Zugewinn	DM	des Zugewinns	in DM
Auszubildende (n = 4.292)		612,34		645,73		- 33,39
Arbeiter						
	+ 764,33		+ 356,42		+ 407,91	
- ungelernt (n = 996)		1.376,67		1.002,15		+ 374,52
	+ 352,28		+ 622,71		- 270,43	
- angelernt (n = 1.921)		1.728,95		1.624,86		+ 104,09
	+ 239,68		+ 225,46		+ 14,22	
- gelernt/Facharbeiter (n = 2.435)		1.968,63		1.850,32		+ 118,31
Angestellte						
	+ 746,55		+ 718,88		+ 27,67	
- mit einfacher Tätigkeit (n = 1.628)		1.358,89		1.364,61		- 5,72
	+ 344,20		+ 342,76		+ 1,44	
- mit qualifizierter Tätigkeit (n = 1.943)		1.703,09		1.707,37		- 4,28

Quelle: Sozioökonomisches Panel (SOEP) des Deutschen Institutes für Wirtschaftsforschung; Kumulierte Daten aus den Befragungswellen 1984 bis einschließlich 1998.

Tabelle 12 ist zu entnehmen, dass ausländische Jugendliche in Ausbildungs- und Angestelltenverhältnissen ein geringeres durchschnittliches monatliches Nettoeinkommen beziehen als deutsche Jugendliche. Unter Angestellten ist diese Differenz jedoch sehr gering, während sie unter Auszubildenden DM 33,30 (oder EURO 17,07) beträgt, was sich zu DM 400,68 (oder EURO 204,86) pro Jahr summiert und für einen Auszubildenden, der durchschnittlich DM 629 (oder EURO 321,60) verdient, vermutlich keine zu vernachlässigende Summe darstellt. Betrachtet man die durchschnittlichen monatlichen Nettoeinkommen von ausländischen und deutschen Jugendlichen, die als Arbeiter tätig sind, so sind noch deutlich größere Differenzen zwischen Ausländern und Deutschen zu erkennen, diesmal allerdings zugunsten der ausländischen Jugendlichen und auf allen Tätigkeitsebenen. Auf der Ebene der ungelernten Arbeiter ist diese Differenz besonders groß: Ausländische Jugendliche verdienen durchschnittlich DM 1.376,67 (oder EURO 703,88) netto pro Monat, deutsche Jugendliche hingegen nur DM

1.002,15 (oder EURO 512,39). Das bedeutet eine monatliche Nettoeinkommensdifferenz von DM 374,52 (oder EURO 191,49), was sich über ein Jahr hinweg gesehen auf eine Differenz von insgesamt DM 4.494,24 (oder EURO 2.296,85) summiert. Ausländische Jugendliche, die als ungelernte Arbeiter tätig sind, verdienen also pro Jahr durchschnittlich DM 4.492,24 mehr als deutsche Jugendliche, die als ungelernte Arbeiter tätig sind. Vergleicht man die Zugewinne, die eine Tätigkeit als angelernter Arbeiter gegenüber einer Tätigkeit als ungelernter Arbeiter für ausländische Jugendliche und für deutsche Jugendliche erbringt, so stellt man fest, dass sie für deutsche Jugendliche größer sind: Sie verdienen als angelernte Arbeiter durchschnittlich DM 622,71 (oder EURO 318,39) mehr pro Monat als bei einer Tätigkeit als ungelernte Arbeiter, ausländische Jugendliche verdienen als angelernte Arbeiter lediglich DM 352,28 (oder EURO 180,20) mehr im Monat als bei einer Tätigkeit als ungelernte Arbeiter. Der Zugewinn, den Jugendliche, die als gelernte Arbeiter/Facharbeiter tätig sind, gegenüber Jugendlichen haben, die als angelernte Arbeiter tätig sind, ist bei ausländischen Jugendlichen und deutschen Jugendlichen annähernd gleich (DM 239,68 oder EURO 122,55 bei Ersteren, DM 225,46 oder EURO 115,28 bei Letzteren). Eine Tätigkeit als ungelernte Arbeiter ist für ausländische Jugendliche in Bezug auf ihr durchschnittliches monatliches Nettoeinkommen in doppelter Hinsicht das finanzielle Optimum: Erstens stellen sie sich im Vergleich mit deutschen Jugendlichen desselben beruflichen Status in der Kategorie der ungelernten Arbeiter am besten, zweitens erzielen sie als ungelernte Arbeiter (dicht gefolgt von einer Tätigkeit als Angestellte mit einfacher Tätigkeit) die höchsten Zugewinne gegenüber dem Status als Auszubildende. In diesem Sinn kann man sagen, dass sich für ausländische Jugendliche Investitionen in eine berufliche Bildung – zumindest finanziell – nicht lohnen. Dementsprechend lohnt sich auch der Erwerb eines Schulabschlusses oder zumindest eines Schulabschlusses, der über den Hauptschulabschluss hinausgeht, nicht.

Diese Analyse hat also eine indirekte Bestätigung dafür ergeben, dass sich über den Hauptschulbesuch bzw. -abschluss hinausgehende Bildungsinvestitionen für ausländische Jugendliche finanziell nicht lohnen; sie ist aber eben nur eine indirekte Bestätigung. Einzuwenden wäre nämlich, dass unbekannt ist, ob ausländische Jugendliche oder Jugendliche aus Migrantenfamilien oder ihre Eltern Bildungsentscheidungen tatsächlich in Kenntnis oder Erwartung dieser realen Verhältnisse treffen. Um dies zu prüfen, wäre eine Untersuchung des Entscheidungsprozesses wie er sich tatsächlich vollzieht notwendig. Bislang liegen aber entsprechende Studien für ausländische Familien oder Migrantenfamilien nicht vor.[72]

---

[72] In der Bildungssoziologie gibt es mehrere Vorschläge zur Modellierung von Bildungsentscheidungen, die sich sämtlich auf die Werterwartungstheorie stützen (u.a. Becker 2000; Erikson & Jonsson 1996; Esser 1999). Gewöhnlich werden dann mit statistischen Mitteln die Zusammenhänge zwischen den Variablen getestet, die den verschiedenen Parametern in der gewöhnlich erweiterten SEU-(Un-/)Gleichung entsprechen. Diese Verfahrensweise entspricht der Auffassung von einer Bildungsentscheidung als einem beobachtbaren *Resultat* einer Entscheidung, aber nicht den dynamischen Aspekten einer Bildungsentscheidung, also dem Entscheidungs*prozess*. In Bezug auf Migrantenfamilien ist die Arbeit von Urbahn (2001) mit dem vielversprechenden Titel "Bildungsentscheidungen von Arbeitsmigranten in Deutschland' beachtenswert. Jedoch bleiben auch in dieser Arbeit die dynamischen Aspekte der Bildungsentscheidung unberücksichtigt, und bezüglich der Erklärung von Bildungsentscheidungen als Resultate eines Entscheidungsprozesses erweist sich die Analyse letztlich als statistischer Test einer Vielzahl potentieller Determinanten, ohne dass ein klarer Bezug zu den Parametern in der SEU-Gleichung erkennbar wäre. Auch die ergänzenden qualitativen Interviews in Urbahns Studie werden nicht systematisch auf die Parameter in der Entscheidungsformel bezogen und gehen ohnehin über die familiale Bildungsentscheidung hinaus (viel Raum wurde den Interviews mit Lehrern gewidmet).

Diefenbach & Nauck (1997) haben statt einer formalen Modellierung der Bildungsentscheidungen von Migranten ausgehend von den gegebenen kontextuellen Bedingungen, die Migranten im Aufnahmeland vorfinden, und den den Migranten jeweils zur Verfügung stehenden ökonomischen, kulturellen oder sozialen Ressourcen einen Versuch unternommen, mögliche Handlungsstrategien von Migranten zur sozialen Platzierung ihrer Kinder zu identifizieren, die gleichermaßen zum (finanziellen) Erfolg führen können und nicht notwendigerweise eine Bildungskarriere im Aufnahmeland involvieren.[73] Eine dieser Strategien wäre, in soziales Kapital innerhalb der eigenen Ethnie zu investieren, wodurch es Kindern aus Migrantenfamilien ermöglicht werden soll, eine "Karriere" in der eigenethnischen Ökonomie zu machen. Dies scheint ein vergleichsweise leicht gangbarer Weg zu sein, weil hierzu weder die Verfügbarkeit ökonomischen Kapitals noch kulturellen Kapitals in Form von Bildungstiteln eine Voraussetzung ist. Weil aber eine relativ gute Position – sollte sie erreicht werden – in der eigenethnischen Ökonomie im Verhältnis zu den gesamtgesellschaftlich verfügbaren Positionen gewöhnlich eine eher niedrige Position darstellt, führt die Wahl dieser Strategie langfristig dazu, dass zu wenig in Bildungstitel investiert wird, die für eine Aufwärtsmobilität in der Gesamtgesellschaft notwendig wären. Wiley (1970) hat dies als 'ethnic mobility trap' bezeichnet. Die Wahl dieser Strategie setzt voraus, dass eine nennenswerte eigenethnische Ökonomie existiert, was in Deutschland sicherlich nur für einige wenige ethnische Gruppen und darüber hinaus für die meisten lokal begrenzt zutrifft. Am ehesten dürfte deutschlandweit eine eigenethnische Ökonomie für Türken und Italiener existieren. Die Tatsache, dass türkische und italienische Kinder und Jugendliche im deutschen Schulsystem am schlechtesten dastehen, wäre vor diesem Hintergrund plausibel. Empirische Belege dafür, dass die Nachteile von Kindern und Jugendlichen aus Migrantenfamilien im Allgemeinen und aus türkischen oder italienischen Migrantenfamilien im Besonderen darauf zurückzuführen sind, dass die Strategie der "Karriere" in der eigenethnischen Ökonomie massenhaft verfolgt würde, gibt es jedoch nicht. Wie bereits in Kapitel 4.1.1 berichtet, sind die Bildungsaspirationen in Migrantenfamilien – auch dieser Nationalitäten – vielmehr unrealistisch hoch.[74]

Insgesamt gesehen ist die Erklärung der schulischen Nachteile von Kindern und Jugendlichen aus Migrantenfamilien gegenüber deutschen Jugendlichen durch die Spezifika der (Nach-/)Migrationssituation weitgehend ungeprüft. Sie bleibt bis auf Weiteres eine plausible Erklärungsmöglichkeit zumindest für einige Nationalitäten oder ethnische Gruppen. Diese Erklärung dürfte allerdings für politisch Korrekte oder Lobbyisten wenig attraktiv sein insofern als sie oberflächlich besehen impliziert, dass Migrantenfamilien nicht Opfer ihres kulturellen Hintergrundes, ihrer Schichtzugehörigkeit oder "der Gesellschaft" sind, sondern rational handelnde Gestalter ihrer eigenen Schicksale. Weil das eigene Schicksal aber innerhalb des Rahmens gestaltet werden muss, den eine Gesellschaft vorgibt, verschiebt sich die Perspektive in dieser Erklärung – trotz ihres Ausgangs vom rational handelnden Akteur – weg von den individuellen Merkmalen der Kinder und Jugendlichen aus Migrantenfamilien bzw. ihrer Eltern

---

[73] Wie der Dreiklang von ökonomischem, kulturellem und sozialem Kapital nahelegt, diente in der genannten Arbeit die Kapitalientheorie von Bourdieu als zugrundeliegende Heuristik. Im Gegensatz zu Arbeiten, in denen das empirische Material anhand der Kapitalientheorie von Bourdieu geordnet werden soll, diente die Kapitalientheorie Bourdieus in der Arbeit von Diefenbach & Nauck (1997) dazu, im Rahmen eines strukturell-individualistischen Forschungsprogramms Randbedingungen für die Auswahl einer bestimmten Investitionsstrategie zu generieren.

[74] Man könnte allerdings annehmen, dass es sich hier nicht um eine falsifizierende Beobachtung handelt, sondern um einen weiteren Beleg dafür, dass Einstellungen und Verhalten nur lose zusammenhängen (vgl. hierzu LaPiere 1934; Six 1975; Wicker 1969).

und hin zu den gesellschaftlichen Bedingungen, die sie vorfinden und mit denen sie sich arrangieren müssen.

4.4   Die kulturökologische Erklärung von John U. Ogbu

Seine kulturökologische Erklärung der schulischen Schwierigkeiten von Kindern und Jugendlichen aus Migrantenfamilien sowie Schülern, die ethnischen Minderheiten angehören, hat John U. Ogbu erstmals in seinem Buch 'Minority Education and Caste: The American System in Cross-Cultural Perspective', das im Jahr 1978 erschienen ist, formuliert. Sie basiert auf einer Kritik von Erklärungen, die auf Differenzen zwischen der Kultur dieser Kinder bzw. ihren Familien und der Schulkultur der autochthonen Mehrheit abstellen: "Many who study literacy problems among African-American children and similar minorities focus on what goes on within the school, classroom, or family. This is probably due to the American cultural orientation of explaining educational behavior in terms of what takes place in these settings. It is also because of emphasis on remediation or improvement research, rather than research to understand the nature and scope of the problem, especially in comparative perspective. The assumption of this article is that in order to understand the disproportion and persistence of the literacy problems of African Americans and similar minorities, we must go beyond the events and situations in the school, classroom, and home. We must examine the historical and structural contexts of these events and situations in a comparative framework" (Ogbu 1992: 292). Bildungsinstitutionen betrachtet Ogbu als Teile des 'status mobility system', d.h. als 'the socially or culturally approved strategy for getting ahead within a given population or given society' (Fordham & Ogbu 1986: 179). Jedes System der Statusmobilität bringt seinen eigenen idealen Persönlichkeitstyp hervor, der sich durch eben diejenigen Qualitäten auszeichnet, die im gegebenen System der Statusmobilität gebraucht werden, um sozial aufwärtsmobil zu sein. Die schulische Sozialisation zielt darauf, diese Qualitäten zu fördern und kann diesbezüglich auf der familialen Sozialisation aufbauen: Eltern haben die entsprechenden Werte verinnerlicht und sind bestrebt, sie an ihre Kinder weiterzugeben, um sie auf das Leben als Erwachsene im gegebenen System der Statusmobilität möglichst gut vorzubereiten. In Bezug auf schwarze Amerikaner kann jedoch von dieser Parallelität der Erfahrungen in der familialen und in der schulischen Sozialisation nicht ausgegangen werden: 'Blacks have learned since slavery that the way to get ahead even within the limited universe open to them in the status-mobility system is not through merit and talent but through white patronage or favoritism. They have also learned that the way to solicit that favoritism is by playing some version of the 'Uncle Tom' role, being compliant, dependent, and manipulative' (Ogbu 1983: 177). Wenn schwarze amerikanische Eltern ihre Kinder möglichst gut auf das Erwachsenenleben in den USA vorbereiten möchten, werden sie ihnen vermitteln, dass Engagement in der Schule sich für sie kaum lohnen wird und sie sich statt dessen in denjenigen Überlebensstrategien üben sollten, die ihre gesellschaftliche Situation erfordert. Ogbu nennt in diesem Zusammenhang das im obigen Zitat bereits angesprochene 'Uncle Tomming', den kollektiven Kampf ('collective struggle') und 'hustling', das er u.a. mit einer Arbeitsethik in Verbindung bringt, die derjenigen der weißen Amerikaner entgegengesetzt ist, indem sie lehrt, dass es darum gehe, eine Arbeit mit möglichst wenig Aufwand zu erledigen oder andere die eigene Arbeit erledigen zu lassen (Ogbu 1983: 177-180). Schwarze amerikanische Kinder lernen also nicht nur, dass es sich nicht lohnt, sich in der

Schule um gute Leistungen zu bemühen, sondern erlernen darüber hinaus Handlungsstrategien, die mit schulischem Erfolg eher schwierig zu vereinbaren sind, wenn nicht ihm entgegenstehen. Sie entwickeln einen kulturellen Bezugsrahmen, der definiert, was richtiges Verhalten für einen ▾ Angehörigen dieser Minderheit ist und was nicht: Along with the formation of an oppositional social identity, subordinate minorities also develop an oppositional cultural frame of reference which includes devices for protecting their identity and for maintaining boundaries between them and white Americans. Thus subordinate minorities regard certain forms of behavior and certain activities or events, symbols, and meanings as *not appropriate* [Hervorhebung im Original] for them because those behaviors, events, symbols, and meanings are characteristic of white Americans. At the same time they emphasize other forms of behavior and other events, symbols, and meanings as more appropriate for them because these are *not* [Hervorhebung im Original] a part of white Americans' way of life. To behave in the manner defined as falling within a white cultural frame of reference is to 'act white' and is negatively sanctioned" (Fordham & Ogbu 1986: 181). Ogbus Erklärung für den mangelnden Schulerfolg schwarzer amerikanischer Kinder ist also eine Erklärung durch rationale (bewusste oder unbewusste) Anpassung an die herrschenden Umweltbedingungen, d.h. den historischen und strukturellen Kontext, der nach Ogbu in den Machtbeziehungen, die zwischen Mehrheit und Minderheit bestehen, fassbar ist.[75] Fordham & Ogbu (1986: 177) sprechen daher von einer "evolved cultural orientation toward schooling", und weil diese Orientierung vorrangig der Abgrenzung von der Mehrheitsbevölkerung dient, sprechen sie auch von einem "oppositional cultural frame of reference" (Fordham & Ogbu 1986: 181), weswegen die kulturökologische Erklärung von Ogbu auch als "thesis of oppositional culture" (Ogbu 2004: 1) oder "oppositional culture explanation" (Ainsworth-Darnell & Downey 1998: 536) oder Erklärung durch eine Gegen-kultur bekannt geworden ist.

Diese Erklärung ist von vielen Autoren aus vielen verschiedenen Gründen kritisiert worden (vgl. hierzu Foster 2004: 377), u.a. deswegen, weil sie keinen Raum lässt für die Varianz des Bildungserfolgs innerhalb der Gruppe schwarzer amerikanischer Kinder oder Jugendlicher (O'Connor 1997) und nicht umstandslos auf andere ethnische Minderheiten übertragbar ist. Ogbu hat diese Kritik aufgenommen und seine kulturökologische Erklärung entsprechend weiterentwickelt, indem er in Rechnung stellt, dass jede Minderheit ihre eigenen Erfahrungen mit der Mehrheitsbevölkerung und ihr daraus spezifisches Verhältnis zur Mehrheitsbevölkerung hat. Es ist also nicht sinnvoll, von einer typischen gesellschaftlichen Lage von Minderheiten auszugehen. Statt dessen unterscheidet Ogbu drei Typen von Minderheiten, nämlich autonome Minderheiten (autonomous minorities), freiwillige Minderheiten (voluntary minorities) und unfreiwillige Minderheiten (involuntary minorities).[76] Autonome Minderheiten sind solche, die sich von der Mehrheit durch die Religion, die Sprache oder ihr ethnisches Zugehörigkeitsgefühl unterscheiden, ohne dass dies äußerlich sichtbar wäre. Beispiele hierfür sind in den USA die Amish, die Mormonen oder die Juden. Freiwillige Minderheiten sind aufgrund einer eigenen Entscheidung zugewandert, und sie betrachten die Gesellschaft, in der sie nunmehr leben, vor-

---

[75] Tatsächlich ergeben sich aufgrund historischer Prozesse und des strukturellen Kontextes Machtverhältnisse oder Statusgefälle zwischen Bevölkerungsgruppen, die die Mehrheit und die Minderheit(en) als solche erst konstituieren (Ogbu & Simmons 1998: 162). Ogbu folgt mit dieser Auffassung dem üblichen soziologischen Gebrauch des Begriffs "Minderheit" statt ihn auf die zahlenmäßige Stärke einer Bevölkerungsgruppe zu beziehen.

[76] Der in diesen Bezeichnungen angesprochene Aspekt der Freiwilligkeit bezieht sich auf die Zuwanderungsgeschichte und damit auf die Präsenz von Minderheiten in der jeweiligen Gesellschaft. In seinem letzten Buch unterscheidet Ogbu nur noch zwischen "immigrants and nonimmigrants" (Ogbu 2003: 50).

rangig unter dem Aspekt der Möglichkeiten, die sie ihnen bietet, ihre Lebenschancen zu verbessern. Sie sind die 'klassischen' Siedler und Arbeitsmigranten. Unfreiwillige Minderheiten sind gegen ihren Willen dauerhaft in die Gesellschaft, in der sie leben, 'importiert' oder inkorporiert worden. Es handelt sich um "conquered, colonized or enslaved" (Ogbu & Simmons 1998: 165) Bevölkerungsgruppen. Zu ihnen zählen in den USA vor allem die Schwarzamerikaner, aber auch die Indianer Nordamerikas. Die spezifischen Erfahrungen von Minderheiten mit der Mehrheitsbevölkerung und ihr jeweils spezifisches Verhältnis zur Mehrheit, wie sie in dieser Unterscheidung angedeutet und kategorisiert sind, beeinflussen nach Ogbu die Art und Weise, wie Angehörige der Minderheit dem Schulsystem bzw. der Schule gegenüber stehen: Während sich an seiner Begründung dafür, warum schwarze Amerikaner in der Schule nicht erfolgreich sind, nichts ändert, kann er nunmehr erklären, warum andere Minderheiten in den USA in der Schule erfolgreich sind: Freiwillige Minderheiten schneiden in der Schule nach Ogbu gut ab, weil sie mehrheitlich eine positive Einstellung der Mehrheitsgesellschaft und ihren Institutionen gegenüber haben: "The strategies of immigrants are based on practical consideration and pragmatic trust in schools and teachers as experts who have something useful to offer even if they do not 'care' for minorities, or have their interest in mind" (Ogbu 2003: 54). Sie betrachten die Bildung, die sie oder ihre Kinder in den Bildungsinstitutionen der Mehrheitsgesellschaft erhalten, als Gelegenheit, die Karrieren zu machen und die Lebenssituation zu erreichen, um derentwillen sie eingewandert sind (Ogbu & Simmons 1998: 170/171). Daher haben sie hohe Bildungsaspirationen und helfen ihren Kindern nach Kräften in Bezug auf die Schule.

Unterstützung für Ogbus Vorstellungen bietet eine Vielzahl ethnographischer Studien, die sich teilweise direkt auf Ogbus Anwendungsfall, nämlich den mangelnden beruflichen und schulischen Erfolg von schwarzen Amerikanern beziehen, teilweise aber auch Ogbus Thesen auf andere Bevölkerungsgruppen beziehen, die als Minderheiten im soziologischen Sinn betrachtet werden können (eine Übersicht bietet O'Connor 1997: 600-602).[77] Einige qualitative Studien haben aber auch gegenläufige Befunde erbracht: So hat O'Connor (1997) bei den von ihr befragten schwarzen amerikanischen Schülern hohe Bildungsaspirationen und einen Optimismus bezüglich des Nutzens von Schulbildung für die späteren Berufschancen festgestellt. Die quantitativen Studien, die zur Prüfung der Thesen von Ogbu durchgeführt wurden, haben durchgängig negative Ergebnisse erbracht: So haben mehrere Studien gezeigt, dass schwarze amerikanische Schüler Bildung nicht weniger wichtig finden als weiße amerikanische Schüler

---

[77] Beachtenswert ist in diesem Zusammenhang die ethnographische Studie von Deyhle (1995) über jugendliche Navajo. Die unter Bildungssoziologen wohl bekannteste ethnographische Studie, die Ogbus Überlegungen in mancher Hinsicht bestätigt, wenn sie auch - wie die Studie von Deyhle - nicht unter Bezug auf Ogbu angefertigt worden ist, ist die Studie von Paul Willis über junge, weiße Angehörige der Arbeiterklasse in England (1977). Willis stellt fest, dass die Schule von diesen jungen Männern als irrelevant für ihre Lebensentwürfe betrachtet wird, die dem Ideal einer männlichen Biographie verhaftet sind, wie sie ihre Väter und Großväter durchlaufen haben. Im Rahmen dieser männlichen Biographie spielt es eine große Rolle, zusammen mit den Freunden Spaß zu haben, und in der bald zu gründenden Familie die Ernährerrolle zu übernehmen. Sich in der Schule anzustrengen oder die schulische Bildung länger als notwendig fortzusetzen, gilt ihnen dagegen als unmännlich. All dies macht die 'lad culture' aus, die nach Auffassung von Willis zu einer Selbsteliminierung der jungen Männer auf der Arbeiterklasse aus weiterführenden Bildungseinrichtungen führt: "In the sense, therefore, that I argue that it is their own culture which most effectively prepares some working class lads for the manual giving of their labour power we may say that there is an element of self-damnation in the taking on of subordinate roles in Western capitalism. However, this damnation is experienced, paradoxically, as true learning, affirmation, appropiation, and as a form of resistance" (Willis 1977: 3).

(Ainsworth-Darnell & Downey 1998; Cook & Ludwig 1997; Ford & Harris 1996; Steinberg, Dornbusch & Brown 1992), womit eine zentrale These Ogbus falsifiziert ist. Dass sich schwarze amerikanische Schüler weniger Mühe geben, in der Schule erfolgreich zu sein, als weiße amerikanische Schüler, lässt sich ebenfalls nicht bestätigen: Cook & Ludwig (1997) finden in ihrer Analyse der 'National Educational Longitudinal Study' diesbezüglich keinen nennenswerten Unterschied zwischen beiden Schülergruppen. Baumann (1996, zitiert nach Cook & Ludwig 1997: 266) stellt aufgrund der Studie 'Sophomores in High School and Beyond' fest, dass schwarze amerikanische Schüler durchschnittlich nur eine halbe Stunde pro Woche weniger für Hausaufgaben aufwenden als weiße amerikanische Schüler. Auch die These, nach der schwarzen Schülern von ihren schwarzen Mitschülern vorgeworfen würde, sie verhielten sich wie Weiße ('acting white'), wenn sie sich für die Schule engagieren, konnte nicht bestätigt werden: Ainsworth-Darnell & Downey (1998) kommen aufgrund ihrer Analyse (die sie wie Cook & Ludwig auf Grundlage der Daten der 'National Educational Longitudinal Study' durchgeführt haben) zu dem Ergebnis, dass diejenigen schwarzen Schüler die beliebtesten sind, die von sich sagen, ihre Mitschüler hielten sie für sehr gute Schüler.

Zu diesem insgesamt negativen empirischen Befund zu seiner kulturökologischen Erklärung hat Ogbu zweierlei angemerkt: Erstens hat er darauf hingewiesen, dass die negativen Befunde der quantitativen Studien den positiven Befunden aus ethnographischen Studien nicht unbedingt widersprechen: Durch die negativen Befunde der quantitativen Studien würde lediglich deutlich, dass die kulturökologische Erklärung nicht für alle schwarzen Schüler gelte, sondern nur für eine bestimmte Gruppe unter ihnen: "Among the students, as among adults, there are assimilationists, accomodators without assimilation, ambivalents, resisters and the encapsulated. It is important to bear in mind that although Black collective identity and frame of reference are oppositional, only one of the five categories of Blacks among both adults and students is explicitly opposed to adopting White attitudes, behaviors and speech" (Ogbu 2004: 28). Dies heißt nicht nur, den Geltungsbereich der kulturökologischen Erklärung stark einzuschränken, sondern wirft auch die Frage danach auf, ob diese Erklärung, die gerade mit dem spezifischen Verhältnis zwischen Mehrheit und Minderheit, hier: zwischen weißen und schwarzen Amerikanern argumentiert, nicht ad absurdum geführt wird, wenn nunmehr verschiedene Arten von Reaktionen auf dieses Verhältnis bzw. verschiedene Ausgestaltungen dieses Verhältnisses eingeführt werden. Zumindest wären die Bedingungen anzugeben, unter denen im Rahmen des Mehrheits-Minderheits-Verhältnisses bestimmte Angehörige der Minderheit eine Reaktion zeigen, andere Angehörige der Minderheit aber eine andere Reaktion.[78] In

---

[78] In der Soziologie wurden verschiedene Typologien von Reaktionsmöglichkeiten auf strukturelle Spannungen im weiteren Sinn entwickelt (vielleicht am prominentesten: Merton 1968), systematische Versuche anzugeben, unter welchen Bedingungen der ein oder andere Typus von Reaktion gewählt wird oder auch nur, durch welche Dimensionen diese Bedingungen definiert seien, sind aber eher selten. In Bezug auf die Akkulturation von Migranten oder ethnischen Minderheiten hat John W. Berry (1990; 2005) einen solchen Versuch vorgelegt, der in vieler Hinsicht verdienstvoll ist, aber teilweise in dieselben Argumentationsnöte gerät wie Ogbus kulturökologische Erklärung, weil auch bei Berry Gruppenbeziehungen die entscheidende Rolle spielen für die Wahl einer spezifischen Reaktion (bei Berry sind die möglichen Reaktionstypen 'integration', 'assimilation', 'separation' und 'marginalization'), die er in erster Linie als Reaktionen von Gruppen auffasst (er spricht von 'strategies of ethnocultural groups'; Berry 2005: 705), obwohl er sich in seiner Argumentation immer wieder auf Individuen und deren Präferenzen bezieht, z.B. wenn er schreibt: "From the point of view of non-dominant groups …, when individuals do not wish to maintain their cultural identity and seek daily interaction with other cultures, the assimilation strategy is defined" (Berry 2005: 705). Wenn aber letztlich individuelle Präferenzen über die Wahl einer individuellen Strategie entscheiden, sind Gruppenbeziehungen für die Wahl von Strategien von sekundärer Bedeutung, wenn nicht irrelevant.

jedem Fall bleibt die Frage danach, warum schwarze Schüler *insgesamt* deutlich weniger erfolgreich in der Schule sind als weiße Schüler und nicht nur diejenigen, die in Abgrenzung von den Weißen eine Gegenkultur leben, nach wie vor unbeantwortet.

Die zweite Anmerkung von Ogbu zu den negativen Befunden zu seiner kulturökologischen Erklärung ist methodischer Art: Er vermutet, dass die Antworten, die die schwarzen Schüler auf die Fragen zu ihren Einstellungen zur Schule in den quantitativen Studien geben, lediglich Wunschdenken darstellen (Ogbu 1991). Ähnlich argumentieren Cook & Ludwig in Bezug auf die Frage, wie viel Mühe sich schwarze Schüler geben, in der Schule erfolgreich zu sein (1997: 274/275): "One possibility is that self-report data of the sort we analyzed yield biased results on race because black youths are more likely than white to exaggerate their level of effort. ... Suppose, for example, that, in line with the ethnographers' claim, black students tend to be heavily influenced by an oppositional culture that penalizes efforts to do well in school, and suppose, furthermore, that in response to survey questions, black students tend (in effect) to deny this alienation and represent themselves as more engaged in schoolwork than they really are. Then it is possible that the two processes (alienation and misrepresentation) would cancel out, producing the results that we have observed from the NELS survey data". Cook & Ludwig schließen diese Möglichkeit für ihre Studie jedoch aus: "But when we checked against more objective data, this explanation did not hold up; our two 'effort' variables that are based on school records rather than self-reports yield results that are generally in line with the self-report data" (Cook & Ludwig 1997: 275). Wo keine quasi-objektiven Daten verfügbar sind, anhand derer die Selbsteinschätzung oder die Einstellung überprüft werden könnte, bleibt die Möglichkeit subjektiv möglicherweise richtiger, aber dennoch falscher oder eben für das Verhalten irrelevanter Einstellungsaussagen bestehen. Mickelson (1990) hat aufgrund ihrer Analyse der Daten von 1.193 'high school'-Schülern den Widerspruch zwischen der häufig belegten positiven Einstellung schwarzer Schüler zur Schule und ihrem (dennoch) geringen Schulerfolg ('attitude-achievement paradox') aufgelöst, indem sie sich gegen die Annahme wendet, Menschen verfügten über ein eindimensionales Set von Einstellungen. Statt dessen müsse zwischen abstrakten und konkreten Einstellungen zur Schule unterschieden werden: Während abstrakte Einstellungen die dominante Ideologie reflektieren (z.B.: Wer sich in der Schule anstrengt, hat später Aussichten auf eine einträgliche Arbeitsstelle), sind konkrete Einstellungen das Ergebnis eigener Erfahrungen und auf die eigene Lebenssituation bezogen (z.B.: Formale Bildung lohnt sich für Schwarze nicht im selben Ausmaß wie für Weiße). Nur von Letzteren wird angenommen, dass sie verhaltensrelevant sind, und Mickelson kann belegen, ' ... that if *concrete* [Hervorhebung im Original] attitudes, which covary scholastic performance, are examined in relation to high school grades, the paradox disappears because concrete attitudes toward education predict academic achievement among black students" (Mickelson 1990: 46). Dementsprechend legen Ainsworth-Darnell & Downey (1998) viel Wert darauf, dass ihre negativen Befunde zur kulturökologischen Erklärung auf Fragen basieren, die konkrete Einstellungen gemessen haben: "That our indicators of concrete attitudes successfully predict educational outcomes disputes Ogbu's ... claim ... and Michelson's ... argument that African Americans' positive attitudes toward school habe little impact on performance" (Ainsworth-Darnell & Downey 1998: 550).

Obwohl die kulturökologische Erklärung plausibel klingt und in den USA viele Anhänger hat, spricht die empirische Forschung gegen die Erklärung, dies aber nur dann, wenn man die Erklärung nicht einzuschränken bereit ist. Ogbu selbst hat sie eingeschränkt und als eine

Variante unter verschiedenen Varianten der Reaktion auf das spezifische Verhältnis zwischen Schwarzamerikanern und der Mehrheitsgesellschaft der Weißen identifiziert. Entsprechend kann sie die Nachteile von schwarzen Schülern gegenüber weißen Schülern in den USA zwar sicher nicht allein erklären, aber als eine Erklärung unter anderen bleibt sie relevant.

In Deutschland wird die kulturökologische Erklärung in Bezug auf den mangelnden Schulerfolg von Kindern und Jugendlichen aus Migrantenfamilien nicht diskutiert. Vielleicht ist ein Grund dafür, dass man den Eindruck hat, die Übertragbarkeit dieser Erklärung auf die Verhältnisse in Deutschland sei von vornherein ausgeschlossen, weil es in Deutschland keine unfreiwilligen Minderheiten gibt, die historisch mit den Schwarzamerikanern in den USA vergleichbar wären. Immerhin trifft aber zu, dass Kinder und Jugendliche aus Migrantenfamilien, die heute in Deutschland Schulen besuchen, in sehr vielen Fällen nicht eingewandert sind, sondern in Deutschland geboren wurden, oder eingewandert sind, aber nicht aufgrund einer eigenen Entscheidung, sondern aufgrund der Entscheidung ihrer Eltern. Insofern ist der größte Teil der Kinder und Jugendlichen aus Migrantenfamilien tatsächlich unfreiwillig in Deutschland.[79] Thomas Faist (1992; 1994), der m.W. der Einzige ist, der sich mit der Frage der Übertragbarkeit der kulturökologischen Erklärung auf Deutschland beschäftigt hat, ist der Auffassung, dass diese Erklärung theoretisch auf Jugendliche aus Migrantenfamilien angewendet werden kann (Faist 1994: 297). Allerdings kann er empirisch "weder bei türkischen Jugendlichen in Duisburg noch bei mexikanisch-amerikanischen Jugendlichen in Chicago eine gebrochene Lern- bzw. Arbeitsmotivation feststellen" (Faist 1994: 296). Dass aber die Feststellung hoher Bildungsaspirationen in Migrantenfamilien allein nicht als hinreichende Falsifizierung der kulturökologischen Erklärung betrachtet werden kann, wurde bereits ausgeführt.

## 4.5	Die Bedrohung durch Stereotype als Erklärung für Schulversagen

Ein weiterer Lösungsvorschlag für den bestehenden Widerspruch zwischen hohen Bildungsaspirationen und schlechten Leistungen wurde in neuerer Zeit von Claude M. Steele (1997) bzw. Steele & Aronson (1995) formuliert, in Deutschland in Bezug auf die schulischen Nachteile von Kindern und Jugendlichen aus Migrantenfamilien gegenüber deutschen Kindern aber bislang nicht rezipiert.[80] Ausgangspunkt der Argumentation ist die Existenz von Stereotypen über Bevölkerungsgruppen, von denen angenommen wird, dass sie das intellektuelle Leistungs-

[79] Gemäß dieser Auffassung ist allerdings kein Kind und kein Jugendlicher in Deutschland, der nicht aus eigenem Entschluss nach Deutschland eingewandert ist, freiwillig in Deutschland, und das trifft auch auf sämtliche deutschen Kinder zu. Es scheint, dass es vielmehr eine empirische Frage ist, ob es Bevölkerungsgruppen in Deutschland gibt, deren Verhältnis zur Mehrheitsgesellschaft dazu angetan ist, eine Gegenkultur zu produzieren. Die Beantwortung dieser Frage ist derzeit nicht möglich, und es scheint, dass es auf absehbare Zeit nicht möglich sein wird, sie zu beantworten, weil bereits die Fragestellung derzeitig eher abseitig erscheint: Andere kulturelle Werte und Praktiken als die der Mehrheitsgesellschaft werden gewöhnlich als Integrationsdefizit und als ein Der-Herkunftskultur-Verhaftet-Bleiben interpretiert, aber nur am Rande als Reaktionen von Migranten(gruppen) auf die Gesellschaft, in der sie leben. Dies ist m.E. z.B. im Zusammenhang mit dem sog. Kopftuchstreit deutlich geworden, in dem 'das' Kopftuch letztlich als religiöses Symbol (für 'den' Islam) gewertet wird, obwohl Migrantinnen in Deutschland 'das' Kopftuch (auch oder allein) aus anderen Gründen tragen, die mit ihrer Lebenssituation in Deutschland zu tun haben (Boos-Nünning & Karakasoglu 2000; Oestreich 2004).
[80] Um Missverständnissen vorzubeugen, sei betont, dass Steele seine Theorie an frühere sozialpsychologische Theorien und Arbeiten anbindet und nicht an eine Auseinandersetzung mit den Arbeiten Ogbus, so dass er seine Theorie auch nicht vorrangig zu dem Zweck entwickelte, das Einstellungs-Leistungs-Paradox aufzulösen. Wie man sehen wird, bietet Steeles Theorie aber tatsächlich eine Lösung für dieses Paradox.

vermögen und die Persönlichkeitsentwicklung der Mitglieder der jeweiligen Gruppen beein-flussen: "It is the social-psychological threat that arises when one is in a situation or doing something for which a negative stereotype about one's own group applies. This predicament threatens one with being negatively stereotyped, with being judged or treated stereotypically, or with the prospect of conforming to the stereotype" (Steele 1997: 614). In Bezug auf die intel-lektuellen Leistungen Schwarzer gebe es negative Stereoptype, wie sie u.a. in der Auseinander-setzung um genetisch bedingte Unterschiede zwischen Schwarzen und Weißen bezüglich ihrer Intelligenzquotienten zum Ausdruck kämen.[81] Die Schule stellt für schwarze Schüler also einen Bereich dar, in dem sie fürchten müssen, dass ein negatives Stereotyp auf sie angewendet wird, während dies für weiße Schüler nicht der Fall ist.[82] Dies löst nach Steele emotionale Reaktionen aus, die dazu führen, dass Schüler sich aus diesem Bereich zurückziehen oder bei Leistungstests tatsächlich versagen, "... by causing an arousal that reduces the range of cues participants are able to use ... or by diverting attention onto task-irrelevant worries ..., by causing an interfering self-consciousness ... or overcautiousness" (Steele & Aronson 1995: 798/799). Steele betont, dass dies voraussetzt, dass ein Schüler sich mit der Schule identifiziert. Das Stereotyp würde nicht als bedrohlich empfunden, wenn der Bereich, für den es gilt, nicht "self-definitional" (Steele 1997: 617) wäre, d.h. wenn man sich nicht mit ihm identifizieren würde.[83] Wenn dies alles zuträfe, läge hier die Lösung für das 'attitude-achievement paradox': Schwarze Schüler, die sich mit der Schule (noch) identifizieren und Bildung wichtig finden, sind Opfer der Be-drohung durch Stereotype, und sie sind es, auf die der empirische Befund zurückzuführen ist, nach dem schwarze Schüler trotz hoher Wertschätzung für Bildung schlechte Leistungen zeigen bzw. umgekehrt: trotz schlechter Leistungen eine hohe Wertschätzung für Bildung haben. Mittel- oder langfristig führt die Bedrohung durch Stereotype zu einer Disidentifikation mit dem Bereich, auf den sich die Stereotype beziehen und daher zu einem Motivationsverlust in diesem Bereich: "... when this threat becomes chronic in a situation ... it can pressure *disidentification* [Hervorhebung im Original], a reconceptualization of the self and of one's values so as to remove the domain as a self-identity, as a basis of self-evaluation. Disidentification offers the retreat of not caring about the domain in relation to the self" (Steele 1997: 614). Es handelt sich bei diesem Mechanismus also um eine Art der sich selbst erfüllen-den Prophezeiung: Weil schwarze Schüler Angst davor haben, im schulischen Bereich stereo-typ betrachtet und behandelt zu werden, zeigen sie emotionale Reaktionen, die dazu führen, dass sie das Stereotyp bestätigen. Wichtig ist hierbei, dass Steele in seiner Erklärung auf die Annahme verzichtet, dass schwarze Schüler das Stereotyp verinnerlichen: "Ironically, their susceptibility to this threat derives not from internal doubts about their ability (e.g., their internalization of the stereotype) but from their identification with the domain and the resulting concern they have about being stereotyped in it" (Steele 1997: 614). Damit unterscheidet er sich in einem zentralen Punkt von älteren Arbeiten zur Vorurteilsforschung (z.B. Allport 1954; Clark 1965; Erikson 1956).

---

[81]   Prominente Vertreter der These von den genetisch bedingten Unterschieden zwischen Schwarzen und Weißen bezüglich ihrer Intelligenzquotienten sind in neuerer Zeit Herrnstein & Murray (1994). Bezüglich der Reaktionen hierauf vgl. beispielhaft Devlin 1997; Fischer 1996; Tittle & Rotolo 2000; Wallace & Graves 1995

[82]   Steele spricht in diesem Zusammenhang von "domain performance" (Steele 1997: 614) oder vom "field of stereo-type" (Steele 1997: 616).

[83]   Steele geht davon aus, dass diese Identifikation mit dem schulischen Bereich eine Voraussetzung für Schulerfolg ist: "... that to sustain school success one must be identified with school achievement in the sense of its being a part of one's self-definition, a personal identity to which one is self-evaluatively accountable" (Steele 1997: 613).

Empirisch wird Steeles Erklärung gestützt durch die Beobachtung, dass schwarze Schüler zu Beginn ihrer Schullaufbahn hinsichtlich ihrer Leistungen nur geringfügig hinter weißen Schülern zurückbleiben, die Kluft zwischen schwarzen und weißen Schülern aber kontinuierlich wächst, so dass schwarze Schüler in der sechsten Klasse durchschnittlich zwei volle Noten-stufen ('grades' nach dem amerikanischen Bewertungssystem) schlechter sind als weiße Schüler (Alexander & Entwistle 1988; Gerard 1983). Vor allem wird die Erklärung aber durch seine eigenen experimentellen Studien gestützt. U.a. konnte er feststellen, dass die Art, wie ein Sprachtest präsentiert wurde, nämlich als ein Test zur Feststellung bestimmter Fähigkeiten oder als nicht-diagnostischer Test, einen Effekt auf das Ergebnis hatte, das schwarze Studenten erzielten: Während sie im Test, der als nicht-diagnostischer Test beschrieben worden war, ebenso gut abschnitten wie weiße Studenten, schnitten sie im Test erheblich schlechter ab als weiße Studenten, wenn er als diagnostischer Test angekündigt worden war (Steele 1997: 620). Denselben Befund ergab ein Experiment, in dem nicht die Testankündigung variiert wurde, sondern die Salienz des Stereotyps: Bevor der Test durchgeführt wurde, wurde eine Gruppe von Studenten gebeten, ihre Rassenzugehörigkeit anzugeben, eine andere nicht. In der ersten Gruppe schnitten schwarze Studenten wieder deutlich schlechter ab als weiße Studenten, in der zweiten Gruppe aber geringfügig besser (Steele 1997: 620). Wenn ihnen freigestellt wird, ob sie ihre Rassenzugehörigkeit angeben möchten, geben sie in einem Test, der als diagnostischer Test angekündigt wurde, nur 25% der schwarzen Studenten an, aber alle schwarzen Studenten geben sie in einem Test an, der als nicht-diagnostischer Test angekündigt wurde (Steele & Aronson 1995: 804).[84] Die Experimente, die Steele durch- und in der Literatur angeführt hat, belegen seine Theorie allesamt: "... the present experiments show that making African American participants vulnerable to judgment by negative stereotypes about their group's intellectual ability depressed the standardized test performance relative to White participants, while conditions designed to alleviate this threat, improved their performance, equating the two groups once their differences in SATs [scholastic assessment test; Ergänzung der Autorin] were controlled" (Steele & Aronson 1995: 808).

Wie zu Beginn dieses Kapitels bereits angemerkt wurde ist Steeles Theorie der Bedrohung durch Stereotpye zur Erklärung von Schulversagen in Deutschland bislang kaum, in Bezug auf Kinder und Jugendliche aus Migrantenfamilien gar nicht, rezipiert worden. Es bleibt zu hoffen, dass sich dies bald ändert: Zwar gibt es in Deutschland keine so weitgehende Diskussion über die vermeintlich geringeren intellektuellen Fähigkeiten von Kindern und Jugendlichen aus Migrantenfamilien und damit keine so starke Stereotypisierung wie dies in den USA bezüglich der Schwarzen der Fall ist, aber weil Steele in seiner Theorie nicht mit der realen Ausbreitung und Intensität eines Stereotyps argumentiert, sondern mit der subjektiven Überzeugung von seiner Existenz, ist letztlich die interessant Frage die empirische Frage, ob Kinder und Jugend-liche aus Migrantenfamilien ein Stereotyp über die eigene Gruppe hinsichtlich ihrer intellek-tuellen Fähigkeiten oder ihres Willens zum schulischen Erfolg wahrnehmen oder nicht. Ange-sichts der statistischen Befunde zum Schulerfolg von Kindern aus Migrantenfamilien im Ver-gleich zu deutschen Familien wie sie z.B. im Zusammenhang mit der PISA-2000-Studie ver-breitet wurden, und angesichts der teilweise der Erklärung durch kulturelle Defizite verhafteten Argumente, die zur Plausibilisierung dieser Befunde angeführt wurden, würde es kaum verwun-

---

[84] Beschreibungen von weiteren Experimenten, die die Theorie von Steele belegen, finden sich in Steele 1997 und Steele & Aronson 1995.

dern, wenn Kinder und Jugendliche aus Migrantenfamilien den Eindruck gewonnen hätten, dass bezüglich ihres Verhältnisses zur Schule ein negatives Stereotyp in der Gesellschaft der Bundesrepublik Deutschland verbreitet sei. Wenn dies zuträfe, gäbe es keinen Grund, nicht mit denselben Effekten zu rechnen, die Steele feststellen konnte.

Trotz der bislang guten empirischen Bestätigung und der prinzipiell möglichen Übertragung der Erklärung von Steele auf Deutschland ist eine kritische Anmerkung zu dieser Erklärung zu machen: Sie stellt nämlich nicht in Rechnung, das die Bedrohung durch Stereotype in einem bestimmten Bereich, hier: der Schule, nicht in jedem Kontext gleichermaßen virulent ist: "Most stereotype research frameworks ... address African American students' academic experiences in majority White settings. This research suggests that perceiving racial stereotypes in group-predominant settings also may impact student academic development and in ways that vary across gender" (Chavous, Harris, Rivas et al. 2004: 13). Dies verweist auf die Bedeutung, die sog. Kontextmerkmale wie die ethnische Zusammensetzung einer Schulklasse für den Schulerfolg von Kindern, die verschiedenen ethnischen Gruppen angehören, haben können. Im nächsten Kapitel werden einige solcher Kontextmerkmale und dasm was über ihre Effekte bekannt ist, diskutiert.

4.6   Institutionelle Bedingungen des Lehrens und Lernens

Wenn es gilt, differentielle Bildungsbeteiligung oder differentiellen Bildungs(miß)erfolg zu erklären, müssen neben den individuellen Merkmalen der Schüler und ihrer Familien auch sog. Kontextmerkmale oder genauer: Merkmale des Kontextes, in dem sich die tagtäglichen Lernprozesse tatsächlich abspielen, berücksichtigt werden. Zu ihnen gehören Merkmale der Schule und der Klasse(n), die ein Kind besucht, ebenso wie Merkmale des Unterrichts, den ein Kind bekommt, weil sie alle die Effizienz des Lernprozesses beeinflussen (Baumert, Artelt, Klieme et al. 2003: 12). Diesen Kontextmerkmalen kommt auch deshalb eine besondere Bedeutung zu, weil sie – anders als individuelle Merkmale der Schüler oder Merkmale ihres familialen Hintergrundes – im Rahmen bildungspolitischer Interventionen direkt beeinflusst werden können. Vor diesem Hintergrund ist es bedauerlich, dass sie bei weitem nicht so gut erforscht sind wie man vermuten sollte und wie es wünschenswert wäre, insbesondere im Hinblick auf die Bildungsbeteiligung und den Bildungserfolg von ausländischen Kindern oder Migrantenkindern.[85]

4.6.1   Effekte der Schulformen im Schulsystem Deutschlands

Aufgrund der hierarchischen Struktur des Schulsystems in Deutschland sind mit dem Besuch einer bestimmten Schulform oder eines bestimmten Schultyps Kontextbedingungen verbunden, die Schüler gegenüber anderen Schülern privilegieren. Z.B. besteht ein starker Zusammenhang zwischen dem besuchten Schultyp und dem erreichbaren Schulabschluss (vgl. hierzu Avenarius, Ditton, Döbert u.a. 2003: 179/180). Wie in den Kapiteln 2.2.2 und 2.2.4 der vorliegenden Arbeit berichtet, besucht eine deutliche Mehrheit der ausländischen Schüler nach der Grund-

---

[85]   Einen Überblick über die empirische Schulentwicklungsforschung in Deutschland geben Fend (1998) sowie Ditton (2000).

schule eine Hauptschule und erreicht auch einen entsprechenden Abschluss, während eine ebenso deutliche Minderheit ein Gymnasium besucht und einen Fachhochschulabschluss oder ein Abitur erreicht. Weil die meisten Integrierten Gesamtschulen (im folgenden mit "IGS" abgekürzt) ihren Schülern alle Typen von Schulabschlüssen anbieten, also alle Typen von Schulabschlüssen theoretisch erreichbar sind, stellt sich bei ihnen mehr als bei anderen Schultypen die Frage nach den von den Schülern tatsächlich erreichten Schulabschlüssen.

Dessen ungeachtet stößt man in der Literatur immer wieder auf die Überzeugung, dass es für Kinder und Jugendliche aus Migrantenfamilien ein Vorteil sei, wenn sie statt eine Sekundarschule des dreigliedrigen Systems eine IGS besuchen. So stellt Nauck (1994: 114) fest: "Bemerkenswert ist im Hinblick auf den Schulerfolg von Ausländerkindern die Rolle der Gesamtschulen, auf die nach anfänglich zögernder Öffnung inzwischen ein erheblich und ständig steigender Anteil der Schüler ausländischer Herkunft entfällt". Offensichtlich geht Nauck davon aus, dass eine steigende Präsenz von ausländischen Schülern an IGS einhergehe mit höheren Bildungsabschlüssen ausländischer Schüler.[86] Merkens (1990: 243/244) erläutert, warum dies der Fall sein sollte: "Wenn Schüler bzw. Eltern beim Übergang von der Primarschule zur Sekundarstufe I die Schulform Gymnasium oder Realschule wünschen, die Grundschulempfehlung beim Wunsch Gymnasium aber höchstens Realschule und bei der Realschule Hauptschule lautet, dann wird dieser Konflikt aufgelöst, indem die Gesamtschule gewählt wird ...". Davon abgesehen, dass dieser Zusammenhang bei deutschen Schülern und Eltern ebenso plausibel ist wie bei ausländischen Schülern und Eltern, lässt sich aus der Tatsache, dass ein bestimmter Anteil von ausländischen oder deutschen Schülern zu einem bestimmten Zeitpunkt bestimmte Schultypen wählt oder besucht, nicht auf den Abschluss schließen, den diese Schüler erreichen werden. Inwieweit die Bildungs*beteiligung* ein Indikator für den Bildungs*erfolg* ist, ist nämlich eine empirische Frage.

Die Frage danach, ob Jugendliche aus Migrantenfamilien hinsichtlich ihrer Schulabschlüsse vom Besuch einer IGS profitieren, ist in zwei Teilfragen zu zerlegen, nämlich in die Frage ob sie von einem Besuch einer IGS stärker profitieren als a) von einem Besuch einer Sekundarschule mit einem Bildungsgang und b) deutsche Kinder. Während die Antwort auf die erste Frage klärt, ob Jugendliche aus Migrantenfamilien, die eine IGS besuchen, höherwertige Schulabschlüsse erreichen als Jugendliche aus Migrantenfamilien, die eine Sekundarschulen des dreigliedrigen Systems besuchen und damit Letzteren gegenüber besser gestellt sind, zielt die zweite Frage darauf ab zu prüfen, ob IGS dazu geeignet wären, die Nachteile von Jugendlichen aus Migrantenfamilien gegenüber deutschen Jugendlichen bezüglich der erreichten Sekundarschulabschlüsse zu verringern.

Die amtliche Bildungsstatistik liefert nur Daten, die notwendig sind, um diese Fragen für *ausländische* Jugendliche zu beantworten. Den folgenden Berechnungen liegen die Daten des Statistischen Bundesamtes über die an verschiedenen Schultypen erworbenen Schulabschlüsse von ausländischen und deutschen Jugendlichen für die Schuljahre 1990/1991 bis 1999/2000 zugrunde. Um die erste Teilfrage danach zu beantworten, ob ausländische Jugendliche an IGS höherwertige Schulabschlüsse erzielen als an Sekundarschulen mit einem Bildungsgang,

---

[86] Es sei nochmals darauf hingewiesen, dass es diesbezüglich Unterschiede zwischen den verschiedenen Bundesländern gibt: Zwar trifft es zu, dass in den meisten Bundesländern größere Anteile ausländischer als deutscher Schüler Integrierte Gesamtschulen besuchen, aber in Berlin, Bremen und Schleswig-Holstein sind die entsprechenden Anteile in etwa ausgeglichen, und in Bremen besucht ein größerer Anteil deutscher Schüler als ausländischer Schüler eine Integrierte Gesamtschule (vgl. Kultusministerkonferenz 2002a: S. 37, Graphik 17).

wurden die an den drei quantitativ bedeutsamsten Sekundarschultypen mit einem Bildungsgang, nämlich Hauptschulen, Realschulen und Gymnasien, erreichbaren Schulabschlüsse zusammengefasst. Weil diese drei Schultypen gemeinsam diejenigen Schulabschlüsse ermöglichen, die an IGS erworben werden können, ist diese Vorgehensweise m.E. gerechtfertigt.[87]

Zunächst wurde errechnet, wie groß in den Schuljahren 1990/1991 bis 1999/2000 die prozentualen Anteile der ausländischen Absolventen von IGS einerseits und von Gymnasien, Realschulen und Hauptschulen andererseits waren, die mit der (Fach-/)Hochschulreife, dem Realschulabschluss, dem Hauptschulabschluss oder ohne einen Hauptschulabschluss die Schule verließen. Danach wurden die Differenzen zwischen diesen prozentualen Anteilen gebildet, so dass sich ein positiver Wert ergibt, wenn ein höherer prozentualer Anteil von Absolventen einen bestimmten Schulabschluss an IGS als an Gymnasien, Realschulen oder Hauptschulen erreicht hat. Umgekehrt ergibt sich ein negativer Wert, wenn ein geringerer prozentualer Anteil von Absolventen einen bestimmten Schulabschluss an IGS als an Gymnasien, Realschulen oder Hauptschulen erreicht hat. Abbildung 24 zeigt die errechneten Differenzen:

Abbildung 24:   Differenzen zwischen den prozentualen Anteilen ausländischer Absolventen von Integrierten Gesamtschulen und von Sekundarschulen des dreigliedrigen Schulsystems in den Schuljahren 1990/91 bis 1999/2000 nach erreichten Schulabschlüssen

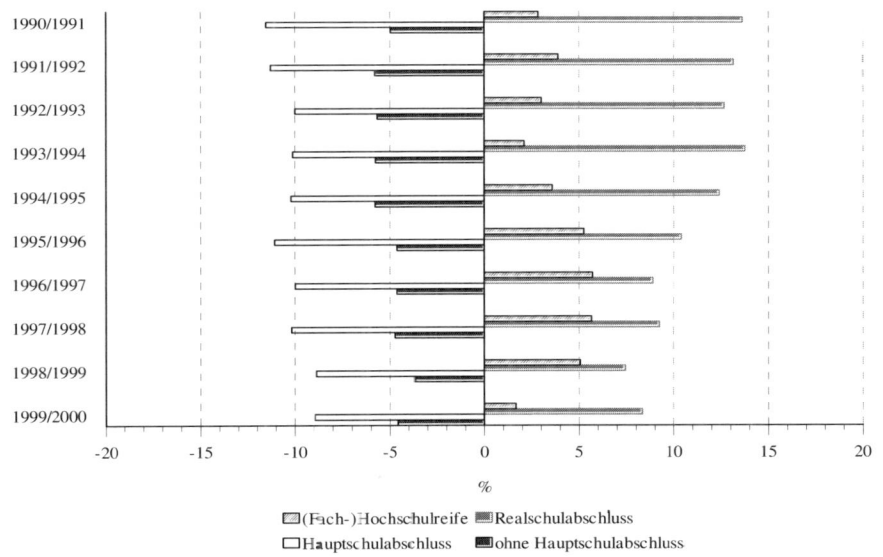

Quelle: Statistisches Bundesamt; eigene Berechnungen

---

[87] Darüber hinaus determiniert der besuchte Schultyp auch bei Sekundarschulen mit einem Bildungsgang nicht den Schulabschluss. So zeigt eine Analyse der Häufigkeiten von Schulabschlüssen, die an Gymnasien, Realschulen oder Hauptschulen zwischen 1990 und 2000 erreicht wurden, z.B. dass etwa 85% der Absolventen von Gymnasien das Abitur oder die Fachhochschulreife erreichen, aber immerhin 13% das Gymnasium mit einem Realschulabschluss verlassen, und dass etwa 14% der Absolventen von Hauptschulen einen Realschulabschluss erreichen.

Abbildung 24 ist zu entnehmen, dass in jedem einzelnen Schuljahr innerhalb des Beobachtungszeitraums mehr ausländische Schüler, die von Integrierten Gesamtschulen abgehen, als ausländische Schüler, die von Schulen des dreigliedrigen Schulsystems abgehen, die (Fach-/) Hochschulreife (nämlich 4,3% mehr im Durchschnitt über den Beobachtungs-zeitraum) oder den Realschulabschluss (11,1% mehr) erworben haben, während es sich in Bezug auf den Hauptschulabschluss (10,3% weniger Absolventen von Integrierten Gesamt-schulen als von Schulen des dreigliedrigen Schulsystems) und diejenigen, die die Sekundarstufe ohne Hauptschulabschluss verlassen (5% weniger), umgekehrt verhält.

Ausländische Schüler erreichen auf Integrierten Gesamtschulen also tatsächlich höhere Bildungsabschlüsse als auf Sekundarschulen mit einem Bildungsgang, und sie gehen von Integrierten Gesamtschulen seltener ohne einen Hauptschulabschluss ab, so dass der Besuch einer Integrierten Gesamtschule für ausländische Schüler gegenüber dem Besuch einer Schule des dreigliedrigen Systems vorteilhaft ist. (Allerdings ist auch erkennbar, dass diese Vorteile ausländischer Schüler, die Integrierte Gesamtschulen besucht haben, seit dem Schuljahr 1990/91 ingesamt gesehen etwas geringer geworden sind.)[88]

Die zweite Teilfrage, ob ausländische Jugendliche an IGS höherwertige Schulabschlüsse als deutsche Jugendliche an IGS erzielen, beantworten die Abbildungen 25 und 26. Sie zeigen, wie groß die prozentualen Anteile ausländischer und deutscher Schüler sind, die in den Schul-jahren 1990/1991 bis 1999/2000 IGS mit einem bestimmten Schulabschluss verlassen haben:

Abbildung 25:   Ausländische Absolventen von IGS in den Schuljahren 1990/1991 bis 1999/2000 nach Schulabschlüssen (prozentuale Anteile)

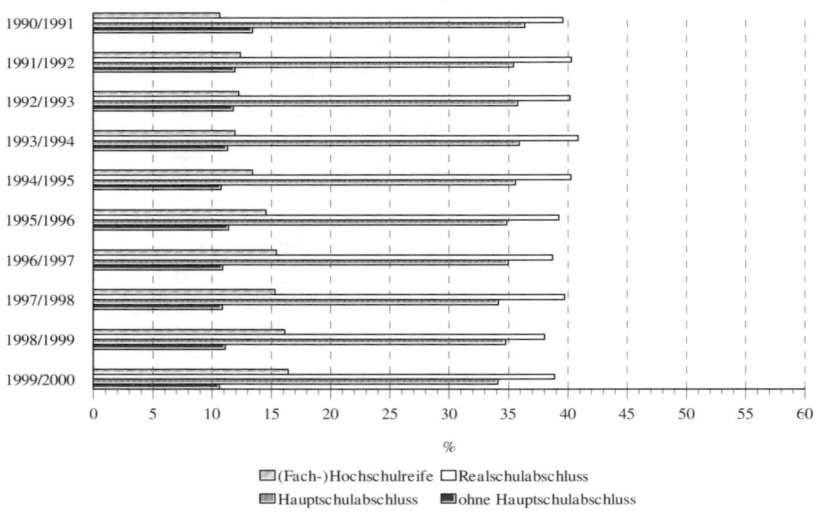

Quelle: Statistisches Bundesamt; eigene Berechnungen

Betrachtet man zunächst Abbildung 25, so stellt man u.a. Folgendes fest:

-    Der Anteil ausländischer Schüler, die die IGS mit dem Abitur oder der Fachhoch-
     schulreife verlassen, an allen ausländischen Absolventen von IGS ist im Beobach-
     tungszeitraum nahezu kontinuierlich von 10,6% auf 16,4% gestiegen.
-    Der größte Anteil der ausländischen Schüler, die von IGS abgehen, erreicht einen
     Realschulabschluss, und dieser Anteil ist im Zeitraum zwischen 1990/1991 und
     1999/2000 relativ stabil geblieben. Durchschnittlich lag er bei 40%.
-    Derjenige Anteil ausländischer Schüler, die die IGS mit einem Hauptschulabschluss
     verlassen haben, liegt geringfügig unter dem derer, die sie mit einem Realschul-
     abschluss verlassen haben, nämlich bei durchschnittlich 35,2%. Im Zeitverlauf zeigt
     der Anteil der Absolventen von IGS mit Hauptschulabschluss eine noch größere
     Stabilität als der Anteil derer mit Realschulabschluss: Die größte Differenz zwischen
     den prozentualen Anteilen der ausländischen Schüler, die die IGS mit einem Haupt-
     schulabschluss verlassen, im beobachteten Zeitraum ist diejenige zwischen 35,8% im
     Schuljahr 1992/93 und 34,11% im Schuljahr 1999/2000.
-    Ohne Hauptschulabschluss verlassen im beobachteten Zeitraum durchschnittlich
     11,5% der ausländischen Schüler die IGS. Dieser Anteil streut in den einzelnen Schul-
     jahren nur sehr wenig um die 11% herum.

Insgesamt gesehen ergibt sich für ausländische Absolventen von IGS im beobachteten Zeitraum
also ein ziemlich stabiles Bild: Die deutlich häufigsten Abschlüsse, die sie erreichen, sind
während des gesamten Zeitraums der Real- und der Hauptschulabschluss. Die geringfügigen
Rückgänge der prozentualen Anteile hinsichtlich dieser Abschlüsse, die im Zeitverlauf zu verzeichnen sind, schlagen sich in einer Zunahme des Anteils derer nieder, die ein Abitur oder eine
Fachhochschulreife erreichen. Keine Verbesserungen im Zeitverlauf sind hinsichtlich der
ausländischen Schüler zu beobachten, die die IGS ohne einen Hauptschulabschluss verlassen.
     Aufschlussreich ist das Gesagte vor allem dann, wenn man den Vergleich mit den
deutschen Absolventen von IGS im selben Zeitraum anstellt:

Abbildung 26:   Deutsche Absolventen von IGS in den Schuljahren 1990/1991 bis 1999/2000
                 nach Schulabschlüssen (prozentuale Anteile)

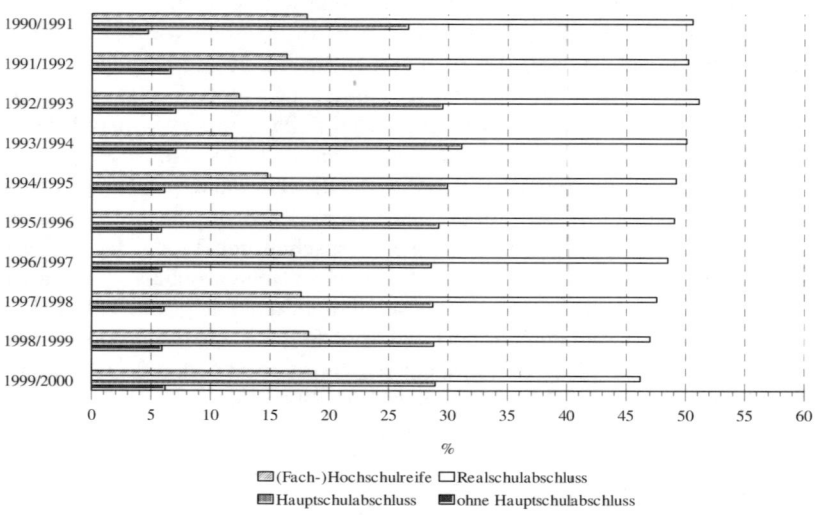

Quelle: Statistisches Bundesamt; eigene Berechnungen

-      Unter den deutschen Absolventen von IGS ist der Anteil derer mit Abitur oder Fach-
       hochschulreife höher als unter den ausländischen Absolventen: Bei Ersteren beträgt
       der durchschnittliche Anteil 16,5%, bei Letzteren 12%. Für die Betrachtung des
       gesamten Zeitraums ergibt sich also eine relativ geringe Differenz zwischen aus-
       ländischen und deutschen Absolventen. Betrachtet man die Entwicklung der Anteile
       von Absolventen mit Abitur oder Fachhochschulreife über die einzelnen Jahre hinweg,
       so fällt auf, dass es deutliche Unterschiede zwischen den Anteilen ausländischer und
       deutscher Absolventen nur in den ersten beiden Schuljahren im Beobachtungszeitraum
       gibt. Im Schuljahr 1992/93 war mit jeweils 12,3% ein Gleichstand erreicht. Seitdem
       sind die Anteile der deutschen und ausländischen Absolventen von IGS mit Abitur
       oder Fachhochschulreife von Jahr zu Jahr gestiegen, bei deutschen Absolventen aller-
       dings etwas stärker als bei ausländischen Absolventen: Die Anteile der deutschen
       Absolventen von IGS mit Abitur oder Fachhochschulreife liegen im Schuljahr
       1994/1995 und danach etwa 2% über denen der ausländischen Absolventen von IGS
       mit Abitur oder Fachhochschulreife (im Schuljahr 1999/2000: Ausländer: 16,4%;
       Deutsche: 18,7%).
-      In jedem Jahr im beobachteten Zeitraum geht ein größerer Anteil deutscher
       Absolventen als ausländischer Absolventen mit einem Realschulabschluss von IGS ab.
       Die Differenz beträgt über den gesamten beobachteten Zeitraum hinweg etwa 10%.
-      In Bezug auf die Absolventen von IGS mit einem Hauptschulabschluss verhält es sich
       umgekehrt: 6-7% mehr ausländische als deutsche Absolventen von IGS verlassen die
       Schule mit einem Hauptschulabschluss.

- Unterschiede zwischen ausländischen und deutschen Absolventen von IGS bestehen auch hinsichtlich des Anteils derer, die die Schule ohne einen Hauptschulabschluss verlassen: Im Beobachtungszeitraum verlassen 4-5% mehr ausländische als deutsche Absolventen die IGS ohne einen Hauptschulabschluss.

Dieser Vergleich zeigt, dass ausländische Absolventen von IGS insgesamt gesehen weniger gute Schulabschlüsse erzielen als deutsche Absolventen von IGS. Zwar haben sich die diesbezüglichen Nachteile von ausländischen Absolventen im Beobachtungszeitraum verringert, aber dies nur geringfügig. Abgesehen von den Absolventen mit Abitur oder Fachhochschulreife, bei denen Ausländer mit Deutschen fast gleichgezogen sind, fällt das Gesamtbild über den Beobachtungszeitraum hinweg relativ stabil und zuungunsten der ausländischen Schüler aus.

Insgesamt kann festgehalten werden, dass IGS für ausländische Kinder tatsächlich eine Chance darstellen, höherwertige Schulabschlüsse zu erreichen als ihnen dies im gegliederten System möglich ist. Allerdings erreichen ausländische Kinder auch auf IGS keine so hochwertigen Schulabschlüsse wie deutsche Kinder, so dass Bildungsnachteile ausländischer Schüler gegenüber deutschen Schülern auch an IGS und nicht nur an Sekundarschulen des dreigliedrigen Systems bestehen.

Ungeklärt muss bleiben, inwiefern die hier berichteten Befunde für ausländische Schüler auch für Schüler verschiedener Nationalitäten oder für Kinder aus Migrantenfamilien gelten. Ebenso ungeklärt sind die Mechanismen, die bewerkstelligen, dass ausländische Kinder auf IGS höherwertige Schulabschlüsse als auf Sekundarschulen des dreigliedrigen Systems erwerben. Köller & Trautwein (2001) berichten, dass dort, wo es keine Gesamtschulen gibt, ein überproportionaler Anteil von Kindern aus Migrantenfamilien Hauptschulen besucht. Möglicherweise hat Merkens (1990) also mit seiner Vermutung Recht, dass der Besuch der IGS eine Form der Konfliktlösung zwischen dem Wunsch des Kindes bzw. seiner Familie und der meist niedrigeren Grundschulempfehlung darstellt. Falls dies zutrifft, würden IGS also von denjenigen besucht, die motiviert und fähig sind, einen höheren Abschluss als den Hauptschulabschluss zu erreichen, aber in Abwesenheit von IGS entsprechend der Grundschulempfehlung eine Hauptschule besuchen (müssen). Wenn man davon ausgeht, dass Grundschulempfehlungen für ausländische Kinder häufiger ungerechtfertigt niedriger ausfallen als für deutsche Kinder, würde auch der Befund verständlich, nach dem ausländische, aber nicht deutsche Schüler an IGS höherwertige Abschlüsse erzielen als an Schulen des dreigliedrigen Systems. Diese Argumentation basiert letztlich also auf der Vorstellung, dass die ausländischen Schüler, die eine IGS besuchen, eine positiv selegierte Population sind, während deutsche Schüler, die eine IGS besuchen, dies nicht sind. Über Merkmale der Unterrichtsorganisation, der Unterrichtsinhalte oder allgemein der Beschulung, die IGS möglicherweise von Sekundarschulen des dreigliedrigen Systems unterscheidet, ist damit nichts gesagt.[89]

---

[89]   Trotz der umfassenden Forschungstätigkeit von Fend und seinen Mitarbeitern (Fend 1976; 1977; Fend, Knörzer, Nagl et al. 1976) zu den Gemeinsamkeiten oder Unterschieden zwischen den Schulformen des gegliederten Schulsystems und den IGS während der 1970er Jahre ist über die Merkmale des Unterrichts in den verschiedenen Schulformen, z.B. über die Interaktionen zwischen Lehrern und Schülern oder Disziplinierungspraktiken so gut wie nichts bekannt (eine kurze Übersicht über die Ergebnisse vergleichender Schulformforschung bieten Horstkemper & Tillmann 2004).

4.6.2   Konzentration von Kindern aus Migrantenfamilien in Schulklassen

Damit ist ein weiteres Kontextmerkmal schulischen Lernens angesprochen, das in der Forschung Beachtung gefunden hat, nämlich die Zusammensetzung der Schülerschaft in einer Schule und in den Klassen, in denen unterrichtet wird. Im Rahmen der vorliegenden Arbeit ist insbesondere die ethnische Zusammensetzung von Schulklassen von Interesse, über deren Effekte auf den Schulerfolg in der Literatur einige Erwartungen formuliert worden sind. Die Grundidee, die diesen Zusammenhang plausibel machen soll, ist, dass die ethnische Zusammensetzung der Schülerschaft nicht direkt auf den Schulerfolg einzelner Schüler wirkt, sondern vermittelt über verschiedene Größen, wie z.B. die Entwicklung spezifischer Gruppennormen und Normalitätsstandards (Caldas & Bankston 1998) oder die Qualität des Unterrichtes (Rüesch 1998). Die wenigen deutschen Studien, die den Zusammenhang zwischen ethnischer Zusammensetzung von Schulklassen und dem Schulerfolg der Schüler in diesen Klassen untersucht haben, haben einen solchen tatsächlich belegen können, aber nicht in konsistenter Weise:

Im Rahmen der PISA 2000-E-Studie wurde festgestellt, dass in Schulen ab einem Anteil von 20% Schülern mit Migrationshintergrund, deren Umgangssprache in der Familie nicht Deutsch ist, schwächere Leistungen im Lesen erzielt wurden, mit einem höheren Anteil von Schülern mit Migrationshintergrund aber keine weitere Verschlechterung der erzielten Leistungen einhergeht (Stanat 2003: 256). Auf der Ebene der einzelnen Bundesländer lässt sich ebenfalls kein linearer Zusammenhang zwischen dem prozentualen Anteil von Schülern aus Migrantenfamilien in den Schulen und dem im Durchschnitt erreichten Leistungsniveau ausmachen: "Für einige Länder scheint zwar ein solcher Trend zu erkennen zu sein, dieser wird jedoch wiederum durch die mittleren Leistungsergebnisse im Saarland und in Schleswig-Holstein durchbrochen, die trotz des eher geringen Migrantenanteils in ihren Schulen vergleichsweise niedrig sind" (Stanat 2003: 258)."

Kristen (2002) hat in ihrer bereits in Abschnitt 2.2.2 erwähnten Studie einen Effekt des Anteils ausländischer Kinder in der Schulklasse auf die Chance, nach der Grundschule auf eine Realschule oder ein Gymnasium statt auf eine Hauptschule zu wechseln, festgestellt: Türkische und (besonders) italienische Kinder haben eine um so geringere Chance, von der Grundschule auf eine Realschule oder ein Gymnasium zu wechseln, je mehr ausländische Kinder in ihrer Grundschulklasse sind (Kristen 2002: 548).

Abgesehen von diesen beiden Studien, die den Zusammenhang zwischen ethnischer Zusammensetzung der Schülerschaft in der Schule und den Leseleistungen bzw. zwischen der Zusammensetzung der Schülerschaft der Grundschulklasse und dem besuchten Sekundarschultyp prüfen, liegen verschiedene Studien vor, die zwar nicht den Zusammenhang zwischen schulischen Leistungen und der ethnischen Zusammensetzung der Schülerschaft testen, sich also nicht direkt auf ein Merkmal des schulischen Umfeldes beziehen, aber die schulischen Leistungen von ausländischen Schülern mit der Häufigkeit ihres Kontaktes zu deutschen Schülern oder mit der ethnischen Konzentration im Wohngebiet in Zusammenhang bringen: Die Untersuchung von Esser (1990) zur Schulkarriere von 463 türkischen und 431 jugoslawischen Kindern ergibt keinen statistisch signifikanten Effekt der ethnischen Konzentration im Wohnviertel auf die Schulkarriere des Kindes (Esser 1990: 141/142). Dagegen konnten Röhr-Sendlmeier (1986) und Abele (1988) in ihren Studien zeigen, dass der häufige Kontakt ausländischer Schüler zu ihren deutschen Mitschülern mit besseren schulischen Leistungen der ausländischen Schüler zusammenhängt.

Diese – wenigen – Befunde zeigen immerhin, dass der Zusammenhang zwischen der ethnischen Zusammensetzung einer Schülerschaft oder allgemein der ethnischen Konzentration im Umfeld von ausländischen Schülern und ihrem Schulerfolg nicht ohne Weiteres als Kausalzusammenhang zu interpretieren ist. Es wäre notwendig, diejenigen Mechanismen zu ermitteln, die den Zusammenhang herstellen, weil mit der ethnischen Zusammensetzung einer Schülerschaft andere Aspekte der Zusammensetzung einer Schülerschaft konfundiert sind, die das Leistungsniveau und mithin den Schulerfolg von Schülern in Schulen oder Klassen mit einem bestimmten Anteil von ausländischen Schülern oder Schülern mit Migrationshintergrund senken können.

Angesichts des Wenigen, was die empirische Forschung zu den Effekten der ethnischen Zusammensetzung der Schülerschaft auf den Schulerfolg von Schülern aussagt, ist es – gelinde gesagt – voreilig, wenn Politiker eine Quote für ausländische Schüler an Schulen oder in Schulklassen fordern, wie dies z.B. die CSU-Fraktion Bayerns oder der ehemalige niedersächsische Ministerpräsident Sigmar Gabriel (SPD) getan haben.

4.6.3   Die ethnische Zugehörigkeit von Lehrern und Schülern

Die These, nach der die ethnische Zugehörigkeit der Lehrkraft einen Effekt auf den Bildungserfolg der Schüler haben soll, ergibt sich aus mehreren der oben bereits genannten und noch zu nennenden Erklärungen für den geringeren Schulerfolg von Kindern und Jugendlichen aus Migrantenfamilien im Vergleich zu deutschen Kindern. Ausgehend von Ogbus These von der Gegenkultur ließe sich vermuten, dass Schüler aus ethnischen Minderheiten gegenüber einem Lehrer, der der Mehrheitsgruppe angehört, mehr oder stärkeren Widerstand – und ein entsprechendes Verhalten – zeigen als gegenüber einem Lehrer, der derselben ethnischen Minderheit angehört (Downey & Pribesh 2004). Aus der Perspektive Steeles könnte man annehmen, dass Schüler aus ethnischen Minderheiten eine weniger starke Bedrohung durch Stereotype fühlen, wenn ihr Lehrer derselben ethnischen Minderheit statt der Mehrheitsgruppe angehört (Dee 2004). Schließlich ist es auch möglich, dass Lehrer aus der Mehrheitsgruppe Schüler, die einer ethnischen Minderheit angehören, bewusst oder unbewusst als Problemschüler einschätzen, ihnen nicht viel zutrauen und sich daher mit ihnen weniger Mühe geben.[90] Schüler aus ethnischen Minderheiten, die von einem Lehrer unterrichtet werden, der der Mehrheitsgruppe angehört, sollten in jedem Fall schlechtere Leistungen zeigen als Schüler, die von einem Lehrer unterrichtet werden, der derselben ethnischen Gruppe angehört.[91]

Trotz oder vielmehr gerade wegen der Tatsache, dass es in Deutschland nur sehr wenige Lehrkräfte aus ethnischen Minderheiten gibt, wäre der Zusammenhang zwischen der ethnischen Zugehörigkeit von Lehrkräften und Schülerleistungen, wenn er sich denn bestätigen ließe, bildungspolitisch relevant, weil mehr oder weniger direkt umsetzbar: Möglicherweise ließen sich die Schulleistungen von z.B. türkischen Schülern oder Schülern mit türkischem Hinter-

---

[90]   In einer interessanten Studie von Taylor (1979) wurde beobachtet, wie viel Unterstützung und Zuspruch weiße Lehrer Schülern gaben, wenn sie die Schüler nicht direkt sehen konnten, ihnen aber vorab gesagt wurde, es handle sich um schwarze oder weiße Schüler. Die Lehrer unterstützten die vermeintlich schwarzen Schüler insgesamt weniger als die vermeintlich weißen Schüler.

[91]   Damit ist allerdings auch klar, dass diese Beobachtung, sollte sie gemacht werden können, als solche keine Schlüsse auf die Gültigkeit einer der genannten Erklärungen erlauben würde, da sie ja kompatibel mit allen ist.

grund dann dadurch befördern, dass türkische Lehrkräfte oder Lehrkräfte mit einem entsprechenden Migrationshintergrund eingesetzt würden. Bedauerlicherweise liegen für Deutschland
keine Untersuchungen über Effekte von Lehrern aus ethnischen Minderheiten auf Schüler aus
Migrantenfamilien oder deutsche Schüler vor, so dass bis auf Weiteres in diesem Zusammenhang auf amerikanische Forschung verwiesen werden muss, die untersucht, ob Schüler vom
'race match' profitieren, d.h. konkret ob schwarze Schüler davon profitieren, wenn sie von
einem schwarzen Lehrer statt von einem weißen Lehrer unterrichtet werden.[92]

Die empirischen Befunde zu dieser Frage sind tendenziell positiv, aber im Detail unein-
heitlich: In Bezug auf Schulleistungen haben Alexander, Entwisle & Thompson (1987) aufgrund ihrer Analyse der 'Beginning School Study' (BSS), in deren Rahmen die Erstklässler in
Baltimore im Herbst 1982 untersucht wurden, festgestellt, dass weniger der 'race match',
sondern die soziale Herkunft der Lehrer gemessen am Beruf des Vaters in der Zeit ihrer Jugend
einen Effekt auf die Leistungen der Schüler hat: "Black performance falls short of white only in
the classrooms of high-SES teachers: ... It is teachers' status background rather than teachers'
race that is the relevant line of demarcation" (Alexander, Entwisle & Thompson 1987: 674). In
seiner Reanalyse derselben Daten kommt Ferguson (1998) aber zu dem Ergebnis, dass
schwarze Schüler am meisten lernen, wenn sie von einem weißen Lehrer unterrichtet werden,
dessen Vater einen hohen Berufsstatus hatte. Ehrenberg, Goldhaber & Brewer (1995) können
anhand der Daten der 'National Educational Longitudinal Study' (NELS) von 1988 keinen
Zusammenhang zwischen dem 'race match' und der Punktzahl in Mathematik- und Lesetests
feststellen. Dee (2004) kommt dagegen zu einem klar positiven Befund. Er hat die Daten des
'Student Teacher Achievement Ratio (STAR)'-Projektes, das in Tennessee im Jahr 1985 zur
Feststellung von Effekten von Klassengrößen auf Schulleistungen begonnen wurde, auf den
Zusammenhang zwischen 'race match' und Schulleistungen hin ausgewertet und stellt fest, dass
schwarze Schüler sowohl in Mathematik als auch im Lesen bessere Leistungen erbringen, wenn
sie von einem schwarzen Lehrer unterrichtet werden. Ein Vergleich der Leistungen von
schwarzen und weißen Schülern in denselben Klassen, der der Konstanthaltung der
Lehrerqualität diente, erbrachte dasselbe Ergebnis. Außerdem konnte Dee aufgrund der
Längsschnittdaten des STAR-Projektes feststellen, dass der positive Effekt des Unterrichtes
durch einen schwarzen Lehrer auf die Leistungen schwarzer Schüler kumulativ wirkt, d.h. je
länger schwarze Schüler von schwarzen Lehrern unterrichtet wurden, desto besser waren ihre
Leistungen.

Studien, in denen der Effekt des 'race match' auf die Beurteilungen von Schülern anhand
anderer Schülermerkmale als ihrer Noten oder Punktzahlen in Leistungstests untersucht wurde,
sind nicht nur zahlreicher, sondern haben auch deutlich einheitlichere Ergebnisse erbracht:
Farkas, Grobe, Sheehan et al. (1990) berichten, dass schwarze Schüler, die sie in einem Schul-
distrikt in Dallas untersucht haben, von schwarzen Lehrern insgesamt günstiger als von weißen
Lehrern beurteilt werden: Schwarze Lehrer geben weniger häufig an, dass schwarze Schüler im
Unterricht fehlen, und gleichzeitig häufiger, dass sie sich Mühe in der Schule geben. Allerdings

---

[92] Die komplementäre Frage danach, ob weiße Schüler davon profitieren, wenn sie von einem weißen statt von einem
      schwarzen Lehrer unterrichtet werden, stellt sich gewöhnlich nicht: Dee (2004) hat anhand seiner Analysen der
      Daten des 'Student Teacher Achievement Ratio'-Projektes festgestellt, dass 45% der schwarzen Schüler von
      schwarzen Lehrern unterrichtet werden, während 94% der weißen Schüler von weißen Lehrern unterrichtet werden.
      Downey & Pribesh (2004) berichten auf der Grundlage der Daten der 'National Educational Longitudinal Study'
      (NELS), dass 64% der schwarzen Achtklässler von einem weißen Englischlehrer unterrrichtet werden, aber nur 3%
      der weißen Achtklässler von einem schwarzen Englischlehrer.

geben schwarze Lehrer auch häufiger als weiße Lehrer an, dass schwarze Schüler im Unterricht stören.

Downey & Pribesh (2004) haben herausgefunden, dass sowohl schwarze Kindergarten-kinder als auch schwarze Achtklässler bezüglich ihres Verhaltens in der Schule und bezüglich ihrer Einstellungen zum Lernen deutlich schlechter beurteilt werden als weiße, und zwar vor allem von weißen Lehrern. Im Falle der Achtklässler werden schwarze Schüler von schwarzen Lehrern insgesamt günstiger beurteilt als weiße Schüler von weißen Lehrern. Die Autoren kommen daher zu der Einschätzung: "... that race continues to matter in the classroom in two highly generalizable samples of students spanning the beginning of the schooling process through adolescence" (Downey & Pribesh 2004: 277). Washington (1982) kann anhand ihrer Studie nicht bestätigen, dass schwarze Schüler von schwarzen Lehrern besser beurteilt werden als von weißen Lehrern. Sie hat 33 schwarze und 31 weiße, also insgesamt 64 Lehrer, die in ersten und vierten Klassen im Südosten der USA unterrichteten, gebeten, von allen Schülern in ihrer Klasse jeweils zwei auszuwählen und diese dann im Hinblick auf bestimmte Eigen-schaften, von denen jeweils sechs positiv oder negativ waren, einzuordnen. Bei der Unterschei-dung dieser Schüler nach Rasse und Geschlecht zeigte sich, dass sowohl schwarze als auch weiße Lehrer weißen Schülern mehr positive und schwarzen Schülern mehr negative Eigen-schaften zuordneten und sowohl schwarze als auch weiße Lehrer schwarzen Jungen die meisten negativen Eigenschaften zusprachen.

Dass schwarze Schüler von weißen Lehrerinnen auch nach mehr als zehn Jahren Bewusst-seinsbildung in Sachen Multikulturalität schlechter behandelt werden als weiße Schüler, hat Casteel (1998) gezeigt: Er hat 16 weiße Lehrerinnen, die an 8 verschiedenen Schulen in Loui-siana siebte oder achte Klassen unterrichteten, während des Unterrichtes beobachtet und ihre Interaktionen mit schwarzen und weißen Schülern anhand des von ihm selbst entwickelten 'Teacher Treatment Inventory Observation System' dokumentiert. Die Auswertung dieser Dokumentation zeigt, dass schwarzen Schülern deutlich seltener als weißen Schülern prozes-suale Fragen gestellt wurden, also solche, die eine Argumentation oder die Ableitung einer Schlussfolgerung aus Prämissen erfordern. Darüber hinaus gaben die Lehrerinnen schwarzen Schülern seltener als weißen Schülern Hilfestellungen, wenn sie nicht korrekt geantwortet hatten, und sie lobten schwarze Schüler seltener als weiße Schüler für korrekte Antworten. Damit belegt Casteel einmal mehr, was schon eine Vielzahl von früheren Studie gezeigt hat, dass nämlich schwarze Schüler im Unterricht weniger Aufmerksamkeit von den Lehrern erhalten, seltener gelobt werden und häufiger ignoriert oder kritisiert werden als weiße Schüler (Aaron & Powell 1982; Ford 1985; Holliday 1985; Patchen 1982; Washington 1980; Weinstein, Marshall, Brattesani et al. 1982).

Es darf also als empirisch gesichert gelten, dass schwarze Schüler von weißen Lehrern schlechter beurteilt und behandelt werden als weiße Schüler. Ob dies Ausdruck einer bewussten oder unbewussten Diskriminierung durch die Lehrer ist oder ein Ergebnis des Verhaltens der schwarzen Schüler im Unterricht, ist aber unklar. Die einzige Studie, die sich dieser Frage gewidmet hat, ist diejenige von Downey & Pribesh (2004). Zwar können die Autoren diese Frage aufgrund ihrer Daten nicht direkt testen, aber sie führen einen indirekten Beleg dafür an, dass "... matching effects are more a function of white teachers' bias than of black students' resistance. Although our focus was on teachers' evaluations of students, another way to assess the relationship between black students and white teachers is to ask the students what they think of their teachers" (Downey & Pribesh 2004: 277). Weil diese Information in ihren Daten über

Kindergartenkinder enthalten ist – die Eltern sollten angeben, ob das Kind den Erzieher mag, es gerne in den Kindergarten geht, sich über den Kindergarten beklagt u.ä.m. –, konnten die Autoren zeigen, dass "… student-teacher racial matching was unrelated to all of these outcomes. In short, whether their teacher is white or black does not seem to matter to black kindergartners" (Downey & Pribesh 2004: 277/279). Dieser Befund spricht also dagegen, dass die negative Beurteilung und Behandlung von schwarzen Schülern durch weiße Lehrer eine Reaktion auf deren Verhalten im Unterricht ist, und damit auch gegen Ogbus Erklärung der schlechte(re)n Schulleistungen schwarzer Schüler durch deren Gegenkultur.

Vor allem ist unklar, ob eine schlechtere Beurteilung und Behandlung schwarzer Schüler durch weiße Lehrer tatsächlich für die schlechteren Schulleistungen von schwarzen Schülern im Vergleich zu weißen Schülern verantwortlich ist. Um dies zu prüfen, müsste man die Effekte des 'race match' auf die Beurteilung oder Behandlung von Schülern und die Effekte dieser Beurteilung oder Behandlung auf die Schulleistungen von Schülern feststellen. (Der 'race match' sollte dann keinen eigenständigen Effekt auf die Leistungen der Schüler haben.) Eine entsprechende Studie seht aber m.W. noch aus. Der Grund hierfür ist vielleicht, dass es seit dem Erscheinen der bekannten Studie von Rosenthal & Jacobson (1968) zum sog. Pygmalion-Effekt als Binsenweisheit gilt, dass die Erwartungen von Lehrern im Zuge einer sich selbst erfüllenden Prophezeiung die intellektuelle Entwicklung der Schüler und damit ihre Schulleistungen beeinflussen. Diese Studie ist jedoch bezüglich ihrer Methodologie heftig kritisiert worden, und Versuche, ihre Ergebnisse zu replizieren, haben Befunde erbracht, die zumindest nicht ermutigend sind (Brophy & Good 1974; Dusek 1975; Elashoff & Snow 1971; ein positiveres Ergebnis erzielt Williams (1976).

Mit der Möglichkeit, dass weiße Lehrer schwarze Schüler im Unterricht bewusst oder unbewusst diskriminieren, muss jedenfalls gerechnet werden. Nichts spricht dagegen, mit einer entsprechenden Möglichkeit in Bezug auf deutsche Lehrer und Schüler aus Migrantenfamilien zu rechnen.[93] Und bislang spricht auch nichts dagegen, dass sich woanders als in den USA ein Zusammenhang zwischen diskriminierendem Verhalten von Lehrern und Schulleistungen von Schülern feststellen lässt.

---

[93] Bildungsforscher in Deutschland haben sich im Zusammenhang mit Schülern aus Migrantenfamilien bislang kaum den Effekten der Erwartungen von Repräsentanten der Bildungsinstitutionen an die Schülerschaft und ihren Selektionsmechanismen gewidmet. Dass sich dies in Bezug auf andere Schülergruppen anders verhält, ist im Verlauf der vorliegenden Arbeit mehrfach angeklungen. Sowohl in Bezug auf die Schichtzugehörigkeit als auch im Hinblick auf das Geschlecht von Schülern wurden die Effekte institutioneller Vorgaben auch in der deutschen Bildungsforschung diskutiert und erforscht (beispielhaft hierfür sei in Bezug auf die Schichtzugehörigkeit Rolff 1997 [1967]; über die Forschung zu Geschlechterverhältnissen in der Schule gibt Stürzer 2003 einen Überblick).

4.7 Institutionelle Diskriminierung

Die Begriffe "Diskriminierung" oder "Benachteiligung", die im Kontext der vorliegenden Arbeit synonym verwendet werden, werden sehr unterschiedlich und häufig unreflektiert benutzt. In Kapitel 3 wurde hierauf bereits hingewiesen. In diesem Kapitel genügt es jedoch nicht mehr, lediglich festzustellen, dass ein Nachteil, der für eine Person oder eine Personengruppe besteht, vielerlei Gründe haben kann, von denen Benachteiligung oder Diskriminierung nur *einer* ist. Statt dessen ist hier wichtig, zwischen verschiedenen Mechanismen der Diskriminierung zu unterscheiden, d.h. zwischen verschiedenen Formen von Verhalten gegenüber Personen, die aufgrund ihrer sozialen oder ethnischen Merkmale als ungleiche oder minderwertige Partner in der Interaktion betrachtet werden (vgl. Markefka 1995: 43). Gewöhnlich geht mit dem Diskriminierungsbegriff die Vorstellung von einer ungerechtfertigten Ungleichbehandlung einher: "Die Objekte/Opfer müssen Merkmale haben, die sie diskriminierbar machen und eine sozial folgenreiche Ungleichbehandlung ermöglichen. Insofern setzt Diskriminierung eine asymmetrisch angelegte Interaktionssituation voraus, in der soziale Ordnungen hergestellt und fortgeschrieben werden" (Gomolla & Radtke 2002: 12). Heckmann definiert Verhaltensdiskriminierung in Bezug auf Angehörige ethnischer Minderheiten kurz und knapp: "Verhaltensdiskriminierung bedeutet ein individuelles oder kollektives Verhalten gegenüber ethnischen Minderheitenangehörigen, das universalistische und Gleichheitsgrundsätze verletzt" (Heckmann 1992: 125). Wenn z.B. weiße Lehrer schwarze Schüler seltener loben, ihnen seltener Hilfestellungen geben oder sie häufiger kritisieren als weiße Schüler, so handelt es sich um diskriminierendes Verhalten im Sinne dieser Definitionen auf seiten der Lehrer unabhängig davon, ob die Lehrer sich ihres Verhaltens bewusst sind oder nicht. Diskriminierendes Verhalten eines Einzelnen (oder jedes einzelnen) Lehrers setzt also keineswegs Böswilligkeit voraus.[94] Diskriminierende Verhaltensweisen müssen auch nicht notwendigerweise an die Person des Diskriminierenden gebunden sein; sie können vielmehr in Organisationsstrukturen verwirklicht sein, wie z.B. in Verfahrensvorschriften. Die Person z.B. eines Sachbearbeiters, der entsprechend dieser Verfahrensvorschriften handeln soll, ist als solche irrelevant. Die Erklärung der Nachteile von Kindern und Jugendlichen aus Migrantenfamilien durch Diskriminierung hat beide Varianten, individuelle und institutionelle Diskriminierung, zu berücksichtigen. Auf die erste dieser beiden Varianten, die individuelle Diskriminierung, wurde bereits in Kapitel 4.6 eingegangen. In Ermangelung einer entsprechenden über die Darstellung von Einzelfällen hinausgehenden Forschung in Deutschland musste auf amerikanische Forschungsergebnisse verwiesen werden. In diesem Kapitel soll auf die zweite der beiden Varianten, nämlich die institutionelle Diskriminierung, eingegangen werden, zu der seit kurzer Zeit Forschungsergebnisse aus Deutschland vorliegen.

Die These, nach der die Nachteile von Kindern und Jugendlichen aus Migrantenfamilien auf institutionelle Diskriminierung im deutschen System schulischer Bildung zurückzuführen ist, beruht auf der Annahme, dass Schulleistungen nicht einfach von Schülern im Rahmen eines vorgegebenen Kontextes und aufgrund ihrer individuellen Leistungsfähigkeit erbracht werden, die wiederum von verschiedenen ihrer persönlichen Merkmale abhängt; vielmehr sind Schulleistungen bzw. Schulerfolg organisationsabhängig oder: Schulleistungen werden hier nicht

---

[94] Die Abwesenheit von Studien zur Beurteilung und zum Verhalten von Kindern und Jugendlichen aus Migrantenfamilien durch Lehrer in Deutschland ist vielleicht dadurch zu erklären, dass dieser Gedanke in Deutschland weit weniger bekannt oder akzeptiert ist als er sein sollte.

(nur) als Leistungen der Schüler, sondern (auch) als Leistungen von Schulen bzw. des Schulsystems aufgefasst. Mit "Organisationsabhängigkeit" ist im Zusammenhang mit der These von
der institutionellen Diskriminierung jedoch weit mehr gemeint als die Unterrichtsgestaltung
durch die Lehrer, Effekte von Lehrer-Merkmalen auf die Schüler oder die Zusammensetzung
der Schülerschaft. Es geht hier nämlich nicht darum, die Organisation lediglich als Randbe-
dingung sozialer Handlungen und Handlungskalküle zu berücksichtigen. Statt dessen "… rücken
Aspekte der spezifischen *Eigenlogik* [Hervorhebung im Original] der jeweiligen Organisationen … in den Vordergrund. Es geht um deren Niederschlag in der Art und Weise, wie die
sozialen Akteure im Kontext der Organisation Interpretationen vornehmen und Entscheidungen
treffen. Eine nur auf die Wissensbestände (Deutungsmuster, Alltagstheorien) und Normalitäts-
erwartungen der individuellen Akteure konzentrierte Behandlung der Entscheidungsfindung
könnte die soziale Institutionalisierung von Mechanismen ethnischer Diskriminierung nicht
hinreichend erklären und müsste Ethnisierung und Diskriminierung wiederum einseitig als
Konsequenz von Vorurteilen und Wissensdefiziten der Entscheider konzipieren" (Gomolla &
Radtke 2002: 57/58). Wenn also eine Grundschullehrerin einem Kind trotz eines hinreichenden
Notendurchschnittes keine Empfehlung für das Gymnasium gibt, sondern für die Realschule,
weil sie glaubt, dass der familiale Hintergrund des Kindes nicht geeignet ist, die Unter-
stützungsleistungen zu erbringen, die sie für einen erfolgreichen Gymnasiumsbesuch als
notwendig erachtet, so ist dieses Verhalten auf die Normalitätsvorstellungen und Wissensbestände und vielleicht auch Vorurteile der Lehrerin zurückzuführen und damit auf eine Diskriminierung eines Entscheiders innerhalb der Schule, aber nicht auf eine institutionelle Diskriminierung. Von institutioneller Diskriminierung würde man dagegen sprechen, wenn das Verhalten der Lehrerin auf "die systemische Rationalität der gesamten Organisation Schule"
(Gomolla & Radtke 2000: 326) bezogen wäre. Diese systemische Rationalität hat die Alloka-
tions- und Selektionsfunktion der Schule mit den konkreten Organisationsinteressen wie z.B.
Bestandserhaltung in Einklang zu bringen, und hierfür "… können askriptive Merkmale der
KlientInnen ebenso funktional sein, wie Leistungskriterien, die Ansprüche begründen.
Askriptionen erhöhen die Entscheidungsoptionen. Die positiven Gewinne und der Nutzen für
die Organisationen selbst, z.B. Flexibilität, Komplexitätsreduktion oder Problemdelegation,
sind ein wesentlicher Faktor, der das Auftreten und die Wirkungsweisen institutioneller
Diskriminierung erklärt" (Gomolla & Radtke 2000: 325).

In ihrer empirischen Studie haben Gomolla & Radtke (2000; 2002) die Schulstatistiken der
Stadt Bielefeld im Zeitverlauf analysiert und dabei festgestellt, dass sich im Verlauf der 1980er-
Jahre zwar die Bildungsbeteiligung von Schülern aus Migrantenfamilien insgesamt verbessert
hat, deutsche Kinder ihre Bildungsbeteiligung aber ebenfalls verbessert haben, so dass sich am
Verhältnis der beiden Schülergruppen bezüglich ihrer Bildungsbeteiligung nichts verändert hat.
Gleichzeitig hat der Anteil der Kinder aus Migrantenfamilien, die von der Einschulung zurückgestellt wurden, deutlich stärker zugenommen als der entsprechende Anteil deutscher Kinder,
und der Anteil der Kinder aus Migrantenfamilien unter allen Schülern an Schulen für Lernbehinderte hat sich mehr als verdoppelt, während der Anteil der deutschen Kinder sich halbiert
hat. "Da man kaum kollektive Eigenschaftsveränderungen der Schülerpopulationen unterstellen
kann, dienten diese Effekte als Indikator, dass nicht Leistungsdefizite individueller Schüler-
Innen, sondern institutionelles Handeln eine wesentliche Ursache für die systematischen Un-
gleichheitsmuster darstellt" (Gomolla & Radtke 2000: 328).

Anhand von Interviews mit Lehrkräften und Schulleitern von insgesamt 20 Schulen in Bielefeld (davon zehn Grundschulen, eine Sonderschule für Lernbehinderte, drei Gesamtschulen und je zwei weiterführende Schulen des Sekundarbereichs) sowie Vertretern der Schulbehörden und Gutachten zur Überstellung von Schülern an Schulen für Lernbehinderte untersuchten Gomolla & Radtke, wie Entscheidungen legitimiert wurden, die sich auf die Einschulung, die Überstellung von Schülern auf eine Sonderschule für Lernbehinderte und den Übergang von der Primar- in die Sekundarstufe bezogen. Sie identifizieren eine Vielzahl von Mechanismen der Diskriminierung, wobei sie im Anschluss an Feagin & Booher Feagin (1986; vgl. Kapitel 3) zwischen Mechanismen direkter und indirekter Diskriminierung unterscheiden, und kommen zu dem Resultat, dass tatsächlich "Schulerfolg oder -mißerfolg nicht nur von den eigenen Leistungen der SchülerInnen, sondern auch von Entscheidungspraktiken der Schulen abhängen, die in ihre institutionellen und organisatorischen Strukturen eingelassen sind" (Gomolla & Radtke 2002: 334).

Bezüglich jedes der drei untersuchten Übergänge stellen Gomolla & Radtke sowohl Mechanismen direkter als auch indirekter Diskriminierung fest, die hier nicht im einzelnen referiert werden sollen. Es mag genügen zu beschreiben, was die Autoren im Hinblick auf die Einschulung festgestellt haben: "Vor allem 'fehlende Kindergartenzeiten' scheinen bei Migrantenkindern quasi automatisch dazu zu führen, dass zusätzlicher Förderbedarf vor dem Schuleintritt veranschlagt wird. Dies wird vor allem mit kulturellen Passungsproblemen zwischen Kindern und Familien und der deutschen Schule begründet" (Gomolla & Radtke 2000: 331). Dies ist eine Strategie der Schulen zu verhindern, dass Kinder aus Migrantenfamilien den Unterricht in Regelklassen erschweren, denn "besonders an Schulen, die die Möglichkeit der Delegation von 'Problemen' in V-Klassen [Vorbereitungsklassen] nicht (mehr) hatten, findet sich die informelle Praxis, Migrantenkinder mit dem Verweis auf 'Sprachdefizite' und 'kulturelle Differenzen' auch in den *Schulkindergarten* [Hervorhebung im Original] zurückzustellen, obwohl diese Einrichtung ausdrücklich ... nicht zum Spracherwerb von Migrantenkindern vorgesehen ist ..." (Gomolla & Radtke 2000: 330).

Die Studie von Gomolla & Radtke ist in mehrfacher Hinsicht bemerkenswert: Sie zeigt nicht nur, dass Mechanismen institutioneller Diskriminierung an verschiedenen Übergängen in der schulischen Laufbahn wirksam sind, sondern auch, dass diese Mechanismen interagieren: "'Sprachdefizite' und 'fehlender oder lückenhafter Kindergartenbesuch' machen Migrantenkinder zu bevorzugten KandidatInnen für ausgrenzende und schulzeitverlängernde Förderstrategien ..., die nicht zuletzt durch eine institutionelle Präferenz für alters- und leistungshomogene (Regel-)Klassen motiviert sind" (Gomolla & Radtke 2000: 333). D.h. dass eine Diskriminierung auf vorangegangenen Diskriminierungen beruht und durch sie legitimiert wird. Bemerkenswert ist in diesem Zusammenhang auch, dass Gomolla & Radtke zeigen, wie auch eine Ungleichbehandlung in fördernder Absicht, also eine positive Diskriminierung, letztlich zu einer negativen Diskriminierung werden kann, wenn nämlich Kinder aus Migrantenfamilien zwecks 'Förderung' in Vorbereitungsklassen unterrichtet werden und sie dadurch vom Besuch der Regelklasse ausgeschlossen sind und sie deswegen wiederum entweder längere Schulzeiten in Kauf nehmen müssen oder eine höhere Wahrscheinlichkeit haben, später auf Sonderschulen für Lernbehinderte überstellt zu werden. "Diese Fördermaßnahmen stellen einen erheblichen Risikofaktor in der Schullaufbahn eines Kindes dar" (Gomolla & Radtke 2000: 333).

Nicht zuletzt ist an dieser Studie bemerkenswert, dass sie belegt, dass bestimmte Erklärungen für die schulische Situation von Kindern und Jugendlichen aus Migrantenfamilien von

Entscheidern unhinterfragt akzeptiert werden, wenn diese Erklärungen dazu geeignet sind, Entscheidungen zu legitimieren. Bei Gomolla & Radtke findet sich eine Vielzahl von Belegen dafür, dass eine "enge Verzahnung von kulturbezogenen Attribuierungen in Bezug auf das Kind und Erwägungen in Bezug auf den ungestörten Ablauf des Unterrichts und das Einhalten der Lehrpläne" (Gomolla & Radtke 2002: 169) besteht. Z.B. wird "im Rückgriff auf die Kulturkonflikthypothese … der Widerspruch türkischer Eltern als irrationales Bedrohungsgefühl und Feindseligkeit gegenüber der 'deutschen Schule' delegitimiert" (Gomolla & Radtke 2002: 211).

Einen indirekten Hinweis auf institutionelle Diskriminierung gibt auch die Studie von Kristen (2002): Sie stellt fest, dass für den Übergang von der Grundschule auf einen bestimmten Typ von Sekundarschule sowohl bei ausländischen Kindern als auch bei deutschen Kindern die Noten in Mathematik und Deutsch entscheidend sind und ausländische Kinder deutlich schlechtere Deutschnoten als deutsche Kinder (und schlechtere Deutschnoten als Mathematiknoten) haben. Der deutlich häufigere Wechsel von ausländischen Kindern als von deutschen Kindern auf die Hauptschule könnte insofern durch ihre schlechteren Noten in Deutsch erklärt werden. Allerdings bleiben Unterschiede zwischen ausländischen Kindern und deutschen Kindern sowie zwischen ausländischen Kindern verschiedener Nationalitäten bestehen, wenn die Schulnoten kontrolliert werden: "Insgesamt kann … geschlossen werden, dass die ethnische Herkunft für die Frage, ob ein Kind auf die Hauptschule wechseln wird oder nicht, eine bedeutsame Rolle spielt; wenn es allerdings um die Frage geht, ob ein Kind die Realschule oder das Gymnasium besuchen wird, dann verliert die ethnische Zugehörigkeit an Gewicht" (Kristen 2002: 545). Im Hinblick auf die Frage, warum die ethnische Herkunft eines Kindes nach Kontrolle seiner Schulnoten einen Einfluss darauf haben sollte, ob es die Hauptschule oder eine weiterführende Sekundarschule (also eine Realschule oder ein Gymnasium) besucht, "scheint der Verweis auf Diskriminierungen seitens der Schule nahe zu liegen" (Kristen 2002: 549). Die Autorin gibt allerdings zu bedenken, dass "auch andere, bislang nicht kontrollierte Faktoren, für den Fortbestand derartiger Unterschiede verantwortlich sein können" (Kristen 2002: 549).

Selbst dann, wenn es so wäre, dass deutsche und Migrantenkinder gleichermaßen entsprechend ihrer Noten nach dem Abschluss der Grundschule auf die verschiedenen Typen von Sekundarschulen verteilt werden, könnte man im Anschluss an die in Kapitel 3 angestellten Überlegungen fragen, ob es sich nicht um eine institutionelle Diskriminierung handelt, wenn die Deutschnote, die bei Migrantenkindern deutlich schlechter ist als die Mathematiknote (Kristen 2002: 541 und Tabelle 2, S. 542), bei ihnen ebenso stark gewichtet wird wie bei deutschen Kindern und dementsprechend zu einer schlechteren Durchschnittsnote als bei deutschen Kindern führt, was wiederum darin resultiert, dass Migrantenkinder mit weit geringerer Wahrscheinlichkeit nach Abschluss der Grundschulzeit auf eine weiterführende Sekundarschule als die Hauptschule wechseln. Dies verweist auf die Rolle, die Deutschkenntnisse für die schulische Laufbahn von Kindern und Jugendlichen aus Migrantenfamilien in Deutschland spielen. Sie wird im folgenden Kapitel behandelt.

4.8   Die Bedeutung von Sprachkenntnissen für den Schulerfolg

Derzeit scheint es, dass die Förderung der Deutschkenntnisse von Kindern und Jugendlichen
aus Migrantenfamilien sowohl von Bildungspolitikern als auch vielen in der pädagogischen
Praxis Beschäftigten als dringlichste Aufgabe betrachtet wird, wenn es darum geht, die
Bildungsbeteiligung und den Bildungserfolg von Kindern aus Migrantenfamilien zu fördern.
Möglicherweise ist dies der kleinste gemeinsame Nenner, auf den sie sich untereinander einigen
können und dem auch Bildungsforscher zumindest teilweise zustimmen können. Die Überzeu-
gung scheint zu sein, dass die Nachteile von Schülern aus Migrantenfamilien gegenüber
deutschen Schülern zu einem erheblichen Teil, wenn nicht allein dadurch verursacht seien, dass
Erstere deutliche Defizite bezüglich der Beherrschung der deutschen Sprache in Wort und
Schrift hätten und diese Defizite zu schlechten Schulleistungen führen, die im meritokratischen
Bildungssystem Deutschlands wiederum dazu führen, dass Schüler aus Migrantenfamilien zum
großen Teil Hauptschulen besuchen und keinen Schulabschluss oder einen Hauptschulabschluss
erwerben.[95]
    Im Kapitel 2.2.3 wurde bereits beschrieben, dass im Rahmen der PISA-Studie festgestellt
wurde, dass Schüler aus Migrantenfamilien tatsächlich relativ schlechte Kenntnisse der Unterrichtssprache haben, und zwar auch im Vergleich mit Schülern aus Migrantenfamilien in
anderen Ländern und auch dann, wenn sie ihre gesamte Schullaufbahn in Deutschland absolviert haben. Auf der Suche nach Erklärungen hierfür mag man versucht sein, die defizitären
Sprachkenntnisse der Kinder aus Migrantenfamilien im Zusammenhang mit mangelnder Integration von Migrantenfamilien in Deutschland allgemein zu sehen: Wenn man davon ausgeht,
dass es für den Erwerb guter Deutschkenntnisse wichtig ist, dass Deutsch (auch) im familialen
Umfeld regelmäßig gesprochen wird, dann würde der Befund, nach dem Kinder aus Migrantenfamilien, die in Deutschland geboren wurden oder ihre gesamte Schulbildung in Deutschland
erworben haben, defizitäre Sprachkenntnisse aufweisen, darauf hindeuten, dass sie in ihren
Familien wenig oder kein Deutsch sprechen. Wenn in Migrantenfamilien aber kaum Deutsch
gesprochen wird, so mag das wiederum als Indikator für eine insgesamt mangelnde Integration
von Migrantenfamilien aufgefasst werden. Diese Argumentation ist aber nicht haltbar: Die
IGLU-Studie hat ergeben, dass nur 5,3% der Kinder aus Migrantenfamilien kein Deutsch
gelernt haben, als sie klein waren (Schwippert, Bos & Lankes 2003: 278), und immerhin 17%
der Kinder mit Migrationshintergrund, die im Rahmen des Projektes "Sprachenerhebung
Essener Grundschulen" (SPREEG) im Frühjahr 2002 an allen Grundschulen in Essen befragt
wurden, gaben als einzige Familiensprache Deutsch an (Chlosta & Ostermann).[96] Entweder
lernen Kinder aus und in Migrantenfamilien also ein Deutsch, das demjenigen, das in der
Schule benutzt und erwartet wird, nicht entspricht, oder sie lernen Deutsch nicht in

---

[95]   Einige Bildungsforscher schließen sich dieser Auffassung offensichtlich an. Z.B. behauptet Stanat (2003: 260):
        "Wie im ersten Bericht des nationalen PISA-Konsortiums gezeigt werden konnte, besteht in Deutschland die
        entscheidende Hürde für schulischen Erfolg von Schülerinnen und Schülern aus zugewanderten Familien im Erwerb
        der Verkehrssprache …", ohne in Rechnung zu stellen, dass sich in statistischen Modellen nur solche Hürden als
        entscheidend erweisen können, die im Modell berücksichtigt wurden. Wenn sich z.B. die Ergebnisse von Gomolla
        & Radtke (vgl. Kapitel 4.7) verallgemeinern lassen, sind es nicht die defizitären Deutschkenntnisse (allein), die zu
        den Nachteilen von Schülern aus Migrantenfamilien führen, sondern (auch) die Entscheidungen, die Lehrer oder
        Schulleiter treffen und durch die defizitären Deutschkenntnisse legitimieren.

[96]   Hierbei wurde der Migrationshintergrund dadurch definiert, dass mindestens ein Elternteil nicht in Deutschland
        geboren wurde (Chlosta & Ostermann 2005: 60).

ausreichendem Maß (was auf dasselbe hinausläuft, sofern es nicht als dasselbe gelten kann). Angesichts der Bedeutung, die Deutschkenntnissen für den Schulerfolg zugeschrieben wird, ist es überraschend, dass es hierzu kaum Forschung gibt.[97]

Für Migrantenkinder aus türkischen und marokkanischen Familien in den Niederlanden, deren Eltern miteinander Türkisch bzw. Marokkanisch-Arabisch sprechen, haben Driessen, Van der Silk & De Bot (2002) festgestellt, dass ihre Kenntnisse des Niederländischen im Verlauf ihres Besuchs der 4. bis 6. Klasse zwar deutlich besser werden, diejenigen der Kinder, deren Eltern Niederländisch oder Friesisch miteinander sprechen, aber ebenso und sogar noch etwas mehr, so dass die Niederländisch-Kenntnisse der Kinder aus türkischen Familien am Ende der 6. Klasse noch weiter hinter denen der Kinder, deren Eltern Niederländisch oder Friesisch miteinander sprechen, zurückbleiben als in der 4. Klasse. Die sprachlichen Nachteile der Kinder aus marokkanischen Familien sind am Ende der 6. Klasse genauso groß wie am Ende der 4. Klasse. Offensichtlich gelingt es in der Schule nicht, die sprachlichen Defizite der türkischen und marokkanischen Kinder so weit auszugleichen, dass sie am Ende der 6. Klasse sprachlich auf dem gleichen Stand sind wie die Kinder, deren Eltern Niederländisch oder Friesisch miteinander sprechen. Bemerkenswert ist aber vor allem das Ergebnis, nach dem "... with the exception of the children of dialect-speaking parents – the children's use of Dutch in various areas (with parents, siblings and peers) has *no* [Hervorhebung im Original] significant effect on the child's language proficiency. ... Furthermore, we found that the command of the Dutch language of Turkish- and Moroccan-speaking parents has no positive effect on the language proficiency of their children in Form 4." (Driessen, Van der Silk & De Bot 2002: 189).[98] Die Autoren schließen aus ihren Befunden u.a., dass "the recent proposals of the Dutch Minister for Urban Policy and Integration of Ethnic Minorities, meant to encourage immigrant parents to speak Dutch at home, are based on a simplistic conception of the relationship between languages used at home and at school" (Driessen, Van der Silk & De Bot 2002: 191).

Dieser Einschätzung der Autoren ist schon deshalb zuzustimmen, weil sich gezeigt hat, dass die koordinierte Förderung des Deutschen und der Muttersprache der Kinder aus Migrantenfamilien entscheidend ist sowohl für die Sprachentwicklung im Allgemeinen als auch für die Entwicklung der Deutschkenntnisse im Speziellen (Reich & Roth 2002: 29-36 (Abschnitt 5)). Vor diesem Hintergrund ist es problematisch, allein die Deutschkenntnisse der Kinder aus Migrantenfamilien – u.U. auf Kosten ihrer Kenntnisse der Muttersprache – durch zusätzliche Unterrichtsstunden verbessern zu wollen. Das Festhalten am "monolingualen Habitus der multilingualen Schule" (Gogolin 1994) ist daher kontraproduktiv.

All dies sagt aber noch nichts darüber aus, welchen Einfluss Sprachkenntnisse oder speziell Deutschkenntnisse auf den Schulerfolg von Schülern aus Migrantenfamilien haben. Theoretisch wäre ein Einfluss der Deutschkenntnisse auf die Schulnoten zu erwarten, und zwar insbesondere auf die Deutschnote. Weil die Deutschnote und die Mathematiknote gewöhnlich

---

[97]   Es gibt inzwischen einige Forschungsarbeiten über den Sprachgebrauch von Jugendlichen aus Migrantenfamilien, aber diese Studien konzentrieren sich auf den Sprachgebrauch von Jugendlichen untereinander, vor allem in ihrer Freizeit. Meist geht es diesbezüglich um Fragen der Identität, und darüber hinaus steht nicht der Gebrauch der deutschen Sprache im Vordergrund des Interesses, sondern meistens der Gebrauch des Türkischen (z.B. Auer 1995; Auer & Dirim 2000; Dirim 2003).

[98]   Die 'language proficiency' der Grundschüler bezieht sich auf die Kenntnis des Niederländischen und wurde anhand eines Sprachtests festgestellt, der speziell für die Studie entwickelt wurde, deren Daten die Autoren analysiert haben, nämlich die 'Primary Education'-Längsschnitt-Studie, die 1994 begonnen hat und die Befragung von Schulleitern, Lehrern, Schülern und Eltern umfasst (vgl. Driessen, Van der Silk & De Bot 2002: 179).

entscheidend sind für die Grundschulempfehlung, sollten Schüler gemäß dieser Noten auf Sekundarschulen verteilt werden. Im Kapitel 4.7 wurde bereits von der Studie von Kristen (2002) berichtet, die ergeben hat, dass der häufigere Wechsel von ausländischen Kindern als von deutschen Kindern auf die Hauptschule zwar tatsächlich durch ihre schlechteren Noten in Deutsch erklärt werden kann, aber signifikante Nationalitäteneffekte bestehen bleiben, wenn die Schulnoten kontrolliert werden. Mangelnde Deutschkenntnisse erklären also den häufigeren Übergang von ausländischen Kindern von der Grundschule auf die Hauptschule zum Teil, aber nicht vollständig. Nach dem Übergang in die Sekundarstufe sollten keine oder nur noch geringfügige Effekte der Deutschkenntnisse beobachtbar sein, weil eine den Deutschkenntnissen entsprechende Selektion und Allokation der Schüler bereits stattgefunden hat. Ob dies allerdings so ist, muss offen bleiben. In den Datensätzen, die für die Analyse des Bildungserfolgs von Schülern aus Migrantenfamilien bzw. von ausländischen Schülern in Deutschland und seiner Determinanten verfügbar sind, stehen entweder keine Informationen zu den Deutschkenntnissen der Schüler zur Verfügung oder die Deutschkenntnisse können in statistische Modelle kaum sinnvoll aufgenommen werden, weil sie kaum zwischen den Befragten variieren.[99]

Für die Erklärung der schulischen Nachteile von Kindern und Jugendlichen aus Migrantenfamilien durch mangelnde Deutschkenntnisse spricht also wenig mehr als die hohe Plausibilität des Zusammenhangs zwischen Sprachkenntnissen und Schulerfolg. Aus der alleinigen Konzentration auf Deutsch- statt auf Sprachkenntnisse resultiert, dass Fragen nach den Aufgaben der Schule im Zusammenhang mit der Vermittlung von Sprachkompetenzen außen vor bleiben: So könnte man der Auffassung sein, dass es Aufgabe der Grundschulen sei, sprachliche Defizite im Deutschen auszugleichen, statt Schüler lediglich gemäß ihrer Deutschkenntnisse auf Sekundarschulen zu verteilen.[100] Auch die Reflexion der Nachteile, die Jugendliche aus Migrantenfamilien haben, wenn ihre Muttersprachen bzw. Sprachen, die sie von klein auf zu sprechen gewohnt sind, nicht als zweite Fremdsprachen anerkannt werden, entfällt bei einer auf Deutschkenntnisse eingeschränkten Sicht.

4.9 Was wir über die Erklärung der Nachteile von Kindern und Jugendlichen aus Migrantenfamilien im deutschen Schulsystem wissen, und was wir darüber wissen sollten

Die Darstellung in Kapitel 4 sollte deutlich gemacht haben, dass mehr Erklärungsvorschläge für die Nachteile von Kindern und Jugendlichen aus Migrantenfamilien gegenüber deutschen Kindern im deutschen Schulsystem existieren als der öffentliche Diskurs um dieses Thema bislang vermuten lässt, aber auch mehr als eine fachspezifische Betrachtung des Phänomens nahe legt. Die vorgestellten Erklärungsvorschläge wurden nämlich in verschiedenen sozialwissenschaftlichen Disziplinen und unterschiedlichen nationalen Kontexten entwickelt. Z.B. wurden neben bildungssoziologischen Erklärungen, die (auch) in Deutschland – unabhängig

---

[99]   Möglicherweise ist die geringe Varianz bezüglich der Deutschkenntnisse darauf zurückzuführen, dass sie - wenn sie erfragt werden - als Selbsteinschätzung erfragt werden.

[100]   Dass niederländische Grundschulen dies nicht schaffen, hat die Studie von Driessen. Van der Silk & De Bot (2002) belegt. Leider existiert bezüglich der methodischen Qualität keine auch nur annähernd vergleichbare Studie für Deutschland.

von Schülern aus Migrantenfamilien – eine gewisse Tradition haben, wie der Erklärung durch kulturelle Defizite oder der humankapitaltheoretischen Erklärung, Erklärungen vorgestellt, die bislang eher Pädagogen beschäftigt haben, und solche, die in Deutschland noch gar nicht rezipiert wurden.

Klar ist, dass sich die verschiedenen Erklärungen in den meisten Fällen nicht gegenseitig ausschließen, sondern jeweils verschiedene Faktoren ins Zentrum der Betrachtung rücken, die möglicherweise kumulativ zu den Nachteilen führen, die Kinder und Jugendliche aus Migrantenfamilien gegenüber deutschen Kindern bezüglich ihrer Bildungsbeteiligung und ihres Bildungserfolgs haben.[101] Dabei ist jedoch zu beachten, dass sich verschiedene Erklärungen auf unterschiedlichen Ebenen bewegen: Auf der einfachsten Ebene werden Faktoren benannt, von denen angenommen wird, dass sie direkt auf das Leistungsvermögen oder die Leistungsbereitschaft der Schüler wirken. (Dies trifft auf die in Kapitel 4.1 bis einschließlich 4.3 sowie in Kapitel 4.8 vorgestellten Erklärungen zu.) Diese Perspektive folgt der meritokratischen Auffassung des deutschen Schulsystems: Wer in der Schule schlecht abschneidet, muss Merkmale oder Umstände aufweisen, die dazu führen, dass er schlechte Leistungen zeigt. Andere Erklärungen wie die Erklärung durch institutionelle Diskriminierung (vgl. Kapitel 4.7) oder die Erklärung durch Lehrereffekte (vgl. Kapitel 4.6) argumentieren letztlich über weite Strecken mit denselben Faktoren; sie rücken aber die Wirkungen in den Blickpunkt, die sie aufgrund der Wahrnehmung von Repräsentanten der Bildungsinstitutionen entfalten. D.h. was in der ersten Perspektive eine *Determinante des Schulerfolgs* ist, ist in der zweiten Perspektive *Gegenstand einer Alltagstheorie*, die die Wahrnehmungen, die Handlungen und die Entscheidungen der Repräsentanten der Bildungsinstitutionen beeinflussen. So haben z.B. Gomolla & Radtke (2002) in ihrer Studie gezeigt, wie Annahmen von Lehrern und Schulleitern über die Existenz kultureller Defizite bei Kindern aus Migrantenfamilien die Legitimation von Entscheidungen ermöglichen, die die schulische Laufbahn dieser Kinder beeinträchtigen. Es ist überraschend, dass die zweite Perspektive in Bezug auf die schulischen Nachteile von Kindern und Jugendlichen aus Migrantenfamilien vor allem von Pädagogen entwickelt und empirisch geprüft worden ist, während Soziologen eher der ersten Perspektive verhaftet sind, denn der Satz "if men define situations as real, they are real in their consequences" (Thomas & Thomas 1928: 572), der als Thomas-Theorem bekannt geworden ist, gilt vielen Soziologen geradezu als für die Soziologie definitorisch.[102] Auch die Erklärung des Psychologen Steele, die mit dem Gefühl der Bedrohung durch Stereotype argumentiert, darf als ideale Anwendung des Thomas-Theorems gelten (vgl. Kapitel 4.5). Vielleicht ist das Schisma zwischen Autoren, die von einem meritokratischen deutschen Schulsystem ausgehen, und denjenigen, die dem Thomas-Theorem folgen, dafür verantwortlich, dass sie einander kaum zur Kenntnis nehmen, jedenfalls einander nicht zitieren bzw. auf die Arbeiten der jeweils anderen kaum oder gar nicht verweisen. Dies gilt auch für Erklärungen, die auf derselben Ebene argumentieren: Es finden sich so gut wie keine Beispiele dafür, dass Komponenten der Erklärung durch kulturelle Defizite und der

---

[101] So kann z.B. mit Ausnahme der kulturökologischen Erklärung Ogbus, die in relevanten Teilen keine empirische Bestätigung gefunden hat, keine der Erklärungen für sich allein genommen dem unterschiedlichen schulischen Miß-/Erfolg verschiedener Nationalitäten bzw. ethnischer Gruppen Rechnung tragen.

[102] Wie Merton (1995: 383) berichtet, hat George H. Mead in einer seiner Vorlesungen sehr Ähnliches festgestellt: "If a thing is not recognized as true, then it does not function as true in the community". Das "Mead theorem" habe allerdings ein gänzlich anderes kognitives Schicksal gehabt: es sei nämlich schlicht in Vergessenheit geraten. Die Formulierung Meads entspricht der Argumentation bei Gomolla & Radtke (2002) m.E. noch besser als die Formulierung von Thomas & Thomas (1928).

humankapitaltheoretischen Erklärung parallel oder konkurrierend anhand derselben Daten geprüft worden wären. Dies ist sicherlich auch der Tatsache geschuldet, dass es bislang nur sehr wenige Datensätze gibt, die eine gleichzeitige Prüfung verschiedener Erklärungen erlauben würden.

Betrachtet man nunmehr den empirischen Bewährungsgrad der verschiedenen Erklärungen, so fällt zunächst auf, dass insgesamt sehr viel weniger empirische Studien zum (mangelnden) Schulerfolg von Schülern aus Migrantenfamilien in Deutschland existieren als man aufgrund des Stellenwertes, den das Thema im öffentlichen Diskurs einnimmt, zu vermuten geneigt ist. Auch der Versuch, Erklärungen – wo möglich – durch eigene Analysen anhand verschiedener Datensätze zu testen, hat an dieser Lage wenig ändern können. Weiterhin muss man feststellen, dass einige Erklärungen in Deutschland gar nicht geprüft wurden und im Rahmen der vorliegenden Arbeit mangels Daten auch nicht getestet werden konnten, nämlich die Erklärung durch die Bedrohung durch Stereotype von Steele und die Erklärung durch Lehrereffekte sowie die kulturökologische Erklärung von Ogbu. Da die amerikanischen Studien zu diesen Erklärungen teilweise ermutigende Ergebnisse erbracht haben, bleiben diese Erklärungen Prüfungskandidaten auch für Deutschland. Zu anderen Erklärungen liegen bestenfalls Einzelstudien vor, wie z.B. für die Erklärung durch Schulformen oder die Zusammensetzung der Schülerschaft. Als Einzelstudie steht auch die Studie zur institutionellen Diskriminierung von Gomolla & Radtke da. Zwar haben diese Einzelstudien interessante Ergebnisse erbracht, die eine weitere Forschung in den eingeschlagenen Richtungen ermutigen sollten, jedoch wäre es zum aktuellen Zeitpunkt zu früh, aus diesen Einzelstudien weitreichende Schlüsse zu ziehen, d.h. sie ungerechtfertigt zu verallgemeinern. Am besten geprüft sind die Erklärung durch kulturelle Defizite und die humankapitaltheoretische Erklärung, und obwohl man sagen muss, dass von beiden die Letztere bessere Ergebnisse erbracht hat als die Erstere, muss man einräumen, dass auch die humankapitaltheoretische Erklärung unbefriedigende Ergebnisse erbracht hat. Die Forschungslandschaft ist also insgesamt mit einem Wort trist (aber nicht trostlos). Diese Situation ist jedoch auch vor dem Hintergrund zu sehen, dass eine nennenswerte empirische Forschung über die Determinanten des Schulerfolgs von Kindern und Jugendlichen aus Migrantenfamilien erst ab den 1990er-Jahren betrieben wird und insofern noch in den Kinderschuhen steckt.

Dies wirft die Frage danach auf, in welche Richtung die Forschung über die Determinanten der schulischen Nachteile der Kinder und Jugendlichen aus Migrantenfamilien in Deutschland gehen sollte. Diese Forderungen sind bezüglich dieses Themas keine anderen als diejenigen, die zunehmend auch in Bezug auf andere Themen gestellt werden: Erstens sind aufgrund der Tatsache, dass die Schullaufbahn im deutschen Schulsystem eine Art Filterungsprozess ist, bei dem frühere Abschnitte und Übergänge die späteren determinieren oder zumindest bestimmte Alternativen ausschließen, *Längsschnittdaten* erforderlich. Nur so könnte geklärt werden, inwieweit Nachteile von Schülern aus Migrantenfamilien zu einem bestimmten Zeitpunkt in der Schullaufbahn lediglich Folgen früherer Nachteile sind oder durch Faktoren zu erklären sind, die zu diesem Zeitpunkt wirksam sind. Zweitens reicht es nicht hin, Daten über die Merkmale allein der Schüler zu erheben. Dies ist zwar ein zulässiges Verfahren, um bestimmte Theorien zu testen, d.h. um zu prüfen, ob gewisse aus diesen Theorien abgeleitete Hypothesen bestätigt werden können oder nicht, aber kein Verfahren, das dazu geeignet wäre festzustellen, welcher Stellenwert den Merkmalen der Schüler oder ihrer Familien bei der Erklärung ihrer schulischen Leistungen zukommt. Ein Theorietest erfordert eben eine andere Vorgehensweise als die Erklärung eines Phänomens. Wenn das Phänomen der schulischen Nachteile von Kindern und

Jugendlichen aus Migrantenfamilien erklärt werden soll, so müssen die *Beiträge verschiedener Erklärungen im Rahmen desselben statistischen Modells* getestet werden. Das wiederum wird nur möglich sein, wenn Daten über Schüler, Eltern, Lehrer, Schulklassen und Schulen vorliegen wie es bei den Schulleistungsstudien der Fall ist.[103] Das Auswertungsverfahren, das einer solchen Datenstruktur entspricht, wäre eine *Mehrebenenanalyse*, die in Rechnung stellt, dass Varianzquellen miteinander verknüpft sein können, wie es z.B. der Fall ist, wenn man die Leistungen von Schülern in verschiedenen Klassen an verschiedenen Schulen untersucht.[104]

Als einzige Studie in Deutschland entspricht die in Kapitel 2.1.3 beschriebene LAU-Studie weitgehend diesen Anforderungen. Dass es sich bei ihr nahezu um eine Vollerhebung der Hamburger Fünftklässler im Jahr 1996 handelt, macht sie noch attraktiver, weil sie deshalb allgemeine Aussagen über eine bestimmte Kohorte der Hamburger Schülerschaft – der deutschen wie der aus Migrantenfamilien – erlaubt. Wenn es der Stadt Hamburg möglich ist, sich zu einer solchen Studie zu entschließen, sie zu organisieren und zu finanzieren, dann sollte dies auch deutschlandweit möglich sein. Bislang bestehen m.W. aber trotz des hohen Stellenwertes, den Bildungsthemen derzeit unter (nicht nur Bildungs-) Politikern einnehmen, keine entsprechenden Pläne. Selbst dann, wenn sie bestünden und in die Tat umgesetzt würden, wäre zu befürchten, dass die resultierenden Daten – obwohl sie wie die Schulleistungsstudien aus Steuergeldern finanziert würden – der wissenschaftlichen Öffentlichkeit nicht uneingeschränkt zur Verfügung gestellt würden.

---

[103] Wie bereits in Kapitel 2.1.3 beschrieben, stellen Daten aus Schulleistungsstudien in vieler Hinsicht das Optimum dar. Leider ist der Indikator für Schulerfolg, den sie bereitstellen, aber per definitionem die Leistung in einem bestimmten Bereich, womit nur ein kleiner Teil und aus soziologischer Sicht nicht der wichtigste Teil dessen abgedeckt ist, was zu "Schulerfolg" zu zählen ist.

[104] Das statistische Modell, das der Mehrebenenanalyse zugrunde liegt, ist das hierarchische lineare Modell, das z.B. bei Ditton (1998: 43-71) oder Snijders & Bosker (1999: 67-85) näher beschrieben ist. Neben seinen speziellen Vorteilen gegenüber der Schätzung mehrerer einfacher Regressionsanalysen hat es leider den Nachteil, dass "eine Untersuchung von Kausalketten direkter und indirekter Beziehungen auf der Basis latenter Variablen nicht möglich ist" (Ditton 1998: 57). Die Möglichkeiten der Analyse von Mehrebenenmodellen hat Ditton (1992) beispielhaft in Bezug auf die Erklärung von Bildungsaspirationen demonstriert.

5. Implikationen für die pädagogische Praxis und die Bildungspolitik

Angesichts des insgesamt unbefriedigenden Forschungsstandes zu schulischen Nachteilen von Kindern und Jugendlichen aus Migrantenfamilien ist zu fragen, ob sich aus der diesbezüglichen empirischen Forschung überhaupt Implikationen für die bildungspolitische und pädagogische Praxis ableiten lassen. Eine erste Implikation, die m.E. abgeleitet werden kann, ist – keineswegs selbstverständlich – die, dass für die Bildungspolitik und die Pädagogik tatsächlich ein Handlungsbedarf in Bezug auf Kinder und Jugendliche aus Migrantenfamilien besteht: Für diejenigen, die am Prinzip der Ergebnisgleichheit orientiert sind, ergibt sich dies bereits aus dem empirischen Nachweis erheblicher Nachteile ausländischer Kinder gegenüber deutschen Kindern im deutschen Schulsystem. Für diejenigen, die statt dessen am meritokratischen Prinzip ausgerichtet sind, ist in diesem Zusammenhang nicht die bloße Existenz von Nachteilen dieser Kinder im deutschen Schulsystem relevant, sondern der empirische Nachweis, dass sie sich eben nicht nur als notwendige Folge schlechterer Leistungen, insbesondere im Fach Deutsch, oder aufgrund einer schlechteren Ausstattung der Familien mit bildungsrelevanten Ressourcen einstellen, sondern u.a. durch Mechanismen institutioneller Diskriminierung.

Darüber hinaus sollte die empirische Forschung darauf hin überprüft werden, ob bzw. inwieweit sie Aussagen darüber machen kann, wie eine erfolgversprechende Förderung von Kindern und Jugendlichen aus Migrantenfamilien aussehen kann bzw. – nicht weniger wichtig – welche Fördermaßnahmen wenig erfolgversprechend sind oder auf empirisch falschen Prämissen beruhen. Dass Fördermaßnahmen auf empirischen Befunden beruhen sollten, mag trivial klingen. Dass es dies aber nicht ist, wird deutlich, wenn man sich die noch junge Geschichte der pädagogischen Förderung von Kindern und Jugendlichen aus Migrantenfamilien vor Augen führt.[105] In ihrer ersten Phase, die gemeinhin als die Phase der sog. Ausländerpädagogik bekannt ist, wurden Fördermaßnahmen auf der Grundlage der Erklärung der Nachteile von Kindern aus Migrantenfamilien gegenüber deutschen Kindern in der deutschen Schule durch kulturelle Defizite formuliert. Sie zielten darauf ab, diese Kinder bzw. ihre Familien möglichst in die bundesrepublikanische Gesellschaft zu integrieren, in der Annahme, dass Integration Assimilation bedeute, und eine möglichst weitgehende kulturelle Ununterscheidbarkeit von deutschen Familien und Migrantenfamilien letztlich zu einer weitgehenden Ununterscheidbarkeit der Schulleistungen von Kindern aus deutschen und aus Migrantenfamilien führen müsse. Der Vermittlung von Deutschkenntnissen kam im Bestreben, die Kinder aus Migrantenfamilien möglichst schnell zu 'normalen' Schülern zu machen, eine

---

[105] Verschiedene Autoren haben den Versuch unternommen, den pädagogischen Umgang mit Kindern und Jugendlichen aus Migrantenfamilien zu systematisieren und zu bilanzieren (Nieke 1986; Reich 1986; Schweitzer 1994). Diehm & Radtke haben darauf hingewiesen, dass sie alle kaum empirisch fundiert sind und jeder Systematisierungsversuch ein Konstruktionsprozesse ist, "in dem mit Unterscheidungen gearbeitet wird, die auch anders gewählt werden könnten" (Diehm & Radtke 1999: 126). Sie stellen anschließend einen eigenen Systematisierungsversuch anhand von fünf Kriterien (Diagnose, Adressaten, Praxis, Ziele und Gesellschaftsmodells) vor (Diehm & Radtke 1999: 128-134).

besondere Bedeutung zu. Muttersprachlicher Unterricht durch sog. Konsulatslehrer war vor diesem Hintergrund nicht als Zugeständnis an die Idee einer multikulturellen Gesellschaft zu verstehen, sondern zielte – im Gegenteil – darauf ab, den 'Gastarbeiterfamilien' die Rückkehroption offen zu halten (vgl. Diehm & Radtke 1999: 130-132). An dieser Stelle ist es weniger interessant, auf die gesellschaftspolitischen Prämissen der Ausländerpädagogik einzugehen und sie einer Kritik zu unterziehen; hier ist vielmehr darauf hinzuweisen, dass die empirische Evidenz dafür, dass die Nachteile der Kinder aus Migrantenfamilien auf kulturelle Defizite zurückzuführen seien, nicht nachgefragt wurde und auch nicht vorhanden war. Allerdings muß man fairerweise betonen, dass sich die Ausländerpädagogik nicht primär zum Ziel gesetzt hatte, die Nachteile der Migrantenfamilien in der deutschen Schule zu reduzieren oder gar aufzuheben, sondern eine möglichst unproblematische Unterrichtspraxis zu gewährleisten, die eine möglichst homogene Schülerschaft vorauszusetzen schien.[106] Wenn Prämissen und Praktiken, die der Ausländerpädagogik entsprungen sind, aber noch in jüngerer Zeit und aktuell, also angesichts einer veränderten gesellschaftlichen Realität vertreten werden, so ist dies tatsächlich nur unter Verleugnung der inzwischen vorliegenden empirischen Befunde zur Erklärung durch kulturelle Defizite möglich. Dass die ausländerpädagogische Phase der Förderung von Kindern und Jugendlichen aus Migrantenfamilien zumindest in der zweiten Hälfte der 1990er-Jahre nicht als abgeschlossen gelten konnte, haben Auernheimer, von Blumenthal, Stübig et al. (1996) gezeigt.

Seit den 1980er-Jahren hat sich als alternatives Konzept zur Ausländerpädagogik die sog. Interkulturelle Pädagogik etabliert, die der ausländerpädagogischen Perspektive auf Normalität die Auffassung gegenüber stellt, dass kulturelle Vielfalt heute die gesellschaftliche Normalität sei, auf die es alle Schüler vorzubereiten gelte. Dementsprechend umfasst die Klientel der Interkulturellen Pädagogik alle Schüler und nicht nur diejenigen aus Migrantenfamilien: "… die konkrete Begegnung im Unterricht soll als Kulturkontakt pädagogisch gestaltet werden. Kinder und Erwachsene sollen am 'Fremden', in der Wahrnehmung und Bearbeitung der Differenz, reflexiv etwas über das 'Eigene' erfahren" (Diehm & Radtke 1999: 131). Damit lässt sich die Interkulturelle Pädagogik als schulbezogene Variante der sog. Interkulturellen Kommunikation auffassen, die seit den 1980er-Jahren vor allem in den USA entwickelt wurde und sich von dort rasant in die gesamte westliche Welt verbreitet hat, deren Erkenntnisse aber m.W. kaum von der Pädagogik aufgegriffen wurden.[107] Bei genauerer Betrachtung ihrer Konzepte fällt auf, dass sie zum Teil Vorstellungen verhaftet sind, die auch die Ausländerpädagogik geprägt haben: Zwar wird kulturelle Vielfalt statt als problematisch nunmehr als wünschenswert und bereichernd bewertet, aber grundlegende Überzeugungen bezüglich der kulturellen Prägung und damit der Unterscheidbarkeit des 'Fremden' vom 'Eigenen' bleiben unhinterfragt.[108] Inwieweit

---

[106] Die lange Tradition, die dieses Motiv in der Bildungspolitik Deutschlands hat, hat Krüger-Potratz (2000) herausgearbeitet.

[107] Die Sammelbände, die von Gudykunst (1983), Ting-Toomey & Korzenny (1991) und von Wiseman & Koester (1993) herausgegeben wurden, bieten einen guten Überblick über die Konzeption und empirische Anwendungen der interkulturellen Kommunikationsforschung.

[108] Sowohl die Interkulturelle Pädagogik als auch die Interkulturelle Kommunikation arbeiten in der Praxis mit Gegenständen, die angeblich typisch sind für bestimmte Kulturen. Die Interkulturelle Kommunikation arbeitet mit Kulturtypologien, die an die 'culture-personality'-Schule anschließen (so z.B. Okabe 1983 in einer Analyse kulturel- ler Werte in Japan und in den USA), und Unterricht im Rahmen der Interkulturellen Pädagogik erschöpft sich teil- weise in einer Länderkunde: "Zeitweilig war die Unterrichtseinheit 'Wir backen türkisches Fladenbrot' buchstäblich in aller Munde" (Diehm & Radtke 1999: 131). Bühler-Otten, Neumann & Reuter (2000: 313/314) beschreiben die Verankerung interkultureller Bildung in Lehrplänen wie folgt: "Die Normen und Werte des Individuums werden als

man behaupten kann, dass die Entwicklung der Interkulturellen Pädagogik eine Reaktion auf zunehmende empirische Befunde zu den Nachteilen von Kindern aus Migrantenfamilien in deutschen Schulen gewesen ist oder auch nur auf das empirische Scheitern der Ausländerpädagogik, ist m.E. ziemlich fragwürdig. Es scheint, dass sie eher der Verbreitung und zunehmenden Akzeptanz eines veränderten Gesellschaftsmodells geschuldet ist als eines Bezugs auf empirische Befunde, sofern man danach urteilen darf, wie häufig Verweise auf empirische Befunde in Darstellungen der Interkulturellen Pädagogik zu finden sind. Die U.S.amerikanische 'diversity pedagogy' ist in ihren Grundannahmen der Interkulturellen Pädagogik durchaus vergleichbar, verarbeitet aber in wesentlich stärkerem Maß empirische Befunde, zumindest in ihren Publikationen; ob dies auch in der praktischen Umsetzung der Fall ist, kann hier nicht beurteilt werden (vgl. hierzu Sheets 2005). Z.B. hat sich im Rahmen der 'diversity pedagogy' das Spezialgebiet des 'culturally responsive teaching' entwickelt, das direkt auf Überlegungen und Befunde der Motivationsforschung zurückgreift (Wlodkowski & Ginsberg 1995). Auch im Rahmen der Interkulturellen Pädagogik wäre Raum für die Berücksichtigung z.B. kulturspezifischer Lernstile und Reaktionen auf bestimmte Unterrichtsstile. Bedauerlicherweise fehlen diesbezüglich aber empirische Untersuchungen an deutschen Schulen.

Insgesamt bestehen also die empirischen Befunde zu den Nachteilen von Kindern und Jugendlichen aus Migrantenfamilien in deutschen Schulen und die pädagogische Praxis eher nebeneinander als dass sie eine Verbindung eingingen: Die pädagogische Praxis fragt empirische Befunde nicht nach (und sei es nur, indem sie vehement auf Forschungslücken bezüglich für sie relevanter Fragen hinweist und auf deren Beantwortung drängt), und falls sie dies täte, müsste die Forschung die Antwort derzeit häufig schuldig bleiben.

Dass die empirische Forschung die pädagogische Praxis bezüglich der schulischen Nachteile von Kindern und Jugendlichen aus Migrantenfamilien nicht anleiten kann, liegt aber nicht nur daran, dass insgesamt große Forschungsdefizite bestehen. Sie kann es auch deshalb nicht, weil diese Nachteile teilweise außerhalb des Einflussbereichs pädagogischer Praxis verursacht sind. Die pädagogische Praxis ist derzeit dadurch definiert, dass sie auf die individuellen Merkmale der Schüler und ihre familiale Situation eingeht. Die bislang vorliegende empirische Forschung hat immerhin schon gezeigt, dass die Effekte, die hiervon auf den Schulerfolg ausgehen, stark überschätzt werden. Falls aber Kontextmerkmale wie z.B die Zusammensetzung der Schülerschaft einen ebenso großen oder größeren Effekt auf die schulischen Nachteile von Kindern und Jugendlichen aus Migrantenfamilien haben als deren individuelle oder familialen Merkmale, dann kann die empirische Forschung eher die Bildungspolitik als die pädagogische Praxis anleiten, und das nunmehr jahrzehntelange Versagen der pädagogischen Praxis in Hinblick auf Kinder und Jugendliche aus Migrantenfamilien wäre ein strukturbedingtes Versagen. Wenn man davon ausgeht, dass empirische Forschung über die schulischen Nachteile von Kindern und Jugendlichen aus Migrantenfamilien die pädagogische Praxis und nicht die Bildungspolitik anleiten müsse, dann nimmt man die Entscheidung darüber, welche Faktoren diese Nachteile verursachen, vorweg (statt sich tatsächlich durch empirische Forschung anleiten zu lassen). Eine weitere Implikation aus den vorliegenden empirischen Befunden ist daher, dass eine Verbesserung der schulischen Situation von Kindern und Jugendlichen aus Migrantenfamilien nicht allein auf der Ebene der alltäglichen pädagogischen Praxis, z.B durch mehr oder besseren Förderunterricht, eine engere Zusammenarbeit von Lehrern und Eltern oder

---

kulturell bestimmt aufgefaßt, wobei die Begriffe 'Kultur', 'Religion' und 'Herkunft' nicht selten in eins fallen".

mehr gemeinsames Kochen vermeintlicher Nationalgerichte, in den Schulen erricht werden kann. In Bezug auf die Deutschkenntnisse von Kindern und Jugendlichen aus Migranten-familien würde das bedeuten, dass nicht allein durch mehr und früheren Deutschunterricht oder eine stärkere Förderung der Deutschkenntnisse der Eltern eine Verbesserung der Lage erreicht werden kann.[109] Es wäre auch ein bildungspolitisches Umdenken erforderlich. So weist Gogolin (2001) darauf hin, dass Sprachkenntnisse in legitime und illegitime unterteilt werden, indem den Sprachen der Mehrzahl der Migranten in Deutschland bzw. der Familien mit Migrations-hintergrund, allen voran dem Türkischen, jeder Bildungswert bestritten wird, weil sie z.B. nicht als Schulfremdsprachen anerkannt werden oder weil die Förderung dieser Sprachen ohne Anschluss an den übrigen Unterricht bleibt. Auch Neumann kommt in ihrer Betrachtung der Bildung- und Erziehungssituation türkischer Kinder in Hamburg und Schleswig-Holstein zu der folgenden Einschätzung: "Die Beherrschung der deutschen Sprache gilt als Schlüssel zum Schulerfolg und zum gesellschaftlichen Aufstieg, während die mitgebrachten Sprachen der Einwanderer nicht als gesellschaftliche Ressource positiv bewertet werden. Will man die Bil-dungssituation zweisprachiger Kinder in Deutschland tatsächlich verbessern, wird dies ohne eine Neuorientierung in dieser Frage kaum möglich sein" (Neumann 2001: 11). Weil im Rahmen dieser Arbeit gezeigt werden konnte, dass die Chancen von deutschen Schülern und ausländischen Schülern auf bestimmte Schulabschlüsse in unterschiedlichen Schulformen unterschiedlich sind (vgl. Kapitel 4.6.1), ist möglicherweise auch ein noch tiefergehendes Umdenken notwendig.

Schließlich ist aus den in der vorliegenden Arbeit präsentierten Befunden auch abzuleiten, dass man nicht davon ausgehen kann, dass Schüler, die ein bestimmtes Kriterium erfüllen, hier: ein Schüler aus einer Migrantenfamilie zu sein, gleichermaßen Förderbedarf hätten. Es hat sich gezeigt, dass verschiedene Nationalitäten unterschiedlich gut oder schlecht im deutschen Schul-system positioniert sind (vgl. Kapitel 2.2). Es ist aber auch damit zu rechnen, dass hinsichtlich bestimmter Personengruppen kein Handlungsbedarf besteht, nämlich dann, wenn sie aufgrund persönlicher Erwägungen entscheiden, ihre Bildungskarriere nicht so lange fortzusetzen wie es ihnen vielleicht intellektuell möglich wäre (vgl. Kapitel 4.3). Förderung darf daher keine mit Auflagen für die Schüler oder deren Eltern verbundene Zwangsmaßnahme sein.

---

[109] Sollten z.B. die Befunde von Driessen, Van der Silk & De Bot (2002) bezüglich des nicht vorhandenen Zusammenhangs zwischen der zuhause gesprochenen Sprache und der Kenntnis der Unterrichtssprache auch für Deutschland zutreffen, so wären speziell für Eltern entwickelte Projekte wie 'Mama lernt Deutsch - Papa auch' oder 'mitSprache', die sie dazu befähigen sollen, die schulische und berufliche Integration ihrer Kinder zu unterstützen, unrentable Investitionen.

6. Zusammenfassung

Obwohl die Nachteile von Kindern und Jugendlichen aus Migrantenfamilien gegenüber deutschen Kindern im deutschen Schulsystem sowohl im wissenschaftlichen als auch im bildungspolitischen Diskurs während der letzten Jahre viel Aufmerksamkeit gefunden haben, existiert keine systematische Darstellung der Befunde, die die empirische Forschung hierüber bislang generiert hat. Sowohl aus bildungssoziologischer Perspektive als auch aus pädagogischer und bildungspolitischer Perspektive ist dies ein großer Mangel, dem das vorliegende Buch abzuhelfen versucht hat, indem es zusammenstellt, was über die Situation von Kindern und Jugendlichen aus Migrantenfamilien im deutschen Schulsystem aufgrund empirischer Forschung bekannt ist und was aufgrund eigener Forschung der Autorin zusätzlich herausgefunden werden konnte. In diesem Kapitel werden die Vorgehensweise hierbei, die Ergebnisse sowohl des beschreibenden als auch des theoretischen und empirischen Teils der Arbeit sowie die hierauf basierenden Überlegungen zum Stand der Forschung und zu den Implikationen für die pädagogische Praxis und die Bildungspolitik zusammengefasst.

Die Voraussetzungen der Beschreibung

Eine Beschreibung und Analyse der schulischen Situation von Kindern und Jugendlichen aus Migrantenfamilien muss ihre Voraussetzungen offenlegen, um sie nachvollziehbar zu machen, aber auch, um deutlich zu machen, was in ihr nicht berücksichtigt wird oder werden kann. Daher wurden zunächst die Maße vorgestellt und erläutert, anhand derer in der Bildungsforschung gewöhnlich die schulische Situation von Schülergruppen beschrieben wird. Bei diesen Maßen handelt es sich um Indikatoren für die Bildungsbeteiligung, die Schulleistungen oder für den Bildungserfolg. Obwohl sich Indikatoren für viele weitere Aspekte der schulischen Situation benennen ließen, wie z.B. die allgemeine Zufriedenheit mit dem Schulalltag oder die Indentifikation mit dem Lernen im Allgemeinen oder bestimmten Fächern im Besonderen, fanden in der vorliegenden Arbeit keine weiteren Maße Berücksichtigung, weil sie nicht zum üblichen Inventar der Bildungsforschung gehören und eine Beschreibung der schulischen Situation von Kindern und Jugendlichen aus Migrantenfamilien anhand solcher Maße mangels Daten schlicht nicht möglich ist.

Anschließend wurde definiert, wer im Zusammenhang mit der vorliegenden Arbeit als Schüler aus einer Migrantenfamilie gelten soll, nämlich jeder Schüler, der selbst in seiner Kindheit oder Jugend aus einem anderen Land, in dem er geboren wurde, nach Deutschland eingereist ist (Migrantenkinder 1. Ordnung), oder der in Deutschland geboren wurde, aber ein Kind eines Migranten 1. Ordnung ist, d.h. mindestens ein Elternteil hat, das im Ausland geboren wurde. Diese Definition entspricht derjenigen, die in den international vergleichenden Schulleistungsstudien des letzten Jahrzehntes verwendet wurde. Wichtig war in diesem Zusammenhang, sich zu vergegenwärtigen, wie sich die so definierte Schülergruppe zur Gruppe der ausländischen Schüler verhält, weil die amtlichen Bildungsstatistiken bislang nur die Unterscheidung zwischen deutschen und ausländischen Schülern erlauben, aber keine Identifizierung von

Schülern aus Migrantenfamilien im oben definierten Sinn. Mit Sicherheit ließ sich sagen, dass die Zahl der Schüler aus Migrantenfamilien diejenige der ausländischen Schüler weit übersteigt: Während der Ausländeranteil an allgemein bildenden Schulen in Deutschland im Jahr 2000 nur 10% betrug, betrugen die Anteile der Schüler aus Migrantenfamilien unter den Grundschülern, die im Rahmen der IGLU-Studie getestet wurden, und unter den fünfzehnjährigen Schülern, deren Leistungen in der PISA 2000-Studie geprüft wurden, etwa 20%. Dies zeigt, dass es sich bei Schülern aus Migrantenfamilien kaum mehr um die kulturfremde Randgruppe handelt, als die sie in den 1970er und auch noch in den 1980er Jahren betrachtet wurde. Es zeigt außerdem, dass eine entsprechende Umstellung der amtlichen Bildungsstatistik dringend erforderlich ist.

Schließlich wurde berichtet, auf welche Daten sich die Beschreibung und Analyse der schulischen Situation der Kinder und Jugendlichen aus Migrantenfamilien derzeit in Deutschland stützen kann. Dies sind nicht viele: Neben amtlichen Bildungsstatistiken, die aufgrund der schon erwähnten Unterscheidung zwischen ausländischen und deutschen Schülern unbefriedigend sind, weil sie eben nur eine Teilmenge der Schüler aus Migrantenfamilien berücksichtigen, für deskriptive Zwecke ansonsten aber optimal sind, weil sie Vollerhebungen darstellen, stehen besonders als Sozioökonomische Panel (SOEP) des Deutschen Instituts für Wirtschaftsforschung (DIW) und der Integrationssurvey des Bundesinstitutes für Bevölkerungsforschung (BiB) hierfür zur Verfügung. Tatsächlich wurden die Mehrzahl der bislang vorliegenden statistischen Analysen zur schulischen Situation von Kindern und Jugendlichen aus Migrantenfamilien auf der Basis des SOEP durchgeführt. Zwar haben diese Datensätze ihre spezifischen Vorteile, aber sie sind beide nicht speziell zum Zweck der Erforschung der schulischen Situation konzipiert worden und berücksichtigen nur bestimmte Nationalitäten (im SOEP) bzw. Personen türkischer oder italienischer Herkunft (im Integrationssurvey). Darüber hinaus werden im Rahmen dieser Surveys nur Merkmale der Schüler und ihres familialen Hintergrundes erhoben, so dass auch nur die Effekte derselben auf den Schulerfolg analysiert werden können, während mögliche Effekte des Unterrichts oder der Schulen außen vor bleiben müssen. Daneben existieren verschiedene Schulleistungsstudien, von denen besonders die Hamburger LAU-Studie geeignet ist, die Determinanten der Schulleistungen von Schülern aus Migrantenfamilien und deutschen Familien zu erforschen, weil sie nicht nur wie die anderen Schulleistungsstudien Merkmale der Schüler und ihrer Familien, der Lehrer bzw. des Unterrichtes und der Schulen erhebt, sondern es sich bei ihr – anders als bei anderen Schulleistungsstudien – um eine Längsschnittstudie handelt. Darüber hinaus ist die LAU-Studie nahezu eine Vollerhebung einer bestimmten Schülerkohorte. Die LAU-Studie bietet daher das Optimum verfügbarer Daten, aber leider handelt es sich bei ihr um eine Regionalstudie (der Stadt Hamburg), so dass Erkenntnisse aus ihr nicht verallgemeinerbar sind, und die Daten sind der fachwissenschaftlichen Öffentlichkeit für Sekundäranalysen nicht zugänglich. Insgesamt gesehen sind die Menge und die Qualität der Informationen, die für eine Beschreibung und Analyse der schulischen Situation von Kindern und Jugendlichen aus Migrantenfamilien zur Verfügung stehen, völlig unzureichend.

Ergebnisse zur Bildungsbeteiligung, zu Schulleistungen und zum Bildungserfolg von Kindern und Jugendlichen aus Migrantenfamilien

Die Bestandsaufnahme zur schulischen Situation von Kindern und Jugendlichen aus Migrantenfamilien wurde den vorher eingeführten Maßen entsprechend vorgenommen. Dabei zeigten sich die Probleme, mit denen bereits aufgrund dessen zu rechnen war, was die Diskussion der Voraussetzungen der Beschreibung bezüglich der Definition der Schüler aus Migrantenfamilien und bezüglich der zur Verfügung stehenden Datensätze ergeben hatte. Trotz der insgesamt mangelhaften Datenlage ließ sich eine Vielzahl von Nachteilen ausländischer Schüler gegenüber deutschen Schülern konkretisieren, und zwar sowohl im Bereich vorschulischer institutioneller Betreuung als auch in den Bereichen der Primar- und Sekundarschulbildung:

1. Ausländische Kinder erfahren gegenüber deutschen Kindern weniger vorschulische Betreuung;
2. Ausländische Kinder werden deutlich häufiger als deutsche Kinder von der Einschulung zurückgestellt;
3. Ausländische Kinder treten von der Grundschule deutlich häufiger als deutsche Kinder in eine Hauptschule über und deutlich seltener als deutsche Kinder in eine Realschule oder ein Gymnasium;
4. Ausländische Kinder sind an Hauptschulen deutlich und an Integrierten Gesamtschulen weniger deutlich überrepräsentiert, an Realschulen und besonders an Gymnasien dagegen unterrepräsentiert;
5. Kinder und Jugendliche aus Migrantenfamilien haben eine deutlich geringere Lese- und naturwissenschaftliche (und eingeschränkt auch mathematische) Kompetenz als deutsche Kinder und Jugendliche, auch wenn sie in Deutschland geboren wurden oder im Ausland geboren wurden, aber ihre gesamte Schullaufbahn in Deutschland durchlaufen haben;
6. Ausländische Kinder besuchen doppelt so häufig Sonderschulen mit dem Förderschwerpunkt Lernen wie deutsche Kinder;
7. Ausländische Jugendliche bleiben deutlich häufiger als deutsche Jugendliche ohne einen Hauptschulabschluss; der prozentuale Anteil von ausländischen Jugendlichen, die ohne Hauptschulabschluss bleiben, entspricht dem prozentualen Anteil von deutschen Jugendlichen, die einen Hauptschulabschluss erwerben, nämlich 20%.
8. Ausländische Jugendliche erwerben deutlich häufiger als deutsche Jugendliche einen Hauptschulabschluss und seltener einen Realschulabschluss oder eine Fach-/Hochschulreife;
9. Im Zeitverlauf gesehen hat der Anteil der ausländischer Jugendlicher, die einen Hauptschulabschluss erwerben, leicht abgenommen, während der Anteil der ausländischen Jugendlichen, die einen höherwertigen Abschluss erreicht haben, leicht zugenommen hat. Der Anteil der ausländischen Jugendlichen, die ohne Hauptschulabschluss bleiben, liegt jedoch stabil bei 20%, während er bei deutschen Jugendlichen bei 7-8% liegt.

In der vorliegenden Arbeit konnte darüber hinaus gezeigt werden, dass auf dem Zweiten Bildungsweg erworbene Schulabschlüsse den im Vergleich zu deutschen Schülern geringeren

Schulerfolg ausländischer Schüler auf dem Ersten Bildungsweg nicht nennenswert kompensieren.

Warum sind die schulischen Nachteile von Kindern und Jugendlichen aus Migrantenfamilien gegenüber deutschen Kindern und Jugendlichen problematisch?

Anschließend an diese Beschreibung der schulischen Nachteile von ausländischen Kindern und Jugendlichen bzw. Schülern aus Migrantenfamilien wurde die Frage behandelt, ob bzw. warum sie als problematisch gelten müssen. Ausgangspunkt der diesbezüglichen Überlegungen war, dass Nachteile als solche lediglich im Sinne der Ergebnisgleichheit als problematisch betrachtet werden können, aus jeder anderen Perspektive jedoch nicht, weil Nachteile nicht notwendigerweise aus Benachteiligungen resultieren. Für ein Schulsystem, das den Anspruch hat, meritokratisch zu sein, sind Nachteile dann problematisch, wenn sie nicht (allein) auf Leistungsunterschiede zurückzuführen sind. Ob die beschriebenen Nachteile von Kindern und Jugendlichen aus Migrantenfamilien vor diesem Hintergrund problematisch sind oder nicht, ist eine empirische Frage, die aufgrund der in Kapitel 4 vorgestellten Forschungsergebnisse allerdings positiv beantwortet werden muss. Darüber hinaus hätten eine bessere Bildungsbeteiligung und ein größerer Bildungserfolg von Kindern und Jugendlichen aus Migrantenfamilien positive ökonomische Folgen, weil auf diese Weise ihr Anteil an den Arbeitslosen gesenkt werden könnte und sie dadurch wiederum zu den Einnahmen aus Steuern beitragen würden. Nicht zuletzt ist an verschiedene Aspekte nicht-monetären Nutzens zu denken, die zwar schwierig zu messen und daher empirisch schwierig zu belegen sind, sich aber plausibel vermuten lassen und letztlich die soziale Kohäsion fördern.

Erklärungen für die schulischen Nachteile der Kinder und Jugendlichen aus Migrantenfamilien

Wenn also deutliche Nachteile für Kinder und Jugendliche aus Migrantenfamilien gegenüber deutschen Kindern im deutschen Schulsystem bestehen und diese Nachteile aus verschiedenen Gründen problematisch sind, so stellt sich die Frage nach den Ursachen dieser Nachteile bzw. nach potentiellen Erklärungen für diese Nachteile. In Kapitel 4 wurden Erklärungsvorschläge zusammengestellt, die entweder direkt als Erklärungen für die Nachteile von Kindern und Jugendlichen aus Migrantenfamilien in Deutschland vorgeschlagen wurden oder in den USA hinsichtlich des differentiellen Schulerfolgs weißer und schwarzer Schüler formuliert und in Deutschland bislang kaum oder gar nicht rezipiert wurden. Jede dieser potentiellen Erklärungen wurde skizziert und auf ihren empirischen Bewährungsgrad hin betrachtet. Es zeigte sich, dass einige Erklärungsvorschläge bislang in Deutschland nicht getestet wurden und andere in einem viel geringen Ausmaß als man aufgrund der Popularität des Themas vermuten sollte. Wo es möglich war, wurden eigene Analysen unter Zuhilfenahme verschiedener Datensätze durchgeführt, um die ein oder andere Erklärung oder Teile ihrer Argumentationsfigur zu prüfen. Dennoch mussten einige Erklärungen mangels Daten ungeprüft bleiben. *Als erstes Ergebnis dieser Auseinandersetzung mit verschiedenen Erklärungsvorschlägen für die schulischen Nachteile von Kindern und Jugendlichen aus Migrantenfamilien kann daher festgehalten werden, dass die diesbezügliche Forschungslage insgesamt sehr schlecht ist.*

Betrachtet man die verschiedenen Erklärungsvorschläge im Einzelnen, so zeigt sich, dass die Erklärung durch eine defizitäre Herkunftskultur und die humankapitaltheoretische Erklärung für die schulischen Nachteile von Kindern und Jugendlichen aus Migrantenfamilien in Deutschland noch am besten getestet sind. Während die Erklärung durch eine defizitäre Herkunftskultur keine empirische Unterstützung findet, zeigt die empirische Prüfung der humankapitaltheoretischen Erklärung, dass die Erklärung zwar einige Erklärungskraft für sich reklamieren kann, sie aber auch Unerwartetes ergibt, was mit der Erklärung schwerlich in Einklang zu bringen ist (so z.B. dass es keinen Unterschied für den Schulabschluss von Jugendlichen türkischer oder italienischer Herkunft macht, ob mindestens ein Elternteil in Deutschland geboren wurde oder nicht; vgl. Kapitel 4.2). Als zweites Ergebnis der Prüfung der verschiedenen Erklärungsvorschläge ist daher festzuhalten, dass diejenigen Argumentationsfiguren, die im öffentlichen Diskurs und in Teilen des wissenschaftlichen Diskurses am häufigsten genannt werden, nur schwache empirische Unterstützung finden: *Empirisch kann nicht nachgewiesen werden, dass die Nachteile von Kindern und Jugendlichen aus Migrantenfamilien im Wesentlichen darauf zurückzuführen wären, dass ihre kulturelle Prägung nicht dem entspräche, was die deutsche Schule voraussetzt, oder auf eine vergleichsweise schlechte sozioökonomische Lage ihrer Familien.*

Die Erklärung durch differentielle Bildungsentscheidungen von Migrantenfamilien und deutschen Familien konnte nur näherungsweise getestet werden. Es konnte gezeigt werden, dass sich über den Hauptschulbesuch bzw. -abschluss hinausgehende Bildungsinvestitionen für Jugendliche aus Migrantenfamilien finanziell kaum lohnen und weniger lohnen als für Jugendliche aus deutschen Familien (vgl. Kapitel 4.3). Dies ist jedoch ein objektives Datum, das erst errechnet werden musste. Inwieweit dies eine Rolle im Rahmen subjektiver Entscheidungsprozesse spielt, ist fraglich und muss mangels Daten offen bleiben. Empirisch belegen lässt sich auch, dass die Bildungsaspirationen in Migrantenfamilien eher höher sind als in deutschen Familien.

Die kulturökologische Erklärung von John U. Ogbu ist in Deutschland bislang ebenso wenig wie die Erklärung durch die Bedrohung durch Stereotype von Claude M. Steele rezipiert, geschweige denn geprüft worden. Empirische Forschung in den USA hat bezüglich der der Erklärung von Ogbu insgesamt einen eher negativen Befund erbracht. Die Prüfung der Erklärung von Steele erfolgte bislang vor allem durch ihn selbst und seine Kollegen in experimentellen Studien. Sie ergab durchweg positive Befunde. Weil diese Erklärung relativ jungen Datums ist, muss abgewartet werden, was Prüfungen anderer Forschergruppen, unter denen hoffentlich auch deutsche Forschergruppen sein werden, ergeben.

Weitere Erklärungen beziehen sich nicht auf Merkmale der Schüler oder ihrer Familien in ihrer spezifischen Migrations- oder Minderheitensituation, sondern auf Merkmale des Kontextes, in den Lernprozesse von Schülern eingebettet sind. Zu diesen Kontextmerkmalen gehören u.a. die besuchte Schulform, die ethnische Zusammensetzung der Schülerschaft und Merkmale der Lehrer, insbesondere ihre ethnische Herkunft. Während zu den ersten beiden Kontextmerkmalen statistische Analysen möglich sind oder bereits vorliegen, gibt es in Deutschland keine Forschung zum dritten der genannten Kontextmerkmale, weshalb sich die diesbezügliche Darstellung auf Befunde aus den USA beschränken musste. Zur Prüfung der Effekte der Schulform wurden anhand der Daten der amtlichen Bildungsstatistik Schulabschlüsse, die ausländische Jugendliche und deutsche Jugendliche an Integrierten Gesamtschulen erworben haben, mit denjenigen verglichen, die sie an einer Sekundarschule des gegliederten Schulsystems erworben haben (vgl. Kapitel 4.6.1). Die Analyse ergab, dass ausländische Jugendliche an Integrierten Gesamtschulen insgesamt mehr höherwertige Schulabschlüsse erreichen als im gegliederten

Schulsystem. Allerdings erwerben sie auch dort nicht so häufig höherwertige Abschlüsse wie deutsche Jugendliche. *Bezüglich des Schulerfolgs in Form der erreichten Schulabschlüsse profitieren ausländische Jugendliche also von einem Besuch einer Integrierten Gesamtschule.* Ungeklärt musste bei dieser Analyse bleiben, ob der Effekt nur für bestimmte Nationalitäten feststellbar ist. Weil sich die Daten der amtlichen Statistik auf ausländische und deutsche Schüler beziehen, ist außerdem unklar, ob der Effekt auch für Jugendliche aus Migranten-familien besteht, die keine Ausländer sind. Bezüglich der Effekte der ethnischen Zusammen-setzung der Schülerschaft konnten mangels Daten keine eigenen Analysen durchgeführt werden. Die wenigen vorliegenden diesbezüglichen Befunde weisen auf einen Zusammenhang hin, der aber nicht linear zu sein scheint. Darüber hinaus ist unklar, wie der Zusammenhang überhaupt zustande kommt. Z.B. wäre es möglich, dass sich Schulklassen hinsichtlich ihrer Lernkultur je nach der ethnischen Zusammensetzung der Schülerschaft voneinander unterschei-den. Herauszufinden, ob weitere empirische Belege für die Existenz dieses Zusammenhangs gefunden werden können und welche Mechanismen diesen Zusammenhang herstellen, bleibt zukünftiger Forschung aufgetragen. Bezüglich des Effektes der ethnischen Herkunft des Lehrers musste – wie gesagt – auf Befunde aus den USA zurückgegriffen werden. Sie beziehen sich auf die 'rassische' Zugehörigkeit von Lehrern und Schülern und prüfen, ob ein 'race match' den Lernerfolg von Schülern befördert. Diese Befunde sind überwiegend positiv, aber ein Problem vieler Studien ist, dass es schwierig ist, andere Merkmale von Lehrern, die mit ihrer 'Rasse' konfundiert sein können, in ihren Effekten vom 'race match' zu unterscheiden. Interessant ist in diesem Zusammenhang, dass eine U.S.amerikanische Studie vorliegt, die belegt, dass es weniger die 'Rasse' eines Lehrers ist, die einen Effekt auf den Lernerfolg von Schülern hat, sondern vielmehr die sozioökonomische Lage des elterlichen Haushaltes, in dem ein Lehrer aufgewachsen ist: Wenn Schüler von Lehrern aus sog. bescheidenen Verhältnissen unterrichtet werden, sind die Schulleistungen der schwarzen Schüler nur geringfügig schlechter als die der weißen Schüler. *Insgesamt deutet vieles darauf hin, dass Merkmale von Lehrern einen Einfluss auf die Leistungen von Schülern im Allgemeinen und auf die differentiellen Leistungen weißer und schwarzer Schüler im Besonderen haben, weswegen es auch in Deutschland angezeigt erscheint, in dieser Richtung Forschungstätigkeiten zu entwickeln.*

Die organisationssoziologisch informierte Erklärung der schulischen Nachteile von Kin-dern und Jugendlichen aus Migrantenfamilien ist anhand von Survey-Daten nicht testbar, und eine Datensammlung, die eine Prüfung dieser Erklärung ermöglichen würde, äußerst auf-wändig. Im Rahmen der vorliegenden Arbeit konnte daher keine eigene Prüfung dieser Erklä-rung vorgenommen werden. Gomolla & Radtke haben mit ihrer einschlägigen und in dieser Form in Deutschland bislang einzigartigen Studie den Nachweis darüber erbracht, dass Kinder und Jugendliche aus Migrantenfamilien aufgrund der Eigenlogik der Schulen geschuldeter Entscheidungen an verschiedenen Schwellen innerhalb der Schullaufbahn diskriminiert werden (vgl. Kapitel 4.7). *Damit ist die Existenz institutioneller Diskriminierung belegt; wie weit sie verbereitet ist, bleibt offen.* Weil Schulen aber in vergleichbare bildungspolitische und gesell-schaftliche Kontexte eingebettet sind und daher insgesamt ähnliche Probleme haben dürften, ist anzunehmen, dass sie auch ähnliche Lösungen für ihre Probleme finden und praktizieren werden. Wichtig ist das Ergebnis der Studie von Gomolla & Radtke, nach dem Schulen im Rahmen ihrer diskriminierenden Entscheidungen auf Argumentationsfiguren zurückgreifen, die der Erklärung durch eine defizitäre Herkunftskultur oder der humankapitaltheoretischen Erklä-rung entnommen sind, d.h. sie begründen ihre Entscheidungen durch die 'fremde' Kultur der

Kinder aus Migrantenfamilien oder durch die eher schlechte soziale Lage ihrer Familien. *Auf diese Weise werden potentielle Erklärungen für die schulischen Nachteile von Kindern und Jugendlichen aus Migrantenfamilien im Rahmen einer anderen Erklärung zu Legitimationszwecken ge- und mißbraucht.*

Zuletzt wurde auf die Erklärung der schulischen Nachteile von Kindern und Jugendlichen aus Migrantenfamilien durch mangelnde Deutschkenntnisse eingegangen. Das Argument der mangelnden Deutschkenntnisse ist an verschiedene der bereits genannten Erklärungen anschlussfähig, wird aber häufig als eigenständige Erklärung oder allein verantwortliche Größe benannt, so dass es entsprechend eigenständig behandelt wurde. *Es zeigte sich, dass für das Argument der mangelnden Deutschkenntnisse nicht viel mehr als seine hohe Plausibilität spricht.* Theoretisch sollten die Deutschkenntnisse die Deutschnote (und in geringerem Maß andere Fachnoten) beeinflussen, aber keine direkten Effekte auf z.B. die Wahrscheinlichkeit eines bestimmten Schulabschlusses haben, wenn die Noten kontrolliert werden. Ob sich dies so verhält, wurde aber bislang nicht geprüft. Auch die Überzeugung, nach der es dem Schulerfolg von Kindern und Jugendlichen aus Migrantenfamilien förderlich ist, wenn zuhause Deutsch gesprochen wird, ist bislang nicht empirisch zu rechtfertigen. In Deutschland fehlt eine entsprechende Forschung, und eine Studie aus den Niederlanden hat ergeben, dass die zuhause gesprochene Sprache keinen signifikanten Effekt auf die Niederländisch-Kenntnisse der Kinder aus marokkanischen und türkischen Familien hat (vgl. Kapitel 4.8).

Eine abschließende Zusammenschau der verschiedenen Erklärungen und ihrer Befunde ergab ein vergleichsweise düsteres Bild:

1.   Die Forschungslage ist insgesamt unbefriedigend, weil völlig unzureichend.
2.   Erklärungen sind teilweise nicht testbar, weil es in Deutschland keine entsprechenden Daten gibt.
3.   Die Ergebnisse bezüglich der Erklärungen, auf die am häufigsten rekurriert wird, weil sie offenbar vielen hochplausibel erscheinen, sind ernüchternd.
4.   Es gibt bislang kein statistisches Modell, mit dessen Hilfe es gelungen wäre, den Effekt des Schülermerkmals "Ausländer" oder "Migrationshintergrund" zum Verschwinden zu bringen.
5.   Es gibt Hinweise darauf, dass Effekte vor allem von Kontextmerkmalen und der Entscheidungspraxis der Schulen ausgehen, also von Größen, die bildungspolitisch beeinflussbar wären, aber eben auch bildungspolitisch sensibel sind.

Schließlich wurden Überlegungen darüber angestellt, welche Daten erforderlich wären, um die Determinanten des Schulerfolgs von Schülern aus Migrantenfamilien und deutschen Schülern festzustellen. Notwendig wären Längsschnittdaten idealerweise aus Vollerhebungen bestimmter Schülerkohorten, die Merkmale der Schüler, ihrer Eltern, der Lehrer sowie Kontextmerkmale erheben. Die Hamburger LAU-Studie kommt diesen Forderungen sehr nahe, steht aber der wissenschaftlichen Öffentlichkeit leider nicht für Sekundäranalysen zur Verfügung. In einen solchen Datensatz nur mit Schwierigkeiten integrierbar ist allerdings die Erhebung von Aspekten institutioneller Diskriminierung.

Implikationen für die pädagogische Praxis und die Bildungspolitik

Abschließend wurde in der vorliegenden Arbeit die Frage aufgeworfen, ob aus den empirischen Befunden zu den Nachteilen von Kindern und Jugendlichen aus Migrantenfamilien gegenüber deutschen Kindern im deutschen Schulsystem Folgerungen für die pädagogische Praxis oder die Bildungspolitik abgeleitet werden können. Für die pädagogische Praxis lassen sich kaum Ableitungen treffen. Davon abgesehen, dass fraglich ist, inwieweit die pädagogische Praxis wissenschaftliche Forschungsergebnisse überhaupt nachfragt oder sich durch sie anleiten lässt, bewegt sie sich in einem institutionellen Rahmen, der für sie selbst kaum veränderbar ist, und sich auf die Beschäftigung mit den Merkmalen der Schüler oder ihrer Familien konzentrieren muss. Dass die Bedeutung dieser Merkmale für den Schulerfolg von Kindern und Jugendlichen aus Migrantenfamilien aber deutlich überschätzt wird, wurde bereits hinreichend beschrieben. Kontextmerkmale und institutionelle Diskriminierung sind kaum durch die pädagogische Praxis, sondern eher durch die Bildungspolitik beeinflussbar. Schließlich wurde darauf hingewiesen, dass es weder in der Forschung noch in der pädagogischen Praxis oder der Bildungspolitik sinnvoll ist, Kinder und Jugendliche aus Migrantenfamilien oder gar ausländische Schüler als homogene Gruppe aufzufassen. Differenziert werden muss nicht nur nach Migrationsgeschichte und Nationalität, sondern auch nach Präferenzen. Falls es sich für bestimmte Gruppen der Kinder und Jugendlichen aus Migrantenfamilien oder der Ausländer bewahrheiten sollte, dass sie aus bestimmten Gründen entscheiden, ihre Bildungskarriere früher zu beenden als dies angesichts ihrer intellektuellen Fähigkeiten notwendig wäre, so sind (auch) solche Bildungsentscheidungen zu respektieren, und diesbezüglich besteht dann auch kein Handlungsbedarf.

7. Literatur

Aaron, Robert & Powell, Glen (1982): Feedback Practices as a Function of Teacher and Pupil Race During Reading Group Instruction. Journal of Negro Education 51, 1: 50-59.

Abele, Tamino (1988): Deutsche Tests für ausländische Schüler? Eine empirische Untersuchung mit ausgewählten Schulleistungs- und Sprachtests an türkischen Grundschülern. Empirische Pädagogik 2, 3: 251-267.

Adams, Stacy J. (1965): Inequity in Social Exchange, pp. 267-299 in: Berkowitz, Leonard (ed.): Advances in Experimental Social Psychology, Vol. 2. New York: Academic Press.

Ainsworth-Darnell, James W. & Downey, Douglas B. (1998): Assessing the Oppositional Culture Explanation for Racial/Ethnic Differences in School Performance. American Sociological Review 63, 4: 536-553.

Akpinar, Ünal, Lopez-Blasco, Andres & Vink, Jan (1977): Pädagogische Arbeit mit ausländischen Kindern und Jugendlichen. Bestandsaufnahme und Praxishilfen. München: Juventa.

Alba, Richard D., Handl, Johann & Müller, Walter (1994): Ethnische Ungleichheit im deutschen Bildungssystem. Kölner Zeitschrift für Soziologie und Sozialpsychologie 46, 2: 209-237.

Alexander, Karl L. & Entwistle, Doris R. (1988): Achievement in the First Two Years of School: Patterns of Processes. Monographs of the Society for Research in Child Development 53, 2. (Serial no. 218.)

Alexander, Karl L., Entwisle, Doris R. & Thompson, Maxine (1987): School Performance, Status Relations, and the Structure of Sentiment: Bringing the Teacher Back In. American Sociological Review 52, 5: 665-682.

Allmendinger, Jutta (1989): Educational Systems and Labor Market Outcomes. European Sociological Review 5, 3: 231-250.

Allport, Gordon W. (1954): The Nature of Prejudice. Garden City: Doubleday.

Apitzsch, Gisela (1994): Schulen für Lernbehinderte – Schulen für Migrantenkinder? Vierteljahresschrift für Heilpädagogik und ihre Nachbargebiete 63, 2: 354 - 357.

Apitzsch, Gisela (1990): Schulerfolg und Sonderschulaufnahme. Eine nationalitätenspezifische Analyse. Sachunterricht und Mathematik in der Primarstufe 18: 506-512 (Teil 1) und 552-557 (Teil 2).

Arbeitsstelle Interkulturelle Konflikte und gesellschaftliche Integration (AKI) (Hrsg.) (2005): Migrationshintergrund von Kindern und Jugendlichen: Wege zur Weiterentwicklung der amtlichen Statistik. (Reihe "Bildungsreform" des Bundesministeriums für Bildung und Forschung, Band 14.) Berlin: Bundesministerium für Bildung und Forschung (BMBF).

Auer, Peter (1995): Türkisch in gemischt-kulturellen Gruppen von Jugendlichen im schulischen und außerschulischen Bereich. Hamburg: Universität Hamburg.

Auer, Peter & Dirim, Inci (2000): Vorläufige Überlegungen zur Verwendung des Türkischen in gemischtethnischen Jugendlichengruppen in Hamburg, S. 97-113 in: Gogolin, Ingrid & Nauck, Bernhard (Hrsg.): Pluralität, gesellschaftliche Differenzierung und Bildung. Opladen: Leske + Budrich.

Auernheimer, Georg (2003): Einleitung, S. 7-19 in: Auernheimer, Georg (Hrsg.): Schieflagen im Bildungssystem. Die Benachteiligung der Migrantenkinder. Opladen: Leske + Budrich.

Auernheimer, Georg, von Blumenthal, Victor, Stübig, Heinz & Willmann, Bodo (1996): Interkulturelle Erziehung im Schulalltag. Fallstudien zum Umgang von Schulen mit der multikulturellen Situation. Münster: Waxmann.

Avenarius, Hermann, Ditton, Hartmut, Döbert, Hans, Klemm, Klaus, Klieme, Eckhard, Rürup, Matthias, Tenorth, Heinz-Elmar, Weishaupt, Horst & Weiß, Manfred (2003): Bildungsbericht für Deutschland. Erste Befunde. Opladen: Leske + Budrich.

Barr, Nicholas (2000): The Benefits of Education: What We Know and What We Don't. Economic Growth and Government Policy. Paper Presented at a HM Treasury Seminar held at 11 Downing Street on 12 October 2000. H. Treasury. London, HM Treasury: 33-40. http://www.hm-treasury.gov.uk/media/132BF/252.pdf

Bassanini, Andrea & Scarpetta, Stefano, (2001): Does Human Capital Matter for Growth in OECD Countries? Evidence from Pooled Mean-Group Estimates. Economics Department Working Paper 282. New York: Organisation for Economic Co-operation and Development (OECD). http://www.oecd.org/eco/eco

Baumert, Jürgen & Artelt, Cordula, (2003): Konzeption und technische Grundlagen der Studie, S. 11-50 in: Deutsches PISA-Konsortium (Hrsg.): PISA 2000. Ein differenzierter Blick auf die Länder der Bundesrepublik Deutschland. Opladen: Leske und Budrich.

Baumert, Jürgen, Artelt, Cordula, Klieme, Eckhard, Neubrand, Michael, Prenzel, Manfred, Schiefele, Ulrich, Schneider, Wolfgang, Tillmann, Klaus-Jürgen & Weiß (Hrsg.) (2003): PISA 2000. Ein differenzierter Blick auf die Länder der Bundesrepublik Deutschland. Zusammenfassung zentraler Befunde. Berlin: Max-Planck-Institut für Bildungsforschung. http://www.mpib-berlin.mpg.de/pisa/index-pisa_sg3.htm

Baumert, Jürgen, Bos, Wilfried, Brockmann, Jens, Gruehn, Sabine, Klieme, Eckhard, Köller, Olaf, Lehmann, Rainer, Lehrke, Manfred, Neubrand, Johanna, Schnabel, Kai Uwe, Schwippert, Kurt & Watermann, Rainer (2000): TIMSS/III-Deutschland. Der Abschlussbericht. Zusammenfassung ausgewählter Ergebnisse der Dritten Internationalen Mathematik- und Naturwissenschaftsstudie zur mathematischen und naturwissenschaftlichen Bildung am Ende der Schullaufbahn. Berlin: Max-Planck-Institut für Bildungsforschung.

Baumgartner-Karabak, Andrea & Landesberger, Gisela (1978): Die verkauften Bräute. Türkische Frauen zwischen Kreuzberg und Anatolien. Reinbek bei Hamburg: Rowohlt.

Becker, Gary S. (1993a): Human Capital. A Theoretical and Empirical Analysis with Special Reference to Education. Chicago: University of Chicago Press.

Becker, Gary S., (1993b): A Treatise on the Family. Cambridge: Harvard University Press.

Becker, Rolf (2000): Klassenlage und Bildungsentscheidungen. Eine empirische Anwendung der Wert-Erwartungs-theorie. Kölner Zeitschrift für Soziologie und Sozialpsychologie 52, 3: 450-474.

Becker, Rolf & Lauterbach, Wolfgang (2004): Vom Nutzen vorschulischer Kinderbetreuung für Bildungschancen, S. 127-159 in: Becker, Rolf & Lauterbach, Wolfgang (Hrsg.): Bildung als Privileg? Erklärungen und Befunde zu den Ursachen der Bildungsungleichheit. Wiesbaden: VS Verlag für Sozialwissenschaften.

Beer-Kern, Dagmar (2000): Ausbildungssituation zugewanderter Jugendlicher. Jugend, Beruf, Gesellschaft. Zeitschrift für Jugendsozialarbeit 51, 3: 126-133.

Bellenberg, Gabriele (1999): Individuelle Schullaufbahnen. Eine empirische Untersuchung über Bildungsverläufe von der Einschulung bis zum Abschluss. Weinheim: Juventa.

Bender-Szymanski, Dorothea & Hesse, Hermann-Günter (1987): Migrantenforschung: Eine kritische Analyse deutsch-sprachiger empirischer Untersuchungen aus psychologischer Sicht. Köln: Böhlau.

Benedict, Ruth (1934): Patterns of Culture: An Analysis of Our Social Structure as Related to Primitive Civilizations. New York: Penguin.

Bernstein, Basil (1977): Social Class, Language and Socialization, pp. 473-486 in: Karabel, Jerome & Halsey, A. H. (eds.): Power and Ideology in Education. New York: Oxford University Press.

Berry, John W. (2005): Acculturation: Living Successfully in Two Cultures. International Journal of Intercultural Relations 29, 6: 697-712.

Berry, John W. (1990): Psychology of Acculturation. Understanding Individuals Moving Between Cultures, pp. 232-253 in: Brislin, Richard W. (ed.): Applied Cross-Cultural Psychology. Newbury Park: Sage.

Bertram, Hans (1981): Sozialstruktur und Sozialisation. Zur mikrosoziologischen Analyse von Chancenungleichheit. Darmstadt: Luchterhand.

Bils, Mark & Klenow, Peter J. (1998): Does Schooling Cause Growth Or the Other Way Around? NBER Working Paper 6393 Cambridge: National Bureau of Economic Research (NBER).

http://www.nber.org/papers/w6393.

Blossfeld, Hans-Peter (1988): Sensible Phasen im Bildungsverlauf. Zeitschrift für Pädagogik 34, 1: 45-63.

Boos-Nünning, Ursula (1983): Berufliche Orientierung und Berufsauswahlprozesse türkischer Jugendlicher. Darstellung und Analyse von zwei Fallbeispielen, S. 147-172 in: Hoberg, Rudolf (Hrsg.): Sprachprobleme ausländischer Jugendlicher: Aufgaben der beruflichen Bildung. Frankfurt/M.: Scriptor.

Boos-Nünning, Ursula & Karakasoglu, Yasemin (2000): 'Viele Welten leben'. Lebenslagen von Mädchen und jungen Frauen mit griechischem, italienischem, jugoslawischem, türkischem und Aussiedlerhintergrund. Studie im Auftrag des Bundesministeriums für Familie, Senioren, Frauen und Jugend. Münster: Waxmann.

Bos, Wilfried, Lankes, Eva-Maria, Prenzel, Manfred, Schwippert, Knut, Walther, Gerd & Valtin, Renate (2003): IGLU - ein kooperatives internationales Projekt, S. 1-6 in: Bos, Wilfried, Lankes, Eva-Maria, Prenzel, Manfred, Schwippert, Knut, Walther, Gerd & Valtin, Renate (Hrsg.), 2003: Erste Ergebnisse aus IGLU. Schülerleistungen am Ende der vierten Jahrgangsstufen im internationalen Vergleich. Münster: Waxmann.

Bos, Wilfried, Lankes, EvaMaria, Schwippert, Knut, Valtin, Renate, Voss, Andreas, Badel, Isolde & Plaßmeier, Nike, (2003): Lesekompetenzen deutscher Grundschülerinnen und Grundschüler am Ende der vierten Jahrgangsstufe im internationalen Vergleich, S. 69-142 in: Bos, Wilfried, Lankes, Eva-Maria, Prenzel, Manfred, Schwippert, Knut, Walther, Gerd & Valtin, Renate (Hrsg.), 2003: Erste Ergebnisse aus IGLU. Schülerleistungen am Ende der vierten Jahrgangsstufen im internationalen Vergleich. Münster: Waxmann.

Bourdieu, Pierre (1983): Ökonomisches Kapital, kulturelles Kapital, soziales Kapital. S. 183-198 in: Kreckel, Reinhard (Hrsg.): Soziale Ungleichheiten. Göttingen: Hogrefe.

Bourdieu, Pierre & Passeron, Claude (1971) Illusion der Chancengleichheit. Untersuchungen zur Soziologie des Bildungswesens am Beispiel Frankreichs. Stuttgart: Klett.

Brophy, Jere E. & Good, Thomas L. (1974): Teacher-Student Relationships: Causes and Consequences. New York: Holt.

Büchel, Felix, Spieß, Katharina & Wagner, Gert (1997): Bildungseffekte vorschulischer Kinderbetreuung. Eine repräsentative empirische Analyse auf der Grundlage des Sozio-ökonomischen Panels (SOEP). Kölner Zeitschrift für Soziologie und Sozialpsychologie 49, 3: 528-539.

Büchel, Felix & Wagner, Gert G. (1996): Soziale Differenzen der Bildungschancen in Westdeutschland – Unter besonderer Berücksichtigung von Zuwandererkindern, S. 80-96 in: Zapf, Wolfgang, Schupp, Jürgen & Habich, Roland (Hrsg.): Lebenslagen im Wandel: Sozialberichterstattung im Längsschnitt. Frankfurt/M. Campus.

Büchner, Peter & Koch, Katja (2001): Von der Grundschule in die Sekundarstufe. Band 1: Der Übergang aus Kinder- und Elternsicht. Opladen: Leske + Budrich.

Bühler-Otten, Sabine, Neumann, Ursula & Reuter, Lutz R. (2000): Interkulturelle Bildung in den Lehrplänen, S. 279-320 in: Gogolin, Ingrid & Nauck, Bernhard (Hrsg.): Migration, gesellschaftliche Differenzierung und Bildung. Resultate des Forschungsschwerpunktprogramms FABER. Opladen: Leske + Budrich.

Bürklin, Wilhelm & Klein, Markus (1998): Wahlen und Wählerverhalten. Eine Einführung. Opladen: Leske + Budrich.

Bukow, Wolf-Dietrich & Llaryora, Roberto (1988): Mitbürger aus der Fremde. Soziogenese ethnischer Minderheiten. Opladen: Westdeutscher Verlag.

Burgard, Peter (1998): Darstellung und Analyse des Zusammenhangs nominalskalierter Daten am Beispiel der Überrepräsentation ausländischer Schüler an deutschen Sonderschulen für Lernbehinderte. Heidelberg: Pädagogische Hochschule Heidelberg. Erziehungs- und Sozialwissenschaftliche Fakultät einschl. Sonderpädagogik. Bericht aus dem Forschungsprojekt „Zur Erklärung der Überrepräsentation ausländischer Schülerinnen und Schüler an Förderschulen (Schulen für Lernbehinderte)" unter der Leitung von Prof. Reimer Kornmann.

Bynner, John & Egerton, Muriel (2001): The Wider Benefits of Higher Education. Institute of Education Report No. 01/46. London: University of London, Institute of Education.

http://www.hefce.ac.uk/pubs/hefce/2001/01_46.htm

Caldas, Stephen J. & Bankston, Carl L. (1998): The Inequality of Separation: Racial Composition of Schools and Academic Achievement. Educational Administration Quarterly 34, 4: 533-557.

Casteel, Clifton A. (1998): Teacher-Student Interactions and Race in Integrated Classrooms. Journal of Educational Research 92, 2: 115-120.

Chavous, Tabbye M., Harris, Angel, Rivas, Deborah, Helaire, Lumas & Green, Laurette (2004): Racial Stereotypes and Gender in Context: African Americans at Predominantly Black and Predominantly White Colleges. Sex Roles 51, 1/2: 1-16.

Chlosta, Christoph & Ostermann, Torsten (2005): Warum fragt man nach der Herkunft, wenn man die Sprache meint? Ein Plädoyer für eine Aufnahme sprachbezogener Fragen in demographischen Untersuchungen, S. 55-65 in: Arbeitsstelle Interkulturelle Konflikte und gesellschaftliche Integration (AKI) (Hrsg.): Migrationshintergrund von Kindern und Jugendlichen: Wege zur Weiterentwicklung der amtlichen Statistik. (Band 14 der Schriftenreihe "Bildungsreform" des BMBF.) Berlin: Bundesministerium für Bildung und Forschung (BMBF).

Claessens, Dieter (1962): Familie und Wertsystem: Eine Studie zur "zweiten, sozio-kulturellen Geburt" des Menschen. Berlin: Duncker & Humblot.

Clark, Kenneth B. (1965): Dark Ghetto: Dilemmas of Social Power. New York: Harper & Row.

Cook, Philip J. & Ludwig, Jens (1997): Weighing the 'Burden of Acting White': Are There Race Differences in Attitudes Toward Education? Journal of Policy Analysis and Management 16, 2: 256-278.

Dahrendorf, Ralf (1966): Bildung ist Bürgerrecht. Plädoyer für eine aktive Bildungspolitik. Hamburg: Nannen-Verlag.

Dee, Thomas S. (2004): The Race Connection: Are Teachers More Effective with Students Who Share Their Ethnicity? Education Next 4, 2: 52-59.

De Lange, Rob & Rupp, Jan C.C. (1992): Ethnic Background, Social Class or Status? Developments in School Attainment of the Children of Immigrants in the Netherlands. Ethnic and Racial Studies 15, 2: 284-300.

Deutsches PISA-Konsortium (Hrsg.) (2003): PISA 2000. Ein differenzierter Blick auf die Länder der Bundesrepublik Deutschland. Opladen: Leske + Budrich.

Deutsches PISA-Konsortium (2001): PISA 2000. Basiskompetenzen von Schülerinnen und Schülern im internationalen Vergleich. Opladen: Leske + Budrich.

Devlin, Bernie (1997): Intelligence, Genes, and Success. Scientists Respond to the The Bell Curve. New York: Springer.

Deyhle, Donna (1995): Navajo Youth and Anglo Racism: Cultural Integrity and Resistance. Harvard Educational Review 65, 3: 403-444.

Diefenbach, Heike (2006): Die Bedeutung des familialen Hintergrundes wird überschätzt. Einflüsse auf schulische Leistungen von deutschen, türkischen und russlanddeutschen Grundschulkindern. S. 219-258 in: Alt, Christian (Hrsg.): Kinderleben – Integration durch Sprache? Band 4: Bedingungen des Aufwachsens von türkischen, russlanddeutschen und deutschen Kindern. Wiesbaden: VS Verlag für Sozialwissenschaften.

Diefenbach, Heike (2005): Determinanten des Bildungserfolgs unter besonderer Berücksichtigung intergenerationaler Bildungstransmission, S. 133-157 in: Diehl, Claudia & Haug, Sonja (Hrsg.): Aspekte der Integration. Wanderungsverhalten und Lebenssituation italienisch- und türkischstämmiger junger Erwachsener in Deutschland (Schriftenreihe des Bundesinstituts für Bevölkerungsforschung, Band 35.) Wiesbaden: Bundesinstitut für Bevölkerungsforschung.

Diefenbach, Heike (2004a): Ethnische Segmentation im deutschen Schulsystem - eine Zustandsbeschreibung und einige Erklärungen für den Zustand, S. 225-255 in: Forschungsinstitut Arbeit, Bildung Partizipation e.V. (FIAB) (Hrsg.): Bildung als Bürgerrecht oder Bildung als Ware. (Jahrbuch Arbeit – Bildung – Kultur, Band 21/22.) Recklinghausen: Forschungsinstitut Arbeit, Bildung Partizipation e.V. (FIAB).

Diefenbach, Heike (2004b): Bildungschancen und Bildungs(miss)erfolg von ausländischen Schülern oder Schülern aus Migrantenfamilien im System schulischer Bildung, S. 225-249 in: Becker, Rolf & Lauterbach, Wolfgang (Hrsg.): Bildung als Privileg? Erklärungen und Befunde zu den Ursachen der Bildungsungleichheit. Wiesbaden: VS Verlag für Sozialwissenschaften.

Diefenbach, Heike (2003): Schulerfolgsquoten ausländischer und deutscher Schüler an Integrierten Gesamtschulen und an Schulen des dreigliedrigen Schulsystems. Sind Integrierte Gesamtschulen die bessere Wahl für ausländische Schüler?, S. 77-95 in: Swiaczny, Frank & Haug, Sonja (Hrsg.): Migration – Integration – Minderheiten. Neuere interdisziplinäre Forschungsergebnisse. Wiesbaden: Bundesinstitut für Bevölkerungsforschung (BiB).

Diefenbach, Heike (2002): Bildungsbeteiligung und Berufseinmündung von Kindern und Jugendlichen aus Migrantenfamilien. Eine Fortschreibung der Daten des Sozio-ökonomischen Panels (SOEP), S. 9-70 in: Sachverständigenkommission Elfter Kinder- und Jugendbericht (Hrsg.): Migration und die europäische Integration. Herausforderungen für die Kinder- und Jugendhilfe. München: Verlag Deutsches Jugendinstitut.

Diefenbach, Heike & Klein, Michael (2002): 'Bringing Boys Back In': Soziale Ungleichheit zwischen den Geschlechtern im Bildungssystem zuungunsten von Jungen am Beispiel der Sekundarschulabschlüsse. Zeitschrift für Pädagogik 48, 6: 938-958.

Diefenbach, Heike & Nauck, Bernhard (1997): Bildungsverhalten als "strategische Praxis": Ein Modell zur Erklärung der Reproduktion von Humankapital in Migrantenfamilien, S. 277-291 in: Pries, Judger (Hrsg.): Transnationale Migration. (Soziale Welt, Sonderband 12.) Baden-Baden, Nomos.

Diehl, Claudia (2005a): Der Integrationssurvey des Bundesinstituts für Bevölkerungsforschung, S. 11-22 in: Haug, Sonja & Diehl, Claudia (Hrsg.): Aspekte der Integration. Eingliederungsmuster und Lebenssituation italienisch- und türkischstämmiger junger Erwachsener in Deutschland. (Schriftenreihe des Bundesinstituts für Bevölkerungsforschung, Band 35.) Wiesbaden: VS Verlag für Sozialwissenschaften.

Diehl, Claudia, 2005b: Fördert Partizipation in ethnischen Vereinen die politische Integration im Aufnahmeland? Theoretische Perspektiven und empirische Evidenzen, S. 291-308 in: Haug, Sonja & Diehl, Claudia (Hrsg.): Aspekte der Integration. Eingliederungsmuster und Lebenssituation italienisch- und türkischstämmiger junger Erwachsener in Deutschland. (Schriftenreihe des Bundesinstituts für Bevölkerungsforschung, Band 35.) Wiesbaden: VS Verlag für Sozialwissenschaften.

Diehm, Isabell & Radtke, Frank-Olaf (1999): Erziehung und Migration. Eine Einführung. Stuttgart: Kohlhammer.

DiMaggio, Paul (1982): Cultural Capital and School Success: The Impact of Status Culture Participation on the Grades of U.S. High School Students. American Sociological Review 47, 2: 189-201.

Dirim, Inci (2003): Cultural Origin and Language Use Among Multilingual Youth Groups: 'For Me It is Like We All Speak One Language'. Journal of Multilingual and Multicultural Development 24, 1/2: 42-55.

Ditton, Hartmut (2000): Qualitätskontrolle und -sicherung in Schule und Unterricht – ein Überblick zum Stand der empirischen Forschung, S. 73-92 in: Helmke, Andreas, Hornstein, Walter & Terhart, Ewald (Hrsg.): Qualität und Qualitätssicherung im Bildungsbereich. Schule, Sozialpädagogik, Hochschule. Beiheft Nr. 41 der Zeitschrift für Pädagogik. Weinheim: Beltz.

Ditton, Hartmut (1998): Mehrebenenanalyse. Grundlagen und Anwendungen des Hierarchisch Linearen Modells. Weinheim: Juventa.

Ditton, Hartmut (1992): Ungleichheit und Mobilität durch Bildung: Theorie und empirische Untersuchung über sozialräumliche Aspekte von Bildungsentscheidungen. Weinheim: Juventa.

Ditton, Hartmut (1989): Determinanten für elterliche Bildungsaspirationen und für Bildungsempfehlungen des Lehrers. Empirische Pädagogik 3/89: 215-231.

Dolton, Peter J. & Vignoles, Anna (1997): Graduate Overeducation: A European Perspective. Higher Education in Europe 22, 4: 475-484.

Downey, Douglas B. & Pribesh, Shana (2004): When Race Matters: Teachers' Evaluations of Students' Classroom Behavior. Sociology of Education 77, 4: 267-282.

Driessen, Geert, Van der Silk, Frans & De Bot, Kees (2002): Home Language and Language Proficiency: A Large-Scale Longitudinal Study in Dutch Primary Schools. Journa of Multilingual and Multicultural Development 23, 3: 175-194.

Dusek, Jerome B. (1975): Do Teachers Bias Children's Learning? Review of Educational Research 45, 4: 661-684.

Ehrenberg, Donald R., Goldhaber, Daniel G. & Brewer, Dominic J. (1995): Do Teachers' Race, Gender, and Ethnicity Matter? Evidence from the National Educational Longitudinal Study of 1988. Industrial and Labor Relations Review 48, 3: 547-561.

Eilfort, Michael (1994): Die Nichtwähler. Wahlenthaltung als Form des Wahlverhaltens. Paderborn: Ferdinand Schöningh.

Eisenstadt, Shmuel (1954): The Absorption of Immigrants. A Comparative Study. London: Routledge & Kegan Paul.

Elashoff, Janet D. & Snow, Richard E. (1971); Pygmalion Reconsidered. Francestown: Jones Publishing.

Ellemers, Jo Egbert (1964): The Determinants of Emigration. Analysis of Dutch Studies on Migration. Sociologica Neerlandica 2: 41-58.

Erikson, Erik (1956): The Problem of Ego-Identity. Journal of the American Psychoanalytical Association 4: 56-121.

Erikson, Robert & Jonsson, Jan O. (1996): Explaining Class Inequality in Education: The Swedish Test Case, pp. 1-63 in: Erikson, Robert & Jonsson, Jan O. (eds.): Can Education Be Equalized? Boulder: Westview.

Esser, Hartmut (2001): Integration und ethnische Schichtung. Mannheimer Zentrum für Europäische Sozialforschung - Arbeitspapier Nr. 40. Mannheim: Mannheimer Zentrum für Europäische Sozialforschung.

Esser, Hartmut (1999): Soziologie. Spezielle Grundlagen, Band 1: Situationslogik und Handeln. Frankfurt/M.: Campus.

Esser, Hartmut (1990): Familienmigration und Schulkarriere ausländischer Kinder und Jugendlicher, S. 127-146 in: Esser, Hartmut & Friedrichs, Jürgen (Hrsg.): Generation und Identität. Theoretische und empirische Beiträge zur Migrationssoziologie. Opladen: Westdeutscher Verlag.

Faist, Thomas (1994): Ein- und Ausgliederung von Immigranten. Türken in Deutschland und mexikanische Amerikaner in den USA in den achtziger Jahren. Soziale Welt 44, 2: 275-299.

Faist, Thomas (1992): Social Citizenship and the Transition from School to Work. Ph.D. Dissertation. New York: New School for Social Research.

Farkas, George, Grobe, Robert P, Sheehan, Daniel & Shuan, Yuan (1990): Cultural Resources and School Success: Gender, Ethnicity, and Poverty Groups Within an Urban School District. American Sociological Review 55, 1: 127-142.

Fase, Willem (1994): Ethnic Divisons in Western European Education. Münster: Waxmann.

Feagin, Joseph R. & Booher Feagin, Clairece (1978): Discrimination American Style - Institutional Racism and Sexism. Malabar: Robert E. Krieger Publishing Group.

Fend, Helmut (1998): Qualität im Bildungswesen. Schulforschung zu Systembedingungen, Schulprofilen und Lernleistung. Weinheim: Juventa.

Fend, Helmut (1977): Schulklima: Soziale Einflussprozesse in der Schule. Weinheim, Beltz.

Fend, Helmut (1976): Sozialisationseffekte der Schule. Soziologie der Schule II. Weinheim: Beltz.

Fend, Helmut, Knörzer, Wolfgang, Nagl, Willibald, Specht, Werner & Väth-Szusdziara, Roswitha (1976): Gesamt-schule und dreigliedriges Schulsystem – eine Vergleichsstudie über Chancengleichheit und Durchlässigkeit. Stuttgart: Klett.

Ferguson, Ronald F. (1998): Teachers' Perceptions and Expectations and the Black-White Test Score Gap, pp. 273-317 in: Jencks, Christopher & Philips, Meredith (eds.): The Black-White Test Score Gap. Washington: Brookings Institution Press.

Fischer, Claude S. (1996): Inequality by Design. Cracking the Bell Curve Myth. Princeton: Princeton University Press.

Ford, Denyce S. (1985): Self-concept and Perception of School Atmosphere Among Urban Junior High School Students. Journal of Negro Education 54, 1: 82-88.

Ford, Donna Y. & Harris, J. John (1996): Perceptions and Attitudes of Black Students toward School, Achievement, and Other Educational Variables. Child Development 67, 3: 1141-1152.

Fordham, Signithia & Ogbu, John U. (1986): Black Students' School Success: Coping with the 'Burden of Acting White'. The Urban Review 18, 3: 176-206.

Forschungsgruppe "Kinder ausländischer Arbeitnehmer" (1974): Psychologische Untersuchung der Schulsituation der Kinder ausländischer Arbeitnehmer. Abschlussbericht der Forschungsgruppe "Kinder ausländischer Arbeitnehmer". Mannheim: Fachhochschule für Sozialwesen.

Foster, Kevin Michael (2004): Coming to Terms: A Discussion of John Ogbu's Cultural-Ecological Theory of Minority Academic Achievement. Intercultural Education 15, 4: 369-384.

Freud, Sigmund (1912): Totem und Tabu: einige Übereinstimmungen im Seelenleben der Wilden und der Neurotiker. Leipzig: Heller.

Fthenakis, Wassilios & Eirich, Hans (1998): Erziehungsqualität im Kindergarten. Forschungsergebnisse und Er-fahrungen. Freiburg: Lambertus.

Gambetta, Diego (1987): Were They Pushed or Did They Jump? Individual Decision Mechanisms in Education. Cambridge: Cambridge University Press.

Gang, Ira N. & Zimmermann, Klaus F. (1996): Is Child Like Parent? Educational Attainment and Ethnic Origin. CEPR Discussion Paper 1461. London: Centre for Economic Policy Research (C.E.P.R.).

Geißler, Rainer (1996): Die Sozialstruktur Deutschlands. Zur gesellschaftlichen Entwicklung mit einer Zwischenbilanz zur Vereinigung. Opladen: Westdeutscher Verlag.

Gerard, Harold B. (1983): School Desegregation: The Social Science Role. American Psychologist 38: 869-878.

Gogolin, Ingrid (2002): Interkulturelle Bildungsforschung, S. 263-279 in: Tippelt, Rudolf (Hrsg.): Handbuch Bildungsforschung. Opladen: Leske + Budrich.

Gogolin, Ingrid (2001): Sprachenvielfalt durch Zuwanderung – ein verschenkter Reichtum in der (Arbeits-) Welt? Impulsreferat, gehalten auf dem Workshop "Förderung von MigrantInnen in der beruflichen Bildung durch sprachbezogene Angebote" des Good Practice Center (GPC) zur Förderung von Benachteiligten in der Berufsbildung am Bundesinstitut für Berufsbildung (BiBB) am 24./25. September 2001 in Bonn; http://www.good-practice.de/1_Gogolin.pdf

Gogolin, Ingrid (1994): Der monolinguale Habitus der multilingualen Schule. Münster: Waxmann.

Gomolla, Mechthild & Radtke, Frank-Olaf (2002) Institutionelle Diskriminierung. Die Herstellung ethnischer Differenz in der Schule. Opladen: Leske + Budrich.

Gomolla, Mechthild & Radtke, Frank-Olaf (2000): Mechanismen institutioneller Diskriminierung in der Schule, S. 321-341 in: Gogolin, Ingrid & Nauck, Bernhard (Hrsg.): Migration, gesellschaftliche Differenzierung und Bildung. Resultate des Forschungsschwerpunktprogramms FABER. Opladen: Leske + Budrich.

Gonzales, Eugenio J., Smith, Teresa A. & Sibberns, Heiko (eds.) (1997): Users' Guide for the TIMSS International Database. Amsterdam: International Association for the Evaluation of Educational Achievement.

Gudykunst, William B. (ed.) (1983): Intercultural Communication Theory. Current Perspectives. Beverly Hills: Sage.

Haisken-DeNew, John P., Büchel, Felix & Wagner, Gert G. (1996): Assimilation and other Determinants of School Attainment in Germany: Do Immigrant Children Perform as Well as Germans? (DIW Working Paper 141.) Berlin: Deutsches Institut für Wirtschaftsforschung.

Han, Petrus (2000): Soziologie der Migration. Erklärungsmodelle, Fakten, politische Konsequenzen, Perspektiven. Stuttgart: Lucius & Lucius.

Hansen, Rolf, Rösner, Ernst & Weissbach, Barbara (1986): Der Übergang in die Sekundarstufe I, S. 70-101 in: Rolff, Hans-Günter, Klemm, Klaus, Tillmann & Klaus-Jürgen (Hrsg.): Jahrbuch der Schulentwicklung. Weinheim: Beltz.

Haug, Sonja (2002): Familienstand, Schulbildung und Erwerbstätigkeit junger Erwachsener. Eine Analyse der ethnischen und geschlechtsspezifischen Ungleichheiten – Erste Ergebnisse des Integrationssurveys des BiB. Zeitschrift für Bevölkerungswissenschaft 27, 1: 115-144.

Haug, Sonja & Diehl, Claudia (Hrsg.) (2005): Aspekte der Integration. Eingliederungsmuster und Lebenssituation italienisch- und türkischstämmiger junger Erwachsener in Deutschland. (Schriftenreihe des Bundesinstituts für Bevölkerungsforschung, Band 35.) Wiesbaden: Bundesinstitut für Bevölkerungsforschung beim Statistischen Bundesamt.

Heckmann, Friedrich (1992): Ethnische Minderheiten, Volk und Nation. Soziologie inter-ethnischer Beziehungen. Stuttgart: Enke.

Herrnstein, Richard J. & Murray, Charles (1994): The Bell Curve: Intelligence and Class Structure in American Life. New York: Free Press.

Holliday, Bertha Garrett (1985): Differential Effects of Children's Self-Perceptions and Teachers' Peceptions on Black Children's Academic Achievement. Journal of Negro Education 54, 1: 71-81.

Holtbrügge, Heiner (1975): Türkische Familien in der Bundesrepublik. Duisburg: Sozialwissenschaftliche Kooperative.

Homans, George C. (1961): Social Behavior. Its Elementary Forms. New York: Harcourt.

Hopf, Diether (1990): Die Schule und die Ausländerkinder, S. 197-216 in: Max-Planck-Institut für Bildungsforschung (Hrsg.): Das Bildungswesen in der Bundesrepublik Deutschland. Reinbek: Rowohlt.

Hopf, Diether (1987): Herkunft und Schulbesuch ausländischer Kinder. Eine Untersuchung am Beispiel griechischer Schüler. Berlin: Max-Planck-Institut für Bildungsforschung.

Hopf, Diether (1981): Die Schulprobleme der Ausländerkinder. Zeitschrift für Pädagogik 27, 6: 839-861.

Horstkemper, Marianne & Tillmann, Klaus-Jürgen (2004): Schulformvergleiche und Studien zu Einzelschulen, S. 287-324 in: Helsper, Werner & Böhm, Jeanette (Hrsg.): Handbuch der Schulforschung. Wiesbaden: VS Verlag für Sozialwissenschaften.

Hradil, Stefan (2001): Soziale Ungleichheit in Deutschland. Opladen: Leske + Budrich.

Jargowsky, Paul A. (2005): The Ecological Fallacy, pp. 715-722 in: Kempf-Leonard, Kimberley (ed.): The Encyclopedia of Social Measurement, Vol. 1. San Diego: Academic Press.

Jencks, Christopher, Bartlett, Susan, Corcoran, Mary, Crouse, James, Eaglesfield, David, Jackson, Gregory, McClelland, Kent, Mueser, Peter, Olneck, Michael, Schwartz, Joseph, Ward, Sherry & Williams, Jill (1979): Who Gets Ahead? The Determinants of Economic Success in America. New York: Basic Books.

Kardiner, Abram (1939): The Individual and His Society. The Psychodynamics of Primitive Social Organization. New York: Columbia University Press.

Kleinhenz, Thomas (1995): Die Nichtwähler. Ursachen der sinkenden Wahlbeteiligung in Deutschland. Opladen: Westdeutscher Verlag.

Koch, Katja (2001): Von der Grundschule in die Sekundarstufe. Band 2: Der Übergang aus der Sicht der Lehrerinnen und Lehrer. Opladen: Leske + Budrich.

Köhler, Helmut (1990): Neue Entwicklungen des relativen Schul- und Hochschulbesuchs. Eine Analyse der Daten für 1975-1987. Berlin: Max-Planck-Institut für Bildungsforschung.

Köller, Olaf & Trautwein, Ulrich (2001): Evaluation mit TIMSS-Instrumenten. Untersuchungen in der 8. Jahrgangsstufe an fünf Gesamtschulen. Die Deutsche Schule 2/01: 167-185.

Kornmann, Reimer, Burgard, Peter & Eichling, Hans-Martin (1999): Zur Überrepräsentation von ausländischen Kindern und Jugendlichen in Schulen für Lernbehinderte. Zeitschrift für Heilpädagogik 50, 3: 106-109.

Kornmann, Reimer & Klingele, Christoph (1996): Ausländische Kinder und Jugendliche an Schulen für Lernbehinderte in den Alten Bundesländern: Noch immer erheblich überrepräsentiert und dies mit steigender Tendenz. Zeitschrift für Heilpädagogik 47, 1: 2-9.

Kornmann, Reimer, Klingele, Christoph & Iriogbe-Ganninger, Julian (1997): Zur Überrepräsentation ausländischer Kinder und Jugendlicher in Schulen für Lernbehinderte: Der alarmierende Trend hält an! Zeitschrift für Heilpädagogik 48, 5: 203-207.

Kornmann, Reimer & Neuhäusler, Eva (2001): Zum Schulversagen bei ausländischen Kindern und Jugendlichen in den Jahren 1998 und 1999. Die neue Sonderschule 46, 5: 337-349.

Kornmann, Reimer & Schnattinger, Christopher (1989): Sonderschulüberweisungen ausländischer Kinder, Bevölkerungsstruktur und Arbeitsmarktlage oder: Sind Ausländerkinder in Baden-Württemberg „dümmer" als sonstwo? Zeitschrift für Sozialisationsforschung und Erziehungssoziologie 9, 3: 195-203.

Korte, Elke (1990): Die Rückkehrorientierung im Eingliederungsprozess der Migrantenfamilien, S. 207-259 in: Esser, Hartmut & Friedrichs, Jürgen (Hrsg.): Generation und Identität. Theoretische und empirische Beiträge zur Migrationssoziologie. Opladen: Westdeutscher Verlag.

Kristen, Cornelia (2002): Hauptschule, Realschule oder Gymnasium? Ethnische Unterschiede am ersten Bildungsübergang. Kölner Zeitschrift für Soziologie und Sozialpsychologie 54, 3: 534-552.

Kronig, Winfried (1996): Besorgniserregende Entwicklungen in der schulischen Zuweisungspraxis bei ausländischen Kindern mit Lernschwierigkeiten. Vierteljahresschrift für Heilpädagogik und ihre Nachbargebiete 55, 4: 62 - 79.

Krüger-Potratz, Marianne (2000): Schulpolitik für 'fremde' Kinder, S. 365-384 in: Gogolin, Ingrid & Nauck, Bernhard (Hrsg.): Migration, gesellschaftliche Differenzierung und Bildung. Resultate des Forschungsschwerpunktprogramm FABER. Opladen: Leske + Budrich.

Krüsselberg, Hans-Günter, Auge, Michael & Hilzenbecher, Manfred (1986): Verhaltenshypothesen und Familienzeitbudgets. Die Ansatzpunkte der "Neuen Haushaltsökonomik" für Familienpolitik. Stuttgart: Kohlhammer.

Kultusministerkonferenz (KMK) (2003): Schüler, Klassen, Lehrer und Absolventen der Schulen 1993 bis 2002. (Reihe Statistische Veröffentlichungen der Kultusministerkonferenz Nr. 171) Bonn: Sekretariat der Ständigen Konferenz der Kultusminister der Länder.

Kultusministerkonferenz (KMK) (2002a): Ausländische Schüler und Schulabsolventen 1991 bis 2000. (Reihe Statistische Veröffentlichungen der Kultusministerkonferenz Nr. 163.) Bonn: Sekretariat der Ständigen Konferenz der Kultusminister der Länder.

Kultusministerkonferenz (KMK) (2002b): Schüler, Klassen, Lehrer und Absolventen der Schulen 1992 bis 2001. (Reihe Statistische Veröffentlichungen der Kultusministerkonferenz Nr. 164.) Bonn: Sekretariat der Ständigen Konferenz der Kultusminister der Länder.

Kultusministerkonferenz (KMK) (1994): Empfehlungen zur sonderpädagogischen Förderung in den Schulen in der Bundesrepublik Deutschland. Beschluss der Kultusministerkonferenz.

http://www.kmk.org/doc/beschl/sopae94.pdf

Lamont, Michèle & Lareau, Annette (1988): Cultural Capital: Allusions, Gaps and Glissandos in Recent Theoretical Developments. Sociological Theory 6, 2: 153-168.

Lankes, Eva-Maria, Bos, Wilfried, Mohr, Ingola, Plaßmeier, Nike, Schwippert, Knut, Sibberns, Heiko & Voss, Andreas (2003): Anlage und Durchführung der Internationalen Grundschul-Lese-Untersuchung (IGLU) und ihrer Erweiterung um Mathematik und Naturwissenschaften (IGLU-E), S. 7-28 in: Bos, Wilfried, Lankes, Eva-Maria, Prenzl, Manfred, Schwippert, Knut, Walther, Gerd & Valtin, Renate (Hrsg.): Erste Ergebnisse aus IGLU. Schülerleistungen am Ende der vierten Jahrgangsstufe im internationalen Vergleich. Münster: Waxmann.

LaPiere, Richard T. (1934): Attitudes vs. Action. Social Forces 13, 2: 230-237.

Lareau, Annette (1987): Social Class Differences in Family-School Relationships: The Importance of Cultural Capital. Sociology of Education 60, 2: 73-85.

Leenen, Wolf Rainer, Grosch, Harald & Kreidt, Ulrich (1990): Bildungsverständnis, Platzierungsverhalten und Generationenkonflikt in türkischen Migrantenfamilien. Ergebnisse qualitativer Interviews mit "bildungserfolgreichen" Migranten der Zweiten Generation. Zeitschrift für Pädagogik 36, 5: 753-771.

Lehmann, Rainer H., Hunger, Susanne, Ivanov, Stanislav & Gänsfuß, Rüdiger (2004): LAU 11 – Aspekte der Lernausgangslage und der Lernentwicklung Klassenstufe 11. Ergebnisse einer längsschnittlichen Untersuchung in Hamburg. http://www.hamburger-bildungsserver.de

Lehmann, Rainer H., Peek, Rainer, Gänsfuß, Rüdiger & Husfeldt, Vera (2002): LAU 9 – Aspekte der Lernausgangslage und der Lernentwicklung. - Klassenstufe 9. Ergebnisse einer längsschnittlichen Untersuchung in Hamburg. Hamburg.

Leibowitz, Arleen (1974): Home Investments in Children, pp. 432-452 in: Schultz, Theodore W. (ed.): Economics of the Family: Marriage, Children, and Human Capital: A Conference Report of the National Bureau of Economic Research (NBER). Chicago: University of Chicago Press.

Leibowitz, Arleen (1977): Family Background and Economic Success: A Review of the Evidence, pp. 9-30 in: Taubmann, Paul (ed.): Kinometrics. Determinants of Socioeconomic Success within and between Families. Amsterdam: North Holland Pub. Co.

LeVine, Robert A. (1973): Culture, Behaviour and Personality. London: Hutchinson.

Linton, Ralph (1945): The Cultural Background of Personality. New York: D. Appleton-Century Company.

Lukesch, Helmut (1981): Zur Situation von Ausländerkindern an deutschen Schulen. Zeitschrift für Pädagogik 27, 2: 879-892.

Mahr-George, Holger (1999): Determinanten der Schulwahl beim Übergang in die Sekundarstufe I. Opladen: Leske + Budrich.

Mantas, Stephan (1982): In zwei Denkstrukturen leben. Oberhausen: Schulamt – Regionale Arbeitsstelle zur Förderung ausländischer Kinder und Jugendlicher der Stadt Oberhausen. Schriftenreihe Nr. 12.

Markefka, Manfred (1995): Vorurteile – Minderheiten – Diskriminierung. Ein Beitrag zum Verständnis sozialer Gegensätze. Neuwied: Luchterhand.

Max-Planck-Institut für Bildungsforschung (1997): TIMSS. Mathematisch-naturwissenschaftlicher Unterricht im internationalen Vergleich. Zusammenfassung deskriptiver Ergebnisse. Berlin: Max-Planck Institut für Bildungsforschung.

Mehrländer, Ursula, Hofmann, Roland, König, Peter & Krause, Hans Jürgen (1981): Situation ausländischer Arbeitnehmer und ihrer Familienangehörigen in der Bundesrepublik Deutschland. Bonn: Bundesminister für Arbeit und Sozialforschung.

Merkens, Hans (1990): Zur Funktion und Bedeutung der Gesamtschule im Schulsystem und zur Chancenverbesserung ausländischer Schüler. Gesamtschulinformation 21: 239-254.

Merkens, Hans & Wessel, Anne (2002): Zur Genese von Bildungsentscheidungen. Eine empirische Studie in Berlin und Brandenburg. Hohengehren: Schneider Verlag.

Merton, Robert K. (1995): The Thomas Theorem and the Matthew Effect. Social Forces 74, 2: 379-424.

Merton, Robert K. (1968): Sozialstruktur und Anomie, S. 283-313 in: Sack, Fritz & König, René (Hrsg.). Kriminalsoziologie. Frankfurt/M.: Akademische Verlagsgesellschaft.

Mickelson, Roslyn Arlin (1990): The Attitude-Achievement Paradox Among Black Adolescents. Sociology of Education 63, 1: 44-61.

Nauck, Bernhard (1994): Bildungsverhalten in Migrantenfamilien, S. 105-141 in: Büchern, Peter, Matthias Grundmann, Johannes Huinink, Lother Krappmann, Bernhard Nauck, Dagmar Meyer und Sabine Rothe (Hrsg.): Kindliche Lebenswelten, Bildung und innerfamiliale Beziehungen. München: DJI Verlag Deutsches Jugendinstitut.

Nauck, Bernhard (1985): "Heimliches Matriarchat" in Familien türkischer Arbeitsmigranten? Empirische Ergebnisse zu Veränderungen der Entscheidungsmacht und Aufgabenallokation. Zeitschrift für Soziologie 14, 6: 450-465.

Nauck, Bernhard, Diefenbach, Heike & Petri, Kornelia (1998): Intergenerationale Transmission von kulturellem Kapital unter Migrationsbedingungen. Zum Bildungserfolg von Kindern und Jugendlichen aus Migrantenfamilien in Deutschland. Zeitschrift für Pädagogik 44, 5: 701-722.

Neumann, Ursula (2001): Zur Bildungs- und Erziehungssituation türkischer Kinder in Hamburg und Schleswig-Holstein. Einführungsreferat zur Konferenz "Bildungsprobleme türkischer Kinder und Lösungsvorschläge in Hamburg und Schleswig-Holstein" in Kiel am 3. Februar 2001.

  http://www.tgsh.de/deutsch/bildung/bildungskonferenz/Prof-Neumann03022001.html

Neumann, Ursula (1980): Erziehung ausländischer Kinder. Düsseldorf: Schwann.

Nieke, Wolfgang (1986): Multikulturelle Gesellschaft und interkulturelle Erziehung. Zur Theoriebildung in der Ausländerpädagogik. Die Deutsche Schule 78, 4: 462-473.

O'Connor, Carla (1997): Dispositions Toward (Collective) Struggle and Educational Resilience in the Inner City: A Case Analysis of Six African American High School Students. American Educational Research Journal 34, 4: 593-629.

OECD (Organization for Economic Cooperation and Development) (ed.) (2001): Knowledge and Skills for Life. First Results from the OECD Programme for International Student Assessment (PISA) 2000. Paris: OECD Publications.

Oestreich, Heide (2004): Das Abendland und ein Quadratmeter Islam: Der Kopftuchstreit. Frankfurt/M.: Brandes-Apsel-Verlag.

Ogbu, John U. (2004): Collective Identity and the Burden of 'Acting White' in Black History, Community, and Education. The Urban Review 36, 1: 1-35.

Ogbu, John U. (2003): Black American Students in an Affluent Suburb. A Study of Academic Disengagement. Mahwah: Lawrence Erlbaum.

Ogbu, John U. (1992): Adaptation to Minority Status and Impact on School Success. Theory Into Practice 31, 4: 287-295.

Ogbu, John U. (1991): Low Performance as an Adaptation: The Case of Blacks in Stockton, California, pp. 249-285 in: Gibson, Margaret A. & Ogbu, John U. (eds.): Minority Status and Schooling. New York: Grand Publishing.

Ogbu, John U. (1983): Minority Status and Schooling in Plural Societies. Comparative Education Review 27, 2: 168-190.

Ogbu, John U. (1978): Minority Education and Caste: The American System in Cross-Cultural Perspective. New York: Academic Press.

Ogbu, John U. & Simons, Herbert D. (1998): Voluntary and Involuntary Minorities: A Culturalecological Theory of School Performance with Some Implications for Education. Anthropology and Education Quarterly 29, 2: 155-188.

Okabe, Roichi (1983): Cultural Assumptions of East and West: Japan and the United States, pp. 21-44 in: Gudykunst, William B. (ed.): Intercultural Communication Theory. Current Perspectives. Beverly Hills: Sage.

Ort, Michael (1976): Allgemeine sozio-kulturelle Bedingungen der Entwicklung, S. 76-98 in: Rauh, Hellgard & Ort, Michael (Hrsg.): Die Familie als Sozialisationsbedingung. Beltz-Lehrgang Pädagogische Psychologie, Band III: Sozialisation. Weinheim: Beltz.

Patchen, Martin (1982): Black-White Contact in Schools: Its Social and Academic Effects. West Lafayette: Purdue University Press.

Picht, Georg (1965): Die deutsche Bildungskatastrophe. München: dtv-Taschenbuchverlag.

Powell, Justin J. W. & Wagner, Sandra (2001): Daten und Fakten zu Migrantenjugendlichen an Sonderschulen in der Bundesrepublik Deutschland. Berlin: Max-Planck-Institut für Bildungsforschung. Selbständige Nachwuchsgruppe Working Paper, 1/2001.

Prenzel, Manfred, Baumert, Jürgen, Blum, Werner, Lehmann, Rainer, Leutner, Detlev, Neubrand, Michael, Pekrun, Reinhard, Rost, Jürgen & Schiefele, Ulrich (2005): PISA-2003: Ergebnisse des Zweiten Ländervergleichs. Zusammenfassung. Kiel: Institut für Pädagogik und Naturwissenschaften.

Reich, Hans H. (1986): Interkulturelle Erziehung als Partner pädagogischer Reform, S. 83-98 in: Bausinger, Hermann (Hrsg.): Ausländer – Inländer. Arbeitsmigration und kulturelle Identität. Tübingen: Narr.

Reich, Hans H. & Roth, Hans-Joachim (in Zusammenarbeit mit Inci Dirim, Jens Norman Jørgensen, Gudula List, Günther List, Ursula Neumann, Gesa Siebert-Ott, Ulrich Steinmüller, Frans Teunissen, Ton Vallen und Vera Wurnig) (2002): Spracherwerb zweisprachig aufwachsender Kinder und Jugendlicher. Ein Überblick über den Stand der nationalen und internationalen Forschung. Hamburg: Behörde für Bildung und Sport, Amt für Schule.

Reiser, Helga R. (Hrsg.) (1981): Sonderschulen – Schulen für Ausländerkinder? Berlin: Carl Marhold Verlagsbuchhandlung.

Riesman, David, Denney, Reuel & Glazer, Nathan (1958): Die einsame Masse. Eine Untersuchung der Wandlungen des amerikanischen Charakters. Mit einer Einführung in die deutsche Ausgabe von Helmut Schelsky. Reinbek b. Hamburg: Rowohlt.

Robinson, William. S. (1950): Ecological Correlations and the Behavior of Individuals. American Sociological Review 15, 2: 351-357.

Rodax, Klaus (1995): Soziale Ungleichheit und Mobilität durch Bildung in der Bundesrepublik Deutschland. Österreichische Zeitschrift für Soziologie 20, 1: 3-27.

Röhr-Sendlmeier, Una M. (1986): Lernbedingungen ausländischer Kinder für Deutsch als Zweitsprache. Zeitschrift für Entwicklungspsychologie und Pädagogische Psychologie 18, 2: 176-187.

Rohling, Inge (2002): Gesundheit und Entwicklungsstand der Osnabrücker Schulanfänger. Multifaktorielle Analyse der Ergebnisse der Schuleingangsuntersuchung des Jahrgangs 2001. Osnabrück: Stadt Osnabrück; Fachbereich Soziales und Gesundheit, Gesundheitsamt/Jugendärztlicher Dienst.

Rolff, Hans -Günter (1997): Sozialisation und Auslese durch die Schule. Weinheim, Juventa.

Rosenthal, Robert & Jacobson, Lenore (1968): Pygmalion in the Classroom. Teacher Expectation and Pupils' Intellectual Development. New York: Holt.

Rüesch, Peter (1998): Spielt die Schule eine Rolle? Schulische Bedingungen ungleicher Bildungschancen von Immigrantenkindern – eine Mehrebenenanalyse. Bern: Peter Lang.

Salentin, Kurt & Wilkening, Frank (2003): Ausländer, Eingebürgerte und das Problem einer realistischen Zuwanderer-Integrationsbilanz. Kölner Zeitschrift für Soziologie und Sozialpsychologie 55, 2: 278-298.

Schiffauer, Werner (1991): Die Migranten aus Subay. Türken in Deutschland: Eine Ethnographie. Stuttgart: Klett-Cotta.

Schiffauer, Werner (1983): Die Gewalt der Ehre. Erklärung zu einem türkisch-deutschen Sexualkonflikt. Frankfurt/M.: Suhrkamp.

Schlegel, Alice (1993): Sozialisation, S. 199-214 in: Schweizer, Thomas, Schweizer, Margarete & Kokot, Waltraud (Hrsg.): Handbuch der Ethnologie. Berlin: Dietrich Reimer Verlag.

Schnell, Rainer (1993): Die Homogenität sozialer Kategorien als Voraussetzung für "Repräsentativität' und Gewichtungsverfahren. Zeitschrift für Soziologie 22, 1: 16-32.

Schorb, Bernd (1976): Leistung und Sozialisation: Einführung in die Theorien der Leistungsmotivation. München: Koesel.

Schrader, Achim, Nikles, Bruno W. & Griese, Hartmut W. (1976): Die Zweite Generation. Sozialisation und Akkulturation ausländischer Kinder in der Bundesrepublik. Königstein/Ts.: Anton Hain.

Schweitzer, Helmuth (1994): Der Mythos vom interkulturellen Lernen. Zur Kritik der sozialwissenschaftlichen Grundlagen interkultureller Erziehung und subkultureller Selbstorganisation ethnischer Minderheiten am Beispiel der USA und der Bundesrepublik Deutschland. Münster: Waxmann.

Schwippert, Knut, Bos, Wilfried & Lankes, Eva-Maria (2003): Heterogenität und Chancengleichheit am Ende der vierten Jahrgangsstufe im internationalen Vergleich, S. 265-302 in: Bos, Wilfried, Lankes, Eva-Maria, Prenzel, Manfred et al. (Hrsg.): Erste Ergebnisse aus IGLU. Schülerleistungen am Ende der vierten Jahrgangsstufe im internationalen Vergleich. Münster: Waxmann.

Seifert, Wolfgang (1992): Die zweite Ausländergeneration in der Bundesrepublik. Längsschnittbeobachtungen in der Berufseinstiegsphase. Kölner Zeitschrift für Soziologie und Sozialpsychologie 44, 4: 677-696.

Sheets, Rosa Hernández (2005): Diversity Pedagogy. Examining the Role of Culture in the Teaching-Learning Process. Boston: Pearson.

Six, Bernd (1975): Die Relation von Einstellung und Verhalten. Zeitschrift für Sozialpsychologie 6: 270-295.

Smith, Anthony D. (1981): The Ethnic Revival in the Modern World. Cambridge: Cambridge University Press.

Snijders, Tom A. B. & Bosker, Roel J. (1999): Multilevel Analysis. An Introduction to Basic and Advanced Multilevel Modeling. London: Sage.

Stanat, Petra (2003): Schulleistungen von Jugendlichen mit Migrationshintergrund: Differenzierung deskriptiver Befunde aus PISA und PISA-E, S. 243-260 in: Deutsches PISA-Konsortium (Hrsg.): PISA 2000. Ein differenzierter Blick auf die Länder der Bundesrepublik Deutschland. Opladen: Leske + Budrich.

Stanat, Petra, Artelt, Cordula, Baumert, Jürgen, Klieme, Eckhard, Neubrand, Michael, Prenzel, Manfred, Schiefele, Ulrich, Schneider, Wolfgang, Schümer, Gundel, Tillmann, Klaus-Jürgen & Weiß, Manfred (2002): PISA 2000: Die Studie im Überblick. Grundlagen, Methoden und Ergebnisse. Berlin: Max-Planck-Institut für Bildungsforschung. http://www.mpib-berlin.mpg.de/pisa/PISA_im_Überblick.pdf

Steele, Claude M. (1997): A Threat in the Air. How Stereotypes Shape Intellectual Identity and Performance. American Psychologist 52, 6: 613-629.

Steele, Claude M. & Aronson, Joshua (1995): Stereotype Threat and the Intellectual Test Performance of African Americans. Journal of Personality and Social Psychology 69, 5: 797-811.

Steinberg, Laurence, Dornbusch, Sanford & Brown, Bradford (1992): Ethnic Differences in Adolescent Achievement: An Ecological Perspective. American Psychologist 47, 6: 723-729.

Stürzer, Monika (2003): Unterrichtsformen und die Interaktion der Geschlechter in der Schule, S. 109-125 in: Stürzer, Monika, Roisch, Henrike, Hunze, Annette & Cornelißen, Waltraud: Geschlechterverhältnisse in der Schule. München: Deutsches Jugendinstitut.

Stüwe, Gerd (1982): Türkische Jugendliche. Eine Untersuchung in Berlin-Kreuzberg. Bensheim: Päd.-extra-Buchverlag.

Sue, Stanley & Okazaki, Sumie (1990): Asian-American Educational Achievement: A Phenomenon in Search of an Explanation. American Psychologist 45, 8: 913-920.

Taylor, Marylee C. (1979): Race, Sex, and the Expression of Self-Fulfilling Prophecies in a Laboratory Teaching Situation. Personality and Social Psychology 6: 897-912.

Thomas, W.I. & Thomas, Dorothy Swaine (1928): The Child in America: Behavior Problems and Programs. New York: Knopf.

Ting-Toomey, Stella & Korzenny, Felipe (eds.) (1991): Cross-Cultural Interpersonal Communication. Newbury Park: Sage.

Tittle, Charles R. & Rotolo, Thomas (2000): IQ and Stratification: An Empirical Evaluation of Herrnstein and Murray's Social Change Argument. Social Forces 79, 1: 1-28.

Tomlinson, Sally (1989): Ethnicity and Educational Achievement in Britain, pp. 15-37 in: Eldering, Lotte & Kloprogge, Jo (Eds.): Different Cultures, Same School. Ethnic Minority Children in Europe. Amsterdam: Swets & Zeitlinger.

Urbahn, Julia (2001): Bildungsentscheidungen von Arbeitsmigranten in Deutschland. Saarbrücken: Universität Saarbrücken.

van Suntum, Ulrich & Schlotböller, Dirk (2002): Arbeitsmarktintegration von Zuwanderern. Einflussfaktoren, internationale Erfahrungen und Handlungsempfehlungen. Gütersloh: Verlag Bertelsmann Stiftung.

Vila, Luis E. (2000): The Non-monetary Benefits of Education. European Journal of Education 35, 1: 21-32.

Wallace, Betty & Graves, William (1995): Poisoned Apple. The Bell Curve Crisis and How Our Schools Create Mediocrity and Failure. New York: St. Martin's Press.

Walter, Oliver (2006): Die Entwicklung der mathematischen und der naturwissenschaftlichen Kompetenzen von Jugendlichen mit Migrationshintergrund im Verlauf eines Schuljahres. S. 249-275 in: Prenzel, Manfred, Baumert, Jürgen, Blum, Werner, Lehmann, Rainer, Leutner, Detlev, Neubrand, Michael, Pekrun, Reinhard, Rost, Jürgen & Schiefele, Ulrich (Hrsg.): PISA 2003 – Untersuchungen zur Kompetenzentwicklung im Verlauf eines Schuljahres. Münster: Waxmann.

Washington, Valora (1982): Racial Differences in Teacher Perceptions of First and Fourth Grade Pupils on Selected Characteristics. Journal of Negro Education 51, 1: 60-72.

Washington, Valora (1980): Teachers in Integrated Classrooms: Profiles of Attitudes, Perceptions, and Behavior. The Elementary School Journal 80, 2: 192-201.

Weinstein, Rhona S., Marshall, Hermine H., Brattesani, Karen A. & Middlestadt, Susan E. (1982): Student Perceptions of Differential Treatment in Open and Traditional Classrooms. Journal of Educational Psychology 74, 5: 678-692.

Weische-Alexa, Pia (1977): Sozial-kulturelle Probleme junger Türkinnen in der Bundesrepublik Deutschland mit einer Studie zum Freizeitverhalten türkischer Mädchen in Köln. Köln: Diplomarbeit an der PH Rheinland.

Wicker, Allan W. (1969): Attitudes versus Action: The Relationship of Verbal and Overt Behavioral Responses to Attitude Objects. Journal of Social Issues 25, 4: 41-78.

Wiley, Norbert F. (1970): The Ethnic Mobility Trap and Stratification Theory, pp. 397-408 in: Rose, Peter Isaac (ed.): The Study of Society. An Integrated Anthology. New York: Harper & Brothers.

Williams, Trevor (1976): Teacher Prophecies and the Inheritance of Inequality. Sociology of Education 49, 3: 223-236.

Willis, Paul E. (1977): Learning to Labour: How Working Class Kids Get Working Class Jobs. Aldershot: Gower.

Wilpert, Czarina (1980): Die Zukunft der zweiten Generation. Königstein/Ts.: Anton Hain.

Wiseman, Richard L. & Koester, Jolene (eds.) (1993): Intercultural Communication Competence. Newbury Park: Sage.

Wlodkowski, Raymond J. & Ginsberg, Margery B. (1995): Diversity and Motivation. Culturally Responsive Teaching. San Francisco: Jossey-Bass.

Wolf, Alison (2002): Does Education Matter? Myths about Education and Economic Growth. London: Penguin Books.

Wolfinger, Raymond E. & Rosenstone, Stephen J. (1980): Who Votes? New Haven: Yale University Press.

Lehrbücher

Werner Fuchs-Heinritz
Biographische Forschung
Eine Einführung in Praxis und Methoden
3., überarb. Aufl. 2005. 402 S.
Br. EUR 25,90
ISBN 3-531-43127-7

Stefan Hradil
**Soziale Ungleichheit
in Deutschland**
8. Aufl. 2001. 545 S. Br. EUR 13,90
ISBN 3-8100-3000-7

Stefan Hradil
**Die Sozialstruktur Deutschlands
im internationalen Vergleich**
2. Aufl. 2006. 304 S. Br. EUR 24,90
ISBN 3-531-14939-3

Elmar Lange
**Soziologie des
Erziehungswesens**
2., überarb. Aufl. 2005. 233 S.
Br. EUR 19,90
ISBN 3-531-14122-8

Bernhard Miebach
Soziologische Handlungstheorie
Eine Einführung
2., grundl. überarb. und akt. Aufl. 2006.
475 S. Br. EUR 27,90
ISBN 3-531-32142-0

Peter Preisendörfer
Organisationssoziologie
Grundlagen, Theorien
und Problemstellungen
2005. 196 S. Br. EUR 16,90
ISBN 3-531-14149-X

Bernhard Schäfers / Albert Scherr
Jugendsoziologie
Einführung in Grundlagen und Theorien
8., umfassend akt. und überarb.
Aufl. 2005. 204 S. Br. EUR 12,90
ISBN 3-531-14685-8

Albert Scherr (Hrsg.)
Soziologische Basics
Eine Einführung für Pädagogen
und Pädagoginnen
2006. 203 S. Br. EUR 14,90
ISBN 3-531-14621-1

Erhältlich im Buchhandel oder beim Verlag.
Änderungen vorbehalten. Stand: Juli 2006.

www.vs-verlag.de

VS VERLAG FÜR SOZIALWISSENSCHAFTEN

Abraham-Lincoln-Straße 46
65189 Wiesbaden
Tel. 0611.7878 - 722
Fax 0611.7878 - 400